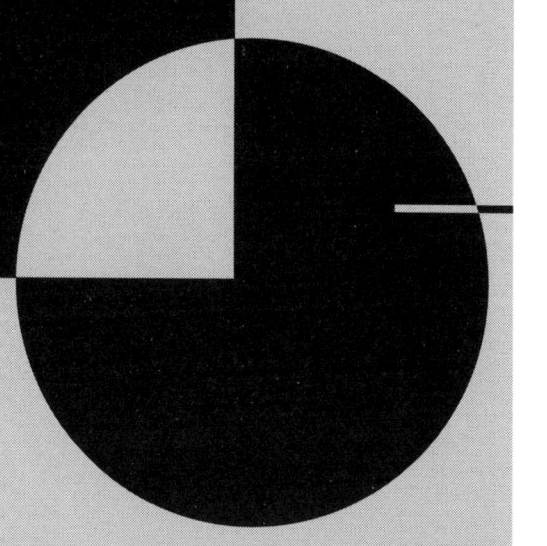

Network Press®: TCP/IP unter Windows NT 4

Network Press®: TCP/IP unter Windows NT 4

Mark Minasi
Todd Lammle
Monica Lammle

San Francisco ■ Paris ■ Düsseldorf ■ Soest (NL) ■ London

Fast alle Hard- und Software-Bezeichnungen, die in diesem Buch erwähnt werden, sind gleichzeitig auch eingetragene Warenzeichen und sollten als solche betrachtet werden. Der Verlag folgt bei den Produktbezeichnungen im wesentlichen den Schreibweisen der Hersteller.

Der Verlag hat alle Sorgfalt walten lassen, um vollständige und akkurate Informationen in diesem Buch bzw. Programm und anderen evtl. beiliegenden Informationsträgern zu publizieren. SYBEX-Verlag GmbH, Düsseldorf, übernimmt weder Garantie noch die juristische Verantwortung oder irgendeine Haftung für die Nutzung dieser Informationen, für deren Wirtschaftlichkeit oder fehlerfreie Funktion für einen bestimmten Zweck. Ferner kann der Verlag für Schäden, die auf eine Fehlfunktion von Programmen, Schaltplänen o.ä. zurückzuführen sind, nicht haftbar gemacht werden, auch nicht für die Verletzung von Patent- und anderen Rechten Dritter, die daraus resultiert.

Titel der amerikanischen Originalausgabe: Mastering TCP/IP for NT Server
Original Copyright © 1997 by SYBEX Inc., 1151 Marina Village Parkway, Alameda, CA 94501
Übersetzer: MediaMate GmbH

Projektmanagement/Lektorat: Daniel Danhäuser, Gisela Pohl-Jünger
Produktion: Ingrid Erdmann
Satz: Reemers EDV-Satz, Krefeld
Umschlaggestaltung: Michal Obszarski, SYBEX-Verlag GmbH, Düsseldorf
Farbreproduktionen: TYPE & IMAGE GmbH, Düsseldorf
Belichtung, Druck und buchbinderische Verarbeitung:Koninklijke Wöhrmann B.V.,
                                                   Zutphen (NL)

ISBN 3-8155-5507-8
1. Auflage 1997

Dieses Buch ist keine Original-Dokumentation zur Software der Firma Microsoft. Sollte Ihnen dieses Buch dennoch anstelle der Original-Dokumentation zusammen mit Disketten verkauft worden sein, welche die entsprechende Microsoft-Software enthalten, so handelt es sich um Raubkopien der Software. Benachrichtigen Sie in diesem Fall umgehend Microsoft GmbH, Edisonstr. 1, 85716 Unterschleißheim – auch die Benutzung einer Raubkopie kann strafbar sein. Der Verlag und Microsoft GmbH

Alle Rechte vorbehalten. Kein Teil des Werkes darf in irgendeiner Form (Druck, Fotokopie, Mikrofilm oder in einem anderen Verfahren) ohne schriftliche Genehmigung des Verlages reproduziert oder unter Verwendung elektronischer Systeme verarbeitet, vervielfältigt oder verbreitet werden.

Printed in the Netherlands
Copyright © 1997 by SYBEX-Verlag GmbH, Düsseldorf

Inhaltsverzeichnis

	Danksagung	**XV**
	Einführung	**XVII**
	Worum geht's?	XIX
Kapitel 1:	**TCP/IP: Grundlagen und Hintergründe**	**1**
	Kurzer Abriß der Geschichte von TCP/IP	2
	ARPANET und die Geburt des Internet	3
	Der Beitrag der NSF und das heutige Internet	6
	Ziele bei der Entwicklung von TCP/IP	7
	Gute Fehlerkorrektur	7
	Möglichkeit zur Anbindung neuer Teilnetze bei laufendem Betrieb	8
	Möglichkeit zur Bewältigung hoher Fehlerquoten	8
	Unabhängigkeit vom Host	9
	Geringer Daten-Overhead	9
	RFCs: Verfeinerung von TCP/IP	9
	Statustypen und Entwicklung von RFCs	10
	Internet Activities Board (IAB)	11
	Erforschung von RFCs auf InterNIC	11
	Informationssuche im Internet	12
	WAIS	13
	Archie	13
	Gopher	13
	World Wide Web	14
Kapitel 2:	**TCP/IP-Kommunikationsschichten und ihre Protokolle**	**15**
	Das OSI-Referenzmodell	16
	Anwendungsschicht	18
	Darstellungsschicht	19
	Sitzungsschicht	20
	Transportschicht	22
	Netzwerkschicht	28
	Sicherungsschicht	31
	Bitübertragungsschicht	34

	Das DoD-Referenzmodell	35
	Prozeß-/Anwendungsschicht	36
	Host-zu-Host-Schicht	40
	Internet-Schicht	43
	Netzwerkzugangsschicht	46
Kapitel 3:	**IP-Adressierung und Teilnetze**	**49**
	Was ist IP-Adressierung?	50
	Ethernet (Hardware)-Adressen	50
	Das hierarchische IP-Adressierungsschema	51
	Netzwerke der Klassen A, B und C	53
	Netzwerke der Klasse A	55
	Netzwerke der Klasse B	60
	Netzwerke der Klasse C	60
	Zusätzliche Netzwerkklassen	61
	Reservierte Adressen	61
	Wer weist Netzwerkadressen zu?	63
	Gliederung eines Netzwerks in Teilnetze	64
	Teilnetze in einem Netzwerk der Klasse B	69
	Teilnetze in einem Netzwerk der Klasse C	75
	Classless Internetwork Domain Routing (CIDR)	76
Kapitel 4:	**IP-Routing**	**81**
	Teilnetze und Router	83
	IP-Router	83
	Routing im Detail	84
	Noch mehr Details	86
	Routed oder Routing?	86
	Verschiedene Klassen von Routing-Protokollen	87
	Distance Vector- und Link-State-Routing im Vergleich	93
	Ist Link-State wirklich besser?	93
	Ausgewogenes Hybrid	94
	IP-Multicasting	94
	Unicast, Broadcast und Multicast	95
	MBone, LAN und WAN	95
	Arbeitsweise von IP-Multicasting	96
	Ankündigung von Multicasts	97
	Gruppenbeitritt	97
	Multicast-Routing	98
	Geleiteter Multicast-Datenpfad	98
	Einrichtung von Routing auf NT- und Windows-Rechnern	99
	Beispiel für ein Internet mit mehreren Routern	99
	Hinzufügen von Einträgen in Leitwegtabellen: Route Add	100

Standardleitwege	102
Anzeige der Leitwegtabelle	102
Einrichtung des Standard-Gateways	104
„Ziel-Host nicht erreichbar"	105
Manuelle Einrichtung eines Standard-Gateways	105
Behandlung von Konflikten in Leitweginformationen	106
Alle Router müssen alle Teilnetze kennen	108
Vereinfachung der Workstation-Verwaltung mit RIP	109
Verwendung eines NT-Rechners als LAN/LAN-Router	110
Einrichtung eines IP-Routers mit NT	111
Verwendung eines NT-Servers als Internet-Gateway	113
Übersicht	113
Hindernisse	114
Anmeldungsoptionen	114
Erwerb einer IP-Adresse von ISP	116
Das Rezept	117
Wenn es nicht funktioniert...	122
Interne und externe Routing-Protokolle	124
Einrichtung von TCP/IP unter NT mit festen IP-Adressen	125
Installation der TCP/IP-Software mit statischen IP-Adressen	125
Testen der TCP/IP-Installation	133
Überprüfung der TCP/IP-Einrichtung	133
Microsoft Steelhead	135
Der Test	138

Kapitel 5: Host-Namen und deren Auflösung — 145

Definition von Host-Namen	146
Die Hierarchie der Host-Namen	147
Domänennamen	148
Das Auflösen von Host-Namen	149
Die Standardauflösung	150
Spezielle Auflösung	150
Auflösung über die Datei HOSTS	151
Auflösung über DNS	154
Network Information Services (NIS)	156
Die Microsoft-Methode	156
Einige häufige Probleme	158
E-Mail-Namen: Ein Hinweis	159
Wie kommt man in ein Intranet?	161
Verbindung über nichtintelligente Terminals	162
Serielle Verbindungen mit SLIP/PPP	162
LAN-Verbindungen	163
Terminal-Verbindungen gegenüber anderen Verbindungen	164

Inhaltsverzeichnis

Kapitel 6:	**Namensauflösung in NetBIOS**	**167**
	Vergabe von Namen in NetBIOS	168
	Der Vorgang der Namensauflösung	169
	Die Standardnamensauflösung von NetBIOS	169
	Die spezielle NetBIOS-Auflösung	170
	Node-Typen für NetBIOS über TCP/IP	170
	Registrieren, Erkennen und Löschen von Namen in NetBIOS	172
	NetBIOS-Namensauflösung bei der Arbeit	177
	Lokale NetBIOS-Namensauflösung mit LMHOSTS	179
	NetBIOS-Auflösung in Netzwerken über die Datei LMHOSTS	180
	Probleme bei der Namensauflösung in NetBIOS	183
Kapitel 7:	**Microsoft NT-TCP/IP mit DHCP**	**187**
	Vereinfachung der TCP/IP-Verwaltung: BootP	188
	DHCP: BootP Plus	189
	Installation und Konfiguration von DHCP-Servern	190
	DHCP-Adreßbereiche	191
	DHCP auf dem Client	196
	DHCP im Detail	196
	Anfordern einer IP-Adresse vom DHCP	198
	Erste DHCP-Anfrage: DHCPDISCOVER	199
	DHCP bietet von nah und fern Adressen an	200
	Die Auswahl aus den Angeboten	201
	Der Pachtvertrag ist unterzeichnet	202
	Die Zeit ist abgelaufen!	203
	Entwerfen von Multi-DHCP-Netzwerken	204
	Der DHCP Relay Agent	205
	Wann ist der Relay Agent notwendig?	206
	Kurze Zusammenfassung	208
	DHCP und der Befehl ipconfig	208
	Neue IP-Zuordnung mit ipconfig	209
	Löschen einer Zuordnung mit ipconfig	210
	Die Pflege der DHCP-Datenbank	210
	Sicherung der DHCP-Datenbank	210
	Wiederherstellen einer DHCP-Datenbank	212
	Komprimieren der DHCP-Datenbank	213
	Ausführen der Komprimierung	213
Kapitel 8:	**WINS**	**215**
	Integration von WINS und DNS	216
	Namen in NT	217
	B-Nodes, P-Nodes und M-Nodes	220
	Die Rolle von WINS	221
	Vorteile von WINS	221

NBT-Namen in Ihrem System	222
Namensauflösung vor WINS	226
Arbeitsweise von WINS	227
Installation von WINS	229
Datenbank-Reproduktion	234
Push- oder Pull-Partner	235
Konflikte während der Reproduktion	236
Konflikte mit einem Multihome-Datensatz	238
Scavenging	239
Datenbank-Bereinigung	239
Pflege der WINS-Datenbank	242
WINS-Proxy-Agents	243
Neues in NT 4 WINS	245
Burst-Modus	245
Verwaltung von WINS durch einen Firewall	245
Konsistenz-Prüfung in WINS	246
WINSCHK	248
Entwurf der WINS-Infrastruktur	250
WINS-System-Konvergenz-Zeit	250
Fehlertoleranz	252

Kapitel 9: DNS in der neuen NT-Welt — 255

Die Ursprünge von DNS	257
Die Arbeitsweise von DNS	258
Microsoft DNS	258
DNS genauer betrachtet	260
DNS-Server und das Internet	260
Das Irritierende an Domänen	261
Zonen	262
Name-Server	263
Primärer, sekundärer und Master-Name-Server	263
Forwarder und Slaves	264
Caching-Only-Server	265
Namensauflösung	265
Rekursive Anfragen	266
Iterative Anfrage	266
Die IP-Adresse ist bekannt – Wie aber verhält es sich mit dem Hostnamen?	266
Caching und Time to Live	267
DNS-Dateien	267
Die Datenbankdatei	268
Die Cachedatei (Zwischenspeicher)	271
Die Reverse-Lookup-Datei (Datei für das umgekehrte Auflösen)	273

Inhaltsverzeichnis

Die Datei Arpa-127.rev	274
Die BIND-Bootdatei	274
Einrichten einer kleinen Domäne mit dem DNS-Manager	276
Einrichten von DNS unter NT 3.51	285
Die Setupdateien	286
Die Datei für die DNS-Namensauflösung	289
Die Dateien für die umgekehrte Namensauflösung	291
Migration eines NT 3.51 DNS-Servers auf einen NT 4 DNS-Server	292
Abfolge der Namensauflösung unter WinSock	293
Vergleich: WinSock contra NBT	293
Untersuchung von Netzwerk-Traces	294
Kontrolle über die WINS- und DNS-Reihenfolge mit WinSock	296
Abfolge der Namensauflösung unter NetBIOS	297
Was passiert bei einem DNS-WINS-Konflikt?	300
Ein neuer Tag beginnt	301
Dynamisches DNS	301
IPv6 (Ipng)	303
Inkrementelle Übertragung (Transfers)-Multimaster Replikation	304
Sicheres DNS	305
Migration... woher – wohin?	306
Was geschieht mit IPX und NetBEUI?	307
Was geschieht mit den NetBIOS-Namen?	307
Suchen von DCs in einer Enhanced Directory Services-Umgebung	307
Was die Zukunft bringt	308
Wo es keine Visionen gibt.....	308

Kapitel 10: Internetwork-Browsing und Domänenfunktionen 309

Browsing – ein kurzer Abriß	310
Wie aber arbeiten sie?	311
Browser: Typen und Funktionen	311
Kriterien für Browser	312
Konfiguration der Browser	314
Die Meldungen der Browser	314
Reisen über ein Internetwork	316
Auf den Schwingen von WINS	316
Die Datei LMHOSTS und Domänenfunktionen	317
Domänenfunktionen	318
Konfiguration der Datei LMHOSTS	319

Kapitel 11:	Connectivity in heterogenen Umgebungen	321
	Verbindungen	322
	TCPI/IP-Hilfsprogramme und das Windows NT-Kommando	323
	Die Zusammenarbeit mit einem RFC-konformen NetBIOS-Host	324
	Microsofts TCPI/IP-Utilities	325
	Befehlswerkzeuge	326
	Telnet für eine entfernte Anmeldung (Remote Login) nutzen	328
	Archie: Was passiert da draußen in der Welt?	329
	Fehlende Standards bedeuten Probleme	331
	Warum sollte man Telnet nutzen?	332
	Übertragungswerkzeuge	334
	Der FTP-Server: Installation und Konfiguration	338
	FTP-Organisation	339
	Datei-Navigation	340
	Ein Beispiel für die Navigation	341
	Übertragung einer Datei	346
	Drucken im Internetwork	347
	Hilfsprogramme für Drucker	347
Kapitel 12:	Simple Network Management Protocol (SNMP)	351
	SNMP – Ein Überblick	352
	Managementsysteme und Agents	353
	MIB: Die Management Information Base	354
	Der SNMP-Dienst von Microsoft	355
	Planung und Vorbereitung für die Implementierung	356
	Die Definition von SNMP-Communities	357
	SNMP-Installation und Konfiguration	358
	Sicherheitsaspekte des SNMP-Dienstes	358
	SNMP-Agentdienst	360
	Konfiguration des SNMP-Agents	361
	Fehler des SNMP-Dienstes aufspüren	363
	Das Werkzeug SNMPUTIL	363
	Die Arbeitsweise von SNMP	364
Kapitel 13:	Der Aufbau einer eigenen Web-Site	365
	FrontPage	366
	Was bietet das FrontPage 97-Paket?	367
	Installation von FrontPage 97	368
	Der TCP/IP-Test	371
	Aufbau Ihrer Web-Site	372
	Internet Information Service	380
	Vor der Installation des Internet Information Servers	380
	Installation	380
	Konfiguration des Internet Information Servers	384

	Internet Dienst Manager	385
	Eigenschaften des WWW-Dienstes	385
	Eigenschaften des Gopher-Dienstes	396
	Die Eigenschaften des FTP-Dienstes	398
	Virtuelle Server auf dem World Wide Web	402
	Upgrade auf IIS Version 3	403
	Installation des IIS Version 4	404
Kapitel 14:	**E-Mail mit TCP/IP**	**411**
	Die EMWACS Mail-Software macht Ihren NT-Server zu einem Mail Relay Agent	412
	Internet E-Mail-Protokolle	412
	Einrichten Ihres Mail-Servers: Beschränkungen von IMS	414
	Wie arbeitet die IMS-Software?	416
	Download der EMWACS-Software	416
	Entpacken der EMWACS-Software	416
	Installation der Dienste	417
	Anwenderanmeldung als Stapelverarbeitungsauftrag (Batch-Job)	417
	Konfiguration der Dienste	418
	Konfiguration des Exchange-Clients Posteingang für Internet Mail	421
	E-Mail Sicherheit	426
Kapitel 15:	**NT Internet-Sicherheit**	**427**
	Wo liegen die Sicherheitslücken?	428
	Internerne Benutzer können leicht an eine Liste mit den Benutzer-IDs gelangen	428
	Interne Benutzer können leicht ein freigegebenes Volume zum Absturz bringen	429
	Paßworte können bei der Änderung ausspioniert werden	429
	Die Microsoft Datei- und Druckdienste arbeiten über das Internet	429
	Sicherheitslücken in Applikationen	436
Kapitel 16:	**Microsoft Proxy Server**	**437**
	Was ist ein Proxy-Server überhaupt?	438
	Sicherheit	439
	Verwaltung	441
	Web Proxy	442
	WinSock Proxy	443
	Caching	444
	Einrichten der Netzwerkadapter	445

	Die Konfiguration zusätzlicher Netzwerkadapter	445
	Konfiguration des externen Netzwerkadapters	445
	Konfiguration des internen Netzwerkadapters	446
	Erster Kommunikationstest für beide Netzwerkadapter des Servers	447
	Ratschläge für die Einrichtung von zwei Adaptern	447
	Betrachtungen zur Installation bei der Verwendung eines einzelnen Adapters	448
	Die Local Address Table (lokale Adreßtabelle)	449
	LAT genauer betrachtet	449
	Wann wird die LAT definiert?	450
	Installation des Microsoft Proxy-Servers	451
	Der Internet Dienst Manager	458
	Einrichtung eines Modems oder eines ISDN-Adapters	460
	Einrichtung von RAS	461
	Einrichten der RAS-Optionen mit dem Microsoft Proxy-Server	461
	Ein Eintrag für das RAS-Telefonbuch	464
	Einsatz des Microsoft Proxy Auto-Dial-Dienstes	467
	Web Proxy-Clients	471
	WinSock Proxy-Clients	471
	Doch nun kann niemand angewählt werden!	472

Kapitel 17:	**Fehlerbehebung**	**475**
	Zurück an die Quelle	476
	Diagnosewerkzeuge	477
	Allgemeine Richtlinien für die Fehlerbehebung	479

Anhang A:	**Terminologie und NetBIOS-Namen**	**483**
	Terminologie	484
	NetBIOS-Namen	485
	Eindeutige Namen	485
	Gruppen-Namen	487

Anhang B:	**NetBT-Konfigurationsparameter**	**489**
	Einführung	490
	Standardparameter, konfigurierbar über den Registrierungseditor	490
	Optionale Parameter, konfigurierbar über den Registrierungseditor	492
	Parameter, konfigurierbar über die Netzwerksteuerung	495
	Nichtkonfigurierbare Parameter	497

Anhang C:	**Glossar**	**499**

	Stichwortverzeichnis	**527**

Danksagung

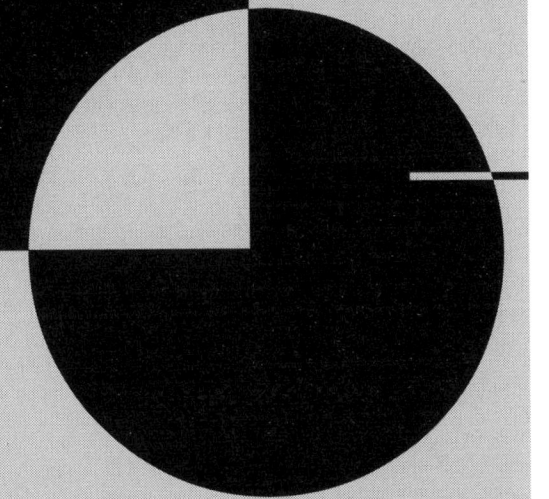

Vielen Dank an Gary Masters und Neil Edde von SYBEX, die meine Idee aufgegriffen, mir Todd und Monica vorgestellt, Vorschläge zur Richtung des Buches gemacht und insbesondere an die Idee geglaubt haben. Leider werden heute viele Bücher von Verlagen nur angenommen, wenn sie ein Klon eines anderen erfolgreichen Buches sind. Dies ist bei SYBEX-Büchern nicht der Fall. Es bedeutet aber auch, daß Gary gewillt ist, eine Chance aufzugreifen, selbst wenn der Erfolg nicht vorprogrammiert ist.

Eine besondere Anerkennung gebührt unserem Freund und Kollegen Phil Yee, dessen brillante, technische Beiträge sowie sein hervorragendes Netzwerklabor die Qualität dieses Buches gewährleistet haben. Phil ist ein erfahrener Netzwerkprofi, der als Netzwerk-Manager bei OnTrak Systems, Inc., San Jose arbeitet. Dieses Projekt hat dem klaren Verstand und den technischen Fähigkeiten von Phil eine Menge zu verdanken.

Todd möchte darüber hinaus seinem langjährigen Freund Jan Merbach Dank aussprechen, der immer an ihn geglaubt hat, sogar mehr als er selbst!

Vielen Dank auch an die Herausgeber Neil Edde und Anamary Ehlen. Neils scharfer Intellekt, sein geistreicher Humor und seine positive Grundeinstellung kombiniert mit seiner grenzenlosen Geduld hat die Entwicklung und den Fortgang des Projekts vorangetrieben.

Ohne die profunden Organisations-, Führungs- und Problemlösungsqualitäten von Anamary wäre das Buch in dieser Form nicht möglich gewesen. Unser technischer Herausgeber, Matthew Fiedler, war ebenfalls einer der besten, mit denen wir je gearbeitet haben, vielen Dank, Matthew! Vielen Dank auch an die Produktionskoordinatorin von SYBEX, Theresa Gonzalez, an Bob Bihlmayer, Spezialist für Electronic Publishing, und Kim Wimpsett, Projektherausgeberin.

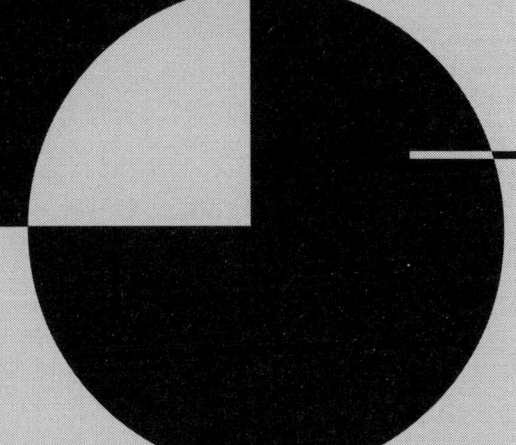

Einführung

Jahrelang beruhten Netzwerke in Unternehmen, zu Hause und in kleinen Büros auf NetBEUI und IPX. NetBEUI, ein Protokoll von Microsoft und IBM, war für kleine Netzwerke optimal, und da es von IBM und Microsoft als Protokoll benutzt wurde, war es logischerweise weit verbreitet. Der Rest der Welt, der keine IBM-/Microsoft-Netzwerke eingesetzt hat – und das war der größere Teil – hat IPX, das Protokoll von Novell NetWare, verwendet. Da Novell den größten Marktanteil hatte, war IPX die erste Wahl für die meisten Unternehmen. Allen war zwar bewußt, daß es ein Protokoll namens TCP/IP gab, das in staatlichen Behörden und Bildungseinrichtungen genutzt wurde, wenige kannten sich allerdings damit genauer aus. Da das Internet, das Netzwerk, in dem TCP/IP genutzt wurde, zu diesem Zeitpunkt nur einem begrenzten Kreis von Nutzern aus dem universitären, behördlichen und militärischen Bereich offenstand, kannten sich nur wenige mit TCP/IP-Netzwerken aus. Anfang der neunziger Jahre hat sich dies allerdings geändert.

Ungefähr 1992 zeigte sich, daß das Internet eine immer größere Bedeutung haben würde und daß TCP/IP eine qualitativ hochwertige, von Anbietern unabhängig Plattform für Netzwerke ist. Zwischen 1994 und 1995 hat IP in den amerikanischen Unternehmen IPX als führendes Netzwerkprotokoll abgelöst. Plötzlich mußte jeder, der beruflich mit Informationstechnik zu tun hatte, Kenntnisse über TCP/IP haben.

Als vorausschauender Zeitgenosse habe ich mich bereits seit 1992 mit TCP/IP beschäftigt. Auf der Suche nach einem guten Buch zu diesem Thema fand ich einige Bücher zur Nutzung des Internet. Die meisten bezogen sich jedoch auf UNIX – eigentlich kein Problem, aber nicht genau das richtige für jemanden, der OS/2 und später NT einsetzte. Einige Bücher beschäftigen sich sogar mit der Administration von TCP/IP, allerdings wiederum nur mit Bezug auf UNIX.

So konnte ich zwar mehr über TCP/IP lernen, es war jedoch recht kompliziert. Auch heute haben viele TCP/IP-Bücher immer noch UNIX als Schwerpunkt, obwohl Statistiken besagen, daß inzwischen mehr NT-Systeme als WWW-Server eingesetzt werden als UNIX-Rechner. Es gibt also vermutlich viele Web-Administratoren, die UNIX-Bücher lesen und die Informationen für NT umsetzen.

Daher dieses Buch.

Seit dem ersten Erscheinen von NT war es schwierig, qualitativ hochwertige Dokumentationen und Schulungsmaterialien zu diesem Thema zu erhalten. Daher habe ich das Buch *Windows NT Server* aus der *Network Press*-Reihe von SYBEX geschrieben, das Sie vielleicht kennen. Obwohl viele Abschnitte des Buches Elemente von TCP/IP behandeln, ist es nicht der Schwerpunkt. Ich wollte immer ein Buch zur Netzwerkadministration von TCP/IP für NT schreiben, eine umfassende Dokumentation, mit der ein Intranet betrieben werden kann, ohne UNIX einzusetzen. Als die vierte Auflage meines anderen Buches veröffentlicht wurde, traf ich Todd Lammle, einen weiteren Autor von

SYBEX. Todd ist der Autor der ausgezeichneten MCSE-Schulungsdokumentation zu TCP/IP (*MCSE: TCP/IP Study Guide*). Ich fragte ihn, ob er Interesse daran hätte, den TCP/IP-Teil meines NT Server-Buches zu ergänzen und zu einem umfassenden Handbuch zu TCP/IP auszubauen. Er willigte ein, und als Ergebnis halten Sie dieses Buch in Händen. Todd ist die eine Hälfte eines ausgezeichneten Autorenteams, dessen zweite Person seine Frau Monica ist. Todd ist der Techniker, Monica der Schreiberling, und zusammen sind sie als Team eine Einheit, die immer ausgezeichnete Ergebnisse erzielt. Meine ursprüngliche Idee war es, den TCP/IP-Teil meines Buches ein wenig zu ergänzen. Todd sollte die herausgeberischen Aufgaben übernehmen und den Text ergänzen. Die beiden haben allerdings haufenweise neues Material hinzugefügt, so daß das Buch heute viel mehr bietet, als ich ursprünglich geplant hatte.

Worum geht's?

Das Buch beginnt mit den Grundlagen von TCP/IP: IP-Adressierung, Aufbau der Adressen und Netzwerktypen. Danach geht es auf die spezielleren Bestandteile von TCP/IP ein, die nur in wenigen anderen Büchern so detailliert erläutert werden. Es gibt haufenweise Bücher zum Aufbau eines Web-Servers, aber nur wenige, die sich mit Routing-Problemen beschäftigen. Sie lernen Subnetze und Subnetzmasken kennen und erhalten dann Kenntnisse über IP-Routing und Netzwerkaufbau. Die neueste NT-Software für das IP-Routing, Steelhead, die zur Zeit in der Beta-Phase ist, wird ebenfalls behandelt. Diese neue, kostenlose Software von Microsoft ermöglicht es Ihnen, den NT-Server in einen leistungsfähigen IP-Router zu verwandeln. Wir empfehlen Ihnen zwar nicht, nun Ihre Cisco-Router zu ersetzen, aber wenn Ihr PC die Router-Funktionen übernehmen soll, können NT und dieses Buch Ihnen dabei sehr nützlich sein. Ein weiterer Bereich, mit dem immer mehr von uns befaßt sind, ist die Einrichtung eines Proxy-Servers, also Rechner, die sowohl als Gateway zum Internet dienen, als auch Sicherheitsfunktionen erfüllen. Microsoft Proxy Server und dieses Buch können Ihnen auch in diesem Fall weiterhelfen.

Sobald Ihr Netzwerk eingerichtet ist, werden Sie mit zahlreichen Administrationsaufgaben konfrontiert. Als erstes müssen allen Systemen IP-Adressen zugewiesen werden. Das entsprechende Thema „Dynamic Host Configuration Protocol" wird in Kapitel 7 behandelt. Die Rechner müssen sich untereinander erkennen können, was auf zwei Arten realisiert wird: erstens über das Internet Naming System (WINS) und zweitens über das Domain Naming System (DNS). In Kapitel 8 und 9 lernen Sie das Einrichten und Verwalten von Servern für beide Systeme kennen. Neben der reinen Aufrechterhaltung des Systems soll Ihr Netzwerk vermutlich auch etwas Sinnvolles ausführen. Die grundlegendste Internet-Funktion ist im allgemeinen ein Mail-System. In Kapitel 14 lernen Sie, wie man einen E-Mail-Server einrichtet. Ebenfalls wichtig sind WWW-Funktionen, die in Kapitel 13 beschrieben werden. Ein älteres, aber immer noch wichtiges System ist FTP (File Transfer Protocol), das in Kapitel 11 behandelt wird. Und letztendlich muß sich jeder, der sein Netzwerk an das Internet anschließt, mit Sicherheitsfragen auseinandersetzen, so daß wir folgerichtig Kapitel 15 dem Thema Internet-Sicherheit gewidmet haben.

Dieses Buch soll Ihnen auf zwei Arten behilflich sein: Das erste und wichtigste Ziel ist es, Ihnen die Kenntnisse zu vermitteln, wie Sie ein Intranet von Grund auf einrichten. Zweitens kann Ihnen dieses Buch bei der Vorbereitung auf die MCSE-Zertifizierung eine große Hilfe sein.

Im Namen aller möchte ich mich bei Ihnen bedanken, daß Sie dieses Buch erworben haben. Wir wünschen Ihnen alle viel Erfolg beim Aufbau Ihrer Internet-Verbindung bzw. Ihres Intranets.

TCP/IP: Grundlagen und Hintergründe

KAPITEL 1

Mit dem rasant fortschreitenden Wachstum des Internet in den letzten Jahren wurde der Begriff TCP/IP aus einem Schattendasein in das Licht des allgemeinen Interesses katapultiert. Dieses Konzept zu kennen, ist inzwischen einfach ein Muß. Dieses Transportprotokoll bzw. diese Netzwerksprache weist einige Ähnlichkeiten zu NetBEUI, SNA, IPX/SPX oder X.25 auf, wobei es jedoch einen wichtigen Unterschied gibt: Die meisten dieser Transportprotokolle sind entweder für LAN-Umgebungen oder für WAN-Umgebungen vorgesehen – nicht für beide. TCP/IP dagegen ist in beiden Umgebungen äußerst effektiv. Wie dieses Kapitel zeigen wird, macht diese Vielfältigkeit der Plattformen eine seiner größten Stärken aus.

Folgendes erwartet Sie in diesem Kapitel:

- Erläuterungen zu TCP/IP und zum Internet
- Einführung in wichtige Hilfsmittel zur Informationssuche im Internet
- Verdeutlichung der Entwicklung des Internet durch RFCs
- Untersuchung der Ziele beim Entwurf von TCP/IP und deren Zweck

Nach Abschluß dieses Kapitels verfügen Sie über ein gefährliches Wissen über TCP/IP. Dieses Problem sollte allerdings durch die weitere Lektüre dieses Buches gelöst werden, die Sie in den Status eines echten „Experten" erheben wird.

Kurzer Abriß der Geschichte von TCP/IP

Lassen Sie uns von der Frage ausgehen, was TCP/IP ist. Transmission Control Protocol/Internet Protocol ist eine Softwaresammlung, die im Laufe der Jahre entstanden ist und deren Entwicklung größtenteils durch hohe Zuschüsse aus Forschungsetats der US-Regierung unterstützt wurde. Ursprünglich war TCP/IP für das US-Verteidigungsministerium vorgesehen. Das Verteidigungsministerium tendiert dazu, Steuergelder in zahlreichen Ausrüstungsgegenständen anzulegen, die wiederum zu anderen Ausrüstungsgegenständen inkompatibel sind. So war es beispielsweise in den späten siebziger Jahren, als die Arbeit an TCP/IP begann, einem IBM-Mainframe nahezu unmöglich, mit einem Burroughs-Mainframe zu kommunizieren. Das lag daran, daß die beiden Computer mit völlig verschiedenen Protokollen arbeiteten – etwa wie in Abbildung 1.1.

Abbildung 1.1:
Kompatible Hardware – inkompatible Protokolle

Um in etwa ermessen zu können, mit welchen Schwierigkeiten das Verteidigungsministerium konfrontiert war, stellen Sie sich vor, daß Sie zu Hause zum Telefonhörer greifen, um jemanden in Spanien anzurufen. Die Hardwareverbindung wird aller Voraussicht nach hervorragend sein, da das spanische Telefonsystem zu unserem kompatibel ist. Doch trotz der Kompatibilität der Hardware gibt es eine Inkompatibilität auf seiten der Software. Die Person am anderen Ende der Leitung erwartet ein anderes Kommunikationsprotokoll, d.h., sie spricht mit ziemlicher Sicherheit Spanisch. Dabei geht es nicht darum, daß eine Sprache besser oder schlechter ist als die andere – sie sind einfach verschieden, so daß eine flüssige Verständigung zwischen dem deutsch sprechenden Anrufer und dem spanisch sprechenden Empfänger nicht möglich ist. Statt nun dem Spanier deutsch beizubringen oder dem Deutschen spanisch, könnten beide eine neue Sprache lernen wie die „Universalsprache" Esperanto, die 1888 entwickelt wurde. Wenn in unserem Beispiel Esperanto benutzt würde, würden die beiden Gesprächspartner diese Sprache zwar nicht zu Hause sprechen, könnten sich aber in der Kommunikation miteinander verständigen.

Auf diese Weise entstand auch TCP/IP – als einfache, alternative Kommunikationssprache. Mit der Zeit entwickelte sich TCP/IP zu einem ausgereiften, gut verständlichen, robusten Satz von Protokollen, der von vielen Stellen als Hauptkommunikationssprache angenommen wurde.

ARPANET und die Geburt des Internet

Obgleich das erste Verteidigungs-Intranetzwerk ein wichtiges Ziel war, sollte das ursprüngliche Netzwerk des Verteidigungsministeriums nicht nur militärische Stützpunkte miteinander verbinden. Ein großer Teil der zugrundeliegenden Forschungsarbeit wurde durch einen Zweig des Verteidigungsministeriums finanziert, der Advanced Research Projects Agency oder ARPA genannt wird. ARPA vergab, und tut das auch heute noch, große Summen an Universitäten für Forschungsarbeiten aller Art. ARPA war der Ansicht, daß es für diese Forscher nützlich sei, sowohl miteinander als auch mit dem Pentagon kommunizieren zu können. Die Abbildungen 1.2 und 1.3 veranschaulichen das Netzwerksystem vor und nach der ARPANET-Implementation.

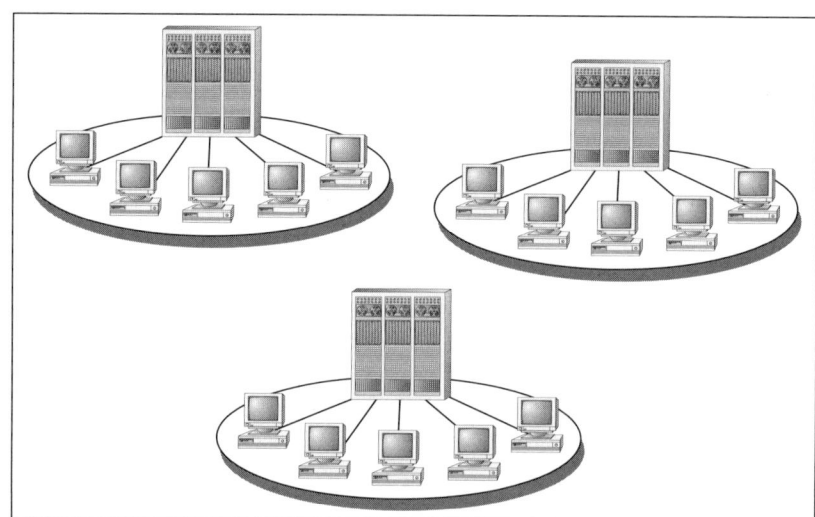

Abbildung 1.2:
Die Situation von Wissenschaftlern vor dem ARPANET

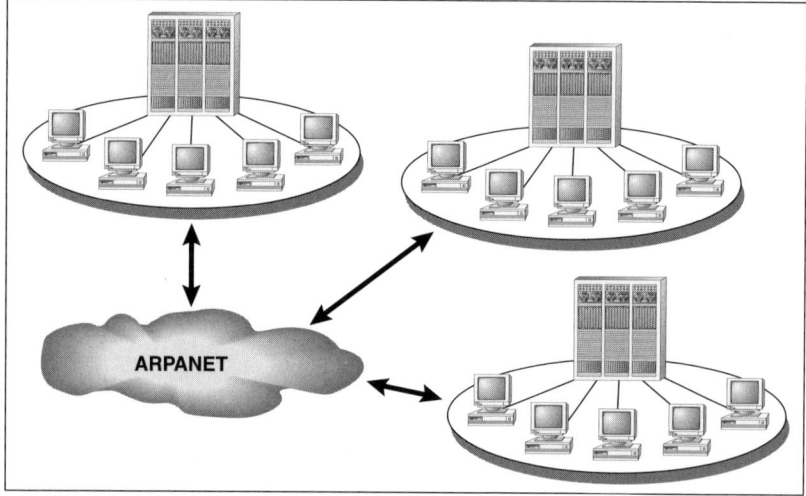

Abbildung 1.3:
Die Situation von Wissenschaftlern nach dem ARPANET

ARPANET und die Geburt des Internet

Das neue Netzwerk, ARPANET, wurde von dem privaten Vertragspartner Bolt, Barenek and Newman entwickelt und eingerichtet. Es verband zum ersten Mal Universitätsprofessoren untereinander und gleichzeitig mit militärischen und zivilen Projektleitern im ganzen Land. Da ARPANET verschiedene private Universitätsnetzwerke mit entfernten militärischen Netzwerken verband, war es ein „Netz der Netze".

ARPANET lief auf einem Protokoll namens Network Control Protocol (NCP). NCP wurde später in zwei Bestandteile verfeinert, das Internet Protocol (IP) und das Transmission Control Protocol (TCP). Der Wechsel von NCP zu TCP/IP markiert den technischen Unterschied zwischen ARPANET und dem Internet. Vom 1. Januar 1983 an nahmen die Paketvermittlungseinrichtungen des ARPANET keine NCP-Pakete mehr an und vermittelten nur noch TCP/IP-Pakete. Daher kann dieses Datum in gewissem Sinne als der „offizielle" Geburtstag des Internet betrachtet werden.

Der als ARPANET bekannte „Urschleim" wurde nach wenigen Entwicklungsstufen zum Internet. Wahrscheinlich fand die erste größere Entwicklung 1974 statt, als Vinton Cerf und Robert Kahn die Protokolle vorschlugen, die zu TCP und IP wurden. (Die etwas vage Formulierung „wahrscheinlich" ist dadurch bedingt, daß das Internet nicht aus einer zentralisierten Anstrengung heraus erwuchs, sondern vielmehr aus den weitgehend unabhängigen Bemühungen verschiedener Forscher, Universitätsprofessoren und Studenten, die fast alle unterschiedlicher Auffassung darüber sind, welche Faktoren die Entwicklung des Internet „entscheidend" beeinflußt haben.) Im Laufe seiner mehr als zwanzigjährigen Geschichte haben das Internet und seine Vorläufer mehrere Phasen des Wachstums und der Anpassung durchgemacht. Vor zehn Jahren hatte das Internet nur ein paar Tausend Benutzer. Bei der letzten Zählung waren fünf Millionen Computer und 100 Millionen Benutzer im Internet. Die Größe des Internet scheint sich jedes Jahr zu verdoppeln. Das kann nicht unbegrenzt so weitergehen, so daß es inzwischen Zeit für eine Veränderung in diesem riesigen Netz der Netze wird. Wie auch bei Lebensformen erleichtert Anpassungsfähigkeit sowohl Veränderung als auch Überleben, so daß leicht verständlich ist, warum die Vielseitigkeit von TCP/IP so wichtig ist.

Die treibende Kraft für das Wachstum des Internet ist nicht ein esoterisches Interesse auszuprobieren, ein wie großes Netzwerk die Welt aufbauen kann, sondern es sind vielmehr einige wenige Anwendungen, die das Internet benötigen, um zu laufen. Eine der wichtigsten ist Internet-E-Mail, dicht gefolgt vom World Wide Web und dem File Transfer Protocol (FTP) als Nachhut. Diese Anwendungen werden weiter unten in diesem Kapitel ausführlicher behandelt.

Ursprünglich sollten Internet-Protokolle Verbindungen zwischen Netzwerken auf Mainframe-Basis unterstützen, die während der siebziger Jahre praktisch der einzig vorhandene Netzwerktyp waren. In den achtziger Jahren kamen dann in zunehmendem Maße UNIX-Workstations, Mikrocomputer und Minicomputer auf. Da die Entwicklung der Berkeley-Version von UNIX größtenteils mit Regierungsgeldern finanziert wurde, verlangte die Regierung die Integration der TCP/IP-Protokolle. Es gab zunächst einigen Widerstand, doch der Einbau von IP in Berkeley-UNIX hat sowohl UNIX als auch der Vernetzung von Netzwerken zum Wachstum verholfen. Das IP-Protokoll wurde in vielen Ethernet-Netzwerken auf UNIX-Basis benutzt, die in den Achtzigern entstanden und heute noch existieren. In der Tat muß man zumindest ein bißchen UNIX lernen, um wirklich durch das Internet fliegen zu können. Aber das sollte Sie nicht abschrecken! Die nächsten Kapitel vermitteln Ihnen alles über UNIX, was Sie heute noch brauchen, und zeigen Ihnen, inwieweit NT die bisherigen UNIX-Funktionen ersetzen kann.

Der Beitrag der NSF und das heutige Internet

Mitte der achtziger Jahre richtete die National Science Foundation (NSF) fünf Superrechenzentren ein und verband sie mit dem Internet. Damit wurden zwei Ziele verfolgt: Einerseits wurden den NSF-Konzessionären im ganzen Land diese Supercomputer verfügbar gemacht, andererseits wurde damit dem Internet das wesentliche „Rückgrat" gegeben. Der Netzwerkbereich der National Science Foundation, genannt NSFNET, war lange Zeit der größte Teil des Internet. Inzwischen wird er abgelöst durch das National Research and Education Network (NREN). Jahrelang wurden kommerzielle Nutzer aus dem Internet herausgehalten. Da die Finanzierung hauptsächlich durch die US-Regierung erfolgte, konnte man nur auf Einladung Teilnehmer im „Net" werden. Jetzt, da diese Restriktionen gelockert wurden und immer mehr kommerzielle Anbieter angeschlossen werden, fließt mehr Verkehr über kommerzielle Wege als über Regierungskanäle – zumindest in den Vereinigten Staaten. Da das Internet bereits weitestgehend privatisiert ist, ist die einstige Befürchtung, daß das Internet aufgrund mangelnder Regierungsgelder eingehen können, inzwischen passé.

Das Internet wird oft als „Datenautobahn" bezeichnet. Diese Bezeichnung ist recht einleuchtend, denn es ist in der Tat eine Art Langstreckentransportweg für große Datenmengen. Das Internet wächst so rasant, weil es so viel zu bieten hat. Unternehmen setzen es ein als Kommunikationsmittel, für die Werbung, zum Aufbau eines Kundenstamms, für die Suche nach Informationen und für den Verkauf ihrer Waren. Es ist eine wahre Fundgrube für Forscher, Studenten und Ausbilder. Die Nutzung des Internet hat sogar neue Begriffe in unsere Sprache eingeführt und unsere Gewohnheiten verändert. So nutzen beispielsweise eine Reihe von Beschäftigten das Internet für Telearbeit. Ein handgreifliches Beispiel dafür ist das vorliegende Buch, das auf seinem Entstehungsweg zwischen den Autoren, Lektoren, Übersetzern und Herausgebern über das Internet hin und her geschickt wurde.

Wenn Ihre Firma noch nicht im Internet ist, sollte und wird sie es bald sein! Denken Sie an die Anfänge der Faxgeräte in den frühen achtziger Jahren. Von einem Tag auf den anderen fragten die Leute nicht mehr „Haben Sie ein Faxgerät?", sondern vielmehr „Wie lautet Ihre Faxnummer?" Die derzeitige Entwicklung läuft darauf hinaus, daß Ihre Existenz in Frage gestellt wird, wenn Sie keine Internet-Adresse haben.

Ziele bei der Entwicklung von TCP/IP

Jetzt ist es an der Zeit, handfester zu werden. Lassen Sie uns ein wenig in den technischen Aspekten der wichtigsten Protokolle des Internet wühlen. Als das US-Verteidigungsministerium mit der Schaffung dieser Reihe von Netzwerkprotokollen begann, hatte man einige klar umrissene Ziele vor Augen. Das Verständnis dieser Ziele erleichtert die Einsicht, warum der Einsatz von TCP/IP überhaupt sinnvoll ist. Im folgenden eine Liste der Ziele des Verteidigungsministeriums:

- Gute Fehlerkorrektur, d.h. Fehlertoleranz
- Möglichkeit der Anbindung neuer Netzwerke, ohne die Funktion vorhandener Netze zu stören
- Möglichkeit zur Bewältigung hoher Fehlerquoten
- Unabhängigkeit von einem bestimmten Hersteller oder Netzwerktyp
- Geringer Daten-Overhead

Es ist anzunehmen, daß sich niemand bewußt war, wie entscheidend diese Entwicklungsziele für den erstaunlichen Erfolg von TCP/IP sowohl in privaten Intranets als auch im Internet sein würden. Lassen Sie uns die einzelnen Ziele etwas genauer betrachten.

Gute Fehlerkorrektur

Vergessen Sie nicht, daß hier ein Verteidigungsnetzwerk entstehen sollte, daß seine Arbeit auch dann aufrechterhalten mußte, wenn Teile der Netzwerkstruktur plötzlich und ohne Vorwarnung ausfielen. Mit anderen Worten, wenn San Francisco völlig von der Landkarte verschwinden würde, könnten bei guter Fehlertoleranz notwendige Informationen online von New York aus über eine andere Route nach Los Angeles gesendet werden, ohne daß Daten verlorengehen.

Aber wie gelangen, wenn San Francisco nicht mehr existiert, diese Datenpakete mit den benötigten Informationen rechtzeitig nach L.A.? Die Antwort darauf lautet Paket-Switching. Weitere Informationen dazu finden Sie in Kapitel 2 in den Abschnitten zur Netzwerkschicht.

Möglichkeit zur Anbindung neuer Teilnetze bei laufendem Betrieb

Dieses zweite Ziel ist mit dem ersten eng verbunden. Es fordert, daß komplette neue Netzwerke in Intranets beliebiger Größe oder in das Internet selbst integriert werden können, ohne daß der Betrieb vorhandener Netzwerke unterbrochen werden muß.

In einigen Netzwerken, die wir eingerichtet haben, können unsere Kunden ganz einfach einen neuen **Hub** *an einen vorhandenen Router-Anschluß anschließen, und schon ist ein neues Teilnetz betriebsbereit. Wenn das Netzwerk von vornherein für späteres Wachstum ausgelegt ist und der Router vordefiniert wurde, kann der Kunde neue Teilnetze während des laufenden Betriebs hinzufügen. Fügt man einem vorhandenen Netzwerk einen Router hinzu und schließt eine ISDN- oder T1-Leitung zu einem Internet Service Provider (ISP) an, ist man unmittelbar im Internet präsent. Gleichzeitig ist dies eine ausgezeichnete wachstumsorientierte Taktik. Nur die TCP/IP-Protokolle ermöglichen eine solche Flexibilität.*

Möglichkeit zur Bewältigung hoher Fehlerquoten

Das nächste Ziel bestand darin, daß ein Intranet in der Lage sein sollte, hohe, möglicherweise unvorhergesehene Fehlerquoten zu tolerieren und dennoch einen hundertprozentig zuverlässigen Service von einem Ende zum anderen zu leisten. TCP/IP kann das Umschalten von Leitungen bei hohem Datenaufkommen oder einem Ausfall problemlos handhaben. Es kann außerdem fehlende oder beschädigte Pakete wiederholt übertragen. Wenn Daten über große Entfernungen übertragen werden müssen, ist die Gefahr fehlender oder beschädigter Daten recht groß. TCP/IP stellt sicher, daß alle Daten ankommen, auch wenn unterwegs Leitungsprobleme auftreten.

Unabhängigkeit vom Host

Wie bereits erwähnt sollte die neue Netzwerkarchitektur mit jeder Art von Netzwerk arbeiten und nicht an bestimmte Hersteller gebunden sein. Dies ist in den neunziger Jahren besonders wichtig. Die Zeiten, in denen es hieß „Wir arbeiten nur mit IBM" oder „Wir kaufen ausschließlich Novell", sind für viele bereits vorbei und werden es auch bei anderen bald sein.

Geringer Daten-Overhead

Das letzte Ziel war, daß die Netzwerkprotokolle so wenig Overhead wie möglich haben sollten. Zum besseren Verständnis dessen soll TCP/IP im Vergleich zu anderen Protokollen betrachtet werden. Derzeit weiß zwar niemand, welches Protokoll das Standardprotokoll in 20 Jahren sein wird, doch ein Mitbewerber von TCP/IP ist eine Protokollreihe, die von der International Organization for Standardization (ISO) entwickelt wurde. ISO hat einige Standards, die denen von TCP/IP sehr ähnlich sind, nämlich X.25 und TP4. Aber jedes Protokoll packt seine Daten mit einem zusätzlichen Satz von Bytes, der als eine Art Umschlag betrachtet werden kann. Der größte Teil der Datenpakete, die das IP-Protokoll verwenden, hat einen einfachen Header von einer festen Größe von 20 Byte. (Erläuterungen, warum TCP und IP eigentlich zwei sehr verschiedene Protokolle sind und was diese Protokolle machen, folgen in Kürze.) Wenn alle möglichen Optionen aktiviert sind, kann der Header bis zu 60 Byte groß sein. Der feste Teil von 20 Byte steht immer am Anfang des Pakets. Im Gegensatz dazu verwendet X.25 Dutzende verschiedener Header, die keinen erkennbaren festen Bestandteil haben. Aber warum sollten Sie sich über Overhead den Kopf zerbrechen? Nun, dafür gibt es eigentlich nur einen Grund: die Geschwindigkeit! Ein einfacheres Protokoll bedeutet schnellere Übertragung und schnelleres Paket-Switching.

RFCs: Verfeinerung von TCP/IP

Wenn etwas im Leben lang genug da ist, wird die Politik irgendwann darauf aufmerksam. Das ist manchmal sogar gut. Und manchmal ist es absolut notwendig, besonders wenn das Ziel darin besteht Standards für TCP/IP zu setzen. Diese Standards werden in einer Dokumentenreihe veröffentlicht, die sich Request for Comments oder RFCs nennt. Diese Dokumente beschreiben die interne Arbeitsweise des Internet.

RFCs und Standards sind nicht ein und dasselbe. Auch wenn viele RFCs in der Tat Standards sind, dienen einige ausschließlich Informationszwecken oder der Arbeitsbeschreibung. Wieder andere stellen eine Art von Forum dar für Beiträge aus der Industrie zum Prozeß der Aktualisierung von IP-Standards.

Der Prozeß der Standardisierung des Internet ähnelt dem Weg einer Gesetzesvorlage bis zum fertigen Gesetz. Zu den Ähnlichkeiten gehört auch, daß es verschiedene Verwaltungsorgane und interessierte Seiten gibt, die den Vorgang beobachten und Entscheidungen treffen. Eine andere Parallele besteht darin, daß ein RFC-Dokument, bevor es zum Standard wird, mehrere Phasen durchläuft, in denen es geprüft, analysiert, debattiert, kritisiert und getestet wird.

Statustypen und Entwicklung von RFCs

Eine Person, Firma oder Organisation, die ein neues Protokoll oder eine Verbesserung eines bestehenden Protokolls vorschlägt oder einfach den Status des Internet kommentiert, erzeugt zunächst ein RFC. Wenn die IESG (Internet Engineering Steering Group) das Dokument gutheißt, wird es nach einer Wartezeit von mindestens sechs Monaten in den Status eines vorläufigen Standards erhoben, wo es erneut einer Überprüfung unterzogen wird, bevor es schließlich zum tatsächlichen Internet-Standard wird. Anschließend wird das Dokument veröffentlicht und erhält eine permanente RFC-Nummer.

Wenn der Standard in irgendeiner Form geändert oder aktualisiert wird, erhält er eine völlig neue Nummer, damit nicht mehrere Versionen unter derselben Nummer geführt werden müssen und sich nicht die Frage stellt, ob man es mit der aktuellsten Version zu tun hat. Für den Fall, daß es sich bei einem Dokument um eine überarbeitete Version handelt, werden auf der Titelseite die einzelnen Versionen jeweils mit Datum angegeben. Ein auf die RFC-Nummer folgender Buchstabe kennzeichnet den Status des RFC-Dokuments. Die nachfolgende Liste enthält die Statusbezeichnungen für Internet-Protokolle:

- **Historic:** Diese Protokolle sind entweder veraltet oder kommen für eine Standardisierung nicht mehr in Betracht.
- **Experimental:** Mit diesen Protokollen wird experimentiert.
- **Informational:** Diese Dokumente dienen lediglich der Information.
- **Proposed Standard:** Diese Protokolle werden hinsichtlich einer späteren Standardisierung analysiert.
- **Draft Standard:** Diese Dokumente wurden zum vorläufigen Standard erhoben und befinden sich in der letzten Erprobungsphase.

- **Standard:** Ein solches Internet-Protokoll hat den gesamten Prozeß durchlaufen und ist offizieller Standard.

Es gibt auch Anweisungen für die Behandlung von Internet-Protokollen. Diese sind:

- **Limited:** Möglicherweise für einige Computersysteme von Nutzen. Hochspezialisierte oder experimentelle Protokolle werden häufig mit dieser Kennzeichnung versehen. Auch historische Protokolle können diesen Status erhalten.
- **Elective:** Diese Protokolle kommen für eine Implementation in Frage.
- **Required:** Protokolle, die als ein „Muß" betrachtet werden. Ihre Implementation im Internet ist notwendig.

Es ist wichtig zu beachten, daß nicht jedes Protokoll, das im Netz breite Anwendung findet, ein Internet-Standard ist. Ein berühmtes Beispiel dafür ist das NFS (Network File System) von TCP/IP. Das von Sun Microsystems entwickelte NFS ist ein wichtiges TCP/IP-Protokoll und daher unauflöslich mit dem Internet verbunden. Obwohl dieses Protokoll unverzichtbar ist, hat es keine Zustimmung durch das Internet Activities Board (das im folgenden Abschnitt behandelt wird) erfahren und kann deshalb nicht in den Status eines Standards erhoben werden.

Internet Activities Board (IAB)

Das IAB ist ein Komitee, das für die Aufstellung von Internet-Standards und den Prozeß der Veröffentlichung von RFCs zuständig ist. Das IAB ist verantwortlich für zwei Gruppierungen: die Internet Research Task Force (IRTF) und die Internet Engineering Task Force (IETF). Die IRTF koordiniert alle TCP/IP-bezogenen Forschungsprojekte, während sich die IETF mit Problemen im Internet beschäftigt.

Weitere Informationen über das Internet finden Sie (wie könnte es auch anders sein) im Internet selbst. Es gibt ein Memo mit dem Titel „Internet Official Protocol Standards", das bei unserer letzten Überprüfung die RFC-Nummer 1800 trug. Es beschreibt den oben umrissenen Prozeß sehr viel ausführlicher, als es an dieser Stelle möglich ist.

Erforschung von RFCs auf InterNIC

Das von AT&T bereitgestellte InterNIC-Verzeichnis und die dazugehörige Datenbank sind ein Dienst, der Informationsquellen über das Internet, einschließlich RFCs, bereitstellt. Ein WHOIS-Server bietet eine weiße Liste von Internet-Benutzern und eine Gopher-Datenbank verschafft Zugang zu Internet-Dokumenten. InterNIC ist ein wichtiges Informationsreservoir, das zahlreiche Option für Recherchen zur Verfügung stellt. Viel Spaß beim Ausprobieren!

Früher bestand die beste Möglichkeit, RFCs zu suchen und aktuelle Informationen über deren Quellen zu erhalten, darin, eine E-Mail-Nachricht an rfc-info@isi.edu zu senden mit der Mitteilung **help: ways_to_get_rfcs**. Wenn man nicht nach einem speziellen RFC-Dokument suchte, konnte man eine Datei mit dem Namen rfc-inde.txt herunterladen, die eine komplette Liste aller vorhandenen RFCs enthält. Heute ist die einfachste Art der Suche nach RFCs, im Internet die Site www.internic.net aufzusuchen, die eine angenehme Suchoberfläche zu bieten hat. Außerdem sind RFCs über FTP von folgenden Servern erhältlich:

- ds.internic.net (InterNIC Directory and Database Services)
- nis.nsf.net
- nisc.jvnc.net
- ftp.isi.edu
- wuarchive.wustl.edu
- src.doc.ic.ac.uk
- ftp.ncren.net
- ftp.sesqui.net
- nis.garr.it

Informationssuche im Internet

Das Internet ist inzwischen ein beliebter „Aufenthaltsort" geworden. Neben dem offensichtlichen kommerziellen Potential gibt es dort für jeden etwas, vom Diner zur Musik von Debussy bis zu Sky-Surfing mit S.T.P. Wie man jedoch aus dieser riesigen Informationsflut das Richtige für sich selbst herausfindet, ist alles andere als klar und einfach. Wenn Sie sich in dieser Situation vorkommen wie Alice im Wunderland, stehen Sie nicht allein da. Sie wissen, was Sie suchen – Sie wissen, daß es irgendwo dort draußen ist ... aber wo? Und wie kann man am schnellsten und einfachsten dorthin gelangen? Glücklicherweise verfügt TCP/IP über Anwendungsprotokolle, die sich dieser Probleme annehmen. Im folgenden werden vier Methoden der Informationssuche im Internet, die als Information Retrieval Services (Informationssuchdienste) bezeichnet werden, näher betrachtet:

Informationssuche im Internet

- WAIS
- Archie
- Gopher
- World Wide Web (WWW)

WAIS

Wide Area Information Server ermöglichen die Suche nach einem bestimmten Dokument in einer Datenbank. WAIS ist ein verteilter Informationsdienst, der sowohl Eingaben in natürlicher Sprache als auch die Möglichkeit der Indexsuche bietet, wobei die Ergebnisse einer Suche spätere Suchvorgänge beeinflussen. Zugang zu einem WAIS-Client erhalten Sie, wenn Sie über Telnet zu ds.internic.net gehen. Melden Sie sich an als **wais**, ohne Kennwort. WAIS-Suchvorgänge können auch im WWW durchgeführt werden.

Archie

Das Programm namens Archie wurde geschaffen, um den Benutzern die Suche nach Dateien zu erleichtern. Archie arbeitet mit einem Index einer großen Anzahl von Dateien. In bestimmten Abständen laden die beteiligten Internet-Host-Computer eine Liste ihrer Dateien auf einige spezielle Computer, die als Archie-Server dienen. Der Archie-Server indiziert dann all diese Dateien.

Wenn Sie nach einer bestimmten Datei suchen, können Sie die Archie-Client-Software ausführen und eine Abfrage (Suche) auf dem Archie-Server durchführen. Der Archie-Server überprüft seine Indizes und sendet eine Beschreibung und die Position der Dateien zurück, die Ihrer Abfrage entsprechen. Anschließend können Sie die Datei(en) mit Hilfe von FTP übertragen. Archie ist in erster Linie ein Index- und Suchwerkzeug.

Gopher

Ein weiteres hervorragendes Internet-Hilfsmittel ist Gopher. Gopher (was übersetzt „Erdhörnchen" bedeutet) entstand an der Universität von Minnesota, deren Maskottchen ein Erdhörnchen ist. Gopher faßt Themen in einem Menüsystem zusammen und ermöglicht den Zugriff auf Informationen zu jedem aufgelisteten Thema. In diesem Menüsystem sehen Sie auf einen Blick, welche Informationen dort zur Verfügung stehen. Es gibt viele Ebenen von Untermenüs, durch die Sie sich bis zum exakten Informationstyp, den Sie suchen, „durchgraben" können. Wenn Sie einen Menüeintrag auswählen, transferiert Gopher Sie zu einem anderen System im Internet, auf dem sich die ausgewählte Information befindet.

Gopher verwendet eigentlich das Telnet-Protokoll, um Sie auf einem anderen System anzumelden. Dieser Vorgang bleibt dem Benutzer jedoch verborgen, da er nur die Menüoberfläche von Gopher sieht. Gopher teilt Ihnen also nicht nur mit, wo sich die gesuchten Informationen befinden, wie es bei Archie der Fall ist, sondern bringt Sie direkt dorthin. Man kann Gopher beschreiben als ein Menü-, Such- und Navigationsprogramm, das den Benutzer an bestimmte Stellen im Internet bringt.

World Wide Web

Das World Wide Web (WWW) ist eine Art von Datendienst, der sich auf vielen verschiedenen Computern im Internet befindet. Diese Computer benutzen eine bestimmte Art von Software, die die Querverbindung von Text und Grafiken zu anderen Informationen ermöglicht. Wenn Sie auf einen WWW-Server und eine bestimmte Web-Seite zugreifen, sehen Sie eine (je nach Talent des Autors) mehr oder minder gelungene grafische Darstellungen von Text, Bildern, Symbolen, Farben und anderen Elementen.

Für den Zugriff auf einen Web-Server benutzt man eine Client-Software, die als Browser bezeichnet wird. Mit Hilfe eines Browsers können Sie ein Element auf einer Web-Seite auswählen, das einen Querverweis auf eine Computeranimation enthalten, eine Sound-Datei abspielen oder eine andere Web-Seite anzeigen kann. Ein Browser kann sogar Kontakt zu einem Web-Server am anderen Ende der Welt aufnehmen. Alle Web-Server im Internet werden mit dem Sammelbegriff World Wide Web bezeichnet und können als ein Bewußtsein für Computer im Sinne von Jung betrachtet werden.

Die am weitesten verbreiteten Browser für das World Wide Web sind Netscape Navigator und Microsoft Internet Explorer. Für wie lange diese Reihenfolge noch bestehen wird, ist allerdings ungewiß.

Doch vorerst genug der Informationen zum Internet. Im nächsten Kapitel geht um die Definition einiger Dinge, die bereits erwähnt wurden, speziell um die Frage: Was sind TCP und IP? Bis zu diesem Punkt hat die Diskussion sicherlich mehr als eine Frage zu dieser komplexen Netzwerkmaschinerie und allem, was damit zusammenhängt, aufgeworfen. Das folgende Kapitel vermittelt nicht nur ein klareres Bild von TCP/IP, sondern veranschaulicht auch, wie es arbeitet und warum es so arbeitet.

TCP/IP-Kommunikationsschichten und ihre Protokolle

KAPITEL 2

Ursprünglich war TCP/IP nur ein Satz von Protokollen, die unterschiedliche Computer miteinander verbinden und Daten zwischen ihnen übertragen konnten. Dieser Satz ist jedoch inzwischen zu einer Sammlung mit einer großen Anzahl von Protokollen angewachsen, die alle zusammen als TCP/IP-Protokollreihe bezeichnet werden. Die Vision, die zu diesem Unternehmen führte, wurde bereits erläutert. Nun geht es um das zugrundeliegende Konzept. Die Bestandteile von TCP/IP sollen vorgestellt und in ein Gesamtbild eingeordnet werden, das deutlich macht, wie diese Teile zusammenarbeiten und sich zu dem als TCP/IP bekannten leistungsfähigen Kommunikationswerkzeug zusammenfügen.

Das OSI-Referenzmodell

Die International Organization for Standardization ist so etwas wie der Knigge der Protokollwelt. Ebenso wie Herr Knigge das Buch geschrieben hat, das die Standards – oder Protokolle – für die Interaktion innerhalb der menschlichen Gesellschaft festgesetzt hat, hat die ISO das OSI (Open Systems Interconnection)-Referenzmodell als Leitfaden und Vorbild für eine offene Protokollreihe entwickelt. Es definiert die Etikette für Kommunikationsmodelle und ist bis heute das gebräuchlichste Mittel für den Vergleich von Protokollreihen. Die Beschäftigung mit dem OSI-Referenzmodell lohnt sich, da es bei der Lösung von Problemen helfen kann. Außerdem macht es immer einen guten Eindruck, wenn man sich damit auskennt.

Das OSI-Referenzmodell hat sieben Schichten:

- Anwendung
- Darstellung
- Sitzung
- Transport
- Vermittlung oder Netzwerk
- Sicherung
- Bitübertragung

Abbildung 2.1 zeigt, wie sich diese „Makroschichten" zusammenfügen.

Abbildung 2.1:
Die Makroschichten des OSI-Modells

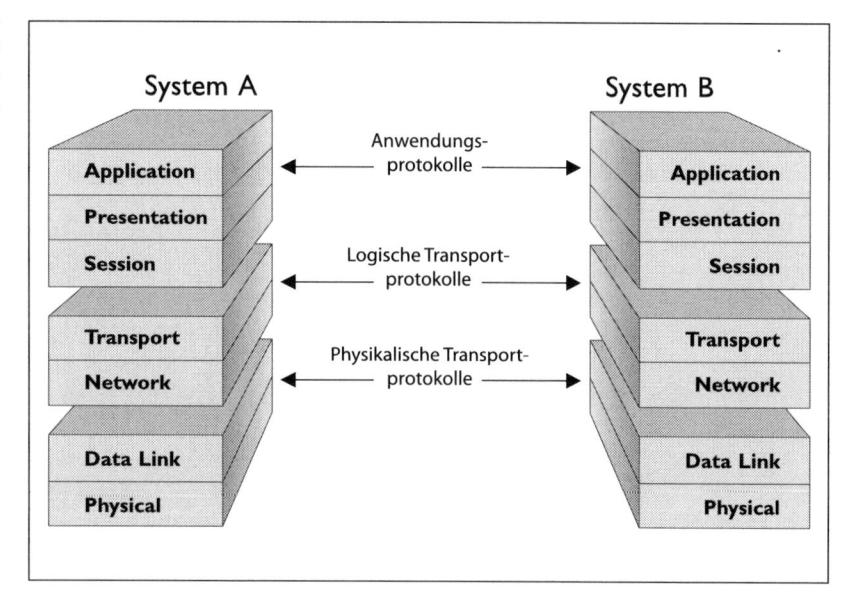

System A — Application, Presentation, Session, Transport, Network, Data Link, Physical

System B — Application, Presentation, Session, Transport, Network, Data Link, Physical

Anwendungsprotokolle (zwischen Application-Schichten)
Logische Transportprotokolle (zwischen Session/Transport-Schichten)
Physikalische Transportprotokolle (zwischen Network-Schichten)

Die oberen drei Schichten des OSI-Modells – Anwendung, Darstellung und Sitzung – betreffen Funktionen, die Anwendungen bei der Kommunikation mit anderen Anwendungen unterstützen. Insbesondere geht es um Fragen wie Dateinamenformate, Codesätze, Benutzeroberflächen, Komprimierung, Verschlüsselung und andere Funktionen im Zusammenhang mit dem Austausch zwischen Anwendungen.

Die Transport- und die Netzwerkschicht beziehen sich auf die logische Übermittlung von Daten. Hier geht es um die Größe der von einer Anwendung gesendeten und empfangenen Pakete sowie um deren Weiterleitung. Hier wird außerdem der Grad der Zuverlässigkeit festgelegt, mit der die Pakete ihr Ziel erreichen sollen, und die logische Adressierung jeder Maschine.

Die untersten Schichten – Sicherungs- und Bitübertragungsschicht – betreffen die physische Übermittlung von Daten. Was in diesen Schichten ankommt, wird in ein Format gebracht, das über verschiedene physische Übertragungsmedien gesendet werden kann, z.B. über Kabel, Lichtwellenleiter, Mikrowellen und Funk. Sie kodieren die Daten in verschiedene Signale, die für das zur Übertragung benutzte Medium spezifisch sind.

Anwendungsschicht

Die Anwendungsschicht des OSI-Modells unterstützt die Komponenten, die für die Kommunikationsaspekte einer Anwendung zuständig sind. Auch wenn Computeranwendungen manchmal nur die Ressourcen des Arbeitsplatzrechners erfordern, können sie Kommunikationskomponenten mehrerer Netzwerkanwendungen miteinander kombinieren (z.B. Dinge wie Dateiübertragungen, E-Mail, Datenfernzugriff, Netzwerkverwaltungsaktivitäten, Client/Server-Prozesse und Informationssuche). Viele Netzwerkanwendungen bieten Dienste für die Kommunikation innerhalb eines firmeninternen Netzwerks, aber der rasch wachsende Bedarf für die gegenwärtige und zukünftige Verknüpfung von Netzwerken untereinander übersteigt deren Möglichkeiten. Für die neunziger Jahre und darüber hinaus erfordern die zunehmenden Transaktionen und der Informationsaustausch zwischen Organisationen netzwerkübergreifende Anwendungen wie die folgenden:

- **World Wide Web (WWW):** Verbindet unzählige Server (die Anzahl steigt täglich), die verschiedene Formate darstellen. Die meisten sind aus dem Multimedia-Bereich. Dazu gehören z.B. Grafik, Text, Video und Ton. Netscape Navigator, Internet Explorer und andere Browser wie Mosaic vereinfachen sowohl den Zugriff auf als auch die Anzeige von Web-Sites.

- **E-Mail-Gateways:** Auch E-Mail-Gateways sind vielseitig und verwenden Simple Mail Transfer Protocol (SMTP) oder den X.400-Standard für den Austausch von Mitteilungen zwischen verschiedenen E-Mail-Anwendungen.

- **Electronic Data Interchange (EDI):** Dies ist eine Zusammensetzung aus spezialisierten Standards und Prozessen, die Aufgaben wie Buchhaltung, Warenwirtschaft, Auftragsbearbeitung und Inventur zwischen Unternehmen erleichtert.

- **Elektronische Anschlagbretter zu bestimmten Themen:** Dazu gehören die zahlreichen Chat-Bereiche im Internet, in die Benutzer sich einklinken und miteinander kommunizieren können, indem sie Mitteilungen veröffentlichen oder „live" in Echtzeit eine über die Tastatur eingegebene Unterhaltung führen können. Außerdem kann hier Public-Domain-Software ausgetauscht werden.

- **Internet-Navigationsprogramme:** Anwendungen wie Gopher und WAIS sowie Suchmaschinen wie Yahoo, Excite und AltaVista helfen dem Anwender, die benötigten Ressourcen und Informationen im Internet zu finden.

- **Finanztransaktionsdienste:** Diese Dienste werden im Finanzwesen eingesetzt. Sie sammeln Informationen zu Investments, Handel, Waren, Wechselkursen und Kreditdaten und verkaufen diese an ihre Abonnenten.

Application Program Interfaces (APIs)

In diesem Zusammenhang muß eine wichtige Sache erwähnt werden, nämlich das sogenannte Application Program Interface (API). Es wird zusammen mit den Diensten der Anwendungsschicht benutzt und von Protokoll- und Programmentwicklern häufig mit deren Produkten geliefert. Diese APIs sind wichtig, da sie Programmierern ermöglichen, Anwendungen individuell anzupassen und die Vorteile ihrer Erzeugnisse zu nutzen. Ein API besteht in der Hauptsache aus Richtlinien für benutzerdefinierte Anwendungen, die beim Zugriff auf die Dienste eines Softwaresystems beachtet werden müssen. Es ist gewissermaßen ein Kanal in den Hafen. Erinnern Sie sich an BSD-UNIX? Es hat ein API namens Berkeley Sockets. Microsoft hat dieses API leicht verändert und in Windows Sockets umbenannt. Wie Sie sehen, sind die Sachen aus Berkeley überall anzutreffen.

Darstellungsschicht

Die Darstellungsschicht bezieht ihren Namen aus dem Zweck, dem sie dient, nämlich der Darstellung der Daten für die Anwendungsschicht. Sie fungiert als eine Art Dolmetscher. Eine erfolgreiche Datenübertragungstechnik besteht darin, die Daten vor der Übertragung in ein Standardformat umzuwandeln. Computer sind so eingerichtet, daß sie die Daten in diesem allgemeinen Format empfangen und dann zum Lesen zurück in ihr Ursprungsformat konvertieren. OSI verfügt über Protokollstandards, die definieren, wie Standarddaten zu formatieren sind. Aufgaben wie Komprimierung, Dekomprimierung, Verschlüsselung und Entschlüsselung von Daten sind mit dieser Schicht verbunden.

Die Abstract Syntax Representation, Revision #1 (ASN.1) ist die von der Darstellungsschicht benutzte Standardsyntax. Diese Art der Standardisierung ist für die Übertragung numerischer Daten notwendig, die von den verschiedenen Computerarchitekturen sehr unterschiedlich dargestellt werden.

Einige Standards der Darstellungsschicht beziehen sich auf Multimedia-Operationen. Die folgenden betreffen die Darstellung grafischer und visueller Bilder:

- **PICT:** Ein von Macintosh- oder PowerPC-Programmen benutztes Bildformat für die Übertragung von QuickDraw-Grafiken.

- **TIFF:** Das Tagged Image File-Format ist ein Standardgrafikformat für Bitmap-Bilder in hoher Auflösung.

- **JPEG:** Diese Standards stammen von der Joint Photographic Experts Group.

Andere Standards regeln die Darstellung von Film- und Tondokumenten:

- **MIDI:** Das Musical Instrument Digital Interface wird für digitalisierte Musik benutzt.

- **MPEG:** Der Standard der Motion Picture Experts Group für die Komprimierung und Kodierung von Videofilmen für CDs erfreut sich wachsender Beliebtheit. Er ermöglicht digitale Speicherung und Bit-Raten von bis zu 1,5 Mbps.

- **QuickTime:** Auch dieses Format ist für Macintosh- und PowerPC-Programme bestimmt und dient der Behandlung von Audio- und Videoanwendungen.

Sitzungsschicht

Die Rolle der Sitzungsschicht kann mit der eines Vermittlers oder Schiedsrichters verglichen werden. Ihre zentrale Aufgabe ist die Steuerung des Dialogs zwischen Geräten oder Knoten. Sie organisiert deren Kommunikation durch das Anbieten von drei verschiedenen Modi – Simplex, Halbduplex und Vollduplex – und durch die Einteilung der Kommunikationssitzung in drei verschiedene Phasen. Diese Phasen sind der Verbindungsaufbau, die Datenübertragung und der Verbindungsabbau.

Simplexmodus

Im Simplexmodus ist die Kommunikation eigentlich ein Monolog, bei dem ein Gerät sendet und das andere empfängt. Um sich eine Vorstellung davon zu machen, denken Sie an die Art der Kommunikation, die ein Telegraph benutzt: ......--..----...---

Halbduplexmodus

Im Halbduplexmodus senden und empfangen die Knoten abwechselnd wie bei einem Telefongespräch über eine Freisprecheinrichtung. Der Freisprechmechanismus zwingt uns dazu, das Höflichkeitsgebot zu beachten, den Gesprächspartner nicht zu unterbrechen, denn der eine Sprecher kann erst übertragen werden, wenn der andere ausgeredet hat. Auf dieselbe Weise kommunizieren Knoten im Halbduplexmodus.

Vollduplexmodus

Die einzige „Konversationsregel" im Vollduplexmodus ist die Flußsteuerung. Diese mildert das Problem möglicher Unterschiede in der Arbeitsgeschwindigkeit der beiden Knoten, wenn ein Gerät schneller sendet, als das andere empfangen kann. Ansonsten fließt die Kommunikation zwischen beiden ungeregelt, so daß beide Seiten gleichzeitig senden und empfangen können.

Phasen formeller Kommunikationssitzungen

Formelle Kommunikationssitzungen laufen in drei Phasen ab:

- In der ersten Phase, dem Verbindungsaufbau, wird der Kontakt hergestellt, und die Geräte einigen sich über die zu verwendenden Kommunikationsparameter und Protokolle.

- In der nächsten Phase, der Datenübertragung, treten die beiden Knoten in einen Dialog ein und tauschen Informationen aus.

- Wenn schließlich die Kommunikation beendet ist, beteiligen sich beide Knoten an einem systematischen Abbau der Verbindung.

Eine formelle Kommunikationssitzung ist verbindungsbezogen. In Situationen, in denen große Mengen von Informationen übertragen werden müssen, einige sich die beteiligten Knoten auf Regeln für die Einrichtung von Kontrollpunkten während des Übertragungsprozesses. Diese sind unbedingt erforderlich für den Fall, daß zwischendurch Fehler auftreten. Außerdem bieten sie uns Menschen den Luxus, angesichts unserer genau beobachtenden Computer unsere Würde zu bewahren. Lassen Sie uns das näher erläutern ... In der 44. Minute eines 45minütigen Download-Vorgangs tritt ein schwerwiegender Fehler auf ... schon wieder! Dies ist bereits der dritte Versuch, und die zu übertragende Datei wird dringend benötigt. Ohne Kontrollpunkte müßten Sie jetzt noch einmal ganz von vorn anfangen. Das kann selbst den Abgebrühtesten völlig aus der Fassung bringen. Aber, um unsere Würde zu bewahren, haben wir ja die Kontrollpunkte eingerichtet (was als Aktivitätsmanagement bezeichnet wird), die sicherstellen, daß der übertragende Knoten nur die seit dem letzten Kontrollpunkt gesendeten Daten neu übertragen muß.

Man muß beachten, daß in Netzwerksituationen Geräte einfache, einen Rahmen umfassende Statusberichte senden, die nicht im Format einer formellen Sitzung gesendet werden. Ansonsten würde das Netzwerk unnötig belastet und könnte nicht ökonomisch arbeiten. Statt dessen wird in solchen Fällen ein verbindungsloser Ansatz gewählt, wobei der übertragende Knoten einfach seine Daten sendet, ohne vorher die Verfügbarkeit des Empfängers zu überprüfen und ohne eine Empfangsbestätigung zu erwarten. Um dieses Konzept zu verdeutlichen, stellen Sie sich eine Flaschenpost vor, die einfach mit dem Strom treibt. Es gibt keine Garantie, daß sie an einer bestimmten Stelle das Ufer erreicht oder überhaupt an Land kommt. Ähnlich sind die für die verbindungslose Kommunikation geeigneten Nachrichten – sie sind kurz, gefällig, gehen dorthin, wohin der Strom sie trägt und kommen an einem ungewissen Ziel an.

Die folgende Liste enthält einige Beispiele für Protokolle und Schnittstellen der Sitzungsschicht:

- **Network File System (NFS):** Wurde von Sun Microsystems entwickelt und wird von TCP/IP und UNIX-Workstations für den transparenten Zugriff auf ferne Ressourcen benutzt.

- **SQL:** Die von IBM entwickelte Structured Query Language bietet Benutzern sowohl auf lokalen als auch auf fernen Systemen eine einfachere Möglichkeit der Definition ihrer Informationsanforderungen.

- **RPC:** Der Remote Procedure Call ist ein breit angelegtes Hilfsmittel zur Umadressierung im Client/Server-Bereich, das für Umgebungen mit verschiedenartigen Diensten benutzt wird. Die Prozeduren werden auf den Clients erzeugt und auf den Servern ausgeführt.

- **X-Window:** Wird häufig auf intelligenten Terminals für die Kommunikation mit fernen UNIX-Computern benutzt. Es ermöglicht dem Terminal, wie ein lokal angeschlossener Bildschirm zu arbeiten.

- **ASP:** Ein weiterer Client/Server-Mechanismus, das AppleTalk Session Protocol, sorgt für den Aufbau und die Aufrechterhaltung von Sitzungen zwischen AppleTalk-Client- und Server-Maschinen.

- **DANN SCP:** Das Digital Network Architecture Session Control Protocol ist ein DECnet-Protokoll der Sitzungsschicht.

Transportschicht

Die Dienste dieser Schicht segmentieren die Daten aus Anwendungen der höheren Schichten und setzen sie anschließend wieder zusammen, um sie auf demselben Datenstrom zu vereinigen. Sie bieten Endpunktdatentransportdienste und stellen eine logische Verbindung zwischen einem sendenden Host und dem Ziel-Host in einem Internetzwerk her. Die Datenintegrität wird auf dieser Schicht durch die Aufrechterhaltung der Flußsteuerung gewährleistet sowie dadurch, daß den Benutzern die Möglichkeit gegeben wird, zuverlässigen Datentransport zwischen den Systemen anzufordern. Die Flußsteuerung verhindert, daß der sendende Host auf der einen Seite der Verbindung die Puffer des empfangenden Host mit Daten überschwemmt, denn in einem solchen Fall kann es zum Verlust von Daten kommen. Beim zuverlässigen Datentransport wird eine verbindungsbezogene Kommunikationssitzung zwischen den Systemen eingerichtet, und die dabei verwendeten Protokolle leisten folgendes:

- Der Empfang der gesendeten Segmente wird vom Empfänger an den Sender zurückgemeldet.
- Alle Segmente, für die keine Bestätigung eingeht, werden erneut gesendet.
- Die Segmente werden bei der Ankunft am Ziel wieder in die richtige Reihenfolge gebracht.
- Es wird für einen überschaubaren Datenfluß gesorgt, um Staus, Überlastungen und Datenverluste zu vermeiden.

Ein wesentlicher Grund für die Koexistenz der verschiedenen Schichten innerhalb des OSI-Referenzmodells besteht in dem Bestreben, eine Transportverbindung von mehreren Anwendungen gemeinsam benutzen zu können. Dies ist möglich, da die Transportschicht Segment für Segment vorgeht und jedes Segment von den anderen unabhängig ist. Deshalb können verschiedene Anwendungen aufeinanderfolgende Segmente senden, die in der Reihenfolge ihrer Eintreffens verarbeitet werden und entweder für denselben Ziel-Host oder für mehrere Hosts bestimmt sein können.

Abbildung 2.2 zeigt, wie die Transportschicht Daten verschiedener Anwendungen auf einem Ursprungs-Host sendet, um mit parallelen Anwendungen auf einem oder mehreren Ziel-Hosts zu kommunizieren. Die spezielle Anschlußnummer für jede Softwareanwendung wird vor der Übertragung von Software auf dem Ursprungsrechner eingestellt. Bei der Übertragung der Mitteilung fügt der Ursprungsrechner zusätzlich Bits ein, die einen Code für den Nachrichtentyp, das Programm, mit dem sie erstellt wurde, und das verwendete Protokoll enthalten. Jedes Softwareprogramm, das ein Datenstromsegment sendet, benutzt dieselbe vorbestimmte Anschlußnummer. Beim Empfang des Datenstroms werden der oder die Zielcomputer in die Lage versetzt, die Segmente jeder Anwendung zu sortieren und wieder zusammenzuführen, so daß der Transportschicht alles Nötige zur Verfügung gestellt wird, um die Daten an die entsprechende Anwendung der höheren Schicht zu übergeben.

2 • TCP/IP-Kommunikationsschichten und ihre Protokolle

Abbildung 2.2:
Die Datensegmente der Transportschicht teilen einen Datenstrom

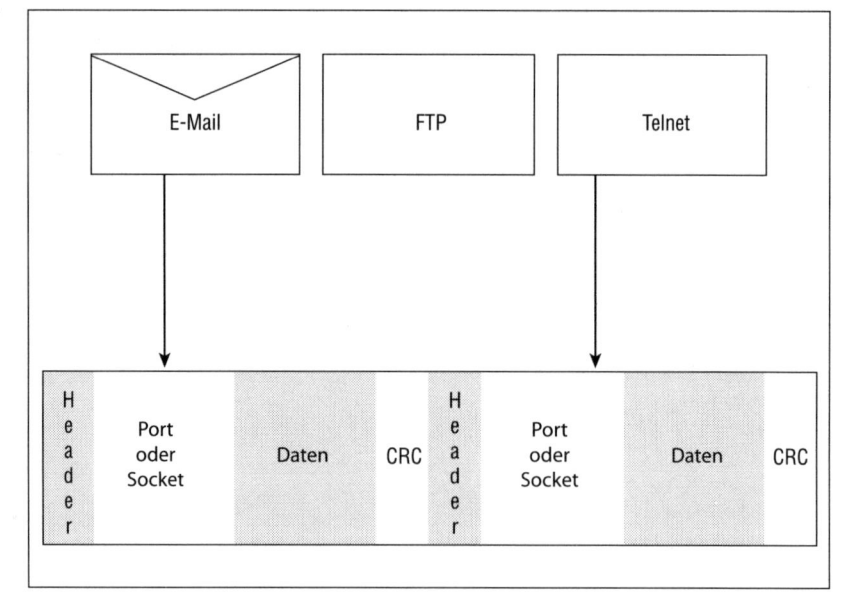

Im zuverlässigen Transportbetrieb baut ein Benutzer zunächst eine verbindungsbezogene Sitzung mit dem System auf der Gegenseite auf. Abbildung 2.3 stellt eine typische verbindungsbezogene Sitzung zwischen einem sendenden und einem empfangenden System dar. Zu Beginn benachrichtigen die beiden Host-Anwendungsprogramme ihr jeweiliges Betriebssystem, daß eine Verbindung initialisiert werden soll. Die beiden Betriebssysteme kommunizieren, indem sie über das Netzwerk Nachrichten senden, um zu bestätigen, daß die Übertragung genehmigt ist und beide Seiten bereit sind. Wenn die notwendige Synchronisation abgeschlossen ist, wird die Verbindung vollständig aufgebaut, und die Datenübertragung beginnt. Während die Informationen zwischen den Hosts übertragen werden, verständigen die beiden Computer sich in regelmäßigen Abständen mittels ihrer Protokollsoftware, um zu gewährleisten, daß alles einwandfrei läuft und die Daten ordnungsgemäß empfangen werden. Die folgende Liste faßt die in Abbildung 2.3 veranschaulichten Schritte in einer verbindungsbezogenen Sitzung zusammen:

- Das erste Segment zur „Verbindungsvereinbarung" ist eine Aufforderung zur Synchronisation.

- Das zweite und dritte Segment bestätigen die Aufforderung und stellen die Verbindungsparameter zwischen den Hosts ein.

- Das letzte Segment ist ebenfalls eine Bestätigung. Es benachrichtigt den Ziel-Host, daß die Verbindungsvereinbarung angenommen und die eigentliche Verbindung aufgebaut wurde. Die Datenübertragung kann nun beginnen.

Das OSI-Referenzmodell

Abbildung 2.3:
Einrichten einer verbindungsbezogenen Sitzung

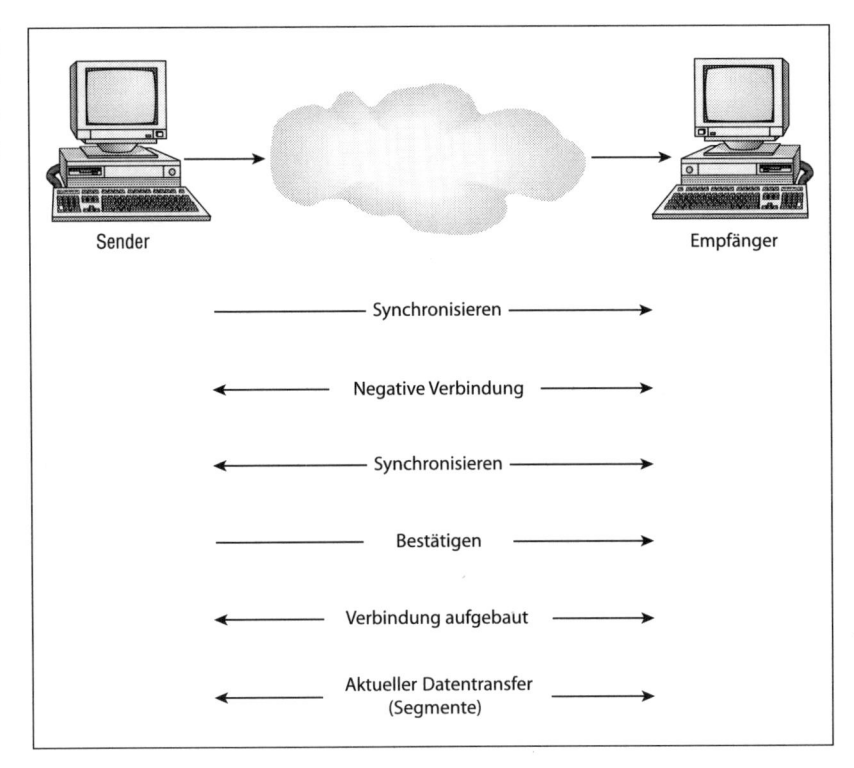

Sender → Empfänger

——— Synchronisieren ———→

←——— Negative Verbindung ———→

←——— Synchronisieren ———→

——— Bestätigen ———→

←——— Verbindung aufgebaut ———→

←——— Aktueller Datentransfer (Segmente) ———→

Während der Übertragung können Staus entstehen, wenn ein Hochgeschwindigkeitsrechner die Daten schneller sendet, als das Netzwerk sie übertragen kann, oder wenn viele Computer gleichzeitig Datagramme über ein einziges Gateway oder an einen einzigen Zielcomputer senden. Im letzten Falle kann auf einem Gateway oder Zielcomputer ein Stau entstehen, auch wenn dieser nicht von einer einzelnen Quelle verursacht wurde. In beiden Fällen entsteht wie im Straßenverkehr ein Engpaß durch zu hohes Verkehrsaufkommen bei zu geringer Kapazität. Gewöhnlich ist nicht ein einzelnes Auto die Ursache dafür, sondern die Tatsache, daß zu viele Autos gleichzeitig auf der Straße sind, die alle zur selben Zeit in dieselbe Richtung fahren.

Wenn ein Computer eine Flut von Datagrammen mit einer höheren Geschwindigkeit erhält, als er verarbeiten kann, speichert er die Daten im Arbeitsspeicher, ähnlich wie ein Stausee das aus einem Fluß einströmende Wasser auffängt. Diese Zwischenspeicherung löst das Problem nur dann, wenn die Datengramme einer vorübergehenden „Flutwelle" angehören. Wenn jedoch die Flut der Datagramme anhält, ist die Speicherkapazität des Geräts irgendwann erschöpft, und alle zusätzlich ankommenden Datagramme werden nicht mehr berücksichtigt, ähnlich wie bei einem Stausee die Schleusentore geöffnet werden, um ein Überlaufen zu verhindern. Aber keine Sorge – aufgrund der Transportmethode funktioniert das „Flutkontrollsystem" des Netzwerks besser die Systeme der realen Welt. Statt Ressourcen zu verwerfen und damit Daten zu verlieren, kann beim Transport ein „Nicht bereit"-Signal an den übereifrigen Sender übermittelt werden, wie in Abbildung 2.4 dargestellt. Dieser Mechanismus funktioniert wie eine rote Ampel, die dem hyperaktiven Sendegerät signalisiert, den Segmentverkehr zum überlasteten Gegengerät zu stoppen. Wenn der Empfänger die im Zwischenspeicher abgelegten Segmente verarbeitet hat, sendet er ein „Bereit"-Signal. Wenn das wartende Gerät dieses Signal empfängt, setzt es die Übertragung der restlichen Datagramme fort.

Abbildung 2.4:
Übertragen von Segmenten mit Flußkontrolle

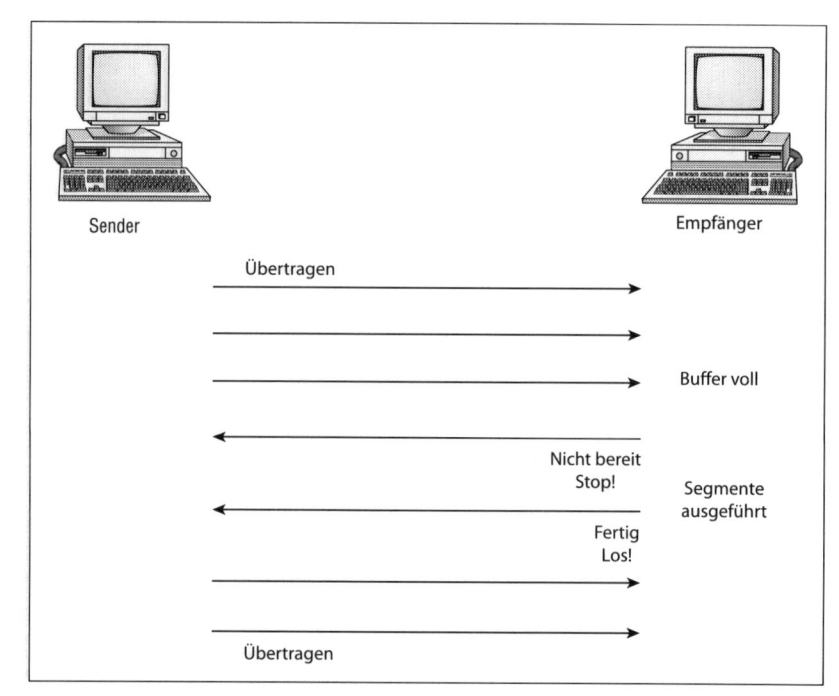

Bei einer grundlegenden zuverlässigen, verbindungsbezogenen Datenübertragung werden die Datagramme in derselben Reihenfolge beim Empfänger abgeliefert, in der sie gesendet wurden, und es kommt zu einem Übertragungsfehler, wenn diese Reihenfolge durchbrochen wird. Andere Ursachen für Übertragungsfehler sind verlorengegangene, doppelte oder beschädigte Datensegmente. Diese Probleme können vermieden werden, wenn man den Empfang jedes einzelnen Datensegments vom empfangenden Host bestätigen läßt. Der Datendurchsatz wäre gering, wenn das sendende Gerät nach jedem Segment auf diese Empfangsbestätigung warten müßte. Deshalb nutzt der Sender die Zeit zwischen dem Senden eines Segments und der Verarbeitung der Empfangsbestätigungen zur Übertragung weiterer Daten. Die Menge der

Das OSI-Referenzmodell

Datensegmente, die das übertragende Gerät ohne den Erhalt einer Empfangsbestätigung senden darf, wird als Fenster bezeichnet.

Durch diese Fenster wird geregelt, wie viele Informationen von einem Ende zum anderen übertragen werden. Während einige Protokolle die Informationsmenge als Anzahl von Paketen angeben, mißt TCP/IP diese Menge in Bytes. Abbildung 2.5. zeigt eine Fenstergröße von eins und eine Fenstergröße von drei. Bei einer Fenstergröße von eins wartet das sendende Gerät nach jedem einzelnen Datensegment auf eine Empfangsbestätigung, bevor es das nächste Segment sendet. Wenn eine Fenstergröße von drei konfiguriert wurde, kann es vor dem Empfang einer Bestätigung drei Segmente senden. In diesem vereinfachten Beispiel sind sowohl der sendende als auch der empfangende Computer Workstations. Die Realität ist selten so einfach, und meist vermengen sich die Bestätigungen und Pakete auf ihrem Weg über das Netzwerk und bei der Weiterleitung durch Router. Dieses Routing macht die Sache noch komplizierter, aber keine Sorge, angewandtes Routing wird weiter unten in diesem Buch ausführlich behandelt.

Abbildung 2.5: Fenster

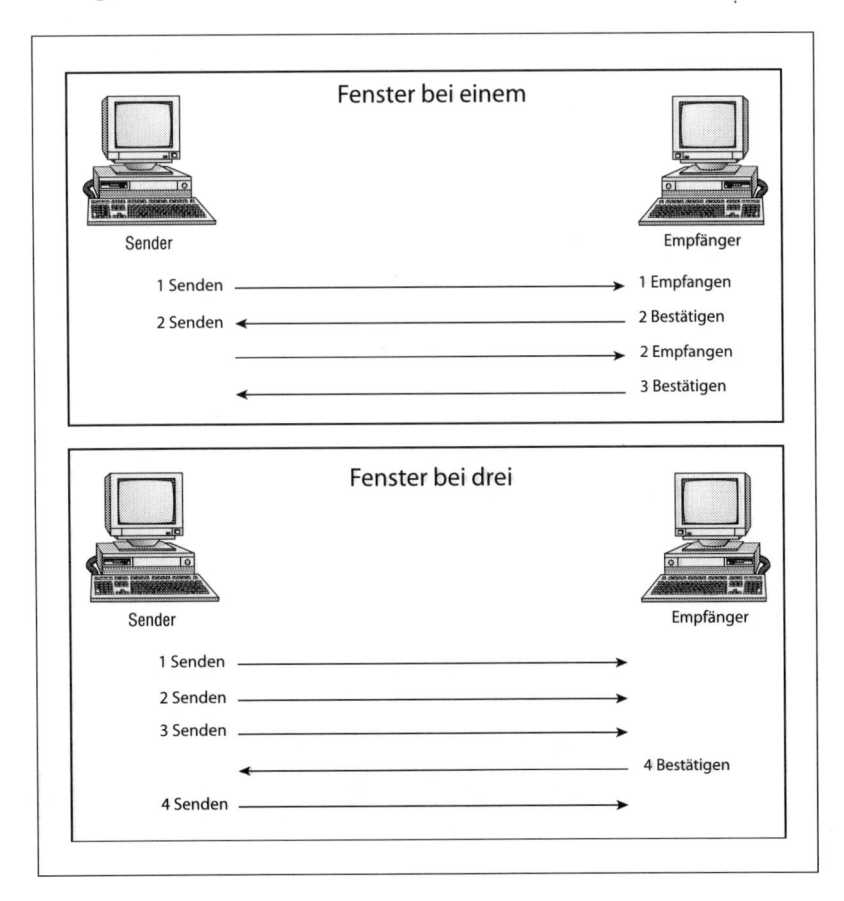

Zuverlässige Datenübertragung stellt die Integrität eines von einem Gerät zum anderen gesendeten Datenstroms durch eine voll funktionsfähige Datenverbindung sicher. Sie garantiert, daß Daten nicht doppelt gesendet werden oder verlorengehen. Die Methode, mit der das erreicht wird, bezeichnet man als positive Bestätigung mit Übertragungswiederholung. Diese Technik erfordert, daß das empfangende Gerät mit dem übertragenden kommuniziert, indem es an den Sender eine Bestätigungsmeldung übermittelt, wenn es Daten empfangen hat. Der Sender dokumentiert jedes gesendete Segment und wartet auf dessen Bestätigung, bevor er das nächste überträgt. Beim Senden eines Segments wird ein Zeitnehmer auf dem übertragenden Gerät gestartet. Wenn die Empfangsbestätigung nicht innerhalb einer bestimmten Zeit eintrifft, wird das Segment erneut gesendet.

In Abbildung 2.6 überträgt das sendende Gerät die Segmente 1, 2 und 3. Die empfangende Stelle bestätigt den Erhalt durch Anforderung des Segments 4. Auf diese Bestätigung hin fährt der Sender mit der Übertragung der Segmente 4, 5 und 6 fort. Wenn das Segment 5 sein Ziel nicht erreicht, signalisiert der Empfänger dies durch die Aufforderung zum erneuten Senden. Das sendende Gerät überträgt erneut das verlorene Segment und wartet auf eine Bestätigung, die erfolgen muß, damit die Übertragung mit dem Senden von Segment 7 fortgesetzt werden kann.

Abbildung 2.6: Transportschicht: zuverlässige Übertragung

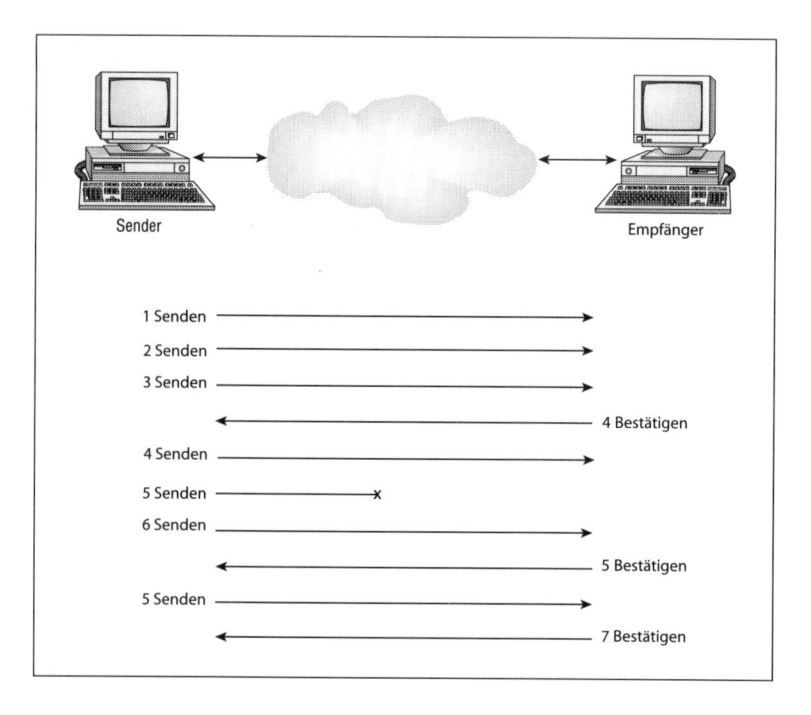

Netzwerkschicht

Im Leben führen viele Wege nach Rom. Dasselbe gilt für die Nebelwolke der Netzwerke, und der richtige Pfad hindurch wird durch Protokolle bestimmt, die sich in der dritten Schicht, der Netzwerk- oder Vermittlungsschicht, befinden. Die Pfadbestimmung macht es einem Router möglich, alle verfügbaren Pfade zu einem bestimmten Ziel auszuwerten und sich für den günstigsten zu entscheiden. Ähnlich wie Bergsteiger topographische Karten benutzen, um sich im Gelände zu orientieren und den besten Weg zum Gipfel zu ermitteln, benutzen Router Informationen zur Netzwerktopologie, um sich im Netzwerk zu orientieren und die verschiedenen möglichen Pfade, die hindurch führen, auszuwerten. Diese „Landkarten" eines Netzwerks können entweder durch den Netzwerkverwalter konfiguriert oder durch dynamische Prozesse, die im Netzwerk ablaufen, ermittelt werden. Die Schnittstelle der Netzwerkschicht führt zu Netzwerken, und sie wird von der Transportschicht benutzt, um die besten Dienste für die Endpunktpaketauslieferung zur Verfügung zu stellen. Die Aufgabe, Pakete aus dem Ursprungsnetzwerk in das Zielnetzwerk zu senden, ist die Hauptfunktion der Netzwerkschicht. Nachdem der Router den günstigsten Weg von Punkt A nach Punkt B ermittelt hat, leitet er das Paket auf diesen Pfad, ein Vorgang, den man als Paket-Switching bezeichnet. Dieser Vorgang besteht im wesentlichen darin, daß der Router ein Paket, das er über eine Netzwerkschnittstelle oder einen Anschluß empfangen hat, an einen anderen Anschluß weiterleitet, der mit dem günstigsten Weg durch das Netzwerk zum Bestimmungsort des Pakets verbunden ist. Das Paket-Switching wird später noch gründlicher behandelt.

Ein Internetzwerk muß ständig alle Pfade seiner Medienverbindungen kennzeichnen. Abbildung 2.7 zeigt, daß jede Verbindungsleitung zwischen Routern numeriert ist, und diese Nummern werden von Routern als Netzwerkadressen benutzt. Die Adressen vermitteln wichtige Informationen über den Pfad von Medienverbindungen. Sie werden von Routing-Protokollen benutzt, um die Pakete von der Quelle bis zu ihrem Ziel weiterzuleiten. Die Netzwerkschicht erzeugt eine zusammengesetzte „Netzwerklandkarte" – ein Kommunikationsstrategiesystem – durch die Kombination der Informationen über die Sets von Verbindungen in ein Internetzwerk mit den Funktionen für Pfadbestimmung, Paket-Switching und Leitwegverarbeitung. Sie kann diese Adresse auch verwenden, um Relaisfunktionen zur Verfügung zu stellen und unabhängige Netzwerke miteinander zu verbinden. Da sie im gesamten Internetzwerk konsistent ist, rationalisiert die dritte Schicht auch die Netzwerkleistung, indem sie unnötige Übertragungen verhindert, die kostbare Bandbreite verschlingen. Unnötige Übertragungen erhöhen den Netzwerk-Overhead und vergeuden Kapazität auf den Verbindungen und Rechnern, die diese Übertragungen nicht brauchen. Die Verwendung einer konsistenten Endpunktadressierung, die den Pfad der Medienverbindungen exakt beschreibt, ermöglicht der Netzwerkschicht die Ermittlung des günstigsten Pfads zum Ziel, ohne das Gerät oder die Verbindungen im Internetzwerk mit unnötigen Übertragungen zu belasten.

Abbildung 2.7:
Kommunikation über ein Internetzwerk

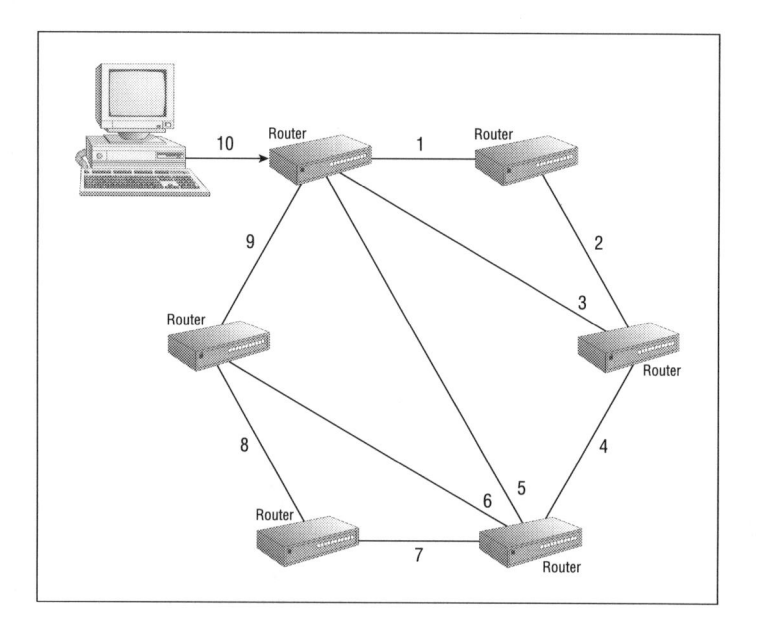

Wenn eine Anwendung auf einem Host ein Paket an ein Zielgerät senden möchte, das sich in einem anderen Netzwerk befindet, wird auf einer der Netzwerkschnittstellen des Routers ein Datenübertragungsblock (data-link frame) empfangen. Der Router entkapselt und untersucht den Block, um festzustellen, welche Art von Netzwerkschichtdaten ihm folgen. Anschließend werden die Daten an den entsprechenden Netzwerkschichtprozeß übermittelt, die Aufgabe des Blocks ist jedoch erfüllt, und er wird einfach verworfen.

Abbildung 2.8 veranschaulicht im Detail, wie der Netzwerkprozeß den Header eines Pakets untersucht, um festzustellen, für welches Netzwerk es bestimmt ist. Anschließend wird die Leitwegtabelle überprüft, um Verbindungen des aktuellen Netzwerks zu externen Netzwerkschnittstellen zu finden. Nachdem eine Verbindung ausgewählt wurde, wird das Paket wieder in seinen Datenübertragungsblock mit der Information über die ausgewählte Schnittstelle eingekapselt und in eine Warteschlange für die Übergabe an den Pfad zum Ziel gestellt. Dieser Vorgang wird jedesmal wiederholt, wenn das Paket einen weiteren Router erreicht. Wenn es schließlich bei dem Router ankommt, der an das Netzwerk angeschlossen ist, in dem sich der Ziel-Host befindet, wird das Paket in einen Datenübertragungsblock vom Typ des Ziel-LANs eingekapselt. Es ist nun ordnungsgemäß verpackt und zur Auslieferung an den Protokollstapel auf dem eigentlichen Ziel-Host bereit.

Abbildung 2.8:
Netzwerkprozeß

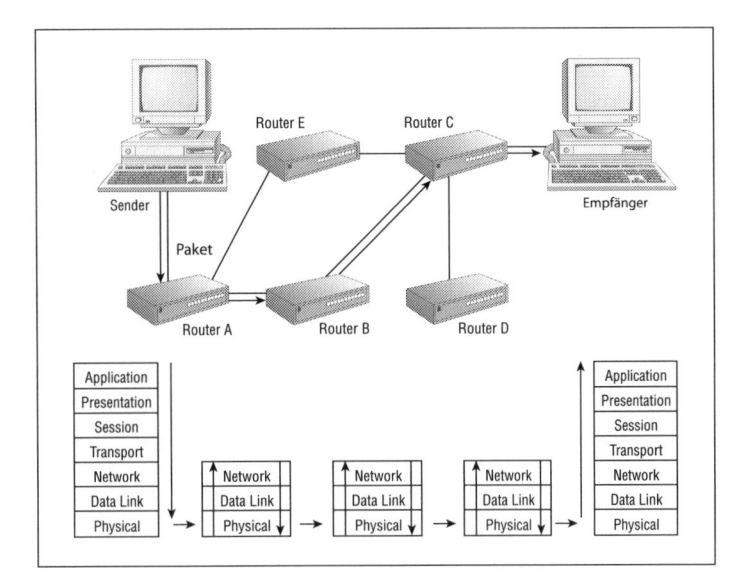

Sicherungsschicht

Die Sicherungsschicht bietet einen Dienst, der dafür sorgt, daß Nachrichten an das richtige Gerät geliefert werden, und übersetzt Nachrichten aus den oberen Schichten in Bits, die von der Bitübertragungsschicht übermittelt werden. Sie formatiert die Nachricht in Datenblöcke (data frames) und fügt einen individuellen Header hinzu, der das Hardwareziel und die Ursprungsadresse enthält. All diese zusätzlichen Informationen, die die ursprüngliche Nachricht umgeben, bilden eine Art von Kapsel, ähnlich wie die verschiedenen Maschinen, Navigationsgeräte und andere notwendig Werkzeuge an die Lunarmodule des Apollo-Projekts angefügt wurden. Diese unterschiedlichen Ausrüstungsgegenstände waren nur während bestimmter Phasen des Raumflugs nützlich und wurden nach Abschluß der Phase, für die sie bestimmt waren, vom Modul abgetrennt und weggeworfen. Ebenso ergeht es Daten, die sich auf der Reise durch das Netzwerk befinden. Ein Datenblock, der komplett verpackt und fertig zum Senden ist, folgt dem in Abbildung 2.9 skizzierten Format.

2 • TCP/IP-Kommunikationsschichten und ihre Protokolle

Abbildung 2.9:
Ethernet_II- und
802.3-Frames

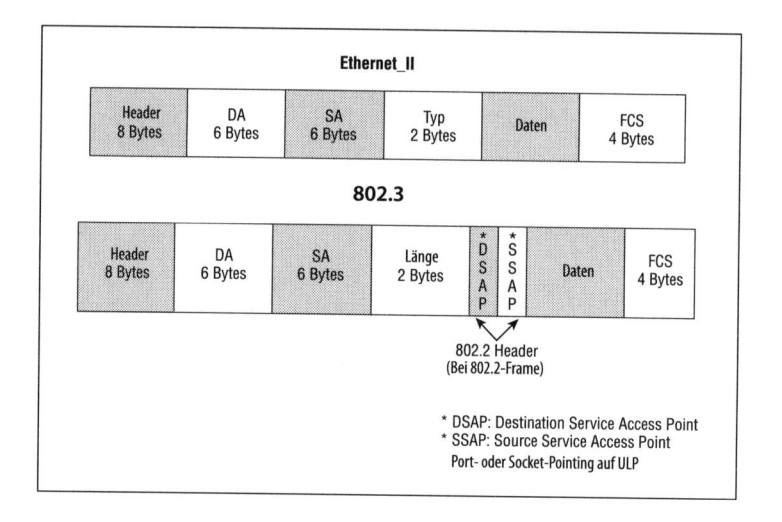

Ethernet_II

| Header 8 Bytes | DA 6 Bytes | SA 6 Bytes | Typ 2 Bytes | Daten | FCS 4 Bytes |

802.3

| Header 8 Bytes | DA 6 Bytes | SA 6 Bytes | Länge 2 Bytes | *DSAP | *SSAP | Daten | FCS 4 Bytes |

802.2 Header
(Bei 802.2-Frame)

* DSAP: Destination Service Access Point
* SSAP: Source Service Access Point
Port- oder Socket-Pointing auf ULP

- Die Präambel oder der Startindikator besteht aus einem besonderen Bitmuster, das Geräte über den Beginn eines Datenblocks informiert.

- Die Zieladresse (DA: destination address) muß aus offensichtlichem Grund vorhanden sein. Die Sicherungsschicht jedes Geräts im Netzwerk überprüft, ob diese Adresse die geräteeigene ist.

- Die Ursprungsadresse (SA: source addess) ist die Adresse des sendenden Geräts und wird angegeben, um Antworten auf die Nachricht zu erleichtern.

- In Ethernet_II-Blöcken ist das zwei Byte große Feld, das auf die Ursprungsadresse folgt, ein Typfeld. Dieses Feld gibt das Protokoll auf der darüberliegenden Ebene an, das die Daten empfangen soll, nachdem die Verarbeitung der Datenübertragung abgeschlossen ist.

- In 802.3-Blöcken ist das 2 Byte große Feld, das auf die Ursprungsadresse folgt, ein Längenfeld, das die Anzahl der Datenbytes angibt, die diesem Feld folgen und dem Feld für die Blockprüfzeichenfolge (FCS: frame check sequence) vorangehen. Dem Längenfeld kann ein 802.2-Header für die Informationen der logischen Übertragungskontrolle (LLC: logical link control) folgen. Diese Informationen dienen der Angabe des Prozesses der übergeordneten Schicht, da 802.3 kein Typfeld hat.

- Die *Daten* sind die eigentliche Nachricht sowie alle Informationen, die von den höheren Schichten an die Sicherungsschicht des sendenden Geräts übermittelt werden.

- Den Abschluß bildet das Feld für die Blockprüfzeichenfolge (FCS). Sein Zweck geht bereits aus dem Namen hervor, und es ist die zyklische Blockprüfsumme (CRC: cyclic redundancy checksum). Ein IP-Paket enthält ein Datenbit, das als Prüfsummen-Header bezeichnet wird, und überprüft, ob die Header-Informationen auf dem Weg vom Sender zum Empfänger beschädigt wurden. CRCs arbeiten folgendermaßen: Das Gerät, das die Daten sendet, ermittelt einen Summenwert für die Daten und verstaut ihn im Block. Das empfangende Gerät führt den gleichen Vorgang aus und überprüft, ob der ermittelte Wert mit der Summe des Senders übereinstimmt. Daher kommt der Begriff Prüfsumme.

Die Prüfsumme ist mit dem Zählen aller Gummibärchen in der Tüte vergleichbar, bevor Sie jemanden bitten, die Tüte an einen Freund weiterzugeben. Um sicherzustellen, daß unterwegs keine Gummibärchen abhanden kommen, senden Sie in der Tüte eine Nachricht mit, in der Sie die Anzahl der Gummibärchen angeben und Ihren Freund bitten, sie nach Erhalt noch einmal zu zählen. Wenn Ihr Freund zu demselben Ergebnis kommt, haben Sie beide die Gewißheit, daß keine Gummibärchen auf dem Weg entwendet wurden – Ihre Gummibärchen wurden ohne Fehler erfolgreich übermittelt.

WAN-Protokolle auf der Sicherungsschicht

Die typischen Formen der Verkapselung für synchrone Leitungen auf der Sicherungsschicht sind:

- **High Level Data Link Control (HDLC):** Die ISO hat einen HSLC-Standard aufgestellt, der sowohl Punkt-zu-Punkt- als auch Mehrpunkt-Konfigurationen unterstützt. Leider implementieren die meisten Hersteller HDLC auf unterschiedliche Weise, so daß oft Inkompatibilität zwischen den Herstellern herrscht.

- **Synchronous Data Link Control (SDLC):** Ein von IBM für deren Großrechner entwickeltes Protokoll zur Anbindung von Zweigstellen, die unter Verwendung von Abruftechniken zugreifen. Das Protokoll wurde für WANs entwickelt und war in den achtziger Jahren sehr weit verbreitet, das viele Firmen 327x-Controller in ihren Zweigstellen installierten, um mit dem Großrechner in der Firmenzentrale zu kommunizieren. SDLC definiert und benutzt den Zugriff mittels Abruftechniken, d.h., das Hauptgerät (Frontend) richtet eine Anfrage oder einen Abruf an die Nebengeräte (327x-Controller), um festzustellen, ob diese mit ihm kommunizieren wollen. Nebengeräte können erst dann sprechen, wenn sie angesprochen werden, und zwei Nebengeräte können nicht miteinander sprechen.

- **Link Access Procedure, Balanced (LAPB):** Dieses Verfahren wurde für den Einsatz mit X.25 geschaffen. Es definiert und erkennt Blöcke in falscher Reihenfolge oder fehlende Blöcke und ist in der

Lage, diese Blöcke neu zu senden, auszutauschen und zu bestätigen.

- **X.25:** Das erste Netzwerk mit Paket-Switching. Definiert die Spezifikationen zwischen einer Datenübertragungseinrichtung (DTE: data terminal equipment) und einer Datenendeinrichtung (DCE: data circuit terminating equipment).

- **Serial Line IP (SLIP):** Ein Industriestandard, der 1984 zur Unterstützung von TCP/IP-Vernetzung über serielle Schnittstellen mit niedriger Geschwindigkeit in Berkeley UNIX entwickelt wurde. Mit dem RAS-Dienst von Windows NT können NT-Computer TCP/IP und SLIP benutzen, um mit fernen Hosts zu kommunizieren.

- **Point-to-Point Protocol (PPP):** Der große Bruder von SLIP. Es ergänzt die SLIP-Spezifikationen um Anmeldung, Kennwort und Fehlerkorrektur. Wenn Sie sich an einem Regentag einmal langweilen sollten, können Sie weitere Informationen in RFC 1661 gemäß Beschreibung der IETF nachlesen.

- **Integrated Services Digital Network (ISDN):** Analoge Telefonleitungen, die für die Verwendung digitaler Signale umgerüstet wurden. Sie können sowohl Sprache als auch Daten übertragen.

- **Frame Relay:** Ein Upgrade von X.25, bei dem LAPB nicht mehr verwendet wird. Es ist das schnellste der hier aufgeführten WAN-Protokolle aufgrund der vereinfachten Blockbildung ohne Fehlerkorrektur. Es erfordert hochwertige digitale Telefoneinrichtungen und ist daher nicht überall verfügbar.

Hochgeschwindigkeits-Ethernet auf der Sicherungsschicht

Um es einfach auszudrücken: Benutzer brauchen Bandbreite, und 10 Mbps sind nicht genug; sie brauchen 100 Mbps, also – umschalten! Ethernet mit 100 Mbps erfüllt diese Anforderung. Zu den neuen Technologien gehören:

- **100BaseFX:** Ethernet über Glasfaser mit 100 Mbps unter Verwendung von 802.3-Spezifikationen.

- **100Base4:** Ebenfalls unter Verwendung von 802.3-Spezifikationen, 100 Mbps über Kabel der Kategorie 3, 4 oder 5.

- **100BaseTX:** Fast Ethernet über Kabel der Kategorie 5; kompatibel zu den 802.3-Spezifikationen.

- **100BaseVG AnyLan:** IEEE-Bewegung in Fast Ethernet und Token Ring, die rasch ins Nichts zu laufen scheint, hauptsächlich, weil sie nicht zu den 802.3-Standards kompatibel ist.

Bitübertragungsschicht

Die Bitübertragungsschicht ist für zwei Dinge zuständig, nämlich das Senden und Empfangen von Bits. Bits haben nur die Werte 1 oder 0 – ein Morsecode mit numerischen Werten. Die Bitübertragungsschicht kommuniziert direkt mit den verschiedenen Typen der eigentlichen Kommunikationsmedien. Verschiedene Medienarten stellen diese Werte von 1 und 0 auf unterschiedliche Weise dar. Einige benutzen akustische Signale, während andere mit Zustandsänderungen arbeiten – Spannungswechsel von hoch nach niedrig und umgekehrt. Für jeden Medientyp werden spezielle Protokolle benötigt, die das jeweils zu verwendende Bitmuster, die Art der Kodierung der Daten in Mediensignale und die verschiedenen Qualitäten der Anschlußschnittstelle des physischen Mediums beschreiben.

Auf der Bitübertragungsschicht wird die Schnittstelle zwischen der Datenübertragungseinrichtung (DTE) und der Datenendeinrichtung (DCE) identifiziert. Die DCE ist in der Regel der Dienstanbieter und die DTE das angeschlossene Gerät. Auf die für die DTE verfügbaren Dienste wird meist über ein Modem oder eine Kanal-/Daten-Diensteinrichtung (CSU/DSU: channel service unit/data service unit) zugegriffen.

Die folgenden Standards der Bitübertragungsschicht definieren diese Schnittstelle:

- EIA/TAI-232
- EIA/TIA-449
- V.24
- V.35
- X.21
- G.703
- EIA-530
- High-Speed Serial Interface (HSSI)

Das DoD-Referenzmodell

Das Modell des US-Verteidigungsministeriums (DoD: Department of Defence) ist eine kondensierte Version des OSI-Modells. Es umfaßt vier statt sieben Schichten:

- Prozeß/Anwendung
- Host-zu-Host

2 • TCP/IP-Kommunikationsschichten und ihre Protokolle

- Internet
- Netzwerkzugriff

Abbildung 2.10 zeigt das vierschichtige DoD-Modell und das siebenschichtige OSI-Referenzmodell im Vergleich. Wie Sie erkennen können, ist das Konzept bei beiden ähnlich, abgesehen von der unterschiedlichen Anzahl und Benennung der Schichten.

Abbildung 2.10: Das DoD-Modell im Vergleich zum OSI-Modell

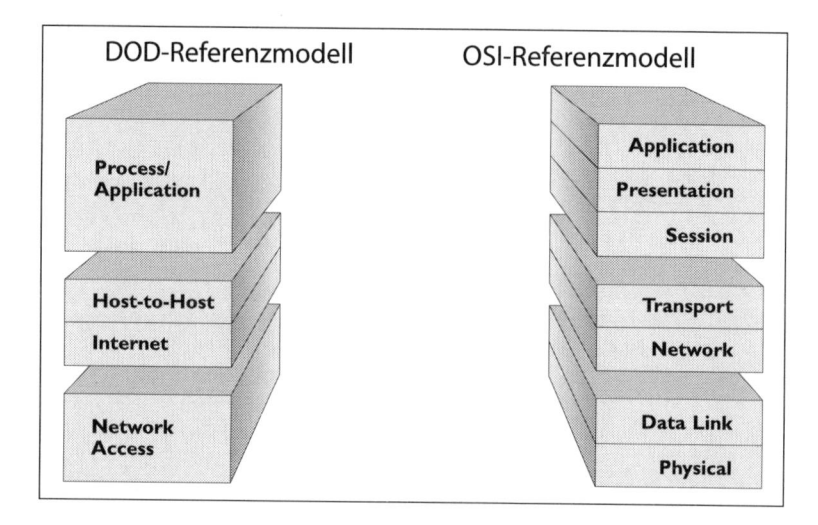

DOD-Referenzmodell	OSI-Referenzmodell
Process/Application	Application
	Presentation
	Session
Host-to-Host	Transport
Internet	Network
Network Access	Data Link
	Physical

Obwohl das DoD-Modell und das OSI-Modell sich in Entwurf und Konzept gleichen und ähnliche Dinge an ähnlicher Stelle geschehen, sind doch die Spezifikationen, wie diese Dinge geschehen, verschieden. Das führt dazu, daß die Protokollreihe für das DoD-Modell sich deutlich von der für das OSI-Modell unterscheidet. Abbildung 2.11 zeigt die TCP/IP-Protokollreihe und den Bezug der Protokolle zu den einzelnen Schichten des DoD-Modells.

Abbildung 2.11: Die TCP/IP-Protokollreihe

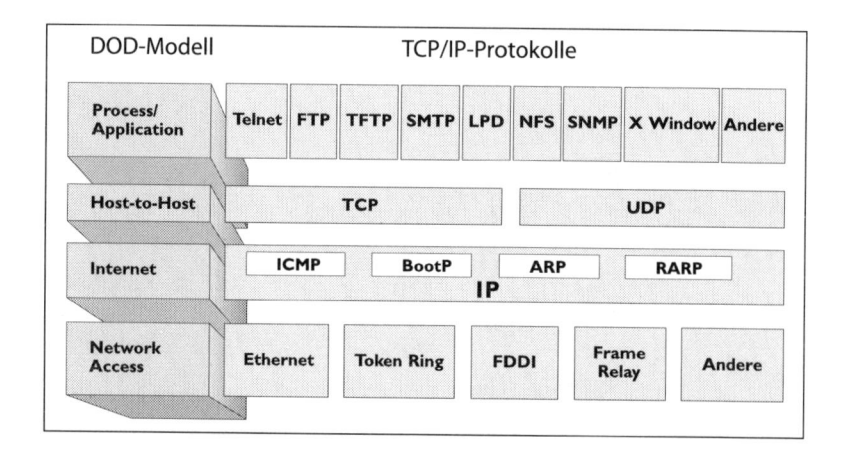

DOD-Modell	TCP/IP-Protokolle
Process/Application	Telnet, FTP, TFTP, SMTP, LPD, NFS, SNMP, X Window, Andere
Host-to-Host	TCP, UDP
Internet	ICMP, BootP, ARP, RARP, IP
Network Access	Ethernet, Token Ring, FDDI, Frame Relay, Andere

Prozeß-/Anwendungsschicht

Die Prozeß-/Anwendungsschicht entspricht den obersten drei Schichten des OSI-Modells. Auf dieser Schicht geschieht ein Großteil der Arbeit, und auf ihr finden sich eine Reihe von Protokollen, die miteinander kombiniert werden, um die verschiedenen Aktivitäten und Aufgaben zu integrieren, die den Schwerpunkt der Sitzungs-, Darstellungs- und Anwendungsschicht des OSI-Modells umfassen. Eine genauere Untersuchung dieser Protokolle erfolgt in Kürze. Die Prozeß-/Anwendungsschicht definiert Protokolle für die Kommunikation zwischen Anwendungen von Host zu Host. Sie steuert ebenfalls die Spezifikationen der Benutzeroberfläche.

Wie bereits weiter oben dargelegt, bestand eines der ursprünglichen Ziele des Internet darin, Anwendungen zu schaffen, die auf verschiedenen Computerplattformen laufen und dennoch auf irgendeine Weise miteinander kommunizieren können. Dies wurde in den Protokollen der Prozeß-/Anwendungsschicht umgesetzt, die dafür sorgen, daß Anwendungen unabhängig von Hardwareplattform, Betriebssystem und anderer Merkmale der beiden Hosts miteinander kommunizieren können.

Protokolle der Prozeß-/Anwendungsschicht

Die meisten Anwendungen, die mit TCP/IP-Protokollen geschrieben wurden, können als Client/Server-Anwendungen charakterisiert werden. Das bedeutet, daß die Software aus zwei Hauptteilen besteht und wahrscheinlich auf zwei verschiedenen Rechnern läuft.

Der Server-Teil dieses Software-Duos läuft in der Regel auf dem Rechner, auf dem sich die Daten befinden. Dieser Rechner ist meist sehr leistungsfähig, da er für den größten Teil der Datenverarbeitung sowie für die Datenspeicherung zuständig ist. Das funktioniert folgendermaßen: Die Client-Software sendet eine Anforderung an die Server-Software, die diese dann erfüllen soll. Einige typische Anforderungen beziehen sich auf die Suche nach Informationen, das Drucken, den Abruf von E-Mail-Nachrichten, Anwendungsdienste und Dateiübertragungen.

Neben der Kommunikation mit dem Server dient die Client-Software als Schnittstelle zum Benutzer. Sie ermöglicht außerdem die Manipulation der vom Server abgerufenen Daten.

Mit diesen Informationen im Hinterkopf sollen im folgenden die auf der Prozeß-/Anwendungsschicht des DoD-Modells angesiedelten Protokolle untersucht werden.

Telnet: Telnet ist gewissermaßen das Chamäleon unter den Protokollen, dessen Spezialität die Terminalemulation ist. Es ermöglicht einem Benutzer eines fernen Client-Rechners, der als Telnet-Client bezeichnet wird, auf die Ressourcen eines anderen Rechners, des Telnet-Servers, zuzugreifen. Telnet erreicht das, indem es dem Telnet-Server vorgaukelt, daß der Client-Rechner ein an das lokale Netzwerk angeschlosses Terminal ist. Diese Projektion ist eigentlich ein Softwareabbild, ein virtuelles Terminal, das mit dem ausgewählten Host aus der Ferne interagieren kann. Diese emulierten Terminals gehören zum Textmodustyp und können verfeinerte Prozeduren ausführen wie die Anzeige von Menüs, die dem Benutzer die Auswahl von Optionen und den Zugriff auf Anwendungen auf dem hinters Licht geführten Server ermöglichen. Der Benutzer beginnt eine Telnet-Sitzung, indem er zunächst die Telnet-Client-Software startet und sich dann auf dem Telnet-Server anmeldet.

Telnets Fähigkeiten sind auf die Anzeige des Server-Inhalts beschränkt. Es kann nicht für Funktionen zur gemeinsamen Nutzung von Dateien wie etwa das Herunterladen von Informationen eingesetzt werden. Um sich die Rosinen herauspicken zu können, benötigt man das nächste Protokoll auf der Liste: FTP.

FTP (File Transfer Protocol): Dieses Protokoll ermöglicht den Luxus der Übertragung von Dateien zwischen zwei beliebigen Rechnern, die FTP benutzen. Aber FTP ist nicht nur ein Protokoll, sondern auch ein Programm. In seiner Funktion als Protokoll wird FTP von Anwendungsprogrammen benutzt. Als Programm wird es von Benutzern eingesetzt, um manuell Dateiaufgaben auszuführen. FTP ermöglicht den Zugriff sowohl auf Verzeichnisse als auch auf Dateien und kann bestimmte Arten von Verzeichnisoperationen ausführen wie etwa das Verschieben eines Verzeichnisses in ein anderes. FTP arbeitet mit Telnet zusammen, um eine transparente Anmeldung auf dem FTP-Server zu ermöglichen, und sorgt dann für die Dateiübertragung.

Es ist völlig klar, daß ein so leistungsfähiges Werkzeug sicher sein muß – und das ist FTP! Der Zugriff auf einen Host über FTP ist nur der erste Schritt. Die Benutzer müssen sich anschließend zur Beglaubigung einer Anmeldungsprozedur unterziehen, die wahrscheinlich mit Kennwörtern und Benutzernamen gesichert ist, die von den Systemverwaltern zur Zugangsbeschränkung eingerichtet wurden. (Und Sie dachten, es sei einfach!) Aber seien Sie unbesorgt, Sie kommen auch mit dem Benutzernamen „Anonymous" hinein, allerdings haben Sie damit nur zu begrenzten Bereichen Zugang.

Auch wenn FTP von Benutzern manuell als Programm eingesetzt wird, sind die Funktionen auf das Auflisten und die Manipulation von Verzeichnissen, die Anzeige von Dateiinhalten und das Kopieren von Dateien von einem Host zum anderen beschränkt. Es kann keine fernen Dateien als Programme starten.

TFTP (Trivial File Transfer Protocol): TFTP ist eine eingeschränkte Basisversion von FTP, obwohl es genau das richtige Protokoll ist, wenn Sie exakt wissen, was Sie wollen und wo es sich befindet. Es bietet aber nicht den Funktionsluxus von FTP. TFTP verfügt nicht über die Möglichkeit zum Durchsuchen von Verzeichnissen; es kann lediglich Dateien senden und empfangen. Dieses enthaltsame kleine Protokoll knausert auch im Datenbereich, denn es sendet viel kleinere Datenblöcke als FTP. Außerdem öffnet TFTP ausschließlich die langweiligen öffentlichen Dateien und bringt Sie damit um das Gefühl, besonders privilegiert zu sein. Es erfolgt keine Beglaubigung wie bei FTP, d.h., es ist unsicher und wird aufgrund der Sicherheitsrisiken nur von wenigen Sites unterstützt.

NFS (Network File System): Wir präsentieren Ihnen ... NFS! Dies ist ein wahres Juwel unter den Protokollen, das auf die gemeinsame Nutzung von Dateien spezialisiert ist. Es ermöglicht Operationen zwischen zwei Dateisystemen unterschiedlichen Typs. Das funktioniert so: Angenommen, die NFS-Server-Software läuft auf einem NetWare-Server und die NFS-Client-Software auf einem UNIX-Host. NFS ermöglicht einem Teil des Arbeitsspeichers auf dem NetWare-Server die transparente Speicherung von UNIX-Dateien, die wiederum von UNIX-Anwendern benutzt werden können. Obwohl die Dateisysteme von NetWare und UNIX verschieden sind – in bezug auf Groß-/Kleinschreibung, Länge der Dateinamen, Sicherheit usw. –, können sowohl die NetWare- als auch die UNIX-Anwender auf dieselbe Datei mit ihrem normalen Dateisystem in gewohnter Weise zugreifen.

Stellen Sie sich vor, Sie sind ein Afrikaner aus Kenia am Münchener Flughafen auf dem Weg zur Gepäckausgabe. Mit NFS im Schlepptau können Sie Ihr Gepäck in ordnungsgemäßem Zustand in Empfang nehmen und über den Zoll bringen – und sich dabei wie gewohnt in Suaheli unterhalten! Aber das es noch nicht alles. Wo Telnet, FTP und TFTP an ihre Grenzen stoßen, geht NFS ein ganzes Stück weiter.

Erinnern Sie sich, daß FTP ferne Dateien nicht als Programme starten kann? NFS kann es! Es kann ein Grafikprogramm auf Ihrem Arbeitsplatzrechner öffnen und die Arbeit, die Sie abends auf Ihrem Computer zu Hause mit demselben Programm getan haben, aktualisieren. NFS verfügt über Fähigkeiten zum Import und Export von Materialien, um Anwendungsprogramme aus der Ferne zu bedienen.

SMTP (Simple Mail Transfer Protocol): Von der Gepäckausgabe in die Postverteilerstelle ... SMTP, das unserem allgegenwärtigen Ruf nach E-Mail Rechnung trägt, benutzt eine Zwischenspeicherungs- oder Warteschlangenmethode bei der Postauslieferung. Wenn eine Nachricht an ihren Bestimmungsort abgeschickt wurde, wird sie auf einem Gerät, normalerweise einem Datenträger, zwischengespeichert. Die Server-Software am Bestimmungsort stellt eine Wache auf, die regelmäßig diesen Zwischenspeicher auf Nachrichten überprüft, Werden dort Nachrichten angetroffen, werden sie an ihren Bestimmungsort ausgeliefert.

LPD (Line Printer Daemon): Dieses Protokoll dient der gemeinsamen Nutzung von Druckern. Zusammen mit dem Programm LPR (Line Printer) ermöglicht LPD die Zwischenspeicherung von Druckaufträgen, die dann an den Drucker des Netzwerks gesendet werden.

X-Window: X-Window ist für Client/Server-Operationen bestimmt und definiert ein Protokoll für das Schreiben von Client/Server-Anwendungen, die auf einer grafischen Benutzeroberfläche basieren. Dahinter verbirgt sich die Idee, einem Programm, das als Client bezeichnet wird, zu ermöglichen, auf einem Computer zu laufen und auf einem anderen Computer angezeigt zu werden, auf dem ein spezielles Programm ausgeführt wird, das als Window-Server bezeichnet wird.

SNMP (Simple Network Management Protocol): Ebenso wie ein Arzt besser ausgerüstet ist, die Gesundheit seiner Patienten zu erhalten, wenn er deren medizinische Vorgeschichte zur Hand hat, ist ein Netzwerkverwalter im Vorteil, wenn er im Besitz der Leistungshistorie des ihm anvertrauten Netzwerks ist. Diese Fallhistorien enthalten wertvolle Informationen, die es dem Netzwerkverwalter ermöglichen, künftigen Bedarf vorherzusehen und Trends zu analysieren. Durch den Vergleich der augenblicklichen Situation des Netzwerks mit früheren Funktionsmustern kann der Netzwerkverwalter Probleme leichter isolieren und beheben.

SNMP ist das Protokoll, das die Sammlung und Auswertung dieser Informationen ermöglicht. Es sammelt Daten, indem es die an das Netzwerk angeschlossenen Geräte von einer Verwaltungsstation aus in regelmäßigen Abständen abfragt und bestimmte Informationen von ihnen anfordert. Wenn alles gut geht, erhält SNMP eine sogenannte Vergleichsgrundlage, einen Bericht, der die operationalen Merkmale eines gesunden Netzwerk umreißt. Dieses nützliche Protokoll kann auch als eine Art Wächter über das Netzwerk fungieren, der den Netzwerkverwalter schnell über plötzliche Veränderungen informiert. Diese Netzwerkwächter werden als Agenten bezeichnet. Wenn eine Abweichung festgestellt wird, senden diese Agenten eine entsprechende Alarmmeldung an die Verwaltungsstation.

Die Empfindlichkeit des Agenten, auch Schwellenwert genannt, kann vom Netzwerkverwalter erhöht oder verringert werden. Der Schwellenwert eines Agenten ist so etwas wie eine Schmerzgrenze; je empfindlicher der Agent eingestellt ist, desto eher schreit er auf. Der Netzwerkverwalter bezieht den Vergleichsgrundlagenbericht in die Entscheidung über die Schwellenwerteinstellungen der Agenten ein. Je anspruchsvoller die Verwaltungsstation ausgestattet ist, umso klarer ist das Bild der Netzwerkfunktion, das sie wiedergibt. Leistungsfähigere Konsolen haben bessere Aufzeichnungsfunktionen und stellen außerdem fortschrittliche grafische Oberflächen zur Verfügung, die logische Porträts der Netzwerkstruktur bilden können.

Host-zu-Host-Schicht

Die Funktionen dieser Schicht sind Parallelen zu denen der Transportschicht im OSI-Modell. Diese Schicht definiert Protokolle für die Einrichtung des Umfangs der Übermittlungsdienste für Anwendungen. Sie behandelt Themen wie die Herstellung einer zuverlässigen Endpunktkommunikation und die Gewährleistung der fehlerfreien Auslieferung der Daten. Sie kümmert sich um die Paketreihenfolge und wahrt die Datenintegrität.

Die Protokolle der Host-zu-Host-Schicht

Das umfassende Ziel der Protokolle der Host-zu-Host-Schicht ist es, die Anwendungen der oberen Schicht von der Komplexität des Netzwerks abzuschirmen.

Diese Protokolle wenden sich an die obere Schicht nach dem Motto: „Gib uns einfach deine Daten und alle eventuellen Anweisungen, und wir bereiten deine Informationen für das Senden vor". Die folgenden Abschnitte beschreiben die beiden Hauptprotokolle dieser Schicht im einzelnen.

TCP: TCP gibt es schon seit den frühen Netzwerktagen, als WANs noch nicht seht zuverlässig waren. Es entstand, um dieses Problem zu entschärfen, und deshalb ist Zuverlässigkeit auch die große Stärke von TCP. Es untersucht auf Fehler, sendet Daten erneut, falls erforderlich, und meldet das Auftreten eines Fehlers an die oberen Schichten. Es numeriert alle Segmente in einer bestimmten Reihenfolge, so daß sie vom TCP-Protokoll des Bestimmungsorts wieder zu einem großen Datenblock zusammengesetzt werden können, wie von der Anwendung beabsichtigt. Nach dem Senden dieser Segmente wartet TCP auf eine Empfangsbestätigung für jedes Segment seitens des Empfängers. Segmente, die nicht bestätigt wurden, werden erneut gesendet.

Bevor Segmente im Modell nach unten weitergegeben werden, nimmt das TCP-Protokoll des Senders mit dem des Empfängers Kontakt auf, um eine Verbindung einzurichten. Was dabei entsteht, wird als virtueller Schaltkreis bezeichnet. Dieser Kommunikationstyp wird als verbindungsbezogen bezeichnet. Während dieses anfänglichen Austauschs (Handshake) verständigen sich die beiden Protokolle auch über die Menge der Informationen, die gesendet werden dürfen, bevor das empfangende TCP eine Bestätigung sendet. Wenn alle Vereinbarungen im Vorfeld getroffen wurden, ist alles für eine zuverlässige Kommunikation auf der Anwendungsschicht bereit.

TCP ist ein Protokoll für zuverlässige und peinlich genaue Vollduplexverbindungen, und die Einrichtung all dieser Voraussetzungen und

Konditionen sowie deren Verfolgung zur Überprüfung auf Fehler ist keine geringe Aufgabe. Sie ist sehr kompliziert und sehr kostspielig, was den Netzwerk-Overhead angeht. Die Verwendung von TCP sollte solchen Situationen vorbehalten bleiben, in denen Zuverlässigkeit von größter Bedeutung ist. Die heutigen Netzwerke sind sehr viel zuverlässiger als früher, so daß zusätzlicher Sicherheitsaufwand oft überflüssig ist. Eine Alternative zu TCP mit weniger Overhead wird im nächsten Abschnitt behandelt: UDP.

UDP (User Datagram Protocol): Dieses Protokoll wird anstelle von TCP benutzt. UDP ist ein verkleinertes Sparmodell und wird als schlankes Protokoll betrachtet. Wie eine schlanke Person auf einer Parkbank nimmt es nicht viel Platz ein – in diesem Falle auf dem Netzwerk. Es verfügt auch nicht über alle Alarm- und Sicherheitsfunktionen von TCP, ist aber hervorragend für den Transport von Material geeignet, das nicht unbedingt eine zuverlässige Übertragung erfordert, – und es verwendet viel weniger Verbindungsinformationen.

Es gibt Situationen, in denen es sich auf jeden Fall empfiehlt, UDP anstelle von TCP zu verwenden. Erinnern Sie sich an den Wächter SNMP in der Prozeß-/Anwendungsschicht? SNMP überwacht das Netzwerk, sendet periodisch Mitteilungen sowie einen nahezu beständigen Fluß von Statusaktualisierungen und Alarmmeldungen, besonders in einem großen Netzwerk. Die Overhead-Kosten für den Aufbau, die Aufrechterhaltung und den Abbau einer TCP-Verbindung für jede dieser kleinen Mitteilungen würde innerhalb kürzester Zeit aus einem ansonsten gesunden, effizienten Netzwerk einen zähen Sumpf machen. Ein weiterer Umstand, der dafür spricht, UDP den Vorzug vor TCP zu geben, ist das Vorhandensein von Zuverlässigkeitsfunktionen auf der Prozeß-/Anwendungsschicht. NFS z.B. kümmert sich selbst um Fragen der Zuverlässigkeit, so daß der Einsatz von TCP sowohl unpraktisch als auch überflüssig wäre.

UDP empfängt aus der übergeordneten Schicht Blöcke von Informationen statt eines Stroms von Daten wie sein großer Bruder TCP. Diese Blöcke werden in Segmente aufgeteilt. Wie auch bei TCP erhält jedes Segment eine Nummer zur späteren Zusammenführung zum ursprünglichen Block am Zielort. UDP bringt die Segmente jedoch nicht in eine bestimmte Reihenfolge und kümmert sich nicht darum, in welcher Abfolge die Segmente am Ziel ankommen. Zumindest werden sie numeriert, danach jedoch schickt UDP sie ab und vergißt sie. Es verfolgt die Segmente nicht und wartet nicht auf eine Bestätigung, daß sie sicher angekommen sind. Deshalb bezeichnet man dieses Protokoll als unzuverlässig. Das bedeutet nicht, daß UDP nicht effektiv ist, sondern nur, daß Zuverlässigkeitsaspekte nicht berücksichtigt werden.

Es gibt noch mehrere Dinge, die UDP nicht tut. Es erzeugt keinen virtuellen Schaltkreis, und es nimmt vor der Auslieferung von Daten keinen Kontakt zur Gegenseite auf. Es wird daher als ein verbindungsloses Protokoll angesehen.

Schlüsselkonzepte der Host-zu-Host-Protokolle

Die folgende Liste faßt die wichtigsten Merkmale der beiden Protokolle zusammen.

TCP	UDP
Sequenziert	Unsequenziert
Zuverlässig	Unzuverlässig
Verbindungsbezogen	Verbindungslos
Empfangsbestätigungen	Geringer Overhead
Virtueller Schaltkreis	

Oft wird eine Analogie zum Telefon benutzt, um zu verdeutlichen, wie TCP arbeitet. Bevor Sie mit jemanden am Telefon sprechen können, müssen Sie zunächst eine Verbindung zu der betreffenden Person herstellen, wo auch immer sie sich gerade befindet. Dies ist wie der virtuelle Schaltkreis des TCP-Protokolls. Wenn Sie jemandem während eines Gesprächs wichtige Informationen gegeben haben, fragen Sie möglicherweise nach, ob Ihr Gesprächspartner alles verstanden hat. Dies ist vergleichbar mit einer TCP-Bestätigung. Von Zeit zu Zeit fragen Leute am Telefon aus verschiedenen Gründen so etwas wie „Sind Sie noch dran?" Sie schließen Ihr Gespräch mit einer Verabschiedung, um das Ende des Anrufs zu signalisieren. Alle diese Funktionen erfüllt TCP.

Die Verwendung von UDP dagegen ist wie das Senden einer Postkarte. Dabei brauchen Sie vorher keinen Kontakt zum Empfänger herzustellen. Sie schreiben einfach Ihre Mitteilung, adressieren die Karte und schicken Sie ab. Dies ist analog zur verbindungslosen Kommunikation von UDP. Da die Mitteilung auf der Postkarte wahrscheinlich nicht von besonderer Wichtigkeit ist, brauchen Sie keine Empfangsbestätigung. So arbeitet auch UDP ohne Bestätigungsmeldungen.

Internet-Schicht

Diese Schicht entspricht der Netzwerkschicht und bezeichnet die Protokolle, die sich auf die logische Übertragung von Paketen über das gesamte Netzwerk beziehen. Sie sorgt für die Adressierung von Hosts, indem sie ihnen IP-Adressen zuweist, und kümmert sich um die Weiterleitung von Paketen zwischen mehreren Netzwerken. Sie steuert auch den Kommunikationsfluß zwischen zwei Anwendungen.

Es gibt zwei Hauptgründe für die Internet-Schicht: das Routing und die Bereitstellung einer einzigen Netzwerkschnittstelle zu den oberen Schichten. Keines der Protokolle der oberen Schichten und auch keines der darunterliegenden Schicht verfügt über Routing-Funktionen. Routing ist eine komplexe und bedeutende Angelegenheit, deren Ausführung die Aufgabe der Internet-Schicht ist. Das Protokoll IP ist ein integraler Bestandteil dieser Schicht, wie schon allein aus dem Namen ersichtlich ist. Bei der Diskussion der oberen Schichten wurde zunächst mit einer kurzen Einführung begonnen, und die Behandlung der Protokolle wurde in zusätzlichen Abschnitten vorgenommen. Hier jedoch ist IP im wesentlichen die Internet-Schicht, obwohl es eigentlich nur ein Protokoll ist. Daher muß es bereits in der Einführung zu dieser Schicht erwähnt werden. Die übrigen Protokolle, die hier zu finden sind, dienen lediglich zur Unterstützung von IP. IP enthält das umfassende Bild, da es sich aller miteinander verbundenen Netzwerke bewußt ist. Das ist möglich, da alle Rechner im Netzwerk eine als IP-Adresse bezeichnete Softwareadresse haben, die weiter unten ausführlicher beschrieben werden wird.

Der zweite Grund für die Internet-Schicht ist die Bereitstellung einer einzigen Netzwerkschnittstelle für die Protokolle der oberen Schichten. Ohne diese Schicht müßten Programmierer in jeder Anwendung „Hooks" für jedes einzelne Netzwerkzugangsprotokoll schreiben. Das wäre nicht nur mühselig, sondern würde auch zu verschiedenen Versionen jeder Anwendung führen – eine für Ethernet, eine andere für Token Ring usw. Um das zu verhindern, stellt IP eine einzige Netzwerkschnittstelle für die Protokolle der oberen Schichten zur Verfügung. Nachdem dies erreicht ist, ist es die Aufgabe von IP und der verschiedenen Protokolle der Netzwerkzugangsschicht, sich zu arrangieren und zusammenzuarbeiten.

Die Protokolle der Internet-Schicht

Alle Netzwerkwege führen zu IP, und alle anderen Protokolle auf dieser Schicht sowie alle Protokolle der oberen Schichten verwenden es. Das sollten Sie im Gedächtnis behalten. Alle Pfade durch das Modell laufen durch IP. Die folgenden Abschnitte beschreiben die Protokolle der Internet-Schicht.

IP (Internet Protocol) IP schaut als erstes nach der IP-Adresse jedes Pakets. Dann wird unter Verwendung eines Routing-Protokolls entschieden, wohin dieses Paket als nächstes gesendet wird, wobei der günstigste Pfad gewählt wird. Die Protokolle der Netzwerkzugangsschicht am unteren Ende des Modells verfügen nicht wie IP über einen globalen Überblick über das gesamte Netzwerk; sie haben nur mit physischen Punkt-zu-Punkt-Verbindungen zu tun.

Zur Identifikation von Geräten im Netzwerk bedarf es der Antwort auf die folgenden beiden Fragen: In welchem Netzwerk befindet es sich und welche Kennung hat es in diesem Netzwerk? Das erste ist die Softwareadresse (die richtige Straße), das zweite die Hardwareadresse (der richtige Briefkasten). Alle Hosts in einem Netzwerk haben eine logische Kennung, die als IP-Adresse bezeichnet wird. Dies ist die Softwareadresse und sie enthält wertvolle kodierte Informationen, die die komplexe Aufgabe des Routing sehr vereinfachen.

IP übernimmt die Segmente von der Host-zu-Host-Schicht und fragmentiert sie in Datagramme (Pakete). Auf der Empfängerseite setzt IP die Datagramme wieder zu Segmenten zusammen. Jedem Datagramm wird die IP-Adresse des Senders und des Empfängers zugeordnet. Jedes Gerät, das ein Datagramm empfängt, trifft die Entscheidung über die Weiterleitung anhand der IP-Adresse des Bestimmungsorts eines Pakets.

ARP (Address Resolution Protocol) Wenn IP ein Datagramm zu senden hat, wurde es bereits durch die Protokolle der oberen Schichten über die IP-Adresse des Zielorts informiert. IP muß jedoch auch ein Netzwerkzugangsprotokoll, z.B. Ethernet, über die Hardwareadresse des Ziels informieren. Wenn es diese Hardwareadresse nicht kennt, benutzt IP das Protokoll ARP, um diese Information zu ermitteln. Als IPs Detektiv befragt ARP das Netzwerk, indem es einen „Funkspruch" aussendet, der den Rechner mit der angegebenen IP-Adresse auffordert, seine Hardwareadresse mitzuteilen. ARP ist in der Lage, eine Softwareadresse, die IP-Adresse, in eine Hardwareadresse zu übersetzen – z.B. die Adresse der Ethernet-Karte des Zielrechners – und daraus den Standort abzuleiten. Diese Hardwareadresse wird technisch als Medienzugangskontrolladresse (MAC: media access control) bezeichnet.

RARP (Reverse Address Resolution Protocol) Wenn es sich bei einer IP-Maschine um einen laufwerkslosen Rechner handelt, kann dieser anfänglich seine IP-Adresse nicht kennen. Er kennt jedoch seine MAC-Adresse. Das RARP-Protokoll ist der Psychoanalytiker für diese verlorenen Seelen. Es sendet ein Paket aus, das die MAC-Adresse enthält, mit der Bitte um Benachrichtigung, welche IP-Adresse dieser MAC-Adresse zugeordnet wird. Eine dafür vorgesehene Maschine, die als RARP-Server bezeichnet wird, gibt die entsprechende Antwort, und schon ist die Identitätskrise behoben. Wie jeder gute Analytiker benutzt RARP die ihm bekannte Information (die MAC-Adresse des Rechners), um die IP-Adresse in Erfahrung zu bringen und das Identitätsporträt des Rechners zu vervollständigen.

BootP BootP steht für Boot Program. Wenn eine laufwerkslose Workstation eingeschaltet wird, sendet sie eine BootP-Anforderung über das Netzwerk. Ein BootP-Server empfängt diese Anforderung und sucht in seiner BootP-Datei nach der MAC-Adresse des Clients. Wenn er einen entsprechenden Eintrag findet, teilt er der Workstation die IP-Adresse mit und die Datei – normalerweise über das TFTP-Protokoll –, mit der die Workstation starten soll.

BootP wird von einem laufwerkslosen Rechner benutzt, um folgendes in Erfahrung zu bringen:

- seine IP-Adresse
- die IP-Adresse einer Server-Maschine
- den Namen der Datei, die bei Startvorgang in den Speicher geladen und ausgeführt werden soll.

ICMP (Internet Control Message Protocol) ICMP ist ein Verwaltungsprotokoll und ein Nachrichtendienstanbieter für IP. Seine Nachrichten werden als IP-Datagramme befördert. RFC 1256, ICMP Router Discovery Messages, ist ein Anhang zu ICMP, der Hosts erweiterte Fähigkeiten zur Erkennung von Leitwegen zu Gateways zur Verfügung stellt. In regelmäßigen Abständen werden Router-Mitteilungen über das Netzwerk gesendet, die die IP-Adressen seiner Netzwerkschnittstellen bekanntgeben. Die Hosts horchen auf diese Mitteilungen, um Leitweginformationen zu erhalten. Eine Router-Aufforderung (router solicitation) ist eine Bitte um unmittelbare Mitteilungen und kann von einem Host gesendet werden, wenn er gestartet wird. Im folgenden einige Ereignisse und Meldungen, auf die ICMP sich bezieht:

- **Ziel nicht erreichbar (Destination unreachable):** Wenn ein Router ein IP-Datagramm nicht mehr weitersenden kann, benutzt er ICMP, um den Sender über diese Situation zu informieren.

- **Puffer voll (Buffer full):** Wenn der für die Aufnahme ankommender Datagramme vorgesehene Speicherpuffer voll ist, wird mittels ICMP diese Meldung gesendet.

- **Zwischenstationen (Hops):** Jedem IP-Datagramm wird eine bestimmte Anzahl von Routern zugewiesen, die es durchlaufen darf. Diese werden als Zwischenstationen oder Hops bezeichnet. Wenn die Obergrenze der Zwischenstationen erreicht ist, bevor das Datagramm am Ziel angekommen ist, wirft der letzte Router, der das Datagramm empfängt, dieses einfach fort. Dieser Router sendet dann über ICMP eine Nachricht an die Sendermaschine, um sie über das „Ableben" ihres Datagramms zu informieren.

Netzwerkzugangsschicht

Die unterste Schicht des DoD-Modells überwacht den Datenaustausch zwischen dem Host und dem Netzwerk. Als Äquivalent zur Sicherungs- und Bitübertragungsschicht des OSI-Modells wacht diese Schicht über die Hardwareadressierung und definiert Protokolle für die physische Übertragung der Daten.

Das DoD-Referenzmodell

Die Protokolle der Netzwerkzugangsschicht

Die Programmierer für das DoD-Modell haben keine Protokolle für diese Schicht definiert; ihr Schwerpunkt begann bei der Internet-Schicht. Und gerade diese Eigenschaft ermöglicht die Implementation dieses Modells auf fast allen Hardwareplattformen. Dies ist einer der Gründe, warum die Internet-Protocol-Reihe populär ist. Jedes hier aufgelistete Protokoll bezieht sich auf die physische Übermittlung von Daten. Die Hauptaufgaben der Netzwerkzugangsschicht sind folgende:

- Empfang eines Datagramms und dessen Einteilung in Rahmen in einem Strom von Bits – Einsen und Nullen – für die physische Übertragung. (Die Informationen auf dieser Schicht werden als Rahmen bezeichnet.) Ein Beispiel für ein Protokoll auf dieser Ebene ist CSMA/CD (Carrier Sense, Multiple Access with Collision Detect). Es prüft das Kabel, um festzustellen, ob bereits ein anderer PC Daten überträgt (Carrier Sense), ermöglicht allen Computern die gemeinsame Nutzung derselben Bandbreite (Multiple Access) und erkennt Kollisionen und überträgt diese Daten erneut. Man kann dieses Protokoll als Autobahnpolizei der Netzwerkzugangsschicht betrachten.

- Angabe der MAC-Adresse. Die MAC-Adresse (Hardwareadresse) des Bestimmungsorts wird zwar von der Internet-Schicht ermittelt, die Netzwerkzugangsprotokolle aber setzen diese MAC-Adresse in den MAC-Rahmen.

- Berechnung einer CRC-Prüfsumme zur Gewährleistung, daß der Strom von Bits, die einen Rahmen bilden, ordnungsgemäß empfangen wurde.

- Angabe der Zugangsmethode zum physischen Netzwerk, z.B. Konkurrenzbetrieb für Ethernet (wer zuerst kommt, wird zuerst bedient), Tokenverfahren für Token Ring (Warten auf ein Token vor der Übertragung), FDDI und Umfragebetrieb (Warten auf Anfrage) für IBM-Großrechner.

- Angabe der physischen Medien, der Verbindungsstücke, der elektrischen Signale und der Zeitregeln.

Zu den Technologien, die zur Implementation der Netzwerkzugangsschicht benutzt werden, gehören:
  LAN-orientierte Protokolle:

- Ethernet (dickes und dünnes Koaxkabel, Twisted-Pair-Kabel)
- Token Ring
- FDDI
- ARCnet

WAN-orientierte Protokolle:

- Point-to-Point Protocol
- X.25
- Frame Relay

Protokolle für die physische Schicht in WANs bieten dieselben Informationen und Dienste wie die physische Schicht in LANs: elektrische, mechanische, operationale und funktionale Verbindungsdienste, jedoch für die Großraumvernetzung. Ein weiterer Unterschied besteht darin, wie man an diese Dienste kommt. Für ein LAN würden Sie sich an Cisco, 3Com, Bay, Cabletron oder einen ähnlichen Anbieter wenden. Wenn es um WAN-Dienste geht, würden Sie üblicherweise einen WAN-Dienstanbieter wie die Deutsche Telekom, AT&T, Northern Telecom oder einen anderen Anbieter von Telekommunikationsdiensten heranziehen.

WAN-Protokolle werden definiert von:

- International Telecommunication Union – Telecommunication Standardization Sector (ITU-T), früher bekannt als Consultive Committee for International Telegraph and Telephone (CCITT)
- International Organization for Standardization (ISO)
- Electronic Industries Association (EIA)
- Internet Engineering Task Force (IETF)

WAN-Standards beschreiben und benutzen in der Regel die Spezifikationen sowohl der Sicherungs- als auch der Bitübertragungsschicht.

Nachdem nun die Ursprünge von TCP/IP und die damit zusammenhängenden Protokolle erläutert wurden, beschäftigt sich das Kapitel 3 mit der IP-Adressierung und der Gliederung einer TCP/IP-Adresse in Teilnetze.

IP-Adressierung und Teilnetze

KAPITEL 3

Dieses Kapitel erforscht die Grundlagen von TCP/IP weiter und beschäftigt sich mit der äußerst wichtigen Frage, wie eine exakte Kommunikation zwischen bestimmten Netzwerken und Host-Systemen durch die richtige IP-Adressierung erreicht wird. Da IP ein so wichtiger Bestandteil des Internet und der TCP/IP-Kommunikation ist, soll es noch einmal ausführlicher behandelt werden, um sicherzustellen, daß seine Funktion wirklich deutlich wird. Sie finden eine Fülle von Informationen darüber, wie und warum Kommunikation zwischen Geräten abläuft, wodurch Fehler auftreten können und wie Rechner in LANs und WANs konfiguriert sein müssen, um eine solide Leistung ihres Netzwerks zu gewährleisten.

Was ist IP-Adressierung?

Eine IP-Adresse ist eine numerische Kennung, die jedem Rechner in einem IP-Netzwerk zugewiesen wird und die die Position des Geräts, dem sie zugewiesen wurde, im Netzwerk kennzeichnet. Wie bereits erwähnt, handelt es sich bei diesem Adressentyp um eine Softwareadresse, nicht um eine Hardwareadresse, die in den Rechner oder die Netzwerkkarte hart einkodiert wurde.

Ethernet (Hardware)-Adressen

Die Ethernet-Adresse einer jeden Ethernet-Karte ist ein einmaliger Identifikationscode, der 48 Bits umfaßt. Wenn es Ihnen unwahrscheinlich vorkommt, daß jede Ethernet-Karte der Welt eine einmalige Adresse hat, bedenken Sie, daß 48 Bits 280 Billionen Möglichkeiten bieten. Ethernet selbst benutzt nur ein Viertel dieser Möglichkeiten (zwei Bits werden für administrative Funktionen reserviert), es bleiben aber dennoch eine ganze Menge möglicher Adressen übrig. Wichtig ist auf jeden Fall, daß die Ethernet-Adresse einer Karte bereits vordefiniert und fest in die Karte eingebrannt ist. Ethernet-Adressen, die auch als Medienzugangskontrolladressen (MAC) bezeichnet werden, sind synonym mit Token-Ring-Adressen oder Ethernet-Adressen und werden mit zwölf Hexadezimalstellen ausgedrückt. (Sie haben nichts mit Macintosh-Computern zu tun!) Ein Beispiel: Die Ethernet-Karte des Computers, auf dem dieses Buch geschrieben wurde, hat die MAC-(Ethernet)-Adresse 0020AFF8E771 oder in anderer Schreibweise, 00-20-AF-F8-E7-71. Die Adressen werden zentral verwaltet, und die Anbieter von Ethernet-Chips müssen Blöcke dieser Adressen erwerben. Im Beispiel unserer Workstation wissen wir, daß sie eine Ethernet-Karte von 3Com hat, da die Ethernet-(MAC)-Adresse mit 00-20-AF beginnt, und dieses Präfix gehört 3Com.

Was ist IP-Adressierung? 51

> **HINWEIS** *Sie können die MAC-Adresse eines NT-Computers auf verschiedene Weisen ausfindig machen. Sie können beispielsweise an der DOS-Eingabeaufforderung **ipconfig/all** eingeben und die Liste der Hardwareadressen überprüfen oder die Windows NT-Diagnose starten und auf der Registerkarte NETZWERK auf TRANSPORTE klicken.*

Das hierarchische IP-Adressierungsschema

Im Gegensatz zu den 48 Bits einer MAC-Adresse ist eine IP-Adresse ein 32-Bit-Wert. Ein weiterer Unterschied besteht darin, daß IP-Adressen Zahlen sind, die auf einer Workstation (oder einem Server) von einem Netzwerkverwalter festgelegt werden – es handelt sich dabei nicht um festkodierte Adressen auf Hardwareebene wie bei der Ethernet-Adresse. Das bedeutet, daß es 4 Billionen unterschiedlicher Internet-Adressen gibt.

Es ist zwar schön und gut, daß dadurch Platz für viele Rechner vorhanden ist, aber eine 32-Bit-Adresse im Kopf zu behalten – oder jemand anderem mitzuteilen – ist kein großer Spaß. Stellen Sie sich vor, Sie müßten einem Netzwerkbetreuer sagen: „Richten Sie einfach die Rechner in dem Teilnetz so ein, daß sie standardmäßig die Router-Adresse 10101110100101010010101100010111 benutzen." Ziemlich umständlich und wenig aufschlußreich! Wir Menschen denken nun einmal nicht in dieser Weise. Um Verwirrung und Fehler zu vermeiden, brauchen wir auf jeden Fall eine für unser Gehirn angenehmere Möglichkeit, 32-Bit-Zahlen auszudrücken. Aus diesem Grunde wurde eine Notation geschaffen, die aus vier, durch Punkte voneinander getrennten Zahlen besteht.

Schematisch ausgedrückt können IP-Adressen dargestellt werden als *w.x.y.z.*, wobei w, x, y und z jeweils dezimale Werte zwischen 0 und 255 sein können. Ein Beispiel für eine IP-Adresse ist 199.34.57.53. Jede dieser vier Zahlen wird als Quad bezeichnet, und jedes dieser Quads ist mit einem der oben verwendeten Buchstaben äquivalent: 199 für w, 34 für x, 57 für y und 53 für z. Diese Art der Darstellung wird als Dotted-Quad-Notation bezeichnet, da die Quads durch Punkte (dots) verbunden sind.

Jede der Zahlen in der Dotted-Quad-Schreibweise entspricht 8 Bits einer Internet-Adresse. Da der Wert für 8 Bits zwischen 0 und 255 liegen kann, bewegen sich auch die Werte der Quads in diesem Bereich. Um zum Beispiel die IP-Adresse11001010000011110101010100000001 in das Dotted-Quad-Format umzuwandeln, würde sie zunächst in Gruppen von jeweils 8 Bits eingeteilt:

11001010 00001111 10101010 00000001

Wenn Ihnen die Umwandlung von Binär- in Dezimalzahlen nicht so geläufig ist, laden Sie einfach den Rechner von NT, wählen Sie WISSENSCHAFTLICH im Menü ANSICHT, und drücken Sie dann die Taste F8, um den Rechner in den Binärmodus umzuschalten. Geben Sie die Binärzahl ein, und drücken Sie F6. Die Zahl wird in eine Dezimalzahl umgewandelt.

Jede dieser Zahlen aus 8 Bits wird in ihr dezimales Äquivalent umgewandelt. Für unser Beispiel ergeben sich folgende Zahlen:

11001010   00001111   10101010   00000001

    202   15   170   1

Die entsprechende Adresse im Dotted-Quad-Format lautet 202.15.170.1.

Die Idee hinter den 32-Bit-IP-Adressen ist die Vereinfachung der Segmentierung der Aufgabe der Verwaltung des Internet oder eines jeden Intranet. Die IP-Adresse ist eine strukturierte oder hierarchische Adresse im Gegensatz zu einer flachen oder nicht-hierarchischen. Obwohl beide Adressierungsarten hätten verwendet werden können, entschied man sich für die hierarchische Variante, und zwar aus gutem Grund.

Da es in den frühen Tagen des Internet so schien, daß 4 Billionen Adressen genügend Raum für Wachstum böten, waren die ursprünglichen Entwickler ein wenig nachlässig. Sie definierten drei Klassen von Netzwerken im Internet: große, mittlere und kleine Netzwerke. Man benutzte 8-Bit-Sektionen der 32-Bit-Adressen, um die verschiedenen Netzwerkklassen voneinander abzugrenzen.

Ein gutes Beispiel für ein flaches Adressierungsschema ist eine Sozialversicherungsnummer. Sie hat keine besondere Einteilung, die als numerische Darstellung eines bestimmten Merkmals der Person, der sie zugewiesen ist, betrachtet werden könnte. Wenn man diese Methode für die IP-Adressierung benutzt hätte, hätte jeder Rechner im Internet eine völlig einmalige Adresse haben müssen, genau wie jede Sozialversicherungsnummer einmalig ist. Das Gute an einem solchen System ist, daß es eine große Anzahl von Adressen zur Verfügung stellt, nämlich 4,3 Billionen (bei 32 Bits mit jeweils 2 möglichen Werten für jede Position – 0 oder 1 – ergeben sich 2^{32} Möglichkeiten, was 4,3 Billionen ergibt). Ein Nachteil dieses Schemas entsteht in bezug auf das Routing, und das ist auch der Grund, warum man es verworfen hat. Wenn jede Adresse absolut einmalig wäre, müßten Router im Internet die Adressen jeder einzelnen Maschine im Internet speichern. Dadurch würde ein effizientes Routing unmöglich gemacht, selbst wenn nur ein Bruchteil der möglichen Adressen benutzt würde.

Die Lösung dieses Dilemmas besteht in der Verwendung eines zweischichtigen hierarchischen Adressierungsschemas, das nach Klasse, Rang, Grad usw. strukturiert ist. Ein Beispiel für diesen Typ ist eine Telefonnummer. Der erste Abschnitt einer Telefonnummer, die internationale Vorwahl, bezeichnet einen sehr großen Bereich, gefolgt von der Ortsnetzkennzahl, die diesen Bereich lokal eingrenzt. Der letzte Abschnitt, die Teilnehmernummer, bezeichnet eine spezielle Verbindung. Ähnlich sieht es bei einer IP-Adresse aus. Statt die gesamten 32 Bits als eine einmalige Kennung zu behandeln, dient ein Teil der Adresse als Netzwerkadresse und der andere als Knotenadresse, wodurch eine hierarchische Struktur zustande kommt.

Die Netzwerkadresse identifiziert jedes Netzwerk eindeutig. Jeder Rechner in diesem Netzwerk enthält diese Netzwerkadresse als Teil seiner IP-Adresse. In der IP-Adresse 131.59.30.56 wäre 131.59 die Netzwerkadresse.

Die Knotenadresse wird zur eindeutigen Identifikation jeder Maschine im Netzwerk zugewiesen. Dieser Teil der Adresse muß einmalig sein, da er eine spezielle Maschine identifiziert – ein Individuum im Gegensatz zu einem Netzwerk, das eine Gruppe ist. Diese Zahl kann auch als Host-Adresse bezeichnet werden. In der soeben angeführten Beispieladresse lautet die Knotenadresse 30.56.

Netzwerke der Klassen A, B und C

Das NIC (Network Information Center) weist einer Firma je nach deren Größe einen Block von IP-Adressen zu. Große Firmen erhalten Netzwerke der Klasse A (diese sind bereits alle vergeben, es sind keine mehr verfügbar), mittlere Unternehmen erhalten Netzwerke der Klasse B (auch diese sind inzwischen ausgegangen) und andere erhalten Netzwerke der Klasse C (davon gibt es noch ein paar). Trotz dieser drei Netzwerkklassen gibt es fünf Arten von IP-Adressen, wie in Abbildung 3.1 dargestellt.

Wie eine IP-Adresse in eine Netzwerk- und eine Knotenadresse unterteilt wird, wird durch die Klassenzuordnung des Netzwerks festgelegt.

Tabelle 3.1 faßt die drei Netzwerkklassen zusammen, die in den folgenden Abschnitten ausführlicher beschrieben werden.

Tabelle 3.1: Zusammenfassung der drei Klassen von Netzwerken

Klasse	Format	Führendes Bitmuster	Dezimalbereich der ersten Byte der Netzwerkadresse	Maximale Netzwerk-Anzahl	Maximale Konten pro Netzwerk
A	Net.Node.Node.Node	0	1-127	127	16.777.216
B	Net.Net.Node.Node	10	128-191	16.384	65.534
C	Net.Net.Net.Node	110	192-223	2.097.152	254

Abbildung 3.1: Internet-Netzwerkklassen und reservierte Adressen

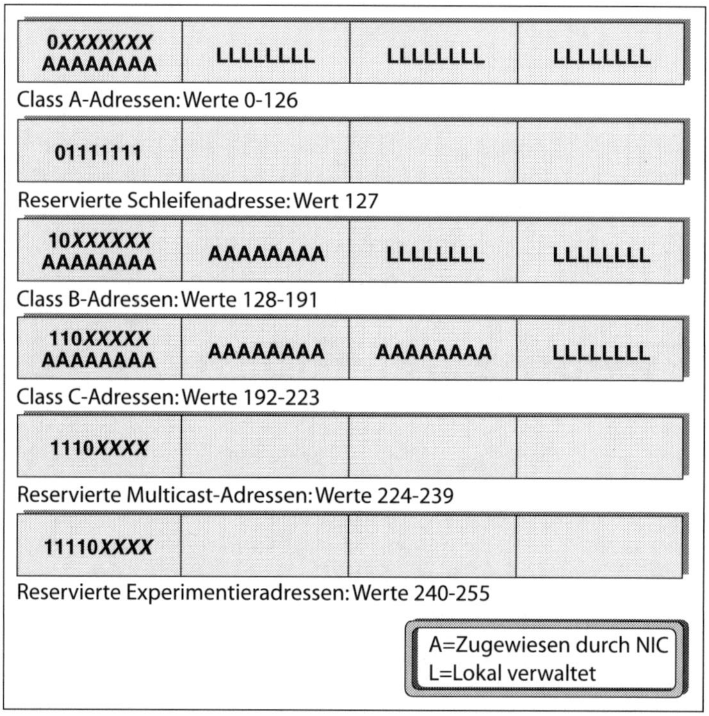

0XXXXXXX AAAAAAAA	LLLLLLLL	LLLLLLLL	LLLLLLLL

Class A-Adressen: Werte 0-126

01111111			

Reservierte Schleifenadresse: Wert 127

10XXXXXX AAAAAAAA	AAAAAAAA	LLLLLLLL	LLLLLLLL

Class B-Adressen: Werte 128-191

110XXXXX AAAAAAAA	AAAAAAAA	AAAAAAAA	LLLLLLLL

Class C-Adressen: Werte 192-223

1110XXXX			

Reservierte Multicast-Adressen: Werte 224-239

11110XXXX			

Reservierte Experimentieradressen: Werte 240-255

A=Zugewiesen durch NIC
L=Lokal verwaltet

Um ein effizientes Routing zu garantieren, haben die Internet-Entwickler für die führenden Bits der Adresse eine spezielle Aufgabe für die unterschiedlichen Netzwerkklassen vorgesehen. Da ein Router z.B. weiß, daß eine Netzwerkadresse der Klasse A immer mit einer 0 beginnt, kann er möglicherweise ein Paket schon nach dem Lesen des ersten Bit seiner Adresse auf den richtigen Weg schicken. Abbildung 3.2 zeigt, wie die führenden Bits einer Netzwerkadresse definiert sind.

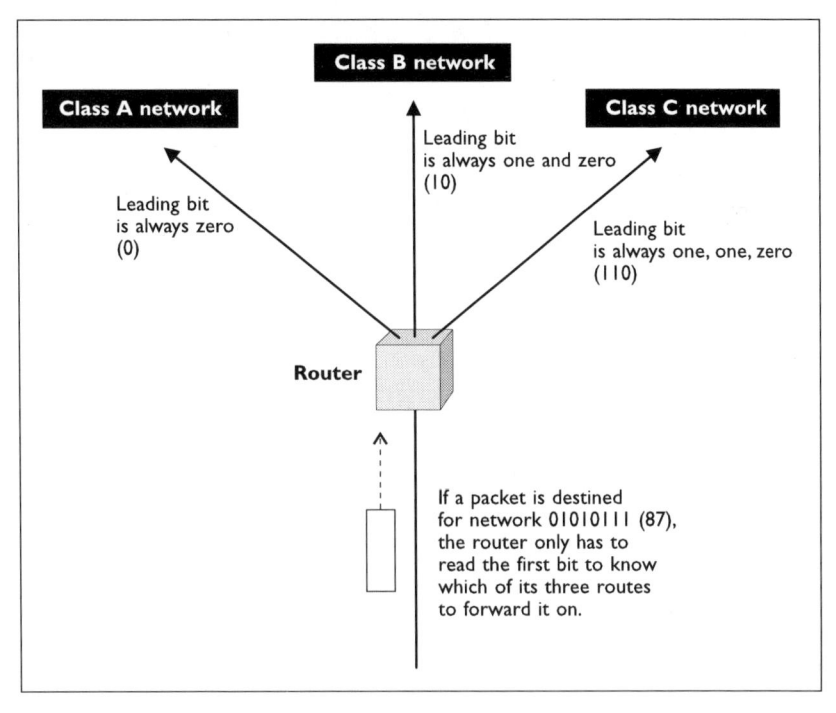

Abbildung 3.2:
Führende Bits einer Netzwerkadresse

Class A network — Leading bit is always zero (0)
Class B network — Leading bit is always one and zero (10)
Class C network — Leading bit is always one, one, zero (110)

Router

If a packet is destined for network 01010111 (87), the router only has to read the first bit to know which of its three routes to forward it on.

Netzwerke der Klasse A

Für ein großes Netzwerk werden die ersten 8 Bits vom NIC festgelegt. Die übrigen 24 Bits können die Netzwerkverwalter selbst konfigurieren. Die ersten 8 Bits von links können Werte von 0 bis 126 annehmen, so daß 127 Netzwerke der Klasse A möglich sind. Diese Adressen erhalten wirklich große Firmen wie IBM, und es gibt nur 127 solcher Adressen. Da nur 8 Bits dafür verwendet werden, bleiben noch 24 übrig. Netzwerke der Klasse A können also 2^{24} oder 16 Millionen Hosts enthalten. Beispiele für Netze der Klasse A sind BBN (1.0.0.0), General Electric (3.0.0.0), Hewlett-Packard (16.0.0.0), Apple (17), Columbia University (15), Xerox (13), IBM (9), DEC (16), und M.I.T. (18).

Adressen der Klassen A haben folgendes Format:

`Netzwerk. Knoten. Knoten. Knoten.`

Beispiel: In der IP-Adresse 49.22.102.70, ist 49 die Netzwerkadresse und 22.102.70 die Knotenadresse. Jede Maschine in diesem speziellen Netzwerk hat die Netzwerkadresse 49.

Da die Länge einer Netzwerkadresse der Klasse A 1 Byte beträgt und das erste Bit dieses Byte reserviert ist, bleiben noch 7 veränderliche Bits übrig. Das bedeutet, daß die maximale Anzahl von Netzwerken der Klasse A, die potentiell angelegt werden können, 128 beträgt. Da jede der 7 Bitpositionen entweder 0 oder 1 sein kann, gibt es 2 hoch 7 oder 128 Möglichkeiten. Um die Sache noch weiter zu komplizieren, wurde beschlossen, daß die nur aus Nullen bestehende Netzwerkadresse (0000 0000) reserviert sein solle (siehe Tabelle 3.2). Das bedeutet, daß die tatsächliche Anzahl der verwertbaren Netzwerkadressen der Klasse A 128 minus 1, das heißt 127 beträgt.

Tabelle 3.2: Reservierte IP-Adressen

Adresse	Funktion
Nur aus Nullen bestehende Netzwerkadresse	Wird interpretiert als „Dieses Netzwerk"
Nur aus Einsen bestehende Netzwerkadresse	Wird interpretiert als „Alle Netzwerke"
Netzwerk 127	Reserviert für Schleifentests. Bezeichnet den lokalen Knoten und ermöglicht diesem Knoten, ein Testpaket an sich selbst zu senden, ohne Netzwerkverkehr zu erzeugen.
Nur aus Nullen bestehende Knotenadresse	Wird interpretiert als „Dieser Knoten"
Nur aus Einsen bestehende Knotenadresse	Wird interpretiert als „Alle Knoten" im angegebenen Netzwerk. Beispiel: 128.2.255.255 bedeutet „Alle Knoten" im Netzwerk 128.2 (Adresse der Klasse B)
Nur aus Nullen bestehende IP-Adresse	Wird vom RIP-Protokoll zur Bezeichnung des Standardleitwegs benutzt
Nur aus Einsen bestehende IP-Adresse (identisch mit 255.255.255.255)	Rundspruch an alle Knoten im aktuellen Netzwerk

Schauen Sie sich dazu einmal die Tabelle zur Umwandlung von Dezimal- in Binärzahlen an (Tabelle 3.3). Beginnen Sie bei der binären 0, und schauen Sie sich das erste Bit (ganz links) an. Verfolgen Sie die Liste weiter, bis das erste Bit eine 1 wird. Sie werden feststellen, daß der dezimale Bereich eines Netzwerks der Klasse A von 0 bis 127 geht. Da die nur aus Nullen bestehende Adresse einem auserwählten Kreis angehört, geht der Bereich der Netzwerkadressen für Netzwerke der Klassen A von 1 bis 127. Aber auch eine andere Zahl der Klasse A gehört zu diesem Kreis, nämlich 127. Diese Erkenntnis bringt die Gesamtzahl technisch gesehen auf 126.

Tabelle 3.3:
Dezimal-/Binär-Tabelle

Dezimal	Binär	Dezimal	Binär	Dezimal	Binär
0	0000 0000	5	0000 0101	10	0000 1010
1	0000 0001	6	0000 0110	11	0000 1011
2	0000 0010	7	0000 0111	12	0000 1100
3	0000 0011	8	0000 1000	13	0000 1101
4	0000 0100	9	0000 1001	14	0000 1110
15	0000 1111	36	0010 0100	57	0011 1001
16	0001 0000	37	0010 0101	58	0011 1010
17	0001 0001	38	0010 0110	59	0011 1011
18	0001 0010	39	0010 0111	60	0011 1100
19	0001 0011	40	0010 1000	61	0011 1101
20	0001 0100	41	0010 1001	62	0011 1110
21	0001 0101	42	0010 1010	63	0011 1111
22	0001 0110	43	0010 1011	64	0100 0000
23	0001 0111	44	0010 1100	65	0100 0001
24	0001 1000	45	0010 1101	66	0100 0010
25	0001 1001	46	0010 1110	67	0100 0011
26	0001 1010	47	0010 1111	68	0100 0100
27	0001 1011	48	0011 0000	69	0100 0101
28	0001 1100	49	0011 0001	70	0100 0110
29	0001 1101	50	0011 0010	71	0100 0111
30	0001 1110	51	0011 0011	72	0100 1000
31	0001 1111	52	0011 0100	73	0100 1001
32	0010 0000	53	0011 0101	74	0100 1010
33	0010 0001	54	0011 0110	75	0100 1011
34	0010 0010	55	0011 0111	76	0100 1100
35	0010 0011	56	0011 1000	77	0100 1101
78	0100 1110	99	0110 0011	120	0111 1000
79	0100 1111	100	0110 0100	121	0111 1001
80	0101 0000	101	0110 0101	122	0111 1010
81	0101 0001	102	0110 0110	123	0111 1011
82	0101 0010	103	0110 0111	124	0111 1100

Dezimal	Binär	Dezimal	Binär	Dezimal	Binär
83	0101 0011	104	0110 1000	125	0111 1101
84	0101 0100	105	0110 1001	126	0111 1110
85	0101 0101	106	0110 1010	127	0111 1111
86	0101 0110	107	0110 1011	128	1000 0000
87	0101 0111	108	0110 1100	129	1000 0001
88	0101 1000	109	0110 1101	130	1000 0010
89	0101 1001	110	0110 1110	131	1000 0011
90	0101 1010	111	0110 1111	132	1000 0100
91	0101 1011	112	0111 0000	133	1000 0101
92	0101 1100	113	0111 0001	134	1000 0110
93	0101 1101	114	0111 0010	135	1000 0111
94	0101 1110	115	0111 0011	136	1000 1000
95	0101 1111	116	0111 0100	137	1000 1001
96	0110 0000	117	0111 0101	138	1000 1010
97	0110 0001	118	0111 0110	139	1000 1011
98	0110 0010	119	0111 0111	140	1000 1100
141	1000 1101	162	1010 0010	183	1011 0111
142	1000 1110	163	1010 0011	184	1011 1000
143	1000 1111	164	1010 0100	185	1011 1001
144	1001 0000	165	1010 0101	186	1011 1010
145	1001 0001	166	1010 0110	187	1011 1011
146	1001 0010	167	1010 0111	188	1011 1100
147	1001 0011	168	1010 1000	189	1011 1101
148	1001 0100	169	1010 1001	190	1011 1110
149	1001 0101	170	1010 1010	191	1011 1111
150	1001 0110	171	1010 1011	192	1100 0000
151	1001 0111	172	1010 1100	193	1100 0001
152	1001 1000	173	1010 1101	194	1100 0010
153	1001 1001	174	1010 1110	195	1100 0011
154	1001 1010	175	1010 1111	196	1100 0100
155	1001 1011	176	1011 0000	197	1100 0101

Netzwerke der Klassen A, B und C

Dezimal	Binär	Dezimal	Binär	Dezimal	Binär
156	1001 1100	177	1011 0001	198	1100 0110
157	1001 1101	178	1011 0010	199	1100 0111
158	1001 1110	179	1011 0011	200	1100 1000
159	1001 1111	180	1011 0100	201	1100 1001
160	1010 0000	181	1011 0101	202	1100 1010
161	1010 0001	182	1011 0110	203	1100 1011
204	1100 1100	222	1101 1110	240	1111 0000
205	1100 1101	223	1101 1111	241	1111 0001
206	1100 1110	224	1110 0000	242	1111 0010
207	1100 1111	225	1110 0001	243	1111 0011
208	1101 0000	226	1110 0010	244	1111 0100
209	1101 0001	227	1110 0011	245	1111 0101
210	1101 0010	228	1110 0100	246	1111 0110
211	1101 0011	229	1110 0101	247	1111 0111
212	1101 0100	230	1110 0110	248	1111 1000
213	1101 0101	231	1110 0111	249	1111 1001
214	1101 0110	232	1110 1000	250	1111 1010
215	1101 0111	233	1110 1001	251	1111 1011
216	1101 1000	234	1110 1010	252	1111 1100
217	1101 1001	235	1110 1011	253	1111 1101
218	1101 1010	236	1110 1100	254	1111 1110
219	1101 1011	237	1110 1101	255	1111 1111
220	1101 1100	238	1110 1110		
221	1101 1101	239	1110 1111		

Wie bereits erwähnt, stehen einem Netzwerk der Klasse A drei Bytes (24 Bitpositionen) für die Knotenadresse einer Maschine zur Verfügung. Das bedeutet, daß es 2 hoch 24 oder 16.777.216 einmalige Kombinationen gibt, und genauso viele Knotenadressen sind für jedes Netzwerk der Klasse A möglich.

Da die nur aus Nullen und nur aus Einsen bestehenden Adressen reserviert sind, beträgt die tatsächliche Höchstzahl verwendbarer Knotenadressen in einem Netzwerk der Klasse A $2^4 - 2$, was 16.777.214 ergibt.

Netzwerke der Klasse B

Bei Netzwerken mittlerer Größe sind die ersten 16 Bits vordefiniert, so daß weitere 16 Bits übrigbleiben, die vom Netzwerkverwalter für die lokale Verwendung festgelegt werden können. Adressen der Klasse B haben immer die Werte 128 bis 191 im ersten Quad und einen Wert von 0 bis 255 im zweiten Quad.

Netzwerkadressen der Klasse B haben folgendes Format:

```
Netzwerk.Netzwerk.Knoten.Knoten.
```

Beispiel: In der IP-Adresse 131.59.30.56 ist die Netzwerkadresse 131.59 und die Knotenadresse 30.56.

Da die Netzwerkadresse aus 2 Bytes besteht, sind 2 hoch 16 einmalige Kombinationen möglich. Die Internet-Entwickler haben jedoch beschlossen, daß alle Netzwerke der Klasse B mit den Zahlen 1 und 0 beginnen sollen. Es gibt also real nur 14 veränderliche Bitpositionen und daher 2 hoch 14 oder 16.384 einmalige Netzwerke der Klasse B.

Wenn Sie einen weiteren Blick auf die Umwandlungstabelle von Dezimal- in Binärzahlen (Tabelle 3.3) werfen, werden Sie feststellen, daß die ersten beiden Bits des ersten Byte 10 sind für die Dezimalzahlen 128 bis 191. Wenn also das erste Byte einer Adresse innerhalb dieses Bereichs liegt, handelt es sich um ein Netzwerk der Klasse B.

In einem Netzwerk der Klasse B stehen 2 Bytes für Knotenadressen zur Verfügung. Das sind 2^{16} abzüglich der beiden reservierten Muster (nur Nullen und nur Einsen) oder insgesamt 65.534 mögliche Knotenadressen für jedes Netzwerk der Klasse B. Microsoft und Exxon sind Beispiele für Firmen mit Netzwerken der Klasse B.

Netzwerke der Klasse C

Bei kleinen Netzwerken sind die ersten 24 Bits vordefiniert, so daß nur noch ein mageres Byte für die Knotenadresse übrigbleibt. Netzwerke der Klasse C können so nicht mehr als 254 Hosts umfassen, da jedoch dem NIC 24 Bits zur Verfügung stehen, kann es zahlreiche Netzwerkadressen der Klasse C vergeben.

Die ersten drei Bytes eines Netzwerks der Klasse C sind dem Netzwerkteil der Adresse vorbehalten. Die Adressen haben folgendes Format:

```
Netzwerk.Netzwerk.Netzwerk.Knoten.
```

Beispiel: In der IP-Adresse 198.21.74.102 lautet die Netzwerkadresse 198.21.74 und die Knotenadresse 102.

In einem Netzwerk der Klasse C sind die ersten *drei* Bitpositionen immer die Binärziffern 110. Die Berechnung sieht folgendermaßen aus:

Drei Bytes oder 24 Bits minus drei reservierter Positionen ergibt 21 Positionen. Es gibt also 2 hoch 21 oder 2.097.152 mögliche Netzwerke der Klasse C.

Ein erneuter Blick auf die Umwandlungstabelle von Dezimal- in Binärzahlen in Tabelle 3.3 zeigt, daß das Anfangs-Bitmuster von 110 bei der Dezimalzahl 192 beginnt und bis 223 geht. Trotz der Vielzahl der möglichen Netzwerke der Klasse C können Sie also ein solches Netzwerk daran erkennen, daß das erste Byte zwischen 192 und 223 liegt.

Jedem Netzwerk der Klasse C steht ein Byte für Knotenadressen zur Verfügung. Daraus ergeben sich 2^8 oder 256 abzüglich der beiden speziellen Muster aus nur Nullen und nur Einsen. Es ergeben sich also 254 Knotenadressen für jedes Netzwerk der Klasse C. Die letzte mögliche Adresse eines Netzwerks der Klasse C ist 223.255.255.x. Der Besitzer dieses Netzwerks hat lediglich Einfluß auf den Teil x.

Zusätzliche Netzwerkklassen

Eine weitere Klasse von Netzwerken ist die Klasse D. Dieser Adressenbereich wird für Pakete mit mehreren Zielorten benutzt. Der Zahlenbereich geht von 224.0.0.0 bis 239.255.255.255.

Eine Mehrfachübertragung wird benutzt, wenn ein Host gleichzeitig an mehrere Bestimmungsorte senden möchte. Dies ist der Fall, wenn ein Host versucht, alle Router in seinem Netzwerk in Erfahrung zu bringen. Unter Verwendung des ICMP-Protokolls sendet er ein Paket zur Router-Erkennung. Dieses Paket wird adressiert an 224.0.0.2, wodurch das Paket als eine Mehrfachsendung an alle Router des Netzwerks gekennzeichnet wird.

Es gibt auch einen Zahlenbereich der Klasse E, der bei 240.0.0.0 beginnt und bis 255.255.255.255 geht. Diese Zahlen sind für spätere Verwendung reserviert.

Wenn Sie kein Chaos heraufbeschwören und Streß vermeiden wollen, sollten Sie den Knoten in Ihrem Netzwerk keine Adressen der Klassen D oder E zuweisen.

Reservierte Adressen

Wie bereits angedeutet und in Tabelle 3.2 veranschaulicht, gibt es einige Zahlen, die Sie einem Rechner nicht zuordnen können. Dazu gehören die Testschleifenadresse, die Netzwerknummer, die Broadcast-Adresse und die Standard-Router-Adresse.

Die Testschleifenadresse

Die Adresse 127.0.0.1 ist als Adresse für einen Schleifentest reserviert. Wenn Sie also eine Nachricht an 127.0.0.1 senden, sollte sie zu Ihnen zurückkommen, es sei denn, daß mit Ihrer Netzwerkverbindung etwas nicht stimmt. Daher hat kein Netzwerk eine Adresse 127.xxxxxxxx.xxxxxxxx.xxxxxxxx (eine unglückliche Vergeudung von 24 Millionen Adressen!).

Die Netzwerknummer

Gelegentlich müssen Sie mit einer einzigen Nummer auf ein komplettes Teilnetz verweisen. Daher muß es eine offizielle Möglichkeit geben, auf einen Bereich von Adressen zu verweisen. Um beispielsweise einem Router mitzuteilen: „Leite diese Nachricht vom Teilnetz, das von 100.100.100.0 bis 100.100.100.255 geht, an den Router mit der Nummer 99.98.97.103 weiter", brauchen Sie eine Möglichkeit, den Adressenbereich von 100.100.100.0 bis 100.100.100.255 anzugeben. Man könnte einfach zwei Adressen mit einem Bindestrich dazwischen verwenden, doch das ist etwas mühselig. Statt dessen wird die Adresse, die auf binäre Nullen endet, als Netzwerknummer reserviert. Dies ist die TCP/IP-Bezeichnung für den Adressenbereich in einem Teilnetz. In unserem Beispiel würde der angegebene Adressenbereich schlicht durch „100.100.100.0" ausgedrückt.

Das bedeutet, daß Sie unter TCP/IP einem Gerät niemals die IP-Adresse 100.100.100.0 zuweisen können.

Um beispielsweise einem Router die eben erwähnte Anweisung zu erteilen, würden Sie etwas eingeben wie „route add 100.100.100.0 99.98.97.103". (Eigentlich geben Sie noch ein paar Informationen mehr ein, und wir werden in einem künftigen Abschnitt über die Verwendung Ihrer NT-Maschine als Router darauf zurückkommen, doch dieses Beispiel soll Ihnen schon eine gewisse Vorstellung vermitteln.)

Die IP-Broadcast-Adresse

Eine weitere reservierte Adresse ist die TCP/IP-Broadcast-Adresse. Sie sieht wie die Adresse eines bestimmten Geräts aus, ist aber die Adresse, die Sie benutzen, um eine Mitteilung an alle Geräte in einem Teilnetz zu senden. Diese Adresse besteht ausschließlich aus binären Einsen.

Beispiel: In einem einfachen Teilnetz der Klasse C wäre die Broadcast-Adresse x.y.z.255. Wann würde man diese Adresse benutzen? Einige IP-Programme benötigen Sie für die Konfiguration; die meisten Router erfordern sowohl die Broadcast-Adresse als auch die Netzwerknummer.

Wenn wir also unser Netzwerk der Klasse C 199.34.57.0 als ein einziges Teilnetz verwenden, wäre die Broadcast-Adresse für dieses Netzwerk 199.34.57.255.

Standard Router-Adresse

Jedes Teilnetz hat mindestens einen Router, denn ohne Router könnte das Teilnetz nicht mit anderen Netzwerken kommunizieren, und es gäbe kein Intranet.

Gemäß Konvention ist die erste Adresse nach der Netzwerknummer die Teilnetzmaske. Beispiel: In einem einfachen Netzwerk der Klasse C sollte die Adresse des Routers x.y.z.1 sein. Das ist übrigens keine starre Regel wie die Netzwerknummer und die IP-Broadcast-Adresse, sondern es handelt sich um eine Vereinbarung.

Angenommen, Sie sind stolzer Besitzer eines Netzes der Klasse C mit der Adresse 222.210.34.0. Ihr Netzwerk kann 253 Computer umfassen, da Sie die folgenden Adressen nicht benutzen können:

- 222.210.34.0, die das gesamte Netzwerk beschreibt
- 222.210.34.255, Ihre Broadcast-Adresse
- 222.210.34.1, die entweder von Ihnen oder Ihrem Internet Service-Provider als Router-Adresse zwischen Ihrem Netzwerk und dem restlichen Internet benutzt wird

Wenn Sie vom NIC einen Adreßbereich erhalten haben, haben Sie eine sogenannte IP-Domäne. Eine Domäne im Internet-Sprachgebrauch hat nichts mit der Domäne im Sinne der NT-Sicherheit zu tun. Marks IP-Domäne zum Beispiel (die den Namen mmco.com hat, worauf wir in Kapitel 5 zurückkommen werden) benutzt Adressen im Netzwerk 199.34.57.0, und Mark kann darin so viele NT-Domänen einrichten, wie er mag. Vom Internet-Standpunkt aus gesehen sind jedoch alle diese NT-Domänen in einer einzigen Internet-Domäne, nämlich mmco.com, enthalten.

Wer weist Netzwerkadressen zu?

Wenn Ihr Netzwerk an das Internet angeschlossen werden soll, müssen Sie bei den offiziellen Internet-Behörden die Zuweisung einer Netzwerkadresse beantragen. Dabei kann Ihnen eine offizielle Internet-Organisation namens Network Information Center (NIC) behilflich sein. Weitere Informationen erhalten Sie unter folgender Adresse:

Network Solutions
InterNIC Registration Services
505 Huntmar Park Drive
Herndon, VA 22070

Hilfe erhalten Sie auch, wenn Sie eine E-Mail-Nachricht an folgende Adresse senden:

`Hostmaster internic.net`

Wenn Sie lediglich ein eigenes Intranet aufbauen, das nicht mit dem Internet verbunden werden soll, brauchen Sie sich nicht an das NIC zu wenden, um Adressen zu erhalten. Wenn Sie jedoch irgendwann Verbindung mit der Außenwelt aufnehmen möchten, sollten Sie sich eine vom NIC genehmigte Adresse besorgen, bevor Sie sich mit TCP/IP weiter vorwagen. Sie können sich eine solche Adresse besorgen, und diese intern verwenden, bis Sie bereit sind, an die Öffentlichkeit zu gehen.

Inzwischen können Sie in den meisten Fällen gültige IP-Adressen von Ihrem Internet-Service Provider (ISP) erhalten. Das NIC bevorzugt diese Vorgehensweise, da dessen Arbeit dadurch reduziert wird. Regeln bezüglich des Erwerbs der Nummern finden Sie unter ftp://rs.internic.net/internet-number-template.txt.

Gliederung eines Netzwerks in Teilnetze

Wenn Sie ein kleines Intranet mit nur einem Teilnetz haben, können alle Geräte in Ihrem Netzwerk direkt Daten miteinander austauschen, ohne daß ein Router erforderlich ist. In einem solchen Netzwerk wäre TCP/IP völlig überdimensioniert, und Sie würden wahrscheinlich eher NetBEUI verwenden. In einer großen Organisation mit einer Vielzahl von Computern oder mit geographisch verteilten Computern ist es sinnvoll, das riesige Netzwerk in mehrere kleinere aufzuteilen, die durch Router miteinander verbunden sind. Eine solche Vorgehensweise hat unter anderem folgende Vorteile:

- **Reduzierter Netzwerkverkehr:** Wir alle schätzen es, wenn die Verkehrsflut in irgendeiner Form eingedämmt wird. So ist es auch bei Netzwerken. Ohne verläßliche Router würde der Paketverkehr das gesamte Netzwerk fast zum Stillstand bringen. Durch die Router bleibt der meiste Verkehr im lokalen Netzwerk, und es werden nur Pakete hindurch gelassen, die für andere Netzwerke bestimmt sind.

- **Optimierte Netzwerkleistung:** Ein zusätzlicher Bonus des reduzierten Netzwerkverkehrs.

- **Vereinfachte Verwaltung:** Netzwerkprobleme können in einer Gruppe kleinerer miteinander verbundener Netzwerke leichter identifiziert und isoliert werden als in einem großen Netzwerk.

- **Fähigkeit zur Unterstützung:** Dies ist etwas wesentlich anderes als die „Fähigkeit", große geographische Entfernungen zu überbrücken. Da WAN-Verbindungen erheblich langsamer und teurer als LAN-Verbindungen sind, kann ein einziges großes Netzwerk, das weite Entfernungen überbrückt, Probleme in allen oben angeführten Bereichen hervorrufen. Die Verbindung mehrerer kleinerer Netzwerke macht das System effizienter.

All das ist schön und gut, aber wenn eine Organisation mit mehreren Netzwerken vom NIC nur eine Netzwerkadresse erhalten hat, hat diese Organisation ein Problem. Die ursprünglichen Entwickler des IP-Protokolls hatten ein kleines Internet mit nur wenigen Netzwerken und ein paar Hundert Hosts vor Augen. Ihr Adressierungsschema benutzte eine Netzwerkadresse für jedes physische Netzwerk.

Wie man sich vorstellen kann, führte dieses Schema angesichts des unvorhergesehenen Wachstums des Internet zu einigen Problemen. Eines davon ist, daß eine einzelne Netzwerkadresse benutzt werden kann, um auf mehrere physische Netzwerke zu verweisen. Eine Organisation kann für jedes ihrer physischen Netzwerke eine einzelne Netzwerkadresse anfordern. Wenn diese gewährt würden, gäbe es nicht genug Adressen für alle. Ein weiteres Problem bezieht sich auf die Router. Wenn jeder Router im Internet jedes vorhandene physische Netzwerk kennen müßte, würden die Routing-Tabellen ins Unermeßliche wachsen. Die Pflege dieser Tabellen wäre mit einem überwältigenden administrativen Aufwand verbunden, und würde zu einer massiven physischen Belastung der Router führen (CPU-Zyklen, Arbeitsspeicher, Festplattenspeicher usw.).

Eine weitere Folge wäre eine enorme Flut von Netzwerkverkehr, da die Router Leitweginformationen miteinander austauschen. Abbildung 3.3 veranschaulicht einige dieser Probleme.

Obwohl man diese Probleme auf verschiedene Weise angehen kann, ist die prinzipielle Lösung die in diesem Buch beschriebene, nämlich das Bilden von Teilnetzen.

Eine TCP/IP-Software-Funktion ermöglicht das Aufteilen eines einzelnen IP-Netzwerks in kleinere logische Teilnetzwerke. Dies wird dadurch erreicht, daß man den Host-Teil einer IP-Adresse benutzt, um eine sogenannte Teilnetzadresse zu erzeugen.

Die Bildung von Teilnetzen ist gewissermaßen die Fortpflanzung eines Netzwerks. Dabei werden kleine Unternetzwerke aus einem einzelnen großen Mutternetzwerk gebildet.

Abbildung 3.3:
Belastungen durch individuelle Netzwerkadressen für jedes physikalische Netzwerk

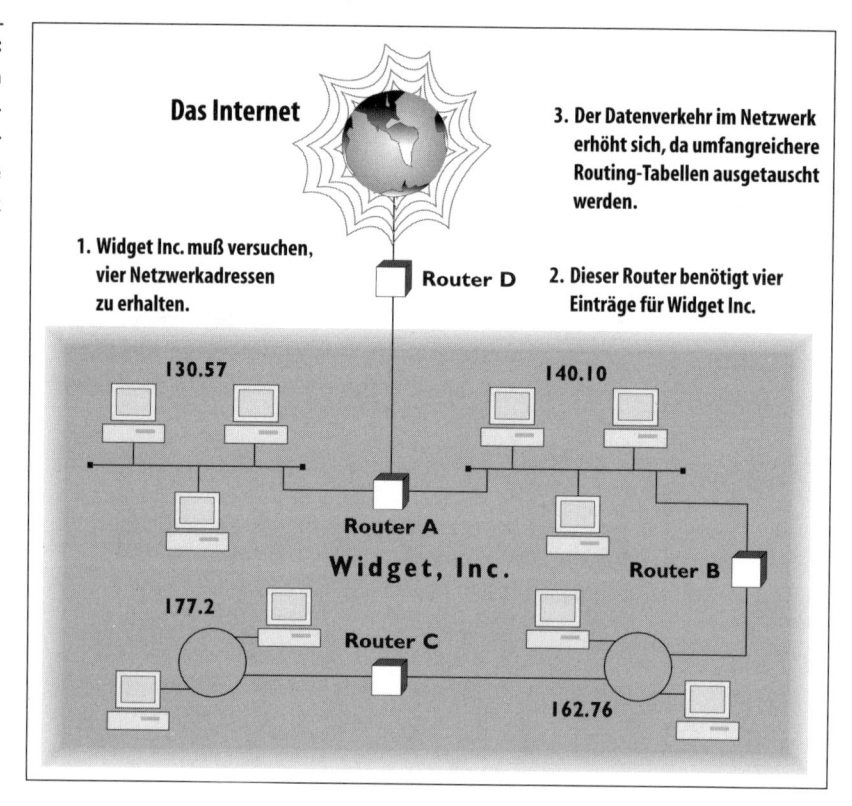

Das Internet

1. Widget Inc. muß versuchen, vier Netzwerkadressen zu erhalten.

Router D

3. Der Datenverkehr im Netzwerk erhöht sich, da umfangreichere Routing-Tabellen ausgetauscht werden.

2. Dieser Router benötigt vier Einträge für Widget Inc.

130.57

140.10

Router A

Widget, Inc.

Router B

177.2

Router C

162.76

Eine Organisation mit einer einzigen Netzwerkadresse kann für jedes einzelne physische Netzwerk eine Teilnetzadresse haben.

Jedes Teilnetz ist Bestandteil der gemeinsamen Netzwerkadresse, hat aber eine individuelle Teilnetznummer als zusätzliche Kennung. Diese Kennung wird als Teilnetzadresse bezeichnet. Nehmen wir z.B. einen Vater, der zwei Kinder hat. Die Kinder erben denselben Nachnamen vom Vater. Wenn die Leute von diesen Kindern sprechen, machen sie dabei weitere Unterscheidungen, z.B. „Martin, Müllers Ältester, der in ihr Gästehaus umgezogen ist, und Michael, Müllers Jüngster, der jetzt Martins früheres Zimmer hat". Diese zusätzlichen Unterscheidungen sind vergleichbar mit Teilnetzadressen.

Dieses Verfahren löst mehrere Adressierungsprobleme. Erstens kann eine Organisation, die mehrere physische Netzwerke, aber nur eine IP-Netzwerkadresse hat, diese Situation durch das Schaffen von Teilnetzen bewältigen. Zweitens sind durch die Möglichkeit der Zusammenfassung mehrerer physischer Netzwerke weniger Einträge in einer Routing-Tabelle erforderlich, wodurch die Netzwerkbelastung erheblich verringert wird. Und schließlich ergibt sich aus dem Zusammenwirken all dieser Dinge eine beträchtliche Verbesserung der Netzwerkeffizienz.

Verbergen von Informationen

Nehmen wir z. B. an, daß das Internet auf die Firma Widget Inc. nur mit einer einzigen Netzwerkadresse, 130.57, verweist. Nehmen wir weiter an, daß Widget Inc. mehrere Abteilungen hat, die sich alle mit etwas anderem beschäftigen. Da die Netzwerkverwalter von Widget Teilnetze gebildet haben, verwenden die Router die Teilnetzadressen, um die im Netzwerk eintreffenden Pakete an das richtige interne Teilnetz weiterzuleiten. Dadurch bleibt die eigentliche Komplexität des Netzwerks von Widget Inc. vor dem Rest des Internets verborgen.

Von diesem Verbergen von Informationen profitieren auch die Router innerhalb des Netzwerks von Widget. Ohne Teilnetze müßte jeder Router von Widget die Adresse jeder einzelnen Maschine im ganzen Netzwerk wissen – eine Situation, die zu zusätzlicher Belastung und schlechter Leistung bei der Weiterleitung führt. Aufgrund des Teilnetzschemas brauchen die Router aber nur zwei Arten von Informationen:

- Die Adressen jeder Maschine in dem Teilnetz, an das sie angeschlossen sind
- Die Adressen der anderen Teilnetze

Einrichtung von Teilnetzen

Teilnetze werden eingerichtet, indem man jeder Maschine in einem bestimmten physischen Netzwerk eine Teilnetzadresse zuweist. In Abbildung 3.4 z. B. hat jede Maschine im Teilnetz 1 eine Teilnetzadresse von 1. Als nächstes muß erläutert werden, wie eine Teilnetzadresse in den Rest der IP-Adresse zu integrieren ist.

Der Netzwerkteil einer IP-Adresse kann nicht geändert werden. Alle Maschinen in einem Netzwerk müssen dieselbe Netzwerkadresse haben. In Abbildung 3.5 sehen Sie, daß alle Maschinen von Widget Inc. die Netzwerkadresse 130.57 haben. Das Prinzip ist konstant. In Teilnetzen werden die Änderungen an der Host-Adresse vorgenommen. Im Teilnetzadressierungsschema wird ein Teil der Host-Adresse zur Teilnetzadresse umfunktioniert. Es werden also Bitpositionen der Host-Adresse weggenommen, um sie zur Identifikation der Teilnetze zu verwenden. Abbildung 3.5 zeigt, wie man einer IP-Adresse eine Teilnetzadresse geben kann.

Abbildung 3.4:
Der Einsatz von Subnetzen

Das Internet

Router D

1. Dieser Router benötigt nur eine Adresse für Widget Inc.

Subnetz 1   Subnetz 2

Router A

Widget, Inc.
130.57

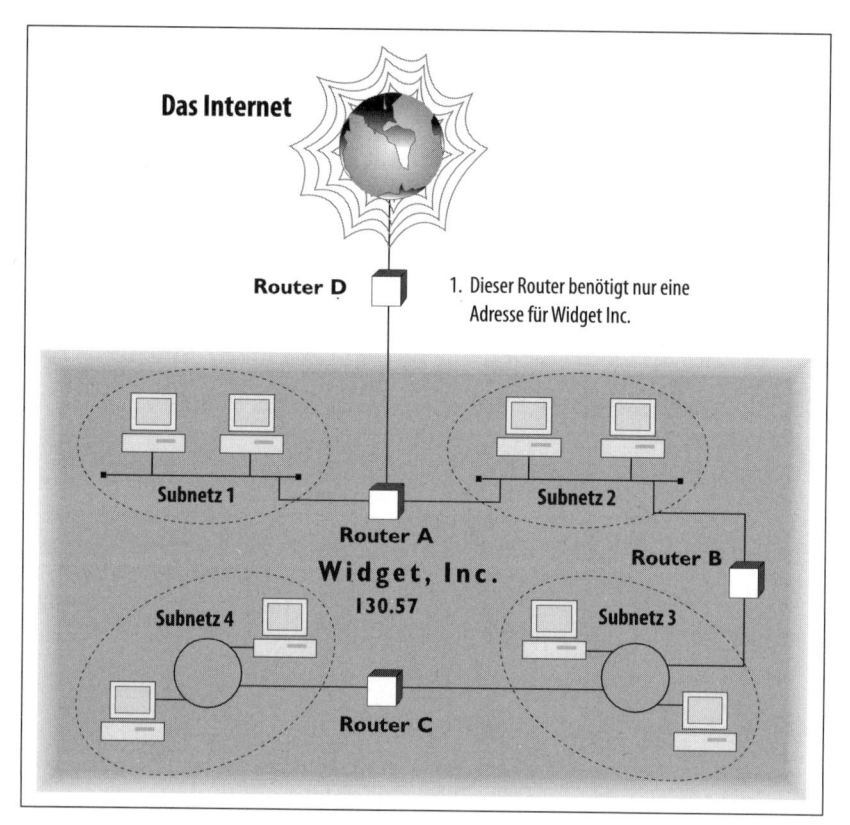

Router B

Subnetz 4   Subnetz 3

Router C

Abbildung 3.5:
Einer IP-Adresse kann durch Manipulation der Host-Adresse eine Subnetzadresse zugewiesen werden

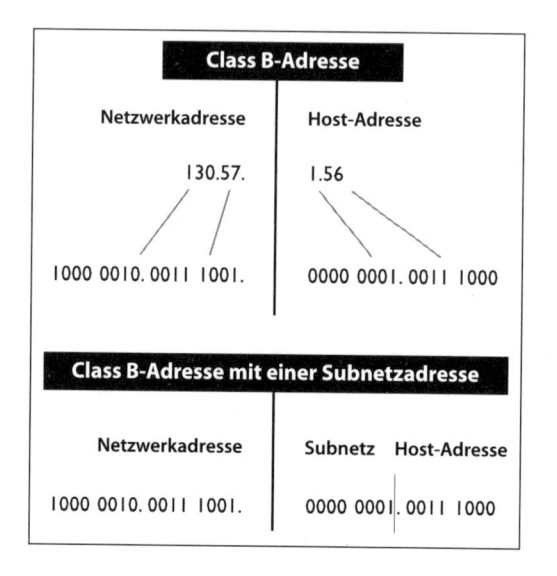

Class B-Adresse

Netzwerkadresse	Host-Adresse
130.57.	1.56
1000 0010. 0011 1001.	0000 0001. 0011 1000

Class B-Adresse mit einer Subnetzadresse

Netzwerkadresse	Subnetz	Host-Adresse
1000 0010. 0011 1001.	0000 0001.	0011 1000

Teilnetze in einem Netzwerk der Klasse B

Da das Netzwerk von Widget Inc der Klasse B angehört, stellen die ersten beiden Bytes die Netzwerkadresse dar, die allen Maschinen im Netzwerk gemeinsam ist, unabhängig davon, in welchem Teilnetz sie sich befinden. In diesem Beispiel muß das dritte Byte der Adresse jeder Maschine im Teilnetz 0000 0001 sein. Das vierte Byte, die Host-Adresse, ist eine einmalige Nummer – der Teil, den wir beim Bilden von Teilnetzen verändern können. Abbildung 3.6 veranschaulicht die Verwendung einer Netzwerk- und Teilnetzadresse. Dieselben Regeln und Verfahrensweisen gelten für alle Teilnetze eines Netzwerks.

Abbildung 3.6:
Eine Netzwerkadresse und eine Subnetzadresse

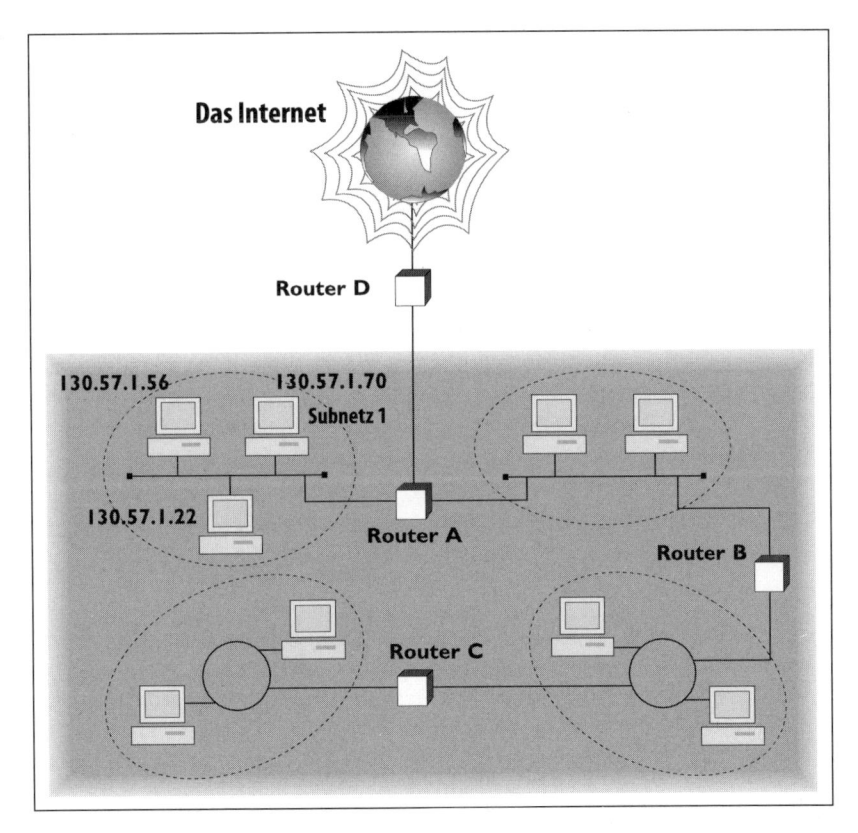

In unserem Beispiel der Firma Widget Inc. sind die ersten beiden Bytes der Teilnetzmaske Einsen, da die Netzwerkadresse von Widget eine Adresse der Klasse B im Format Netzwerk.Netzwerk.Knoten.Knoten. ist. Abbildung 3.7 verdeutlicht diese Konzepte.

Abbildung 3.7:
Eine Subnetzmaske

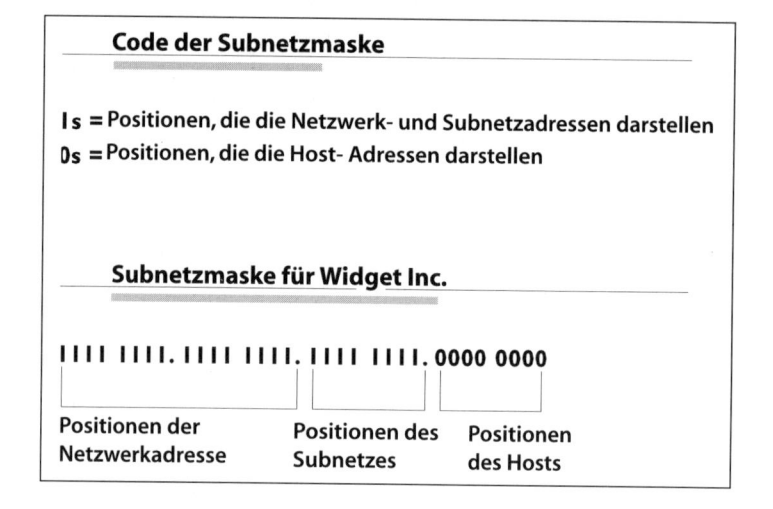

Code der Subnetzmaske

1s = Positionen, die die Netzwerk- und Subnetzadressen darstellen
0s = Positionen, die die Host- Adressen darstellen

Subnetzmaske für Widget Inc.

1111 1111. 1111 1111. 1111 1111. 0000 0000

Positionen der Netzwerkadresse | Positionen des Subnetzes | Positionen des Hosts

---

Das dritte Byte, das normalerweise Teil der Host-Adresse ist, wird nun benutzt, um die Teilnetzadresse darzustellen. Daher werden diese Bitpositionen in der Teilnetzmaske durch Einsen dargestellt. Das vierte Byte ist in unserem Beispiel der einzige Teil, der die einmalige Host-Adresse darstellt.

Die Teilnetzmaske kann auch durch das dezimale Äquivalent des Binärmusters dargestellt werden. Dem Binärmuster 1111 1111 entspricht die Dezimalzahl 255 (siehe Tabelle 3.3). Folglich kann die Teilnetzmaske in unserem Beispiel auf zwei verschiedene Arten dargestellt werden, wie Abbildung 3.8 verdeutlicht.

Abbildung 3.8:
Darstellung einer Subnetzmaske

Subnetzmaske in Binärcode: 1111 1111. 1111 1111. 1111 1111. 0000 0000
Subnetzmaske in Dezimalcode: 255 . 255 . 255 . 0

(Die Leerräume im obigen Beispiel dienen nur Illustrationszwecken.
Die Subnetzmaske im Dezimalcode sähe normalerweise wie folgt aus: 255.255.255.0)

Nicht alle Netzwerke müssen Teilnetze haben, und brauchen deshalb auch keine Teilnetzmasken. Diese Netzwerke haben eine sogenannte Standardteilnetzmaske. Man könnte genauso gut sagen, daß sie keine Teilnetzadresse haben. Die Standardteilnetzmasken für die verschiedenen Netzwerkklassen sind in Tabelle 3.4 aufgelistet.

Wenn der Netzwerkverwalter die Teilnetzmaske erstellt und jeder Maschine zugewiesen hat, betrachtet die IP-Software die IP-Adressen durch die Teilnetzmaske, um die Teilnetzadresse zu ermitteln. Der Begriff „Maske" ist im Sinne einer Linse zu verstehen, da die IP-Software die IP-Adressen durch die Linse der Teilnetzmaske betrachtet, um die Teilnetzadresse zu erkennen.

Gliederung eines Netzwerks in Teilnetze

Tabelle 3.4: Standard-Subnetzmasken

Klasse	Format	Standardteilnetzmaske
A	Netz.Knoten.Knoten.Knoten	255.0.0.0
B	Netz.Netz.Knoten.Knoten	255.255.0.0
C	Netz.Netz.Netz.Knoten	255.255.255.0

Dieser Vorgang wird in Abbildung 3.9 veranschaulicht.

Abbildung 3.9: Eine IP-Adresse als Subnetzmaske

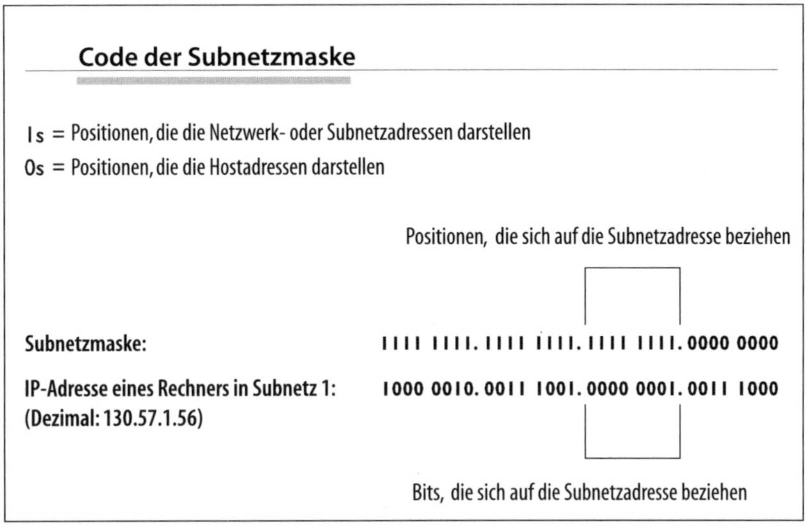

Code der Subnetzmaske

1s = Positionen, die die Netzwerk- oder Subnetzadressen darstellen
0s = Positionen, die die Hostadressen darstellen

Positionen, die sich auf die Subnetzadresse beziehen

Subnetzmaske: 1111 1111.1111 1111.1111 1111.0000 0000
IP-Adresse eines Rechners in Subnetz 1:   1000 0010.0011 1001.0000 0001.0011 1000
(Dezimal: 130.57.1.56)

Bits, die sich auf die Subnetzadresse beziehen

In unserem Beispiel erkennt die IP-Software durch die Teilnetzmaske, daß das dritte Byte der IP-Adresse nicht Teil der Host-Adresse ist, sondern als Teilnetzadresse genutzt wird. IP betrachtet dann die Bitpositionen in der IP-Adresse, die der Maske entsprechen, und 0000 0001 lauten.

Der letzte Schritt besteht darin, die Bitwerte des Teilnetzes mit der binären Numerierungskonvention in Einklang zu bringen und in Dezimalzahlen umzuwandeln. Die binäre Numerierungskonvention wird in Abbildung 3.10 dargestellt.

Im Beispiel von Widget Inc. ist die Konvertierung von Binär- in Dezimalzahlen einfach, wie Abbildung 3.11 zeigt.

Da das gesamte dritte Byte einer Adresse der Klasse B als Teilnetzadresse benutzt wird, ist die Festlegung und Ermittlung der Teilnetzadresse einfach. Wenn Widget Inc. z.B. ein Teilnetz 6 haben möchte, ist das dritte Byte für alle Maschinen in diesem Teilnetz 0000 0110.

3 • IP-Adressierung und Teilnetze

Abbildung 3.10:
Binäre Numerierungskonvention

Konvention der Binärnumerierung

Position / Wert: ← (fortgesetzt) 128 64 32 16 8 4 2 1

Binäres Beispiel: 0 0 0 1 0 0 1 0

Dezimales Äquivalent: 16 + 2 = 18

Abbildung 3.11:
Binär-/Dezimal-Konversion

Konvention der Binärnumerierung

Position / Wert: ← (fortgesetzt) 128 64 32 16 8 4 2 1

Drittes Byte von Widget Inc.: 0 0 0 0 0 0 0 1

Dezimales Äquivalent: 0 + 1 = 1

Subnetzadresse: 1

Die Konvertierung dieser Teilnetzmaske in einen Dezimalwert wird in Abbildung 3.12 dargestellt.

Abbildung 3.12:
Subnetz setzen

Konvention der Binärnumerierung

Position / Wert: ← (fortgesetzt) 128 64 32 16 8 4 2 1

Binäres Beispiel: 0 0 0 0 0 1 1 0

Dezimales Äquivalent: 4 + 2 = 6

Subnetzadresse: 6

Gliederung eines Netzwerks in Teilnetze

Die Verwendung des vollständigen dritten Bytes einer Netzwerkadresse der Klasse B ermöglicht eine recht große Zahl verfügbarer Teilnetzadressen. Ein Byte stellt für das Teilnetz 8 Bitpositionen zur Verfügung. Jede Bitposition kann entweder 1 oder 0 sein, so daß sich 2^8 oder 256 ergibt. Da jedoch die beiden nur aus Nullen und nur aus Einsen bestehenden Muster nicht benutzt werden können, beträgt die Gesamtzahl 254. Widget Inc. kann also bis zu 254 Teilnetzwerke mit je 254 Hosts einrichten.

Obwohl die offizielle IP-Spezifikation die Verwendung von Null als Teilnetzadresse beschränkt, erlauben einige Produkte deren Gebrauch. Novells und TCP/IP-Implementationen für NetWare 4 und der Novell Multi-Protocol-Router (MPR) sind Beispiele für Produkte, die die Verwendung von Null als Teilnetzadresse gestatten. Dadurch wird eine weitere Teilnetznummer möglich, so daß 255 statt 254 Teilnetze eingerichtet werden können.

WARNUNG

Die Möglichkeit einer Teilnetzadresse von Null erhöht die Anzahldateien als Nummern um 1. Sie sollten jedoch ein Teilnetz Null (ausschließlich Nullen) nur verwenden, wenn die gesamte Software in Ihrem Netzwerk diese Konvention erkennt.

Die allgemeinen Formeln für die Berechnung der maximalen Anzahl von Teilnetzen und der maximalen Anzahl von Hosts pro Teilnetz lauten:

$2^{(\text{Anzahl der markierten Bits in der Teilnetzmaske})} - 2 =$ maximale Anzahl von Teilnetzen

$2^{(\text{Anzahl der unmaskierten Bits in der Teilnetzmaske})} - 2 =$ maximale Anzahl von Hosts pro Teilnetz

In diesen Formeln bezieht sich maskiert auf die Bitpositionen mit dem Wert 1 und unmaskiert auf Positionen mit dem Wert Null. Abbildung 3.13 zeigt ein Beispiel für die Anwendung dieser Formeln.

Abbildung 3.13: Subnetz- und Knotenformeln

Netzwerkadresse:		161.11 (Class B)	
	Netzwerk	Subnetz	
		Maskiert	Unmaskiert
Subnetzmaske:	1111 1111. 1111 1111.	1110 0000.	0000 0000
Dezimal:	255 . 255 .	224 .	0

Der Nachteil bei der Verwendung eines ganzen Byte der Knotenadresse als Teilnetzadresse besteht darin, daß die mögliche Anzahl von Knotenadressen in jedem Teilnetz reduziert wird. Wie bereits erwähnt, sind ohne Teilnetze in einem Netzwerk der Klasse B 65.534 einmalige Kombinationen aus Einsen und Nullen möglich, die als Knotenadressen benutzt werden können. Wenn Sie ein ganzes Byte der Knotenadresse für ein Teilnetz verwenden, steht nur noch ein Byte für die Host-Adressen zur Verfügung, so daß nur 254 Host-Adressen möglich sind.

Abbildung 3.14: Vier Bits der Host-Adresse werden für das Subnetz verwendet

Acme, Inc.

Netzwerkadresse:	132.8 (Class B; Netz.Netz.Host.Host)
Beispiel: IP-Adresse:	1000 0100. 0000 1000. 0001 0010. 0011 1100
Dezimal:	132 . 8 . 18 . 60

Code der Subnetzmaske

1s = Positionen, die die Netzwerk- oder Subnetzadressen darstellen
0s = Positionen, die die Hostadressen darstellen

Subnetzmaske:
    Binär: 1111 1111. 1111 1111. 1111 0000. 0000 0000
    Dezimal: 255 . 255 . 240 . 0

(Der Dezimalwert 240 entspricht dem Binärwert 1111 0000. Beachten Sie Tabelle 33.3: Dezimal/Binär Umwandlungstabelle.)

Positionen, die sich auf die Subnetzadresse beziehen

Subnetzmaske: 1111 1111. 1111 1111. 1111 0000. 0000 0000
IP-Adresse eines Acme-Rechners: 1000 0100. 0000 1000. 0001 0010. 0011 1100
(Dezimal: 132.8.18.60)

Bits, die sich auf die Subnetzadresse beziehen

Binär/Dezimal-Umwandlung von Subnetzadressen

Subnet Mask Positions:	1	1	1	1	0	0	0	0
Position /Wert: ← (fortgesetzt)	128	64	32	16	8	4	2	1
Drittes Byte der IP-Adresse:	0	0	0	1	0	0	1	0
Dezimales Äquivalent:						0 + 16 = 16		
Subnetzadresse dieser IP-Adresse:								16

Wenn eines Ihrer Teilnetze mehr als 254 Maschinen enthält, ergeben sich Probleme. Um diese zu lösen, müßten Sie die Teilnetzmaske verkürzen, um die Host-Adresse zu verlängern, so daß mehr einmalige Host-Adressen möglich sind. Dadurch reduziert sich aber wiederum die mögliche Anzahl von Teilnetzen. Hier müssen Prioritäten gesetzt werden.

Abbildung 3.14 zeigt ein Beispiel für die Verwendung einer kleineren Teilnetzadresse. Eine Firma namens Acme Inc. rechnet mit einem maximalen Bedarf von 14 Teilnetzen. In diesem Falle braucht Acme kein ganzes Byte der Host-Adresse als Teilnetzadresse zu verwenden. Um 14 verschiedene Teilnetzadressen möglich zu machen, werden nur 4 Bits der Host-Adresse benötigt (2 hoch 4 – 2 = 14). Für den Host-Anteil der Adresse bleiben 12 frei verwendbare Bits, so daß die Berechnung 2 hoch 12 – 2 = 4.094 beträgt. Jedes der 14 Teilnetze von Acme kann also potentiell 4.094 Maschinen enthalten.

Teilnetze in einem Netzwerk der Klasse C

Wenn Sie ein Netz der Klasse C in Teilnetze aufgliedern müssen, kann die Berechnung der Teilnetzmaske, Netzwerknummer, Broadcast-Adresse und Router-Adresse ziemlich verwirrend werden. Tabelle 3.5 faßt zusammen, wie man ein Netzwerk der Klasse C in ein, zwei, vier oder acht Teilnetze gliedern kann mit den dazugehörigen Teilnetzmasken, Netzwerknummern, Broadcast-Adressen und Router-Adressen. Da von einer Netzwerkadresse der Klasse C auszugehen ist, arbeiten Sie nur mit dem vierten Quad. Die ersten drei Quads werden einfach mit x.y.z bezeichnet.

Tabelle 3.5: Ein Klasse C-Netzwerk wird in Subnetze aufgeteilt	Anzahl Teilnetze	Teilnetz-Maske	Netzwerknummer	Router-Adresse	Broadcast-Adresse	Verbleibende Anzahl von IP-Adressen
	1	255.255.255.0	x.y.z.0	x.y.z.1	x.y.z.255	253
	2	255.255.255.128	x.y.z.0	x.y.z.1	x.y.z.127	125
		255.255.255.	x.y.z.128	x.y.z.129	x.y.z.255	125
	4	255.255.255.192	x.y.z.0	x.y.z.1	x.y.z.63	61
		255.255.255.	x.y.z.64	x.y.z.65	x.y.z.127	61
		255.255.255.	x.y.z.128	x.y.z.129	x.y.z.191	61
		255.255.255.	x.y.z.192	x.y.z.193	x.y.z.255	61

Anzahl Teil- netze	Teilnetz- Maske	Netz- werk- nummer	Router- Adresse	Broad- cast- Adresse	Verbleibende Anzahl von IP-Adressen
8	255.255.255.224	x.y.z.0	x.y.z.1	x.y.z.31	29
	255.255.255.	x.y.z.32	x.y.z.33	x.y.z.63	29
	255.255.255.	x.y.z.64	x.y.z.65	x.y.z.95	29
	255.255.255.	x.y.z.96	x.y.z.97	x.y.z.127	29,
	255.255.255.	x.y.z.128	x.y.z.129	x.y.z.159	29
	255.255.255.	x.y.z.160	x.y.z.161	x.y.z.191	29
	255.255.255.	x.y.z.192	x.y.z.193	x.y.z.223	29
	255.255.255.	x.y.z.224	x.y.z.225	x.y.z.255	29

Angenommen, Sie möchten ein Netzwerk der Klasse C, 200.211.192.x, in zwei Teilnetze gliedern. Wie aus der Tabelle zu ersehen ist, würden Sie eine Teilnetzmaske von 255.255.255.128 für jedes Teilnetz benutzen. Das erste Teilnetz hätte die Netzwerknummer 200.211.192.0, die Router-Adresse 200.211.192.1 und die Broadcast-Adresse 200.211.192.127. Sie könnten also IP-Adressen von 200.211.192.2 bis 200.211.192.126 zuweisen, so daß 125 verschiedene IP-Adressen entstehen. (Beachten Sie bitte, daß die Einrichtung vieler Teilnetze zum Verlust eines immer größeren Prozentsatzes von Adressen für die Netzwerknummer, die Broadcast-Adresse und die Router-Adresse führt.) Das zweite Teilnetz hätte die Netzwerknummer 200.211.192.128, die Router-Adresse 200.211.192.129 und die Rundruf-Adresse 200.211.192.255.

Falls Sie sich danach fragen sollten, es ist ohne weiteres möglich, weitere Teilnetze zu bilden, z.B. 16 Teilnetze mit je 13 Hosts oder 32 Teilnetze mit je 5 Hosts, aber in diesen Fällen verlieren Sie sehr viele Adressen an die IP-Verwaltung.

*C*lassless Internetwork Domain Routing (CIDR)

Nachdem Sie nun einige der Feinheiten von Teilnetzmasken kennengelernt haben, wollen wir uns anschauen, was Sie erwartet, wenn Sie jemals auf der Suche nach einer eigenen Domäne zum InterNIC gehen.

Die knapp bemessene Zahl von IP-Adressen hat das InterNIC veranlaßt, die Ausgabe von Adressen der Klasse A, B und C zu rationieren. Viele kleine Firmen brauchen eine Internet-Domäne, aber ein C-Netzwerk wäre für sie völlig überdimensioniert, da ein C-Netzwerk 256 Adressen enthält, und viele kleine Firmen nur etwa ein Dutzend Computer haben, die sie mit dem Internet verbinden möchten. Aus Sicherheitsgründen wollen auch viele große Firmen nur eine ähnlich begrenzte Präsenz im Internet – sie möchten nicht, daß der gesamte Computerbestand über das Internet zugänglich ist, sondern möchten den Großteil der Rechner auf ein internes Netzwerk beschränken, das nicht mit der Außenwelt verbunden ist. Aber auch diese Firmen brauchen eine Präsenz im Internet – für ihre E-Mail-Server, FTP-Server, Web-Server usw. –, so daß sie etwa ein Dutzend Adressen brauchen. Auch hier wäre die Vergabe eines kompletten C-Netzwerks eine fürchterliche Verschwendung. Bis 1994 war dies jedoch die kleinste Einheit, die das NIC zu vergeben hatte.

Ähnlich brauchen einige Firmen zwar ein paar hundert Adressen, mehr als 256, aber nicht sehr viel mehr. Eine solche Firma ist zu groß für ein C-Netzwerk, aber ein bißchen klein für die 65.536 Adressen eines B-Netzwerks. Auch hier wäre größere Flexibilität sinnvoll.

Aufgrund solcher Fallbeispiele gibt das InterNIC Adressen jetzt ohne die früheren Beschränkungen auf Klasse A, B oder C aus. Diese neue Methode der Adressenvergabe durch das InterNIC wird als Classless Internet Domain Routing oder CIDR bezeichnet. CIDR-Netzwerke werden geschrieben als „slash x"-Netzwerke, wobei x für die Anzahl der Bits im IP-Adreßbereich steht, die vom InterNIC kontrolliert werden.

Bei einem Netzwerk der Klasse A kontrollierte das InterNIC die ersten 8 Bits, während die übrigen 24 vom Besitzer kontrolliert wurden. Wenn Sie aus irgendeinem Grund beschließen sollten, aus Ihrem Netzwerk der Klasse A ein großes Teilnetz zu machen, wie sähe dann Ihre Teilnetzmaske aus? Da Ihr gesamtes A-Netzwerk ein einziges Teilnetz wäre, bräuchten Sie nur das erste Quad zu betrachten, um festzustellen, ob die Ursprungs- und Zieladresse sich in demselben Teilnetz befinden. Beispiel: Wenn Sie ein Netzwerk 4.0.0.0 hätten, wären die Adressen 4.55.22.81 und 4.99.63.88 in demselben Teilnetz. (Bitte beachten Sie, daß wahrscheinlich niemand mit einem Netz der Klasse A so verfahren würde; es soll lediglich das CIDR-Verfahren verdeutlicht werden.). Ihre Teilnetzmaske wäre dann 11111111 00000000 00000000 00000000 oder 255.0.0.0. Von links nach rechts gelesen haben Sie 8 Einsen in der Teilnetzmaske, bevor die Nullen beginnen. In der CIDR-Terminologie wäre dies kein Netzwerk der Klasse A, sondern ein *slash 8*-Netzwerk.

Bei der Klasse B kontrollierte das InterNIC die ersten 16 Bits, und die übrigen 16 wurden vom Besitzer kontrolliert. Wenn man aus einem solchen Netzwerk der Klasse B ein Netzwerk mit einem Teilnetz machen würde, wäre die Teilnetzmaske 11111111 11111111 00000000 00000000 oder 255.255.0.0. Die Teilnetzmaske hätte also von links gelesen 16 Einsen. Die CIDR-Bezeichnung für ein Netzwerk der Klasse B ist ein *slash 16*-Netzwerk.

Bei der Klasse C kontrollierte das InterNIC die ersten 24 Bits und der Besitzer die übrigen 8. Die Teilnetzmaske für ein C-Netzwerk, das als ein Teilnetz behandelt wird, wäre 11111111 11111111 11111111

00000000. Entsprechend den 24 Einsen in der Teilnetzmaske wird ein C-Netzwerk in der CIDR-Terminologie als ein *slash 24*-Netzwerk bezeichnet.

Mit der neuen Flexibilität von CIDR kann das InterNIC theoretisch nicht nur die Netzwerktypen A, B und C definieren, sondern auch Netzwerke mit Teilnetzmasken zwischen denen der Netzwerkklassen A, B und C anbieten. Angenommen, Sie bräuchten ein Netzwerk für 50 PCs. Früher hätte das InterNIC Ihnen ein C-Netzwerk mit 256 Adressen gegeben. Doch jetzt kann es ein Netzwerk mit der Teilnetzmaske 11111111 11111111 11111111 11000000 (255.255.255.192) anbieten, so daß Sie nur 6 Bits zur freien Verfügung haben. 2 hoch 6 ergibt 64, und 64 Adressen sind in diesem Falle völlig ausreichend. Ein solches Netzwerk wäre ein *slash 26*-Netzwerk.

Tabelle 3.6 zeigt, wie groß jeweils die möglichen Netzwerktypen sind.

Tabelle 3.6: CIDR-Netzwerktypen	InterNIC-Netzwerktyp	„Teilnetzmaske" für gesamtes Netzwerk	Ungefähre Anzahl von IP-Adressen
	slash 0	0.0.0.0	4 Mrd.
	slash 1	128.0.0.0	2 Mrd.
	slash 2	192.0.0.0	1 Mrd.
	slash 3	224.0.0.0	500 Mio.
	slash 4	240.0.0.0	250 Mio.
	slash 5	248.0.0.0	128 Mio.
	slash 6	252.0.0.0	64 Mio.
	slash 7	254.0.0.0	32 Mio.
	slash 8	255.0.0.0	16 Mio.
	slash 9	255.128.0.0	8 Mio.
	slash 10	255.192.0.0	4 Mio.
	slash 11	255.224.0.0	2 Mio.
	slash 12	255.240.0.0	1 Mio.
	slash 13	255.248.0.0	524.288
	slash 14	255.252.0.0	262.144
	slash 15	255.254.0.0	131.072
	slash 16	255.255.0.0	65.536
	slash 17	255.255.128.0	32.768
	slash 18	255.255.192.0	16.384

Classless Internetwork Domain Routing (CIDR)

InterNIC-Netzwerktyp	„Teilnetzmaske" für gesamtes Netzwerk	Ungefähre Anzahl von IP-Adressen
slash 19	255.255.224.0	8.192
slash 20	255.255.240.0	4.096
slash 21	255.255.248.0	2.048
slash 22	255.255.252.0	1.024
slash 23	255.255.254.0	512
slash 24	255.255.255.0	256
slash 25	255.255.255.128	128
slash 26	255.255.255.192	64
slash 27	255.255.255.224	32
slash 28	255.255.255.240	16
slash 29	255.255.255.248	8
slash 30	255.255.255.252	4
slash 31	255.255.255.254	2
slash 32	255.255.255.255	1

All diese Netzwerke wurden lediglich aus Gründen der Vollständigkeit aufgeführt, da einige von ihnen nicht verfügbar oder nicht sinnvoll wären. Das *slash 0* und einige andere wie das *slash 31*-Netzwerk machen einfach keinen Sinn. (Bei Slash 31 stünden nur zwei Adressen zur Verfügung, die sofort für die Netzwerknummer und die Broadcast-Adresse verbraucht würden, so daß keine weiteren Adressen für Hosts übrig blieben.)

CIDR ist heute das normale Verfahren, wenn Sie Netzwerke beim InterNIC registrieren lassen. Mit den Informationen in diesem Abschnitt sollte es Ihnen leichter fallen, zu verstehen, was ein Internet Service Provider (ISP) meint, wenn er davon spricht, daß Sie ein „slash 26" - Netzwerk erhalten.

Das nächste Kapitel behandelt das IP-Routing mit NT und Routern anderer Hersteller.

IP-Routing

KAPITEL 4

4 • IP-Routing

IP existiert, um Nachrichten die Reise von einem Teil eines Netzwerks in einen anderen zu ermöglichen – doch wie geht das?

Nun, zunächst einmal besteht ein Intranet aus mindestens zwei Teilnetzen. Die Idee des Teilnetzes basiert auf der Tatsache, daß die meisten gebräuchlichen LAN-Architekturen (Ethernet, Token Ring und ARCNet) auf etwas aufbauen, das mit einer Rundfunksendung oder einem Funkspruch vergleichbar ist (Broadcast). Alle Teilnehmer in demselben Ethernet-Segment hören den gesamten Funkverkehr in ihrem Segment, ebenso wie jedes Gerät in einem bestimmten Ring eines Token-Ring-Netzwerks jede Nachricht überprüfen muß, die durch das Netzwerk läuft. Der Trick, durch den ein Ethernet oder ein Token Ring arbeitet, besteht darin, daß zwar jede Station alles hört, aber auch in der Lage ist, alle Nachrichten zu ignorieren, die nicht für diese Station bestimmt sind.

Das bedeutet, daß in einem einzelnen Ethernet-Segment oder einem einzelnen Token-Ring kein Routing erfolgt. Nach den langen Ausführungen zum siebenschichtigen OSI-Netzwerkmodell wissen Sie, daß der Netzwerkschicht große Bedeutung zugemessen wird, die nach dem Verständnis von OSI eine reine Routing-Schicht ist. In einem einfachen Ethernet oder Token Ring jedoch ist Routing nicht erforderlich. Es müssen keine Entscheidungen bezüglich des Leitwegs getroffen werden, da, wie gesagt, jeder alles hört. Der Netzwerkadapter Ihres Rechners filtert allen Verkehr heraus, der nicht für Sie bestimmt ist.

Angenommen, Sie haben zwei separate Ethernets, die miteinander verbunden sind, wie in Abbildung 4.1 dargestellt. Diese beiden Ethernet-Segmente haben die Namen Rom und Karthago. (Die von jedermann benutzten Beispiele „Versand" und „Rechnungswesen" werden langsam langweilig.) Die drei Computer, die sich im Abschnitt Rom befinden, werden mit A, B und C bezeichnet. Im Abschnitt Karthago befinden sich drei weitere Computer, die mit F, G und H bezeichnet werden.

Abbildung 4.1:
Ein Intranet mit mehreren Abschnitten

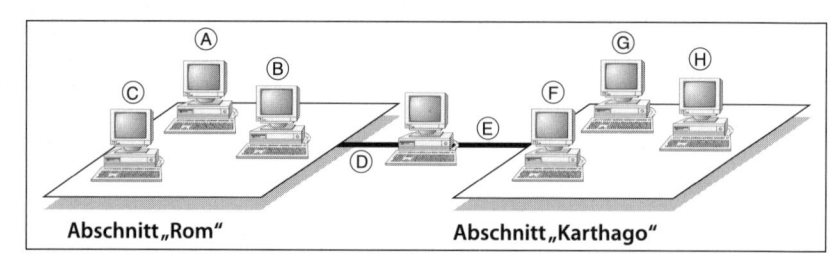

Teilnetze und Router

Ein Großteil der Intranet-Architektur baut auf der Beobachtung auf, daß die PCs A, B und C direkt miteinander kommunizieren können, ebenso wie die PCs F, G und H. Die Sache wird etwas komplizierter, wenn A, B und C mit F, G und H kommunizieren müssen. Diese beiden Gruppen können nicht kommunizieren ohne die Hilfe der Maschine, die die Ethernet-Karten D und E enthält. Diese D/E-Maschine fungiert als ein Router, eine Maschine, die die Kommunikation zwischen verschiedenen Netzwerksegmenten ermöglicht. Man könnte sagen, daß A, B, C und D sich untereinander in „Funkreichweite" befinden, was ebenfalls für E, F, G und H zutrifft. Diese Funkreichweite bezeichnet man in der Intranet-Terminologie als Teilnetz – eine Ansammlung von Maschinen, die miteinander kommunizieren können, ohne daß Routing erforderlich ist.

F und H beispielsweise können direkt miteinander kommunizieren, ohne daß der Router E die Nachricht weiterleiten muß, da sie sich ja in demselben Teilnetz befinden. Auch A und C können direkt ohne die Vermittlung des Routers D kommunizieren, da auch sie sich in demselben Teilnetz befinden. Wenn jedoch B mit G kommunizieren will, muß dieser Rechner die Nachricht zunächst an D senden mit der Aufforderung, diese an G weiterzuleiten.

IP-Router

Kommen wir noch einmal auf den Computer in der Mitte zurück. Er ist Bestandteil *beider* Segmente. Aber wie kann ein Computer zu zwei Netzwerken gehören? Dies ist durch die Installation von zwei Ethernet-Karten in jenem Computer in der Mitte möglich. Ein Computer mit mehr als einer Netzwerkkarte wird als Multihomed-Computer bezeichnet. Eine der Ethernet-Karten befindet sich im Teilnetz Rom und die andere im Teilnetz Karthago. Wie Sie inzwischen wahrscheinlich wissen, wird jeder Computer in einem Intranet in der TCP/IP-Sprache als Host bezeichnet.

Da jede Ethernet-Karte eine separate IP-Adresse haben muß, hat der Computer in der Mitte zwei IP-Adressen, Adresse D und Adresse E. Wenn eine Nachricht in Rom übermittelt wird, wird diese vom Adapter D gehört, jedoch nicht von E. Eine in Karthago übermittelte Nachricht dagegen wird von E gehört, aber nicht von D.

Wie kann man nun aus diesen beiden Teilnetzen ein Intranet machen? Wie kann z.B. Station A eine Nachricht an Station G senden? Offensichtlich führt der einzige Weg, auf dem die Nachricht von A nach G gelangen kann, durch den Computer in der Mitte. Dabei wird die Nachricht auf dem Ethernet-Adapter mit der Adresse D empfangen und dann über den Ethernet-Adapter mit der Adresse E wieder gesendet. Wenn E die Nachricht weitersendet, kann G sie hören, da beide sich in demselben Netzwerk befinden.

Damit dieser Vorgang funktionieren kann, muß die Maschine, die die Karten D und E enthält, „intelligent" genug sein, um diese Funktion des Weitersendens von Daten zwischen D und E bei Bedarf erfüllen zu können. Obwohl diese brillanten Maschinen normalerweise IP-Router sind, ist es mit Windows NT möglich, einen NT-Computer – einen beliebigen NT-Computer, nicht nur einen NT-Server – zu verwenden, der als IP-Router fungiert. Mehr dazu später.

Unter IP überprüft die sendende Maschine (in diesem Falle A) die Adresse des Ziels (in diesem Falle G) und stellt fest, daß sie nicht weiß, wie das Ziel zu erreichen ist. (Wie die Maschine zu dieser Feststellung gelangt, wird in Kürze erläutert.) Wenn nun A etwas an eine Adresse senden muß, die die Maschine nicht versteht, benutzt sie eine Art Universaladresse, die als Standard-Router- oder Standard-Gateway-Adresse bezeichnet wird. Der Netzwerkverwalter von A hat den Standard-Router bereits als D konfiguriert, daher sendet A die Nachricht an D. Wenn D die Nachricht erhält, stellt der Rechner fest, daß diese Nachricht nicht für ihn selbst bestimmt ist, sondern für G, und sendet die Nachricht deshalb von der Karte E aus weiter.

Routing im Detail

Schauen wir uns einmal genauer an, wie jene Nachricht von A nach G gelangt. Jeder Computer hat, wie Sie bereits gesehen haben, eine *oder mehrere* IP-Adressen. Dabei ist es wichtig zu wissen, daß keinerlei Beziehung zwischen der Adresse auf einer Ethernet-Karte und der mit ihr verbundenen IP-Adresse besteht. Zur Erinnerung: Die MAC-Adresse ist vom Hersteller der Karte fest in die Karte einkodiert und ändert sich nie. IP-Adressen werden vom Netzwerkverwalter zugewiesen und können bei Bedarf geändert werden.

Wenn Sie sich die IP-Adressen anschauen, werden Sie ein bestimmtes Muster feststellen. Die Adressen von Rom haben das Muster 199.34.57.x, wobei x eine Zahl ist, und die Adressen von Karthago folgen dem Muster 156.40.10.x. Die Ethernet-Adressen haben kein erkennbares Muster und werden vom Hersteller der Karte gruppiert. Die Ähnlichkeit der Adressen von Rom und Karthago ist wichtig für das Verständnis des Routing.

Routing im Detail

Schauen wir uns also noch einmal an, wie die Nachricht von A nach G gelangt.

1. Die IP-Software in A fragt zunächst: „Wie bekomme ich diese Nachricht nach G – kann ich sie einfach als Rundspruch senden, oder muß sie weitergeleitet werden?" Diese Entscheidung wird getroffen, indem ermittelt wird, ob G sich in demselben *Teilnetz* befindet wie A. Ein Teilnetz ist so etwas wie ein Bereich mit einer bestimmten Funkreichweite. Host A fragt also im Wesentlichen: „Ist G ein Teil von Rom, also ein Römer wie ich?"

2. Station A stellt fest, daß sie sich in einem anderen Teilnetz befindet als Station G, indem sie die IP-Adressen untersucht. Maschine A weiß, daß die eigene Adresse 199.34.57.10 ist und daß sie die Nachricht an 156.40.10.50 senden muß. A folgt in dieser Situation einer sehr einfachen Regel: Wenn die Zieladresse dem Muster 199.34.57.x entspricht (wobei x wiederum ein beliebiger Wert ist), dann befindet sich der Bestimmungsort in demselben Teilnetz und erfordert kein Routing. Andererseits ist 156.40.10.50 ganz klar *nicht* in demselben Teilnetz.

3. Station A stellt also fest, daß sie ihre IP-Pakete nicht direkt an G senden kann. Sie sucht also nach einer Möglichkeit, dennoch das Ziel zu erreichen. Bei der Einrichtung der IP-Software auf A hat der Netzwerkverwalter die IP-Adresse eines *Standard-Routers* eingestellt. Der Standard-Router ist eine Adresse, die besagt: „Wenn Du nicht weißt, wohin Du etwas senden sollst, schick es zu mir, und ich werde versuchen, es dort hinzubringen." Als Standard-Router für A wurde D konfiguriert.

    A sendet selbständig einen Ethernet Block an D. Der Ethernet Block enthält folgende Informationen:

    - Ethernet-Ursprungsadresse: 14
    - Ethernet-Zieladresse: 100
    - IP-Ursprungsadresse: 199.34.57.10
    - IP-Zieladresse: 156.40.10.50

4. Die Ethernet-Karte D empfängt den Datenblock und übergibt ihn der auf dem PC laufenden IP-Software. Der PC stellt fest, daß die IP-Zieladresse nicht mit seiner eigenen übereinstimmt, und weiß daher, daß das Paket weitergeleitet werden muß. Bei Überprüfung des Netzwerks stellt er fest, daß der Bestimmungsort sich in dem Teilnetz befindet, zu dem der Ethernet-Adapter E gehört. Daher sendet er den Datenblock über den Ethernet-Adapter E weiter mit folgenden Informationen:

    - Ethernet-Ursprungsadresse: 100
    - Ethernet-Zieladresse: 115

- IP-Ursprungsadresse: 199.34.57.10
- IP-Zieladresse: 156.40.10.50

5. G erhält schließlich das Paket. Durch Überprüfung der Ethernet- und IP-Adressen stellt G fest, daß er den Datenblock zwar von E erhalten hat, die ursprüngliche Nachricht aber von einer anderen Maschine stammte nämlich der Maschine 199.34.57.10.

Dies ist ein einfaches Beispiel für die Art und Weise, wie IP Daten weiterleitet, die zugrundeliegenden Algorithmen sind jedoch so leistungsfähig, daß sie als Rückgrat eines Netzwerks von der Größe des Internet dienen können.

Es gibt verschiedene Arten von Routing-Algorithmen in TCP/IP, und Windows NT unterstützt nur den einfachsten Routing-Ansatz: Statische Leitwege und das Routing Information Protokoll (RIP). NT unterstützt keine der robusteren Protokolle wie Open Shortest Path First (OSPF) oder External Gateway Protokoll (EGP). Um große komplexe Intranets mit NT aufzubauen, benötigen Sie entweder Software anderer Hersteller oder einen dedizierten Hardware-Router, in kleineren bis mittleren Intranets sind jedoch die Routing-Funktionen von NT ausreichend.

Noch mehr Details

Lassen Sie uns das Routing noch genauer unter die Lupe nehmen und erforschen, wie Router kommunizieren, welche Protokolle verwendet werden und welche verschiedenen Klassen von Routing-Protokollen es gibt.

Routed oder Routing?

Zunächst soll ein wenig Licht in die Verwirrung gebracht werden, die bei der Diskussion der Begriffe *Routed*- und *Routing*-Protokolle entstehen können:

Routed-Protokolle werden zwischen Routern benutzt, um Benutzerverkehr wie IP oder IPX zu regeln. IP und IPX bieten in ihrem Netzwerk-Header genügend Informationen, um den Router in die Lage zu versetzen, den Benutzerverkehr zu lenken. Routed-Protokolle geben den Typ von Feldern an und bestimmen, wie diese innerhalb eines Pakets verwendet werden. Pakete, die als Routed-Protokolle definiert sind, können normalerweise Daten von einem Ende zum anderen senden, d.h. über den vollständigen Pfad von der sendenden zur Zielmaschine.

Routing-Protokolle werden zwischen Routern zur Wartung der Routing-Tabellen benutzt, dazu gehören z. B. RIP, OSPF oder Novells Link State Protokoll (NLSP) und ein Cisco-spezifisches Protokoll mit Namen Interior Gateway Routing Protokoll (IGRP). Diese Protokolle ermöglichen Routern die gemeinsame Nutzung von Leitweginformationen zur Aktualisierung und Pflege der Tabellen. Die Protokolle senden keine Endanwenderdaten von Netzwerk zu Netzwerk; sie geben lediglich Routing-Informationen zwischen den Routern weiter.

Router können mehrere unabhängige Routing-Protokolle unterstützen und Routing-Tabellen für alle Routed-Protokolle gleichzeitig aktualisieren und pflegen. Man kann über dasselbe Netzwerkmedium viele Netzwerke anlegen, da Routed- und Routing-Protokolle sich um die jeweils anderen Protokolle nicht kümmern.

Verschiedene Klassen von Routing-Protokollen

Die gebräuchlichsten Routing-Protokolle können in zwei grundlegende Protokollarten eingeteilt werden:

- *Distance vector* (Entfernungsvektor) kennt die Richtung und Entfernung zu jeder beliebigen Netzwerkverbindung im Internetzwerk. Distance Vector hört auf Informationen zweiter Hand, um Aktualisierungen zu erhalten.

- *Link-state* (Verbindungsstatus) oder „shortest path first" (der kürzeste Pfad zuerst) versteht das gesamte Netzwerk besser als Distance Vector und hört grundsätzlich nicht auf Informationen aus zweiter Hand; daher kann es bessere Leitwegentscheidungen treffen.

Demnach sollten alle einfach Link-state benutzen, da es die bessere Wahl zu sein scheint – oder vielleicht nicht? Lassen Sie uns die beiden Algorithmen etwas näher betrachten und dann entscheiden, was das Beste an Distance Vector und Link-state ist.

Distance Vector

Was passiert, wenn ein Verbindungsstück ausfällt oder eine Verbindung unterbrochen wird? Alle Router müssen sich gegenseitig informieren, um ihre Leitwegtabellen zu aktualisieren. Das ist die Aufgabe von Routing-Protokollen. Allerdings beschweren sich die Leute gelegentlich darüber, daß die Routing-Protokolle mit ihren Updates zuviel Bandbreite beanspruchen. Das passiert manchmal aufgrund von Konvergenzzeit, und ist kein eigentliches Problem des Protokolls. Konvergenz ist die Zeit, die alle Router brauchen, um ihre Tabellen zu aktualisieren, wenn die Konfiguration geändert wurde oder bestimmte Verbindungsteile ausgefallen sind. Während dieser Zeit werden keine Daten übermittelt, so daß sich eine Verzögerung ergibt. Wenn die Aktualisierung abgeschlossen ist und alle Router in einem Internetzwerk mit denselben Informationen arbeiten, ist das Internetzwerk konvergiert. Ohne diese Konvergenz würden Router mit veralteten Tabellen arbeiten, und Leitwegentscheidungen, die auf nicht mehr aktuellen Daten basieren, können falsch sein oder Zeit verschwenden.

Routing-Protokolle, die zur Gruppe der Distance-Vector-Protokolle gehören, führen alle 30 Sekunden eine Aktualisierung durch. Alle Router geben ihre gesamte Leitwegtabelle an alle anderen Router, die sie kennen, weiter.

Angenommen, Sie haben drei Router A, B und C (siehe Abbildung 4.2). Router A hat direkte Verbindungen zu den Netzwerken 1 und 2. Router B hat direkte Verbindung zu den Netzwerken 2 und 3, Router C hat direkte Verbindungen zu den Netzwerken 3 und 4.

Abbildung 4.2:
Distance-Vector-Routing-Tabellen

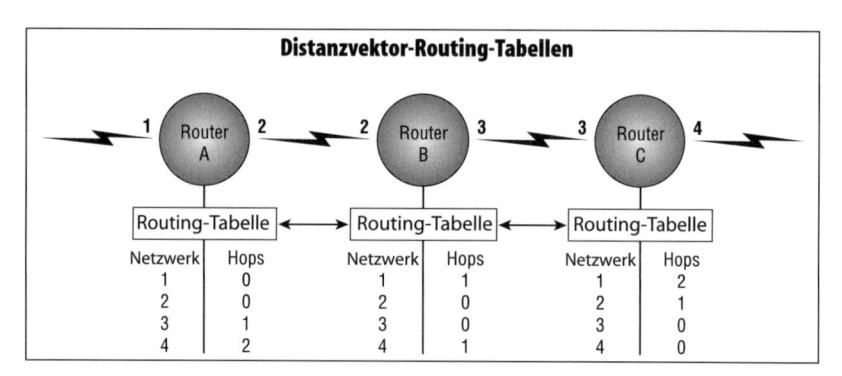

Distanzvektor-Routing-Tabellen

Router A Routing-Tabelle		Router B Routing-Tabelle		Router C Routing-Tabelle	
Netzwerk	Hops	Netzwerk	Hops	Netzwerk	Hops
1	0	1	1	1	2
2	0	2	0	2	1
3	1	3	0	3	0
4	2	4	1	4	0

Wenn ein Distance-Vector-Router eingeschaltet wird, lernt er zunächst seine Nachbarn kennen. Er lernt die Entfernungen (Hops) zu anderen Routern an jeder seiner eigenen Schnittstellen kennen. Mit fortschreitender Aktualisierung der Netzwerkerkennung (alle 30 Sekunden) entdecken die Router den günstigsten Pfad zu Zielnetzwerken auf der Basis der Hops von jedem Nachbarn aus. In Abbildung 4.2 weiß Router C, daß B mit Netzwerk 1 in einer Entfernung von 1 verbunden ist; das bedeutet, daß die Entfernung zum Netzwerk 1 für den Router C zwei Hops beträgt. Router C kennt niemals das gesamte Internetzwerk, sondern nur das, was ihm „zugeflüstert" wird.

Kommen wir noch einmal auf die Konvergenz zurück. Jedesmal, wenn sich die Netzwerktopologie aus irgendeinem Grunde ändert, werden Aktualisierungen der Leitwegtabelle vorgenommen, indem jeder Router seine gesamte Leitwegtabelle als Rundspruch an alle anderen Router sendet. Wenn ein Router diese Tabellen empfängt, vergleicht er sie mit seiner eigenen Tabelle. Wenn er dabei ein neues Netzwerk oder einen schnelleren Weg zu einem Netzwerk findet, aktualisiert er seine Tabelle entsprechend.

Was ist der schnellste Weg zu einem Netzwerk? Bei Distance Vector heißt es: „Je weniger Hops, desto besser!" Schauen wir uns dazu die Abbildung 4.3 an.

Abbildung 4.3:
Distance-Vector Netzwerk-Entscheidung

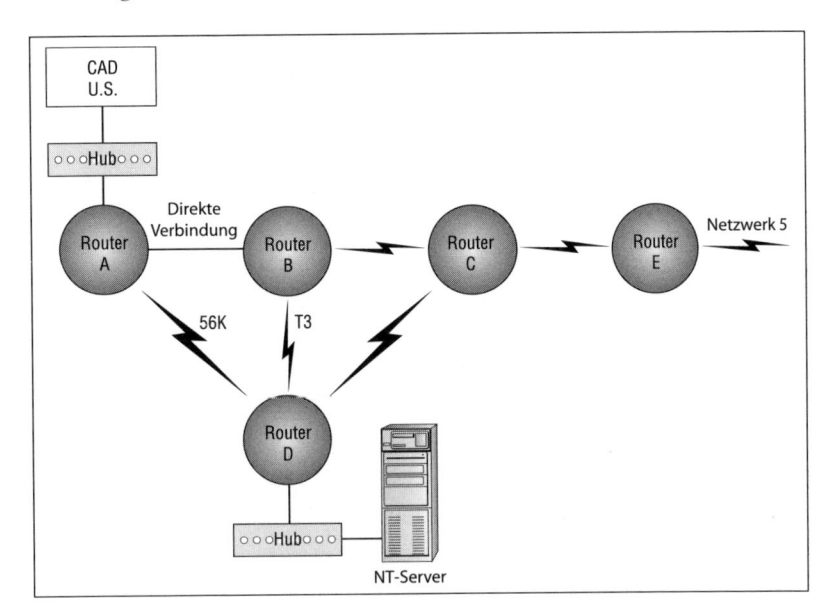

Router A gelangt zu Router D über eine WAN-Verbindung mit 56 KByte. Router B kann D über eine T3-Verbindung erreichen. Welche ist schneller? Nach Distance Vector die 56-KByte-Leitung! Stellen Sie sich vor, Sie müßten CAD-Zeichnungen von 100 MByte an einen Server senden, der an einen Hub angeschlossen ist, der zum Router D geht. Es würde den ganzen Tag (und die Nacht) dauern. Warum trifft Distance Vector diese Entscheidung? Weil Distance Vector seine Leitwegentscheidungen Aufgrund metrischer Einheiten trifft. Ein Hop ist besser als zwei usw. Eine mögliche Lösung besteht darin, Router A mitzuteilen, daß D drei Einheiten entfernt ist. Für A gilt dann: „Zwei ist besser als 3, also los!"

Eines der Probleme von Distance Vector sind Leitwegschleifen, die entstehen können, wenn die Konvergenz langsam ist. Nehmen wir an, das Netzwerk 5 in Abbildung 4.3 fällt aus. Alle Router wissen über den Router E vom Netzwerk 5. Die Tabellen des Routers A haben einen Pfad zum Netzwerk 5, der über Router B, C und E geht. Wenn Netzwerk 5 ausfällt, benachrichtigt Router E den Router C, und Router C unterbricht das Routing zu Netzwerk 5 über Router E. Die Router A, B und D wissen noch nicht über Netzwerk 5 Bescheid und senden weiterhin Informationen. Router C sendet irgendwann seine aktualisierte Tabelle, und B und D unterbrechen das Routing zu Netzwerk 5. Router A ist immer noch nicht auf dem neuesten Stand. Für Router A ist das Netzwerk 5 über die Router B, C und E in einer Entfernung von drei Einheiten immer noch verfügbar.

Können Sie noch folgen? Jetzt fängt der Spaß erst an!

Router A sendet seine regelmäßige 30-Sekunden-Nachricht: „Hallo, ich bin noch hier, und dies sind die Verbindungen, die ich kenne." Router D empfängt die erfreuliche Nachricht, daß Netzwerk 5 von Router A über B, C und E erreicht werden kann. Router D sendet die Informationen zurück an Router A, daß Netzwerk 5 über Router D, A, B und C erreichbar ist. Und Router A teilt dann den Routern B und C mit, daß Netzwerk 5 über Router D erreichbar ist. Jedes Paket, das für Netzwerk 5 bestimmt ist, wird nun an Router A und von dort über B und C an D gehen und wieder zurück zu A. Tolle Sache!

Warten Sie, wir sind noch nicht fertig! Wodurch wird diese Schleife wieder unterbrochen?

Dieses Problem der Dauerschleife wird auch als „zählen bis unendlich" bezeichnet, da jedesmal, wenn ein Paket einen Router passiert, die Anzahl der Hops erhöht wird. Gerüchte und falsche Informationen über das Internetzwerk können dieses Schleifenproblem hervorrufen.

Eine Lösungsmöglichkeit besteht darin, eine maximale Hop-Anzahl zu definieren. Distance Vector benutzt eine Hop-Anzahl von bis zu 15, so daß 16 als nicht erreichbar angesehen wird. Nach einer Schleife von 15 Hops wird angenommen, daß Netzwerk 5 ausgefallen ist. Endlich.

Eine andere Möglichkeit, dieses Problem zu lösen, wird als geteilter Horizont bezeichnet: Die von einem Router gesendeten Informationen werden nicht an diesen Ursprungs-Router zurückgesandt. Dies hätte verhindert, daß Router D die von A empfangenen Aktualisierungsinformationen wieder an A zurückgesendet hätte. Der geteilte Horizont reduziert falsche Leitweginformationen sowie den Routing-Verwaltungsaufwand in einem Distance-Vector-Netzwerk.

Eine weitere Möglichkeit, Probleme durch inkonsistente Aktualisierung zu vermeiden, wird als route poisoning (Leitwegvergiftung) bezeichnet. Das funktioniert folgendermaßen: Wenn Netzwerk 5 ausfällt, macht Router E den Leitweg dorthin unbrauchbar, indem er in die Tabelle für Netzwerk 5 eine Entfernungseinheit von 16, also unerreichbar, einträgt. Indem Router E seinen Leitweg zu Netzwerk 5 unbrauchbar macht, kann er nicht durch falsche Aktualisierungen des Leitwegs zu Netzwerk 5 korrumpiert werden. Router E behält diese Informationen in seinen Tabellen über viele Aktualisierungszyklen hinweg. Er kann dann eine Aktualisierung bezüglich Netzwerk 5 bei seinen Nachbarn auslösen.

Route Poisoning und das Auslösen von Aktualisierungen beschleunigen die Konvergenzzeit, da die Nachbar-Router nicht 30 Sekunden lang (eine Ewigkeit in der Computerwelt) warten müssen, bevor die Nachricht über den unbrauchbaren Leitweg bekanntgegeben wird.

Link-state

Der Routing-Algorithmus von Link-state pflegt eine komplexere Tabelle mit Topologieinformationen. Router, die nach dem Link-state-Konzept arbeiten, haben ein vollständiges Verständnis aller Verbindungsmöglichkeiten entfernter Router. Link-state verwendet beim Routing sogenannte „Hallo"-Pakete oder Link-state-Pakete (LSPs), um andere Router über entfernte Verbindungen zu informieren. Link-state verwendet außerdem topologische Datenbanken, den shortest path first (SPF)-Algorithmus und natürlich eine Leitwegtabelle.

Die Netzwerkerkennung von Link-state unterscheidet sich in einigen Punkten von der von Distance Vector:

- Zunächst tauschen die Router-Hallo-Pakete miteinander aus. Dadurch erhalten Sie einen Überblick über das gesamte Netzwerk gewissermaßen aus der Vogelperspektive, da jeder Router nur mit seinen direkt angeschlossenen Verbindungen startet.

- Als nächstes stellen die Router eine topologische Datenbank aus allen LSPs zusammen, die sie aus dem Internetzwerk empfangen haben.

- Dann berechnet SPF, wie jedes Netzwerk zu erreichen ist, indem der kürzeste Pfad zu jedem Teilnehmer im Link-state-Netzwerk ermittelt wird. Jeder Router erzeugt ein Baumdiagramm, dessen Ausgangspunkt er selbst ist. Die Ergebnisse werden in einer Leitwegtabelle zusammengestellt, die eine Liste der besten (kürzesten) Pfade enthält.

- Abschließend können die Router die Tabelle für die Lenkung des Paketverkehrs benutzen.

Im Unterschied zu Distance Vector versteht Link-state, daß für die schnellstmögliche Beförderung eines Pakets von Router A nach D T3 günstiger ist als die 56-KByte-Leitung. Link-state trifft seine Entscheidung über den günstigsten Pfad in einem Intranetzwerk nicht auf der Grundlage von Entfernungseinheiten. Es benutzt vielmehr Dinge wie Bandbreite, Verkehrsdichte auf bestimmten Verbindungen usw.

Link-state-Router führen die Konvergenz auf eine völlig andere Weise als Distance Vector durch: Bei jeder Topologieänderung sendet der Router, der als erster von dieser Veränderung erfährt, Informationen an alle Router, die am Link-state-Algorithmus teilhaben, oder an einen vorher dazu bestimmten Router, den alle anderen Router zur Aktualisierung ihrer Tabellen benutzen können.

Ein Router in einem Link-state-Netzwerk muß zur Konvergenz folgendes tun:

1. Sich den Namen des Nachbarn, die Zeiten, zu denen er aktiv oder inaktiv ist, und die Kosten zu diesem Router merken.
2. Ein LSP erzeugen, das die Namen und Kosten seiner Nachbarn auflistet.
3. Dieses neu erzeugte LSP an alle anderen Router, die am Link-state-Algorithmus teilhaben, senden.
4. LSPs von anderen Routern empfangen und seine eigene Datenbank aktualisieren.
5. Aus allen empfangenen LSPs eine vollständige „Landkarte" der Internetzwerktopologie erstellen und dann den günstigsten Weg zu jedem Netzwerkziel berechnen.

Jedesmal, wenn ein Router ein LSP-Paket empfängt, berechnet er die günstigsten Pfade neu und aktualisiert die Leitwegtabellen.

Es gibt auch einige Probleme mit Link-state, was die Verarbeitungsleistung, die Speichernutzung und die Bandbreitenanforderungen angeht. Um mit dem Link-state-Algorithmus zu arbeiten, brauchen Router eine höhere Leistungsfähigkeit und mehr Speicher. Dies ist einer der Gründe, warum Microsoft Link-state-Routing in NT nicht unterstützt. Ein Router eines anderen Herstellers, wie z.B. Cisco, ist speziell für diesen Zweck geschaffen.

Bei Link-state führen die Router Buch über all ihre Nachbarn und alle Netzwerke, die sie erreichen können, und alle diese Informationen müssen im Arbeitsspeicher bereitgehalten werden – einschließlich verschiedener Datenbanken, der Topologiestruktur und der Leitwegtabelle!

Der Algorithmus von Dijkstra (einer der Erfinder dieser Dinge) besagt, daß der kürzeste Pfad von einer Verarbeitungs-Task berechnet wird, die proportional zur Anzahl der Verbindungen im Internetzwerk multipliziert mit der Anzahl der Router im Netzwerk ist. Damit ist einfach gemeint, daß eine hohe Verarbeitungsleistung erforderlich ist. Ein NetWare 3.11-Router mit 6 MByte Arbeitsspeicher und einem 386sx25 ist leider nicht genug.

Eine weitere Sache, die beachtet werden muß, sind die Anforderungen an die Bandbreite. Wenn ein Link-State-Router online geht, überschwemmt er das Internetzwerk mit LSPs. Dadurch wird die für die eigentlichen Daten verfügbare Bandbreite reduziert. Aber nach dieser anfänglichen Überflutung des Netzwerks aktualisieren Link-state-Router ihre Nachbarn nur etwa alle zwei Stunden, es sei denn, ein neuer Router geht online oder eine Verbindung fällt aus. Dieser Zeitabstand von zwei Stunden kann je nach Bandbreitenbedarf geändert werden. Wenn Sie 56-KByte-Verbindungen zu verschiedenen Kontinenten haben, werden Sie wohl eher nicht RIP (Distance Vector) benutzen, das alle 30 Sekunden aktualisiert, sondern OSPF (Link-state), das auf ein Aktualisierungsintervall von 12 Stunden eingestellt werden kann.

Ein weiterer Vorteil von Link-state besteht darin, daß Router so konfiguriert werden können, daß Sie alle Änderungen nur an einen bestimmten Router senden. Mit diesem Router können alle anderen Router direkt Verbindung aufnehmen, um Änderungen mitzuteilen bzw. abzurufen, statt LSPs rundzusenden.

Was passiert, wenn die Router kein LSP-Paket erhalten? Und was passiert, wenn die Verbindung langsam ist und die Netzwerktopologie sich bereits ein zweites Mal geändert hat, bevor einige Router das erste LSP empfangen? Für solche Fälle haben Link-state-Router die Möglichkeit, LSPs mit einer Zeitangabe zu versehen. Dies ist jedoch nur in großen Internetzwerken erforderlich. Link-state kann ebenfalls mit einer fortlaufenden Numerierung und einem Alterungsschema arbeiten, um ungenaue LSP-Informationen zu vermeiden.

Distance Vector- und Link-State-Routing im Vergleich

Es gibt einige größere Unterschiede zwischen den Leitwegalgorithmen von Distance Vector und Link-State. Dazu gehören folgende:

- Beim Distance-Vector-Routing werden alle topologischen Daten aus Informationen aus zweiter Hand gesammelt. Link-state-Routing schafft einen vollständigen Überblick über das Internetzwerk durch das Zusammensetzen aller LSPs.

- Distance Vector ermittelt den günstigsten Pfad nach der Anzahl der Zwischenstationen (Hops). Link-State benutzt die Bandbreite und andere Informationen, um den günstigsten Pfad zu berechnen.

- Distance Vector aktualisiert Topologieänderungen in Abständen von 30 Sekunden, wodurch eine lange Konvergenzzeit entsteht. Link-state kann bei Topologieänderungen zur Aktualisierung aufgefordert werden, so daß die Konvergenzzeit schneller ist, da LSPs an alle Router weitergegeben werden oder an eine Gruppe von Multicast-Routern gesendet werden.

Ist Link-State wirklich besser?

Bei Routing-Protokollen kann niemand für alle Netzwerke sagen, das eine sei besser als das andere. Routing-Entscheidungen sollten nicht grundsätzlich auf der Basis getroffen werden, was am schnellsten oder am billigsten ist. Die Unterstützung verschiedener Hersteller oder Standards kann andere Gründe aufwiegen. Die Einfachheit des Netzwerks, die Notwendigkeit einer schnellen und einfachen Einrichtung und Verwaltung oder die Fähigkeit, verschiedene Protokolle ohne komplexe Konfiguration handhaben zu können, sind weitere Überlegungen. Viele Netzwerkverwalter haben ihre Karriere verlängert, indem sie sich für erprobte und bewährte Technologien entschieden haben.

Was ist für Ihr Netzwerk das Beste? Wie wäre es mit beidem oder Hybrid-Routing?

Ausgewogenes Hybrid

Hybrid- oder ausgewogenes Routing kombiniert und benutzt die besten Merkmale der Distance Vector- und Link-State-Algorithmen. Hybrid benutzt Enfernungsvektoren mit genaueren Messungen, um den Pfad zu einem Internetzwerk zu ermitteln. Im Unterschied zu anderen Dictance-Vector-Algorithmen erfolgt die Konvergenz schneller, da die Aktualisierungsaufforderungen von Link-State benutzt werden. Hybrid verwendet auch ein effizienteres Link-State-Protokoll, um die Anforderungen an Bandbreite, Prozessor und Arbeitsspeicher zu reduzieren.

Einige Beispiele für Hybrid-Protokolle sind OSIs IS-IS (Intermediate System to Intermediate System) und Ciscos EIGRP (Enhanced Interior Gateway Routing Protocol).

IP-Multicasting

Mit zunehmender Leistungsfähigkeit der Personalcomputer werden immer mehr Multimedia-Anwendungen auf dem Arbeitsplatzrechner ausgeführt. Multimedia-Anwendungen sind für den Einsatz im Netzwerk bestimmt. Anwendungen wie Audio- und Videokonferenzen und die Übertragung von Live-Ereignissen oder Aufzeichnungen mit Audio und Video sind nur zwei der vielen Anwendungen, die Multimedia und das Netzwerk verbinden.

Die heutigen Netzwerke sind so beschaffen, daß sie zuverlässig Daten wie z. B. Dateien von einem Punkt zum anderen übertragen. Multimedia stellt weitere Anforderungen an das Netzwerk.

Zunächst einmal dürfen bei Daten wie Audio keine Verzögerungen bei der Auslieferung entstehen. Ein Netzwerk, dessen grundlegende Aufgabe darin besteht, Dateien von einem Ort an den anderen zu übertragen, kann Datenpakete in unregelmäßigen Abständen übertragen. Es ist in der Regel kein Problem, wenn Teile einer Datei langsam eintreffen oder nicht in einer bestimmten Reihenfolge. Bei Multimedia dagegen müssen Datenpakete rechtzeitig und in der richtigen Reihenfolge beim Client eintreffen. Echtzeitprotokolle und die Qualität von Servicegarantien im Netzwerk befassen sich mit diesem Problem. Zweitens müssen bei Multimedia sehr große Datenmengen über das Netzwerk übertragen werden, so daß mehr Netzwerkbandbreite als bei grundlegenden Netzwerkoperationen wie der Dateiübertragung benutzt wird. Die Lösung für dieses Problem ist Multicasting.

Unicast, Broadcast und Multicast

Ein Großteil des Datenverkehrs in heutigen Netzwerken ist *Unicast*: Eine separate Kopie der Daten wird von der Quelle an jeden Client gesendet, der diese Daten anfordert. Netzwerke unterstützen ebenfalls *Broadcasting*. Darunter versteht man das Rundsenden einer einzelnen Kopie der Daten an alle Clients im Netzwerk. Wenn dieselben Daten nur an einen Teil der Clients im Netzwerk gesendet werden müssen, wird bei diesen beiden Methoden Netzwerkbandbreite verschwendet.

Beim Unicasting wird Bandbreite verschwendet, indem mehrere Kopien der Daten gesendet werden. Beim Broadcasting wird Bandbreite verschwendet, indem die Daten an das gesamte Netzwerk gesendet werden, unabhängig davon, ob die Daten von allen gebraucht werden. Broadcasting kann auch die Leistung der Client-Maschinen unnötig verlangsamen. Jeder Client muß die rundgesendeten Daten verarbeiten, ganz gleich, ob die Sendung für sie interessant ist oder nicht.

Multicasting vereinigt die Stärken dieser beiden Ansätze und vermeidet deren Schwächen. Beim Multicasting wird eine einzelne Kopie der Daten an die Clients gesendet, die sie anfordern. Es werden nicht mehrere Kopien von Daten über das Netzwerk gesendet, noch werden die Daten an Clients gesendet, die sie nicht benötigen. Multicasting ermöglicht die Installation von Multimedia-Anwendungen im Netzwerk und reduziert gleichzeitig deren Bandbreitenbedarf.

MBone, LAN und WAN

Das heutzutage bekannteste und am weitesten verbreitete Multicasting-fähige Netzwerk ist das Internet Multicast Backbone oder MBone. Das MBone ist ein virtuelles Netzwerk, das aus jenen Teilen des Internet besteht, in denen Multicasting möglich ist. Diese Teile werden auch als Multicast-Inseln bezeichnet. Multicasts, die Bereiche des Internet durchlaufen müssen, die noch nicht Multicasting-fähig sind, werden als Unicasts gesendet, bis sie die nächste Multicast-Insel erreichen. Dieser Vorgang wird als Tunnelung bezeichnet.

Das MBone besteht seit 1992 und ist inzwischen auf über 2.000 Teilnetze angewachsen. Es wird benutzt, um Audio und Video live zu senden, z. B. von Konferenzen der Internet Engineering Task Force, von NASA-Astronauten im Weltraum oder von Konzerten der Rolling Stones. Das MBone hat erfolgreich die Praktikabilität und Nutzbarkeit des Multicasting für das Senden von Multimedia-Daten über das Netzwerk demonstriert.

Die Hardware für Multicasting, hauptsächlich Multicasting-fähige Router und deren Software ist an einem Punkt angelangt, an dem Firmen in ihren eigenen LANs und WANs die Vorteile von Multicasting nutzen können. Die Technologie ist dort von Vorteil, wo mehrere (oder Hunderte oder Tausende) Personen dieselben Informationen brauchen. Da solche Informationen per Multicasting live gesendet werden können, ist Multicasting die ideale Methode, um aktuelle Informationen einem breiten Publikum zukommen zu lassen. Beispielsweise könnten die Verkaufstrends der Woche über Multicast an alle regionalen Vertriebsleiter gesendet werden. Ereignisse wie eine Produkteinführung oder eine wichtige Pressekonferenz können ebenfalls per Multicasting gesendet werden. Multicasts können auch bidirektionale Kommunikation unterstützen, so daß z. B. Personen an weit verstreuten Orten eine Live-Konferenz abhalten können, in die Audio, Video und eine Wandtafel einbezogen werden können.

Arbeitsweise von IP-Multicasting

Multicasting folgt einem Push-Modell der Kommunikation. Das heißt, wie bei einer Radio- oder Fernsehsendung stellen diejenigen, die die Sendung empfangen möchten, ihre Geräte auf die entsprechende Station ein. Im Falle von Multicasting weist der Benutzer einfach die Netzwerkkarte des Computers an, eine bestimmte IP-Adresse abzuhören, um festzustellen, ob Multicasts vorhanden sind. Der Ursprungscomputer des Multicast braucht nicht zu wissen, wer sich für den Empfang der Sendung entschieden hat.

Multicasting im Netzwerk

Multicasting erfordert die folgenden Mechanismen:

- Clients müssen auf irgendeine Weise erfahren können, wenn ein Multicast von Interesse verfügbar ist.

- Clients müssen die Möglichkeit haben, zu signalisieren, daß sie das Multicast empfangen möchten.

- Das Netzwerk muß über eine effiziente Möglichkeit verfügen, die Daten an die Clients weiterzuleiten, die sie empfangen möchten.

Ankündigung von Multicasts

Multicasts werden vorher angekündigt, so daß die Clients wissen, wann ein Multicast verfügbar ist. Im MBone werden Multicasts normalerweise unter Verwendung des Session Description Protocol (SDP) angekündigt. Dieses Protokoll versorgt die Clients mit allen Informationen, die sie brauchen, um ein Multicast zu empfangen. Dazu gehören dessen Name und Beschreibung, die Zeit, in der es aktiv ist, der benutzte Medientyp (Audio, Video, Text usw.) und die IP-Adressen, Anschlüsse und das verwendete Protokoll. Die ankündigenden Informationen werden per Multicasting an eine bekannte IP-Adresse und einen bekannten Anschluß gesendet, wo Clients, die das Sitzungsverzeichnisprogramm ausführen, diese Information empfangen.

Neben SDP gibt es andere Möglichkeiten der Ankündigung von Multicasts. In einem Firmen-Intranet z.B. können Multicasts mit Hilfe von Web-Seiten angekündigt werden. Über Steuerungselemente, die in die Web-Seiten integriert sind, kann dann die Multicast-Sendung empfangen werden.

Gruppenbeitritt

Um zu signalisieren, daß Sie ein Multicast empfangen möchten, treten Clients der Gruppe bei, an die das Multicast gerichtet ist. Diese Aufgabe übernimmt das Internet Group Management Protocol (IGMP).

Multicast-Gruppen bieten verschiedene Vorteile. Gruppen sind dynamisch; Clients können jederzeit beitreten oder die Gruppe verlassen. Es ist kein besonderer Plan für die Bildung oder Auflösung einer Gruppe erforderlich. Wenn eine Gruppe keine Mitglieder mehr hat, hört sie auf, im Netzwerk zu existieren. Gruppen können auch leicht erweitert werden, denn je mehr Clients der Gruppe beitreten, desto größer ist die Wahrscheinlichkeit, daß das Multicast bereits in die Nähe eines beitrittswilligen Clients geleitet wird.

Wenn ein Client einer Gruppe beitritt, werden zwei Vorgänge ausgelöst: Erstens wird eine IGMP-Meldung an den lokalen Router des Clients gesendet, um den Router zu informieren, daß der Client Daten, die an die Gruppe gesendet werden, empfangen möchte. Zweitens stellt der Client seinen IP-Prozeß und seine Netzwerkkarte so ein, daß die Multicast-Sendung auf der Adresse und dem Anschluß der Gruppe empfangen werden. Multicast-Adressen sind IP-Adressen der Klasse D und reichen von 224.0.0.0. bis 239.255.255.255. IP-Adressen der Klasse D werden automatisch den IEEE-802 Ethernet Multicast-Adressen zugeordnet, was die Implementation von IP-Multicasting auf Ethernet vereinfacht. Wenn ein Client eine Gruppe verläßt, und dieser Client als einziger in dem speziellen Teilnetzwerk die Multicast-Sendung empfangen hat, bricht der Router das Senden von Daten an das Teilnetzwerk des Clients ab und gibt dadurch Bandbreite in diesem Teil des Netzwerks frei.

Multicast-Routing

Der größte Teil der Arbeit, die erforderlich ist, um Multicasting zu ermöglichen, wird von den Routern eines Netzwerks und den darauf betriebenen Protokollen ausgeführt. Vor etwa zwei Jahren begannen größere Router-Hersteller damit, ihre Router mit Multicasting-Fähigkeiten auszurüsten. Auf solchen Routern kann Multicasting durch die Aktualisierung der Software und das Hinzufügen von Arbeitsspeicher ermöglicht werden.

Heute sind mehrere Multicast-Routing-Protokolle in Gebrauch: Distance Vector Multicast Routing Protocol (DVMRP), Multicast Open Shortest Path First (MOSPF) und Protocol-Independent Multicast (PIM). Die Aufgabe dieser Protokolle ist es, effiziente Pfade für Multicast-Sendungen über das Netzwerk zu schaffen. Multicast-Routing-Protokolle benutzen verschiedene Algorithmen, um diese Effizienz zu erzielen.

Geleiteter Multicast-Datenpfad

Zu einem effizienten Auslieferungspfad gehört, daß Multicast-Daten nur an die Clients gesendet werden, die sie empfangen möchten, und zwar auf dem kürzesten Weg zu diesen Clients. Wenn Daten anderswo durch das Netzwerk reisen, wird unnötigerweise Bandbreite vergeudet. Man kann sich das Netzwerk als eine Baumstruktur vorstellen. Die Quelle des Multicast sendet Daten über die Äste des Baums. Die Router sind dafür verantwortlich, daß die Daten über den richtigen Ast an andere Router gesendet werden und an die Teilnetzwerke, wo Mitglieder einer Gruppe auf die Daten warten. Die Router schneiden Äste ab, in denen niemand die Daten benötigt, und pfropfen Äste auf, wenn ein Client in einem neuen Teilnetzwerk sich der Gruppe anschließt. Router können auch Daten daran hindern, in ihr eigenes Teilnetzwerk zu fließen, wenn sie dort nicht gebraucht werden.

Einrichtung von Routing auf NT- und Windows-Rechnern

Bis jetzt sind wir davon ausgegangen, daß alle Ihre Windows NT-, Workgroups- und 95-Rechner ein einziges Standard-Gateway haben, das Ihren Rechnern als Router in die Außenwelt dient. Das ist nicht immer so, da reale Intranets oft mehrere Router haben, die einen Rechner in verschiedene Netzwerke führen. Wir haben ebenfalls angenommen, daß Ihr NT-Netzwerk mit dem Internet verbunden ist oder mit einem Intranet in Ihrem Unternehmen über einen Router eines anderen Herstellers (Compatible Systems, Cisco Systems, Bay Networks usw.). Das ist auch nicht immer der Fall, da NT-Rechner als IP-Router fungieren können.

Routing-Probleme sind nicht nur Server-Probleme, sondern oft auch Workstation-Probleme. Deshalb behandelt dieser Abschnitt zwei Hauptthemen:

- Die Einrichtung von Leitwegtabellen auf Ihren Windows-Workstations

- Die Verwendung von NT-Servern als IP-Router

Beispiel für ein Internet mit mehreren Routern

Angenommen, Sie haben eine Workstation (mit Windows für Workgroups, Windows NT oder Windows 95) in einem Netzwerk mit zwei Gateways, wie in Abbildung 4.4 dargestellt.

Wie das bei den meisten dieser Diagramme der Fall ist, kann ein Abbild mehrerer Netzwerke kryptisch sein, deshalb hier eine Erklärung dessen, was Sie sehen.

Zunächst einmal gibt es drei separate Ethernet-Segmente, drei separate Teilnetze. Alle drei sind Netzwerke der Klasse C. Zwei der Netzwerke werden lediglich als Wolken dargestellt. Die Wolke auf der linken Seite, die die Adresse 199.100.200.0 enthält, symbolisiert also ein Ethernet mit bis zu 254 angeschlossenen Computern, deren Adressen von 199.100.200.1 bis 199.100.200.254 gehen. Beachten Sie, daß wir von 254 gesprochen haben nicht von 253, da diese Teilnetze kein Standard-Gateway haben. Da es nur drei Teilnetze gibt, handelt es sich hier um Intranet, und nicht um einen Teil des Internet. Ein Nebeneffekt der Tatsache, nicht im Net zu sein, besteht darin, daß die Adresse „.1" für normale Rechner benutzt werden kann.

Abbildung 4.4:
Eine Workstation in einem Netzwerk mit zwei Gateways

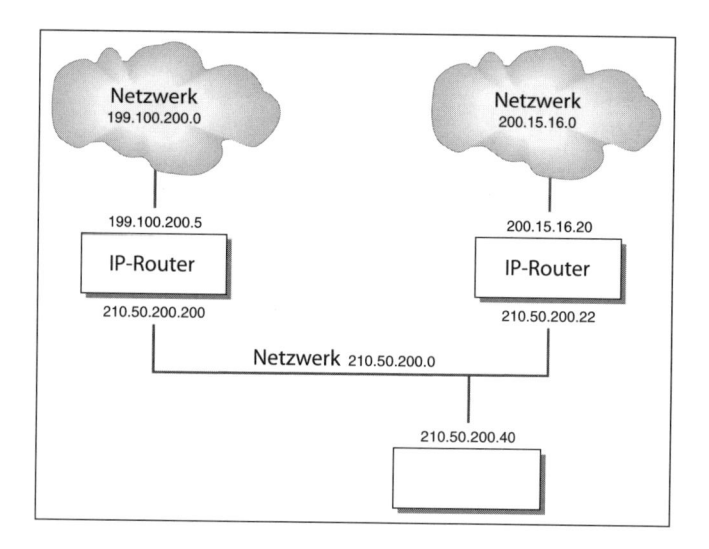

```
        Netzwerk                    Netzwerk
        199.100.200.0               200.15.16.0

        199.100.200.5               200.15.16.20
        ┌──────────┐                ┌──────────┐
        │ IP-Router│                │ IP-Router│
        └──────────┘                └──────────┘
        210.50.200.200              210.50.200.22
                    Netzwerk 210.50.200.0

                              210.50.200.40
                              ┌──────────┐
                              │          │
                              └──────────┘
```

Das Internet wurde bei diesem Beispiel außen vor gelassen, um die Sache nicht unnötig verwirrend zu machen. Wir werden später darauf zurückkommen.

Es gibt noch eine weitere Wolke auf der rechten Seite, die ein Netzwerk darstellt, dessen Adressen im Bereich von 200.15.16.1 bis 200.15.16.254 liegen – Netzwerknummer 200.15.16.0.

Dazwischen befindet sich ein drittes Teilnetz mit der Adresse 210.50.200.0. In der Mitte sehen Sie ein Rechteck, das einen PC darstellt, der nur eine Ethernet-Karte mit der IP-Adresse 210.50.200.40 hat. Die Rechtecke auf der rechten und linken Seite des Bildes sind Router, Computer mit zwei Ethernet-Karten und dementsprechend je zwei IP-Adressen. Jeder Router hat eine Adresse im Netzwerk 210.50.200.0 und eine andere Adresse entweder im Netzwerk 200.15.16.0 oder im Netzwerk 199.100.200.0.

Hinzufügen von Einträgen in Leitwegtabellen: Route Add

Im folgenden geht es darum, wie dem Rechner mit der Adresse 210.50.200.40 mitgeteilt werden kann, wie seine Sendungen an einen Bestimmungsort in diesem Netzwerk gelangen. Hier einige Fakten, die der Rechner kennen muß:

- Um eine Nachricht in das Netzwerk 199.100.200.0 zu befördern, sende sie an den Rechner mit der Adresse 210.50.200.200.

- Um eine Nachricht in das Netzwerk 200.15.16.0 zu befördern, sende sie an den Rechner mit der Adresse 210.50.200.22.

- Um eine Nachricht in das Netzwerk 210.50.200.0 zu befördern, sende sie einfach über deine Ethernet-Karte in das Segment, und sie wird gehört werden.

Sie teilen einer Workstation mit Hilfe des Befehls ROUTE ADD mit, wie Pakete gesendet werden sollen. Vereinfacht sieht der Befehl folgendermaßen aus:

```
Route Add Ziel Maske Netzmaske Gateway-Adresse
```

Dabei ist Ziel die Adresse oder Gruppe von Adressen, die Sie erreichen möchten. Netzmaske gibt die Anzahl der Adressen an – handelt es sich um ein C-Netzwerk mit gut 250 Adressen, um ein kleineres Teilnetz oder vielleicht um ein „Supernetz" aus mehreren C-Netzwerken? Gateway-Adresse ist die IP-Adresse des Rechners, der Ihre Pakete an den Bestimmungsort weiterleitet.

Der Befehl ROUTE ADD für das Netzwerk 199.100.200.0 sieht folgendermaßen aus:

```
Route add 199.100.200.0 mask 255.255.255.0 210.50.200.200
```

Übersetzt heißt das: „Um eine Nachricht an einen Bestimmungsort im Netzwerk 199.100.200.0 zu senden, sende sie an den Rechner mit der Adresse 210.50.200.200 zur Weiterleitung." Zur Verdeutlichung noch einmal eine Erinnerung in Bezug auf Teilnetze: Angenommen, das Netzwerk oben links wäre kein vollständiges C-Netzwerk, sondern vielmehr ein Teilnetz eines solchen Netzwerks. Angenommen, es handelt sich lediglich um den Adreßbereich von 199.100.200.64 bis 199.100.200.127. Die Netzwerknummer wäre wie immer die erste Adresse (199.100.200.64), und die Teilnetzmaske wäre 255.255.255.192. Der Befehl ROUTE ADD würde dann folgendermaßen aussehen:

```
Route add 199.100.200.64 mask 255.255.255.192 210.50.200.200
```

Zurück zum Beispiel in der Abbildung. Wenn Sie einen Befehl für das Netzwerk auf der rechten Seite hinzufügen, sähe dieser folgendermaßen aus:

```
Route add 200.15.16.0 mask 255.255.255.0 210.50.200.22
```

Damit wäre das NT-System eingerichtet und betriebsbereit.

Standardleitwege

Auch wenn Sie selbst nie einen ROUTE ADD-Befehl auf einer Windows Workstation eingeben, werden Sie feststellen, daß es Routing-Anweisungen gibt, die automatisch erzeugt werden. Diese sollen im Folgenden näher betrachtet werden. Zunächst wird ein ausdrücklicher Routing-Befehl benötigt, um dem Rechner mit der Adresse 210.50.200.40 mitzuteilen, wie er in sein eigenes Teilnetz gelangt:

```
Route add 210.50.200.0 mask 255.255.255.0 210.50.200.40
```

In anderen Worten: „Um in Dein lokales Teilnetz zu gelangen, leite an Dich selbst."

Bedenken Sie außerdem, daß der gesamte Bereich 127.x.y.z von Netzwerkadressen eine Schleife darstellt. Diese wird folgendermaßen implementiert:

```
Route add 127.0.0.0 mask 255.0.0.0 127.0.0.1
```

Das bedeutet: „Nimm eine beliebige Adresse von 127.0.0.0 bis 127.255.255.255 und leite sie an 127.0.0.1." Die IP-Software hat bereits 127.0.0.1 dafür definiert, so daß sie weiß, was damit zu tun ist. Beachten Sie, daß die Maske 255.0.0.0 eine einfache Netzwerkmaske der Klasse A ist.

Einige NT-Internet-Programme benutzen Multicast-Gruppen im Intranet, so das die Multicast-Adresse definiert sein muß. Diese ist 224.0.0.0. Der Befehl sieht ähnlich aus wie der für die Schleife:

```
Route add 224.0.0.0 mask 255.0.0.0 210.50.200.40
```

Das System weiß, daß es zum Multicasting über sein lokales Teilnetz kommunizieren muß.

Anzeige der Leitwegtabelle

Wenn Sie herausfinden möchten, welche Leitweginformationen ein bestimmter Computer hat, stehen auf Windows NT-, Workgroups- und 95-Workstations zwei Befehle zur Verfügung, die Ihnen anzeigen, was die Workstation über die Weiterleitung von IP-Paketen weiß. Geben Sie auf der Befehlszeile entweder NETSTAT -RN oder ROUTE PRINT ein – die Ausgabe ist fast identisch. Der Befehl NETSTAT zeigt die auch von ROUTE PRINT angezeigten Informationen *plus* alle aktiven TCP/IP-Verbindungen. Das Ergebnis beider Befehle sieht ungefähr so aus wie in Abbildung 4.5.

Abbildung 4.5:
Ergebnis von route print

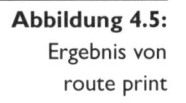

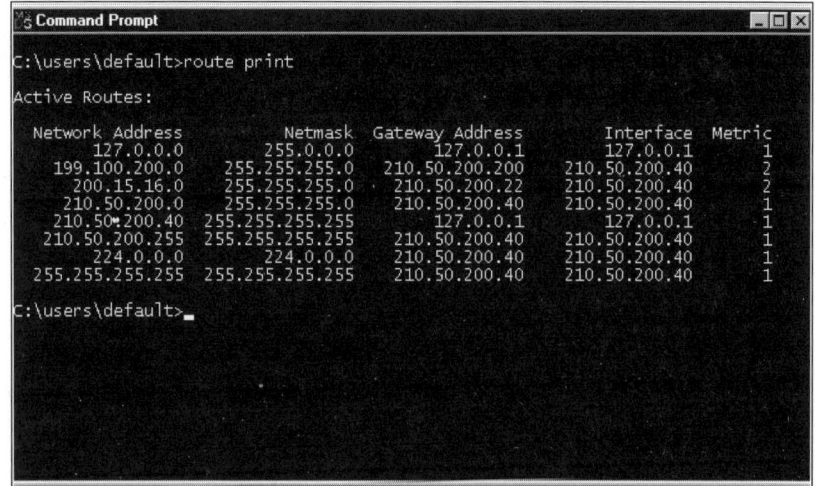

```
C:\users\default>route print
Active Routes:
    Network Address          Netmask  Gateway Address       Interface  Metric
          127.0.0.0        255.0.0.0        127.0.0.1       127.0.0.1       1
      199.100.200.0    255.255.255.0    210.50.200.200   210.50.200.40       2
        200.15.16.0    255.255.255.0     210.50.200.22   210.50.200.40       2
       210.50.200.0    255.255.255.0    210.50.200.40    210.50.200.40       1
      210.50.200.40  255.255.255.255        127.0.0.1       127.0.0.1       1
     210.50.200.255  255.255.255.255    210.50.200.40    210.50.200.40       1
          224.0.0.0        224.0.0.0    210.50.200.40    210.50.200.40       1
    255.255.255.255  255.255.255.255    210.50.200.40    210.50.200.40       1

C:\users\default>
```

Die Ausgabe von ROUTE PRINT ähnelt dem Format der Daten in ROUTE ADD. Jede Zeile zeigt eine Netzwerkadresse, die dem gewünschten Ziel entspricht, die Netzmaske, die angibt, wie viele Adressen im gewünschten Zielbereich vorhanden sind, und das Gateway, d.h. die IP-Adresse, an die die Workstation ihre Pakete senden soll, damit sie das gewünschte Ziel erreichen. Es gibt jedoch noch zwei weitere Spalten: INTERFACE und METRIC. Die Werte für METRIC geben die Anzahl der Zwischenstationen auf dem Weg zum Ziel an. Die Spalte INTERFACE bedarf der näheren Erläuterung.

Die Spalte Interface

Interface stellt die Frage: „Welche meiner lokalen IP-Adressen – die Adressen, die sich physisch in mir befinden, wie meine Testschleife und alle IP-Adressen meiner Netzwerkkarten – soll ich benutzen, um zu diesem Gateway zu gelangen?" Auf diesem Computer erübrigt sich diese Frage, da er nur eine Netzwerkkarte hat.

Doch wie sähe es bei einer Multihomed-Maschine aus, wie z.B. bei dem Router auf der linken Seite? Er hat zwei IP-Adressen, 199.100.200.5 und 210.50.200.200. Ein Fragment der Ausgabe des Befehls ROUTE PRINT auf diesem Rechner sähe folgendermaßen aus:

Network Address	Netmask	Gateway Address	Interface	Metric
199.100.200.0	255.255.255.0	199.100.200.5	199.100.200.5	1
210.50.200.0	255.255.255.0	210.50.200.200	210.50.200.200	1

Die Router-Maschine kann zwei Netzwerke erreichen (was nur natürlich ist, da sie sonst als Router nicht brauchbar wäre), und jedes dieser Netzwerke hat eine Gateway-Adresse, die jeweils die lokale IP-Adresse ist, die der Router im jeweiligen Netzwerk hat. Beachten Sie nun die Spalte INTERFACE: Anstatt die ganze Zeit bei derselben IP-Adresse zu bleiben, teilt der Eintrag in dieser Spalte dem Computer mit: „Ich habe Dir bereits gesagt, zu welchem Gateway Du diesen Datenverkehr lenken sollst, und nun teile ich mit, welche Deiner lokalen IP-Adressen Du verwenden mußt, um zu diesem Gateway zu gelangen."

Erläuterungen zur Ausgabe des Befehls ROUTE PRINT

Da Sie nun die einzelnen Spalten in der Ausgabe von ROUTE PRINT entziffern können, kann die Ausgabe näher erläutert werden.

Die erste Zeile ist die Testschleifeninformation, die Sie bereits weiter oben gesehen haben. Diese Information wird auf jeder NT/Workgroups/95-Maschine, die den Microsoft TCP/IP-Stack ausführt, automatisch erzeugt. Die zweite und dritte Zeile sind manuell eingegebene Leitwege, die Ihrem Rechner mitteilen, wie er zu den Netzwerken 200.15.16.0 und 199.100.200.0 gelangt. Die vierte Zeile ist wiederum eine automatisch erzeugte, die erklärt, wie das Teilnetz 210.50.200.0, das lokale Teilnetz, zu adressieren ist. Die fünfte Zeile bezieht sich auf 210.50.200.40 selbst. Die Maske, 255.255.255.255, zeigt an, daß dies keine Anweisungen für den Leitweg zu einem bestimmten Netzwerk sind, sondern vielmehr Routing-Anweisungen zu einem bestimmten Computer. Die Zeile besagt: „Wenn Du Daten an 210.50.200.40 senden mußt, sende sie an die Testschleifenadresse." Das Ergebnis: Wenn Du 210.50.200.40 anwählst, findet eigentlich keine Kommunikation über das Netzwerk statt. Die sechste Zeile definiert, auf welche Weise eine Broadcast-Sendung im lokalen Teilnetz erfolgt. Auch hier wird nicht auf ein gesamtes Netzwerk verwiesen, sondern auf eine bestimmte Broadcast-Adresse im Teilnetz. Die siebte Zeile dient, wie bereits gesehen, dem Internet-Multicasting. Die letzte Adresse ist die sogenannte limited broadcast address, eine Art allgemeiner Broadcast-Adresse für das Teilnetz.

Einrichtung des Standard-Gateways

Angenommen, Sie möchten unseren Rechner 210.50.100.40 einrichten. Wie wird das gemacht? Insbesondere würden Sie die Frage stellen: „Welches ist das Standard-Gateway?"

Einrichtung des Standard-Gateways   105

Im TCP/IP-Konfigurationsbildschirm könnten Sie die Information eintragen, daß die IP-Adresse 210.50.100.40 sein soll und die Teilnetzmaske 255.255.255.0. Aber was soll im Feld DEFAULT GATEWAY eingetragen werden? Immerhin gibt es zwei Gateways: 210.50.100.22 und 210.50.100.200. Welches von beiden ist zu verwenden?

Die Antwort? Keines von beiden. Ein Standard-Gateway ist lediglich ein weiterer Eintrag in der Leitwegtabelle, der aber nicht spezifisch ist wie die bisher behandelten; es ist ein allgemeiner Eintrag. Dieses Netzwerk hat keine Verbindung zum Internet und kennt nur zwei andere Teilnetze, die jeweils einen eigenen Router (Gateway) haben. Daher bleibt das Feld DEFAULT GATEWAY leer und das hat seine Vorteile.

„Ziel-Host nicht erreichbar"

Wenn man eine Adresse anwählen würde, die sich nicht in einem der drei Teilnetze befindet, z.B. 25.44.92.4, erhielte man nicht die Nachricht, daß die Anwählzeit überschritten wurde oder ein Fehler aufgetreten ist oder ähnliches; vielmehr bekäme man die Nachricht „destination host unreachable" (Ziel-Host nicht erreichbar). Diese Meldung bedeutet nicht unbedingt, daß Sie den Ziel-Host nicht erreichen können, sondern daß Ihre Workstation nicht weiß, *wie* dieser Host erreicht werden kann – Ihr Rechner hat keine Informationen über den Leitweg zu dieser Adresse. Führen Sie den Befehl ROUTE PRINT aus, und Sie werden feststellen, was Sie daran hindert, Ihr Ziel zu erreichen.

Manuelle Einrichtung eines Standard-Gateways

Wann wäre ein Standard-Gateway in Ihrem Netzwerk sinnvoll? Um das zu verdeutlichen, soll dem Netzwerk eine Verbindung zum Internet hinzugefügt werden, wie in Abbildung 4.6 dargestellt.

Jetzt brauchen wir einen weiteren ROUTE ADD-Befehl – doch wie müßte er aussehen? Das heißt, wie lautet die allgemeine IP-Adresse des gesamten Internet?

Sie werden es nicht glauben, aber es gibt tatsächlich eine solche Adresse: 0.0.0.0. Sie können dies als die Netzwerknummer aller Netzwerknummern betrachten. Und die Netzwerkmaske? Nun, da es keine Rolle spielt, welche Adreßbits mit welchen anderen Adreßbits übereinstimmen – wie auch immer Ihre Adresse lautet, Sie befinden sich in dem speziellen „Teilnetz", welches das gesamte Internet ist , ist die Teilnetzmaske ebenfalls 0.0.0.0. Der entsprechende Befehl lautet also:

```
Route add 0.0.0.0 mask 0.0.0.0 210.50.200.1
```

Abbildung 4.6:
Netzwerk mit einer Internet-Verbindung

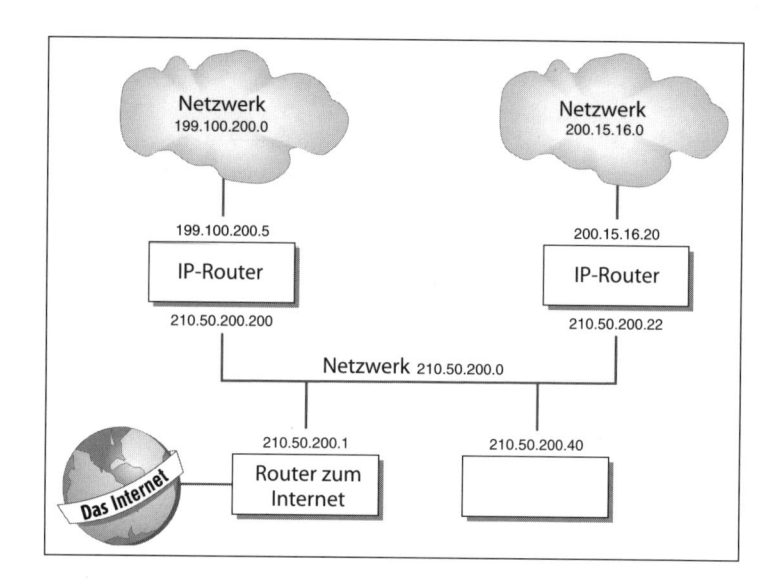

Behandlung von Konflikten in Leitweginformationen

Es scheint hier jedoch einige Konflikte zu geben. Schauen Sie sich noch einmal einige der Anweisungen an, die Sie der IP-Software in bezug auf das Routing gegeben haben:

- Es gibt eine Regel, wie die spezifische Adresse 210.50.200.40 zu behandeln ist: Die Nachricht lokal an Adresse 127.0.0.1 halten, kein Routing.

- Es gibt eine Regel, wie der Bereich von 210.50.200.0 bis 210.50.200.255 zu behandeln ist: einfach ins Teilnetz senden, kein Routing.

- Es gibt eine Regel, wie der Bereich von 199.100.200.0 bis 199.100.200.255 zu behandeln ist: an 210.50.200.200 senden.

- Es gibt eine Regel, wie der Bereich von 200.15.16.0 bis 200.15.16.255 zu behandeln ist: an 210.50.200.22 senden.

- Es gibt eine Regel, wie alle Internet-Adressen zu behandeln sind: an 210.50.200.1 senden.

Der erwähnte Konflikt besteht im folgenden Punkt: Angenommen, Sie möchten ein IP-Paket an 200.15.16.33 senden. Sie haben eine Regel, die besagt: „An 210.50.200.22 senden" und eine andere, die besagt: „An 210.50.200.1 senden." Welcher Regel folgt die Software auf Ihrer Workstation (oder Ihrem Server)?

Antwort: „Im Zweifelsfalle nimm den Weg mit dem kleinsten Metric-Wert. Wenn es mehr als eine Möglichkeit gibt, nimm den speziellsten – in anderen Worten, nimm den mit der speziellsten Teilnetzmaske".

In diesem Falle gibt es zwei Einträge in der Leitwegtabelle, die zum Ziel 200.15.16.33 weisen. Die Metric-Werte für die Entfernung wurden nicht angegeben, aber bei beiden gibt es einen Router als Zwischenstation, so daß beide Leitwege die Entfernungszeit zwei haben. Da die Entfernung gleich ist, wird als nächstes die Teilnetzmaske betrachtet. Da der Leitweg über 210.50.200.1 eine sehr allgemeine Teilnetzmaske hat (0.0.0.0), würde Ihr Rechner diese zugunsten der spezielleren Teilnetzmaske 255.255.255.0 von 210.50.200.22 ignorieren.

Angenommen, Workstation 210.50.200.40 möchte eine Nachricht an einen anderen Rechner in demselben Teilnetz senden, z.B. an die Adresse 210.50.200.162. Auch hier besteht wieder ein Routing-Konflikt, da ein Leitwegeintrag einfach besagt, daß die Information an 210.50.200.40 gesendet werden soll – mit anderen Worten, kein Routing, einfach senden. Ein anderer Leitwegeintrag – wieder der mit 0.0.0.0 – behauptet, daß er ebenfalls das IP-Paket an 210.50.200.162 befördern kann, denn der Eintrag besagt ja, daß auf diesem Wege jedes Paket überall hingelangen kann. Welcher Leitweg soll nun gewählt werden? Wenn die Leitwegtabelle richtig konstruiert ist, sieht ein Auszug daraus folgendermaßen aus:

Destination	Netmask	Gateway	Interface	Metric
0.0.0.0	0.0.0.0	210.50.200.1	210.50.200.40	2
210.50.200.0	255.255.255.0	210.50.200.40	210.50.200.40	1

Der erste Eintrag ist das Standard-Gateway. Es hat den Entfernungswert 2 (metric) da mindestens ein Router als Zwischenstation erforderlich ist, um zum Internet zu gelangen. (Es ist sogar sinnvoll, diesen Wert ein wenig höher zu setzen, um sicherzustellen, daß interne IP-Pakete auf keinen Fall über das Internet gesendet werden.) Der zweite Eintrag besagt: „Um Daten an Dein lokales Teilnetz zu senden, schick sie einfach über Deine Ethernet-Karte raus". Da die Entfernungszahl für das Internet höher ist, weiß Ihr Rechner, daß er eine lokale Nachricht nicht an das Standard-Gateway senden darf.

Und noch etwas: Sie möchten natürlich nicht nach jedem Start Ihres Computers die ROUTE ADD-Befehle neu eingeben müssen. Deshalb sollten Sie eine Variante des Befehls ROUTE ADD verwenden: ROUTE -P ADD Durch Hinzufügen von -p wird dieser Eintrag zu einem permanenten Eintrag in der Leitwegtabelle Ihres Systems.

Alle Router müssen alle Teilnetze kennen

Bisher ging es um die Einrichtung unseres Beispielnetzwerks aus der Sicht einer Workstation. Es wäre zwar möglich, aber auch sehr mühselig, all diese ROUTE ADD-Anweisungen für jede Workstation einzugeben. Die Antwort besteht darin, die Router intelligenter zu machen; *dann* können Sie einen Router als Standard-Gateway für die Workstation .40 auswählen, und die Workstation braucht sich um nichts zu kümmern. Schauen wir uns also die Einrichtung der drei Router in diesem System an.

Der erste Router ist der auf der linken Seite, der zwischen 199.100.200.0 und 210.50.200.0 vermittelt. Er muß über folgende Informationen verfügen:

- Über seine Schnittstelle 199.100.200.5 kann er das Netzwerk 199.100.200.0 erreichen.

- Über seine Schnittstelle 210.50.200.200 kann er das Netzwerk 210.50.200.0 erreichen.

- Er kann das Internet über 210.50.200.1 erreichen, wohin er über seine Schnittstelle 210.50.200.200 gelangt.

Sie brauchen keine Routing-Befehle einzugeben, die dem Router mitteilen, wie er 199.100.200.0 oder 210.50.200.0 erreichen kann; wenn es sich um einen NT-Computer handelt, ermittelt die Routing-Software von NT dies automatisch. Sie können ihm jedoch mitteilen, wie er das Internet erreichen kann, indem Sie einen Standard-Gateway einrichten:

```
Route add 0.0.0.0 mask 0.0.0.0 210.50.200.1 metric 2
```

Die Routing-Software ist intelligent genug, um festzustellen, daß sie 210.50.200.1 über die Schnittstelle 210.50.200.200 erreicht.

Der zweite Router auf der rechten Seite vermittelt zwischen 200.15.16.0 und 210.50.200.0. Er kann diese beiden Netzwerke direkt erreichen und wie auch beim ersten Router sind keine entsprechenden Angaben erforderlich. Um jedoch zum Internet zu gelangen, muß er Pakete an 210.50.200.1 weiterleiten und sollte deshalb wie auch der erste Router 210.50.200.1 als Standard-Gateway haben. Nun zum dritten Router, der Maschine mit der Adresse 210.50.200.1, welche als Internet-Gateway dient. Dieser Router muß wissen, daß er das Internet als Standard-Gateway benutzen soll. Beispiel: Auf unseren Routern von Compatible Systems gibt es eine magische Adresse WAN, die einfach die

Modemverbindung zum Internet bezeichnet. Der Router erhält die Anweisung „route add 0.0.0.0 mask 0.0.0.0 WAN", und die Pakete zum und vom Internet gehen über das Modem. Der Router muß dann über jedes der drei Teilnetze informiert werden:

```
Route add 210.50.200.0 mask 255.255.255.0 210.50.500.1
metric 1

Route add 199.100.200.5 mask 255.255.255.0 210.50.200.200
metric 2

Route add 200.15.16.20 mask 255.255.255.0 210.50.200.22
metric 2
```

Vereinfachung der Workstation-Verwaltung mit RIP

Bisher ging es darum, wie Sie Ihren Workstations mitteilen, wie die Router im Netzwerk zu nutzen sind. In den meisten Fällen brauchen Sie solche großen komplexen Leitwegtabellen nicht von Hand zu erstellen und würden es sicherlich auch nicht wollen.

Idealerweise sollten Sie überhaupt keine statischen Tabellen einzugeben haben. Statt dessen sollten Ihre Workstations die Routing-Informationen automatisch von den nahegelegenen Routern unter Verwendung eines Browser-artigen Protokolls beziehen. Dies ist mit dem Routing Internet Protocol oder RIP möglich.

RIP ist ein unglaublich einfaches Protokoll. Router, die mit RIP arbeiten, senden ihre Leitwegtabellen etwa zweimal pro Minute aus. Jede Workstation, die RIP-Software benutzt, empfängt die Leitwegtabellen und integriert sie in ihre eigenen Leitwegtabellen. Ergebnis: Wenn Sie einen neuen Router an das System anschließen, brauchen Sie keine statischen Leitwege einzugeben.

RIP ist Teil des Multivendor Protocol Router-Pakets für Benutzer von NT 3.51 und wird als Teil von NT 4 mitgeliefert. Die Microsoft-Implementation unterstützt sowohl IP als auch IPX. Die von RIP erkannten Leitwege werden in der Ausgabe des Befehls ROUTE PRINT genauso angezeigt, als seien sie statische Leitwege.

Verwendung eines NT-Rechners als LAN/LAN-Router

Im Zuge der Erweiterung des Intranet Ihrer Firma benötigen Sie Router. Für Netzwerke jeder Größe ist es wahrscheinlich am besten, dedizierte Router anzuschaffen, Geräte von Firmen wie Cisco Systems, Bay Networks oder Compatible Systems.

Dedizierte Router sind schnell und werden mit beeindruckenden Verwaltungs-Tools geliefert, Programme mit grafischer Benutzeroberfläche, die Ihnen gestatten, Ihr Netzwerk von Ihrer Workstation aus zu steuern und zu überwachen. Router haben allerdings einen Nachteil: sie sind teuer. Ein IP-Router von Ethernet zu Ethernet ist kaum unter 2.000 $ erhältlich. Damit wir uns nicht mißverstehen: Diese Router sind sicherlich ihren Preis wert, was die Erleichterung der Netzwerkverwaltung und die Geschwindigkeit, mit der sie Daten weiterleiten, angeht. Doch möglicherweise haben Sie nicht soviel Geld übrig und suchen nach einer Alternative.

Eine solche Alternative kann Ihnen Ihr NT-Rechner bieten. Jede NT-Workstation und jeder NT-Server kann als einfacher IP-Router dienen – alles, was Sie brauchen, ist ein Multihomed-PC (mit zwei oder mehr Netzwerkkarten) und NT.

Öffnen Sie einfach die Systemsteuerung, und starten Sie das Modul NETZWERK, klicken Sie auf die Registerkarte PROTOKOLLE und auf das Protokoll TCP/IP. Klicken Sie anschließend auf die Registerkarte ROUTING, und Sie werden eine Option mit der Bezeichnung IP-FORWARDING AKTIVIEREN sehen. Damit schalten Sie die Routing-Fähigkeiten von NT ein.

Schauen wir uns die Einrichtung dieses Routers einmal an. Stellen Sie sich vor, Sie haben ein Intranet, wie das in Abbildung 4.7 dargestellte.

Abbildung 4.7:
Ein Beispiel für ein Intranet

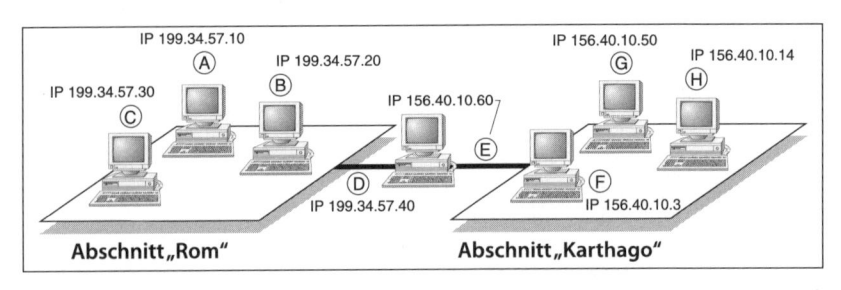

Verwendung eines NT-Rechners als LAN/LAN-Router

Wir benutzen den Rechner, der sowohl zu Rom als auch zu Karthago gehört, als Router. (In diesem Falle gibt es keine andere Wahl, da dies der einzige Rechner in beiden TCP/IP-Domänen ist und jeder Router zwischen zwei Domänen Mitglied beider Domänen sein muß.) Der Rechner muß lediglich mit zwei Ethernet-Karten ausgerüstet sein, die beide mit einer IP-Adresse versehen sind. Anschließend können Sie das Kontrollkästchen IP-FORWARDING AKTIVIEREN auswählen.

Einrichtung eines IP-Routers mit NT

Das Rezept ist folgendes:

Installieren Sie zwei Netzwerkkarten (für unser Beispiel Ethernet) in einem NT-Rechner. Der NT-Rechner muß kein NT-Server sein, und angesichts der Kosten von NT-Server sind Sie mit einer Kopie von NT-Workstation sicherlich gut bedient.

1. Konfigurieren Sie die Ethernet-Karte im Teilnetz Rom mit einer IP-Adresse für das Teilnetz Rom. Wenn Sie im Dialogfeld TCP/IP-KONFIGURATION arbeiten, finden Sie dort ein Dropdown-Listenfeld namens ADAPTER. Damit legen Sie fest, welcher Ethernet-Karte Sie welche IP-Adresse zuordnen.

2. Klicken Sie auf die Registerkarte ROUTING.

3. Wählen Sie das Kontrollkästchen IP-FORWARDING AKTIVIEREN. Dieses Kontrollkästchen ist abgeblendet, wenn nicht mindestens zwei Netzwerkkarten in Ihrem System installiert sind.

4. Klicken Sie auf OK, bis das Modul NETZWERK wieder geschlossen ist.

Das System wird neu gestartet, und Ihr Router ist aktiv. Dadurch wird ein IP-Router geschaffen, der Datenverkehr von einem Teilnetz in ein anderes weiterleitet. Er kann jedoch nicht Datenverkehr zwischen drei oder mehr Teilnetzen weiterleiten. Die Router-Software ist also nicht sehr intelligent. Das beweist ein Blick auf Abbildung 4.8.

Dort sehen Sie ein Intranet mit nur drei Teilnetzen: 200.200.1.0, 200.200.2.0 und 200.200.3.0. Um die Erörterung zu erleichtern, wird das Netzwerk 200.200.1.0 als „Netzwerk 1" bezeichnet, 200.200.2.0 als „Netzwerk 2" und 200.200.3.0 als „Netzwerk 3". Der Router zwischen Netzwerk 1 und Netzwerk 2, Rechner A, hat die Adressen 200.200.1.1. und 200.200.2.40. Der Router zwischen Netzwerk 2 und Netzwerk 3, Rechner B, hat die Adressen 200.200.2.50 und 200.200.3.75.

Wenn Sie das IP-Routing auf dem Rechner A aktiviert haben, kann dieser Rechner Pakete von Netzwerk 1 an Netzwerk 2 weiterleiten und Pakete von Netzwerk 2 an Netzwerk 1. Wenn er jedoch von Netzwerk 1 ein Paket erhält, das für Netzwerk 3 bestimmt ist, weiß er nicht, was er damit machen soll.

Abbildung 4.8:
Intranet mit drei Subnetzen

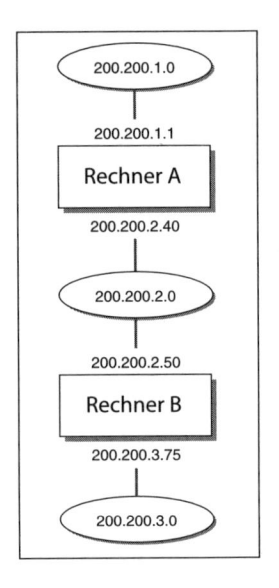

```
    200.200.1.0
         |
    200.200.1.1
   [ Rechner A ]
    200.200.2.40
         |
    200.200.2.0
         |
    200.200.2.50
   [ Rechner B ]
    200.200.3.75
         |
    200.200.3.0
```

Rechner B hat im Prinzip dasselbe Problem. Er kann von Netzwerk 2 nach Netzwerk 3 und umgekehrt weiterleiten, kann aber Netzwerk 1 nicht finden.

Wie läßt sich dieses Problem lösen? Entweder mit statischen Leitwegen oder mit RIP. Die wahrscheinlich beste Lösung ist es, den RIP-Router auf beiden Rechnern A und B zu installieren, so daß sie die Leitwege des jeweils anderen Rechners über die RIP-Broadcasts entdecken. Doch wie kann man Rechner A mitteilen, wie Netzwerk 3 zu finden ist, und Rechner B, wie Netzwerk 1 zu finden ist? Mit statischen ROUTE ADD-Befehlen.

Sie informieren Rechner A über Netzwerk 3 mit folgendem Befehl:

```
Route add 200.00.3.0 mask 255.255.255.0 200.200.2.50
```

Damit teilen Sie dem Rechner mit: „Um Netzwerk 200.200.3.0 zu finden, benutze die IP-Adresse 200.200.2.50; sie gehört zu einem Rechner, der Pakete zu diesem Netzwerk befördern kann." Der Vollständigkeit halber können Sie den Parameter „metric 2" am Ende hinzufügen.

In ähnlicher Weise informieren Sie Rechner B über das Netzwerk 1:

```
Route add 200.200.1.0 mask 255.255.255.0 200.200.2.40
```

In beiden Fällen besagen die „mask"-Informationen: „Ich gebe Dir Informationen zu einem Teilnetz, aber die Maske besagt, wie nützlich diese Informationen sind."

Verwendung eines NT-Servers als Internet-Gateway

Stellen Sie sich folgende Situation vor: Ihre Firma hat ein Vollzeit-PPP-Konto bei einem Internet-Provider erworben. Ihr LAN läuft vollständig unter TCP/IP mit vom NIC genehmigten IP-Nummern. Alles, was Sie brauchen, ist eine Maschine, die Ihren lokalen Datenverkehr über das Internet leitet, wenn Sie Dateien mit FTP übertragen möchten, E-Mail benutzen möchten oder ähnliches.

Aus der Hardwaresicht ist das recht einfach: Sie brauchen lediglich einen PC der sowohl eine Ethernet-Karte als auch einen seriellen Anschluß enthält mit einer PPP-Wählverbindung. Dieser Rechner erledigt im wesentlichen die Aufgabe des TCP/IP-Routing. Wie erreicht man das in NT?

Übersicht

Es gibt eine Reihe von „Was wäre, wenn"- Fragen, die Sie beachten müssen, wenn Sie Ihren NT-Rechner als Internet-Gateway von LAN zu WAN benutzen möchten.

Der erste Ratschlag ist: Tun Sie es nicht, wenn Sie es vermeiden können. Mark benutzt in seiner Firma den MR900I von Compatible Systems, ein toller Kasten, den er für 850 $ erstanden hat. Er ist leicht zu handhaben, verwendet RIP, ist viel billiger als ein Pentium und eine Kopie von NT und ist schnell wie der Wind. Dies ist der zu empfehlende Weg, wenn Sie Ihr Netz mit dem Netz verbinden möchten.

Gelegentlich besteht aber kein Zugang zu einem dedizierten Router, und man möchte seinen NT-Rechner als Internet-Router benutzen. Wie geht das? Die folgenden Schritte sind erforderlich:

1. Installieren Sie eine Netzwerkkarte und ein Modem auf einem NT-System.

2. Versehen Sie die Netzwerkkarte mit einer statischen IP-Adresse, aber lassen Sie das Standard-Gateway aus.

3. Installieren Sie RAS und teilen Sie ihm mit, wie die Wählverbindung zu Ihrem Internet Service Provider (ISP) herzustellen ist. Deaktivieren Sie USE REMOTE GATEWAY bei der Einrichtung der Verbindung.

4. Nehmen Sie eine Änderung in der Registrierung vor (die Erläuterung folgt weiter unten in diesem Kapitel).

5. Wählen Sie Ihren ISP an, und melden Sie sich an.

6. Verwenden Sie einen ROUTE ADD-Befehl, um dem System mitzuteilen, wie es das Internet erreicht.

7. Teilen Sie dann allen Computern in Ihrem Netzwerk mit, daß die IP-Adresse der Netzwerkkarte als Standard-Gateway benutzt werden soll.

Hindernisse

Diese Schritte sind nicht schwierig, aber es gibt zwei Dinge, die die Erklärung erschweren, da sie sich von ISP zu ISP unterscheiden. Dies sind folgende:

- Die Anmeldung beim ISP: Einfache zeichenorientierte Terminalanwendung, Password Authentication Protocol (PAP) oder Challenge Handshake Authentication Protocol (CHAP)

- Die Einstellung der IP-Adresse auf Ihrer Wähl- oder Frame-Relay-Verbindung

Weitere Informationen zu diesen Themen finden Sie in dem ebenfalls bei Sybex erschienenen Buch Mastering Windows NT Server 4, Einzelheiten werden hier nicht besprochen. Es sollte jedoch darauf hingewiesen werden, daß es in diesen beiden Punkten Unterschiede gibt.

Anmeldungsoptionen

Wenn Sie Verbindung mit dem Netzwerk eines ISP aufnehmen, müssen Sie sich selbst identifizieren und beweisen, wer Sie sind, üblicherweise mit einem Kennwort. Bei den meisten ISPs ist es erforderlich, daß Sie beim Anwählen mit einem zeichenorientierten Anmeldungsbildschirm arbeiten, in dem Sie die Zugangsnummer und das Kennwort für Ihr Netzwerk eingeben können. Dieser Vorgang soll hier in unserem Beispiel beschrieben werden. Wahrscheinlich haben Sie schon einmal so etwas gesehen: „Willkommen bei xyz, Ihrer Auffahrt auf die Datenautobahn; Bitte geben Sie Ihre Zugangsnummer und Ihr Kennwort ein...". Wenn Ihr ISP auf diese Weise arbeitet, können Sie einen Eintrag im RAS-Telefonbuch anlegen, der einen Terminalbildschirm aufruft, sobald Sie mit dem ISP verbunden sind. Klicken Sie in Ihrem RAS-Telefonbuch auf SKRIPT und ein Dialogfeld wie das in Abbildung 4.9 dargestellte wird geöffnet.

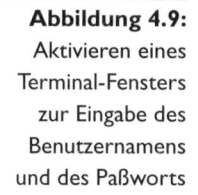

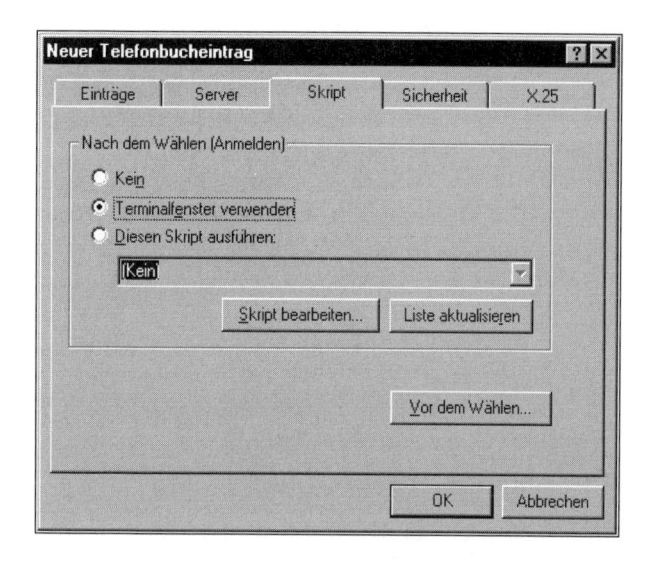

Verwendung eines NT-Servers als Internet-Gateway

Abbildung 4.9:
Aktivieren eines Terminal-Fensters zur Eingabe des Benutzernamens und des Paßworts

Wenn Sie solch ein ISP haben, melden Sie sich wahrscheinlich bei einem alten Portmaster-System auf UNIX-Basis an. Da es lästig ist, die Benutzer-ID und das Kennwort jedesmal einzutippen, wenn Sie Verbindung zu Ihrem ISP aufnehmen, können Sie ein Anmeldungsskript erstellen, um diesen Vorgang zu automatisieren. (Diese Thema wird ebenfalls in Mastering Windows NT Server 4 behandelt.)

Einige ISPs bieten jedoch moderne, automatisierte Möglichkeiten der Anmeldung in Ihren Netzwerken. Wenn Sie die Verbindung zu dem ISP über PPP (Point-to-Point Protocol) herstellen, kann der ISP einige Erweiterungen von PPP nutzen, die inzwischen populär geworden sind: Das Password Authentication Protocol (PAP) und das Challenge Handshake Authentication Protocol (CHAP). Beide Protokolle ermöglichen Ihrem Computer, einen anderen Computer anzuwählen, und Benutzer-ID und Kennwort automatisch zu übermitteln, ohne daß Sie die Informationen eingeben müssen. Wenn Sie mit einem ISP arbeiten, der PAO oder CHAP unterstützt, klicken Sie auf die Option KEINES auf der Seite SKRIPT, und klicken Sie anschließend auf die Seite SICHERHEIT (siehe Abbildung 4.10).

Warum hier nicht einfach Optionsfelder mit den Bezeichnungen PAP, CHAP usw. zu finden sind, ist unverständlich, aber im Folgenden finden Sie, was Sie anklicken müssen. Wenn Sie sich gegenüber Ihrem ISP mit dem Password Authentication Protocol identifizieren, wählen Sie BELIEBIGE ECHTHEITSBESTÄTIGUNG. Wenn Sie das allgemeine CHAP-Protokoll zur Identifikation beim ISP benutzen, wählen Sie NUR VERSCHLÜSSELTE ECHTHEITSBESTÄTIGUNG ANNEHMEN. Wenn Sie einen NT-Server anwählen, wählen Sie NUR MICROSOFT-VERSCHLÜSSELTE ECHTHEITSBESTÄTIGUNG ANNEHMEN. Es verwundert nicht, daß Microsoft eine eigene Variante des Standard-CHAP-Protokolls geschaffen hat, die als Microsoft-CHAP bezeichnet wird.

Abbildung 4.10:
PAP- oder CHAP-Einwahl konfigurieren

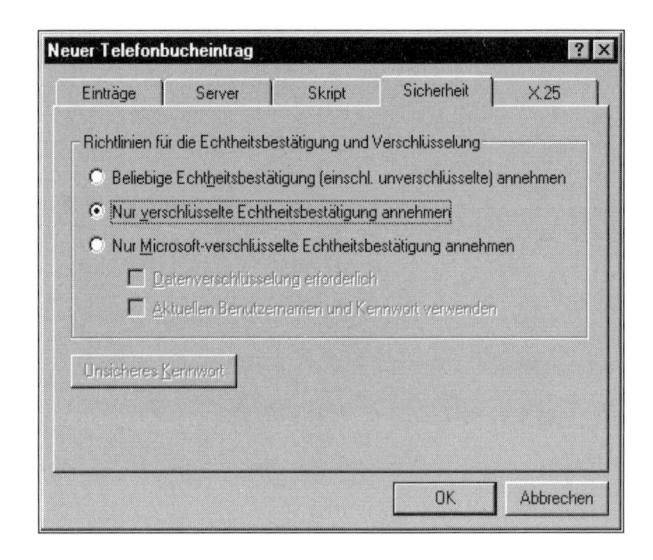

Dies ist bei der letzten Option erforderlich. Die Verwendung von PAP oder CHAP erspart Ihnen das Anlegen eines Anmeldungsskripts.

Wenn Ihr ISP NT-Rechner benutzt, brauchen Sie keine Terminalanmeldung durchzuführen. In den meisten Fällen sind jedoch Terminalanmeldungen nach wie vor an der Tagesordnung. Es empfiehlt sich, zunächst einmal mit dem NT-Rechner, der als Gateway dienen soll, die Anmeldung bei Ihrem ISP durchzuführen, bevor Sie weitere Schritte unternehmen. Finden Sie zunächst heraus, wie Sie mit einem einzelnen Rechner im Wählverfahren Verbindung zu Ihrem ISP aufnehmen können, bevor Sie versuchen, die Verbindung für Ihr gesamtes LAN zu benutzen.

Erwerb einer IP-Adresse von ISP

Nun gibt es noch das Problem der IP-Adressen über Ihre WAN-Verbindung. Ihre Wählverbindung hat eine andere IP-Adresse als die Adresse auf der Netzwerkkarte – doch *welche?*

Die meisten ISPs, mit denen PPP-Verbindungen arrangiert wurden, haben ein System, mit dem sie der PPP-Verbindung während der Anmeldungssequenz automatisch mitteilen, welche IP-Adresse zu verwenden ist. Auch wenn Sie Ihren Benutzernamen und Ihr Kennwort manuell eingeben, erhält Ihre Workstation die IP-Adresse automatisch vom ISP. Erfahrungsgemäß senden die meisten ISPs Ihnen ein Schriftstück, das Ihnen mitteilt, Ihre Software für die Benutzung einer bestimmten IP-Adresse einzurichten. Das DFÜ-Netzwerk unterstützt beide Möglichkeiten (siehe Abbildung 4.11).

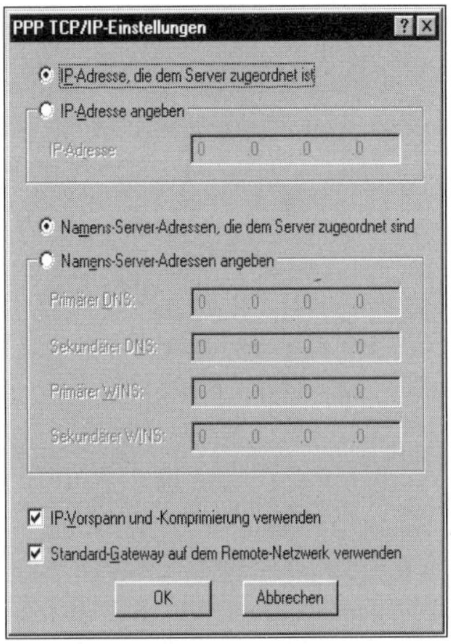

Abbildung 4.11:
TCP/IP-Einstellungen für die Einwahl

Sie erhalten dieses Dialogfeld, wenn Sie einen RAS-Telefonbucheintrag bearbeiten. öffnen Sie die Anwendung DFÜ-NETZWERK über das Symbol ARBEITSPLATZ, wählen Sie den Eintrag für Ihren ISP aus, klicken Sie auf MEHR und anschließend auf BEARBEITEN und MODEMEIGENSCHAFT. Klicken Sie anschließend auf SERVER und TCP/IP-EINSTELLUNGEN. Beachten Sie die Optionsfelder in der oberen Gruppe: IP-ADRESSE, DIE DEM SERVER ZUGEORDNET IST (dies ist die gebräuchlichere automatische Option) oder IP-ADRESSE ANGEBEN. Das Kontrollkästchen unten in diesem Dialogfeld, STANDARD-GATEWAY AUF DEM REMOTE NETZWERK VERWENDEN, ist standardmäßig ausgewählt, wie Sie in dem Beispielbildschirm sehen. Erfahrungsgemäß ist es sehr wichtig, daß Sie dieses Kontrollkästchen deaktivieren.

Die Art und Weise, wie Sie eine IP-Adresse erhalten, ist ebenfalls ein ISP-spezifisches Thema und ein weiterer Grund dafür, warum Sie sich zunächst bei Ihrem ISP anmelden sollten, bevor Sie weitergehen. Die Arbeitsweise der meisten ISPs, und auch die in unserem Beispiel verwendete Arbeitsweise, besteht darin, daß Sie Ihrer PPP-Software mitteilen, daß sie eine IP-Adresse vom ISP erwerben soll, und eine Terminalanmeldung fordern.

Das Rezept

Im Folgenden erfahren Sie die einzelnen Schritte, mit denen Sie eine NT-Workstation oder einen – Server in einen Router verwandeln, der das Netzwerk Ihrer Firma mit dem Internet verbindet. Wir bezeichnen diesen Computer als den Gateway-Rechner.

In diesem Beispiel soll das Netzwerk der Klasse C mit der Nummer 199.34.57.0 über den Internet Service Provider Digital Express oder, wie er in Kundenkreisen genannt wird:„Digex", mit dem Internet verbunden werden. Wir benötigen die Telefonnummer von Digex (in diesem Beispiel 301-555-1212), die Zugangsnummer (in diesem Beispiel xyzabc 123) und ein Kennwort (xyzzy).

Unser Gateway-Rechner arbeitet mit NT-Workstation 4 und verfügt über eine Ethernet-Karte und ein Modem mit 28,8 Kbps. Wenn Sie mit NT 3.51 arbeiten, ist dieser Vorgang bis auf eine Sache identisch: Sie müssen in diesem Falle zunächst den Multivendor Protocol Router (MPR) von Microsofts FTP-Site herunterladen.

1. Installieren Sie IP auf dem Gateway-Rechner mit einer statischen Adresse für die Netzwerkkarte. Versehen Sie diese IP-Adresse (in unserem Beispiel 199.34.57.1) mit einer Teilnetzmaske, die für Ihr Netzwerk sinnvoll ist (255.255.255.0 für Netzwerke der Klasse C).

2. Wenn Sie die IP-Adresse auf der Netzwerkkarte einstellen, lassen Sie das Feld STANDARD-GATEWAY-ADRESSE *leer*.

3. Installieren Sie das DFÜ-Netzwerk. Dazu verwenden Sie das Symbol DFÜ-NETZWERK im Ordner ARBEITSPLATZ. Wenn Sie dies zum ersten Mal tun, wird das DFÜ-Netzwerk automatisch installiert. Sie müssen dem Programm mitteilen, welche Art von Modem Sie haben und an welchem Anschluß es sich befindet. Konfigurieren Sie es nur für ausgehende Anrufe – wenn dieser Rechner Ihre ständige Verbindung zum Internet sein soll, werden Sie darauf keine Anrufe empfangen. Starten Sie das System neu, um die Installation des DFÜ-Netzwerks abzuschließen.

4. Suchen Sie in der Registrierung den Schlüssel `HKEY_Local_Machine\System\CurrentControlSet\Services\RasArp\Parameters`, und legen Sie einen neuen Werteintrag `DisableOtherSrcPackets` vom Typ DWORD an und setzen dessen Wert auf Null.

Sie müssen einen neuen Wert eintragen, da der Wert „DisableOtherScrPackets" standardmäßig nicht eingetragen wird.

Dies ist notwendig, da dieser Rechner ein Router sein soll. Dieser Befehl besagt: „Wenn Du ein IP-Paket weiterleitest, ändere die Ursprungs-IP-Adresse nicht." Andernfalls würde der Rechner B, wenn er ein Paket für Rechner A an Rechner C weiterleitet, den Absenderteil des IP-Pakets in die IP-Adresse von B ändern mit dem Ergebnis, daß C annimmt, daß die Nachricht von B stammt und nicht von A. Das wird verhindert, indem Sie diesen Registrierungseintrag auf Null setzen.

5. Starten Sie das DFÜ-Netzwerk. Es wird feststellen, daß keine Telefonbucheinträge vorhanden sind, und wird Sie zur Eingabe des ersten Eintrags auffordern. Dies sollen die Wählanweisungen für

Verwendung eines NT-Servers als Internet-Gateway

Ihren ISP sein. Wenn bereits Einträge für das DFÜ-Netzwerk vorhanden sind, klicken Sie einfach auf NEU, um einen weiteren Telefonbucheintrag anzulegen. Sie können dazu den Setup-Assistenten des DFÜ-Netzwerks benutzen oder die Werte direkt eingeben.

6. Geben Sie einen beschreibenden Namen und die Telefonnummer ein. Verwenden Sie für unser Beispiel den Namen Digex. Der Anfangsbildschirm ist in Abbildung 4.12 zu sehen.

Abbildung 4.12:
Das Register für die Einrichtung einer Internet-Verbindung

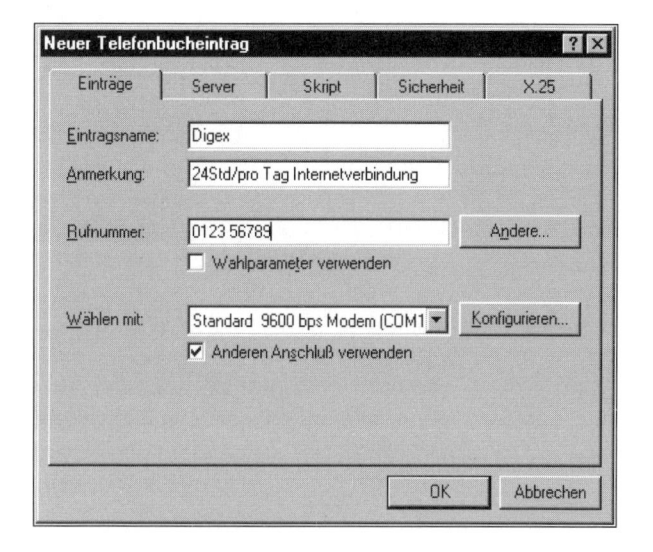

7. Als nächstes geben Sie an, daß Sie einen Terminalbildschirm benötigen, um den Benutzernamen und das Kennwort einzugeben, wenn Sie Ihr Netzwerk erneut mit dem Internet verbinden müssen. Klicken Sie auf SICHERHEIT, und wählen Sie BELIEBIGE ECHTHEITSBESTÄTIGUNG (EINSCHL. UNVERSCHLÜSSELTE) ANNEHMEN. Wählen Sie als nächstes SKRIPT und TERMINALFENSTER VERWENDEN. Als nächstes müssen Sie dem DFÜ-Netzwerk mitteilen, was es von dem ISP zu erwarten hat. Wählen Sie dazu SERVER, um den in Abbildung 4.13 dargestellten Bildschirm zu öffnen.

8. Teilen Sie dem Programm auf jeden Fall mit, daß Sie einen PPP- oder NT-Server anwählen, da dies sehr wahrscheinlich das ist, was Ihr ISP benutzt. PPP ist die gebräuchlichste Art der Einrichtung von UNIX-Servern, in die man sich einwählen kann. Es könnte auch sein, daß Ihr ISP statt dessen SLIP benutzt. In diesem Falle müßten Sie SLIP auswählen: INTERNET im Feld SERVER. Aktivieren Sie TCP/IP, da dies das Internet-Protokoll ist. Klicken Sie auf TCP/IP-EINSTELLUNGEN, um zu konfigurieren, ob die IP-Adresse vom ISP erworben werden soll oder fest eingegeben wird.

Abbildung 4.13:
Server-Register

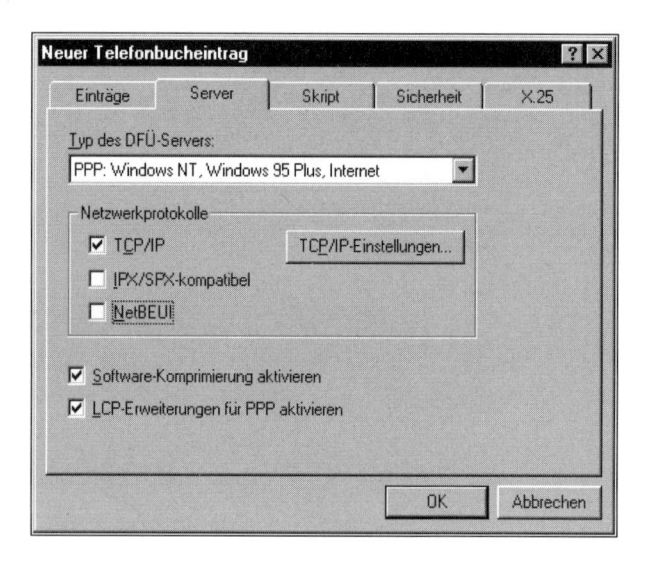

9. Für den ISP in unserem Beispiel wählen Sie IP ADRESSE, DIE DEM SERVER ZUGEWIESEN IST. Das kann bei Ihrem speziellen ISP anders sein, fragen Sie deshalb dort nach, wenn Sie Schwierigkeiten haben. Ob es besser ist, die Option IP-VORSPANN UND -KOMPRIMIERUNG VERWENDEN zu aktivieren oder nicht, müssen Sie selbst ausprobieren. Im allgemeinen sollte man die IP-Komprimierung für Verbindungen einschalten, die langsamer als 28,8Kbps sind. Bei einem schnelleren System schalten Sie die IP-Komprimierung aus. Um herauszufinden, was besser ist, laden Sie ein paar große Dateien von einer FTP-Site herunter, einmal mit und einmal ohne die Header-Komprimierung. Dabei können Sie feststellen, welche Einstellung besser ist.

10. Deaktivieren Sie das Kontrollkästchen STANDARD GATEWAY VERWENDEN im Dialogfeld TCP/IP-EINSTELLUNGEN.

11. Nun müssen Sie dafür sorgen, daß Ihr System IP-Pakete weiterleitet. öffnen Sie das Modul NETZWERK in der Systemsteuerung, wählen Sie PROTOKOLLE/TCP/IP/ROUTING und aktivieren Sie das Kontrollkästchen IP-FORWARDING AKTIVIEREN. Anschließend müssen Sie das System neu starten.

12. Wenn Sie NT 3.51 benutzen, kommt noch ein bißchen mehr Arbeit auf Sie zu. Auch in NT 3.51 gibt es das Kontrollkästchen IP-FORWARDING AKTIVIEREN, es ist aber abgeblendet, wenn nicht mindestens zwei Netzwerkkarten im Rechner installiert sind. Das stellt ein Problem dar, da NT nur eine Ethernet-Karte erkennt und deshalb die Routing-Option nicht zur Verfügung stellt. Dies macht zwar insoweit Sinn, als Sie mindestens zwei IP-Adressen zum Routing brauchen, es macht jedoch keinen Sinn, daß die IP-Adressen auf Netzwerkkarten sein müssen. NT sollte intelligent genug sein, das

Verwendung eines NT-Servers als Internet-Gateway

Routing zu aktivieren, wenn eine IP-Adresse eine Netzwerkkarte ist und die andere eine über RAS/PPP abgeleitete IP-Adresse. Das ist jedoch nicht der Fall. NT muß zwei Netzwerkkarten erkennen, bevor die Routing-Option aktiviert wird.

Oder vielleicht doch nicht? Es gibt einen kleinen Trick, mit dem Sie das Kontrollkästchen IP-FORWARDING AKTIVIEREN verfügbar machen können. Klicken Sie im Modul NETZWERK in der Systemsteuerung auf TCP/IP-PROTOKOLL/KONFIGURIEREN/ERWEITERT. Der Bildschirm ERWEITERTE TCP/IP-KONFIGURATION wird geöffnet. Sie können einer Netzwerkkarte mehr als eine IP-Adresse zuordnen. Darin besteht der Trick zum Einschalten von IP-Routing: Fügen Sie Ihrer Netzwerkkarte zum Schein eine weitere IP-Adresse hinzu. Dadurch wird das Kontrollkästchen IP-FORWARDING AKTIVIEREN verfügbar. Wählen Sie das Kontrollkästchen aus und entfernen Sie anschließend die IP-Scheinadresse. Dadurch wird das Kontrollkästchen zwar wieder abgeblendet, aber es bleibt ausgewählt! Als Benutzer von NT 4 brauchen Sie keine solche Scharade aufzuführen, um das Routing zu aktivieren.

13. Wenn Sie Ihr System neu gestartet haben, starten Sie das DFÜ-Netzwerk und wählen Ihren ISP an. Wenn der Terminalbildschirm geöffnet wird, geben Sie Ihren Benutzernamen und Ihr Kennwort ein. Wenn Sie eine Meldung erhalten, daß Ihre Sitzung gestartet wurde, klicken Sie auf FERTIG.

14. Finden Sie heraus, welche IP-Adresse Ihre DFÜ-Netzwerkverbindung benutzt. Geben Sie dazu IPCONFIG ein und suchen Sie die Zeile, die aussieht wie der Ethernet-Adapter NdisWan6: oder ähnliches. Die IP-Adresse darunter ist die IP-Adresse mit der Verbindung zu Außenwelt. Nehmen Sie für unseren Beispielcomputer an, daß diese Adresse 199.34.57.2 ist.

15. Ihr System muß nun wissen, wie es die Außenwelt findet. Öffnen Sie die Eingabeaufforderung, und geben Sie den Befehl ROUTE ADD 0.0.0.0 MASK 0.0.0.0 X.Y.Z.A METRIC 2 ein, wobei x.y.z.a die IP-Adresse ist, die Sie soeben für Ihre DFÜ-Netzwerkverbindung ermittelt haben. Für unser Beispiel müßten Sie eingeben: ROUTE ADD 0.0.0.0 MASK 0.0.0.0 199.34.57.2 METRIC 2. Wenn Sie ein RAS-Experte sind, werden Sie sich wahrscheinlich folgende Frage stellen: „Ich sollte USE DEFAULT GATEWAY ON REMOTE SYSTEM deaktivieren. Aber dieser Befehl macht nichts weiter, als automatisch die Zeile ‚route add 0.0.0.0 mask 0.0.0.0 199.34.57.2' in die Leitwegtabelle einzutragen. Warum also die zusätzliche Arbeit?" Die Antwort ist: Probieren Sie beides aus. Es ist unklar warum, aber eine DFÜ-Netzwerk-Box führt kein Routing aus, wenn STANDARD GATEWAY AUF DEM REMOTE-NETZWERK VERWENDEN aktiviert ist. Das Routing funktioniert dagegen, wenn Sie das Kontrollkästchen deaktivieren und den ROUTE ADD-Befehl manuell eingeben.

16. Sorgen Sie abschließend dafür, daß alle PCs in Ihrem Teilnetz auf die statische IP-Adresse verweisen, die mit der Netzwerkkarte verbunden ist, nicht auf die RAS-Verbindung. In unserem Beispiel verweisen alle Rechner auf das Standard-Gateway 199.34.57.1.

Die Rechner in Ihrem Teilnetz sollten nun eine Verbindung zur Außenwelt haben.

Wenn es nicht funktioniert...

Da eine ganze Reihe von Schritten erforderlich sind, kann es durchaus möglich sein, daß Sie Ihr Gateway zunächst nicht zum Laufen bringen. Deshalb sollen hier einige Maßnahmen zur Fehlerbehebung vorgestellt werden. Die Erfahrung hat immer wieder gezeigt, daß Anwender, bei denen das Gateway nicht funktionierte, einen oder zwei Schritte ausgelassen haben, wodurch die frustrierende Situation hervorgerufen wurde. Gehen Sie einfach Schritt für Schritt vor: Sorgen Sie zunächst dafür, daß der Gateway-Rechner mit dem lokalen Netzwerk kommuniziert, dann für die Verbindung zum Internet und schließlich für korrektes Routing. Wenn Sie so vorgehen, können Sie innerhalb kürzester Zeit im Internet surfen.

1. Sie benötigen offizielle InterNIC-Adressen. Es reicht nicht, eine beglaubigte Adresse für das Gateway zu haben, und dann willkürlich Adressen für Ihr lokales Netzwerk zu erfinden. Alle Rechner in Ihrem Netzwerk müssen eine IP-Adresse haben, die Sie von Ihrem ISP oder dem InterNIC erhalten haben.

2. Stellen Sie sicher, daß der ISP bereit ist, Ihre neuen Adressen weiterzuleiten. Wenn seine Router nicht darauf vorbereitet sind, Ihre Pakete anzunehmen, laufen diese Pakete ins nichts.

3. Laden Sie IP in Ihrem lokalen Netzwerk und stellen Sie sicher, daß es korrekt funktioniert. Überprüfen Sie, ob jeder Rechner jeden anderen erreichen kann. Dann wissen Sie, daß der erste Teil perfekt funktioniert.

4. Wenn Sie NT 3.51 benutzen, laden Sie das Service Pack 4 und den Multivendor Protocol Router (MPR) herunter. Beide befinden sich auf den Web- und FTP-Sites von Microsoft. Installieren Sie diese Module auf dem Gateway-Rechner.

5. Konfigurieren Sie den NT-Rechner zum Anwählen Ihres ISP. Sie werden ein wenig mit den TCP/IP-Parametereinstellungen in RAS experimentieren müssen, je nachdem, wie Ihr ISP das Einwählen regelt: Muß eine IP-Adresse voreingestellt werden? Muß die Header-Komprimierung benutzt werden? Wie lautet die DNS-Adresse?

Verwendung eines NT-Servers als Internet-Gateway

Wenn das Gateway Orte in der Außenwelt erreichen kann, eine FTP-Verbindung zu einem auswärtigen Site herstellen und auf eine externe Web-Site zugreifen kann, sind alle Parameter korrekt eingestellt. Versuchen Sie an diesem Punkt noch nicht, Ihr lokales Netzwerk vom Gateway aus anzusteuern.

6. Nehmen Sie die für RAS erforderlichen Änderungen an der Registrierung vor. Wahrscheinlich werden Sie sich nur um die bereits erwähnte Einstellung für `DisableOtherSrcPackets` kümmern müssen, aber es gibt zwei weitere, die Sie kennen sollten:

    - Die Registrierungseinstellung zum Einschalten des IP-Routing befindet sich in `HKEY_LOCAL_MACHINE\System\CurrentControlSet\Services\TCP/IP\Parameters` und hat den Namen `IPEnableRouter`. Sie ist vom Typ `REG_DWORD` und sollte auf 1 eingestellt sein, um IP-Routing zu aktivieren.

    - Manchmal müssen Sie auch den Wert eines anderen Registrierungsparameters mit dem Namen `PriorityBasedOnSubNet` ändern. Dieser befindet sich in `HKEY_LOCAL_MACHINE\System\Current.`

    `ControlSet\Services\RasMan\IPCP` und ist vom Typ REG_DWORD. Sein Wert ist entweder 1 oder 0. Der Eintrag regelt folgendes: Da Ihr Gateway einen statischen Leitweg zur Außenwelt – route add 0.0.0.0 – und einen statischen Leitweg zu Ihrem lokalen Teilnetz hat, könnte das zu Verwirrungen auf dem Gateway-Rechner führen. Es könnte Verwirrung darüber bestehen, ob der Rechner Pakete für Ihr lokales Teilnetz über den Leitweg 0.0.0.0 (d.h. über das Modem an das Internet) senden soll oder die Ethernet-Verbindung zum lokalen Teilnetz verwenden soll. Dieses Thema wurde bereits weiter oben angesprochen, und es wurde festgestellt, daß der IP-Stack auf dem Gateway die speziellste Route benutzen wird. Das ist nicht ganz richtig. In der Tat denkt der NT-Gateway-Rechner, daß er zwei Leitwege zum lokalen Teilnetz hat, und er wird auch in der Regel den spezielleren davon wählen. Wenn RAS jedoch `PriorityBasedOnSubnet` auf Null setzt, dann läßt NT seine normalerweise gute Urteilskraft außer Acht und sendet Datenverkehr, der für das lokale Teilnetz bestimmt ist, über das Modem. Ergebnis: Die Daten kommen niemals im lokalen Teilnetz an. Dieses Problem läßt sich folgendermaßen lösen: Wenn die PCs in Ihrem lokalen Teilnetz zunächst den Gateway-Rechner problemlos erreichen können, jedoch nicht mehr, sobald das Gateway sich ins Internet eingewählt hat, ändern Sie den Wert von `PriorityBasedOnSubnet` auf 1.

7. Vergessen Sie nicht, den Befehl IPCONFIG auszuführen, um die IP-Adresse zu ermitteln, die Ihnen vom ISP zugewiesen wurde. Fügen Sie anschließend den statischen Leitweg zum Internet hinzu.

> *Stellen Sie sicher, daß die PCs im lokalen Teilnetz alle auf den Gateway-PC als ihr Standard-Gateway verweisen. Nun sollten alle Ihre Systeme im Internet sein.*

Interne und externe Routing-Protokolle

In der Internet-Welt gibt es zwei verschiedene Formen von Routing. RIP oder die statischen Leitwegtabellen Ihres Netzwerks leiten IP-Pakete innerhalb der Intranet-Domäne Ihrer Firma, und die Router Ihres Internet Service Provider benutzen eine andere Art von Routing. Ihre Router leiten Daten im wesentlichen von einer Seite Ihrer Firma zur anderen, während die Router Ihres ISP Daten vom Netzwerk einer Firma zum Netzwerk einer anderen Firma weiterleiten. Im Laufe der Jahre haben sich diese Routing-Prozesse zu zwei Kategorien von Routern entwikkelt: *interne Router* wie RIP oder OSPF und *externe* Router.

Externe Router leiten von der „Grenze" einer Internet-Domäne zur „Grenze" einer anderen, weshalb sie gelegentlich auch Exterior Border Protocols oder EBPs genannt werden. Das wohl am weitesten verbreitete ist das Exterior Gateway Protocol oder EGP.

Wo ist so etwas zu finden? Angenommen, Sie wenden sich an das NIC und besorgen sich ein weiteres Netzwerk der Klasse C mit der Netzwerknummer 223.150.100.0. Dieses wird mit Hilfe unserer NT-Rechner als RIP-Router zum Netzwerk 199.34.57.0 hinzugefügt, und die beiden Netzwerke kommunizieren eifrig miteinander.

Dann versuchen Sie, von 223.150.100.0 aus die Außenwelt zu erreichen, und nichts passiert. Warum? Weil das Netzwerk 199.34.57.0 nur deshalb das Netzwerk 223.150.100.0 kennt, weil RIP es darüber informiert hat. Um jedoch die Außenwelt zu erreichen, bedarf es der Mitwisserschaft des Internet Service Provider, und dieser hört nicht auf unsere RIP-Router. Wenn der Router in unserem System sich mit dem ISP über EGP verständigen würde, wäre vielleicht alles in Ordnung. Aber möglicherweise kennt Ihr ISP EGP nicht einmal; vielleicht verwendet er nur statische Leitwege zwischen den Kundennetzwerken. NT unterstützt EGP nicht.

Sie befinden sich nun in einem Intranet der traditionellen Art. Microsoft bietet für diese Einrichtung zwei mögliche Optionen: Das Dynamic Host Configuration Protocol (DHCP) und den Windows Internet Naming Service (WINS).

Einrichtung von TCP/IP unter NT mit festen IP-Adressen

Doch nun genug geredet über Intranets; schreiten wir zur Tat und zwar mit NT.

Traditionell war es eine der lästigen Aufgaben eines IP-Administrators, jeder Maschine eine separate IP-Nummer zuordnen zu müssen. Sie können diesen Ansatz der Zuweisung fester IP-Adressen übernehmen, und es gibt einige gute Gründe, die dafür sprechen, denn diese Möglichkeit ist mit mehr TCP/IP-Programmen und -Systemen kompatibel. Es ist jedoch auch möglich, die IP-Adressen vom Server mit Hilfe des gerade erwähnten DHCP-Systems zuordnen zu lassen.

Einige unserer Leser werden Ihr Intranet mit festen IP-Adressen einrichten, andere werden dynamische Adressen benutzen, jeder wird jedoch statische IP-Adressen für mindestens einen PC benutzen. Deshalb soll zunächst erläutert werden, wie TCP/IP mit ausschließlich festen Adressen eingerichtet wird. Anschließend wenden wir uns der dynamischen Adressierung zu.

Die grundlegenden Schritte zur Einrichtung von TCP/IP auf einem NT-System sind folgende:

1. Laden Sie das TCP/IP-Protokoll.
2. Stellen Sie die IP-Adresse und das Teilnetz, den Standard-Gateway und den DNS-Server ein.
3. Legen Sie die Datei HOSTS an, sofern Sie sie benutzen möchten.
4. Testen Sie die Verbindung mit Pings.

Schauen wir uns nun diese Schritte im einzelnen an.

Installation der TCP/IP-Software mit statischen IP-Adressen

Sofern Sie das TCP/IP-Protokoll nicht bereits bei der Installation von NT installiert haben, öffnen Sie die Systemsteuerung und wählen Sie das Modul NETZWERK. Das in Abbildung 4.14 dargestellte Dialogfeld wird geöffnet.

Abbildung 4.14:
Systemsteuerung zur Einrichtung von Netzwerk-Software

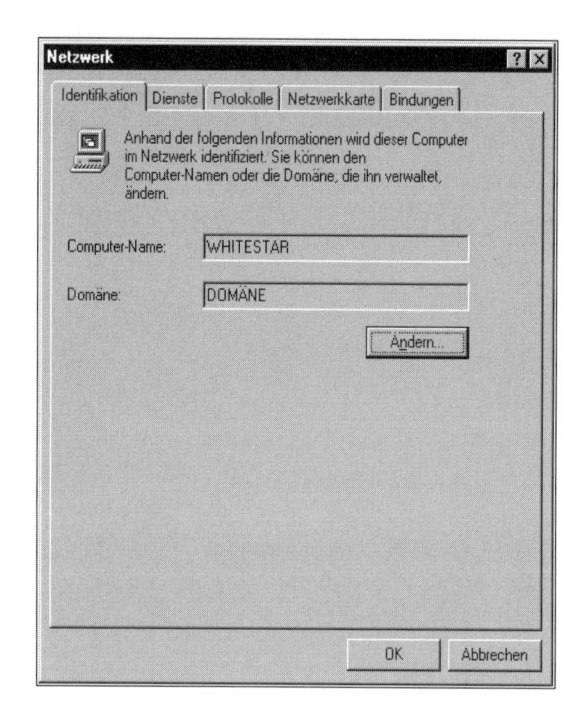

Klicken Sie auf die Registerkarte PROTOKOLLE, und Sie werden den Bildschirm in Abbildung 4.15 sehen.

Abbildung 4.15:
Register PROTOKOLLE

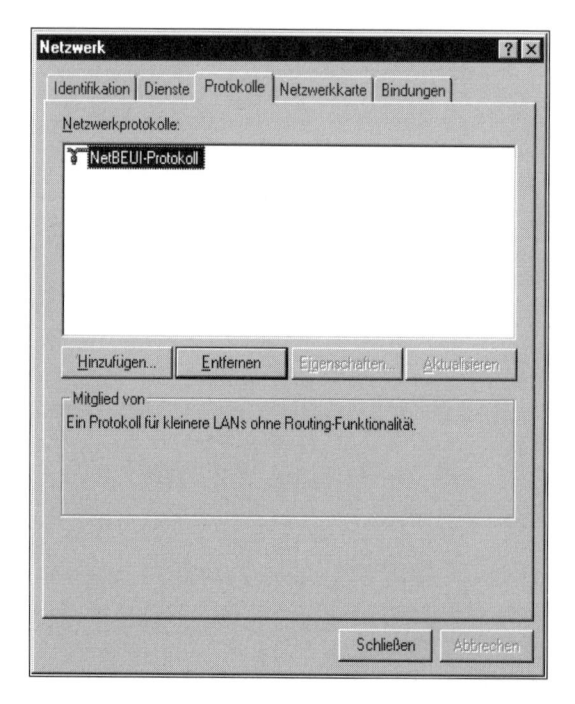

Einrichtung von TCP/IP unter NT mit festen IP-Adressen

Klicken Sie auf HINZUFÜGEN, um eine Liste von Protokollen, die hinzugefügt werden können, zu öffnen. Wählen Sie TCP/IP (siehe Abbildung 4.16).

Abbildung 4.16: TCP/IP-Protokoll hinzufügen

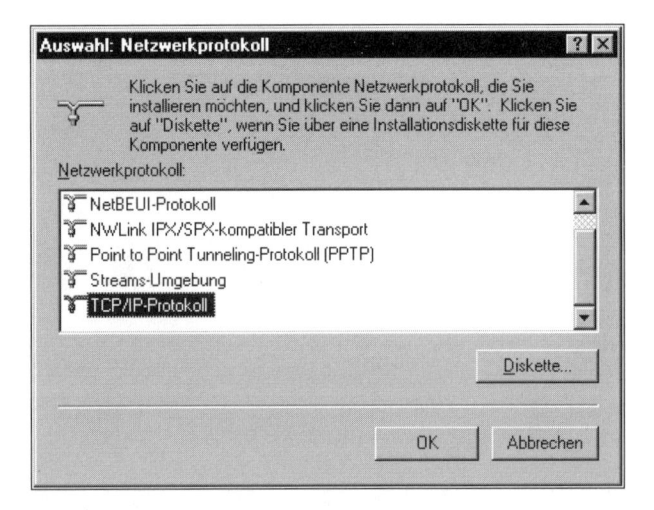

Klicken Sie auf OK. Das Einrichtungsprogramm bietet Ihnen nun die Möglichkeit, den bequemen Weg zu wählen, und das TCP/IP-Protokoll automatisch vom System unter Verwendung von DHCP einrichten zu lassen, was an späterer Stelle in diesem Buch behandelt wird. Das Dialogfeld ist in Abbildung 4.17 dargestellt.

Abbildung 4.17: DHCP wird nicht verwendet

Klicken Sie auf NEIN. NT fordert Sie nun auf, den Standpunkt der Installationsdateien anzugeben; geben Sie die entsprechenden Informationen ein. NT installiert nun eine Reihe von Dateien, und das Fenster PROTOKOLLE enthält nun den Eintrag TCP/IP. Dies muß konfiguriert werden. Klicken Sie auf SCHLIEßEN und NT erneuert die Bindungen aller Protokolle, Karten und Dienste und zeigt schließlich das TCP/IP-Eigenschaftenfenster für die Konfiguration an (siehe Abbildung 4.18).

Abbildung 4.18:
TCP/IP-
Konfiguration

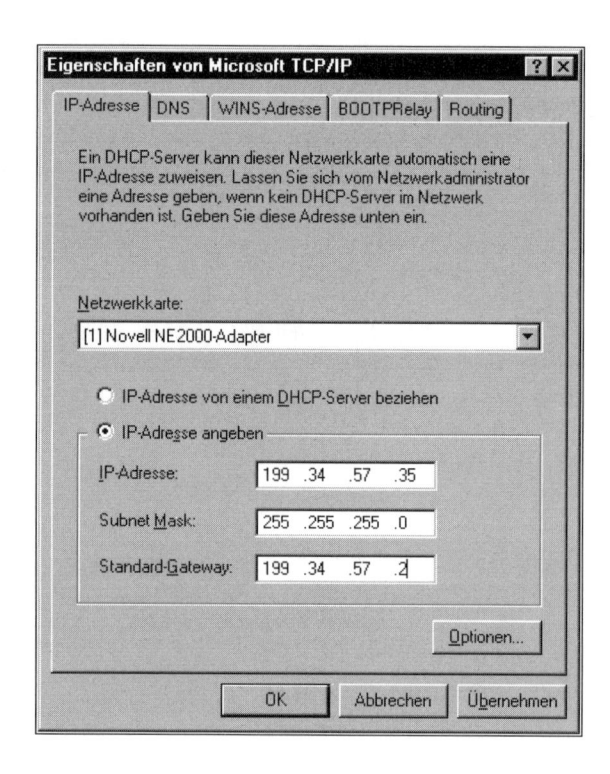

Die Abbildung enthält bereits Eintragungen für die grundlegenden Werte – IP-Adresse, Teilnetzmaske und Standard-Gateway.

Zunächst tragen Sie Ihre IP-Adresse in das Feld IP-ADRESSE ein. Unter Verwendung des ersten Quad Ihrer Adresse vermutet NT eine Teilnetzmaske auf der Basis Ihrer Netzwerkklasse – 255.0.0.0 für Klasse A, 255.255.0.0 für Klasse B und 255.255.255.0 für Klasse C. Wie bereits in der Diskussion über Teilnetze weiter oben in diesem Kapitel angedeutet, müssen Sie, wenn Ihr Netzwerk innerhalb seiner Internet-Domäne in Teilnetze eingeteilt ist, die Teilnetzmaske ändern.

Als nächstes müssen Sie die IP-Adresse Ihres Standard-Gateways angeben, des Rechners in Ihrem Ethernet-Segment, der über einen Router, eine SLIP- oder eine PPP-Verbindung mit der Außenwelt verbunden ist. Abbildung 4.19 veranschaulicht ein Beispiel für eine Intranet-Verbindung.

Angenommen, Sie konfigurieren den Rechner in der oberen linken Ecke des Diagramms. Sie geben seine IP-Adresse in das oben erwähnte Dialogfeld ein: 199.34.57.35. Wenn Ihr Netzwerk der Klasse C – da das erste Quad 199 ist, muß es sich um ein Netzwerk der Klasse C handeln – nicht weiter in Teilnetze aufgeteilt ist, ist die Teilnetzmaske 255.255.255.0 und das Standard-Gateway wäre der Rechner mit der SLIP-Verbindung zum Internet, so daß Sie 199.34.57.2 als Adresse des Standard-Gateway angeben.

Einrichtung von TCP/IP unter NT mit festen IP-Adressen

Abbildung 4.19:
Ein Beispiel für eine Verbindung zum Internet

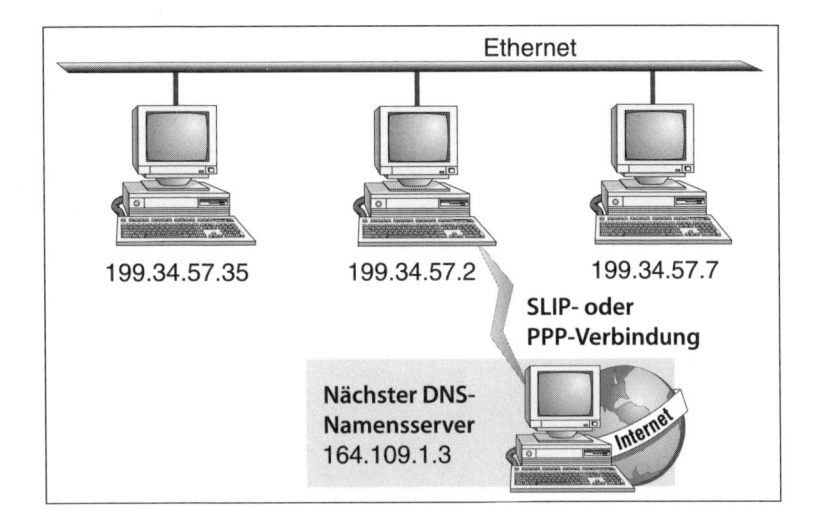

Der DNS-Server befindet sich bei 164.109.1.3. Bislang hatten Sie noch keine Gelegenheit, diese Informationen in die TCP/IP-Einrichtung zu integrieren, das wird jedoch bald der Fall sein.

Klicken Sie als nächstes auf die Registerkarte DNS. Das in Abbildung 4.20 dargestellte Dialogfeld wird geöffnet.

Abbildung 4.20:
DNS-Konfiguration

Wichtig sind in diesem Bildschirm der Host-Name, der TCP-Domänen-Name, die Namensauflösung und die Suchreihenfolge des DNS-Dienstes. Die entsprechenden Eintragungen sind in der Abbildung bereits vorgenommen worden.

Die TCP-Domäne ist der Name der Domäne Ihrer Firma, z.B. exxon.com, oder wenn Ihre Forma unterhalb der Domänenebene eine weitere Einteilung vorgenommen hat, vielleicht refining.exxon.com. Der Host-Name ist der Name Ihres Computers, z.B. Marks Computer, Printserver oder ähnliches.

WARNUNG

Verwenden Sie keine Unterstriche im Namen, da Microsoft TCP/IP dann nicht mehr funktioniert.

Als nächstes teilen Sie NT mit, wo ein DNS-Server zu finden ist. Sie können eine HOSTS-Datei benutzen, einen DNS-Namensserver oder eine Kombination aus beiden. Wenn Sie einen oder mehrere DNS-Namensserver verwenden, müssen Sie NT jedoch mitteilen, wo der nächste DNS-Namensserver ist. Sie können einen, zwei oder drei DNS-Server und die Reihenfolge, in der sie durchsucht werden sollen, im Feld SUCHREIHENFOLGE DES DNS-DIENSTES eingeben. Im allgemeinen geben Sie nur einen oder zwei DNS-Namensserver an, einen primären und einen sekundären, der benutzt wird, falls der primäre Namensserver nicht verfügbar ist.

Wenn Sie in diesem Fenster die gewünschten Eintragungen vorgenommen haben, müssen Sie als nächstes das Namensauflösungssystem konfigurieren, das innerhalb Ihres Firmennetzwerks benutzt werden soll, ein System mit Namen Windows Internet Naming Service oder WINS. Klicken Sie auf die Registerkarte WINS, um das in Abbildung 4.21 dargestellte Dialogfeld zu öffnen.

WINS wird später in diesem Buch noch ausführlich behandelt, an dieser Stelle reicht es zu wissen, daß Sie einen oder zwei NT-Server haben, die als Namensauflöser oder WINS-Server dienen. In diesem Dialogfeld können Sie die Namen eines primären und eines sekundären WINS-Servers eintragen.

Das Internet verwendet DNS zur Konvertierung von Netzwerknamen in Netzwerkadressen, wie Sie in Kapitel 9 nachlesen können, und nun heißt es, daß außerdem etwas anderes mit Namen WINS benutzt wird, um scheinbar dasselbe zu tun. Was geht hier vor? Tatsächlich sollte es eigentlich gar nicht nötig sein, WINS einzurichten; NT und Microsoft-Firmennetzwerke im allgemeinen sollten DNS für die gesamte Namensauflösung verwenden, doch das ist nicht der Fall. Der Grund dafür ist, daß Microsoft wollte, daß die Netzwerkmodule von NT ebenso arbeiten wie das bereits vorhandene LAN-Manager-System, und LAN-Manager benutzt ein Namenssystem, das auf seinem NetBIOS-API basiert.

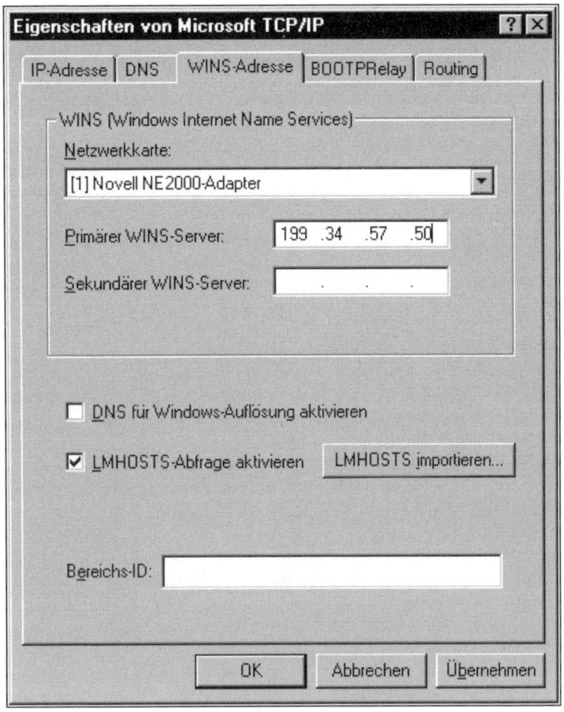

Einrichtung von TCP/IP unter NT mit festen IP-Adressen

Abbildung 4.21:
Konfiguration eines WINS-Client

[Screenshot: Eigenschaften von Microsoft TCP/IP – Registerkarte WINS-Adresse. Netzwerkkarte: [1] Novell NE2000-Adapter. Primärer WINS-Server: 199.34.57.50. Sekundärer WINS-Server: leer. LMHOSTS-Abfrage aktivieren ist angehakt.]

Der NetBIOS-Name eines Computers ist der Name, den Sie Ihrem Computer bei der Installation gegeben haben. Wenn Sie NET VIEW\\AJAX eingeben, muß irgend etwas \\AJAX in eine IP-Adresse auflösen – eine Auflösung von NetBIOS zu IP. Und das macht WINS. Im Gegensatz dazu würde der Rest des Internet annehmen, daß ein Rechner Namens „ajax" einen längeren Namen hat, z.B. ajax.acme.com. Wenn auf ajax ein Web-Server vorhanden wäre, müßte jemand außerhalb der Firma seinen Web-Browser an http://ajax.acme.com verweisen, und eine Software müßte ajax.acme.com in eine IP-Adresse auflösen. Diese Software ist die Socket- oder WinSock-Schnittstelle, und diese benutzt für die Namensauflösung nicht WINS, sondern DNS. Kurz, Programme, die für die Verwendung von NetBIOS geschrieben wurden, benutzen WINS für die Namensauflösung und Programme, die für die Verwendung von WinSock geschrieben wurden, benutzen DNS für die Namensauflösung.

Der Gedanke liegt nahe, daß man DNS und WINS integrieren sollte, und das wird auch geschehen – jedoch nicht vor der nächsten Version von NT. Fürs erste müssen wir mit zwei verschiedenen Namensauflösungen leben. (Weiter unten in diesem Buch gibt es noch mehr zum Thema WINS im Vergleich zu DNS, doch dies soll als kurzer Überblick genügen.)

Es gibt im Dialogfeld WINS ein Kontrollkästchen DNS FÜR WINDOWS-AUFLÖSUNG AKTIVIEREN. Die beiden vorausgegangenen Abschnitte dienen der Erläuterung dieses Kontrollkästchens. Wie Sie gesehen haben, benutzen Anwendungen auf WinSock-Basis DNS für die Namensauflösung, und NetBIOS-Anwendungen benutzen WINS. Wenn aber eine Anwendung auf NetBIOS-Basis einen Namen nicht mit WINS auflösen kann, meldet WINS, daß es diesen Computer nicht kennt. Wenn Sie dieses Kontrollkästchen aktivieren, teilen Sie Ihrem Rechner mit: „Wenn die Namensauflösung mit WINS fehlschlägt, soll NetBIOS sich an DNS halten, um die Namen aufzulösen." Dadurch können einige Operationen auf Ihrem System recht langsam werden. Betrachten wir einmal, was passiert, wenn Sie versehentlich eine Operation auf einem nicht vorhandenen Server auszuführen versuchen. Angenommen Sie geben ein: NET VIEW\\BIGSERVER, obwohl der eigentliche Name \\bigserve ist. WINS kommt mit einer Fehlermeldung zurück, und wenn Sie dieses Kontrollkästchen aktiviert haben, verschwendet Ihr System noch mehr Zeit, indem es auch noch DNS für die Namensauflösung einsetzt. Andererseits haben einige Installationen Server mit NetBIOS-Namen und verwenden TCP/IP, nehmen jedoch nicht an der WINS-Namensauflösung teil. Beispiel: Ein alter LAN-Manager/UNIX-(LM/X) Server hat einen NetBIOS-Namen, kann den Namen jedoch nicht bei WINS registrieren, da seine Software vor der Einführung von WINS geschrieben wurde. DNS dagegen findet den Server. Wenn Sie also ältere Netzwerkprodukte von Microsoft haben, die mit dem TCP/IP-Protokoll arbeiten, empfiehlt es sich, das Kontrollkästchen DNS FÜR WINDOWS-AUFLÖSUNG AKTIVIEREN auszuwählen.

Wenn Sie die LMHOSTS-Datei brauchen, müssen Sie LMHOSTS aktivieren; LMHOSTS ist eine statische ASCII-Datei wie HOST. Während HOSTS bei der WinSock-Namensauflösung assistiert, wird LMHOSTS für die NetBIOS-Namensauflösung benutzt. LMHOSTS wird weiter unten in diesem Buch näher behandelt. Die NetBIOS-Bereichs-ID sollte für die meisten Netzwerke leer bleiben. Wenn Ihr Netzwerk in NetBIOS-Bereiche eingeteilt wurde, fragen Sie denjenigen, der die Einteilung vorgenommen hat, nach den Bereichsnamen. Andernfalls sollten Sie hier nichts eintragen.

Klicken Sie auf OK, um zum Dialogfeld PROTOKOLLE zurückzukehren, und klicken Sie anschließend auf SCHLIEßEN, um das Modul NETZWERK zu schließen. Sie müssen das System neu starten, damit die Änderungen wirksam werden.

Um beginnen zu können, müssen Sie die HOSTS-Datei anlegen; diese wird im Ordner winnt\system32\drivers\etc gespeichert. Die Datei wird jedesmal neu gelesen, wenn ein Name aufgelöst werden muß, so daß bei einer Änderung des Dateiinhalts kein Systemneustart erforderlich ist.

Testen der TCP/IP-Installation

Ihre TCP/IP-Software sollte nun betriebsbereit sein, was im Folgenden getestet werden soll.

TCP/IP verfügt über ein nettes kleines Hilfsmittel, mit dem Sie herausfinden können, ob Ihre TCP/IP-Software läuft und eine Verbindung zu einer Gegenstelle besteht – Ping.

Ping ist ein Programm, mit dem Sie eine kurze Nachricht an einen anderen TCP/IP-Knoten senden können, um zu fragen „Bist Du da?". Ist das der Fall, antwortet die Gegenstelle mit Ja und Ping gibt diese Information an Sie zurück. Ein Beispiel für Ping sehen Sie in Abbildung 4.22.

Abbildung 4.22: Ergebnis eines Ping

```
D:\>ping microsoft.com

Pinging microsoft.com [198.105.232.4] with 32 bytes of data:

Reply from 198.105.232.4: bytes=32 time=100ms TTL=50
Request timed out.
Reply from 198.105.232.4: bytes=32 time=100ms TTL=50
Reply from 198.105.232.4: bytes=32 time=100ms TTL=50

D:\>_
```

In dieser Abbildung wurde ein Ping an Microsoft oder vielmehr das Netzwerk, das Microsoft der Außenwelt preisgibt, gesendet. Der Ping war erfolgreich, doch Sie sollten bei Ihrem ersten Test nicht unbedingt Microsoft wählen. Verwenden Sie statt dessen das Ping-Programm, um nach und nach zunächst Ihre IP-Software, dann Ihre Verbindung zum Netzwerk, Ihre Namensauflösung und schließlich Ihr Gateway zum restlichen Intranet zu testen.

Überprüfung der TCP/IP-Einrichtung

Prüfen Sie zunächst, ob die IP-Software richtig installiert ist, indem Sie einen Ping an die eingebaute IP-Testschleifenadresse senden. Geben Sie PING **127.0.0.1** ein, und wenn dieser Befehl fehlschlägt, wissen Sie, daß bei der Installation ein Fehler gemacht wurde, so daß Sie die auf Ihrem System installierte Software noch einmal überprüfen können. Hierbei werden keine Nachrichten in das Netzwerk gesendet, sondern es wird lediglich überprüft, ob die Software korrekt installiert ist. Dasselbe passiert übrigens, wenn Sie einen Ping an Ihre eigene IP-Adresse senden. Auf dem für unser Beispiel eingerichteten Rechner bewirkt der oben angegebene Ping-Befehl dasselbe wie ein Ping an 199.34.57.35.

Wenn bei diesem Ping ein Fehler auftritt, ist Ihr TCP/IP-Stack wahrscheinlich nicht korrekt installiert, oder Sie haben die IP-Nummer falsch eingegeben (falls der Fehler bei Ihrer speziellen IP-Adresse, jedoch nicht bei der Testschleife auftritt), oder Sie haben einer anderen Workstation dieselbe IP-Nummer gegeben.

Senden Sie einen Ping an Ihr Gateway, um festzustellen, ob Sie das Gateway, das in Ihrem Teilnetz sein sollte, erreichen können. In unserem Beispiel befindet sich das Gateway bei 199.34.57.2. Geben Sie also **PING 199.34.57.2** ein, um das Gateway zu überprüfen.

Wenn Sie das Gateway nicht erreichen können, prüfen Sie, ob das Gateway eingeschaltet ist und Ihre Netzwerkverbindung in Ordnung ist. Nichts ist peinlicher, als einen externen Netzwerk-Support anzurufen, nur um festzustellen, daß das Netzwerkkabel sich aus dem Computeranschluß gelöst hat.

Senden Sie auch einen Ping auf die andere Seite Ihres Gateway, z. B. an einen externen DNS-Server. Wenn Sie nicht dorthin gelangen können, arbeitet Ihr Gateway wahrscheinlich nicht korrekt.

Testen Sie als nächstes die Namensauflösung in Ihrem System. Senden Sie einen Ping an sich selbst, und benutzen Sie dabei den Namen. Anstelle von **PING 199.34.57.35** würde Mark **PING NEC.MMCO.COM** (der Rechner, an dem er sich derzeit befindet) eingeben. Dadurch werden HOSTS und/oder DNS getestet.

Senden Sie nun einen Ping an einen anderen Teilnehmer in Ihrem Teilnetz. Verwenden Sie wiederum einen DNS-Namen, z. B. mizar.ursa-major.edu, anstelle einer IP-Adresse. Sollte es mit dem Namen nicht funktionieren, verwenden Sie die IP-Adresse. Wenn Sie damit erfolgreich sind, sollten Sie noch einmal die HOSTS-Datei oder DNS überprüfen.

Senden Sie zum Abschluß einen Ping an einen Teilnehmer außerhalb Ihrer Domäne, z. B. house.gov (das US-Repräsentantenhaus) oder mmco.com. Wenn das nicht funktioniert, aber alle Pings innerhalb Ihres Netzwerks erfolgreich waren, liegt das Problem wahrscheinlich auf Seiten Ihres Internet Providers.

Wenn alle Tests erfolgreich durchgeführt wurden, sollte alles richtig eingerichtet sein.

Nach Ihrem erfolgreichen TCP/IP-Test sollten Sie sich den folgenden Abschnitt anschauen, da Microsoft einen neuen Multiprotokoll-Router herausgebracht hat, der unter NT-Server 4 arbeitet.

Microsoft Steelhead

In der nordwestlichen Pazifikregion Amerikas schwimmen einige Regenbogenforellen aus den Flüssen in offene Gewässer – große Seen und sogar Salzwasser. An diesem Punkt werden sie in Stahlkopfforellen (Steelhead) umbenannt oder, für die Lateinfreunde, *Oncorhybchus Mykiss*. Sie sind immer noch sehr schmackhaft, aber sehr schwierig zu fangen und auch zu essen – es sei denn, man betrachtet es als Bereicherung des Mahls, wenn man ständig irgendwelche Gräten im Hals stecken hat!

Microsofts Routing und Remote Access Service (RRAS) ist eine neue Sammlung von Routing- und Internetzwerkfähigkeiten für Windows NT-Server 4. Es ermöglicht Multiprotokoll-Routing über lokale und Wide-Area-Netzwerke und ist die neueste Version der Multiprotokoll-Routing (MPR)-Software für Windows NT-Server. Vor seiner Veröffentlichung im Juni 1997 hatte das Produkt den Codenamen Steelhead – ein passender Name, denn es hat wirklich einiges mit dem gleichnamigen Fisch gemeinsam. Zum einen hat sich die MPR-Software von einem sehr grundlegenden Routing-System fortbewegt, das Microsoft niemals für Hochleistungsanwendungen vorgesehen hat, – ein System, das eher für die kleineren Nebenflüsse und Bäche der meisten Intranets geeignet war – zu einer Routing-Leistung, die (wie Microsoft behauptet) ausreichend ist, um die Aufgabe dedizierter Router zu erfüllen.

RRAS erleichtert aber nicht nur die vorhandenen NT-Routing-Aufgaben, sondern fügt auch neue Fähigkeiten wie die folgenden hinzu:

- Ein vollständiger Satz von Protokollen für IP- und IPX-Routing (einschließlich OSPF und RIP Version 2 für IP)
- Eine intuitive, fernsteuerungsfähige grafische Benutzeroberfläche und eine Befehlszeilenoberfläche mit Skriptfähigkeiten
- Eine erweiterbare Plattform mit APIs für zusätzliche Routing-Protokolle anderer Hersteller mit einer Benutzeroberfläche und Verwaltungsfunktionen
- Unterstützung für Routing auf Anforderung über Wählleitungen
- Sicheres Virtual Private Networking mit Unterstützung des Point-to-Point Tunneling Protocol von Server zu Server
- Router-Leistung der Mittelklasse zu einem sehr niedrigen Preis

Zusammengenommen stellen alle diese Funktionen eine Möglichkeit für Unternehmen dar, Routing- und Virtual Private Network (VPN)-Lösungen zu implementieren. Steelhead ermöglicht z.B. die Nutzung des Internet für sichere VPN-Verbindungen zwischen einer Firmenzentrale und deren Zweigstellen.

Steelhead bietet WAN-Konnektivität, Routing von LAN zu LAN innerhalb eines Gebäudes und andere Routing-Funktionen. Es bietet außerdem eine effiziente Bandbreitennutzung und Fähigkeiten zur Paketfilterung. Steelhead kann leicht in die vorhandene Router-Infrastruktur einer Organisation integriert werden. Außerdem kombiniert Steelhead den Remote Access Service zu einem neuen einheitlicheren RAS/Routing-Service auf dem Server unter Windows NT.

Steelhead arbeitet mit handelsüblichen LAN- und WAN-Karten, enthält aber andererseits auch APIs, mit deren Hilfe andere Hersteller zusätzliche Routing-Protokolle und Verwaltungsfähigkeiten hinzufügen können. Steelhead versetzt auch intelligente LAN- oder WAN-Karten mit mehreren Anschlüssen in die Lage, bestimmte Routing-Funktionen auf der Karte selbst zu unterstützen. Dadurch braucht die Server-CPU nicht mehr unterbrochen zu werden, um Leitwegentscheidungen zu treffen. Das Ergebnis ist eine um das drei bis fünffache beschleunigte Paketweiterleitungsrate, die erwarten läßt, daß mehr als 100.000 Pakete pro Sekunde weitergeleitet werden können.

Dies ist eine gute Nachricht für EDV-Leiter in kleinen und mittleren Organisationen, die von der besseren Erschwinglichkeit und den zusätzlichen Auswahlmöglichkeiten beim Aufbau und bei der Verwaltung der Internetzwerk-Infrastrukturen profitieren. Microsofts Ziel ist es jedoch, die Router der Cisco 7000-Serie durch ihre neue MPR-Software ersetzen zu können.

Verwaltung

Steelhead bietet eine umfassende, intuitive grafische Benutzeroberfläche, die eine Reihe von Überwachungs- und Administrationsfunktionen für alle Router, LAN- oder WAN-Schnittstellen und Paketfilterungsfunktionen zur Verfügung stellt. Steelhead verfügt ebenfalls über eine Befehlszeilenoberfläche.

RASR

Die Dateikopierfunktion RAS Restartable nimmt nach dem Verlust einer RAS-Verbindung die Dateiübertragung automatisch wieder auf, sobald die Verbindung wieder hergestellt wurde. Jedem, der schon einmal auf Gedeih und Verderb einem Modem ausgeliefert war, wird eine schmerzliche Erfahrung im Gedächtnis behalten haben: Eine fast abgeschlossene langwierige Dateiübertragung wird abgebrochen, da die Remote-Verbindung vorzeitig deaktiviert wurde, bevor die Übertragung beendet war. Bei der Restartable-Dateiübertragung wird der Status der Übertragung festgehalten und bei Wiederaufnahme der Verbindung an dem Punkt fortgesetzt, an dem die Übertragung unterbrochen wurde. Wenn Sie auf ein Symbol doppelklicken, um eine Datei zu öffnen, diese Datei aber nur über eine Wählverbindung zugänglich ist, wird das DFÜ-Netzwerk automatisch den Anruf starten.

PPTP

Steelhead unterstützt ebenfalls das Point-to-Point Tunneling vom Client zum Server und von Server zu Server. Das Point-to-Point Tunneling Protocol (PPTP) ermöglicht die Nutzung öffentlicher Datennetzwerke, z.B. des Internet, um ein virtuelles privates Netzwerk (Virtual Private Network) zu schaffen, das ferne Computer mit Servern verbindet. PPTP bietet Protokollverkapselung, um verschiedene Protokolle wie IP, IPX und NetBEUI über TCP/IP-Verbindungen zu unterstützen, und verfügt außerdem über Datenverschlüsselungsfunktionen, die das Senden von Daten über nicht gesicherte Netzwerke sicherer machen. Diese Technologie erweitert die Kapazität von RAS, um Remote Access und die sichere Ausdehnung privater Nerzwerke über das Internet zu ermöglichen. Ohne daß die Client-Software geändert werden muß.

IP/IPX-Paketfilterung

Steelhead verfügt über verschiedene Paketfilterungsfunktionen für ein- und ausgehenden Datenverkehr. Diese Funktionen bieten ein großes Maß an Netzwerksicherheit. Folgende Filteroptionen stehen zur Verfügung:

- TCP-Anschluß
- UDP-Anschluß
- IP-Protokoll-ID
- ICMP-Typ
- ICMP-Code
- Ursprungsadresse
- Zieladresse

Steelhead unterstützt ebenfalls ein ähnliches Maß an Paketfilterung für IPX-Pakete. Folgende Optionen stehen zur Verfügung:

- Ursprungsadresse
- Ursprungsknoten

- Ursprungs-Socket
- Zieladresse
- Zielknoten
- Ziel-Socket
- Pakettyp

Sicherheit

Da der Microsoft Proxy-Server IP/IPX-Pakete nicht filtern kann, kann Steelhead zusammen mit dem Microsoft Proxy-Server eingesetzt werden, um ein höheres Maß an Netzwerksicherheit und Leistung zu erzielen. Der Microsoft Proxy-Server reduziert auch die Netzwerkkosten und den Bandbreitenbedarf, indem er häufig besuchte Internet- oder Intranet-Sites in einem Cash speichert. Weitere Informationen über den Microsoft Proxy-Server finden Sie in Kapitel 16.

Der Test

Da zum Zeitpunkt der Drucklegung nur die Beta-Software von Steelhead verfügbar war, die Microsoft als RRAS herausgebracht hat, konnten wir nur diese testen. Dabei wurde ein grundlegendes Szenarium benutzt, das von Microsoft in der Dokumentation zu Steelhead als Heimbüro-LAN bezeichnet wird.

Angenommen, Sie haben ein kleines Unternehmen (oder einen kleinen Teil eines großen Unternehmens) und möchten Ihr lokales LAN über eine Wählverbindung mit dem Internet verbinden. Natürlich können Sie das mit NT machen, aber Sie müssen zugeben, daß das ein wenig mühselig ist. Steelhead macht es dem NT-Server leichter, als LAN/WAN-Internet-Router zu dienen. Die Lösung ist nicht perfekt, aber auf jeden Fall eine Verbesserung.

Ausgangspunkt ist ein Netzwerk der Klasse C oder ein CIDR-Block von Adressen von unserem ISP. Um einen Router mit NT einzurichten, waren folgende Dinge nötig:

- Ein Rechner mit mindestens 32 MByte Arbeitsspeicher
- NT-Server 4
- Service Pack 2 (SP2)
- Steelhead Beta 2
- Ein Modem

- ISDN oder eine andere RAS-fähige Verbindung
- Eine Netzwerkkarte

Andere PCs in unserem lokalen Netzwerk haben Netzwerkkarten, und diese mußten mit IP-Adressen aus dem Block unseres ISP konfiguriert werden.

Zunächst einmal wurden alle PCs im LAN mit diesen IP-Adressen versehen. Dieser Schritt ist sehr wichtig: Jeder Rechner muß eine separate Internet-Adresse haben. Sie dürfen keine Adressen erfinden und keine Adressen benutzen, die nicht leitwegfähig sind. (Wir erhalten Zuschriften vieler Leute, die Hilfe bei der Einrichtung ihrer Router suchen, und überraschend oft stellt sich heraus, daß das Problem darin besteht, daß sie einfach irgendwelche IP-Adressen erfunden haben.)

Als nächstes wurde die Netzwerkkarte im Router-PC installiert und mit einer von ISP bereitgestellten Adresse versehen. Der Router-PC erhält letztlich zwei IP-Adressen, eine für die Netzwerkkarte und eine andere für die RAS-Verbindung zum ISP. Auf dem Router-Rechner wurde eine neue Kopie von NT-Server 4 von der Programm-CD installiert, jedoch ohne RAS, da Steelhead vor der Installation RAS entfernt. Als Standard-Gateway aller PCs wurde die IP-Adresse der Netzwerkkarte des Router-PCs angegeben. Dann wurde überprüft, ob alle PCs im LAN sich gegenseitig mit Ping erreichen konnten. Anschließend konnten wir davon ausgehen, daß das LAN einwandfrei arbeitet.

Dann wurde SP2 auf dem Router-PC installiert. SP2 wurde verwendet, da SP3 nicht mit Steelhead und unserer Wählverbindungskonfiguration arbeitete. (Microsoft hat dieses Problem in der endgültigen Version behoben und RRAS erfordert nun SP3.) Anschließend wurde Steelhead installiert. Es wurde als eine .exe-Datei geliefert, die mehrere andere Dateien gepackt enthielt, die nach dem auspacken mit dem Befehl MPRSETUP <VERZEICHNIS> installiert wurden, wobei <Verzeichnis> das Verzeichnis ist, in dem sich diese Dateien befinden. Das Setup-Programm bietet verschiedene Optionen, um Steelhead die Handhabung von Netzwerkverbindungen, Routing und Wählverbindungen zu überlassen. Diese Optionen wurden sämtlich ausgewählt und das System neu gestartet.

Als nächstes erfolgte die Anmeldung auf dem Server. Anschließend starteten wir das DFÜ-Netzwerk und probierten aus, wie die Verbindung zu unserem ISP hergestellt wurde. Über Routing haben wir uns an diesem Punkt noch keine Gedanken gemacht; der NT-Server sollte lediglich den ISP anwählen und eine Point-to-Point Protokoll-(PPP) Verbindung herstellen, so daß wir Pings senden konnten und den Internet-Explorer usw. auf dem NT-Server starten konnten. Bis die PPP-Verbindung mit dem ISP funktionierte, waren einige Experimente mit den IP-Parametern erforderlich. Das war eine etwas mühselige Sache, da einige der vom ISP empfohlenen Einstellungen für RAS und DFÜ-Netzwerk einfach falsch waren. Wenn die technische Unterstützung Ihres

ISP so wie die der meisten ISPs ist – d.h. nicht sonderlich hilfreich –, stellen Sie sich darauf ein, daß Sie ein paar Mahlzeiten verpassen werden, während Sie mit den Parametern für das DFÜ-Netzwerk beschäftigt sind. Wenn Sie eine Dauerverbindung wie etwa ein Frame Relay Access Device (FRAD) benutzen, kümmern Sie sich um technische Unterstützung für dieses Gerät. Entscheiden Sie sich in einem solchen Falle erst zum Kauf des FRAD, wenn Sie sowohl mit Ihrem ISP als auch mit dem FRAD-Hersteller gesprochen haben, um sicherzustellen, daß jemand in der Lage ist, Ihnen bei der Einrichtung behilflich zu sein.

Auch bei der Automatisierung des Wählvorgangs müssen Sie ein wenig experimentieren. Beim normalen DFÜ-Netzwerk können Sie NT anweisen, ein Terminalfenster zu öffnen, in das Sie Ihren Benutzernamen und Ihr Kennwort eingeben können. Das ist bei RRAS nicht möglich. Ihr ISP muß Password Authentication Protocol (PAP) oder Challenge Handshake Authentication Protocol (CHAP) unterstützen, oder Sie müssen ein Anmeldungsskript schreiben. Nun geht es darum, dieses Verfahren fehlerfrei zu machen, bevor Sie sich um das Routing kümmern. In unserem Falle unterstütze unser ISP PAP, so daß die Benutzeridentifikation kein Problem war.

Wenn Sie alle ISP-Konfigurationsinformationen zusammengetragen haben, halten Sie sie schriftlich fest, und bewahren Sie die Informationen sicher auf. Jetzt können Sie sich ans Routing machen.

Wenn Sie schon einmal versucht haben, einen NT-Server als LAN- und WAN-IP-Router einzusetzen, wissen Sie, daß normalerweise an diesem Punkt eine Reihe von Registrierungsänderungen und ein Systemneustart erforderlich sind. Bei RRAS ist diese Phase jedoch sehr viel einfacher.

RRAS verfügt über ein Verwaltungswerkzeug, den Routing- und RAS-Administrator; Sie finden dieses Programm in der Gruppe VERWALTUNG. Folgende gebräuchliche Verwaltungsaufgaben können im Routing and RAS Administrator ausgeführt werden:

- Hinzufügen einer Schnittstelle zum Wählen auf Anforderung
- Vergabe von Wählverbindungsberechtigungen für RAS-Clients
- Hinzufügen eines Routing-Protokolls
- Hinzufügen von Schnittstellen für ein Protokoll
- Löschen von Schnittstellen eines Protokolls
- Verwaltung von RAS-Servern

Bis zu diesem Punkt wußte Steelhead noch nichts über das Modem, so daß die WAN-Verbindung aufgebaut werden mußte. Wenn man mit der rechten Maustaste auf die Ethernet-Schnittstelle klickt, kann man die Option ADD INTERFACE erreichen. Dadurch wird der Demand Dial Interface Wizard gestartet, der dem Assistenten für das Erstellen neuer Telefonbucheinträge sehr ähnlich ist. Nach ein paar Mausklicks gelangt man zu einem Bildschirm, der Steelhead mitteilt, daß wir dieses Modem als IP-Router für Wählverbindungen benutzen. Die nächsten Bildschirme sind ähnlich wie beim Anlegen eines neuen Telefonbucheintrags. Im letzten Bildschirm können Filter eingestellt werden.

Vor dem Routing ist noch ein letzter Schritt erforderlich. Der Router weiß, daß eine Ethernet-Schnittstelle und eine Schnittstelle für Anforderungswahl zur Verfügung stehen, er weiß jedoch nichts über die letztgenannte Schnittstelle – z.B. welche IP-Adressen der Router über diese Wählverbindungsschnittstelle erreichen kann. RRAS benötigt einen statischen Leitweg, um zum Internet zu gelangen. Um einen solchen statischen Leitweg hinzuzufügen, klickt man auf das Pluszeichen neben IP-ROUTING und klickt mit der rechten Maustaste auf die Zeile STATIC ROUTES. Daraufhin können Sie die Option ADD STATIC ROUTE auswählen, die ein Dialogfeld öffnet.

Dort müssen die Werte eingetragen werden: Die ersten beiden sind trivial, da diese Verbindung ein Gateway zum Internet sein soll und die Netzwerkadresse des Internet 0.0.0.0 und die Teilnetzmaske 0.0.0.0 ist. Außerdem muß eine Gateway-Adresse eingetragen werden, nämlich die, die Ihnen beim Einwählen vom ISP zugewiesen wird. Ihr Router muß dieselbe IP-Adresse wie die Gateway-Adresse zum Einwählen haben. Wenn Sie von Ihrem ISP einen CIDR-Block oder ein Netzwerk der Klasse C erhalten, stellen Sie sicher, daß der ISP immer dieselbe Adresse zuweist, wenn Sie sich einwählen. Als Entfernungszahl (metric) wurde 2 eingegeben, da unsere Verbindung den Router als Zwischenstation benutzt, um zum Internet zu gelangen. Wenn Sie den Entfernungswert auf 1 setzen, ist unter Umständen das Routing innerhalb Ihres lokalen Netzwerks nicht mehr möglich.

Als nächstes mußte die Anforderungswählverbindung aktiviert werden. Dazu wurde von einem PC unseres Netzwerks aus ein Ping an einen Standort im Internet, z.B. www.microsoft.com gesendet. Über das Ethernet erhielt unser als Router fungierender NT-Server die Aufforderung zum Einwählen, was auch ausgeführt wurde. Nun waren wir live im Netz mit einem NT-Server als Router. Die Einrichtung der Verbindung dauert ein paar Minuten, so daß möglicherweise die ersten paar Pings fehlschlagen. Normalerweise setzen wir einen hohen Timeout, z.B.: `ping www.microsoft.com -w 10000`

Ein guter Fang?

Abgesehen von den beiden bereits erwähnten Fallstricken – die Schnittstelle für die Anforderungswahl muß immer dieselbe IP-Adresse haben, und Sie müssen entweder PAP/CHAP oder ein Anmeldungsskript verwenden – wie arbeitet der Rest von RRAS? Für die von uns getestete Anwendung geben wir Steelhead die Note „C", da es manchmal doch eher stümperhaft gearbeitet hat. Die Modemverbindung brach gelegentlich ohne offensichtlichen Grund mitten in der Datenübertragung ab. Der Fehler lag entweder bei Steelhead, unserem ISP oder möglicherweise bei Leitungsstörungen. Zu anderen Zeiten blieb die Verbindung bestehen, aber der Steelhead-Router antwortete nicht auf externe Pings. Der Router war gelegentlich intelligent genug, die Verbindung neu aufzubauen – aber nicht immer. Manchmal fiel Steelhead einfach aus der Leitung, und die Verbindung war nicht mehr vorhanden. Das Off-hook-Signal am Modem stand auf „aus", aber der Routing- und RAS-Administrator zeigte die Verbindung als aktiv an. Bei anderen Gelegenheiten mußten wir die Verbindung manuell beenden und zurücksetzen, bevor Pakete korrekt weitergeleitet wurden.

Alles in allem ist Steelhead nicht so, wie wir es uns wünschen würden, es stellt jedoch eine große Verbesserung gegenüber der Bearbeitung von Registrierungsparametern dar. Außerdem wird unsere frühere Methode, NT als LAN/WAN-Router einzusetzen, vom technischen Support von Microsoft als nicht ganz koscher angesehen, was bedeutet, daß Sie auf dem Trockenen sitzen, wenn die Sache nicht funktioniert. Einen solchen Mangel an Unterstützung wird es bei RRAS wohl nicht geben.

Wir würden uns den Einbau eines Durchsatzmessers in das Dienstprogramm wünschen, doch diese Statistiken können Sie auch mit Hilfe der RAS-Datenquellen im Systemmonitor beobachten. Die Benutzeroberfläche ist ein wenig umständlich. Wir mußten beispielsweise ziemlich herumfummeln, um die IP-Routing-Tabelle von der grafischen Benutzeroberfläche aus zu drucken oder in eine Datei zu übertragen, obwohl der gewohnte Weg über den Befehl ROUTE PRINT nach wie vor einwandfrei funktionierte. Und, was für die Fans der guten alten Befehlszeile die beste Nachricht ist, Sie können von der Befehlszeile aus mit Hilfe von Routemon alles tun, was Sie auch über die grafische Benutzeroberfläche ausführen können.

Um festzustellen, ob das Problem beim Router oder beim ISP lag, haben wir die Verbindung des C-Netzwerks zum ISP mit einem dedizierten Router, dem Micro-Router 900i (MR900i) von Compatible Systems, neu implementiert. Der MR900i ist zu einem vernünftigen Preis erhältlich (im Discount schon für 850 US-Dollar) und verfügt über eine Ethernet-Verbindung und einen seriellen Anschluß – ein ordentlicher Basis-Router für LAN/WAN-Verbindungen. Er unterstützt kein OSPF und keine Anschlußfilterung (Dies trifft zumindest auf das Gerät zu, das wir haben; laut Web-Site von Compatible Systems verfügen spätere Modelle über diese Fähigkeiten), aber Sie können mehrere Compatible-Router über ein mitgeliefertes Windows-Programm von einer einzigen Stelle aus verwalten. Der Neuaufbau des Netzwerks mit dem Compatible-Router war problemlos, und die PCs im Netzwerk konnten ohne Schwierigkeiten sowohl für große als auch für kleine Aufgaben auf das Internet zugreifen. Dieses Ergebnis legt nahe, daß die Instabilität in der Steelhead-Software zu suchen ist.

Weitere Leistungen

Wenn Ihnen die Sicherheit in Ihrem Intranet am Herzen liegt, ist RRAS in der Tat ein guter Fang. Virtual Private Network (VPNs) stellen eine Möglichkeit der Sicherheit im Internet dar. Sie ermöglichen Ihnen, das Internet wie ein großes privates LAN zu nutzen. PPTP ist der Trick dahinter, aber um die PPTP-Sicherheitsfunktionen bestmöglich zu nutzen, muß der Router-Rechner auch der PPTP-Server sein. Die größere Leistungsfähigkeit von RRAS bedeutet, daß Sie einen NT-Rechner als LAN/WAN-Router auch für eine T1-Verbindung benutzen können und dieser Rechner auch als PPTP-Server dienen kann.

Wenn Sie Ihr Netzwerk gegenüber dem Internet öffnen möchten, es aber vor Leuten schützen möchten, die NetBIOS über TCP (NBT) benutzen, um in Ihr Netzwerk einzudringen, können Sie die TCP- und UGP-Anschlüsse 135 bis 139 herausfiltern. Klicken Sie unter IP-ROUTING/ZUSAMMENFASSUNG mit der rechten Maustaste auf die WAN-Verbindung und wählen Sie IP KONFIGURATION, um ein Dialogfeld zu öffnen, in dem Sie bestimmte Anschlüsse von bestimmten Standorten herausfiltern können. Mit einer so präzisen Kontrollmöglichkeit können Sie z.B. den Anschluß 25 einer bestimmten IP-Adresse herausfiltern, und diese Adresse daran hindern, Internet-Mail an Mail-Server innerhalb Ihres Netzwerks zu senden.

Wenn das Netzwerk größer wird, kann die Verwaltung aller Rechner unter NT-Server, die als Router fungieren, zu Fuß sehr mühselig sein. Mit dem Routing- und RAS-Administrator können Sie jedoch jeden Steelhead-Router von einer zentralen Stelle aus steuern. Große Netzwerke können mit der geschwätzigen Natur des Routing Information Protocol (RIP) nicht umgehen, so daß Sie die Unterstützung von RRAS für das OSPF-Protokoll begrüßen werden. Sowohl RPI als auch OSPF sind dynamische Routing-Algorithmen, die die Leitwege durch ihr Netzwerk selbst erkennen und keine statischen Leitwege erfordern.

Testen Sie selbst

RRAS treibt die Routing-Fähigkeiten von NT ein ganzes Stück voran. Zunächst einmal läuft es schneller als die eingebaute IP-Routing-Software und ist möglicherweise gut genug, um einige dedizierte Router zu ersetzen. Zweitens erleichtert die zentrale Verwaltung die Handhabung von RRAS. Drittens ist es ein bedeutender Schritt, die LAN/WAN-Routing-Fähigkeiten von NT aus dem Kämmerlein hervorzuholen und sie zu offiziell unterstützten Hilfsmitteln zu machen – nicht nur für Internet-Benutzer, sondern auch für ISPs, die von einem Netzwerk auf UNIX-Basis auf ein NT-Netzwerk umstellen möchten. Nimmt man die PPTP- und Paketfilterungsfähigkeiten hinzu, ist RRAS ein wirklich überzeugendes Programm.

Nachdem Sie nun eine Menge über das Routing mit NT-TCP/IP erfahren haben, beschäftigt sich unser nächstes Kapitel mit Host-Namen und deren Auflösung in Microsoft NT.

Host-Namen und deren Auflösung

KAPITEL 5

Die meisten Leute haben mehr als Mühe, sich an eine Reihe von 32-Bit-Binärzahlen zu erinnern. Die IP-Adresse wird meistens in vier 8-Bit-Zahlen dargestellt, aber auch dann ist die Erinnerung an eine Kette kryptischer Zahlensequenzen bestenfalls eine lästige Aufgabe. TCP/IP ermöglicht den sprachorientierten Menschen statt dessen, Host-Namen für ihre Rechner zu verwenden. Obwohl TCP/IP-Hosts eine IP-Adresse benötigen, um miteinander zu kommunizieren, können Hosts mit handfesten Host-Namen zur einfacheren Bezugnahme gekennzeichnet werden.

Definition von Host-Namen

Ein Host-Name ist ein zugewiesenes Kennzeichen, das ALIAS genannt wird und dazu verwendet wird, einen speziellen TCP/IP-Host in logischerer Weise zu bezeichnen. Dieser ALIAS kann eine beliebige Zeichenkette von maximal 256 Zeichen praktisch beliebigen Typs umfassen. Ein einzelner Host kann viele Host-Namen haben, die mit dem NetBIOS-Namen übereinstimmen oder sich von diesem unterscheiden können. Das wird in Kapitel 6 ausführlich beschrieben. Diese Aliase ermöglichen es, ein Gerät nach dem Namen, der Funktion oder irgendetwas anderem zu bezeichnen, das für den Anwender einen guten Erkennungswert besitzt.

Host-Namen ähneln den NetBIOS-Namen dahingehend, daß ihre Funktion gleich ist. Ein Host-Name „Hal" kann als IP-Adresse 160.1.92.26 aufgelöst werden. Wie bereits beschrieben wurde, können IP-Adressen in eine Hardware-Adresse aufgelöst werden, die das Gerät genau identifizieren. Dasselbe gilt für NetBIOS. Es muß angemerkt werden, daß UNIX-Geräte, wie auch einige andere, NetBIOS-Namen nicht verwenden können. Mit Hilfe von TCP/IP-Dienstprogrammen, um einen UNIX-Host zu bezeichnen, kann über die IP-Adresse auf den Host zugegriffen werden. UNIX hatte immer seine Basis auf TCP/IP, und TCP/IP war speziell so konzipiert, daß es den Bedürfnissen dieses Systems entsprach. Microsoft allerdings hat seine Betriebssysteme umgekehrt so angepaßt, daß sie sehr erfolgreich mit TCP/IP arbeiten können. Die NetBIOS-Namen, die von Microsoft verwendet werden, dienen dazu, auf der Grundlage verschiedener Protokolle zu arbeiten, die verschiedenen Namenskonventionen unterliegen, sowohl für den Anwender als auch für die programmorientierte Kommunikation.

Für einen Rechner auf UNIX-Basis kann auf die Namensfunktion sowohl bei der Benutzer- als auch bei der Programmkommunikation auf alles verwiesen werden, was dem entspricht, was der Rechner zu sehen gewohnt ist. Ein UNIX-Dienstprogramm wie FTP zum Beispiel ermöglicht den Kontakt mit einem Host mit Hilfe von dessen Host-

Namen, Domänennamen oder IP-Adresse. Um dies zu belegen, stellen Sie sich vor, Sie wären im Internet an einer Arbeitsstation unter UNIX. Wenn Sie Dateien von dem FTP-Rechner von Microsoft laden wollen, könnten Sie die Verbindung zu ftp.microsoft.com öffnen oder darauf zugreifen, indem Sie die IP-Adresse eingeben.

Die Hierarchie der Host-Namen

TCP/IP bietet komplette Unterstützung von Host-Namen, die in einer hierarchischen Struktur aufgebaut ist. Jeder Host gehört zu einer Domäne, und jede Domäne wird in Domänentypen klassifiziert. microsoft.com ist eine kommerzielle Organisation, wobei das „com" für „commercial" steht (vgl. Abbildung 5.1).

Abbildung 5.1: Hierarchie der Host-Namen

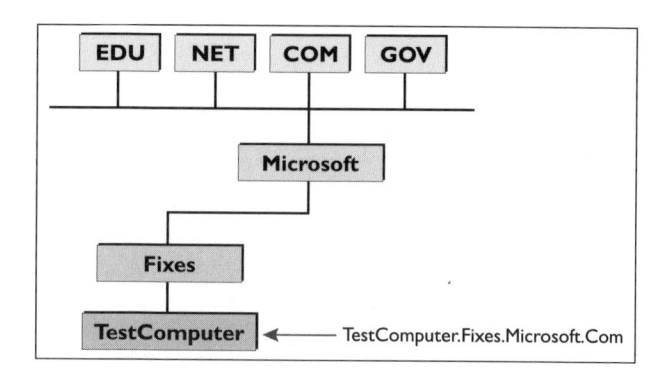

Abbildung 5.2: Internet Top-Level Domänennamen

Domänenbezeichnung	Bedeutung
com	Kommerzielle Organisation
edu	Bildungseinrichtung
gov	Regierungseinrichtung
mil	Militärische Organisation
net	Bedeutende Netzwerkeinrichtung
org	Andere Organisationen
int	Internationale Organisation

Sie können sofort an der Erweiterung, die dem Firmennamen folgt, erkennen, mit welchem Gruppentyp Sie es zu tun haben. Die Tabelle in Abbildung 5.2 listet einige gebräuchliche Typen von Organisationen mit dem jeweiligen Suffix auf, auf den Sie auch stoßen können, wenn Sie mit TCP/IP das Internet erkunden.

Es gibt auch Domänennamen für Länder. Hier einige Beispiele:

- de   Deutschland
- it   Italien

- nz   Neuseeland
- us   USA

Das Format für einen Host-Namen mit einem Domänennamen ist:

`HostName.DomänenName`

Ihr Computer wendet sich an einen Domain Name System-Server, um die Namen, die in der Hierarchie aufgelistet sind, aufzulösen. Domänennamen benötigen einen DNS, einen Computerdienst, wie UNIX, der einen server daemon erfordert. Das ist ein Programm unter UNIX, das im Hintergrund läuft, wie ein TSR unter DOS. Ein DNS stellt eine zentrale Online-Datenbank zur Verfügung, um Domänennamen in die entsprechenden IP-Adressen aufzulösen. Die Basisnamen wie „Microsoft" in microsoft.com sind beim Stanford Research Institute Network Information Center oder SRI International/SRI NIC registriert, damit sie im Internet eindeutig bleiben.

Domänennamen

Obwohl IP-Adressen nützlich sind, da sie präzise und handfest für die Bildung von Subnetzen sind, ist es schwer, sich diese zu merken, und die meisten Menschen können sich besser an Begriffe als an Zahlenkolonnen erinnern. Aus diesem Grund erlaubt TCP/IP, ein oder mehrere TCP/IP-Netzwerke in Gruppen einzuordnen, die Domänen genannt werden. Diese Gruppen haben einen gemeinsamen Namen wie microsoft.com, senate.gov, army.mil oder mit.edu. Domänennamen sind beschreibende Kategorien, die von der Verwaltung des Internets angelegt wurden, um den eigentlichen Typ von Organisation zu kennzeichnen.

Namen von Subdomänen

Domänen können weiter unterteilt werden in Subdomänen. Diese sind willkürliche Namen, die von einem Netzwerkadministrator vergeben werden, um eine Domäne weiter zu differenzieren. Diese kann man sich als Spitznamen für Netzwerke vorstellen. Das Format eines Host-Namens mit Subdomänen- und Domänennamen ist:

`HostName.SubdomänenName.DomainName`

Sowohl Domänen- als auch Subdomänennamen sind zusätzliche Beschreibungen für einen Rechner. Im Folgenden sind einige Beispiele aufgeführt:

- ftp.microsoft.com
- nic.ddn.mil
- internic.net

Es gibt drei Arten, mit denen Host-Namen in eine IP-Adresse aufgelöst werden können:

- HOSTS-Tabellen
- Domain Name System (DNS)
- Network Information Services (NIS)

Der folgende Abschnitt erläutert die Technik, wie Host-Namen auf ihre entsprechende Adresse übertragen werden können, und erklärt auch, wie TCP/IP die Namen aus der Sprache – die HOST-NAMEN – mit den IP-Adressen verknüpft. Wie ist es nur möglich, daß man an einem PC sitzt und die erforderlichen Informationen erhält, um einen anderen Host mit Namen archie.au auf der anderen Seite der Erde in Australien zu finden?

Ganz einfach, mit HOSTS, DNS, NIS und weiter unten in diesem Buch, mit WINS. Der Prozeß der Umwandlung eines Namen in eine entsprechende IP-Adresse nennt man NAMENSAUFLÖSUNG. Wie dieser Prozeß funktioniert, wird im Folgenden beschrieben.

Das Auflösen von Host-Namen

Bevor ARP (Address Resolution Protocol) verwendet werden kann, um eine IP-Adresse in eine Hardware-Adresse umzuwandeln, muß zunächst ein Host-Name in eine IP-Adresse umgewandelt werden. Die Methoden der Auflösung von Namen ähneln den Umwandlungsprozessen in NetBIOS, wie in Kapitel 6 beschrieben wird. Microsoft TCP/IP kann sechs Methoden verwenden, um Host-Namen aufzulösen. Die ersten drei Methoden WINS, Local Broadcast und die Datei LMHOSTS werden weiter unten in diesem Buch in aller Breite beschrieben. Der Local Host Name, DNS und die Datei HOSTS sind die übrigen drei. In diesem Kapitel geht es besonders um die letzten beiden, die Methoden über DNS und über die Datei HOSTS, wie sie in der UNIX-Welt angewandt werden. Danach wird auch die Übertragung in die Microsoft-Umgebung beschrieben. Die Methoden, die Windows NT verwendet, um Host-Namen aufzulösen, sind konfigurierbar.

Die Standardauflösung

- **Local Host Name**: Der Name des lokal konfigurierten Geräts, wie es mit dem Zielhost verbunden ist. Es wird typischerweise für Testschleifen- oder rekursive Verbindungen benutzt.

- **Datei HOSTS**: Eine Tabelle, die in einer lokalen Datei gespeichert ist, und dazu benutzt wird, Host-Namen in IP-Adressen umzuwandeln. Dieses entspricht der Host-Datei unter UNIX nach der Berkeley Software Distribution Version 4.3. Diese Datei wird meist mit den TCP/IP-Dienstprogrammen FTP, TELNET, PING usw. benutzt, um Host-Namen aufzulösen. Dadurch kann ein Rechner mit einem ALIAS adressiert werden und in vielen Fällen auf vielen Computern auf verschiedenen Plattformen für die Auflösung von Hosts eingesetzt werden.

- **Domain Name System (DNS)**: Ein Eckpfeiler in der UNIX-Welt. Dieses System findet man auf Systemen, auf denen der DNS Service Daemon läuft. Der Dienst wird meist genutzt, um Host-Namen in IP-Adressen umzuwandeln. Diese Datei kann man sich als Hostdatei im Netzwerk vorstellen.

Spezielle Auflösung

- **Local Broadcast**: Eine Meldung, die im lokalen Netzwerk gemacht wird, mit der eine IP-Adresse für das System angefordert wird, die dem speziellen NetBIOS- oder Host-Namen zugewiesen ist. Diese Meldung wird häufig als B-Node Broadcast bezeichnet.

- **Windows Internet Name Service**: Im allgemeinen als WINS implementiert. Diese Art von Namensauflösungsdienst entspricht der RFC 1001/1002 und liefert die Auflösung von NetBIOS- oder Host-Namen von einem laufenden Server.

- **Datei LMHOSTS**: Eine Tabelle, die in einer lokalen Datei gespeichert ist und zur Umwandlung von NetBIOS- und Host-Namen in IP-Adressen in entfernten Netzwerken benutzt wird. Diese ähnelt der Datei HOSTS, die im Folgenden im Detail beschrieben wird, bietet aber auch einige Funktionen, die in Kapitel 6 über NetBIOS genauer beschrieben werden.

Auflösung über die Datei HOSTS

Bevor die Einzelheiten des Vorgangs der Auflösung von Host-Namen genauer beschrieben werden, ist es wichtig, einige Spezialitäten der Datei HOSTS genauer zu untersuchen.

Die Datei HOSTS

Die Datei Hosts ist eine normale Textdatei, die mit einem Texteditor angelegt oder geändert werden kann. Diese wird von PING und anderen Dienstprogrammen von TCP/IP verwendet, um einen Host-Namen in eine IP-Adresse in lokalen und entfernten Netzwerken umzuwandeln. Jede Zeile mit einem Host-Namen oder Alias kann nur einer IP-Adresse entsprechen. Da die Datei von oben nach unten gelesen wird, werden doppelte Namen ignoriert und häufig benutzte Namen sollten aus Geschwindigkeitsgründen an den Anfang gesetzt werden. Ältere Implementierungen von TCP/IP in Windows NT behielten die Beachtung der Groß- und Kleinschreibung, die für UNIX gilt, bei. Das gilt heute nicht mehr. Ein Eintrag kann eine beliebige gültige Zeichenkette mit bis zu 256 Zeichen sein, einschließlich Kommentare, die rechts von einem Nummernzeichen (#) gesetzt werden.

Auf einem NT-Server befindet sich die Datei HOST in \%systemroot%\system32\ drivers\etc. Auf einem UNIX-System befindet sich die Datei in /etc/HOSTS und heißt auch so. Das Format der Host-Tabelle ist:

```
IP-Adresse   Host-Name   Aliases   Kommentar
```

Die wichtigsten Regeln der Computersyntax, die für diese Datei bedeutsam sind, sind folgende:

- Eine beliebige Anzahl von Leer- und/oder Tabulatorenzeichen können die einzelnen Elemente trennen.

- Das Zeichen # weist auf den Beginn eines Kommentars hin.

- Jede Software, die in dieser Tabelle liest, ignoriert alles vom #-Zeichen bis zum Zeilenende.

Hier sind einige Beispiele einer Host-Tabelle:

- 129.31.78.2   ACCT-2
- 123.90.11.4   Verkauf-AS400 Verkauf
- 110.171.64.73   VAX-ADM VAX ADM
- 110.20.51.3   ACME #sitzt in Chicago
- 127.0.0.1   LOCALHOST #Loopback

Eine andere Datei, die der Host-Tabelle ähnelt, ist die Datei NETWORKS. Diese Datei enthält Namen und Adressen von Netzwerken, die die Software kennen soll. Auf einem NT-Server liegt diese Datei im Verzeichnis \systemroot\ system32\drivers\etc. Auf einem UNIX-System befindet sich die Datei in /ETC/NETWORKS und heißt auch so. Wie bei Host-Tabellen wird alles, was einem #-Zeichen folgt, bis zum Ende der Zeile als Kommentar angesehen.

Das Format der Tabelle NETWORKS ist:

```
Netzwerk-Name    Netzwerk-Adresse    Aliases
```

Im folgenden wird ein Beispiel für die Tabelle NETWORKS vorgestellt:

- ACCT-2   167.31
- Verkauf   132.90
- VAX-ADM   171.110
- ACME   110
- ARPANET   46 ARPA
- LOOPBACK   127

Da die Einträge in der Tabelle NETWORKS auf ganze Netzwerke hinweisen, zeigen sie nur den Netzwerkbestandteil einer IP-Adresse an. Im Gegensatz dazu zeigt die Host-Tabelle die komplette IP-Adresse eines bestimmten Hosts an.

Die Tabelle HOSTS hat allerdings einen ganz üblen Nachteil: Auf jeder einzelnen Workstation muß eine solche HOSTS-Datei liegen. Das bedeutet, daß jedesmal, wenn die HOSTS-Datei einer einzelnen Person geändert wird, alle HOSTS-Dateien mit geändert werden müssen. Alle Arbeitsstationen müssen eine Kopie dieser Datei erhalten, die so etwas wie das Telefonbuch jedes Rechners im Subnetz darstellt. Äußerst umständlich, aber einfach. Wenn Sie sich fragen, warum nicht einfach eine HOSTS-Datei zentral auf einem Server abgelegt und dort gepflegt wird, sprechen Sie bereits das nächste Thema an, nämlich den NAME SERVER. Zwei von diesen werden weiter unten in diesem Buch noch im Detail vorgestellt, der Domain Naming System (DNS) und der Windows Internet Naming Service (WINS).

Notiz: Die Datei HOSTS wird jedesmal, wenn das System eine Namensauflösung durchführt, neu gelesen. Nach einer Änderung muß daher nicht gebootet werden.

Der Vorgang der Auflösung mit der Datei HOSTS

Die Datei HOSTS wurde lange Zeit für Namensauflösungen verwendet, wie sie mit TCP/IP auf den meisten UNIX-Maschinen implementiert wurde. Da ein Host mehrere Namen haben kann, enthält die Datei im allgemeinen Listings des lokalen Hosts 127.0.0.1 und andere Aliase, unter denen das Gerät bekannt sein könnte, wenn es von anderen Systemen gesucht wird. Die Datei HOSTS wird auf alle vorhandenen Namensauflösungen überprüft, inklusive der eigenen.

Die Befehl zur Auflösung wird durch die Anforderung einer Auflösung gestartet. Dieser Befehl kann entweder vom Gerät oder vom Anwender ausgelöst werden. Das System vergleicht zunächst den Zielnamen mit seinen eigenen. Wenn eine Übereinstimmung gefunden wird, ist die Auflösung erfolgreich beendet. In einigen Fällen allerdings, wenn das angeforderte Ziel ein entferntes System darstellt oder es sich um ein Alias des Rechners selbst handelt, prüft das System die Datei HOSTS weiter auf eine Übereinstimmung. Wenn keine Übereinstimmung gefunden wird und die Datei HOSTS die einzige konfigurierte Methode der Namensauflösung ist, wird ein Fehler erzeugt und zurückgesendet. Wenn eine Übereinstimmung gefunden wird, wird dann die angegebene IP-Adresse dafür verwendet, mit dem ARP die IP-Adresse des Zielrechners in eine Hardware-Adresse umzuwandeln. Dann wird der Zielhost gefunden. Wenn der Zielhost auf einem Remote-Netzwerk ist, erhält ARP die Hardware-Adresse des richtigen Routers (Standard-Gateway), und danach wird die Anfrage an den Zielhost weitergesendet. In Abbildung 5.3 hat ein Anwender „PING ALTA" von dem Host in Aspen mit der IP-Adresse 160.1.24.3 eingegeben. Aspen schaut zunächst in seine Datei HOSTS und findet einen Eintrag für Alta mit der IP-Adresse 160.1.29.7, wenn der Name nicht in der Datei HOSTS gefunden würde, würde eine Fehlermeldung „No such host" generiert. Wenn Aspen zuvor mit Alta kommuniziert hat, befindet sich dessen Hardware-Adresse im ARP-Cache von Aspen. Wenn nicht, holt sich der Host Aspen mit ARP die Hardware-Adresse der Arbeitsstation Alta.

Abbildung 5.3: Namen mit einer HOSTS-Datei auflösen

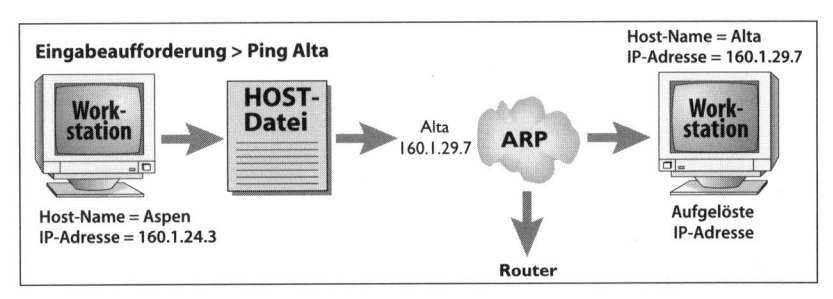

An diesem Punkt entspricht dieser Vorgang genau die Auflösung unter NetBIOS. Die Vergleiche der beiden Auflösungsmethoden werden im Folgenden häufiger erwähnt, da es wichtig ist, die Ähnlichkeiten und Unterschiede beider Methoden zu verstehen. Bei einem lokalen Rechner wird die konkrete Hardware-Adresse aufgelöst, bei einem entfernten Rechner die Adresse des Standard-Gateways. Für die Auflösung von Hostnamen wird kein lokaler Cache verwendet.

Konfiguration der Datei HOSTS

1. Öffnen Sie folgende Datei:
   \%systemroot%\system32\drivers\etc\HOSTS

2. Lesen Sie die Anleitung am Anfang der Datei HOSTS zum Einfügen von Einträgen.

3. Gehen Sie zum Ende der Datei, und geben Sie einen zusätzlichen Eintrag ein:
   Beispiel: **161.71.201.22 NTincharge**

4. Speichern Sie die Datei unter HOSTS.

Auflösung über DNS

HOSTS ist eine aufwendige Sache, aber es ist notwendig, wenn Sie mit Host-Namen innerhalb der Subnetzwerke kommunizieren wollen. Wie findet IP einen Host-Namen, der sich außerhalb des Subnetzes oder außerhalb der Domäne befindet?

Angenommen ein Anwender bei exxon.com möchte einem Anwender bei mmco.com eine Datei schicken. Sicherlich enthalten die Dateien HOSTS bei exxon.com keine IP-Adressen der mmco.com und umgekehrt.

Um ein fiktives Beispiel zu bemühen, wie könnte TCP/IP ein Gerät bei einer Softwarefirma mit Namen „Macrosoft" finden? Wie kann IP herausbekommen, daß ein Host mit Namen database.macrosoft.com tatsächlich an der IP-Adresse 181.50.47.22 vorhanden ist?

Innerhalb einer Firma kann die Namensauflösung mit der Datei HOSTS durchgeführt werden. Zwischen Domänen allerdings wird die Namensauflösung durch DNS gehandhabt. Wenn Sie nur ein privates Intranet betreiben, dann erfüllen Sie selbst die Position des Namenverwalters anstelle der zentralen Verwaltungsstelle für Namen im Internet, der InterNIC Registration Services. Wie bereits in Kapitel 3 erläutert wurde, gibt es eine Hierarchie von Namen, die speziell dafür entwickelt wurde, um schnell Namen im Netzwerk hinzufügen zu können. Bei vielen Millionen Internet-Benutzern ist es unmöglich, den NIC jedesmal anzurufen, wenn ein neuer User auf einem der Netzwerke eingerichtet werden soll. Es würde Monate dauern, und alle Wälder müßten für den Schriftwechsel abgeholzt werden. Statt dessen legte NIC DNS an, von dem Sie nur einen kleinen Teil sehen. Der NIC startete zunächst mit sechs anfänglichen Namensdomänen, die weiter oben in diesem Kapitel bereits erwähnt wurden: edu, net, com, mil, org und gov. Es gibt beispielsweise eine Domäne im Internet mit Namen whitehouse.gov; Sie können darüber dem amerikanischen Präsidenten eine E-Mail schicken an **president @whitehouse.gov**. Es gibt auch Wurzeldomänen wie beispielsweise .fi für Web-Sites in Finnland, .uk für WebSites in Großbritannien usw.

Obwohl Windows NT in Version 3.51 keinen Dämon oder einen Serverdienst hat, der als DNS arbeitet, ist es trotzdem möglich, wie ein Client-Rechner zu arbeiten. Ein DNS ist mit einer Netzwerkversion der Datei HOSTS vergleichbar. In Rechnerumgebungen wie unter UNIX stellt DNS eine zentrale Quelle zur Verfügung, um Fully Qualified Domain Names (FQDNs) in IP-Adressen umzuwandeln.

Wie in Abbildung 5.4 gezeigt wird, beginnt die Auflösung mit der Ausführung eines Befehls, der eine Auflösung anfordert. Der Befehl wiederum kann von einem Rechner oder einem Anwender ausgelöst werden. Im vorherigen Beispiel wurde ein Befehl eines Anwenders ausgeführt: PING ALTA .FIXES.MICROSOFT.COM. Der DNS empfängt eine Anforderung für eine IP-Adresse des Hostrechners Alta. Wenn dieser gefun- den wird, sendet der DNS die gefundene Adresse zurück. Wenn keine Übereinstimmung gefunden wird oder der DNS auf die Anfragen antwortet, die in fortlaufenden Intervallen von 5, 10, 20, 40, 5, 10 und 20 Sekunden abgeschickt werden, wird eine Fehlermeldung generiert (vorausgesetzt, der DNS ist der einzige konfigurierte Dienst für Host-Namen). Wenn eine Übereinstimmung gefunden wird, wird die IP-Adresse vom Client verwendet, um mit dem ARP die Adresse in eine Hardware-Adresse umzuwandeln. Wie häufiger schon erwähnt, ein lokaler Rechner – ein Zielhost, der im gleichen Subnetzwerk wie der sendende Host sitzt – wird in seine Hardware-Adresse aufgelöst, während das Ziel für einen entfernten Host die Hardware-Adresse des Standard-Gateways ist.

Abbildung 5.4: Auflösung mit DNS

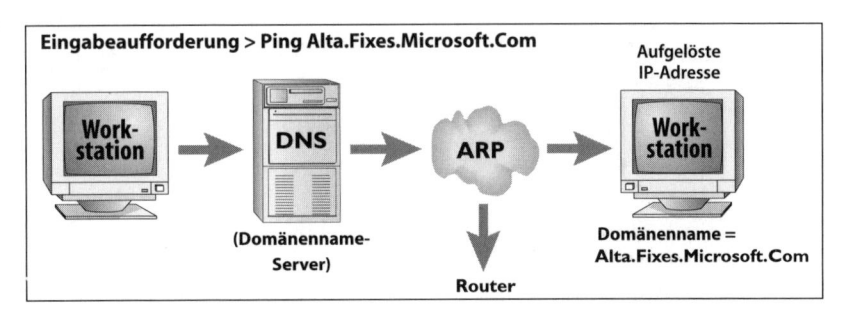

Ein Windows NT-Rechner kann mit der folgenden Vorgehensweise so konfiguriert werden, daß er den DNS verwendet:

Konfiguration des Domain Name Server Support auf einem Windows NT Server 1.

1. Öffnen Sie die Systemsteuerung, und wählen Sie NETZWERK aus.

2. Wählen Sie die Registerkarte PROTOKOLLE, und klicken Sie auf das Protokoll TCP/IP und danach auf die Schaltfläche EIGENSCHAFTEN.

3. Geben Sie den primären Host-Namen Ihres Systems im Textfeld HOST ein (zusätzliche Namen können in einer Datei HOSTS als Aliases hinzugefügt werden). Standard ist der Name des Windows NT-Rechners. Falls Sie eine Domäne haben, geben Sie diese mit der korrekten Erweiterung ein(z. B. .com, .edu, .gov).

4. Geben Sie den Namen des DNS-Servers im Textfeld SUCHREIHENFOLGE FÜR DNS ein. Die Reihenfolge kann über die Schaltflächen zum Sortieren festgelegt werden.

5. Geben Sie das Domänensuffix ein, das an Ihren Host-Namen angehängt werden soll. Insgesamt sechs können hinzugefügt werden, um in Ihrem Internetzwerk zu suchen. Die Reihenfolge kann mit den entsprechenden Schaltflächen festgelegt werden.

6. Klicken Sie OK.

Zusätzlich können Sie TCP/IP so einrichten, daß es DNS für NetBIOS verwendet, indem Sie auf DNS FÜR WINDOWS NETZWERKE AKTIVIEREN auf der Registerkarte WINS ADRESSE klicken.

Network Information Services (NIS)

Eine andere Methode, Host-Namen in IP-Adressen umzuwandeln, sind die Network Information Services (NIS). NIS-Server können für eine Domäne angelegt werden. Diese NIS-Server enthalten eine Datenbank mit Namen MAPS, die eine Übertragung von Host-Namen in IP-Adressen durchführen. Ihre Datenbanken können auch Informationen zu Benutzern und Gruppen enthalten. Der größte Unterschied zwischen NIS und DNS besteht darin, daß NIS-Server nur einen schmalen Bereich umfassen. NIS-Server beziehen sich nur auf interne Rechnergruppen, wie etwa in einem privaten Netzwerk, nicht auf das gesamte Internet.

Die Microsoft-Methode

Windows NT kann so konfiguriert werden, daß es Host-Namen entweder mit Hilfe der Datei HOSTS oder über DNS auflöst. Wenn eine der Methoden fehlschlägt, steht die andere als zusätzliches System zur Verfügung. Die Implementierung von TCP/IP unter Windows NT durch Microsoft unterstützt alle vorher genannten Formen der Auflösung: WINS, B-Node-Meldungen und LMHOSTS. In Abbildung 5.5 wird ein System gezeigt, das alle Formen der Namensauflösung unterstützt.

Ein solches System folgt dieser Suchreihenfolge:

1. Wenn ein Befehl ausgeführt wird, der die Auflösung eines Host-Namens anfordert (z. B. Ping, Telnet, FTP usw.), wird der Host-Name des lokalen Geräts auf Übereinstimmung geprüft. Im Beispiel in Abbildung 5.5 wäre dies PING ALTA. Wenn eine Übereinstimmung gefunden wird, ist keine weitere Aktion notwendig, kein Datenverkehr im Netzwerk wird erzeugt.

Abbildung 5.5: Das Verfahren von Microsoft zur Auflösung von Host-Namen

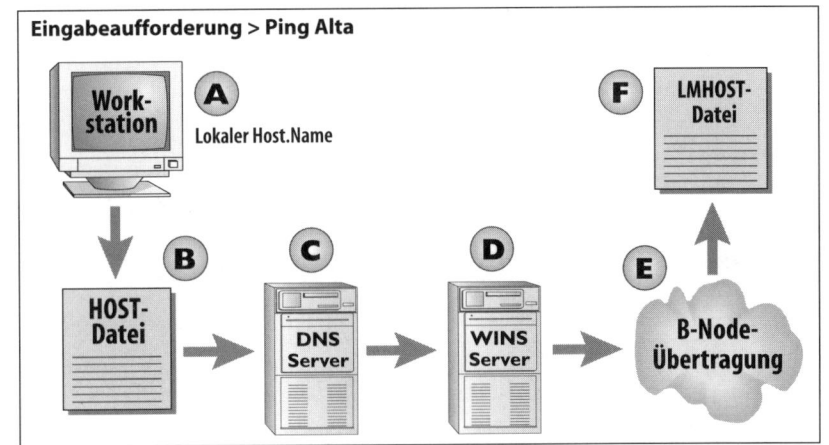

2. Wenn der Name nicht gefunden wird, wäre der nächste Schritt, in der Datei HOSTS auf dem lokalen Rechner nachzuschauen. Wenn eine Übereinstimmung gefunden wird, ist wiederum keine weitere Aktion notwendig, und kein Datenverkehr im Netzwerk wird erzeugt.

3. Wenn der Name nicht gefunden wird, wird als nächstes eine Auflösung über DNS probiert. Wenn vom DNS-Server keine Antwort erfolgt, wird die Anforderung in Intervallen von 5, 10, 20, 40, 5, 10 und 20 Sekunden fortlaufend wiederholt. Wenn Ihr System für DNS konfiguriert ist und der Rechner ausgeschaltet oder ausgefallen ist, werden alle anderen Systeme, die DNS verwenden, beträchtlich langsamer – so sehr, daß sie scheinbar beim Versuch, den Namen aufzulösen, abgestürzt sind.

4. Wenn der DNS-Server ausgeschaltet war oder den Namen aus irgendeinem Grund nicht auflösen konnte, wird der NetBIOS-Namenscache geprüft, gefolgt von drei Versuchen, den WINS-Server zur Namensauflösung zu erreichen.

5. Wenn keiner der Versuche in Schritt 4 den Host-Namen erfolgreich auflösen konnte, werden 3 B-Node-Meldungen verschickt.

6. Wenn dieser Schritt ebenfalls keinen Erfolg brachte, ist der letzte Schritt, die Datei LMHOSTS zu durchsuchen. Diese Vorgehensweise ähnelt und entspricht dem Verhalten eines Microsoft erweiterten B-Node Systems.

Wenn alle Auflösungsversuche scheitern, wird eine Fehlermeldung generiert. Da der Name nicht aufgelöst werden kann, ist die einzige Möglichkeit, mit dem Rechner, dessen Name nicht aufgelöst werden kann, direkt über dessen IP-Adresse zu kommunizieren.

Die Vorgehensweise bei der Auflösung von Host-Namen ähnelt der von NetBIOS-Namen. Der grundlegende Unterschied zwischen diesen besteht darin, daß die Namensauflösung von NetBIOS-Namen weniger Datenverkehr im Netzwerk erzeugt, während Host-Namen nach Standardprinzipien von UNIX aufgelöst werden.

Einige häufige Probleme

Es gibt einige Probleme, die mit der Auflösung von Host-Namen verbunden sind. In der Regel wird PING benutzt, um einen Eintrag zu verifizieren. Diese arbeitet sehr zuverlässig, außer wenn ein anderer Client die IP-Adresse hat, was zu dem ärgerlichen Effekt führt, daß Sie den falschen Rechner prüfen. Es gibt ein hohes Maß von Ähnlichkeiten der nachfolgenden Liste von Fallen, die die Auflösung von Host-Namen betreffen, mit der Liste, die man bei der Auflösung von NetBIOS-Namen findet.

HOSTS/DNS enthalten einen Namen nicht

Wie die Suche nach Atlantis kann man Dinge nicht finden, wenn sie einfach nicht da sind. Wenn der Name nicht existiert, kann das System diesen nicht finden. Recht häufig implementieren Firmen DNS als Lösung. Es ist wichtig, zu beachten, daß, wenn das System auf die falsche DNS konfiguriert ist, der Dateiname nicht erfolgreich aufgelöst werden kann und daher auch die Auflösung des Host-Namen scheitert. Dieser Fall tritt auf, wenn Sicherungen der HOSTS-Datei angelegt werden, aber die falsche bearbeitet wird.

HOSTS enthält einen fehlerhaften Eintrag

Kleine Dinge können großen Verdruß und Zerstörung bereiten, und die Auflösung eines Host-Namen kann daran scheitern, daß etwas so einfaches wie ein kleiner Schreibfehler in einer Befehlszeile oder einem Eintrag in der Datei HOSTS aufgetreten ist. Sichern Sie in jedem Fall die Datei HOSTS, bevor Sie Änderungen vornehmen. Die HOSTS-Dateien können ziemlich groß werden mit ganzen Kolonnen von Einträgen – eine echte üble Sache ist es, vor allem um 3 Uhr nachts, wenn es so einfach ist, Fehler zu machen, wie Tippfehler in einer IP-Adresse oder einem Host-Namen. Die Einträge funktionieren einfach nicht, wenn die Host-Namen falsch eingegeben sind.

HOSTS-Einträge haben die falsche IP-Adresse

In den meisten Fällen ist nicht die IP-Adresse in der Datei HOSTS oder DNS falsch, sondern die IP-Adresse des Hosts hat sich geändert. Wenn das der Fall ist, versuchen Sie, eine IP-Adresse zu erreichen, die nicht mehr existiert oder einem anderen Gerät zugewiesen wurde. Wenn Sie einem solchen Problem begegnen, prüfen Sie zunächst, ob Sie tatsächlich die richtige IP-Adresse haben. Häufig werden Systeme auch ausgetauscht und IP-Adressen geändert, Details wie die Datei HOSTS werden dabei übersehen. Stellen Sie auch fest, ob der DNS geändert wurde und eine Notiz an die Verwaltung geschickt wurde. Wenn die Nummern dann nicht übereinstimmen, war die Notiz falsch. Wenn Sie eine IP-Adresse eines Rechners ändern, achten Sie genau auf diese Nummern – manchmal ist es der einzige Weg, ganz sicher zu sein, den Host selbst zu prüfen. Dasselbe gilt auch für IP-Adressen in einem DNS-Server.

Die Datei HOSTS oder DNS enthalten wiederholte Einträge von Host-Namen

Sobald der Host-Name mit einer IP-Adresse gefunden wurde, braucht die Adresse nicht weiter gesucht zu werden. Das betroffene System nimmt an, daß der Name aufgelöst ist. Wenn nun zu allem Unglück die IP-Adresse in der Datei eine alte ist und der richtige Eintrag mit der richtigen Adresse in einem Eintrag weiter unten steht, wird ein richtig arbeitendes System diesen niemals finden. Daher muß sichergestellt sein, daß sich in der Datei nur ein gültiger Eintrag für jeden Host-Namen befindet.

E-Mail-Namen: Ein Hinweis

Wenn Sie bereits zuvor mit E-Mail unter TCP/IP gearbeitet haben, dann kommen Ihnen die Adressen vielleicht merkwürdig vor. Sie senden schließlich eine Mail an mmco.com, Sie senden sie an einen Namen wie z.B. mark@mmco.com, der eine E-Mail-Adresse darstellt. Das funktioniert folgendermaßen: Eine Gruppe von Benutzern auf einer TCP/IP-Domäne beschließt, Mail zu implementieren. Um eine Mail zu erhalten, muß ein Server laufen, der so konfiguriert ist, daß er Mail von einem anderen Subnetz oder einer anderen Domäne empfängt. Da Mail zu jeder Tageszeit eintreffen kann, sollte das Gerät 24 Stunden am Tag laufen. Das zeigt, daß es nicht vernünftig ist, Mails an einen lokalen Rechner direkt zu liefern. Statt dessen übergibt TCP die Verantwortung für Mail an ein Gerät, dessen Aufgabe darin besteht, Mail von außen zu empfangen und festzuhalten, bis Sie diese gelesen haben, und Mails, die Sie weitersenden wollen, an den entsprechenden Mail-Router. Der Name des gebräuchlichsten Mail-Router ist SENDMAIL. Der Name des Protokolls, das für die Weiterleitung von E-Mails im Internet am häufigsten verwendet wird, ist Simple Mail Transfer Protocol oder SMTP.

Unglücklicherweise liefert Microsoft ein SMTP-Router-Programm weder in der Workstation-Version noch in der Server-Version von NT mit, so daß Sie sich mit einem existierenden Mail-Router in Verbindung setzen müssen oder das Mail-Produkt eines Drittanbieters kaufen müssen, um unter NT zu arbeiten.

In Abbildung 5.6 können Sie erkennen, wie Mail arbeitet.

Abbildung 5.6:
Die Beziehung von Host-Namen, E-Mail und dem Internet

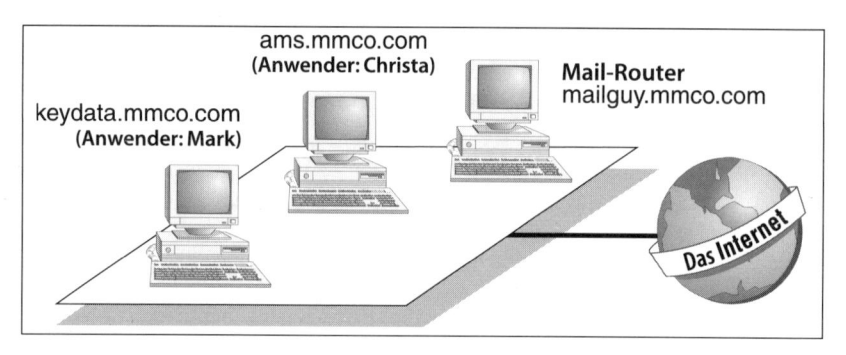

In dieser kleinen Domäne gibt es die Benutzer Mark und Christa. Eine der schönen Dinge im Internet besteht darin, daß Sie die Umschalttaste an der Tastatur nicht benötigen. Mark arbeitet bei `keydata.mmco.com`, Christa bei ams.mmco.com. Angenommen Christa möchte eine Mail an ihren Freund Corky, den leitenden Direktor von „Surfers of America", senden; Corkys Adresse ist `corky@surferdudes.org`. Christa startet auf ihrem Rechner ein Programm mit Namen MAIL CLIENT. Der Mail-Client ermöglicht das Anlegen und Versenden von neuen Mails sowie das Empfangen von eingehenden Mails. Sie schickt die Mail ab und schließt den Mail-Client. Die Mail-Client-Software führt selbst kein Routing durch – mit diesem Programm können Mails nur angelegt, versendet und empfangen werden.

Der Mail-Client ist so konfiguriert, daß die Mails an das Programm SENDMAIL geschickt werden, das in diesem Subnetzwerk auf dem Gerät `mailguy.mmco.com` läuft. Mailguy ist eine Art Poststelle (in der Internet-Sprache ein MAIL-ROUTER) für diese Gruppe von Benutzern. SENDMAIL auf dem Rechner `mailguy.mmco.com` speichert die Nachrichten und sendet sie dann an ein Gerät mit dem DNS-Namen `surferdudes.org` im Vertrauen darauf, daß IP die Nachricht korrekt an Corky bei „Surfers of America" weiterleitet.

Zusätzlich kennt SENDMAIL die Namen Christa und Mark. Der Arbeitsplatzrechner ist die Schnittstelle zur Außenwelt über Mail. Beachten Sie im übrigen, daß DNS nicht weiß, wer Mark oder Christa ist; DNS kennt nur Host-Namen, nicht E-Mail-Namen. DNS kümmert sich nur darum, den Rechner `mailguy.mmco.com` **zu finden**.

Eine Weile später erhält Corky die Nachricht und sendet eine Antwort an Christa. Die Antwort geht nicht direkt auf Christas Rechner `ams.mmco.com`, sondern an den Mail-Server `mailguy.mmco.com`, da Corky die Mail an `christa@mmco.com` **sendet**. Das Mailsystem sendet die Meldung `mmco.com`, aber welcher Rechner hat die Adresse `mmco.com`? Ganz einfach: Dem Rechner **`mailguy.mmco.com`** wird ein Alias zugeordnet und die Mail geht dann an diesen Rechner.

Christa startet irgendwann das Mail-Client-Programm noch einmal. Das Mail-Programm sendet eine Anfrage an den lokalen Mailrouter `mailguy.mmco.com`, ob neue Mails für Christa da sind. Die Mail wird an den lokalen Rechner übertragen und kann dann gelesen und weiterbearbeitet werden.

Wie kommt man in ein Intranet?

Bisher wurde ein wenig beschrieben, wie ein Intranet arbeitet und was man mit dem Intranet machen kann, aber es wurde noch nicht erwähnt, wie man in ein Intranet hineinkommen kann – ob es sich um das Intranet einer Firma oder das Internet handelt.

- Sie können sich an einem Multiuser-System anmelden und im Internet als nichtintelligentes Terminal auftauchen.

- Sie können eine Verbindung mit einem Internet-Provider über eine serielle Schnittstelle aufbauen, dabei ein Protokoll mit Namen Serial Line Interface Protocol (SLIP) oder Punkt-zu-Punkt-Protokoll (PPP) verwenden und sich als Host im Internet anmelden.

- Sie können Teil eines lokalen Netzes sein, das ein Subnetz des Internets ist, danach eine TCP/IP-Software auf Ihrem System laden und als Host im Internet angemeldet werden.

Jede dieser Optionen hat ihre Vor- und Nachteile, wie im Folgenden beschrieben wird. Allgemein gilt, daß, wenn man Zugriff auf ein Intranet erhalten möchte, alles, was man tun muß, darin besteht, Verbindung mit einem Computer aufzubauen, der sich bereits im Internet befindet.

Verbindung über nichtintelligente Terminals

Es ist üblich, ein Konto zu erhalten, mit dem man auf das Internet Zugriff hat. Sie können beispielsweise ein Konto bei CompuServe, AOL, Telekom usw. erhalten, um nur einige Internet-Anbieter zu nennen.

Viele Anbieter haben im ganzen Land Zugänge. Um ins Internet zu gelangen, benötigen Sie nur eine Terminalemulation auf Ihrem System und eine Einwahlmöglichkeit auf die Server des Anbieters. Diese Art Zugang ist relativ günstig, einige Mark im Monat plus Gebühren je nach Dauer der Anschaltzeiten, die sich von Anbieter zu Anbieter unterscheiden plus Telefongebühren. Wenn Sie eine Anschaltung mit NT durchführen wollen, braucht auf dem Rechner nicht einmal TCP/IP installiert zu sein, Sie benötigen nur ein Modem, eine Terminalemulation und einen Zugang bei Ihrem Internet-Provider.

Wir müssen hier betonen: Dieses ist nur ein Terminal-Zugang, und dessen Möglichkeiten sind sehr begrenzt. Wenn Sie in München wohnen und sich über das Internet auf einen Host in Hamburg einloggen wollen, dann sind Sie vom Standpunkt des Internet aus nicht mehr in München, wo Sie sich eingewählt haben, sondern auf dem Host, wo dieser auch immer steht, in diesem Fall in Hamburg. Jede Anforderung zur Dateiübertragung geht dann nicht nach München, sondern nach Hamburg auf den Host, der gerade arbeitet.

Das kann ein bißchen lästig sein. Sie sind in München im Büro und über das Internet in Hamburg eingeloggt. Wenn Sie auf die FTP-Site von Microsoft gehen, sich einige Dateien herausgreifen und übertragen wollen, etwa einen neuen Treiber für eine Grafikkarte, endet das FTP-Programm mit einer positiven Meldung: „Datei erfolgreich übertragen", aber die Datei befindet sich dem Host in Hamburg. Das ist nur die Hälfte unseres Ziels, denn nun muß ein anderes Dateitransferprogramm gestartet werden, um die Dateien vom Host in Hamburg auf den lokalen Rechner in München zu laden.

Serielle Verbindungen mit SLIP/PPP

Eine bessere Art, eine Verbindung mit einem Netzwerk auf TCP/IP-Basis aufzubauen – d.h. mit einem Intranet – ist eine direkte serielle Verbindung zu einem Intranet-Host. Wenn Sie PCs benutzen, kennen

Sie sicher ein Programm mit Namen LapLink, mit dem sich zwei PCs jeweils die Platte mit dem anderen über die seriellen RS232-Schnittstellen teilen können. SLIP/PPP sind in ihrer Konzeption ähnlich. Ein Intranet kann ähnliche Typen von Verbindungen mit Namen SLIP- oder PPP-Verbindungen unterstützen. Die Verbindung muß nicht seriell aufgebaut sein, ist es aber häufig. SLIP ist das Serial Line Interface Protocol, ein älteres Protokoll, das man sich als simples Leitungsschnittstellen-Protokoll vorstellen kann. Es gibt nichts besonderes an SLIP – keine Fehlerprüfung, keine Sicherheit, keine Flußkontrolle. Es ist das einfachste Protokoll, das man sich vorstellen kann: Es werden nur Daten gesendet und anschließend ein Byte, das bedeutet „Ende der Daten".. PPP dagegen ist so konzipiert, daß es den geringen Overhead von SLIP beibehält, dann aber einige zusätzliche Informationen mit einbaut, damit einige intelligentere Teile eines Intranets – Geräte wie Router zum Beispiel – diese effektiv verwenden können. Das **P**unkt-zu-**P**unkt-**P**rotokoll arbeitet, indem es explizit eine Verbindung zwischen einem Rechner und einem anderen Rechner aufbaut, danach ein einfache Fehlerprüfung mit Namen CHECKSUM verwendet, um die Störungen in der Leitung zu überwachen.

Welches Protokoll sollte man verwenden? Eine gute Regel ist, daß SLIP kein Fehlerprotokoll verwendet, aber auch weniger Overhead benötigt, während PPP ein Fehlerprotokoll benutzt und dadurch mehr Overhead besitzt. Bei Modems mit Fehlerkorrektur kann SLIP verwendet werden. Bei störanfälligen Leitungen und Modems ohne Fehlerkorrektur ist PPP vorzuziehen.

NT unterstützt sowohl PPP als auch SLIP bei Remote Access Services.

LAN-Verbindungen

Die gebräuchlichste Art, eine Verbindung zum Internet aufzubauen, geschieht einfach von einer Arbeitsstation in einem lokalen Netzwerk (LAN), das ein Subnetzwerk eines Intranets ist. Dies braucht nicht umbedingt das Internet zu sein – fast jedes lokale Netzwerk kann das TCP/IP-Protokoll unterstützen.

Dieses ist die Verbindungsart, bei der die meisten NT-Server TCP/IP-Dienste zu Verfügung stellen. Der Hauptgrund für Microsoft, TCP/IP in NT zu implementieren, besteht darin, eine Alternative zu NetBEUI zu bieten, da NetBEUI in kleinen Netzwerken schnell und leicht handhabbar ist, aber für große Netzwerke in Konzernen ungeeignet ist. Im Gegensatz dazu war TCP/IP immer gut für interne Netzwerke, aber man litt häufig unter Geschwindigkeitsproblemen. Das gilt heute nicht mehr. Ein Geschwindigkeitstest von TCP/IP gegen NetBEUI auf einer Arbeitsstation erbrachte vor einiger Zeit Leseraten 1250 KByte/Sek. für

NetBEUI und 833 KByte/Sek. für TCP/IP sowie Schreibraten von 312 KByte/Sek. bei NetBEUI und 250 KByte/Sek bei TCP/IP. TCP ist wiederum langsamer, allerdings nicht viel, und NetBEUI geht nicht über Router.

Terminal-Verbindungen gegenüber anderen Verbindungen

Am Ende dieses Kapitels wird noch einmal der Unterschied zwischen einer Terminal-Verbindung und einer SLIP, PPP oder LAN-Verbindung erläutert. In Abbildung. 5.7 sehen Sie drei PCs in einem Ethernet, die mit zwei Minicomputern verbunden sind, an denen wiederum vier einfache Terminals hängen.

Abbildung 5.7:
Internet-Verbindungen mit und ohne IP-Nummern

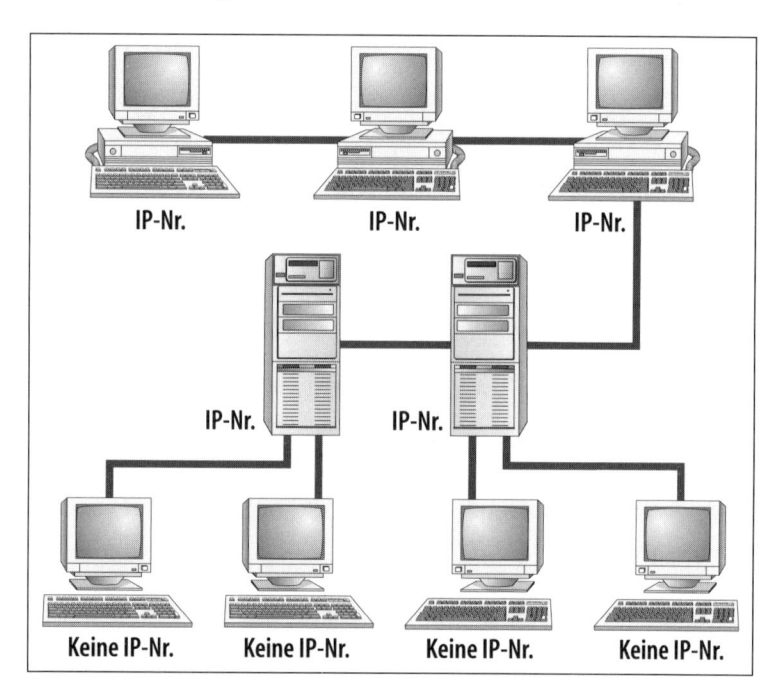

Die Verbindung von Minicomputer zu Minicomputer könnte SLIP oder PPP sein, oder sie können auch wiederum durch ein LAN verbunden sein. Beachten Sie, daß nur die Computer in dieser Konstellation Intranetwork Protocol-(IP-)Adressen haben.

Wenn Sie eine Mail an eine von den Personen, die oben im Bild an PCs sitzen, schreiben, geht diese zum Mail-Server und danach zum PC der Person. Wenn Sie die IP-Adressen der einzelnen Leute genau untersuchen würden – meistens brauchen Sie das nicht – würden Sie feststellen, daß jede einzelne der Personen eine eindeutige IP-Adresse besitzt. Im Gegensatz dazu wird die Mail der Leute, die am unteren Bildrand angezeigt sind, an einen der Minicomputer geschickt. In diesem Beispiel hat ein Terminalpaar eine gemeinsame IP-Adresse. Wenn Petra und Georg in einem Büro auf das Intranet Ihrer Firma mit Terminals, die am gleichen Computer angeschlossen sind, zugreifen, zeigt ein genauer Blick auf deren Mails, daß sie dieselbe IP-Adresse haben. Aber wenn Sie darüber genauer nachdenken, sehen Sie schon, daß die Mails an `georg@mailbox.acme.com` und an `petra@mailbox.acme.com` gehen. Der Gerätename, an den die Mail geht, ist in beiden Fällen derselbe, aber die Anwendernamen unterscheiden sich.

Zusammengefaßt: Wenn Sie von einem Ort außerhalb des Büros ins Internet wollen, ist die beste Lösung, mit einem Serviceanbieter einen Vertrag zu unterzeichnen, an den monatlich Gebühren für die Verbindungen zu entrichten sind. Um dann Zugang zu einem Intranet zu erhalten, muß man sich in einen Multi-User-Computer in diesem Intranet einwählen oder eine SLIP- oder PPP-Verbindung aufbauen. Sie können natürlich auch auf einem Arbeitsplatzrechner arbeiten, der Teil des Intranets ist. Dann muß der Systemadministrator des lokalen Netzwerks Ihnen die Software auf dem System installieren, mit der Sie das Protokoll TCP/IP auf dem PC betreiben können, so daß dieser Teil des Intranets ist.

Namensauflösung in NetBIOS

KAPITEL 6

Nachdem in Kapitel 4 die grundlegenden Kenntnisse von IP-Routing, gefolgt von der Erkundung der nächsten Ebene in Kapitel 5 – Umwandlung von Host-Namen in IP-Adressen – vermittelt wurden, sollte es jetzt ziemlich deutlich sein, wie die Benennung von Geräten und die Auflösung dieser Namen funktionieren. Dieses Kapitel vertieft dieses Thema weiter, indem eine andere Art der Auflösung vorgestellt wird, die durch NetBIOS eingeführt wurde.

Vergabe von Namen in NetBIOS

In der Alltagssprache nennen die Leute den Ort, an dem der amerikanische Präsident wohnt, einfach „Das Weiße Haus" und geben nicht die eigentliche Adresse an, nämlich 1600 Pennsylvania Avenue. Ein noch merkwürdigerer Vogel wäre jemand, der das Weiße Haus nach der Grundstücksnummer benennt, die in den Bebauungsplänen von Washington, D.C, zu finden ist.

Das gleiche gilt für Computerprogramme, besonders die, mit denen Menschen zusammenarbeiten. Das liegt daran, daß sich der Mensch leichter an einen Namen erinnert und diesen behält als eine unpersönliche und wenig aussagefähige Nummer. Demzufolge wird ein logischer Name als NetBIOS-Name bezeichnet. Ein NetBIOS-Name besteht aus maximal 15 Zeichen mit 16 zusätzlichen Zeichen, die intern den Dienst oder die Anwendung bezeichnen, die bei der Eingabe des Namens benutzt wurde.

Beim Datenverkehr benutzen Systeme wie Windows NT, Windows für Workgroups, LAN-Manager und LAN-Manager für UNIX eher den NetBIOS-Namen als IP-Adressen. NetBIOS-Namen werden im allgemeinen registriert, wenn ein Dienst oder eine Anwendung, die NetBIOS verwenden will, gestartet wird. Ein gutes Beispiel ist Windows NT, in dem der NetBIOS-Name bei der Initialisierung des Servers oder des Arbeitsplatzrechners, auf dem das System läuft, registriert wird.

Die Namensgebung von NetBIOS wird überall in den Betriebssystempaketen von Microsoft verwendet. In Windows NT kann der NetBIOS-Name ausgelesen werden, indem man nbtstat -n eingibt oder in der Systemsteuerung unter dem Symbol NETZWERK nachschaut. Der Name steht auch in der Registrierung unter:

```
\\HKEY_LOCAL_MACHINE\SYSTEM\CurrentControlSet\Control\
ComputerName\ComputerName
```

Ein anderer häufiger Gebrauch von NetBIOS-Namen in Windows NT sind Befehlszeileneingaben mit dem Befehl NET, die über den Datei-Manager das Herstellen von Verbindungen mit Hilfe der UNC (Universal Naming Convention) ermöglichen. Diese Namenskonvention macht die Verwaltung von Verbindungen einfacher und effizienter. Wenn beispielsweise genau geprüft werden soll, welche Verzeichnisse auf einem NetBIOS-Computer mit Namen „Willi" freigegeben und verfügbar sind, gibt der Anwender an einem Windows NT-Rechner die Befehlszeile **net view \\Willi** ein. Wenn die Verbindung funktioniert, wird ein Verzeichnis mit Zugriffsmöglichkeit sichtbar, das den sprechenden Namen „Share" trägt. Um eine Verbindung zu diesem Verzeichnis aufzubauen, wird an der Befehlszeile **net use z: \\Willi \Share** eingegeben. Danach kann auf alle Verzeichnisse zugegriffen werden, die sich in diesem Verzeichnis befinden.

Der Vorgang der Namensauflösung

Bevor ARP (Address Resolution Protocol) verwendet werden kann, um eine IP-Adresse in eine Hardware-Adresse umzuwandeln, muß ein NetBIOS-Name zunächst in eine IP-Adresse umgewandelt werden. Um bei der Analogie mit dem Weißen Haus zu bleiben, muß zunächst der Name „Weißes Haus" in die postalische Adresse 1600 Pennsylvania Ave., Washington D.C. plus Postleitzahl umgewandelt werden, damit ein Brief den amerikanischen Präsidenten erreichen kann. Um die richtige Adresse zu erfahren, kann man im Telefonbuch nachschauen, einen Bekannten fragen oder es über städtische Stellen in Washington probieren. NetBIOS-Namen werden in ganz ähnlicher Weise aufgelöst, und wie im genannten Beispiel gibt es mehrere Möglichkeiten, das Ziel zu erreichen. Die möglichen Wege für die Auflösung fallen in zwei Kategorien: Standardauflösung und spezielle Auflösung. In Windows NT sind alle Methoden, mit denen eine Auflösung ausgeführt werden soll, konfigurierbar.

Die Standardnamensauflösung von NetBIOS

Die Standardauflösung von NetBIOS-Namen, die durch die Zuordnung eines NetBIOS-Namens zu einer IP-Adresse erfolgt, wird in Windows NT dynamisch durchgeführt. Die Standardauflösung tritt in drei Formen auf:

- **Local Broadcast:** Eine Anfrage wird in das lokale Netzwerk gesendet, das den NetBIOS-Namen dieses speziellen Geräts mitteilt, um dessen IP-Adresse zu erfahren. Diese Methode wird üblicherweise als B-Node-Broadcast bezeichnet.

- **NetBIOS Name Cache:** Eine Liste, die aus lokal aufgelösten Namen besteht und aus Namen, die nicht im lokalen Netzwerk sind und in der letzten Zeit aufgelöst wurden.

- **NBNS oder NetBIOS Name Server:** Diese Art der Namensauflösung wird im allgemeinen als WINS implementiert und entspricht der RFC 1001/1002, bei der die NetBIOS-Namensauflösung von einem laufenden Server aus durchgeführt wird.

Die spezielle NetBIOS-Auflösung

Alternativ dazu ist die spezielle Namensauflösung ein manueller Prozeß. Dieser kennzeichnet die Microsoft-spezifische Methode der Namensauflösung in NetBIOS, bei der eine Reihe von Tabellen aufgebaut wird, auf die für die Namensauflösung zurückgegriffen wird. Wie bei der Standardauflösung gibt es bei der speziellen Auflösung drei Varianten:

- **LMHOSTS-Datei:** Eine Tabelle, die in einer lokalen Datei abgelegt ist und bei der Umwandlung von NetBIOS-Namen in IP-Adressen für Remote-Netzwerke benutzt wird. Diese Tabelle ist zwar der Datei HOSTS ähnlich, die weiter unten genannt wird, bietet aber weitergehende Funktionalität, die weiter unten in diesem Kapitel genauer beschrieben wird.

- **HOSTS-Datei:** In Kapitel 5 wurde die Tabelle in einer lokalen Datei vorgestellt, die Namen von Hosts in IP-Adressen umwandelte. Diese Datei entspricht der Datei HOSTS, nach der Berkeley Software Distribution UNIX-Version 4.3. Wegen ihrer Vielseitigkeit – sie wird auf vielen Plattformen verwendet – wird diese Datei am häufigsten in Verbindung mit TCP/IP-Softwareprogrammen, FTP, Telnet und Ping für die Auflösung von Namen verwendet. Zusätzlich kann sie benutzt werden, um einen Computer mit einem Alias zu adressieren.

- **Domain Name Server (DNS):** Dieser Typ wurde ebenfalls bereits früher behandelt. Er ist in der UNIX-Welt verbreitet und wird für die Umwandlung eines Host-Namen in eine IP-Adresse verwendet. Von ihrer Funktionalität her entspricht diese Datei einer HOSTS-Datei, die im Netzwerk verfügbar ist.

Node-Typen für NetBIOS über TCP/IP

Wie sicherlich bereits deutlich wurde, gibt es verschiedene Arten und Mittel, mit denen NetBIOS-Namen aufgelöst werden können. Wie bei anderen Arten von Problemlösungen legt der gewählte Ansatz die Werkzeuge implizit und manchmal explizit fest. Wenn beispielsweise im Fernsehen eine furchtbar langweilige Show läuft, kann man: (A) das Gerät ausschalten oder (B) einschlafen. Wenn man sich für Lösung A entscheidet, verwendet man entweder die Hände, die Finger und eine Fernbedienung oder Beine und Füße, einen Rollstuhl usw., um die Aktion durchzuführen. Lösung B erfordert die geistige Bereitschaft und das Schließen der Augen. In ähnlicher Weise unterscheiden sich auch die Modelle, mit denen ein Client eine Host-Adresse auflöst, und sie werden entsprechend benannt. Zusammengenommen gibt es fünf Modelle für die Auflösung von Namen, von denen vier durch die RFC 1001/1002 definiert sind und eine durch LMHOSTS nach der Spezifikation durch Microsoft. Diese sind folgende:

- B-Node (Broadcast)
- P-Node oder Peer-to-Peer
- M-Node (gemischt)
- H-Node (hybrid)
- Microsoft Enhanced B-Node

B-Node (Broadcast)

Bei diesem Modell werden die Namen per Übertragung von UDP-Datagrammen aufgelöst und gespeichert. In kleinen Netzwerken ist diese Methode geeignet. Wenn sich die Netzwerkumgebung vergrößert, verursacht die Übertragung von UDP-Daten eine starke Erhöhung des Datenverkehrs im Netzwerk, und beim Routing ist diese Methode nicht mehr nutzbar. Typischerweise filtern Router Broadcasts heraus, was zu der unerwünschten Konsequenz führt, daß nur die lokalen Systeme die Meldungen erhalten. Ein Ausweg wäre es, den Router so zu konfigurieren, daß die B-Node-Broadcasts mit übertragen werden. Unglücklicherweise würde der große Datenverkehr die Absicht, in erster Linie ein funktionierendes Netzwerk zu haben, rasch zunichte machen. Daher ist diese Methode in solchen Fällen unbrauchbar.

P-Node oder Peer-to-Peer

Diese Vorgehensweise stellt eine effiziente und effektive Methode für die Auflösung von Namen direkt von einem NetBIOS-Name-Server (NBNS) wie etwa WINS dar, hat aber einen ganz großen Nachteil: Die WINS-IP-Adresse muß bei jedem Client angegeben werden. Das führt zu einem großen Problem, wenn diese IP-Adresse geändert wird oder der Server ausfällt. Microsoft bietet einen sekundären Server für dieses System an, aber das führt zu Geschwindigkeitsverlusten, während auf das Timeout des ersten Servers gewartet wird. Da keine Broadcasts verwendet werden, ist eine lokale Kommunikation nicht möglich, wenn ein WINS-Server nicht an der Adresse verfügbar ist, die in der TCP/IP-Konfiguration angegeben wurde.

M-Node (Gemischt)

Diese Methode mischt die beiden Modi, da ein Client sich sowohl wie ein B-Node- als auch wie ein P-Node-System verhält. Für den Fall, daß das System keine IP-Adresse für einen bestimmten Maschinennamen über Broadcasts findet, schaltet es automatisch auf die NBNS P-Node-Methode um, um den Namen direkt aufzulösen.

H-Node (Hybrid)

H-Node ist eine Kombination von B-Node und P-Node. Hier wird die Arbeitsweise der M-Node-Methode umgekehrt. Standardmäßig arbeitet ein H-Node wie ein P-Node. Bei der Verwendung der H-Node-Methode fragt ein System zunächst den NBNS ab und schaltet nur auf Broadcasts um, wenn die erste Methode nicht funktioniert.

Microsoft Enhanced B-Node

Wenn Microsoft TCP/IP initialisiert wird, wird der Absatz **#PRE** der statischen Adreßdatei von LMHOSTS in den Adreß-Cache geladen. Bei der Arbeit versucht das Microsoft Enhanced B-Node-System zunächst, die Namen aufzulösen, indem es den Adreß-Cache prüft, bevor es Broadcasts aussendet. Das System sendet daher nur Broadcasts aus, wenn der Name nicht im Cache gefunden wird. Wenn beide Versuche erfolglos sind, prüft das System die LMHOSTS-Datei direkt, um als letzten Ausweg hier eine Auflösung des Namens zu finden.

Registrieren, Erkennen und Löschen von Namen in NetBIOS

Ein Kunde der Telekom kann selbst darüber entscheiden, ob sein Name in das Telefonbuch aufgenommen wird, dann nachschauen, ob der Name darin richtig aufgeführt wird, und diesen, wenn er möchte, auch wieder streichen lassen. Die Namensvergabe in NetBIOS funktioniert diesbezüglich ähnlich. Alle Modi von NetBIOS über TCP/IP verwenden eine Form von Registrierung und doppelter Erkennung, und alle streichen nicht mehr aktuelle oder sonstwie unerwünschte Namen. Solche Operationen werden in der Regel über Broadcasts ausgeführt, oder indem ein NetBIOS-Name-Service ausgeführt wird. Es gibt drei Methoden, mit denen NetBIOS-Namen als Bestandteil des Vorgangs der Namensauflösung mit NetBIOS registriert, bekanntgegeben und erkannt werden können. Diese sind:

- **Namensregistrierung:** Wenn ein NetBIOS-System über einen TCP/IP-Host startet, wird dessen Name über eine Anfrage zur NetBIOS-Namensregistrierung eingetragen. Wenn der zugewiesene Name doppelt vorhanden ist, beantwortet der Host oder NetBIOS-Name-Server, bei dem sich der Client anmelden will, die Namensregistrierung negativ. Das Ergebnis ist ein Initialisierungsfehler.

- **Namenserkennung:** Wenn zwischen NetBIOS-Systemen kommuniziert wird, wird eine Anfrage nach einer Auflösung eines Namens gestellt. Abhängig davon, wie die Anfrage gestellt wurde, beantwortet entweder der Host, der den Namen trägt, oder der NetBIOS-Name-Server die Namensanfrage positiv.

- **Namenslöschung:** Beim Beenden eines NetBIOS-Systems über eine TCP/IP-Sitzung als Host wird der NetBIOS-Name, den das System verwendet hat, gelöscht. Damit wird verhindert, daß das System eine negative Antwort bei der Namensregistrierung ausgibt, weil bei einem späteren Registrierungsversuch mit demselben Namen eine doppelte Namensvergabe vorliegen würde. Dieses Löschen findet dann statt, wenn die Einheit aus dem Netz genommen wird oder der Workstation-Dienst beendet wird.

B-Node: Die lokale Auflösung von NetBIOS-Namen

Die unten aufgeführten Schritte sind entscheidend für das Verständnis der Namensauflösung von NetBIOS, und warum es genau auf diese Weise funktioniert. Ein solides Verständnis dessen, wie NetBIOS-Namen aufgelöst werden, wenn der Ziel-Host sich im lokalen Netzwerk befindet, führt zu mehr als nur Antworten auf grundlegende Fragen – es setzt die entsprechenden Grundlagen für das Verständnis von später behandelten Themen, die darauf aufbauen. Der Vorgang, wie die Auflösung von NetBIOS-Namen im Netzwerk durchgeführt werden, wird in Abbildung 6.1 gezeigt und im Folgenden beschrieben:

Abbildung 6.1: So wird ein lokaler NetBIOS-Name mit Hilfe einer B-Node-Übertragung in eine IP-Adresse aufgelöst

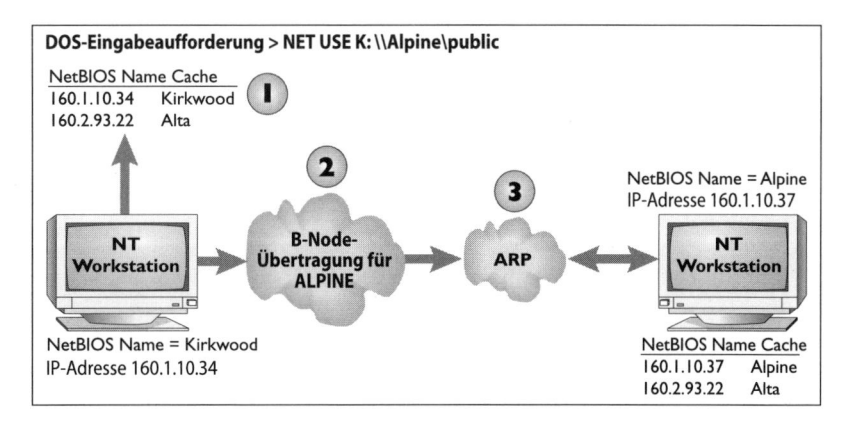

1. Systeme, die im B-Node-Modus arbeiten, geben einen Befehl zusammen mit einer NetBIOS-Anforderung wie net use k: \\Alpine\allinfo aus. Um aufwendige Transaktionen zur Auflösung des Namens zu verhindern, prüft das System zunächst den lokalen Adreß-Cache. Wenn der Name darin gefunden wird, wird überflüssiger Datenverkehr im Netzwerk und dadurch Geschwindigkeitsverlust erfolgreich verhindert. Wenn keine Übereinstimmung gefunden wird, geht das System zu Schritt 2 über.

2. An dieser Stelle wird ein Rundruf (Broadcast) mit einer Namensanfrage in das lokale Netzwerk gesendet, der die Anfrage nach dem NetBIOS-Namen des Zielrechners enthält.

3. Der Rundruf wird von allen Systemen im lokalen Netzwerk empfangen. Diese prüfen alle, ob ihr Name mit dem gesendeten Namen übereinstimmt. Wenn der Besitzer gefunden wird, baut dieses Gerät eine Antwort auf die Namensanfrage auf. Diese Antwort wird abgeschickt, sobald der ARP die Hardware-Adresse des Systems aufgelöst hat, das die Namensanfrage gestartet hat. Wenn das anfragende System eine positive Antwort erhält, ist eine NetBIOS-Verbindung erfolgreich aufgebaut.

> **HINWEIS** *Wichtig zu beachten ist dabei, daß Router Broadcasts typischerweise nicht weitergeben, was bedeutet, daß nur ein lokales System eine solche Meldung erhält. Broadcasts, die weitergegeben werden, erhöhen empfindlich den Datenverkehr und verringern daher die Geschwindigkeit. Obwohl viele Router Broadcasts unterstützen können, wird die Funktion in der Regel ausgeschaltet.*

Enhanced B-Node: Auflösung von NetBIOS-Namen in Remote-Netzwerken

Wenn ein Host in einem Remote-Netzwerk ist, wird ein lokaler Rundruf gestartet, um den Namen aufzulösen. Wenn der Rundruf vom Router weitergegeben wird, wird die Anfrage auf die gleiche Weise beantwortet und ausgeführt, wie bei der lokalen B-Node-Anfrage zur Namensauflösung. Wenn dieser Versuch scheitert, wird die LMHOSTS-Datei in einem weiteren Versuch, die spezifische Adresse zu finden, durchsucht (siehe Abbildung 6.2).

Der Vorgang der Namensauflösung

Abbildung 6.2:
NetBIOS-Namen über Fernverbindung auflösen

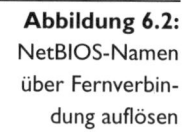

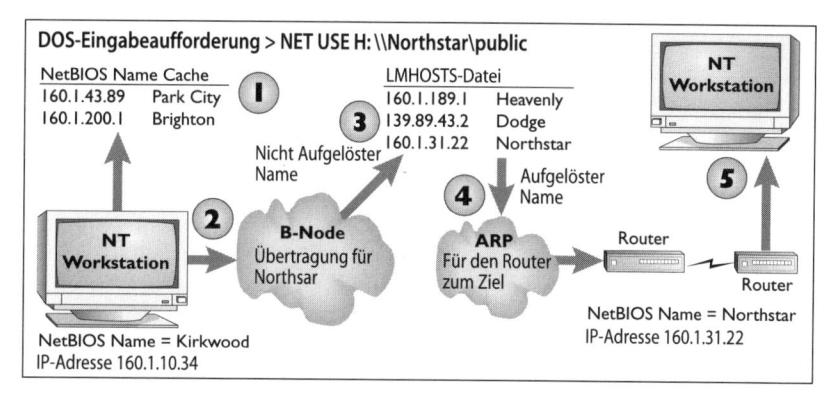

```
DOS-Eingabeaufforderung > NET USE H:\\Northstar\public

NetBIOS Name Cache          LMHOSTS-Datei
160.1.43.89   Park City     160.1.189.1    Heavenly
160.1.200.1   Brighton      139.89.43.2    Dodge
                            160.1.31.22    Northstar
```

(Diagramm: NT Workstation "Kirkwood" IP 160.1.10.34 → B-Node Übertragung für Northsar → ARP Für den Router zum Ziel → Router → Router → NT Workstation "Northstar" IP 160.1.31.22)

1. Systeme, die mit dem Enhanced B-Node-Modus arbeiten, erzeugen einen Befehl mit einer NetBIOS-Anforderung – wiederum als Beispiel: `net use h: \\Nordstern\allinfo`. Wie im normalen B-Node-Modus prüft das System den lokalen Adreß-Cache und macht nicht weiter, wenn der Name gefunden wird, oder vollzieht den nächsten Schritt, wenn der Vorgang keinen Erfolg brachte.

2. Wiederum wie im normalen B-Node-Modus schickt das System an dieser Stelle eine Namensanfrage im lokalen Netzwerk herum, um nach \\Nordstern zu suchen. Wenn das Zielsystem auf einem anderen Netzwerk liegt, wird die Anfrage zur Namensauflösung wiederum scheitern, da der dazwischen liegende Router die Broadcasts nicht weiterleitet. Daher muß das System zu Schritt 3 übergehen.

3. Hier wird die Datei LMHOSTS durchsucht, und der entsprechende Eintrag wird gefunden: Nordstern, IP-Adresse 160.1.31.22. Damit ist die Adresse aufgelöst.

4. Sobald die IP-Adresse dem anfragenden Remote-System mitgeteilt worden ist, wird in der lokalen Routing-Tabelle nachgesehen, welcher der schnellste Weg zu diesem System ist. Wenn kein Weg gefunden wird, wird eine ARP-Anfrage gestartet, um die Hardwareadresse des Standard-Gateway zu erhalten. Immer wenn eine Remote-Adresse festgestellt wird, wird diese an das Gateway zur Übertragung geschickt. Da das Gateway häufig benutzt wird, ist dessen Hardware-Adresse in der Regel im lokalen Cache zu finden. Sollte dies nicht der Fall sein, wird das Gateway wiederum durch einen Rundruf gesucht.

5. Eine Antwort wird verschickt, sobald ARP die Hardwareadresse des Routers aufgelöst hat. Wenn das anfragende System die Antwort empfangen hat, wird eine NetBIOS-Verbindung aufgebaut.

6 • Namensauflösung in NetBIOS

Auflösung von NetBIOS-Namen mit einem NetBIOS-Name-Server

Der folgende Abschnitt beschreibt, wie die Namensauflösung funktioniert, wenn ein NetBIOS-Name-Server (NBNS) verwendet wird. Eine häufige Implementation eines NBNS ist ein WINS-Server (Windows Internet Name Service). Ein NBNS ist hochflexibel und wird daher sehr häufig benutzt. Diese Server arbeiten im P-Node-, M-Node- und auch im H-Node-Modus von NetBIOS über TCP/IP. Ein weiterer Grund für deren häufigen Gebrauch liegt darin, daß ein NBNS eine bessere Geschwindigkeit ermöglicht als die traditionelle Auflösung über Broadcasts. In Abbildung 6.3 wird gezeigt, wie NetBIOS-Namen mit Hilfe eines NetBIOS-Name-Servers in IP-Adressen aufgelöst werden.

Abbildung 6.3: Namen mit einem NetBIOS-Name-Server auflösen

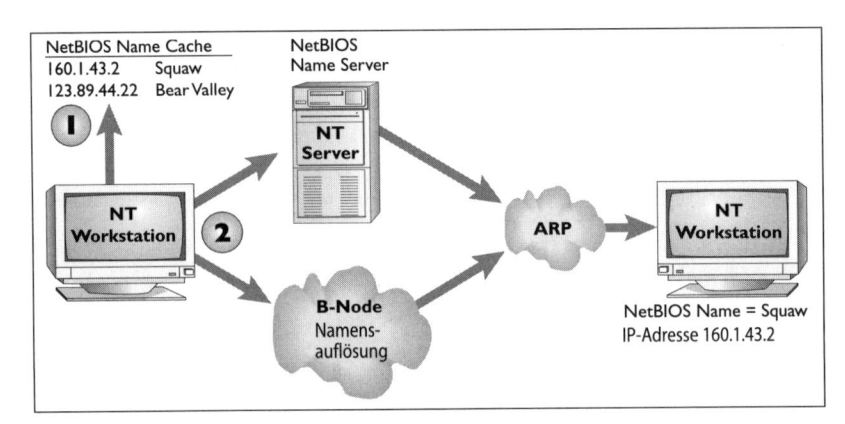

Wie in früheren Beispielen beginnt der Prozeß der Auflösung von NetBIOS-Namen mit der Eingabe eines Befehls, der eine Suche auslöst, wie z.B. „net use", „net view" usw. Die Suche entspricht den vorhergehenden Methode in folgenden Beziehungen:

1. Net use L: \\SquawValley\allinfo: Das System sucht im lokalen Adreß-Cache, um den Namen aufzulösen.

   - Wenn dieser gefunden wird, ist die Auflösung durchgeführt, und der ARP-Prozeß für die weitere Auflösung der Hardware-Adresse wird gestartet.

   - Der Hauptgrund für diese Verfahrensweise liegt darin, daß zusätzlicher Datenverkehr im Netzwerk weitgehend vermieden werden soll.

   - Egal, was ausgeführt wird, bei dieser Vorgehensweise wird der lokale Cache immer als erstes geprüft, bevor irgendeine andere Maßnahme zur Auflösung getroffen wird.

2. Abhängig von der Art, in der TCP/IP konfiguriert ist, ist der folgende Schritt unterschiedlich. Die nachfolgende Liste zeigt die einzelnen Möglichkeiten:

- **P-Node (Peer to Peer):** Nachdem Schritt 1 nicht zur Auflösung des Namens geführt hat, wird direkt eine Anfrage an den NetBIOS-Name-Server geschickt. Wenn der Name gefunden wird, werden die entsprechenden Adreßangaben als Antwort an das anfragende System zurückgesendet.

- **M-Node (gemischt):** Nachdem Schritt 1 nicht zur Auflösung des Namens geführt hat, werden die Schritte, die zu den B-Node-Broadcasts beschrieben wurden, nacheinander durchgeführt. Wenn diese Strategie fehlschlägt, versucht der Host, den NetBIOS-Namen aufzulösen, als ob es sich um einen P-Node handelt.

- **H-Node (hybrid):** Wiederum wie bei einem M-Node muß zunächst der Schritt 1 scheitern. Danach werden die Schritte unternommen, die im Abschnitt zu den P-Nodes beschrieben sind. Wenn auch dieser Versuch scheitert, versucht der Host als letztes den NetBIOS-Namen aufzulösen, als ob er ein B-Node wäre, indem er einen Rundruf startet.

3. Sobald der Host-Name aufgelöst ist, wird wie in den Schritten 1 und 2 ARP verwendet, um die Hardware-Adresse festzustellen.

NetBIOS-Namensauflösung bei der Arbeit

Microsofts Implementation von TCP/IP in Windows NT unterstützt alle Formen der Auflösung, die bisher erwähnt wurden. Wenn das System in dieser Weise konfiguriert ist, stellt man fest, daß Microsoft das System so ausgelegt hat, daß eine Namenssuche folgende Schritte einhält: (siehe Abbildung 6.4).

Abbildung 6.4:
Das Verfahren von Microsoft zur Auflösung von NetBIOS-Namen

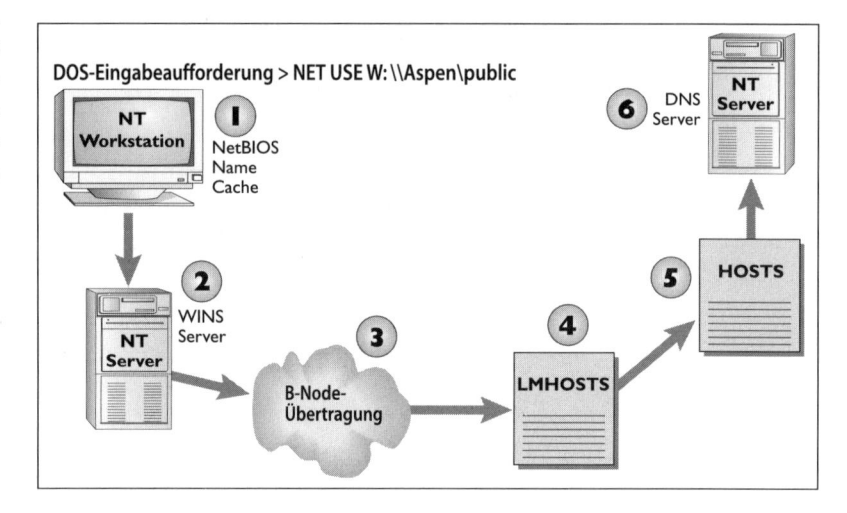

1. Der Prozeß wird gestartet, indem ein Befehl eingegeben wird, der eine NetBIOS-Namensauflösung startet, wie etwa **net use w: \\Essen\allinfo**. An dieser Stelle wird der lokale Adreß-Cache nach dem Ziel-Host durchsucht.

2. Wenn der Name nicht gefunden wurde, wird im nächsten Schritt die Verbindung mit den WINS-Server aufgebaut, gefolgt von der Vorgehensweise, die zu den P-Nodes in diesem Kapitel beschrieben wurden.

3. Wenn der WINS-Server den Namen nicht finden konnte oder zwar gefunden hat, aber als nicht verfügbar identifizierte, startet Microsofts TCP/IP einen Rundruf, wie zu den B-Nodes beschrieben.

4. Wenn der Rundruf auch kein Glück brachte, wird im nächsten Schritt die Datei LMHOSTS durchsucht. Diese Vorgehensweise entspricht dem Enhanced B-Node-System von Microsoft.

5. Danach wird die Datei HOSTS, die sich auf dem lokalen Laufwerk befindet, durchsucht.

6. Der letzte Versuch wird über DNS durchgeführt. Wenn das DNS-Gerät nicht antwortet, werden wiederholte Anfragen in Intervallen von 5, danach 10, 20, 40, 5, 10 und 20 Sekunden wiederholt. Wenn ein Netzwerk mit DNS konfiguriert und die DNS-Maschine ausgefallen ist, werden alle Geräte im Netzwerk, die DNS in irgendeiner Form verwenden, plötzlich beträchtlich langsamer. Die Wartezeiten können so groß werden, daß die Systeme scheinbar abgestürzt sind, wenn die Namen aufgelöst werden. Dieser üble Effekt tritt vor allem bei Windows für Workgroups auf und ist bei Windows NT nicht annähernd so ausgeprägt. Das Rechenverhalten von NT ist hier wesentlich effizienter.

NetBIOS-Namensauflösung bei der Arbeit

Wenn alle Versuche der Namensauflösung fehlschlagen, wird als Antwort eine Fehlermeldung geschickt. Allerdings soll an dieser Stelle hervorgehoben werden, daß die Schutzmaßnahmen für die Implementierung von Namensauflösung durch Microsoft nicht nur ausgefeilt, sondern auch sehr effizient sind. Der Ablauf der Auflösungsstrategie durch das System setzt die Prioritäten so, daß als erstes die schnellste Methode mit der geringsten Belastung für das Netzwerk gewählt wird. Es ist auch wichtig festzustellen, daß nach der Auflösung des Namens keine weiteren Schritte unternommen werden – der vordefinierte Prozeß wird nicht einfach ausgeführt, sondern wird überwacht und nur so weit fortgeführt, bis der Erfolg erreicht ist.

Lokale NetBIOS-Namensauflösung mit LMHOSTS

LMHOSTS ist eine statische Tabelle, die in einer lokalen Datei gespeichert ist und mit der NetBIOS-Namen in IP-Adressen auf einem Remote-Netzwerk umgewandelt werden. Wie jede Tabelle hat LMHOSTS ein spezielles Format und unterstützt spezielle Funktionen, die auf Befehlen beruhen, die in die Datei eingegeben werden können. Von den Funktionen her bietet LMHOSTS folgende Möglichkeiten:

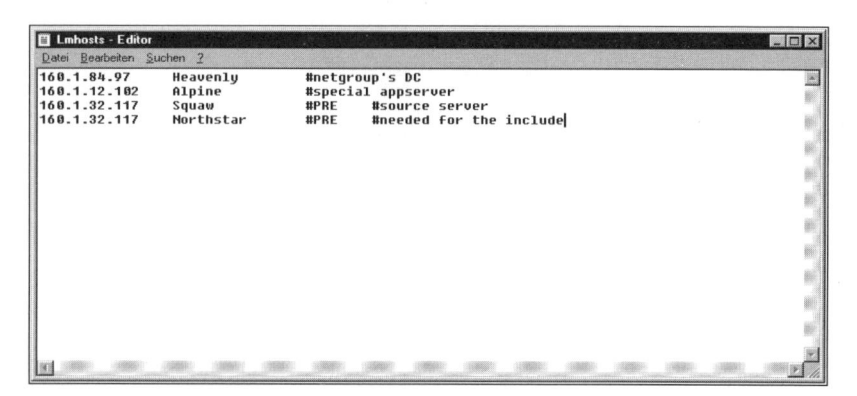

```
Lmhosts - Editor
Datei  Bearbeiten  Suchen  ?
160.1.84.97       Heavenly      #netgroup's DC
160.1.12.102      Alpine        #special appserver
160.1.32.117      Squaw         #PRE    #source server
160.1.32.117      Northstar     #PRE    #needed for the include
```

- Namensauflösung, wenn sie aufgerufen wird
- Einen Einzeleintrag für die Umwandlung eines Namen in eine IP-Adresse. Alle folgenden Einträge werden ignoriert, wenn derselbe NetBIOS-Name in Verbindung mit einer anderen IP-Adresse verwendet wird.

*Um häufige Neustartvorgänge wegen Änderungen in der Datei LMHOSTS zu vermeiden, können die Eintragungen manuell durch die Eingabe von **nbtstat -R** geladen werden, wobei bei dem Parameter -R die Großschreibung zu beachten ist.*

- Die Möglichkeit, IP-Adressen von häufig benutzten Hostrechnern mit dem Kommentar #PRE nach dem Eintrag in den Arbeitsspeicher zu laden, sollte genutzt werden. Dies ist eine praktische Funktion, die den Datenverkehr im Netzwerk reduziert, da garantiert ist, daß keine Broadcasts an den Host geschickt werden müssen. Die gewünschten Informationen aus den Zeilen mit dem Kommentar #PRE werden geladen, wenn NetBIOS über TCP/IP initialisiert wird.

- Domänenüberprüfung, Kontensynchronisation und -anzeige durch Einfügen von #DOM in die Eingabezeile

> **HINWEIS**
> *Alle Anweisungen in Microsoft-TCP/IP32, die mit einem #-Zeichen beginnen, werden als Kommentar behandelt.*

- Unterstützung von LMHOSTS-Dateien, die von früheren Implementationen von Microsoft-TCP/IP herrühren, wie etwa dem LAN-Manager

- In Windows NT-Systemen muß die Datei LMHOSTS im Ordner %SystemRoot%\ system32\drivers\etc gepflegt werden. (Der Standardsystemordner ist WinNT. Wenn das System mit einem Upgrade aktualisiert wurde, befindet sich die Datei in dem Ordner, in der sie sich in der früheren Version von Windows befand.

NetBIOS-Auflösung in Netzwerken über die Datei LMHOSTS

Wie bereits erwähnt, hat Microsoft mit der Implementation von TCP/IP die Flexibilität erweitert. Diesem Standard entsprechend ist die Funktionalität bezüglich LMHOSTS ebenfalls erweitert worden. Microsoft hat zusätzliche Funktionen in die LMHOSTS-Datei eingebaut, wie etwa die Möglichkeit, diese innerhalb einer Netzwerkkonfiguration oder einer zentralisierten Konfiguration zu verwenden, was bis dahin nicht möglich war. Dadurch ist die Datei nicht nur leicht verfügbar und dadurch leicht zu pflegen und zu erweitern, sondern die gesamte TCP/IP-Verwaltung wird unterstützt und vereinfacht.

Eine LMHOSTS-Datei im Netzwerk kann in eine lokale LMHOSTS-Datei eingefügt werden, indem man in einer Zeile #INCLUDE und den Namen der Datei, die eingelesen werden soll, einfügt.

Die folgende Abbildung zeigt, wie eine LMHOSTS-Datei im Netzwerk verwendet werden kann:

NetBIOS-Namensauflösung bei der Arbeit

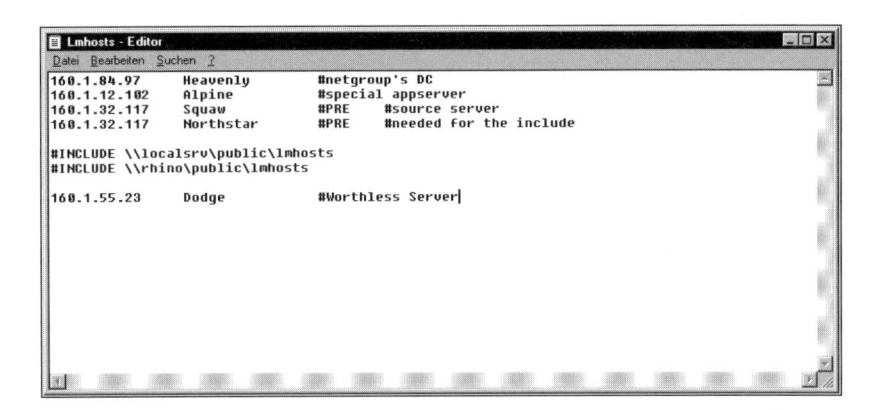

```
Lmhosts - Editor
Datei  Bearbeiten  Suchen  ?
160.1.84.97      Heavenly      #netgroup's DC
160.1.12.102     Alpine        #special appserver
160.1.32.117     Squaw         #PRE    #source server
160.1.32.117     Northstar     #PRE    #needed for the include

#INCLUDE \\localsrv\public\lmhosts
#INCLUDE \\rhino\public\lmhosts

160.1.55.23      Dodge         #Worthless Server
```

Windows NT 4 prüft die LMHOSTS-Datei automatisch, bevor sich der Benutzer anmeldet. Da der NetBIOS Helper-Dienst beim Bootvorgang gestartet wird, wenn noch kein Benutzername zur Verfügung steht, um die Datei LMHOSTS von einem anderen System einzulesen, muß ein Null-Benutzername verwendet werden. Im Gegensatz zu Windows NT 3.51 muß die Version 4 speziell konfiguriert werden, um Null-Benutzernamen zu unterstützen.

Allgemeine LMHOSTS-Dateien sollten allen Benutzern zur Verfügung stehen. Um einen gemeinsamen Zugriff für einen Null-Benutzer zu ermöglichen, muß die Registrierung mit REGEDT32 geändert werden:

\HKEY_LOCAL_MACHINE\SYSTEM\CurrentControlSet\Services\
LanmanServer\Parameters\NullSessionShares

In einer neuen Zeile in NullSessionShares wird der Name der gemeinsam genutzten Ressource eingegeben, für den die Null-Session-Unterstützung bereitgestellt werden soll, wie etwa Public. Danach muß das System neu gestartet werden oder der Serverdienst angehalten und neu gestartet werden.

HINWEIS *Dieser Vorgang sieht sehr umständlich aus, allerdings sind die Schritte in der Praxis schnell durchgeführt.*

Eine Alternative zur Änderung der Registrierung ist die manuelle Eingabe von nbtstat -R, um die zentrale Datei LMHOSTS einzubinden. Je nach Anforderungen kann dieser Befehl auch in eine Batchdatei eingebunden werden, wie etwa in ein Anmeldungsskript, wenn dieses verwendet wid, oder als Symbol in die Autostart-Gruppe, um den manuellen Prozeß zu automatisieren. Die beste Möglichkeit ist entweder die Registrierung zu ändern oder den Befehl in einem Anmeldungsskript zu starten.

Blockinklusion

Die Datei LMHOSTS hat eine weitere Funktion, die bisher nicht genannt wurde – Blockinklusion. Dies ist eine spezielle, letzte Erkundungsfunktion, mit der man auf die LMHOSTS-Datei in einem anderen System zugreifen und nicht aufgelöste Namen nachschlagen kann. Der einzig sinnvolle Einsatz für Blockinklusion besteht dann, wenn alle Möglichkeiten, Suchpfade in der LMHOSTS einzurichten, erfolglos waren. Wenn das System den gewünschten Namen nicht mit dem lokalen Cache auflösen kann und auch der Gebrauch von #PRE-Kennzeichnung und sonstigen Einträgen keinen Erfolg bringt, bleibt die Blockinklusion als letztes Mittel.

Eine Blockinklusion wird gekennzeichnet durch #begin_alternate und #end_alternate am Anfang und am Ende des Blocks. Bei einer Suche wird das erste System im Inklusionsblock auf Übereinstimmung mit dem angeforderten geprüft. Ob diese Suche erfolgreich ist oder nicht, kein weiteres System in dem Block wird geprüft, es sei denn, das erste System ist nicht erreichbar. Nur dann wird der nächste Eintrag im Inklusionsblock gelesen. Zeilen, die üblicherweise in einer Blockinklusion eingefügt werden, fangen mit #include an, was auf ein Remote-System verweist. Wenn man sich dafür entscheidet, LMHOSTS-Dateien in einer Blockinklusion zu durchsuchen, sollte man sich darüber im klaren sein, daß diese Funktion eher aus Gründen der Fehlertoleranz als zur Erleichterung einer Gruppensuche eingeführt wurde. Vielschichtige rekursive Suchaktionen führen mit der Zeit zu immer längeren Zeiten für die Auflösung, wenn die Liste weiter wächst.

> *Wenn man von Geschwindigkeit spricht, ist es sehr wichtig zu beachten, daß beim ersten Entwurf der LMHOSTS-Datei die Namen der am häufigsten angesprochenen Systeme oben in der Liste eingetragen werden und alle Systeme mit dem Kennzeichen #PRE am Ende. Da die LMHOSTS-Datei von oben nach unten eingelesen wird, werden häufig gesuchte Geräte schneller gefunden. Alle Einträge mit #PRE können ignoriert werden, nachdem TCP/IP initialisiert wurde.*

Die folgende Grafik zeigt eine LMHOSTS-Datei mit einer Blockinklusion:

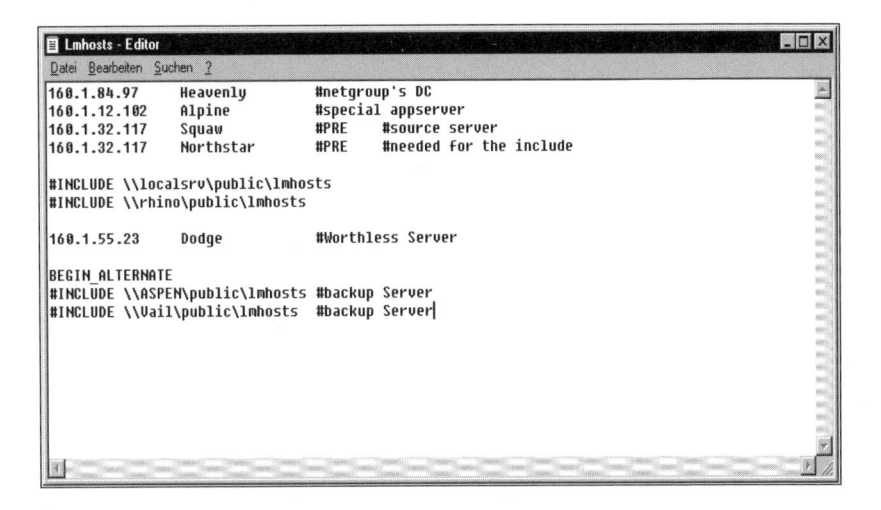

```
Lmhosts - Editor
Datei Bearbeiten Suchen ?
160.1.84.97      Heavenly      #netgroup's DC
160.1.12.102     Alpine        #special appserver
160.1.32.117     Squaw         #PRE    #source server
160.1.32.117     Northstar     #PRE    #needed for the include

#INCLUDE \\localsrv\public\lmhosts
#INCLUDE \\rhino\public\lmhosts

160.1.55.23      Dodge         #Worthless Server

BEGIN_ALTERNATE
#INCLUDE \\ASPEN\public\lmhosts #backup Server
#INCLUDE \\Vail\public\lmhosts  #backup Server
```

Probleme bei der Namensauflösung in NetBIOS

Wie bei so vielen Dingen dieser Welt muß man sich bestimmten Regeln unterwerfen, damit diese Dinge richtig funktionieren. Wenn man beispielsweise den regelmäßigen Ölwechsel bei seinem Auto alle 10000 km vergißt, vergeudet man Zeit und Geld mit Reparaturen und führt herbei, daß das Auto schließlich frühzeitig auf dem Schrott landet. Genau das gleiche gilt für LMHOSTS-Dateien wie für TCP/IP ganz allgemein. Wenn man die Dinge nicht versteht und die Richtlinien nicht beachtet und zusätzlich die Dateien nicht ordentlich pflegt, tauchen Probleme auf. Im folgenden werden nur einige genannt:

Fallstudie 1: Wenn NetBIOS-Namen nicht aufgelöst werden können

Wichtig festzustellen ist die Tatsache, daß, wenn ein NetBIOS-Name nicht aufgelöst werden kann, ein Anwender vergessen hat, daß für jedes Gerät ein spezieller Eintrag erforderlich ist, das von dem System aufgelöst werden muß, an das die Anfrage gestellt wurde. Eine Firma beispielsweise, die sowohl einen WINS-Server als auch die Datei LMHOSTS verwendet, stellt fest, daß auf einige Geräte nur zugegriffen werden kann, wenn der WINS-Server ausgeschaltet ist. Woran liegt das? Der WINS-Server ist auf dem neuesten Stand und kennt alle Server, die Datei LMHOSTS nicht.

Fazit: Ignoriere es, und es geht von selbst weg..., pflege es und es bleibt.

Fallstudie 2: Rechtschreibprüfung

... oder der Fall der irrtümlichen Identität. Es ist auffällig, wie oft Leute an einen Host-Namen eine Eins (1) anhängen und dafür fälschlicherweise das kleine L (l) oder das große i (I) verwenden. Wie bei Host-Namen muß die Schreibweise, mit der ein NetBIOS-Name im System eingegeben wird, genau der Schreibweise entsprechen, die man bei dessen Auflösung eingibt.

Fazit: Keine große Kreativität bei Host-Namen – immer die gleichen beibehalten!

Fallstudie 3: Zurück an der Absender – Unbekannt verzogen

Meist ist nicht die IP-Adresse in der Datei LMHOSTS falsch eingegeben, sondern die IP-Adresse des Hosts hat sich geändert. Wenn dies der Fall ist, dann versuchen Sie, einen Host an einer IP-Adresse zu erreichen, die entweder nicht mehr existiert oder neu vergeben worden ist. Es ist wichtig, daß man sicher ist – es muß im Zweifel überprüft werden, ob die IP-Adresse wirklich stimmt. Bei großen Aktionen, wie dem Umzug eines ganzen Netzwerks, Neugruppierung der Hosts oder Austausch der Rechner werden kleine Dinge wie die Datei LMHOSTS gern übersehen. Der DNS wurde geändert, Memos wurden an die Verwaltung geschickt usw. Aber auch bei der effizientesten Arbeit können Fehler passieren. Die IP-Nummern bedürfen einer besonderen Aufmerksamkeit – manchmal ist die einzige Möglichkeit, die Wahrheit festzustellen, den Host selbst zu prüfen.

Fazit: Erstellen Sie eine Liste, und überprüfen Sie diese zweimal.

Fallstudie 4: Entschuldigung – Ich dachte, Sie wären jemand anders

Was hier nur immer wieder betont werden muß, sobald der Name mit der dazugehörigen IP-Adresse gefunden wurde, wird nicht weitergesucht. Die Auflösung ist durchgeführt. Wenn unglücklicherweise der Name in der Datei mit der falschen oder häufig einer nicht mehr vorhandenen IP-Adresse eingetragen ist, wird der korrekte Eintrag weiter unten nie erreicht. Daher sollten die Computer regelmäßig einer Prüfung unterzogen werden und mit der vorhandenen Liste verglichen werden.

Fazit: Aktualität ist das A und O. Es darf immer nur genau *ein* Eintrag für einen NetBIOS-Namen existieren.

Noch ein Wort an den Experten

Fehlerbehebungen in TCP/IP sind einfach, wenn man eine klare Vorstellung von der Funktion der einzelnen Teile hat. Während jedes einzelne Element und dessen Rolle relativ leicht verständlich ist, ist die Zusammensetzung aller Teile, um ein Gesamtbild zu erhalten, schwierig und verwirrend. Kleine und einfache Details können sich zu richtig großen Problemen entwickeln, wenn sie übersehen werden oder in irgendeiner Weise versteckt auftauchen. Wenn beispielsweise ein Host an einen anderen Ort gebracht wurde und ein anderes Gerät an dessen Stelle mit der gleichen IP-Adresse aufgestellt wurde, erhält man den Eindruck, daß der Server läuft und aktiv ist, wenn man ihn mit dem Befehl „ping" zu Diagnosezwecken anspricht. In Wirklichkeit aber stellt die Adresse nicht mehr den Server dar, der gemeint ist – nicht der Server wird angesprochen, sondern irgendein nicht näher definiertes anderes Gerät. Insgesamt ist es hilfreich, wenn man versteht, wie sich alle Teile des TCP/IP-Puzzles zusammensetzen, wenn man auf die Details achtet und sich die Konsequenzen von Veränderungen vor Augen führt, um Probleme zu vermeiden, bevor sie auftreten, und Lösungsansätze im vorhinein parat zu haben, um diese Probleme zu beheben, wenn sie auftreten.

Im nächsten Kapitel wird der Gebrauch des Dynamic Host Configuration Protocol (DHCP) beschrieben, um dynamische IP-Adressen an die Hosts zu vergeben.

Microsoft NT-TCP/IP mit DHCP

KAPITEL 7

Alles, was bisher in diesem Buch behandelt wurde, dient vor allem dazu, ein Intranet aufzubauen. Die Vergabe von IP-Adressen, Namen, Auflösung von Namen usw. ist keine ganz einfache Sache, besonders wenn man folgende Probleme berücksichtigt:

- Wie behält man die Übersicht darüber, welche IP-Adressen vergeben und welche übrig sind?

- Wie kann man einem Gastcomputer eine temporäre IP-Adresse zuweisen, wie etwa einem Laptop?

Die Betrachtung dieser Probleme – und mögliche Lösungen – führen zum Verständnis von DHCP und seiner Installation.

Vereinfachung der TCP/IP-Verwaltung: BootP

Als Administrator ist eine kleine Liste, eine Liste von PCs und IP-Adressen – eine Art Hauptverzeichnis, welche IP-Adressen bereits vergeben sind – eine sehr hilfreiche Sache. Diese Liste muß nur geprüft und ergänzt werden, wenn ein neuer Computer im Netzwerk eingerichtet wird.

Nach Murphys Gesetzen ist die Liste niemals dann zur Hand, wenn man sie gerade braucht. Eine Möglichkeit, dieses Problem in den Griff zu bekommen, besteht darin, diese Liste von Computern und IP-Adressen auf einem der Server in einer Art umfassenden Host-Liste abzulegen. Dieses erfüllt zwei Zwecke: zum einen ist in dieser Liste sichtbar, welche IP-Adressen bereits vergeben sind, zum zweiten ist dieses eine Art HOSTS-Datei, die auf die lokalen Computerfestplatten kopiert werden kann.

Das ist allerdings ein ziemlich lästige Arbeit. Warum soll ein Administrator manuell etwas nachhalten, was eigentlich eine stumpfsinnig mechanische Arbeit ist – eine Art von Arbeit, für die Computer geradezu geschaffen sind.

Die Internet-Welt vereinbarte und erfand ein TCP/IP-Protokoll mit Namen BootP, das zu DHCP wurde, wie im folgenden beschrieben wird. Bei BootP sammelt ein Netzwerkadministrator zunächst eine Liste der MAC-Adressen für jede einzelne LAN-Karte. MAC- oder Media Access Control-Adressen sind eindeutige 48-Bit-Kennzeichen für jede einzelne Netzwerkkarte.

Danach weist der Administrator jeder einzelnen MAC-Adresse eine IP-Adresse zu. Ein Server im Intranet einer Firma führt dann diese Tabelle von Adreßpaaren von MAC-Adresse/IP-Adresse. Wenn dann ein

BootP-fähiger Arbeitsplatzrechner morgens startet, sendet er die Anforderung einer IP-Adresse aus. Der BootP-Server erkennt die MAC-Adresse aus der Anforderung und teilt dem Rechner die entsprechende IP-Adresse mit.

Dieses war eine große Verbesserung gegenüber der statischen IP-Adressierung, die bei der bisherigen Beschreibung unterstellt war. Der Administrator mußte nicht an jeden Rechner gehen, um diesem die spezifische IP-Adresse zu vergeben, sondern mußte nur eine Datei auf dem BootP-Server verändern, wenn ein neuer Rechner installiert werden mußte oder wenn es notwendig war, die IP-Adressen für eine bestimmte Gruppe von Rechnern zu ändern.

Ein anderer großer Vorteil von BootP war die Tatsache, daß es Schutz vor dem wohlmeinenden Anwender bot. Angenommen, Anwender Thomas sitzt zusammen mit Anwender Peter in einem Raum. Peters Rechner kommt nicht ins Netzwerk. Thomas ist hilfsbereit und sagt: „Bei mir klappt das hervorragend. Laßt uns den ganzen Systemkram von meinem Rechner auf Deinen Rechner kopieren". Das Ergebnis ist, daß beide Rechner die gleiche Konfiguration besitzen, so daß schließlich weder Thomas noch Peter ohne Fehler ins Netzwerk kommen. Wenn nun der Rechner von Thomas so konfiguriert ist, daß er seine Adresse vom BootP-Server bezieht, passiert kein Schaden, wenn die Konfiguration von Peters Rechner identisch ist, da Peters Rechner seine Adresse ebenfalls vom BootP-Server bezieht. Denn Peters IP-Adresse ist anders, vorausgesetzt der Netzwerkadministrator hat der MAC-Adresse von Peters Netzwerkkarte eine IP-Adresse zugewiesen.

DHCP: BootP Plus

Die Fähigkeit von BootP, IP-Adressen von zentraler Stelle zu vergeben, ist hilfreich, aber noch keine dynamische Vergabe. Der Netzwerkadministrator muß im voraus wissen, welche MAC-Adressen sich auf allen Ethernet-Karten im Netzwerk befinden. Diese Information ist zwar nicht unmöglich zu erhalten, aber doch recht aufwendig (meist kann man die Daten mit **ipconfig /all** von der Befehlszeile aus auslesen). Es ist aber noch immer unmöglich, temporär IP-Adressen zu vergeben, wie etwa eine IP-Adresse für einen Laptop, der von einem leitenden Angestellten der Firma, der zu Besuch kommt, mitgebracht wird.

DHCP verbessert BootP dahingehend, daß diesem System nur ein Bereich von IP-Adressen mitgeteilt werden muß, die dann nach der nächsten freien Adresse verteilt werden. Zusätzlich kann das Verhalten von BootP beibehalten werden, da auch mit DHCP bestimmten MAC-Adressen fest IP-Adressen zugeordnet werden können.

Mit DHCP müssen nur die IP-Adressen für wenige Geräte festgelegt werden, wie etwa die Adressen für den BootP/DHCP-Server und den Standard-Gateway.

Im folgenden wird beschrieben, wie ein DHCP-Server im Netzwerk eingerichtet wird, so daß die IP-Adressen dynamisch vergeben werden. Danach wird die Funktionsweise von DHCP beschrieben.

Installation und Konfiguration von DHCP-Servern

DHCP-Server sind Geräte, die IP-Adressen an Rechner vergeben, die Zugriff auf das LAN anfordern. DHCP funktioniert nur, wenn die TCP/IP-Software auf der Workstation die Zusammenarbeit mit DHCP unterstützt – wenn die TCP/IP-Software einen DHCP-Client enthält. NT enthält TCP/IP-Software mit DHCP-Clients für Windows für Workgroups und DOS. NT- und Windows 95-Workstations unterstützen bereits direkt DHCP.

So wird eine DHCP-Konfiguration vorbereitet:

- Für den DHCP-Server muß eine IP-Adresse bereitgestellt werden – diese ist der einziger Computer im Netzwerk, der eine feste IP-Adresse haben muß.

- Der Bereich der IP-Adressen, die frei zugewiesen werden können, müssen festgestellt werden. Diese verfügbaren IP-Adressen werden dafür verwendet, um einen Adreßpool zu definieren.

So wird die DHCP-Konfiguration gestartet:

1. Rufen Sie in der Systemsteuerung das Netzwerksymbol auf, und klicken Sie auf die Registerkarte DIENSTE.

2. Klicken Sie auf HINZUFÜGEN.

3. Wählen Sie Microsoft DHCP-Server aus, und klicken Sie auf OK. Sie werden aufgefordert, den Pfad der Dateien anzugeben. Ein Informationsdialogfeld wird geöffnet, in dem Sie aufgefordert werden, alle IP-Adressen für Ihre Netzwerkkarte(n) in statische Adressen zu ändern. Klicken Sie auf OK.

4. Die DHCP-Software wird installiert. Klicken Sie auf die Schaltfläche SCHLIEßEN. Die Bindung wird durchgeführt. Nach einiger Zeit ist dieser Vorgang abgeschlossen, und es erscheint ein Fenster wie in Abbildung 7.1. Hier legen Sie die statische IP-Adresse fest.

DHCP-Adreßbereiche

Abbildung 7.1:
Das Dialogfenster
EIGENSCHAFTEN
VON MICROSOFT
TCP/IP

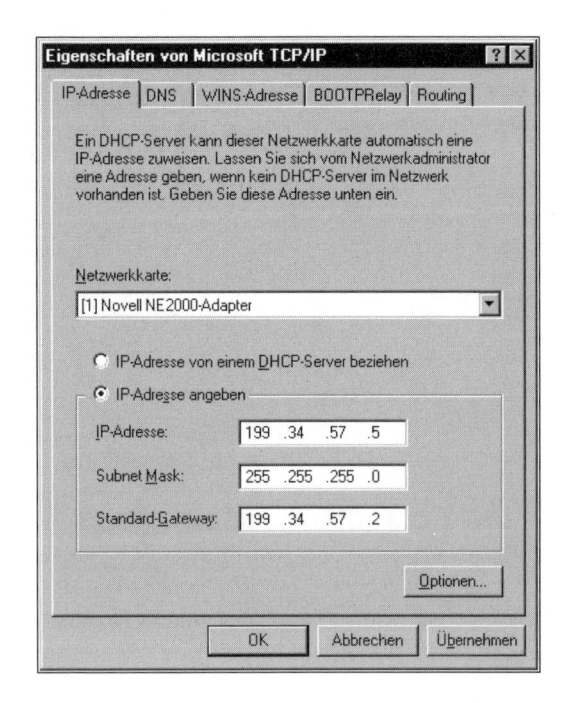

5. Sobald das System neu gebootet ist, finden Sie ein neues Symbol in der Gruppe VERWALTUNG (ALLGEMEIN), den DHCP-Manager. Starten Sie dieses, und ein Fenster wie in Abbildung 7.2 wird geöffnet.

Abbildung 7.2:
DHCP öffnen

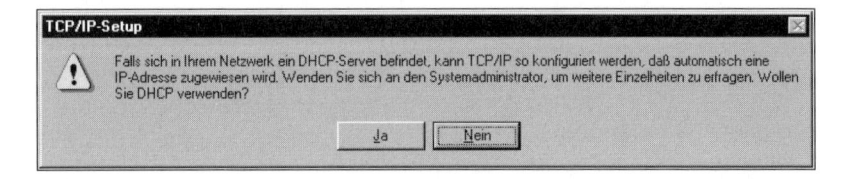

Beim ersten Start enthält das Fenster noch nicht viele Informationen. Der Adreßbereich muß noch festgelegt werden. Diese Festlegung soll im folgenden Abschnitt behandelt werden.

DHCP-Adreßbereiche

Um IP-Adressen ausgeben zu können, muß DHCP den IP-Adreßbereich kennen, den es verteilen kann. Dazu müssen Sie den Bereich für den DHCP-Server festlegen. Klicken Sie dazu auf BEREICH und danach auf ERSTELLEN. Ein Fenster wie in Abbildung 7.3 wird geöffnet.

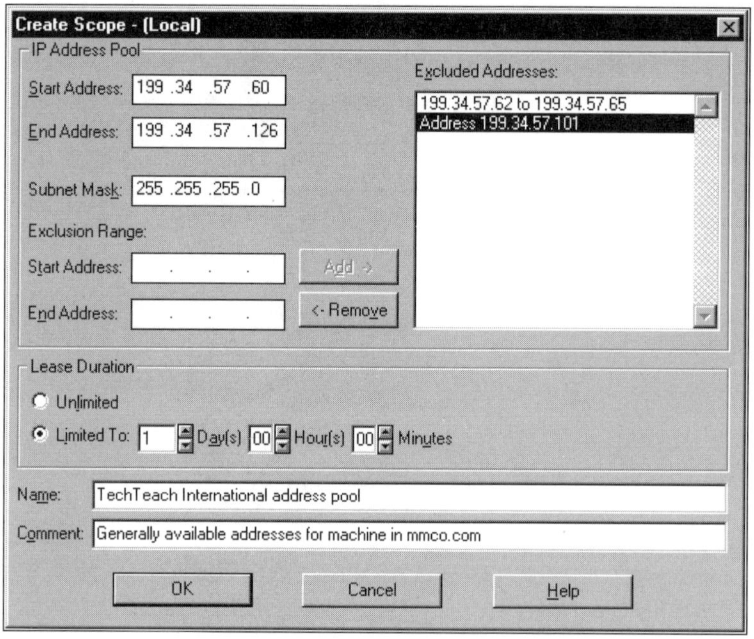

Abbildung 7.3:
Dialogfenster
BEREICH ERSTELLEN

Der Bereich ist einfach ein Pool von IP-Adressen, aus dem diese gezogen und verteilt werden können. Im angezeigten Beispiel reicht der Adreßbereich von einer Adresse mit .60 bis zu einer Adresse mit .126. Ein anderer Nutzen dieser Adreßbereiche ist folgender: Sie können jedem Teilnetz, das von den DHCP-Servern versorgt wird, einen eigenen Bereich zuordnen, und es ist sogar möglich, daß ein DHCP-Server mehrere Teilnetze versorgt. Weiter unten wird beschrieben, wie mehrere Server als DHCP-Server arbeiten können, um die Fehlertoleranz zu erhöhen.

Zurück zur Definition eines Bereichs: Beachten Sie, daß die Titelzeile des Dialogfelds BEREICH ERSTELLEN (LOKAL) lautet. Das wird so angezeigt, da ein DHCP-Server auch von einer anderen NT-Workstation gesteuert werden kann, wie es bei vielen NT-Netzwerkfunktionen der Fall ist.

Beachten Sie, daß die Felder ANFANGSADRESSE, ENDADRESSE, DAUER DER LEASE, NAME und BESCHREIBUNG gefüllt sind. Das hat folgenden Grund:

STARTADRESSE und ENDADRESSE definieren den Bereich der möglichen IP-Adressen, die ausgegeben werden können. Wie bereits erwähnt, sind als möglicher Bereich die Adressen von .60 bis .126 für den IP-Pool festgelegt worden. Das sind 67 Adressen, was für ein respektables C-Netzwerk völlig ausreichend ist. Eine andere Möglichkeit besteht darin, alle 250 Adressen freizugeben und danach im Feld AUSSCHLUSSBEREICH bestimmte Adressen auszuschließen und damit zu sperren.

Die Felder NAME und KOMMENTAR werden hauptsächlich später für Verwaltungsaufgaben verwendet. Das Feld DAUER DER LEASE ist standardmäßig auf UNBESCHRÄNKT eingestellt. Diese Auswahl sollte nicht verwendet werden – die Alternative 1 TAG ist besser geeignet. Klicken Sie auf OK. Ein Dialogfeld wie in Abbildung 7.4 wird geöffnet.

Abbildung 7.4:
Einen neuen Scope aktivieren

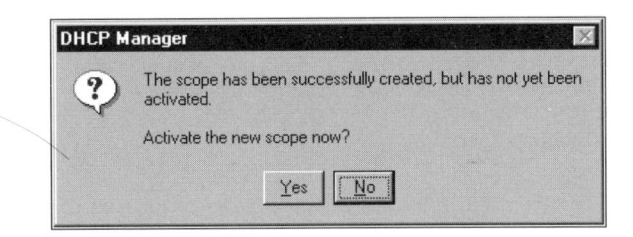

Klicken Sie auf JA, und die ausgewählten Einstellungen sind sofort verfügbar. Der DHCP-Manager sieht dann in etwa so aus wie in Abbildung 7.5.

Abbildung 7.5:
DHCP-Manager mit einem aktiven Adreßbereich

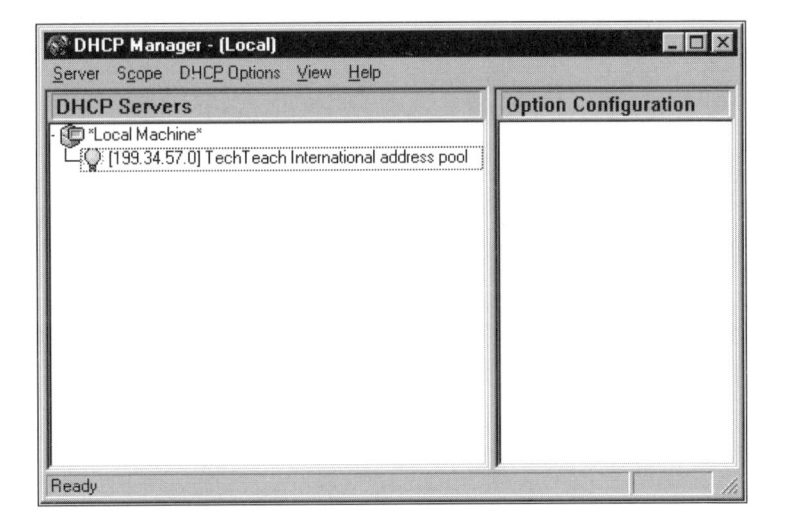

Beachten Sie, daß die gelbe Glühbirne einen aktiven Bereich anzeigt. Damit ist die Arbeit aber noch nicht beendet. DHCP kann auch Standardwerte für eine ganze Reihe von TCP/IP-Parametern zur Verfügung stellen, einschließlich folgender Werte:

- Standard-Gateway
- Domänenname
- DNS-Server
- WINS-Server (In DHCP wird dieser als WINS/NBNS-Server bezeichnet)

Alle diese Dinge mußten zuvor eingegeben werden, als die IP-Adressen fest vergeben wurden. Die Definition von bestimmten Standards macht DHCP zu einer noch attraktiveren Alternative für die IP-Adressierung. Klicken Sie nun auf DHCP OPTIONEN. Das Fenster mit den Optionen GLOBAL, BEREICH und STANDARD wird geöffnet.

Klicken Sie auf GLOBAL, um die Optionen einzustellen, die sich nicht von Teilnetz zu Teilnetz ändern, wie etwa der Domänenname oder die DNS- und WINS-Serveradressen.

Klicken Sie auf LOKAL, um die Optionen einzustellen, die nur für das bestimmte Teilnetz gelten, wie die Adresse für den Standard-Gateway, den DHCP aus nicht einleuchtenden Gründen ROUTER nennt.

> *Wenn Sie eine Option wie DOMÄNENNAME oder WINS-SERVER über DHCP einstellen, aber auch einen Wert für diese Optionen am Client-PC in der Systemsteuerung unter NETZWERK, TCP/IP, EIGENSCHAFTEN eingeben, dann überschreiben die Werte am lokalen Rechner die Einstellungen vom DHCP-Server.*

Die meisten Einstellungen sind global. Klicken Sie daher auf GLOBAL. Ein Dialogfeld wie in Abbildung 7.6 wird geöffnet.

Abbildung 7.6: Globale Einstellungen von DHCP

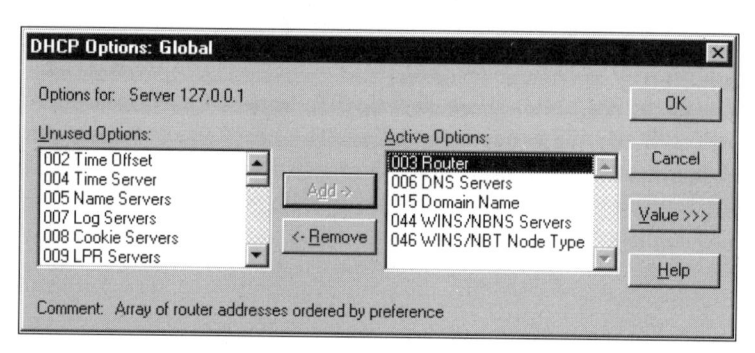

Auch wenn es ganze Gruppen von nicht definierten Parametern gibt, ist es nicht sinnvoll, diese einzustellen. Obwohl diese Parameter existieren, können sie von den Microsoft DHCP-Clients nicht verwendet werden. Nur die bereits erwähnten Parameter sollten festgelegt werden. Diese sind genau die Bestandteile von Windows, DOS, Windows 95 und NT, die damit ihre IP-Adressen vom DHCP-Server beziehen können. Microsoft hat die anderen Parameter mit eingefügt, um die Kompatibilität mit BootP aufrechtzuerhalten. Die fünf Parameter, die festgelegt wurden, waren:

- **DNS-Server**; es wurden zwei DNS-Server genannt.
- **Domänenname**, in diesem Falle `mmco.com`

DHCP-Adreßbereiche

- **WINS/NBNS-Server** mit den Adressen von den WINS-Servern (die weiter unten beschrieben sind). Die Einstellung davon erfordert auch die Einstellung von ...

- **WINS/NBT-Node-Typ**, eine kryptisch aussehende Einstellung, die nicht weiter interessant ist, außer daß sie auf 0x8 eingestellt sein sollte. Damit läuft WINS am besten. Diese Node-Typen werden in der später folgenden Beschreibung von WINS erläutert.

- **Router** (in den lokalen Einstellungen), der wiederum dem STANDARD GATEWAY im Eigenschaftenfenster zu TCP/IP entspricht.

Die Option, die geändert werden soll, wird im Fenster markiert. Klicken Sie danach auf HINZUFÜGEN. Klicken Sie anschließend auf WERT und ARRAY BEARBEITEN. Der Standard-Gateway soll beispielsweise den Wert 199.34.57.2 tragen. Klicken Sie dazu auf ROUTER und danach auf ARRAY BEARBEITEN. Ein Dialogfenster wie in Abbildung 7.7 wird geöffnet.

Abbildung 7.7:
Die Standard-Router-Adresse

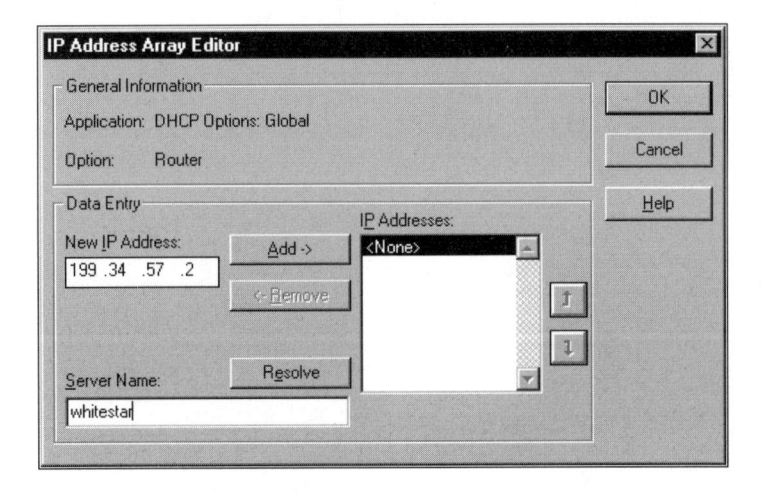

Beachten Sie, daß der Standardwert 0.0.0.0 ist, was in diesem Falle eine sinnlose Adresse ist. Geben Sie statt dessen **199.34.57.2** ein, und klicken Sie auf HINZUFÜGEN, aber verlassen Sie das Fenster noch nicht. Klicken Sie danach auf 0.0.0.0 und auf ENTFERNEN. Danach klicken Sie auf OK, um das Fenster zu schließen.

Das gleiche wird für den Domänennamen und die DNS-Konfiguration wiederholt. Damit sind alle Einstellungen vorgenommen, und der DHCP-Manager sieht wie in Abbildung 7.8 aus.

Beachten Sie die unterschiedlichen Symbole für die globalen und die lokalen Einstellungen. Schließen Sie den DHCP-Manager. Die Servereinrichtung ist abgeschlossen. Der Rechner braucht nicht neu gestartet zu werden.

Abbildung 7.8:
Der DHCP-Manager

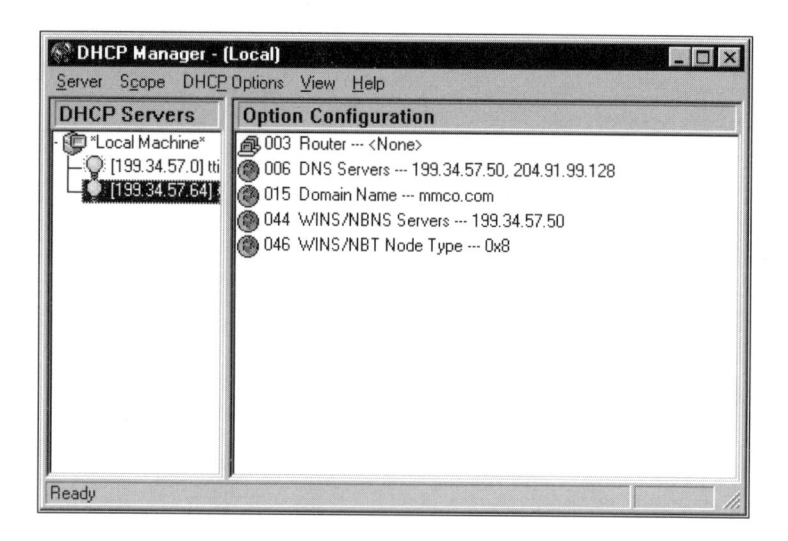

```
DHCP Manager - [Local]
Server  Scope  DHCP Options  View  Help

DHCP Servers              Option Configuration
  "Local Machine"           003 Router --- <None>
    [199.34.57.0] tti       006 DNS Servers --- 199.34.57.50, 204.91.99.128
    [199.34.57.64]          015 Domain Name --- mmco.com
                            044 WINS/NBNS Servers --- 199.34.57.50
                            046 WINS/NBT Node Type --- 0x8

Ready
```

DHCP auf dem Client

Jetzt ist DHCP auf einem Server eingerichtet. Diese Einstellung muß nun den Clients mitgeteilt werden. Die TCP/IP 32-Bit-Software in Windows für Workgroups besitzt eine DHCP-Konfiguration als Installationsoption ebenso wie die neuesten Clients für DOS und Windows. Wenn Sie feststellen wollen, welche IP-Adressen ein Client hat, geben Sie ipconfig /all an der Befehlszeile ein. An einer Arbeitsstation mit Windows 95 klicken Sie auf START und AUSFÜHREN und geben Sie WINIPCFG als Befehlszeile ein.

DHCP im Detail

Die Einstellungen von DHCP sind nun beendet. Wie arbeitet das System?

DHCP stellt IP-Adressen, basierend auf der Idee der Client lease. Wenn ein Gerät (ein DHCP-Client) eine IP-Adresse benötigt, fragt es einen DHCP-Server nach dieser Adresse. Ein DHCP-Server vergibt danach eine IP-Adresse an den Client, aber nur für eine begrenzte Zeit. – daher der Terminus IP lease. Sie können diese Dauer des IP lease im DHCP einstellen. Dieses ist eine der Einstellungen im Bereich EIGENSCHAFTEN.

Der Client kennt dann die Dauer der Adreßvergabe. Sogar nach einem Neubooten des Computers ist dem Rechner die zugewiesene Adresse und die Dauer der Zuweisung noch bekannt.

Auf einem Windows 3.x-Rechner wird diese Information in der dhcp.bin im Windows-Verzeichnis gespeichert. In Windows 95 wird dieser Wert in `HKEY_LOCAL_MACHINE\System\ CurrentControlSet\Services\VxD\DHCP\Dhcp-infoxx` *abgelegt, wobei xx zwei Ziffern sind. Wenn Sie die Fehlermeldung vom DHCP-Client auf einem Windows 95-Rechner ein- oder ausschalten wollen, bearbeiten Sie den Wert POPUP-FLAG im Schlüsselfeld* `HKEY_LOCAL _MACHINE\System\CurrentControlSet\Services\VxD\DHCP`*; geben Sie* `00 00 00 00` *für „Nein" oder* `01 00 00 00` *für „Ja" ein.*

Wenn ein Rechner eine Zuweisung von vier Tagen für eine bestimmte Adresse erhält und Sie in dieser Zeit den Rechner zweimal gebootet haben, fragt dieser nicht einfach nach einer neuen Adresse, sondern meldet sich beim DHCP-Server an und fordert die gleiche Adresse an, die er zuvor besaß. Wenn der DHCP-Server noch immer läuft, wird die Anforderung akzeptiert und die IP-Adresse zugeteilt. Wenn die Lease-Informationen durch eine Katastrophe gelöscht wurden, gibt es zwei Möglichkeiten. Wenn die Adresse nicht benutzt wird, wird diese dem anfordernden Rechner ganz normal zugewiesen. Wenn ein anderer Rechner die Adresse benutzt, sendet der DHCP-Server eine negative Bestätigung oder NACK und schreibt eine Notiz in das Ereignisprotokoll. Wenn das System perfekt wäre, würde der Arbeitsplatzrechner einen neuen DHCP-Server suchen oder eine neue Adresse anfordern, aber diese Funktion ist in dem System nicht implementiert. Der Arbeitsplatzrechner ist nicht mehr im IP-Netzwerk.

Wie bei BootP stellt DHCP eine Verknüpfung zwischen einer IP-Adresse eines Rechners und dessen MAC-Adresse (Media Access Control, d.h. Ethernet-Adresse) her.

Diese Tatsache führt zu folgender Erkenntnis:

Die Leases dürfen nicht auf UNBESCHRÄNKT gesetzt werden. Auf diese Weise würden zwar leicht feste IP-Adressen vergeben. Wenn sich ein System zum ersten Mal anmeldet, erhält es seine IP-Adresse und behält diese für immer, aber es gibt dabei zwei Risiken. Das erste ist ein kleineres Problem: Wenn ein DHCP-Server neu installiert werden muß und die Registrierung nicht übernommen werden kann, erhalten viele unschuldige PCs eine negative Antwort (NACK) und ein großer Aufwand ist notwendig, alle PCs wieder einzubinden. Die zweite Möglichkeit ist noch schlimmer: Was geschieht, wenn ein Netzwerk neu konfiguriert werden soll? Wenn 200 Leute in zwei Abteilungen auf dem gleichen Teilnetz arbeiten und dieses Teilnetz in zwei Teilnetze geteilt werden soll, ist die Hälfte der alten Anwender in einem neuen Teilnetz und benötigt eine neue IP-Adresse. Ein neuer Bereich von IP-Adressen muß festgelegt werden, was noch vergleichsweise einfach ist. Das eigentliche Problem besteht darin, wie die neue IP-Adresse an die Rechner im neuen Netzwerk weitergegeben wird. Die Zuordnung läuft niemals aus, daher erhält der DHCP-Server gar keine Möglichkeit, neue Adressen zuzuordnen. Die Adressen würden nach einiger Zeit doch zugeordnet, aber erst nach vielen NACKs und Ärger mit Systemen, die zeitweise mit gar nichts kommunizieren wollen. Es ist einfacher, die IP-Vergabe auf wenige Tage oder einen zu beschränken. Dann wird die Änderung vom neuen Teilnetz nach kurzer Zeit vom DHCP-Server automatisch durchgeführt.

Dieser Vorgang soll ein wenig genauer beschrieben werden. Angenommen, Sie wissen, daß Sie am 1. November das Teilnetz 200.1.1.*x* herausnehmen und in die Teilnetze 200.1.1.*x* und 200.1.2.*x* aufsplitten. Bei den alten statischen IP-Adressen müßten Sie dann zu jeder einzelnen Arbeitsstation gehen und deren IP-Adresse manuell ändern. Mit DHCP ist das nicht notwendig.

Die Vorgehensweise ist folgende: Wenn Sie eine Lease-Dauer von 120 Tagen definiert haben, reduzieren Sie diese Zuordnung 9 Tage vor dem 1. November auf 9 Tage, am nächsten Tag auf 8 Tage usw. Am 31. Oktober wird die Lease-Dauer auf wenige Stunden reduziert. Nach Feierabend führen Sie die physische Trennung der Teilnetze durch, installieren die Router und isolieren die Maschinen in dem neuen Teilnetz 200.1.2.*x*. Sie legen auf dem DHCP-Server den neuen Bereich 200.1.2.*x* an. Das ist eine einfache Sache!

Anfordern einer IP-Adresse vom DHCP

Ein DHCP-Client erhält seine IP-Adresse von einem DHCP-Server in vier Schritten:

1. Ein Programm DHCPDISCOVER sendet eine Anfrage an alle DHCP-Server in Reichweite und fragt eine IP-Adresse nach.

2. Die Server antworten mit einer DHCPOFFER von IP-Adressen und Lease-Dauer.

3. Der Client wählt das beste Angebot aus und sendet ein DHCPREQUEST zurück, um den Erhalt der IP-Adresse zu bestätigen.

4. Der Server, der die IP-Adresse benötigt, beendet den Vorgang, indem er ein DHCPACK, eine Bestätigung der Anfrage, zurücksendet.

Erste DHCP-Anfrage: DHCPDISCOVER

Zunächst sendet ein DHCP-Client eine Mitteilung aus, die DHCPDISCOVER genannt wird, mit der angefragt wird, ob irgendein DHCP-Server erreichbar ist und, wenn das so ist, ob eine IP-Adresse geschickt werden kann. Diese Meldung wird in Abbildung 7.9 dargestellt.

Abbildung 7.9:
DHCP Schritt 1:
DHCPDISCOVER

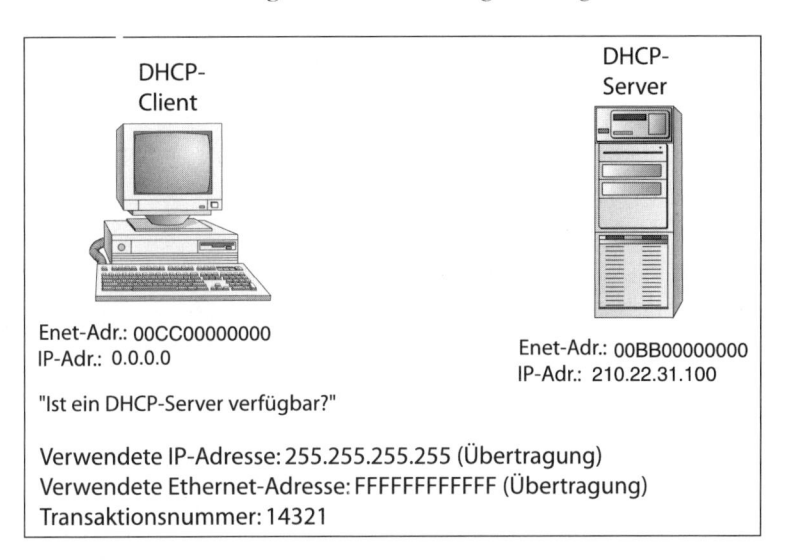

```
        DHCP-                              DHCP-
        Client                             Server

Enet-Adr.: 00CC00000000
IP-Adr.: 0.0.0.0                     Enet-Adr.: 00BB00000000
                                     IP-Adr.: 210.22.31.100
"Ist ein DHCP-Server verfügbar?"

Verwendete IP-Adresse: 255.255.255.255 (Übertragung)
Verwendete Ethernet-Adresse: FFFFFFFFFFFF (Übertragung)
Transaktionsnummer: 14321
```

Sie werden sich wundern, daß ein Rechner kommunizieren kann, wenn er noch keine Adresse besitzt. Diese Kommunikation findet mit einem anderen Protokoll als TCP statt, nämlich mit UDP (User Datagram Protocol). Dieses hat nichts mit NetBIOS oder NetBEUI zu tun, sondern gehört bereits in den TCP/IP-Bereich.

Wenn man nun diesen DHCP-Meldungen folgen will, muß man auf eine ganze Reihe von Dingen achten. Zunächst werden sowohl die Ethernet- (oder Token-Ring-Adressen für die, die Token Ring verwenden) und IP-Adressen beschrieben, da sich hier einige Dinge anders verhalten. An jedes DHCP-Paket wird eine sogenannte TRANSACTION ID angehängt, die sehr nützlich ist. Die TRANSACTION ID macht es einem Client möglich, zu unterscheiden, was der Server zunächst antwortet, und die Antwort zu verstehen.

In diesem Fall lautet die IP-Adresse, an die die Meldung geschickt wird, 255.255.255.255. Das ist vereinbarungsgemäß die Adresse für „Alle im Netzwerk". Die Adresse 210.22.31.255 arbeitet unter der Annahme, daß es sich um ein Netzwerk der Klasse C handelt, das nicht in Teilnetze unterteilt worden ist. 255.255.255.255 bedeutet aber so viel wie jeder, den diese Nachricht erreicht. Werden die Router so eingestellt, daß Broadcasts weitergeleitet werden, dann wird eine Meldung an 255.255.255.255 über das gesamte Netzwerk verteilt. Bei 210.22.31.255

geschieht dies nicht. Beachten Sie auch die Ethernet-Zieladresse, nämlich FFFFFFFFFFFF. Im Ethernet bedeutet das: „Eine Nachricht an alle!"

DHCP bietet von nah und fern Adressen an

Alle DHCP-Server in Reichweite, d.h. die das UDP-Datagramm erhalten, antworten dem Client mit einem Angebot, einem Vorschlag für eine IP-Adresse, wie in Abbildung 7.10 gezeigt wird. Das ist nur ein Angebot, nicht die tatsächlich zugewiesene IP-Adresse.

Dieser Angebotsteil des DHCP-Vorgangs ist wesentlich, da es möglich ist, daß mehr als ein DHCP-Server die Anfrage des Clients empfängt. Wenn jeder Server einfach eine Adresse an den Client absendet, endet das ganze mit vielen IP-Adressen für einen Rechner und Verschwendung von Adressen in dem Sinne, daß die DHCP-Server die Adressen als belegt betrachten würden und nicht an andere Rechner ausgeben könnten.

Schlimmer wäre es, wenn ein DHCP-Server eines anderen Teilnetzes eine IP-Adresse an diesen Client vergeben würde. Das würde den Client in das falsche Teilnetz einbinden. DHCP verhindert das mit Hilfe des sog. BOOTP FORWARDING. Die ursprüngliche UDP-Meldung, ob irgendein DHCP-Server erreichbar ist, ist ein Broadcast, und die meisten Router schicken diese nicht weiter. Wenn DHCP-Anfragen nicht über Router gehen, dann benötigen Sie in jedem Teilnetz einen eigenen DHCP-Server, eine sehr kostspielige Angelegenheit.

Abbildung 7.10:
DHCP Schritt 2:
DHCPOFFER

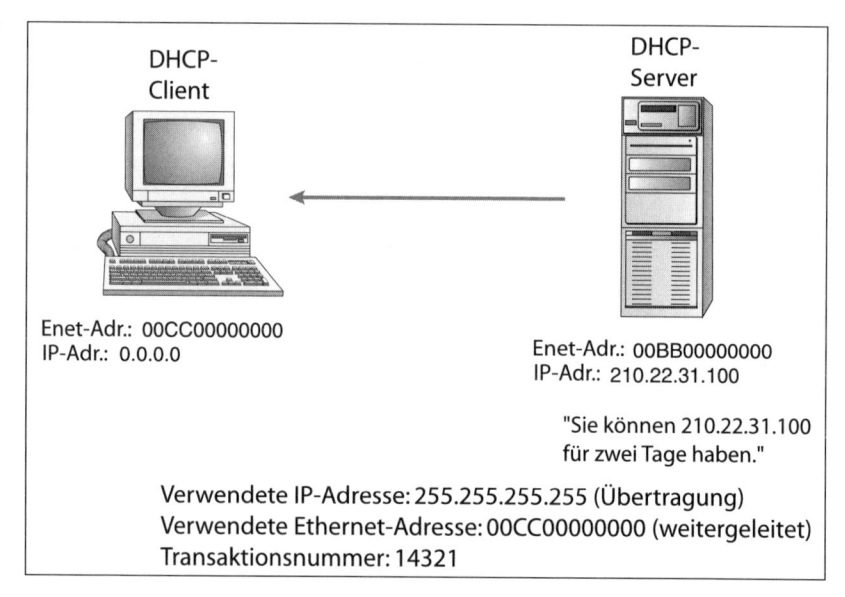

DHCP-Client

DHCP-Server

Enet-Adr.: 00CC00000000
IP-Adr.: 0.0.0.0

Enet-Adr.: 00BB00000000
IP-Adr.: 210.22.31.100

"Sie können 210.22.31.100 für zwei Tage haben."

Verwendete IP-Adresse: 255.255.255.255 (Übertragung)
Verwendete Ethernet-Adresse: 00CC00000000 (weitergeleitet)
Transaktionsnummer: 14321

Der BootP-Standard umging dieses Problem, indem der Standard RFC 1542, eine Spezifikation, nach der Router BootP-Broadcasts erkennen und in andere Teilnetze weiterleiten, eingeführt wurde. Diese Funktion muß in der Router-Software implementiert sein und wird im allgemeinen als BOOTP FORWARDING bezeichnet. Wenn natürlich eine NT-Maschine als IP-Router arbeitet, implementiert sie das BOOTP FORWARDING.

Angenommen, Sie setzen Router ein, die das BOOTP FORWARDING unterstützen, erreicht die ursprüngliche DHCP-Anfrage alle. Wie kann ein DHCP-Server in dem angenommenen Teilnetz 200.1.2.x daran gehindert werden, eine von seinen verfügbaren Adressen im Adreßbereich 200.1.2.x an einen PC weiterzuleiten, der in dem anderen angenommenen Teilnetz mit dem Nummernkreis 200.1.1.x steht? Ganz einfach! Wenn der Router BootP-Anfragen weiterleitet, wird eine kleine Notiz angehängt, in der festgehalten wird, daß die Nachricht aus dem Kreis 200.1.1.x kommt. Der DHCP-Server liest dann diese Information und antwortet nur, wenn sein Bereich ebenfalls 200.1.1.x umfaßt.

In jedem Falle ist zu beachten, daß dies für das Protokoll in der höheren Schicht (UDP) ein Broadcast ist, während sich das Ethernet-Protokoll aus der niedrigeren Schicht so verhält, als ob dies nicht der Fall wäre. Die Ethernet-Adresse, die in die Meldung eingebettet ist, ist die Adresse des Clients, nicht die Zieladresse des Rundrufs FFFFFFFFFFFF. Es ist ebenfalls zu beachten, daß die TRANSACTION ID der Antwort genau der TRANSACTION ID der ursprünglichen Anfrage entspricht.

Die Auswahl aus den Angeboten

Der DHCP-Client analysiert die Angebote, die hereingekommen sind und nimmt sich das beste heraus. Wenn es mehrere Angebote gibt, die gleich gut sind, wird das genommen, das als erstes eingetroffen ist. Danach wird ein anderes UDP-Datagramm genommen, ein anderer Rundruf, wie in Abbildung 7.11 gezeigt wird.

Das ist ein Broadcast, da die Meldung zwei Ziele verfolgt. Erstens erreicht die Meldung den Server, der das Angebot gemacht hat, wenn die erste Meldung den Server erreicht hat. Zweitens teilt dieser Rundruf den anderen DHCP-Servern, die auch ein Angebot gemacht haben, mit, daß der Client ein anderes Angebot annimmt.

Beachten Sie, daß sowohl Ethernet- als auch IP-Adressen Broadcasts sind und eine neue TRANSACTION ID vergeben wird.

Abbildung 7.11:
DHCP Schritt 3:
DHCPREQUEST

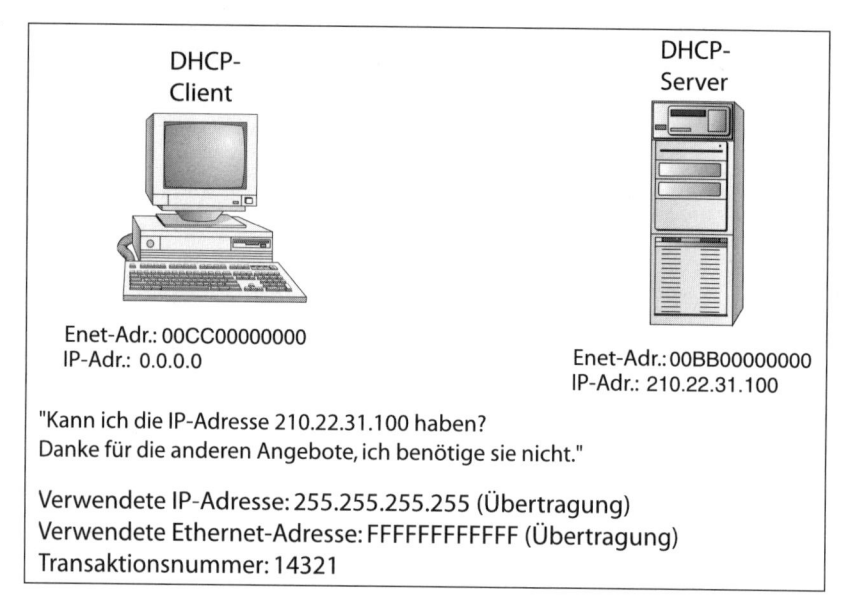

DHCP-Client

DHCP-Server

Enet-Adr.: 00CC00000000
IP-Adr.: 0.0.0.0

Enet-Adr.: 00BB00000000
IP-Adr.: 210.22.31.100

"Kann ich die IP-Adresse 210.22.31.100 haben?
Danke für die anderen Angebote, ich benötige sie nicht."

Verwendete IP-Adresse: 255.255.255.255 (Übertragung)
Verwendete Ethernet-Adresse: FFFFFFFFFFFF (Übertragung)
Transaktionsnummer: 14321

Der Pachtvertrag ist unterzeichnet

Schließlich antwortet der DHCP-Server mit der neuen IP-Adresse, was in etwa so aussieht wie in Abbildung. 7.12.

Abbildung 7.12:
DHCP Schritt 4:
DHCPACK

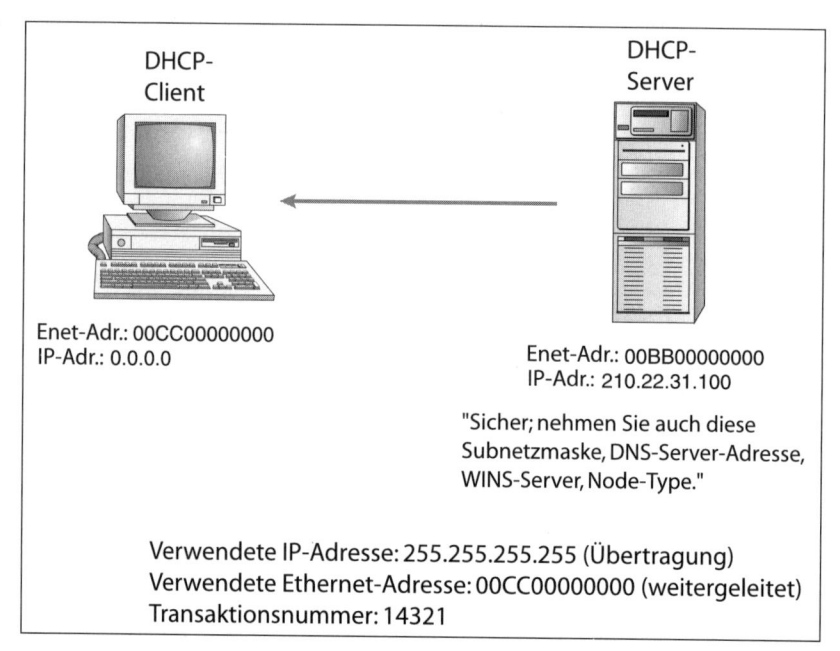

DHCP-Client

DHCP-Server

Enet-Adr.: 00CC00000000
IP-Adr.: 0.0.0.0

Enet-Adr.: 00BB00000000
IP-Adr.: 210.22.31.100

"Sicher; nehmen Sie auch diese Subnetzmaske, DNS-Server-Adresse, WINS-Server, Node-Type."

Verwendete IP-Adresse: 255.255.255.255 (Übertragung)
Verwendete Ethernet-Adresse: 00CC00000000 (weitergeleitet)
Transaktionsnummer: 14321

Dem Client wird auch die neue Teilnetzmaske, die Dauer der Zuordnung und, was weiterhin beim DHCP-Server festgelegt wurde (Gateway, WINS-Server, DNS-Server usw.), mitgeteilt. Es handelt sich wiederum um eine UDP-Meldung, aber die Ethernet-Adresse wird gezielt angesprochen und die TRANSACTION ID entspricht der ID der vorhergehenden Anfrage.

Sie können sich die IP-Konfiguration anzeigen lassen, indem Sie am Prompt **ipconfig /all** eingeben. Wenn die angezeigte Konfiguration über den Bildschirm hinausläuft, können Sie den Parameter **|more** in die Zeile hinzufügen. Das gilt für DOS-, Windows für Workgroups- und NT-Rechner. Eine Beispielanzeige für `ipconfig /all` wird in Abbildung 7.13 dargestellt.

Abbildung 7.13:
Ausführen von IPCONFIG

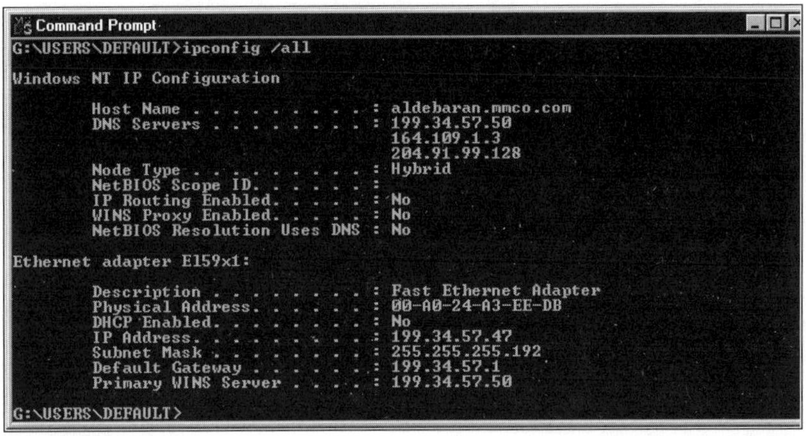

```
G:\USERS\DEFAULT>ipconfig /all

Windows NT IP Configuration

        Host Name . . . . . . . . . : aldebaran.mmco.com
        DNS Servers . . . . . . . . : 199.34.57.50
                                      164.109.1.3
                                      204.91.99.128
        Node Type . . . . . . . . . : Hybrid
        NetBIOS Scope ID. . . . . . :
        IP Routing Enabled. . . . . : No
        WINS Proxy Enabled. . . . . : No
        NetBIOS Resolution Uses DNS : No

Ethernet adapter E159x1:

        Description . . . . . . . . : Fast Ethernet Adapter
        Physical Address. . . . . . : 00-A0-24-A3-EE-DB
        DHCP Enabled. . . . . . . . : No
        IP Address. . . . . . . . . : 199.34.57.47
        Subnet Mask . . . . . . . . : 255.255.255.192
        Default Gateway . . . . . . : 199.34.57.1
        Primary WINS Server . . . . : 199.34.57.50

G:\USERS\DEFAULT>
```

Windows 95-Rechner haben eine grafische Version von `ipconfig` mit Namen `winipcfg`.

Die Zeit ist abgelaufen!

Was geschieht, wenn die Lease-Dauer abgelaufen ist? Danach kann die IP-Adresse nicht mehr verwendet werden. Aber das passiert in der Regel nicht.

Wenn die Lease-Dauer halb abgelaufen ist, beginnt der DHCP-Client neu über die Zuordnung der IP-Adresse zu verhandeln und sendet eine DHCP-Anfrage an den Server, von dem die IP-Adresse genommen worden ist. Die IP- und Ethernet-Adresse sind beide für den Server rechnerspezifisch.

Der DHCP-Server antwortet dann mit einem DHCPACK. Der Vorteil von diesem DHCPACK besteht darin, daß es alle Informationen vom ursprünglichen DHCPACK enthält, nämlich Domänenname, DNS-Server usw. Das bedeutet, daß der DNS-Server, der WINS-Server, die Teilnetzmaske und andere Dinge geändert werden können. Die neuen Informationen werden den Clients automatisch mitgeteilt, wenn 50 Prozent der Lease-Dauer abgelaufen ist.

Wenn DHCPACK nicht vom Server gesendet wird, schickt der DHCP-Client seine DHCP-Anfrage alle zwei Minuten erneut heraus, bis die Lease-Dauer zu 87,5 Prozent abgelaufen ist. Danach fängt der Client wiederum ganz von vorn an und sendet eine DHCPDISCOVER-Meldung im Netzwerk herum, bis ein DHCP-Server antwortet. Wenn die Zuordnung beendet ist, ohne daß eine neue IP-Adresse gesendet wurde, wird die Benutzung der IP-Adresse durch den Client ganz eingestellt und damit praktisch das TCP/IP-Protokoll auf der Arbeitsstation deaktiviert.

Wenn es Probleme mit der Zuordnung der DHCP-Server gibt, kann ein Neustart des Zuordnungsprozesses manchmal Abhilfe schaffen. In einem solchen Falle können Sie an der Arbeitsstation den gesamten DHCP-Prozeß neu starten, indem Sie in der Befehlszeile **ipconfig / renew** eingeben. Das löst in den meisten Fällen ein DHCP-Problem.

Auch wenn die Lease-Dauer auf unbegrenzt eingestellt worden ist, überprüft ein DHCP-Client mit seinem Server die Zuordnungsparameter bei jedem Boot-Vorgang. Daher können Sie meist die Lease-Dauer problemlos von unbegrenzt auf einen bestimmten Zeitraum am Server ändern. An den Arbeitsstationen muß der DHCP-Dienst nur angehalten und neu gestartet werden.

Entwerfen von Multi-DHCP-Netzwerken

Sicherlich ist die Funktion des DHCP-Servers eine so wichtige, daß sie nicht auf nur ein Gerät beschränkt bleiben sollte. Wie kann man also zwei oder drei DHCP-Server online schalten, um eine höhere Ausfallsicherheit zu erzielen?

Microsoft scheint sich auch nicht ganz sicher zu sein, wie man mehrere DHCP-Server für ein bestimmtes Teilnetz zur Verfügung stellen kann.

In einer Dokumentation *Windows NT 3.5 Family Upgrade Course*, werden widersprüchliche Aussagen gemacht. Zunächst wird behauptet, daß es keinen Mechanismus in DHCP gibt, mit dem zwei oder mehr DHCP-Server die Zuordnung von IP-Adressen in überlappenden IP-Adreß-Pools koordinieren können.

Dagegen spricht nichts. Wenn zwei verschiedene DHCP-Server im gleichen Teilnetz so eingestellt sind, daß sie die IP-Adressen 202.11.39.10

bis 202.11.39.40 verteilen können, dann gibt es zunächst kein Mittel zu verhindern, daß der erste Server die Adresse 202.11.39.29 an ein Gerät vergibt, während gleichzeitig die andere Maschine die gleiche Adresse an ein anderes Gerät sendet.

Danach beweisen sie aber, daß zwei verschiedene Rechner, auf denen der DHCP-Server läuft, die aber einen unterschiedlichen Adreßbereich abdecken, beide aus dem gleichen Teilnetz, sehr wohl laufen können.

Dadurch steht die zweite Option offen:

- Installieren Sie zwei DHCP-Server, und geben Sie dem einen 80 Prozent der IP-Adressen, dem anderen 20 Prozent. Wenn der eine ausfällt, sind sofort 20 Prozent der Registrierungen verfügbar, die neu registriert werden können. Wenn die Adreßzuordnung auf den Standardwert von drei Tagen eingestellt ist, reicht diese Zeit aus, um einen PC neu einzurichten und einzubinden. 20 Prozent des Adreßbereich sollten ausreichen, um alle Adreßanfragen abzufangen, bis der alte DHCP-Server wieder online ist.

- Richten Sie einen zweiten DHCP-Server mit genau demselben Adreßbereich ein, aber aktivieren Sie diesen nicht. Wenn der Hauptrechner ausfällt, können Sie in Ruhe den zweiten aktivieren. Der Ausfall des DHCP-Servers wird dann niemandem auffallen.

Der DHCP Relay Agent

Windows NT Server 4 liefert als Bestandteil der Multi-Protocol Router-Komponente (MPR) die Möglichkeit mit, als DHCP Relay Agent nach RFC 1542 zu arbeiten. Diese Komponente überträgt in Zusammenarbeit mit statischen oder dynamischen IP-Routern DHCP-Meldungen zwischen DHCP-Clients und -Servern in verschiedenen IP-Netzwerken.

Wenn ein dynamischer Client-Rechner im gleicher Teilnetz wie der DHCP Relay Agent eine IP-Adresse anfordert, wird diese Anforderung an den DHCP Relay Agent dieses Teilnetzes weitergeleitet. Dieser DHCP Relay Agent ist so konfiguriert, daß er die Anforderung direkt an den richtigen Rechner weiterleitet, auf dem der DHCP-Dienst von Windows NT Server läuft. Der Computer, auf dem der DHCP-Dienst von Windows NT läuft, schickt eine IP-Adresse direkt an den anfordernden Client zurück.

Wann ist der Relay Agent notwendig?

Der DHCP Relay Agent ist nur notwendig, wenn im Netzwerk alte Router eingesetzt werden, die BootP-Anforderungen nicht weiterleiten. Cisco, Bay und 3Com können alle BootP-Anforderungen weiterleiten, allerdings nicht standardmäßig. Bei einem Cisco-Router muß in jede Ethernet-Schnittstelle eine Konfigurationszeile eingefügt werden, mit der dem UDP-BootP-Paket mitgeteilt wird, wo sich der DHCP-Server befindet. Die Cisco-Schnittstelle sieht dann folgendermaßen aus:

```
ip dhcp-server 150.150.28.215
ipx routing 0060.5c5c.c119
!
interface Ethernet0
  ip address 150.150.28.221 255.255.252.0
  ip helper-address 150.150.28.215
  ipx network 2100 encapsulation SAP
  media-type 10BaseT
!
interface Ethernet1
  ip address 150.150.40.221 255.255.252.0
  ip helper-address 150.150.28.215
  ipx network 40100 encapsulation SAP
  media-type 10BaseT
!
interface Ethernet 2
ip address 150.150.44.221 255.255.252.0
ip helper-address 150.150.28.215
ipx network 44100 encapsulation SAP
media-type 10BaseT
!
```

Beachten Sie, daß ohne Rücksicht auf die IP-Adresse der Schnittstelle und auf das Teilnetz, zu dem sie gehört, alle UDP-BootP-Pakete an die Adresse 150.150.28.215 weitergeleitet werden. An dieser Stelle befindet sich der DHCP-Server im Teilnetz 28 an der Schnittstelle 0.

So wird dabei vorgegangen:

Der Client wird eingeschaltet und sendet ein DHCP-Anforderungspaket. Die Workstation hat zu diesem Zeitpunkt noch keine IP-Adresse, sondern sendet nur ein UDP-Paket mit seiner Hardware-Adresse. Die Router-Schnittstelle empfängt das Paket und löst den Frame auf. Dann stellt sie fest, daß es sich um ein UDP BootP-Paket handelt, und weiß, daß das Paket an die Adresse 150.150.28.215 weiterzusenden ist, weil diese die IP HELPER-ADDRESS in der Schnittstellenkonfiguration ist. Der Router hängt eine Ursprungsadresse des Netzwerks, aus dem die Anforderung kommt, an, z. B. 150.150.40.0 und schickt einen Frame mit der Zieladresse des DHCP-Server an der Schnittstelle 0 ab.

Der DHCP-Server empfängt das UDP-Paket und erkennt als Quelle das Netzwerk 150.150.40.0. Danach prüft der Server, ob für das Teilnetz 150.150.40.0 ein definierter Bereich vorliegt, eine Funktion des NT DHCP-Servers. Wenn ein Bereich definiert ist und eine freie Adresse zur Verfügung steht, nimmt er eine beliebige, verfügbare IP-Adresse aus dem Pool und sendet diese an den Standard-Gateway zurück. Dieses ist natürlich der Router, von dem die Nachricht stammt (150.150.28.221\Schnittstelle 0). Nach Erhalt des Pakets sendet der Router dieses an das entsprechende Teilnetz, wo der Client dann seine neue IP-Adresse erhält.

Was geschieht nun, wenn das Standard-Gateway des DHCP nicht 150.150.28.221 oder Schnittstelle 0 ist? Wenn mehr als ein Router im Netzwerk vorhanden ist, welche Schnittstelle sollte dann als Standard-Gateway für den NT DHCP-Server definiert werden?

Es kann mehr als ein Standard-Gateway definiert werden, allerdings werden die Pakete immer nur an den ersten in der Liste geschickt. Das wirft die Frage auf, warum überhaupt mehr als ein Standard-Gateway definiert werden kann.

Aus der Liste der Standard-Gateways wird nur die zweite IP-Adresse ausgewählt, wenn die erste Adresse auf eine ARP-Meldung nicht antwortet. Im Grunde handelt es sich nur um eine Sicherungsoption. Wie werden also über verschiedene Router die Daten in verschiedene Teilnetze übertragen? An dieser Stelle ist einige Kenntnis der NT-Struktur wichtig (Befehl route add).

Öffnen Sie ein DOS-Fenster, und geben Sie ein:

```
route print
```

Damit erhalten Sie eine Ausgabe aller bekannten IP-Schnittstellen und die Wege, über die die Schnittstelle erreicht wird.

Geben Sie danach eine Liste aller bekannten Adressen ein, indem Sie den Parameter -p bei dem Befehl route add hinzufügen, um diesen permanent zu setzen. Wenn Sie beispielsweise das Netzwerk 150.150.40.0 erreichen wollen, geben Sie am NT DHCP-Server folgendes ein:

```
route add -p 150.150.40.0 mask 255.255.252.0 150.150.28.221
```

Das bedeutet: Ein statischer Route zum Netzwerk 150.150.40.0 über die Schnittstelle 150.150.28.221 wird eingefügt. Der DHCP-Server sendet dann alle Antworten, die für das Netzwerk 40 bestimmt sind, über 150.150.28.215 oder die Schnittstelle 0. Dieser Router empfängt das Paket und gibt es dann weiter an Netzwerk 40.

Kurze Zusammenfassung

Da bis jetzt eine Menge Informationen zu NT-TCP/IP gegeben wurde, eine kleine Aufgabe. Die Router-Konfiguration oben wurde per Kopieren und Einfügen von einem unserer Kunden in San José, Kalifornien, übernommen. Die Leitwege sind statisch, wie weiter oben beschrieben wurde. Analysieren Sie also folgendes:

Die Adresse beim Kunden ist 150.150.0.0 255.255.252.0. Wie viele Teilnetze und wie viele Hosts in jedem Teilnetz sind theoretisch vorhanden?

Wenn Sie Probleme mit der Lösung haben, lesen Sie noch einmal Kapitel 3 mit den Informationen über Teilnetze.

Lösung:

In einem Netzwerk der Klasse B können die beiden Bitgruppen nicht für Teilnetze verwendet werden, damit bleiben nur die dritten und vierten Bitgruppen übrig. Es wird aber nur die dritte Gruppe benutzt. Wenn 252 als Binärzahl aufgeschrieben wird, wie viele Einsen gibt es dann für Teilnetze?

252 = 11111100, d.h. 6 Bits für Teilnetze. Damit bleiben 2 Bits in der dritten Bytegruppe für Arbeitsplatzrechner und 8 weitere Bits in der vierten Gruppe.

Das Ergebnis lautet also 62 Teilnetze mit jeweils 1022 Hosts. Wenn Sie das Ergebnis verwirrt, lesen Sie dazu noch einmal das Kapitel 3.

DHCP und der Befehl IPCONFIG

TCP/IP ist in der Tat sehr flexibel und bietet den Anwendern viele Möglichkeiten der Anpassung. Es ist komplett routingfähig und unterstützt eine Vielzahl interner Funktionen. Auf der anderen Seite ist NetBEUI nicht routing-fähig, nicht virtuell konfigurierbar, dafür trägt TCP/IP nicht gerade das Prädikat „Plug & Play". Was bedeutet „Plug & Play"? Es bedeutet einfach, daß Software oder ein Hardwareteil installiert wird, sich selbst konfiguriert und betriebsbereit ist. Mit DHCP hat sich einiges geändert. TCP/IP-Anwender können das System einfacher implementieren als jemals zuvor. Aber unglücklicherweise, auch wenn Erfindungen und Fortschritt oft Dinge vereinfachen, erzeugen sie häufig eine Anzahl neuer Probleme. Angenommen Sie benötigen, aus welchen Gründen auch immer, die IP-Adresse, die Teilnetzmaske und das Standard-Gateway, die Ihrem System zugewiesen wurden. Dazu gibt es das Dienstprogramm, das von der Befehlszeile aus gestartet wird, nämlich IPCONFIG. Wenn IPCONFIG ausgeführt wird, werden alle grundlegenden IP-Informationen angezeigt, die man für einen allgemeinen Überblick benötigt.

- IP-Adresse
- Teilnetzmaske
- Standard-Gateway

Das Problem ist allerdings nicht so einfach zu lösen. Wenn die Situation auftritt, daß NetBIOS-Namen nicht aufgelöst werden können, sind die Angaben wenig hilfreich. Dieses Problem hat Microsoft berücksichtigt und dem Programm eine Erweiterung hinzugefügt. Mit der Eingabe von **ipconfig /all** wird eine weitergehende Liste angezeigt, die Informationen enthält, die bei tiefergehenden Problemen hilfreich sind:

- Der Host-Name des Systems
- NetBIOS-Node-Typ (B-Node, P-Node, M-Node, H-Node)
- Die zugewiesene Bereichs-ID von NetBIOS
- Die IP-Adresse(n) von zugewiesenen DNS-Servern
- Status der NetBIOS-Namensauflösung
- Die IP-Adresse(n) von zugewiesenen WINS-Servern
- Status des IP-Routing
- Status vom Gebrauch von WIN-Proxy
- Status vom Gebrauch von DHCP
- Beschreibung der Netzwerkkarte
- Hardware-Adresse der Netzwerkkarte

Neue IP-Zuordnung mit IPCONFIG

Wie bereits in diesem Kapitel beschrieben, wird eine DHCP-Zuordnung meist automatisch erneuert, wenn 50 Prozent der Lease-Dauer verbraucht ist. Im gleichen Zuge, um Verfügbarkeit möglichst zu gewährleisten, kann einem DHCP-Client auch eine neue IP-Adresse manuell mit Eingabe von ipconfig /renew in der Befehlszeile zugeordnet werden. Das ist besonders notwendig, wenn ein DHCP-Server abstürzt und eine neue Zuordnung durchgeführt werden soll, wenn der Server neu gestartet ist. Eine solche Notwendigkeit taucht häufiger auf, als man denkt. Wenn beispielsweise ein Server aktualisiert wird und mehr als die Hälfte der Lease-Dauer für die Clients außer Betrieb bleibt. Da kommt ipconfig /renew ganz gelegen. Mit diesem einfachen Befehl können alle Anwender ihre Zuordnungen unbemerkt erneuern (diese wird dann trotzdem mit DHCPREQUEST ausgeführt).

Löschen einer Zuordnung mit IPCONFIG

Außer der Neuzuordnung muß man solche manchmal aufheben. Wenn beispielsweise ein Rechner von einem Teilnetz in ein anderes verlagert wird, muß oft die IP-Adresse, die Teilnetzmaske und der Standard-Gateway geändert werden. Als Ergebnis sind dann die alten Informationen des Rechners veraltet und müssen gelöscht werden. Die Eingabe von **ipconfig /release** in der Befehlszeile generiert eine Meldung DHCPRELEASE und führt dazu, daß alle TCP/IP-Funktionen auf dem Client gestoppt werden.

Zusätzlich muß angemerkt werden, daß die Meldung DHCPRELEASE natürlich nicht automatisch generiert wird, wenn der DHCP-Client heruntergefahren wird. Wenn einer der Anwender eine längere Urlaubsreise antritt und das System für längere Zeit nicht mehr benötigt wird, ist der Befehl `ipconfig /release` wiederum sehr praktisch. Die Löschung der einen Zuordnung gibt einem anderen Gerät die Gelegenheit, sich die freie IP-Adresse vom DHCP-Server zu holen.

Die Pflege der DHCP-Datenbank

Es gibt drei grundlegende Funktionen, die bei der Pflege der DHCP-Datenbank zu beachten sind: Sichern, Wiederherstellen und Komprimieren. In den meisten Fällen müssen Datensicherungen nur gelegentlich durchgeführt werden. Die Komprimierung sollte wöchentlich oder noch seltener stattfinden. Nur instabile, problematische oder extrem komplizierte Netzwerkumgebungen machen eine größere Vorsorge notwendig. Bis zu einem gewissen Grad werden einige Funktionen, die in diesem Abschnitt beschrieben werden, automatisch ausgeführt. Wenn das System Fehler in der Datenbank feststellt, lädt es automatisch eine Sicherung. Wenn in einem vernachlässigten Netzwerk keine Datensicherungen durchgeführt werden, kann die Arbeit von vorn beginnen. Die folgenden Vorgänge sind wichtig für den Erhalt der Funktionstüchtigkeit des Netzwerks und zur Optimierung der Geschwindigkeit. Ein volles Verständnis dieses Abschnitts hilft Ihnen dabei, Probleme zu vermeiden.

Sicherung der DHCP-Datenbank

Einer Ihrer DHCP-Server, der eine Lease-Dauer von drei Tagen ausgibt, fällt aus. Es war außerdem der einzige Server.

Sie stellen fest, daß der Server nicht gerettet werden kann, und die Platte neu installiert werden muß. Die Neueinrichtung des Servers, die

Angaben der DHCP-Parameter und die Aktivierung des DHCP-Servers dauert einige Stunden. Danach tauchen allerdings einige Tage lang eine Reihe von Fehlermeldungen auf, da alle Clients sicher sind, daß die zugeordnete IP-Adresse noch für bis zu 3 Tage gültig ist. Der aktuelle DHCP-Server kennt diese allerdings nicht. Die Clients fangen an, die DHCP-Lizenzierung erneuern zu wollen, und der DHCP-Server sendet immer eine negative Antwort zurück, da die Zuordnung der IP-Adresse eben nicht erneuert werden kann.

An dieser Stelle müßte der DHCP-Client den Vorgang DHCPDISCOVER neu initialisieren, aber das funktioniert nicht. Sie müssen an jede Arbeitsstation gehen und den Befehl **IPCONFIG /ALL** eingeben.

Die einfachste Art, solche Probleme zu vermeiden, besteht darin, die Datenbank von Zeit zu Zeit zu sichern. Am besten macht DHCP dieses automatisch. Jede Stunde macht DHCP eine Sicherungkopie der Datenbank.

> *Sie können DHCP dazu veranlassen, die Datenbank seltener oder häufiger zu sichern, indem Sie einen Registrierungsparameter ändern. Suchen Sie in* `HKEY_LOCAL_MACHINE\System\CurrentControlSet\ services\DHCPServer\Parameters` *nach einem Werteintrag mit Namen BackupInterval vom Typ REG_DWORD oder legen Sie einen an. Geben Sie den Wert in Minuten hexadezimal ein. Der kleinste Wert ist 5 Minuten, der größte Wert ist 60 Minuten, der gleichzeitig anscheinend Standardwert ist, auch wenn das „Resource Kit" hier von 15 Minuten spricht.*

Die Datenbank (in WINNT\system32\DHCP) besteht aus mehreren Dateien:

- DHCP.MDB, die die eigentliche Datenbank ist

- SYSTEM.MDB, die in allen Dokumentationen von Microsoft so beschrieben wird, daß sie von DHCP benutzt wird, um Informationen über die Struktur der Datenbank abzulegen (geheimnisvoll!)

- JET.LOG ist die Protokolldatei. Der Wert der Protokolle besteht darin, daß die Datenbanken, die sie verwenden (in diesem Falle DHCP, andere Datenbanksysteme verfahren ebenso), die protokollierten Informationen verwenden können, um herauszufinden, welche Änderungen in letzter Zeit durchgeführt wurden. Damit kann sich die Datenbank in einigen Fällen selbst reparieren.

Sie brauchen die Änderungen in der DHCP-Datenbank nicht protokollieren zu lassen. Die Option, die Änderungen zu protokollieren, kann ausgeschaltet werden. Damit wird DHCP auch schneller. Wenn Sie dann eine gesicherte Datenbank wiederherstellen, erhalten Sie nur die Datenbank und nicht alte Protokollinformationen. Was bedeutet das nun? Sie können die Datenbank so einstellen, daß sie alle 5 Minuten eine Sicherung fährt. Damit gehen nach einem Absturz von DHCP nur 5

Minuten verloren, wenn die Sicherung wiederhergestellt wird. Das Jet-Protokoll kann ausgeschaltet werden, indem man zu dem eben genannten Schlüssel dhcpserver\Parameters in der Registrierung geht und den Wert DatabaseLoggingFlag auf 0 (null) setzt.

- DHCP.TMP IST ein Anhängsel, eine Datei, die temporäre Informationen speichert.

- Der Sicherungsvorgang wird auch in einem Registrierungsschlüssel verwaltet, nämlich in HKEY_LOCAL_MACHINE \System\CurrentControlSet\services\dhcpserver\Configuration, der in einer Datei mit Namen DHCPCFG gespeichert ist.

Standardmäßig wird die DHCPCFG-Datei in \winnt\system32\DHCP\backup gesichert, die restlichen Dateien werden nach \winnt\system32\DHCP\backup\jet übertragen.

Wiederherstellen einer DHCP-Datenbank

Diese wenigen Seiten enthalten im Grunde einen Appell, daß Sie erstens die DHCP-Datenbank von Zeit zu Zeit sichern und daß dieses zweitens automatisch mindestens jede Stunde geschieht.

Wie wird eine DHCP-Datenbank nach einem Absturz wiederhergestellt?

Nach der bekannten fehlertoleranten Art von NT überprüft DHCP die Datenbank auf interne Probleme, wenn der Server gestartet wird. Wenn ein Problem entdeckt wird, wird automatisch die Sicherung wiederhergestellt.

Wenn auf der anderen Seite DHCP das Problem offensichtlich nicht erkennt, können Sie eine Wiederherstellung erzwingen, indem Sie den Wert im Schlüssel RestoreFlag auf 1 setzen, (dieser ist ein weiterer Eintrag in der Registrierung in dhcpserver\parameters), den DHCP-Dienst anhalten und wieder neu starten.

Wenn alles andere keinen Erfolg bringt, können Sie den DHCP-Dienst anhalten und die manuellen Sicherungen in das DHCP-Verzeichnis kopieren. Bevor Sie allerdings den DHCP-Dienst stoppen, sollten Sie die Sicherungen an eine andere Stelle kopieren, da der DHCP-Dienst die Datenbank automatisch sichert, wenn der Dienst beendet wird. Wenn DHCP beim Neustart interne Fehler feststellt, würden ansonsten nur die alten korrupten Daten über die gesicherten kopiert.

öffnen Sie danach die Optionen von DHCP, und klicken Sie auf RECONCILE DATABASE, um sicherzustellen, daß die Datenbank intern konsistent ist.

Komprimieren der DHCP-Datenbank

Windows NT Server 4 komprimiert die DHCP-Datenbank automatisch, deshalb muß dieser Vorgang nicht manuell gestartet werden. Unter Windows NT Server Version-3.51 oder früher sollte die Datenbank, wenn DHCP eine Weile gelaufen ist, komprimiert werden, um die Geschwindigkeit zu verbessern. Die Datenbank sollte in jedem Falle komprimiert werden, wenn sie sich der 30-MB-Grenze nähert.

Sie können dazu das Dienstprogramm JETPACK verwenden, das bei allen Windows NT Server Versionen mitgeliefert wird, um eine DHCP-Datenbank zu komprimieren. JETPACK ist ein Dienstprogramm, das von der Befehlszeile im Windows NT Server-Eingabeaufforderungsfenster ausgeführt wird.

Ausführen der Komprimierung

1. Fahren Sie den DHCP-Server über die Systemsteuerung DIENSTE/MICROSOFT DHCP SERVER herunter, oder geben Sie an der Eingabeaufforderung **net stop dhcpserver** ein.

2. Wechseln Sie in das Verzeichnis \systemroot\system32\DHCP, und starten Sie **Jetpack dhcp.mdb temp_file.mdb**.

3. Starten Sie schließlich den DHCP-Server neu, entweder indem Sie wiederum in der Systemsteuerung DIENSTE/MICROSOFT DHCP SERVER starten oder an der Eingabeaufforderung **net start dhcpserver** eingeben.

Der Name der Temporärdatei ist unwichtig. Wenn Jetpack die Komprimierung der Datenbank abgeschlossen hat, wird der Inhalt der Temporärdatei (unabhängig von deren Namen) in die Datei dhcp.mdb kopiert, und die Temporärdatei wird gelöscht.

DHCP-Dateien

Das Wissen, mit welchen Dateien gearbeitet wird und welche Aufgabe diese in einem DHCP-Server haben, kann nützlich sein, daher wird das an dieser Stelle kurz beschrieben. Die Liste enthält Dateinamen und Kurzbeschreibungen und sollte Ihnen damit einen guten Überblick über die DHCP-Datenbank vermitteln:

- **Dhcp.mdb:** Dieses ist die Hauptdatenbankdatei von DHCP und sicherlich die wichtigste Datei im DHCP-Ordner.

- **Dhcp.tmp:** Diese Datei wird intern vom DHCP-Server verwendet, um temporär Daten zu speichern,

- **Jet.log/jet*.log:** Dieses sind Transaktionsprotokolle, die bei einem Datenbankfehler von DHCP zur Reparatur verwendet werden können.

- **System.mdb:** Eine Datei, die vom DHCP-Server verwendet wird, um die Struktur der Datenbank zu verwalten

Nach diesem Kapitel können Sie Clients dynamisch eine IP-Adresse zuordnen. Für die Verwaltung von IP-Adressen in Bezug auf die Host-Namen sind weitere Maßnahmen notwendig. Wenn Sie die NetBIOS-Schnittstelle verwenden, können Sie mit Hilfe des Windows Internet Naming System (WINS) zwischen Host-Namen und IP-Adressen hin und her übersetzen. Das WINS wird im folgenden Kapitel beschrieben.

WINS

KAPITEL 8

DHCP hat die IP-Adressierung vereinfacht, ignoriert jedoch das neu geschaffene Problem, die neu zugewiesenen IP-Nummern und die daran angeschlossenen Hosts festzuhalten. Wenn Sie an einer über TCP/IP verbundenen Workstation mit dem Host-Namen t1000.skynet.com arbeiten, der seine IP-Adresse von einem DHCP-Server empfängt, und Sie geben den Befehl ping t1000.skynet.com ein, dann erhalten Sie eine Timeout-Meldung. Ihr System kennt seinen eigenen Namen nicht, da kein DNS-Server weiß, was mit einer dynamischen IP-Adresse passiert, und niemand die HOSTS-Datei aktualisiert hat. Was wir hier brauchen, ist eine Art dynamische Namensauflösung – erinnern Sie sich daran, daß man unter Namensauflösung versteht, daß man unter dem Namen t1000.skynet.com nachschlägt, um festzustellen, daß dessen Adresse 122.44.23.3 ist – eine Art dynamische DNS.

Genau das ist der Windows Internet Naming Service oder WINS. Während DHCP Teil einer größeren Gruppe von BootP-verwandten Protokollen ist, ist dieses in erster Linie ein Microsoft-Protokoll, und das ist das Problem. WINS ist ein Namensauflösungsdienst, der nur von Microsoft Client-Software erkannt wird (NT, Windows für Workgroup, DOS und evtl. OS/2-Clients).

Mit NT 5 wird ein dynamischer DNS für Workstations verfügbar sein, die mit dem WinSock API anstelle der NetBIOS-Schnittstelle arbeiten, jedoch nur wenn die Workstations TCP/IP benutzen. Dadurch wird WINS überflüssig, es sei denn, daß Sie IPX oder NetBEUI benutzen. Wenn Sie jedoch mit NT 3.51 oder 4 arbeiten, wird WINS benötigt, um Namen in IP-Adressen aufzulösen.

Integration von WINS und DNS

In Windows NT 4 ist Microsofts Implementation von DNS eng mit WINS integriert. Das ermöglicht Clients, die nicht mit WINS arbeiten, NetBIOS-Namen durch Anfrage bei einem DNS-Server aufzulösen. Administratoren können nun alle statischen Einträge für Clients auf Microsoft-Basis in herkömmlichen DNS-Server-Bereichsdateien zugunsten der dynamischen WINS/DNS-Integration entfernen. Wenn z. B. ein Nicht-Microsoft-Client zu einer Web-Seite auf einem HTTP-Server gelangen möchte, der DHCP/WINS-fähig ist, kann der Client den DNS-Server abfragen, und der DNS-Server wiederum WINS, so daß der Name aufgelöst und an den Client zurück gemeldet werden kann. Vor der WINS-Integration gab es keine Möglichkeit der zuverlässigen Auflösung des Namens wegen der dynamischen IP-Adressierung.

WINS ist deshalb nur die halbe Lösung für das Problem der Namensauflösung, wenn auch eine wichtige Hälfte. Dieser Punkt wird in diesem Kapitel näher untersucht, während das folgende Kapitel sich mit DNS-Alternativen beschäftigt.

Worin WINS wirklich gut ist, ist die Verwaltung von NetBEUI-Netzwerken über Router. Um herauszufinden, was das bedeutet, lassen Sie uns einmal den Namen auf einem NT-Netzwerk, das TCP/IP verwendet, näher betrachten.

Namen in NT

Eine der häufigsten Fragen, die uns über NT und TCP/IP gestellt werden, lautet:

„Ich habe einen NT-Server in einem Teilnetz und einige Windows für Workgroups-Rechner in einem anderen Teilnetz. Zwischen ihnen ist ein Router. Ich kann von den Windows für Workgroups-Rechnern Pings an den NT-Server senden, aber der NT-Rechner wird in meiner Suchliste nicht angezeigt und ist mit net use nicht erreichbar. Wie kann das sein?"

Die kurze Antwort:

„Ping stützt sich auf das WinSock API, während die Suchliste und net use die NetBIOS-Schnittstelle benutzen. Da WinSock und NetBIOS unterschiedlich arbeiten, sind durchaus Situationen möglich, in denen eines funktioniert und das andere nicht. Sie müssen daher NetBIOS ein wenig nachhelfen, entweder mit einer Datei namens LMHOSTS oder einem Dienst namens WINS."

Die spezifischen Einzelheiten zu erklären dauert ein wenig länger, und das ist die Aufgabe dieses Kapitels.

Schauen Sie sich die folgenden beiden Befehle an, die beide an den Server gerichtet sind:

```
Ping server 01.bigfirm.com
```

Und

```
Net use * \\server 01\mainshr
```

In dem Ping-Befehl wird der Server als Server 02.bigfirm.com bezeichnet. In dem Net use-Befehl heißt derselbe Server Server 01. Dieser Unterschied ist wichtig.

Warum zwei verschiedene Namen?

Der Ping-Befehl ist ganz klar ein Befehl vom TCP/IP/Internet-Typ. Sie können ihn nur ausführen, wenn Sie mit TCP/IP arbeiten, und er ist ein gültiger Befehl auf einem UNIX-, VMS-, Macintosh- oder MVS-Computer, solange auf diesem Rechner ein TCP/IP-Protokoll-Stack läuft.

Net use dagegen ist ein Microsoft-Netzwerkbefehl. Sie können einen solchen Befehl in einem NT-Netzwerk unabhängig von dem benutzten

Protokoll verwenden, der Befehl ist jedoch in der Regel nicht gültig unter UNIX, VMS oder Macintosh. Im allgemeinen sind die Microsoft-Netzwerkfunktionen sehr stark auf die Verwendung auf PCs ausgerichtet. (Es stimmt zwar, daß NT-Architektur unabhängig ist, so daß Sie Net use-Befehle auch auf einem Alpha-, MIPS- oder PowerPC-Rechner benutzen könnten, im großen und ganzen ist NT jedoch ein Betriebssystem für Intel x86 – jedenfalls noch im Moment – und bislang haben wir noch keine Ankündigungen eines NT/390 für IBM-Großrechner, NT VAX für Digital oder NT SPARC für Sun gesehen.)

Der Unterschied besteht im Netzwerk-API (Application Program Interface), auf dem die Anwendung aufbaut. Ping baut auf der allgemeinen PC-Implementation der TCP/IP-Sockets auf, der Win-Sock-Schnittstelle. Ping auf Sockets aufzusetzen, war eine gute Idee, denn dadurch ist es einfach, einen Ping für jedes Betriebssystem zu erstellen, solange sich auf diesem Computer eine Sockets-Schnittstelle befindet. Der Quell-Code zum Erzeugen von Pings für PC, UNIX-, VMS- oder Macintosh-Rechner ist im wesentlichen gleich. Der Name-Server 01.mmco.com ist ein DNS-Name, so daß, wenn Ping diesen Server erkennen soll, ein DNS-Namens-Auflöser – ein Client-Code, der mit DNS-Servern kommunizieren kann – auf Ihrem Netzwerk erforderlich ist. Wie das vor sich geht, erfahren Sie in Kapitel 9.

Net use dagegen baut auf dem NetBIOS-API auf. NetBIOS ist ein sehr einfaches Protokoll. Da Microsoft die Software seit 1985 verkauft, um NET USE-Befehle auszuführen, wurde der Net-Befehl so konstruiert, und ist es auch heute noch so, daß er auf NetBIOS aufsetzt. Der Name \\Server01 ist ein NetBIOS-Name und kein DNS-Name. Damit Net use arbeitet, brauchen Sie also einen NetBIOS-Namens-Auflöser oder einen NetBIOS-Namens-Server, und genau das ist WINS, wie Sie auf den folgenden Seiten sehen werden.

Wenn die Unterscheidung zwischen Server 01.mmco.com gegenüber \\Server01 noch nicht klar ist, stellen Sie sich die APIs als Kommunikationsgeräte vor. Telefone und der Postdienst sind ebenfalls Kommunikationseinrichtungen, so daß sie als Analogie benutzt werden können. Es ist die Aufgabe von Ping, mit einem anderen PC zu kommunizieren, und dasselbe möchte auch Net use. Doch Ping benutzt Win-Sock (das Telefon), und Net use benutzt NetBIOS (die Post). Wenn Sie einen Freund anrufen, dann ist der „Name" des Freundes, was das Telefon angeht, so etwas wie (02345) 678901. Was die Post angeht, ist jedoch der „Name" des Freundes vielleicht Philipp Muster, Hauptstraße 1, 12345 Irgendwo. Beide sind gültige „Namen" Ihres Freundes Philipp, sie unterscheiden sich jedoch, da verschiedene Kommunikations-Systeme verschiedene Arten von Namen benötigen.

NetBIOS über TCP/IP (NBT)

Das NetBIOS-API ist für die von Microsoft vertriebenen Protokolle Net-BEUI, IPX/SPX und TCP/IP implementiert. Dadurch unterscheidet sich Microsofts TCP/IP ein wenig von dem TCP/IP, das Sie unter UNIX finden, z. B. darin, daß UNIX TCP/IP mit Sicherheit kein aufgesetztes Net-BIOS-API hat. Es hat wahrscheinlich nur einen TCP/IP-Sockets-API. (Microsofts TCP/IP hat ebenfalls Sockets in der Form des WinSock-API.)

NetBIOS auf der Microsoft-Implementation von TCP-IP ist wichtig, da Sie andernfalls NET USE, NET VIEW, NET LOGON und ähnliche Befehle nicht verwenden könnten, die Ihrer PC-Workstation die Kommunikation mit einem NT-Server ermöglichen. Statt dessen gäbe es nur eine Sache, die der Aufgabe von Net in etwa nahe käme, nämlich NFS, das Network File System, das jedoch nicht alle Funktionen von Net ersetzen könnte. Microsofts NetBIOS über TCP/IP hat sogar einen Namen: NBT.

Der Server-Name ist, soweit es NetBIOS oder NBT betrifft, also Server01, und soweit es WinSock betrifft, Server01.bigfirm.com. Sie können Programme benutzen, die entweder NBT oder WinSock aufrufen, doch Sie müssen sicherstellen, daß Sie den richtigen Namen benutzen.

Probleme bei der Namensauflösung: DNS ist nicht immer die beste Lösung

Sobald NBT einen NetBIOS-Namen empfängt oder WinSock einen vollständigen Domänen-Namen (FQDN: Fully qualified Domain Name), haben sie dieselbe Aufgabe: die Auflösung dieses Namens in eine IP-Adresse. Computer in einem Microsoft-Netzwerk, das TCP/IP benutzt, brauchen also eine Form der Namensauflösung.

Wie sieht es mit der naheliegenden Form, nämlich DNS aus? DNS wäre eindeutig in der Lage, diese Aufgabe zu erfüllen, so daß Microsoft NBT so hätte konstruieren können, daß die Namensauflösung über DNS erfolgt. Das ist jedoch aus verschiedenen Gründen nicht so:

- Erstens befindet sich Microsoft nicht allein im NBT-Bereich. Die Idee, eine NetBIOS-Schnittstelle auf einen TCP/IP-Stack aufzusetzen, kam bereits 1987 auf, bevor DNS überhaupt erfunden wurde!

- Zweitens ist DNS zwar in vielerlei Hinsicht recht smart, aber es ist in NT 4 nicht dynamisch. D. h., daß Sie jedesmal, wenn Sie einen neuen Computer in Ihr Netzwerk einfügen, sich zu dem Rechner mit dem DNS-Server begeben müssen, um den neuen Computernamen und die IP-Adresse einzugeben, und dann den DNS-Server anhalten und neu starten müßten, damit DNS den neuen Namen erkennt. Etwas mehr Automatisierung wäre hier sicherlich wünschenswert.

- Drittens hat Microsoft bis zur Version 3.51 noch nicht einmal einen DNS-Server mit NT geliefert, und der DNS-Server in der Beta-Version von NT 4 war absolut schrecklich. Erst in der endgültigen Version von NT 4 ist er brauchbar, so daß man von den Anwendern wirklich nicht verlangen konnte, einen DNS-Server einzurichten.

Die NetBIOS-Namensauflösung über TCP/IP ist eine ziemlich harte Nuß. Das haben viele Leute festgestellt, und daher gibt es auch zwei Internet RFCs zu diesem Thema: RFC 1001 und 1002.

B-Nodes, P-Nodes und M-Nodes

Die RFCs gingen das Problem mit verschiedenen Optionen an.

Option 1: B-Nodes

Die erste Option war sehr vereinfachend: einfach Broadcasts senden. Ein Computer, der Broadcasts benutzt, um NetBIOS-Namen in IP-Adressen aufzulösen, wird in den RFCs als *B-Node* bezeichnet. Um herauszufinden, wer Server01 ist, würde also ein PC mit B-Node-Software einfach in die Runde rufen: „He! Heißt hier jemand Server01?"

Einfach ist dieser Ansatz wohl, aber auch mit einem schwerwiegenden Fehler behaftet: Erinnern Sie sich daran, was mit Broadcasts passiert, wenn sie auf Router treffen? Da Router diese Meldungen nicht als Broadcasts an andere Teilnetze weitergeben, wäre diese Art der Namensauflösung nur in Netzwerken mit einem einzigen Teilnetz praktikabel.

Option2: P-Nodes

Die zweite Option sah die Schaffung und Nutzung eines Namens-Servers vor. Wenn ein Computer nun den Namen eines anderen Computers auflösen muß, braucht er lediglich eine Punkt-zu-Punkt-Nachricht an den Computer zu senden, auf dem die Name-Server-Software läuft. Da Punkt-zu-Punkt-Nachrichten über Router weiter vermittelt werden, würde dieser zweite Ansatz auch in Netzwerken mit Routern arbeiten. Ein Computer, der mit einem Namens-Server zur Auflösung von NetBIOS-Namen in IP-Adressen arbeitet, wird als *P-Node* bezeichnet.

Wiederum keine schlechte Idee, doch treten hier all die Probleme auf, die DNS hatte. Welcher Namens-Server soll benutzt werden? Wird er dynamisch sein? Der Namenserver für NetBIOS-Namensauflösung wird übrigens als NetBIOS-Name-Server oder NBNS bezeichnet.

Option 3: M-Nodes

Der komplexeste Ansatz bei der NetBIOS-Namensauflösung über TCP/IP ist der M-Node, was für *mixed* Nodes steht. Dieser Ansatz verwendet eine Kombination aus Broadcasts und Punkt-zu-Punkt-Kommunikation mit einem NBNS.

Als Microsoft mit TCP/IP anfing, implementierte man eine Art von M-Node-Software. Diese arbeitete insofern von Punkt zu Punkt, als man Adressen in der Hosts-Datei oder in der LMHOSTS-Datei nachschlagen konnte und mit Hilfe eines DNS-Servers die entsprechenden Referenzen ermitteln konnte. Abgesehen von diesen Optionen neigte Microsoft TCP/IP eher zu B-Node, wodurch man entweder auf Netzwerke mit nur einem Teilnetz beschränkt wurde oder die Wiederholung von Broadcasts über das Netzwerk notwendig wurde, was zu erhöhtem Datenverkehr führt. Offensichtlich wurde eine Art von NBNS benötigt, und je einfacher die Arbeit damit wäre, desto besser. Da die RFCs sich über die Einzelheiten eines NBNS ausschweigen, stand es den Herstellern frei, etwas eigenes zu erfinden, und genau das taten sie – natürlich mit dem zu erwartenden Ergebnis, daß alle nicht miteinander reden können.

Die Rolle von WINS

WINS ist einfach Microsofts eigener NBNS-Dienst. Was ihn von den übrigen abhebt, ist Microsofts Bedeutung innerhalb der Branche. Die Firma verfügt über die Mittel, ein eigenes System zu schaffen und es zu einer so breiten Akzeptanz zu führen, daß es zu einem *de facto*-Standard wird, und da es das eine oder andere RFC über WINS gibt, könnte WINS auch zu einem tatsächlichen Standard werden.

Vorteile von WINS

Im Folgenden eine Reihe der Faktoren, die für WINS sprechen:

- Dynamische Datenbankpflege zur Unterstützung der Registrierung und Auflösung von Computernamen

- Zentrale Verwaltung der NetBIOS-Namens-Datenbank

- Verringerung des IP-Broadcast-Verkehrs im Internetzwerk, während den Clients ein einfaches Auffinden entfernter Systeme über lokale oder Wide-Area-Netzwerke ermöglicht wird

- Möglichkeit für die Clients (Windows NT ab Version 3.5, Windows für Workgroups 3.11, Windows 95), in einem Netzwerk auf der Basis von Windows NT-Server ferne Domänen zu durchsuchen, ohne daß ein lokaler Domänen-Controller auf der anderen Seite des Routers vorhanden sein muß

- Möglichkeit, in einem Windows NT-Netzwerk transparent über Router hinweg das Netz zu durchsuchen (für Domänen, die mehrere Teilnetze umfassen). Um das Durchsuchen ohne WINS zu ermöglichen, muß der Netzwerk-Verwalter dafür sorgen, daß die primäre Domäne der Benutzer auf beiden Seiten des Routers Computer mit Windows NT-Server oder Windows NT-Workstation hat, die als Master-Browser dienen können. Diese Computer benötigen korrekt konfigurierte LMHOSTS-Dateien mit Einträgen für die Domänen-Controller im Teilnetz.

Die Microsoft-Client-Software mit WINS implementiert keine B-Nodes, P-Nodes oder M-Nodes; statt dessen verwendet Microsoft einen sogenannten H- oder Hybrid-Node.

Doch Moment mal, ist M-Node nicht auch ein Hybrid? Das ist richtig. Sowohl M-Nodes als auch H-Nodes (und beachten Sie, daß zum gegenwärtigen Zeitpunkt RFCs zu M-Nodes, aber nicht zu H-Nodes vorliegen) benutzen B-Node und P-Node, doch die Implementation ist unterschiedlich.

- Bei M-Node erfolgt eine Namensauflösung, indem zunächst ein Broadcast gesendet wird, (B-Node) und anschließend, falls dieses fehlschlägt, direkt mit dem NBNS kommuniziert wird (P-Node).

- Bei H-Node wird zuerst der NBNS überprüft, und wenn dies erfolglos ist, ein Broadcast gesendet.

Der Unterschied besteht hauptsächlich in der Reihenfolge der Operationen.

NBT-Namen in Ihrem System

Ein bedeutender Teil der NetBIOS-Architektur ist deren ausgiebiger Gebrauch von Namen. Eine Workstation kann sich selbst bis zu 16 Namen anfügen. Namen in NetBIOS sind entweder Gruppen-Namen, die von mehreren gemeinsam benutzt werden, z.B. Arbeitsgruppen und Domänen, oder normale Namen, die nicht gemeinsam benutzt werden können, wie ein Computer-Name. Da Sie bald sehen werden, daß WINS über alle diese Namen Buch führt, sind Sie wahrscheinlich neugierig, was das für Namen sind. Deshalb sollen die Net-BIOS-Namen Ihres Systems genauer untersucht werden.

Sie können ermitteln, welche Namen Ihrer Workstation zugeordnet sind, indem Sie auf einem Rechner mit Windows für Workgroups, Windows 95 oder NT eine Befehlszeile öffnen und **nbtstat -n** eingeben. Die Ausgabe dieses Befehls sieht folgendermaßen aus:

```
Node IPAddress: [199.34.57.53] Scope ID:[]
NetBIOS Local Name Table
Name         Type          Status
MICRON133    <00> UNIQUE   Registered
ORION        <00> GROUP    Registered
MICRON133    <03> UNIQUE   Registered
MICRON133    <20> UNIQUE   Registered
ORION        <1E> GROUP    Registered
MARK         <03> UNIQUE   Registered
```

In diesem Beispiel sind die Gruppen-Namen ORION, Mark's Arbeitsgruppe und Domäne. MICRON 133 ist der Name von Mark's persönlichem Rechner und Mark ist, natürlich, Mark's Name – NetBIOS registriert nicht nur den Computernamen, sondern auch den Namen der Person. Sie können die Liste der registrierten Namen auf jedem Computer in Ihrem Netzwerk abrufen, indem Sie nbtstat **-A <IP-Adresse>** eingeben, wobei das -A ein Großbuchstabe sein muß.

Aber warum gibt es MICRON 133 mehr als einmal? Weil verschiedene Teile der Microsoft-Netzwerk-Client-Software jeweils eigene Namen erfordern, so daß sie an den Computernamen zwei hexadezimale Ziffern anhängen. Das sind die Angaben <00>, <20> usw. – Suffixe, die von bestimmten Programmen kontrolliert werden. Wenn z. B. ein anderer Benutzer im Netzwerk eine Verbindung zu einem freigegebenen Bereich Daten auf diesem Computer herstellen möchte, könnte er **net use*\\micron133\Daten** eingeben und die Redirector-Software auf seinem Computer würde eine NetBIOS-Namensauflösung des Namens MICRON133<00> durchführen, da das Suffix <00> vom Redirector benutzt wird. Tabelle 8.1 enthält die Suffixe und die Programme, die diese benutzen.

Tabelle 8.1:
Beispiele für Rechnernamen

Name	Einsatzbereich
<computername>[00h]	Workstation-Dienst. Diese grundlegende Bezeichnung weist jeder in einem Microsoft-Netzwerk auf, egal wie wichtig er im Netzwerk ist.
<computername>[03h]	Messenger-Dienst
<computername>[06h]	RAS-Server-Dienst

Name	Einsatzbereich
<computername>[1Fh]	NetDDE-Dienst. Erscheint nur, wenn NetDDE aktiv ist oder eine NetDDE-Anwendung ausgeführt wird (beispielsweise, wenn Sie Network Hearts ausführen).
<computername>[20h]	Server-Dienst. Dieser Name taucht nur auf, wenn die gemeinsame Nutzung von Dateien und Druckern aktiviert ist.
<computername>[21h]	RAS-Client-Service
<computername>[BEh]	Netzwerkmonitor-Agent
<computername>[BFh]	Netzwerkmonitor-Utility
<username>[03h]	Messenger-Dienst. Jeder Rechner, auf dem ein Messenger-Dienst eingerichtet ist (nahezu jeder MS-Netzwerk-Client), weist dies auf, so daß Benutzer Befehle, die über das Netz gesandt werden, empfangen können.
<domain name>[1Bh]	Primärer Domänen-Controller
<domain name>[1Dh]	Master-Browser
Gruppenname	
<domain name>[1Bh] oder<workgroup name>[00]	Domänenname. Zeigt an, daß der Computer Teil einer Domäne und/oder Workgroup ist. Ist ein Client Mitglied einer Workgroup, deren Name nicht dem der Domäne entspricht, wird kein Domänenname auf dem Client registriert.
<domain name>[1Ch]	PDCs und BDCs teilen dies. Ist ein Rechner mit diesem Namen registriert, ist er ein Domänen-Controller.
<domain name>[1Eh] oder <workgroup name>[1Eh]	
MSBrowse	Domänen-Master-Browser

Unabhängig davon, welche Art von Computer Sie in einem Microsoft-Firmen-Netzwerk haben, hat dieser Computer mindestens einen registrierten Namen: <*computer name*> [00]. Für die meisten Computer wird auch <*Arbeitsgruppe*>[00] registriert, wodurch der Computer als Mitglied einer Arbeitsgruppe kenntlich gemacht wird. Dies sind die beiden einzigen Namen, die Sie sehen würden, wenn Sie eine DOS-Workstation mit dem alten LAN-Manager-Netzwerk-Client ohne den Meldungsdienst oder eine Workstation mit Windows für Workgroups 3.1 (nicht 3.11) hätten, bei der die Datei- und Druckerfreigabe deaktiviert ist.

Bei den meisten modernen Client-Software-Programmen wäre auch der Meldungsdienst aktiviert und deshalb auch <computer name>[03] und <Benutzer-Name>[03] registriert.

Bei Aktivierung der Datei- und /oder Druckerfreigabe würde einem Computer auch der Name <computer name>[20] hinzugefügt. Alle Server sind standardmäßig Anwärter auf die Funktion des Master-Browser, so daß <Arbeitsgruppen-Name>[1E] auf jedem Rechner angezeigt wird, der Datei- oder Druckerfreigabe bietet, es sei denn, daß Sie einen Rechner ausdrücklich so konfigurieren, daß er nicht als Master-Browser fungieren kann. Wenn ein Rechner Master-Browser ist, hat er zusätzlich den Namen <Arbeitsgruppen-Name>[1D]. Workstations benutzen den [1D]-Namen, um beim Systemstart eine Liste der Browser-Server zu erhalten – Sie senden eine Broadcast, die überprüft, ober der [1D]-Rechner existiert, und wenn das der Fall ist, zeigt der [1D]-Rechner der Workstation eine Liste der potentiellen Browser.

Master-Browser erhalten auch den Netzwerk-Namen [01][02]__MSBROWSE__[02][01]. Dies ist ein Gruppenname und nur die Master-Browser sind Mitglieder dieser Gruppe. Master-Browser benutzen diesen Namen, um sich gegenseitig zu erkennen.

Master-Browser im Vergleich zu Domain-Master-Browser: Eine Anmerkung

Dieses Thema ist ein bißchen außer der Reihe und wird ausführlich in Kapitel 10 behandelt, aber es ist relevant für TCP/IP, Netzwerk-Namen und Browsing, daher ist diese Stelle am ehesten für eine Erwähnung geeignet.

Schauen wir uns einmal Browselists (Suchlisten) unter NT an. Die meisten Meldungen, die die Browsing-Dienste in Microsoft-Netzwerken steuern, sind Broadcasts. Da Router im allgemeinen Broadcasts nicht weiterleiten, stellt sich die Frage, was das für ein Intranet, das aus mehreren Segmenten, aber nur einer NT-Domäne besteht, bedeutet.

Ohne WINS hat jedes Teilnetz eine eigene Browser-Auswahl und infolgedessen auch eigene Master-Browser. NT zentralisiert die Browse-Informationen indem es einen dieser Master-Browser zum Domain-Master-Browser (DMB) macht. „Domäne" ist hier nicht im Sinne von TCP/IP gebraucht, sondern im Sinne von NT. Der Zweck von DMBs ist es, das Durchsuchen einer NT-Domäne zu unterstützen, die in zwei oder mehr Teilnetze eingeteilt ist. Selbst wenn Ihre NT-Domäne nur aus einem einzelnen Teilnetz besteht, hat sie dennoch einen DMB. DMBs werden unter dem Namen <Domäne>[1B] registriert und es gibt jeweils einen pro NT-Domäne. Innerhalb einer einzelnen TCP/IP-Domäne können viele DMBs vorhanden sein, da eine TCP/IP-Domäne beliebig viele NT-Domänen enthalten kann.

Namensauflösung vor WINS

Clients, die geschrieben wurden, bevor es WINS gab, oder Clients ohne einen angegebenen WINS-Server versuchen mit einer Reihe von Methoden, einen NetBIOS-Namen in eine IP-Adresse aufzulösen. Folgende Hilfsmittel werden, sofern vorhanden, benutzt:

- Eine HOSTS-Datei, wenn vorhanden
- Broadcasts
- Eine LMHOSTS-Datei, wenn vorhanden
- Ein DNS-Server, wenn vorhanden

Die Datei HOSTS haben Sie bereits kennengelernt – sie ist eine einfache ASCII-Datei. Jede Zeile enthält eine IP-Adresse, mindestens ein Leerzeichen und einen Namen. LMHOSTS leistet dasselbe wie HOSTS – und kann HOSTS vollständig ersetzen – und noch ein wenig darüber hinaus. Während HOSTS ein Jahre alter grundlegender TCP/IP-Standard ist, ist LMHOSTS eine Microsoft-Modifikation, die Ihnen ermöglicht, einen primären Domänen-Controller (PDC) für eine NT-Domäne zu identifizieren oder dem System mitzuteilen, daß ein Teil von LMHOSTS bei jeder Anmeldung von einer zentralen Stelle geladen werden soll, was dem Administrator ermöglicht, rasch wechselnde Informationen zentral zu verwalten. Wenn z.B. ein Server namens Fido an der Adresse 210.10.22.33 der primäre Domänen-Controller einer Domäne namens Browsers wäre, würden Sie die folgende Zeile in Ihre LMHOSTS-Datei einfügen:

```
210.10.22.33 Fido #dom:browsers
```

Wenn eine Workstation eine Suchliste für die Domäne Browsers braucht, teilt die LMHOSTS-Datei der Workstation mit, daß die Suchliste an der Adresse 210.10.22.33 zu finden ist.
 Wenn Sie einen Microsoft Netzwerk-Client einrichten und keinen WINS-Server angeben und darüber hinaus das Kontrollkästchen DNS FÜR WINDOWS-AUFLÖSUNG AKTIVIEREN nicht auswählen, befindet sich Ihr Client in einem Modus, den Microsoft als „modifizierten B-Node" bezeichnet. Diese Clients schauen zunächst in der HOSTS-Datei nach, sofern diese vorhanden ist. Wenn der gesuchte Eintrag dort nicht zu finden ist, schaut der Computer in LMHOSTS nach. Wenn der Name dadurch immer noch nicht aufgelöst werden kann, sendet der Computer einen Broadcast an <computername>[00] mit der Aufforderung, zu antworten. Dies ist ein UDP-Broadcast. Wenn nach drei Versuchen immer noch keine Antwort erfolgt ist, wird die Suche aufgegeben.
 Wenn Sie in Ihrer TCP/IP-Client-Konfiguration einen DNS-Server angeben, wendet sich Ihr Computer ebenfalls zunächst an die Datei HOSTS zur Namensauflösung, und wenn diese fehlschlägt, wendet er

sich an den in der Konfiguration angegebenen DNS-Server. Wo die LMHOSTS-Datei ins Spiel kommt, ist je nach Client-Typ unterschiedlich. Wenn Sie mit Windows 95 arbeiten, wird LMHOSTS völlig ignoriert, wenn Sie einen DNS-Server benutzen. Wenn DNS Ihrem Computer nicht weiterhelfen kann, verwendet die Client-Software als letzten Ausweg ein UDP-Broadcast.

Arbeitsweise von WINS

Wie Sie gesehen haben, war die Welt vor WINS ein ziemlich unfreundlicher Ort, an dem jeder in die Gegend rief, und viele Fragen (Auflösungs-Anfragen) unbeantwortet blieben. Schauen wir uns einmal an, wie es mit WINS aussieht.

WINS benötigt NT-Server

Damit WINS funktioniert, müssen Sie einen Rechner mit NT-Server (mit allem anderen funktioniert WINS nicht, auch nicht mit NT-Workstation) als WINS-Server einrichten. Der WINS-Server arbeitet dann als NBNS-Server und führt darüber Buch, wer sich im Netzwerk befindet und gibt bei Bedarf Informationen zur Namensauflösung heraus. Eine tolle Sache ist die Art und Weise, wie WINS die Namensinformationen sammelt. Wenn Ihre Workstation Anfragen zur Namensauflösung an einen WINS-Server richten möchte, muß sie sich zunächst beim WINS-Server vorstellen. Dabei zeichnet WINS die IP-Adresse und den NetBIOS-Namen der Workstation auf und erweitert damit seine WINS-Datenbank.

WINS führt Namens-Registrierungen durch

Wenn ein WINS-Client zum ersten mal gestartet wird, wendet er sich an den WINS-Server, um sich vorzustellen. Der Client weiß die IP-Adresse des WINS-Servers, da diese entweder in die TCP/IP-Einstellungen für die Workstation fest eincodiert wurden, oder die Workstation eine WINS-Adresse von DHCP erhalten hat, als sie ein IP-Lease erworben hat.
　　Diese erste Kommunikation wird als Namens-Registrierungs-Anfrage (name registration request) bezeichnet. Im Zuge der Namens-Registrierung bei einem WINS-Server stellt die Workstation außerdem sicher, daß sie einen einmaligen Namen hat. Wenn der WINS-Server feststellt, daß es einen weiteren Computer mit demselben Namen gibt, teilt er der Workstation mit, daß dieser Name nicht benutzt werden kann. Die Namens-Registrierungs-Anfrage und die Bestätigung sind beide zielge-

richtete IP-Nachrichten, so daß sie Router passieren können. Wenn eine Workstation herunterfährt, sendet sie eine Anfrage zur Namens-Freigabe an den WINS-Server, indem sie ihm mitteilt, daß die Workstation den NetBIOS-Namen nicht mehr benötigt. Dieser Name kann dann vom WINS-Server für irgendeinen anderen Rechner registriert werden.

WINS Fehler-Modi

Was passiert, wenn etwas falsch läuft? Wenn Sie versuchen, einen Namen zu registrieren, den bereits eine andere Workstation benutzt oder eine Workstation feststellt, daß der WINS-Server nicht verfügbar ist?

Was die doppelten Namen angeht, ist die Sache einfach – anstelle einer Erfolgsmeldung sendet der WINS-Server eine Fehlermeldung als Antwort auf die Namens-Anforderung der Workstation. Die Workstation weiß dann, daß der Name nicht registriert wurde, und fügt ihn nicht in ihre NetBIOS-Namenstabelle ein; die Anweisung nbstat -n zeigt den Namen nicht an.

Wenn eine Workstation den WINS-Server beim Systemstart nicht finden kann, verhält sich die Workstation nicht mehr wie ein hybrider NBT-Node und fällt in seinen alten Zustand als modifizierter B-Node zurück. D.h., sie ist im wesentlichen von Broadcasts abhängig, benutzt aber auch die Dateien HOSTS und LMHOSTS, sofern sie vorhanden sind.

Dauer der Namens-Vergabe

Wie auch DHCP registriert WINS Namen nur für einen bestimmten Zeitraum, der als *Erneuerungs-Intervall* (renewal interval) bezeichnet wird. Standardmäßig beträgt dieser Zeitraum 4 Tage (96 Stunden), und wahrscheinlich werden Sie keinen Grund haben, diese Einstellung zu ändern. 40 Minuten scheinen die kürzeste Zeit zu sein, die WINS akzeptiert.

Ähnlich wie DHCP-Clients ihre Leases frühzeitig zu verlängern suchen, wenden WINS-Clients Anfragen zur Namens-Erneuerung an den WINS-Server lange, bevor ihre Namen ungültig werden. Der Microsoft-Dokumentation zufolge versucht ein WINS-Client eine Namens-Erneuerung bereits sehr früh, nachdem seine Namen registriert wurden – bereits nach einem Achtel des Erneuerungs-Intervalls. Unsere Tests haben ergeben, daß es eigentlich drei Achtel sind, doch das ist nicht so wichtig. Der WINS-Server setzt in der Regel die verbleibende Zeit, bis der Name erneuert werden muß, zurück. Diese Zeit wird gelegentlich als „time to live (Lebensdauer)" oder TTL bezeichnet. Sobald der Client seinen Namen einmal erneuert hat, erneuert er ihn nicht immer wieder bereits nach einem Achtel seiner TTL, sondern nach der Hälfte der TTL-Intervalle.

Installation von WINS

Die Installation von WINS ist im wesentlichen so wie die Installation anderer Software in diesem Kapitel in diesem Buch auch.

Bei der Planung, wie viele WINS-Server Sie brauchen und wo sie eingerichtet werden sollen, beachten Sie, daß Sie nicht in jedes Teilnetz einen WINS-Server integrieren müssen, was einer der großen Vorzüge von WINS ist. Es ist jedoch sinnvoll, einen zweiten Rechner als sekundären WINS-Server zu betreiben, allein aus Gründen der Fehlertoleranz. Wenn eine Workstation startet und keinen WINS-Server finden kann, greift sie auf Broadcasting zurück, wodurch die Namensauflösungsfähigkeiten auf ihr lokales Teilnetz beschränkt werden und sehr viel Datenverkehr erzeugt wird. Warum sollte ein WINS-Client einen WINS-Server nicht finden, wenn ein funktionierender WINS-Server vorhanden ist? Normalerweise würde der Client ihn finden, doch in einem kleinen Prozentsatz der Fälle kann es vorkommen, daß der WINS-Server zu beschäftigt ist, um dem Client rechtzeitig zu antworten, so daß der Client die Suche aufgibt. In einem solchen Falle ist die Existenz eines sekundären Servers sehr hilfreich. Wenn Sie einen Backup Domain Controller haben, sollten Sie auch auf diesem Rechner einen WINS-Server einrichten. Die WINS-Software benutzt nicht viel Rechenzeit, so daß Sie die Leistung des Servers wahrscheinlich nicht beeinträchtigt, es sei denn, daß Sie nur einen WINS-Server für Tausende von Benutzern haben. In diesem Falle empfiehlt sich, einen Computer allein für WINS-Operationen abzustellen.

Um einen WINS-Server einzurichten, befolgen Sie die nachfolgenden Anleitungen:

1. Öffnen Sie die Systemsteuerung.

2. Öffnen Sie in der Systemsteuerung das Modul NETZWERK.

3. Klicken Sie auf die Registerkarte DIENSTE.

4. Klicken Sie auf die Schaltfläche HINZUFÜGEN.

5. Wählen Sie den Windows Internet Name Service.

6. Teilen Sie dem Programm mit, wo es die Dateien findet (auf Ihrer CD-ROM oder auf dem Laufwerk, das Sie für die Installation von NT benutzt haben).

7. Klicken Sie auf die Schaltfläche SCHLIEßEN.

Lassen Sie das System neu starten. Anschließend finden Sie in der Gruppe VERWALTUNG ein neues Symbol, den WINS-Manager. Wenn Sie ihn starten, erhalten Sie den in Abbildung 8.1 dargestellten Bildschirminhalt.

Abbildung 8.1:
Der WINS-Manager

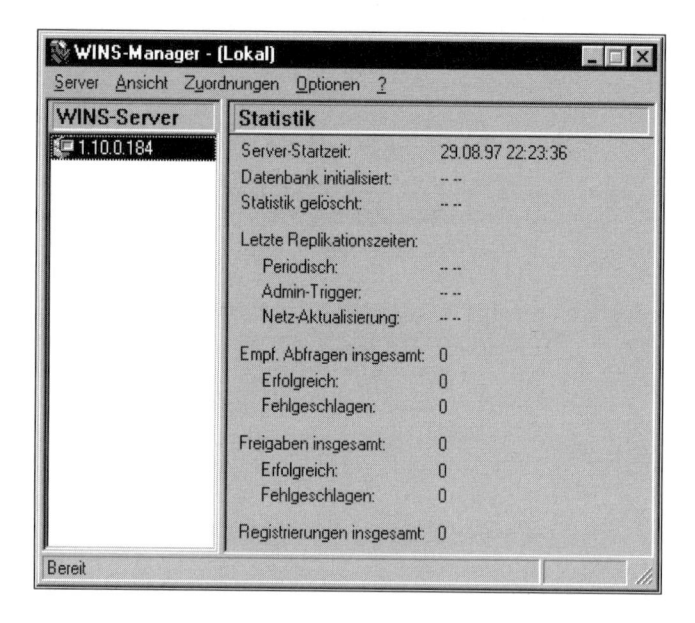

Statische Zuordnungen

Als erstes sollten Sie Ihren WINS-Server informieren, welche Rechner in Ihrem Teilnetz fest codierte IP-Adressen haben. Klicken Sie dazu auf ZUORDNUNGEN und anschließend auf STATISCHE ZUORDNUNGEN. Daraufhin wird das in Abbildung 8.2 dargestellte Dialogfeld geöffnet.

Abbildung 8.2:
Statische Zuordnungen

Viele Knoten in einem Netzwerk, wie z.B. ein Server unter UNIX, sind nicht in der Lage, einen Namen beim WINS-Server zu registrieren. Diese Namen können unter Umständen mit Hilfe einer LMHOSTS-Datei oder durch Abfrage eines DNS-Servers aufgelöst werden, doch eine bessere Lösung besteht darin, die Zuordnung des Namens zur IP-Adresse statisch auf dem WINS-Server einzugeben. Dadurch werden zwei Dinge erreicht: Zunächst einmal ermöglicht es Knoten den Namen mit einer Abfrage des WINS-Servers aufzulösen, ohne auf sekundäre Auflösungsmethoden zurückgreifen zu müssen. Dadurch wird die Namensauflösung beschleunigt. Zweitens verhindert es, daß der WINS-Server einen anderen Knoten dynamisch mit diesem Namen registriert.

Statische Einträge können interaktiv eingegeben oder aus der LMHOSTS-Datei importiert werden. Sie werden niemals freigegeben und nicht durch dynamische Einträge überschrieben.

In Abbildung 8.2 wurden die IP-Adressen für zwei Geräte mit vordefinierten IP-Adressen hinzugefügt. Klicken Sie einfach auf HINZUFÜGEN, und Sie erhalten ein Dialogfeld, in das Sie IP-Adressen und HOST-Namen als statische Werte eingeben können. Wenn bereits eine HOSTS-Datei vorhanden ist, können Sie auf IMPORTIEREN klicken, und das Programm übernimmt diese Informationen, um eine Datenbank statischer Zuordnungen aufzubauen.

Sicherung

Die Sicherung von Daten ist etwas, das jedem Netzwerkprofi in Fleisch und Blut übergehen sollte und gerade im Hinblick auf die WINS-Datenbank darf dieser Aspekt nicht vernachlässigt werden. Bewahren Sie immer eine Sicherungskopie aller, bei der Konfiguration des Servers eingegebenen Informationen auf. Diese Sicherung erfolgt automatisch nach 24 Stunden und nachdem ein Verzeichnis für Sicherungskopien angegeben wurde. Um ein solches Sicherungsverzeichnis anzugeben, gehen Sie folgendermaßen vor:

1. Wählen Sie vom WINS-Manager aus ZUORDNUNGEN/DATENBANK SICHERN. Ein Dialogfeld wird geöffnet, in dem Sie nach einem Verzeichnis gefragt werden. Der Standardpfad ist \Users\Default, der genauso sinnvoll ist wie jeder andere. Schließlich wird ein Verzeichnis mit dem Namen \Users\Default\WINS_bak angelegt, in das drei Dateien hineingeschrieben werden: jet.log, system.mdb und wins.mdb.
2. Wählen Sie im Verzeichnisfeld \systemverzeichnis\system32\WINS.
3. Deaktivieren Sie INKREMENTELLES BACKUP DURCHFÜHREN, und wählen Sie OK.

Das Programmfenster des WINS-Managers wird geöffnet, gefolgt von einem Meldungsfeld, das die erfolgreiche Durchführung der Sicherung anzeigt.

4. Wählen Sie OK.

5. Schalten Sie zum Datei-Manager um, wählen Sie \systemverzeichnis\system 32\WINS.

6. Lassen Sie den Inhalt des Verzeichnisses WINS_bak anzeigen, und beenden Sie anschließend den Datei-Manager.

Außer der Datenbank sollten Sie auch alle Registrierung-Einträge sichern. Gehen Sie dazu folgendermaßen vor:

1. Starten Sie das Programm REGEDT32.

2. Öffnen Sie anschließend `HKEY_LOCAL_MACHINE\SYSTEM\CurrentControlSet\Services\WINS`.

3. Wählen Sie Schlüssel speichern im Menü Registrierung.

4. Geben Sie den Pfad des Verzeichnisses an, in dem die WINS-Dateien gesichert werden sollen.

Wiederherstellung

Die Wiederherstellung sorgt dafür, daß zuverlässige Daten zur Verfügung stehen. Wenn der WINS-Server bei der Initialisierung feststellt, daß seine Daten beschädigt sind, greift er automatisch auf die Sicherungskopie zurück. Sie können eine Wiederherstellung der Datenbanken manuell auf zwei Arten auslösen. Die erste Möglichkeit ist es, den Befehl RESTORE DATENBANK im Menü MAPPINGS des WINS-Managers zu wählen und den Pfad des Sicherungs-Verzeichnisses anzugeben. Bei der zweiten Möglichkeit löschen Sie zunächst die Dateien jet*.log, winstmp.mdb und system.mdb aus dem Verzeichnis \systemverzeichnis\system32\WINS. Anschließend kopieren Sie die Datei system.mdb von der CD-ROM von Windows NT Server in das Verzeichnis \systemverzeichnis\system32\WINS. Abschließend kopieren Sie wins.mdb aus dem Sicherungs-Verzeichnis in das Verzeichnis *systemverzeichnis*\system32\WINS.

So gehen Sie vor, um die WINS-Datenbank wiederherzustellen:

1. Wechseln Sie zum WINS-Manager.

2. Wählen Sie im Menü ZUORDNUNGEN den Befehl LOKALE DATENBANK SICHERN. Das Dialogfeld SICHERUNGSVERZEICHNIS AUSWÄHLEN wird daraufhin geöffnet.

3. Wählen Sie im Verzeichnisfeld \systemverzeichnis\system32\WINS und anschließend OK.

Das Fenster des WINS-Managers wird daraufhin geöffnet, gefolgt von einem Meldungsfeld, das die erfolgreiche Durchführung der Wiederherstellung anzeigt.

4. Klicken Sie auf OK.

5. Öffnen Sie in der Systemsteuerung das Modul DIENSTE, und klicken Sie auf DIENSTE >WINDOWS INTERNET NAME SERVICE, oder öffnen Sie eine Befehlszeile, um den Windows Internet Name Service zu starten.

Fassen wir noch einmal zusammen, was Sie tun müssen, um einen WINS-Server wieder aufzubauen: Teilen Sie dem WINS-Server mit, wo Sicherungskopien gespeichert werden sollen, und er wird automatisch jeden Tag eine Sicherung durchführen. Wenn Sie Änderungen an den Einstellungen von WINS vornehmen, speichern Sie zuvor den Teil der Registrierung, der diese Einstellungen enthält. Betreiben Sie vor allem einen sekundären WINS-Server – dann brauchen Sie sich eigentlich um die Sicherung der WINS-Datenbank keine Gedanken zu machen, da Sie zwei parallel arbeitende Rechner haben.

HINWEIS

Wie DHCP sind auch die WINS-Dienste von der NT-Domänen-Sicherheit völlig unabhängig. Ein WINS-Server kann Workstations in Ihrem gesamten Netzwerk bedienen. Wenn Ihr Netzwerk mit dem Internet verbunden ist und keine firewall hat, können Sie sogar die Adresse Ihres WINS-Servers veröffentlichen, so daß andere Netzwerke über das Internet die Browsing-Fähigkeiten ebenfalls nutzen können. (Ob das wirklich wünschenswert ist, ist ein anderes Thema.)

Komprimierung

Diese Verwaltungsfunktion wird durch das Dienstprogramm Jetpack.exe ausgeführt. Dieses Programm sollte in regelmäßigen Abständen ausgeführt werden, wenn die Datenbank größer als 30 MByte wird, um die Effizienz der Datenbank zu erhalten. Die Größe der Datenbank hängt sowohl von der Anzahl als auch vom Typ der darin enthaltenen Einträge ab. Ein Einzel- oder Gruppeneintrag erfordert nur 50 bis 70 Bytes, eine Internet-Gruppe oder ein Eintrag für ein Multihome-Rechner kann allerdings 50 bis 300 Bytes umfassen, je nach Anzahl der damit verbundenen IP-Adressen. Darüber hinaus sind 50 bis 100 Bytes an Verwaltungsdaten für Zeitangaben und andere Zusatzinformationen für jeden Eintrag erforderlich. Zur Komprimierung der Datenbank gehen Sie folgendermaßen vor:

1. Stoppen Sie zunächst den WINS-Server über die Systemsteuerung, DIENSTE, WINDOWS INTERNET NAME SERVICE, oder indem Sie **net stop WINS** in der Befehlseingabezeile eingeben.

2. Wechseln Sie in das WINS-Verzeichnis, \systemverzeichnis\system32\WINS, und führen Sie den Befehl **Jetpack wins.mdbtemp_file.mdb** aus.

Wenn Jetpack das Packen der Datenbank beendet hat, wird die temporäre Datei temp_file (der Name spielt keine Rolle) in die Datei wins.mdb zurückkopiert und anschließend gelöscht.

3. Starten Sie zum Abschluß den WINS-Server neu, entweder über die Systemsteuerung oder den Server-Manager oder indem Sie auf der Befehlszeile **net start WINS** eingeben.

Die folgende Liste enthält einige der Dateien, mit denen Sie arbeiten, sowie Informationen über deren Funktion für den WINS-Server:

- **Jet.log/jet*.log:** Diese Datei enthält Transaktions-Protokolle, die von WINS bei Bedarf zur Wiederherstellung von Daten benutzt werden können.

- **System.mdb:** Diese Datei wird vom WINS-Server benutzt, um die Struktur der Datenbank aufzuzeichnen.

- **Wins.mdb:** Dies ist die Hauptdatenbankdatei von WINS. Sie ist die wichtigste Datei, mit der Sie arbeiten, und befindet sich im WINS-Verzeichnis. Alle Wartungsoperationen beziehen sich auf diese Datei.

- **Winstmp.mdb:** Diese temporäre Datei wird intern vom WINS-Server angelegt und genutzt. Im Falle eines Systemabsturzes wird diese Datei unter Umständen nicht entfernt.

Datenbank-Reproduktion

Im Unterschied zu DHCP-Servern, die nicht miteinander kommunizieren, können WINS-Server so konfiguriert werden, daß sie ihre Datenbankeinträge reproduzieren und miteinander austauschen, so daß alle Server im Netzwerk synchrone Namens-Informationen haben. Das erleichtert auch die Kommunikation zwischen WINS-Clients, die bei verschiedenen WINS-Servern registriert sind. Nehmen Sie z.B. an, daß Ihr System sich beim WINS-Server „Alpine" (siehe Abbildung 8.3) registriert hat. Während das System Ihres Kollegen beim WINS-Server „Aspen" registriert ist. Diese Systeme genießen nicht nur alle Kommunikationsfähigkeiten, sondern können auch füreinander Namen direkt auflösen, da die WINS-Datenbank zwischen den Servern reproduziert wird. Diese Funktion ist nicht automatisch und muß konfiguriert werden, um damit arbeiten zu können. Anschließend wird die Reproduktion automatisch ausgelöst, sobald die Datenbank sich ändert (z.B., wenn Namen registriert und/oder freigegeben werden). Damit WINS-Server auf diese Weise funktionieren kann, muß er entweder als Push- oder als Pull-Partner deklariert werden.

Abbildung 8.3:
Push- oder Pull-Partner

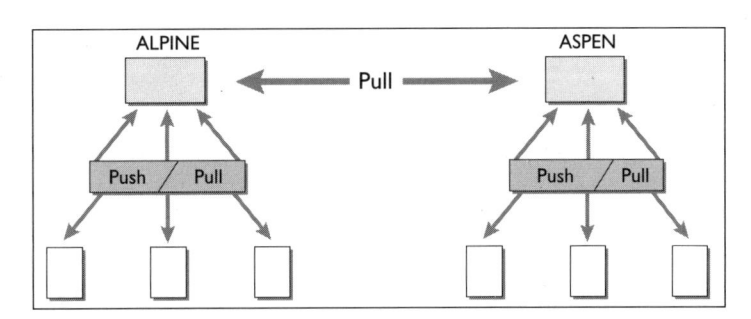

Push- oder Pull-Partner

Push-Partner sind WINS-Server, die Aktualisierungshinweise an Pull-Partner senden, sobald eine Änderung vorgenommen wurde. Pull-Partner – ebenfalls WINS-Server – senden Anfragen an die Push-Partner, und fragen nach Einträgen, die neuer als ihre aktuellen Listen sind, wenn sie den Inhalt ihrer Datenbank aktualisieren wollen. WINS-Server können sowohl als Push- als auch als Pull-Partner definiert sein, um sicherzugehen, daß die aktuellsten Informationen registriert sind. Es werden nur neue Einträge seit der letzten Aktualisierung reproduziert, und nicht die gesamte Datenbank. Abbildung 8.3 vermittelt eine Vorstellung von diesem Verfahren.

Festlegung eines Servers als Push- oder Pull-Partner

Die Reproduktionsarten der WINS-Datenbank können durch die Art und Weise, wie ein WINS-Server benutzt wird, und durch die Architektur des Netzwerks festgelegt werden. Wenn Ihr Netzwerk mehrere Sites über langsame Verbindungen umfaßt, empfiehlt es sich, daß Ihre Server voneinander Updates im Pull-Verfahren beziehen. Pull-Anfragen können nämlich für bestimmte Zeiten voreingestellt werden (z.B. während der Mittagspause oder nach Feierabend), wenn der Netzwerkverkehr voraussichtlich gering ist. Wenn Sie allerdings mit schnellen Verbindungen arbeiten, brauchen Sie sich nicht so sehr um den Datenverkehr zu sorgen, und Ihre Server sollten als Push-Partner eingerichtet werden. Wenn Sie einen Server auf das Push-Verfahren einstellen, ist es in der Regel sinnvoll, ihn sowohl für Push- als auch für Pull-Verfahren zu konfigurieren. Dadurch gewährleisten Sie, daß Ihnen die aktuellsten WINS-Einträge zur Verfügung stehen.

Die Replikation vollzieht sich in vier Schritten:

- Jeder Server, der als Reproduktions-Partner konfiguriert ist, zieht automatisch Aktualisierungsdaten während der Initialisierung beim Systemstart.

- Als Pull-Partner richtet der Rechner zu vorher festgelegten Zeiten Aktualisierungs-Anfragen an andere WINS-Server.

- Als Push-Partner gibt der Rechner seine Aktualisierungen bekannt, wenn er einen Grenzwert für die Anzahl der Änderungen erreicht hat. Sowohl der Grenzwert als auch das Aktualisierungsintervall können vom Benutzer eingestellt werden.

- Schließlich können WINS-Datenbanken auch manuell über den WINS-Manager reproduziert werden.

Konflikte während der Reproduktion

Namenskonflikte werden normalerweise zum Zeitpunkt der Namens-Registrierung behandelt. Es ist jedoch möglich, daß derselbe Name auf zwei verschiedenen WINS-Servern registriert ist. Das kann vorkommen, wenn derselbe Namen auf einem zweiten WINS-Server bereits registriert war, bevor die Datenbank des ersten WINS-Servers reproduziert wurde. In diesem Fall wird der Konflikt zum Zeitpunkt der Reproduktion festgestellt und gelöst.

Konflikte bei der Reproduktion können auftreten zwischen:

- Zwei Einzeleinträgen
- Einem Einzeleintrag und einem Gruppeneintrag
- Zwei Gruppeneinträgen

Ein Multihome-Eintrag ist ein Einzeleintrag mit mehreren Adressen.

Konflikt zwischen Einzeleinträgen

Wie lassen sich Konflikte zwischen Einzeleinträgen lösen? Nun, zunächst muß folgendes berücksichtigt werden:

- **Status der Einträge:** Der Status von Datenbankeinträgen kann aktiv, freigegeben oder veraltet sein. Die reproduzierten Einträge können entweder aktiv oder veraltet sein.

- **Besitzerschaft der Einträge:** Hier geht es darum, ob Ihr WINS-Server der Besitzer des Datenbankeintrags ist.

- **Adressen der Einträge:** Die Adressen der Einträge können gleich oder unterschiedlich sein.

Was geschieht mit zwei Reproduktionen, die gleiche oder unterschiedliche IP-Adressen haben?

Der Eintrag in Ihrer Datenbank wird durch den neuen überschrieben, unabhängig davon, ob die Adressen übereinstimmen oder nicht – es sei denn, der Eintrag in der Datenbank ist aktiv, und der aus der anderen Datenbank ist veraltet. Wenn dies der Fall ist, wird der Eintrag in der Datenbank nicht von dem neuen überschrieben, solange nicht beide Einträge im Besitz desselben WINS-Servers sind.

Was passiert, wenn ein Konflikt zwischen einem vorhandenen Eintrag und einer Kopie mit derselben IP-Adresse besteht?

Die Kopie überschreibt Ihren Datensatz, es sei denn, daß dieser aktiv und die Kopie veraltet ist. In diesem Fall wird die Versionskennung des Datensatzes heraufgesetzt, so daß der Datensatz beim nächsten Mal reproduziert wird.

Was geschieht bei Konflikten zwischen einem vorhandenen Eintrag und einer Kopie mit verschiedenen IP-Adressen?

Wenn der Datensatz in der Datenbank nicht aktiv ist, wird er durch die Kopie ersetzt, wenn jedoch die Kopie veraltet ist, wird die Versionskennung des Datensatzes wiederum erhöht, so daß er beim nächsten Mal reproduziert wird. Wenn die Kopie ebenfalls aktiv ist, wird der Knoten, zu dem der Datensatz gehört, abgefragt, um herauszufinden, ob er noch diesen Namen hat. Wenn ja, wird an den Knoten der Kopie ein Name Conflict Demand (eine Namens-Konflikt-Anforderung) gesendet, die den Knoten dazu veranlaßt, den Namen in den Konfliktstatus zu versetzen.

Was passiert bei einem Konflikt zwischen einem Einzeleintrag und einem Gruppeneintrag?

Wenn ein Konflikt zwischen einem Einzeleintrag und einem Gruppeneintrag besteht, wird der Gruppeneintrag beibehalten. Wenn der Einzeleintrag nicht freigegeben oder veraltet ist und sich im Besitz des WINS-Servers befindet, wird der Knoten des Einzeleintrags aufgefordert, den Namen freizugeben.

Was passiert bei Konflikten zwischen zwei speziellen Gruppeneinträgen?

Auch hier wird der Datensatz durch die Kopie ersetzt, wenn er nicht aktiv ist, andernfalls wird die Versionskennung heraufgesetzt, so daß er beim nächsten Mal reproduziert wird. Wenn die Kopie ebenfalls aktiv ist, wird die Mitgliederliste des Datensatzes aktualisiert, wobei alle in der Kopie vorhandenen Mitglieder, die noch nicht aufgeführt sind, hinzugefügt werden. Zusätzliche Mitglieder werden nicht aufgenommen, wenn die Mitgliedsliste im aktiven Status mehr als 25 Einträge umfaßt.

Konflikte mit einem Multihome-Datensatz

Was passiert, wenn eine Multihome-Kopie gerät mit einem veralteten oder freigegebenen Eintrag in der Datenbank in Konflikt? Solange der Eintrag nicht eine normale Gruppe im freigegebenen Status ist, wird er durch die Kopie ersetzt. Hier wird genauso verfahren, wie bei Konflikten zwischen Nicht-Multihome-Einträgen mit einem freigegebenen normalen Gruppeneintrag. Doch wie steht es mit einer veralteten Multihome-Kopie, die mit einem aktiven Datenbank-Eintrag in Konflikt gerät, der sich im Besitz desselben Rechners befindet? Der Datenbankeintrag wird einfach ersetzt. Wenn jedoch der aktive Datenbankeintrag eine Kopie ist, die sich im Besitz eines anderen Rechners befindet, findet keine Ersetzung statt. Wenn der aktive Datenbankeintrag ein Einzeleintrag im Besitz des lokalen WINS-Servers ist, wird die Versionskennung heraufgesetzt, um seine Vervielfältigung auszulösen.

Dasselbe trifft zu, wenn eine aktive Multihome-Kopie mit einer aktiven Einzel-/Multihome-Kopie in der lokalen Datenbank mit demselben Besitzer in Konflikt gerät – sie wird ersetzt. Das ist jedoch nicht der Fall, wenn sie verschiedenen Besitzern gehören. Wenn sich jedoch der Eintrag in der Datenbank im Besitz des lokalen WINS-Servers befindet und die Mitglieder des Datensatzes (ein Mitglied, sofern es sich um einen Einzel-Datensatz handelt) eine Untergruppe der Mitglieder der Kopie sind, wird die Versionskennung des Datensatzes heraufgesetzt, um ihn zu vervielfältigen, und seine Zeitmarke wird geändert. Die Adressen des lokalen Datensatzes werden abgefragt, wenn sich die Mitglieder der Kopie nicht in einem Teilnetz befinden. Wenn der abgefragte Knoten nicht antwortet, wird der Datensatz in der Datenbank ersetzt. Antwortet der abgefragte Knoten allerdings, wird er aufgefordert, den Namen von allen Adressen freizugeben, bevor der Datensatz in der Datenbank durch die Kopie ersetzt wird.

Wie auch in den vorhergehenden Fallbeispielen wird im Falle eines Konflikts zwischen einer Multihome-Kopie und einem aktiven Gruppeneintrag in der Datenbank die Versionskennung des Datensatzes heraufgesetzt, um die Reproduktion auszulösen.

Wie auch bei den früheren Fallbeispielen wird, wenn eine Multihome-Kopie mit einem aktiven Gruppeneintrag in der Datenbank in Konflikt steht, die Versionskennung des Eintrags in der Datenbank heraufgesetzt, um Reproduktion auszulösen.

Wenn schließlich eine Nicht-Multihome-Kopie zu einem nicht aktiven Multihome-Datensatz in der Datenbank in Konflikt steht, wird der Datensatz ersetzt, ebenso wie es der Fall wäre, wenn der Konflikt mit einem aktiven Multihome-Eintrag in der Datenbank vorläge, der demselben Besitzer gehört. Wenn jedoch der Multihome-Eintrag in der Datenbank eine Kopie ist, die sich im Besitz eines anderen Rechners befindet, ist das nicht der Fall. Wenn es sich um einen Einzeldatensatz handelt, der sich im Besitz des lokalen WINS-Servers befindet, werden die Adressen in dem Multihome-Datensatz abgerufen. Wenn dieser Abruf in allen Fällen erfolgreich ist, wird der Datensatz in der Datenbank ersetzt, wenn jedoch einige fehlschlagen, werden Freigabe-Anforderungen für die jeweiligen Namen an die Adressen im Datensatz der Datenbank gesendet, bevor der Datensatz aktualisiert wird.

Scavenging

Scavenging ist eine Methode zur Aufrechterhaltung der korrekten Statusinformationen innerhalb der Datenbank. Beim Systemstart wird der Scavenging-Timer für einen Zeitraum gestartet, der der Hälfte des Erneuerungs-Intervalls entspricht. Nachdem das Erneuerungsintervall zur Hälfte abgelaufen ist, wird Scavenging erstmals ausgeführt, und es finden alle Scavenging-Aktionen außer dem Löschen veralteter Einträge statt. Veraltete Einträge werden frühestens nach drei Tagen nach dem Systemstart gelöscht, damit genügend Zeit für ihre Reproduktion vorhanden ist. Danach tritt Scavenging wiederum nach der Hälfte des Erneuerungs-Intervalls ein, kann aber auch manuell initiiert werden.

Datenbank-Bereinigung

Inzwischen ist sicherlich deutlich genug geworden, daß die meisten der Daten, die von WINS-Rechnern verwaltet werden, automatisch gepflegt werden, wobei der Netzwerk-Verwalter zu bestimmten Zeiten Gelegenheit hat, einzugreifen. Oft ist es das Beste, den Großteil der Verwaltungsfunktionen der Kontrolle dem internen System des WINS-Servers zu überlassen ohne menschliches Eingreifen. Die Steuerung eines WINS-Servers besteht im wesentlichen darin, die Einrichtung vorzunehmen, Namen hinzuzufügen und bei Bedarf zu entfernen. Es gibt jedoch einige Ausnahmen. Die miteinander verwandten Aufgaben der Datenbank-Sicherung, -Wiederherstellung und -Komprimierung würden ohne altmodische menschliche Unterstützung sicherlich leiden. Da die Namens-Registrierung automatisch von jedem einzelnen WINS-Client gehandhabt wird, werden Sie sich möglicherweise fragen, wie es im umgekehrten Fall aussieht, nämlich beim Entfernen veralteter oder falscher Namen aus der Datenbank.

Der größte Teil der Datenbank-Bereinigung wird durch Steuerungsfunktionen automatisch durchgeführt, die über das Menü OPTIONEN im WINS-Manager eingestellt werden. Sie finden dort einen Konfigurationsbildschirm mit vier verschiedenen Timern:

- **Renewal Interval (Erneuerungs-Intervall):** Dies gibt den Zeitraum an, nach dem ein WINS-Client aufgefordert wird, seinen Namen beim WINS-Server zu erneuern. Dies ist mit dem DHCP-Lease-Zeitraum vergleichbar, der in Kapitel 7 behandelt wurde. Die Standardeinstellung für diesen Wert ist vier Tage oder 96 Stunden.

- **Extinction Interval (Lösch-Intervall):** Hier wird der Zeitraum zwischen dem Markieren eines freizugebenden Eintrags und seiner nachfolgenden Löschung eingestellt. Namen werden als freizugeben markiert, wenn ein WINS-Client seine Sitzung beendet, seinen Namen ändert usw. An diesem Punkt wird der Eintrag als gelöscht betrachtet, wird jedoch nicht automatisch aus der Datenbank entfernt. Die Standardeinstellung für diesen Wert beträgt ebenfalls vier Tage oder 96 Stunden.

- **Extinction Time-Out (Lösch-Time-Out):** Diese Option beschreibt den Zeitraum zwischen dem Markieren eines Eintrags als gelöscht und dem tatsächlichen Entfernen des Eintrags. Die Standardeinstellung beträgt auch hier vier Tage oder 96 Stunden, aber es kann auch ein Minimalwert von einem Tag eingestellt werden.

- **Verify Interval (Überprüfungs-Intervall):** Hier wird die Häufigkeit eingestellt, mit der ein WINS-Server überprüft, ob die Einträge, die sich nicht in seinem Besitz befinden, noch aktiv sind. Dies sind die Einträge, die Informationen enthalten, die von anderen Servern erworben wurden. Die Standard- und gleichzeitig Mindesteinstellung für diesen Wert beträgt 24 Tage oder 576 Stunden.

Das ist jedoch noch nicht alles – es gibt zwei weitere Optionen, die bei der Push- oder Pull-Konfiguration eine Rolle spielen. Angenommen, Sie möchten, daß Ihr Server im Pull-Verfahren bei der Initialisierung neue Datenbank-Einträge oder andere reproduktionsbezogene Informationen von anderen WINS-Servern einholt. Dazu müssen Sie unter PUSH-PARAMETERS das Feld REPLICATION auswählen, in dem Sie einen Wiederholungszähler einstellen können. Dies ist eine Art Reproduktions-Versicherung, die dafür sorgt, daß wichtige Änderungen auch vorgenommen werden, wenn Ihr Server sehr beschäftigt oder zeitweilig nicht erreichbar ist. Es ist jedoch im allgemeinen effektiv, bei der Initialisierung einfach im Push-Verfahren Änderungen mitzuteilen, d.h. andere WINS-Server über Veränderungen zu benachrichtigen, wenn Ihr Server gestartet wird. Da in den meisten Fällen die Server, die bereits laufen, aktuellere Informationen als die ausgeschalteten haben, sollten Sie den Einsatz beider Methoden erwägen. Was die Push-Parameter angeht, können Sie auch einstellen, daß Aktualisierungen automatisch stattfinden sollen, sobald eine IP-Adresse geändert wird. Dies ist ein eher zu vernachlässigender Bereich, da Änderungen eines Eintrags oft dadurch hervorgerufen werden, daß DHCP eine neue Adresse zugewiesen hat oder das Gerät in ein anderes Teilnetz verlegt wurde.

Wenn Sie diesen Server professionell verwalten, sollten Sie auch die Schaltfläche ERWEITERT im Konfigurations-Fenster des WINS-Managers verwenden, um weitere Optionen anzuzeigen. Diese zusätzlichen Steuerungsmöglichkeiten werden in der nachfolgenden Liste beschrieben:

- **Logging Enabled (Protokoll aktivieren):** Schaltet das Ereignis-Protokoll für die Datenbank des WINS-Servers ein. Alle Änderungen an der Datenbank werden in diesem Protokoll festgehalten.

- **Log Detailed Events (detailliertes Ereignis-Protokoll):** Diese Option gibt an, ob die Protokoll-Einträge kurz und bündig oder ausführlich sein sollen. Sie wird benutzt, um möglicherweise aufschlußreiche Details zum Protokoll hinzuzufügen, was im Fall der Fehlersuche sehr hilfreich sein kann. Dennoch ist hier Vorsicht geboten, denn mit dieser Funktion ist ein großer Verwaltungsaufwand verbunden, der die Netzwerk-Leistung beeinträchtigen kann. Wenn Geschwindigkeit für Sie eine große Rolle spielt, sollten Sie diese Option meiden.

- **Replicate Only with Partners (Reproduktion nur mit Partnern):** Legt, fest, ob Ihr WINS-Server auch mit anderen Servern kommuniziert, die für ihn nicht als Push- oder Pull-Partner konfiguriert wurden. Diese Funktion ist sinnvoll, wenn Sie separate Netzwerke betreiben, die nicht miteinander kommunizieren sollen. Sie ist standardmäßig aktiviert.

- **Backup on Termination (Sicherung beim Beenden):** Wie der Name bereits andeutet, sichert diese Funktion automatisch die Datenbank, wenn der WINS-Manager geschlossen wird.

- **Migrate On/Off (Migration An/Aus):** Ersetzt statische Informationen durch die dynamische Variante, wenn ein Konflikt besteht. Wenn Sie z.B. statische Einträge vorgenommen haben und die eingegebenen Informationen sich geändert haben, veranlaßt der WINS-Server die Datenbank-Einträge zu einem Wechsel (Migration) von statisch (S) nach aktiv/dynamisch (A). Wenn Sie Systeme auf Windows NT umrüsten, sollten Sie diese Option verwenden.

- **Starting Version Count (Start des Versionszählers):** Gibt für die Datenbank den höchsten Wert für die Versionskennung an. Normalerweise brauchen Sie diesen Wert nicht zu ändern, es sei denn, daß die Datenbank beschädigt wurde und neu starten muß.

- **Database Backup Path (Datenbank-Sicherungspfad):** Ein lokales Verzeichnis (kein Netzwerk-Verzeichnis), in dem die Sicherungs-Kopie der WINS-Datenbank gespeichert wird. Diese Variable wird zusammen mit der automatischen Wiederherstellung benutzt, wenn die Datenbank beschädigt wurde.

Pflege der WINS-Datenbank

Da Sie nun mit der Konfiguration von Reproduktionspartnern hinlänglich vertraut sind, folgen nun wichtige Informationen zur Datenbankkontrolle. Der WINS-Manager bietet Ihnen Hilfsmittel zum Auflisten, Filtern und Steuern von Namenszuordnungen. Sie erfahren, wie man diese Werkzeuge anwendet und was dahintersteckt.

Sie können die WINS-Datenbank wie folgt öffnen und deren Inhalt anzeigen lassen:

1. **Start**: Öffnen Sie den WINS-Manager, und wählen Sie DATENBANK ANZEIGEN im Menü ZUORDNUNGEN. Die Zuordnungen auf dem aktuell ausgewählten WINS-Server werden dann angezeigt.

2. **Filter:** Um den Bereich der angezeigten Zuordnungen übersichtlicher zu machen und zu ordnen, wählen Sie NUR ZUORDNUNGEN ANZEIGEN im Feld BESITZER AUSWÄHLEN, im Dialogfeld OPTIONEN ANZEIGEN wählen Sie dann einen Besitzer aus der Liste BESITZER und eine Sortierreihenfolge. Die Sortierung kann nach IP-Adresse, Computername, Ablaufdatum, Versionskennung oder Typ vorgenommen werden. Diese Funktion ist unabhängig davon, ob ein Filter gesetzt wurde oder nicht. Sie können außerdem den Filter mit Hilfe der Schaltfläche SET FILTER anpassen. Hier können Sie einen begrenzten Bereich von Zuordnungen für Namen und IP-Adressen angeben.

3. **Information:** Dies ermöglicht die Überprüfung der eingegebenen Informationen. Jeder Zeileneintrag ist mit einem kleinen Computer-Symbol gekennzeichnet, das einen Einzeleintrag markiert, oder mit mehreren Computern wodurch eine Gruppe, Internet-Gruppe oder ein Multihome-Computer markiert wird. Rechts von diesem Symbol finden Sie den registrierten NetBIOS-Namen, gefolgt von der IP-Adresse und einem Häkchen unter A für eine aktive/dynamische Zuordnung oder unter S für eine statische. Wenn in der Spalte A ein kleines Kreuz angezeigt wird, bedeutet es, daß dieser Eintrag bald gelöscht wird. Dieses Kreuz wird nie für statische Einträge angezeigt, da diese permanent sind. Die übrigen Informationen sind das Ablaufdatum, das der aktuellen WINS-Server-Zeit entspricht, sowie die TTL und die Versionskennung, eine eindeutige Hexadezimalzahl, die bei der Kommunikation mit anderen WINS-Servern angibt, wie frisch ein Eintrag ist.

4. **Removal:** Wenn Sie beabsichtigen, einen bestimmten WINS-Server sowie alle Datenbank-Einträge, die sich in dessen Besitz befinden, zu löschen, wählen Sie diesen Server in der Liste SELECT OWNER aus und klicken auf die Liste ZUORDNUNG LÖSCHEN.

5. **Exit:** Klicken Sie auf die Schaltfläche SCHLIEẞEN, um in das Hauptmenü des WINS-Managers zurückzugelangen.

WINS-Proxy-Agents

Die Verwendung eines NBNS (NetBIOS Naming Server) wie WINS kann die Broadcasts in Ihrem Netzwerk stark reduzieren, den Datenverkehr verringern und den Durchsatz verbessern. Doch dafür ist erforderlich, daß die Clients WINS verstehen; ältere Netzwerk-Client-Software benutzt nach wie vor Broadcasts wie ein B-Node.

WINS kann diesen älteren Clients, die noch nicht WINS-fähig sind, mit einem WINS Proxy Agent helfen. Ein WINS-Proxy-Agent ist eine normale herkömmliche Netzwerk-Workstation, die auf die Broadcasts älterer B-Node-Systeme hört, die versichern, NetBIOS-Namen zu erreichen, die sich (unbekannt für die B-Node-Computer) in einem anderen Teilnetz befinden.

Wie das funktioniert, zeigt Abbildung 8.4 am Beispiel eines einfachen Intranet mit zwei Teilnetzen.

Abbildung 8.4:
Ein Beispiel für ein Intranet mit zwei Subnetzen

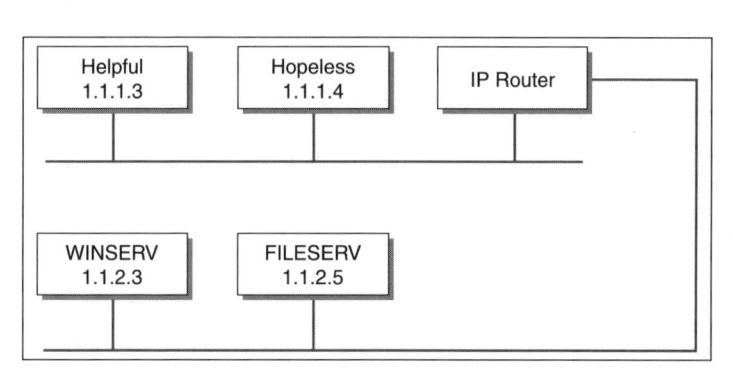

```
┌─────────────────────────────────────────────────────────────┐
│  ┌──────────┐      ┌──────────┐      ┌──────────┐           │
│  │ Helpful  │      │ Hopeless │      │IP Router │──────┐    │
│  │ 1.1.1.3  │      │ 1.1.1.4  │      │          │      │    │
│  └────┬─────┘      └────┬─────┘      └────┬─────┘      │    │
│       │                 │                 │            │    │
│       └─────────────────┴─────────────────┘            │    │
│                                                        │    │
│  ┌──────────┐      ┌──────────┐                        │    │
│  │ WINSERV  │      │ FILESERV │                        │    │
│  │ 1.1.2.3  │      │ 1.1.2.5  │                        │    │
│  └────┬─────┘      └────┬─────┘                        │    │
│       │                 │                              │    │
│       └─────────────────┴──────────────────────────────┘    │
└─────────────────────────────────────────────────────────────┘
```

Sie sehen hier zwei Teilnetze der Klasse C, 1.1.1.0 und 1.1.2.0, mit einem dazwischen befindlichen Router. An 1.1.1.0 befinden sich zwei Workstations. Die eine ist ein WINS-fähiger Client mit Namen „Helpful", auf der auch ein WINS-Proxy-Agent läuft. Die andere ist ein alter B-Node-Client mit Namen „Hopeless", der nicht WINS-fähig ist. An 1.1.2.0 gibt es zwei Server, einen Rechner, der als WINS-Server dient, und einen herkömmlichen Datei-Server.

Wenn Hopeless zum ersten Mal gestartet wird, sendet der Rechner seinen Namen als Broadcasts, um sicherzustellen, daß sie von keinem anderen benutzt werden. Der Rechner, mit dem die Workstation eigentlich kommunizieren sollte, ist WINSERV, doch WINSERV kann die Broadcasts nicht empfangen. Helpful hört jedoch die von Hopeless stammenden B-Node-Broadcasts und sendet eine zielgerichtete Nachricht an WINSERV, die mitteilt, daß eine Workstation namens Hopeless versucht, Namen zu registrieren.

WINSERV prüft, ob diese Namen nicht bereits vorhanden sind. Sollten sie tatsächlich vorhanden sein, sendet WINSERV eine Nachricht zurück an Helpful, die besagt, daß die Namen nicht registriert werden können. Helpful sendet dann an Hopeless die Nachricht: „Tut mir leid, aber den Namen Hopeless benutze ich bereits." Auf diese Weise wird Hopeless daran gehindert, einen Namen zu registrieren, der bereits in einem anderen Teilnetz existiert.

Falls die Namen von Hopeless noch nicht in der Datenbank von WINSERV vorhanden sind, werden die Namen dennoch nicht von WINSERV registriert. Das Einrichten eines WINS-Proxy-Agent im Netzwerk 1.1.1.0 bedeutet nicht, daß die Namen von nicht-WINS-Clients in WINS registriert werden. Das bedeutet, daß derselbe NetBIOS-Name auf zwei verschiedenen Computern existieren darf, solange beide B-Node-Clients sind und sich in verschiedenen Teilnetzen befinden.

Wenn nun Hopeless den Befehl `Net Use d:\\fileserv\files` ausführt, muß der Name \\fileserv aufgelöst werden. Wenn Hopeless keine HOSTS- oder LMHOSTS-Datei hat, beginnt der Rechner Broadcasts zu senden, die nachfragen: „Gibt es hier jemanden mit dem Namen fileserv? Wenn ja, wie ist Deine IP-Adresse?" Der Rechner Helpful greift ein, indem er eine zielgerichtete IP-Nachricht an WINSERV sendet, die nachfragt: „Gibt es einen als fileserv registrierten Namen und wie lautet die dazu gehörige IP-Adresse?"

WINSERV antwortet mit der IP-Adresse von `fileserv`, und Helpful sendet eine zielgerichtete Nachricht zurück an Hopeless und behauptet: „Ja, ich bin fileserv, und Du findest mich unter 1.1.2.5." Hopeless kann nun seine Anfrage durchführen.

WARNUNG

In jedem Teilnetz darf nur ein WINS-Proxy-Agent vorhanden sein! Andernfalls erhält Hopeless Antworten von zwei PCs, was, wie die Handbücher so schön sagen, zu „unvorhersehbaren Ergebnissen" führen kann.

Neues in NT 4 WINS

Burst-Modus

Der Burst-Handling-Parameter erweist sich als nützlich, wenn viele WINS-Clients erstmalig online gehen und der WINS-Server mit einer leeren Datenbank gestartet wird. Der Parameter wird benutzt, um temporär einen gleichbleibenden Zustand des WINS-Servers aufrechtzuerhalten. Diese Situationen führen dazu, daß viel von Datenverkehr durch die zahlreichen Namens-Registrierungen und Namens-Erneuerungen entsteht und WINS-Server derzeit maximal 25.000 Namens-Registrierungen und Erneuerungs-Anfragen in ihren Warteschlangen speichern können, bevor Anfragen fallen gelassen werden. Hier kommt nun der Burst-Parameter zum Zuge: Mit ihm kann der WINS-Server so konfiguriert werden, daß er Erfolgsmeldungen an jene Clients sendet, deren Anfragen fallengelassen wurden. Die Antworten des Servers haben TTLs, die die Erneuerungsrate der Clients verlangsamen und dadurch den Ansturm von WINS-Client-Verkehr regulieren. Das Ergebnis ist, daß sehr viel schneller ein stabiler Zustand erreicht wird.

Wie wird nun der Burst-Parameter konfiguriert? Er wird aktiviert, indem Sie in der System-Registrierung den Schlüssel „Burst-Handling" unterhalb des Schlüssels `HKEY_LOCAL_MACHINE\System\CurrentControlSet\Services\WINS\Parameters` anlegen und den Wert auf 1 setzen. Geben Sie dazu folgende Informationen ein:

Name: Burst Handling
Typ = REG_DWORD
Wert: 0 oder 1
Standard = 0

Verwaltung von WINS durch einen Firewall

Für die Fernverwaltung von WINS richten Sie eine Anfangssitzung am Anschluß 135 ein, gefolgt von einer weiteren Sitzung an einem willkürlichen Anschluß oberhalb von 1.024. Der WINS-Administrator benutzt nämlich „dynamische Endpunkte" in einem Remote Procedure Call (RPC), und Internet-Firewalls lassen diesen Verkehr nicht passieren, wenn der Anschluß nicht konsistent ist. In Windows NT 4 werden die System-Standards für die dynamische Anschluß-Belegung in der Registrierung definiert.

Eine Liste aller vom Internet aus verfügbaren (oder nicht verfügbaren) Anschlüsse sollte in der Registrierung definiert sein, um die Fernverwaltung von WINS durch einen Firewall zu ermöglichen. Dies geschieht über die folgenden Schlüssel, die sich unterhalb von

`HKEY_LOCAL_MACHINE\Software\Microsoft\Rpc\Internet` befinden:

- **Ports:** Definiert eine Gruppe von IP-Anschlußbereichen, die entweder alle vom Internet aus verfügbaren Anschlüsse oder aber die nicht verfügbaren Anschlüsse enthält. Jede Zeichenfolge stellt einen eigenen Anschluß oder eine Anschlußgruppe dar und hat die Form „1050-2000" oder „1994". Die RPC-Laufzeitversion betrachtet die gesamte Konfiguration als ungültig, wenn Einträge außerhalb des Bereichs von 0 bis 65535 liegen oder irgendeine Zeichenfolge nicht interpretiert werden kann. Geben Sie ein:

    `REG_MULTI_SZ-(Gruppe von IP-Anschlußbereichen)`

- **PortsInternetAvailable:** *Y* und *N* stehen für „Yes" und „No". Wenn die unter dem Schlüssel Ports aufgelisteten Anschlüsse den Status *Y* haben, handelt es sich um die vom Internet aus verfügbaren Anschlüsse auf diesem Rechner. Wenn der Status *N* ist, sind die unter dem Schlüssel Ports aufgelisteten Anschlüsse nicht verfügbare Internet-Anschlüsse. Geben Sie ein:

    `REG_SZ-Y oder N (Groß-/Kleinschreibung wird nicht unterschieden)`

- **UseInternetPorts:** Definiert die Standard-Vorgehensweise des Systems. Wenn der Status *Y* ist, werden den Prozessen, die den Standard verwenden, Anschlüsse aus der Gruppe der für das Internet verfügbaren Anschlüsse zugewiesen. Wenn der Status *N* ist, werden Ihnen nur Anschlüsse aus der Gruppe der nur für das Intranet zur Verfügung stehenden Anschlüsse zugewiesen. Geben Sie ein:

    `REG_SZ-Y oder N (Groß-/Kleinschreibung wird nicht unterschieden)`

Konsistenz-Prüfung in WINS

In Windows NT 4 ist es zwar möglich, die WINS-Datenbank in regelmäßigen Abständen auf Konsistenz zu überprüfen, doch solche Konsistenzprüfungen sind sehr netzwerkintensiv und nehmen zahlreiche Zyklen auf dem WINS-Server in Anspruch. Das liegt daran, daß WINS alle Datensätze für den Besitzer, dessen Datensätze von einem anderen WINS-Rechner geprüft werden, reproduziert, um sicherzustellen, daß die Datenbank synchron damit ist. Gesunder Menschenverstand und

Urteilsvermögen sind wichtig bei der Auswahl der Werte für die im folgenden genannten Parameter. Besonders sorgfältig muß dabei die vorhandene Netzwerkkonfiguration berücksichtigt werden. Wie viele WINS-Server gibt es, wie viele WAN/LAN-Leitungen sind vorhanden, mit wie vielen WINS-Clients arbeiten Sie usw.? Von den Antworten hängen die günstigsten Werte für diese Parameter in Ihrer individuellen Situation ab. Sie nehmen die Einrichtung vor, indem Sie den Schlüssel „ConsistencyCheck" anlegen unterhalb von: `HKEY_LOCAL_MACHINE\System\CurrentControlSet\Services WINS\Parameters`.

Folgende Werte können optional unterhalb dieses Schlüssels angelegt werden:

- **TimeInterval:** Gibt an, in welchen Zeitabständen WINS eine Konsistenz-Prüfung vornehmen soll. Die Standardeinstellung ist 24 Stunden. Geben Sie ein:

  `REG_DWORD- (Anzahl von Sekunden)`

- **SPTime:** Gibt die genaue Zeit im Format *hh:mm:ss* an, zu der die erste Konsistenz-Prüfung stattfinden soll. Nachfolgende Überprüfungen erfolgen in dem unter TimeInterval angegebenen Zeitabstand in Sekunden. Der Standardwert ist: 2:00:00. Um den Wert einzustellen, geben Sie ein:

  `REG_SZ hh:mm:ss`

- **MAXRecsAtATime:** Gibt die maximale Anzahl von Datensätzen an, die in jedem Konsistenz-Prüfungszyklus reproduziert werden. WINS führt Konsistenz-Prüfungen der Datensätze jedes WINS-Besitzers aus. Wenn die Überprüfung eines Besitzers beendet ist, wird entweder mit dem nächsten in der Liste fortgefahren oder abgebrochen, je nachdem, wie der Wert MaxRecsAtATime eingestellt ist. Die Standardeinstellung ist 30.000. Um diesen Wert einzustellen, geben Sie ein:

  `REG_DWORD (Anzahl der Datensätze)`

- **Name:UseRplPnrs:** Wenn dies auf einen anderen Wert als 0 gesetzt wird, kontaktiert WINS nur seine Pull-Partner bei der Durchführung einer Konsistenz-Prüfung. Wenn der Besitzer der zu überprüfenden Datensätze tatsächlich ein Pull-Partner ist, wird er für die Überprüfung benutzt. Andernfalls wird ein willkürlicher Pull-Partner verwendet. Um diesen Wert einzustellen, geben Sie ein:

  `DWORD 0 oder Wert ungleich Null`

> **HINWEIS** *WINS löscht grundsätzlich keine Datensätze in seiner Datenbank, wenn der Partner, mit dem die Datensätze überprüft werden, nicht der Besitzer ist. Dies ist nicht etwa Höflichkeit zwischen Computern, sondern liegt daran, daß WINS nicht weiß, welche Datenbank aktueller ist.*

WINSCHK

Das Windows NT 4 Resource Kit enthält ein neues Tool mit dem Namen WINSCHK. Dies ist ein Befehlszeilen-Utility, das Inkonsistenzen in bezug auf Namen und Versionsnummern überprüft, die in WINS-Datenbanken auftreten können. Es überwacht ebenfalls die Reproduktions-Aktivitäten und authentifiziert die Reproduktions-Topologie in einem Unternehmens-Netzwerk. Mit WINSCHK können Sie nicht nur Probleme bei der Reproduktion der WINS-Datenbanken aus der Ferne überprüfen und lösen, sondern können auch einige der häufigsten Probleme angehen, die Datenbank-Inkonsistenzen hervorrufen – und das alles von einer zentralen Stelle aus! Das Programm ergänzt WINSCHL durch Optionen zur Markierung potentieller Ursachen für Datenbank-Inkonsistenzen. Dazu gehören beispielsweise:

- Asymmetrische Reproduktions-Topologien
- Hohe Fehlerrate bei der Kommunikation

WINSCHK erkennt diese beiden Probleme und reagiert mit einer entsprechenden Warnmeldung.

Es hilft ebenfalls bei der Überwachung der Reproduktions-Aktivitäten, indem es folgendes ermöglicht:

- Überprüfung auf Inkonsistenzen in den Versionsnummern
- Überprüfung des Status eines oder mehrerer Namen in verschiedenen WINS-Datenbanken in Ihrem Netzwerk

WINSCHK kann in interaktivem oder nicht-interaktivem Modus benutzt werden. In letzterem Fall führt es ein Protokoll über all seine Aktivitäten im lokalen Verzeichnis (WINSTST.LOG). Sie haben auch die Möglichkeit, WINS-Aktivitäten im Hintergrund überwachen zu lassen. Dabei werden alle Protokolle in die Datei MONITOR.LOG übertragen. WINSCHK verfügt über folgende Optionen:

- **0:Schalter für die Interaktivität.** Der Standardwert ist „interaktiv". Alle Statusmeldungen werden in der Datei winstst.log protokolliert, und wenn der Interaktiv-Schalter an ist, haben Sie die Möglichkeit, die Statusmeldungen im Befehlszeilenfenster ausgeben zu lassen.

- **1:Test von Namen (in NAMES.TXT) gegenüber WINS-Servern (in SERVERS.TXT).** Es werden N-Namen gegenüber M-Servern getestet. Dieses Programm ermöglicht eine schnelle Konsistenz-Überprüfung zwischen verschiedenen WINS-Servern und wird durch zwei einfache Dateien gesteuert, die Sie in einem beliebigen Text-Editor bearbeiten können. Die IP-Adresse eines startenden WINS-Servers, von dem aus eine Liste aller reproduzierenden WINS-Server, die abgefragt werden können, aufgebaut wird, befindet sich in der Datei SER-

VERS.TXT. Die Datei NAMES.TXT enthält eine Liste der abzufragenden NetBIOS-Namen und kann mehrfache NetBIOS-Namen, je einen pro Zeile, enthalten, die überprüft werden sollen. Die Namen in dieser Datei haben folgendes Format: <Name>*<16tes byte>, z.B. FOOBAR*20, wobei die Namen jeweils in Großbuchstaben sein müssen. Dieses Dienstprogramm durchläuft die Liste der Net-BIOS-Namen unter Abfrage jedes WINS-Servers, prüft die Konsistenz der Adressen und meldet falsche Zuordnungen von IP-Adressen sowie alle Fälle, in denen der Name nicht gefunden wurde. Außerdem verweist es auf WINS-Server, die nicht antworten.

- **2:Überprüfung der Konsistenz der Versionsnummern.** Mit Hilfe der Versionsnummern-Zuordnung (über eine RPC-Funktion) erhalten Sie die Besitzer-Adresse von verschiedenen WINS-Servern, so daß Sie überprüfen können, wie konsistent deren Datenbanken sind. Dies können Sie feststellen, indem Sie überprüfen, ob ein WINS-Server immer die höchste Versionsnummer für die Datensätze, die er besitzt, hat. Die Nummer muß höher sein als für alle anderen WINS-Server im Netzwerk.

Die Ausgabe des Programms sieht folgendermaßen aus:

```
    A    B    C     <--- list of owners
A  100   80   79    <--- mapping table retrieved from A
B   95   75*  65    <--- mapping table retrieved from B
C   78   45  110    <--- mapping table retrieved from C
```

Eine Überschneidung von B mit B signalisiert ein Problem, das behoben werden muß.

- **3:Überwachung der WINS-Server zur Feststellung von Kommunikationsfehlern zwischen WINS-Servern.** Dies kann auf zwei verschiedene Arten ausgeführt werden: Einmalig oder fortlaufend, wobei letzteres standardmäßig alle drei Stunden ausgeführt wird. Da diese Option sehr viele Netzwerk-Aktivitäten generiert, sollte sie nicht zu häufig ausgeführt werden. Das Programm überwacht WINS-Server in bestimmten Abständen, um sicherzustellen, daß der primäre und der Ersatz-Server nicht gleichzeitig ausgefallen sind. Die Programm-Aktivitäten werden in der Datei MONITOR.LOG protokolliert. Das Programm ruft außerdem in bestimmten Abständen statistische Informationen über WINS ab, um sicherzugehen, daß nicht ständig Reproduktionsfehler auftreten. Der Administrator wird über alle ermittelten Situationen informiert.

- **4:Überprüfung der Reproduktions-Konfiguration.** Diese Option überprüft die Registrierung eines WINS-Servers, um festzustellen, ob jeder Partner sowohl im Pull- als auch im Push-Verfahren arbeitet und ein Pull-Intervall definiert ist. Diese Prüfung wird für jeden Partner vorgenommen, so daß das gesamte Netzwerk einbezogen wird und alle ungewöhnlichen Partnerbeziehungen markiert werden.

- **99:** Beenden des Programms.

Entwurf der WINS-Infrastruktur

Für ein Unternehmens-Netzwerk, das oft mit Hilfe von Routing die ganze Welt umspannt, brauchen Sie NetBIOS-Konnektivität. Net-BIOS-Namen sind einschichtig, jeder von ihnen muß einmalig sein und Sie benötigen etwas, das den NetBIOS-Namen in eine Adresse umwandelt. Gemäß der Beschreibung in RFC 1001 und RFC 1002 ist die WINS Microsoft-Implementation eines NetBIOS-Namenservers, die eine verteilte Datenbank für NetBIOS-Namen und die dazugehörigen Adressen zur Verfügung stellt. Lokale WINS-Server reproduzieren die Einträge (NetBIOS-Name/IP-Adresse), die von WINS-Clients bei Ihnen registriert wurden, für andere WINS-Server, wodurch gewährleistet wird, daß NetBIOS-Namen einmalig sind, so daß eine lokale Namensauflösung ermöglicht wird.

WINS-System-Konvergenz-Zeit

Dies ist ein sehr wichtiger Faktor. Gehen Sie für Ihre spezielle Konfiguration vom ungünstigsten Fall aus, von der längstmöglichen Zeit, die benötigt wird, um einen neuen Eintrag in einer Datenbank eines WINS-Servers für alle anderen zu reproduzieren. Wenn Sie ausreichend Zeit für die Durchführung der Konvergenz einräumen, stellen Sie sicher, daß Namens-Anfragen für einen neuen Namen erfolgreich sind. Wenn nicht genug Zeit eingeräumt wird, besteht die Gefahr, daß Clients eine neue oder kürzlich geänderte Maschine nicht finden können. Abbildung 8.5 verdeutlicht die Situation.

Sie sehen hier einen Client, der seinen Namen in WINS_C registriert. Wenn andere Clients diesen Namen bei WINS_C registrieren, erhalten sie die IP-Adresse, wenn sie jedoch *andere* WINS-Server abfragen (A, B und D), erhalten Sie im Moment keine positive Antwort, sondern erst wenn der Eintrag für A, B und D reproduziert wurde. Wenn der Grenzwert für die Push-Aktualisierung (wie auf C konfiguriert) überschritten wird oder das Pull-Reproduktions-Intervall (15 Minuten, wie auf A konfiguriert) abgelaufen ist, erfolgt die Reproduktion von WINS_C nach WINS_A. Die Reproduktion des Eintrags kann nur garantiert werden, wenn das Pull-Reproduktions-Intervall abläuft.

Abbildung 8.5:
WINS-Konvergenz

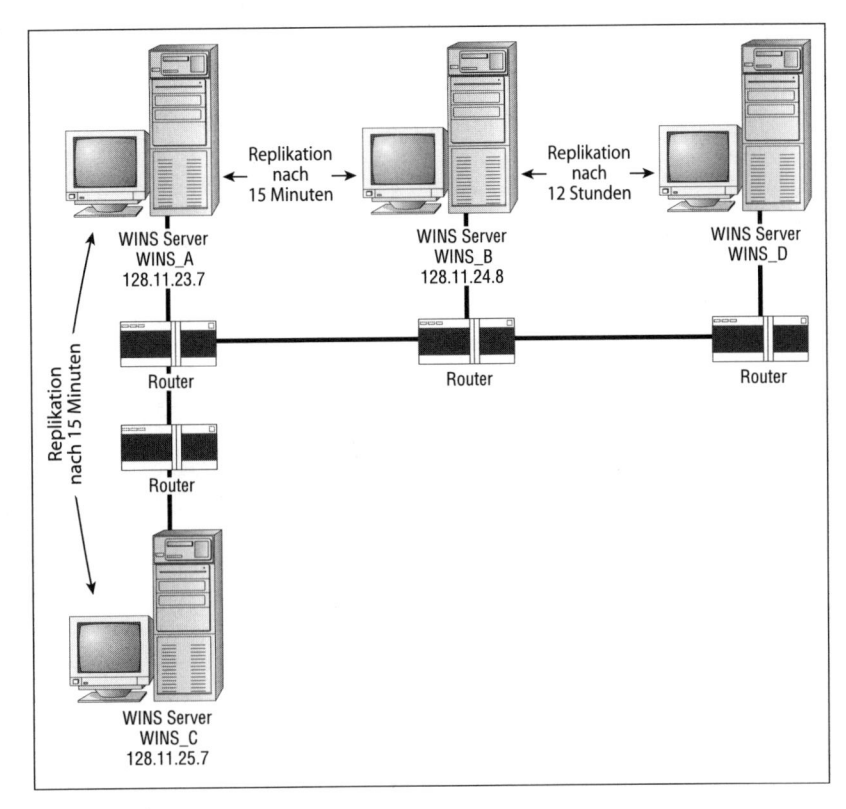

Selbst dann sind Namens-Anfragen an die WINS-Server B und D immer noch erfolglos. Nach 15 Minuten jedoch wird der Eintrag mit Sicherheit für den WINS-Server B reproduziert und nach 12 Stunden auch für den WINS-Server D. In dieser Konfiguration beträgt die Konvergenz-Zeit zweimal 15 Minuten plus 12 Stunden oder 12,5 Stunden. Namens-Anfragen können zwar auch vor Ablauf der Konvergenz-Zeit erfolgreich sein, dann müßten jedoch die Einträge über einen kürzeren als den hier angenommenen ungünstigsten Weg reproduziert werden. Auch in dem Fall, daß der Aktualisierungs-Grenzwert überschritten wird, bevor das Reproduktions-Intervall abläuft, erfolgt eine frühere Reproduktion des neuen Eintrags. Bedenken Sie, daß die Konvergenz-Zeit um so länger dauert, je länger der Reproduktionspfad ist. Unser Beispiel von 15 Minuten zwischen den einzelnen Sites ist verglichen mit real üblichen Werten kurz, während 12 Stunden eine vergleichsweise lange Zeit sind, selbst wenn das Netzwerk verschiedene Kontinente umfaßt. Die günstigsten Einstellungen für diese Intervalle hängen von den jeweiligen Netzwerk-Anforderungen ab und sind in erster Linie ein Ergebnis der getroffenen Strukturentscheidungen.

Fehlertoleranz

Es mag abgedroschen klingen, aber es gibt im wesentlichen zwei Fehlerarten:

1. Das Ausfallen eines WINS-Servers durch Absturz oder Wartung

2. Netzwerkfehler durch den Ausfall von Verbindungen und Routern

In unserem Beispiel in Abbildung 8.5 würde ein Ausfall von WINS_A oder WINS_B dazu führen, daß das Netzwerk segmentiert wird und zwischen WINS_C und WINS_D keine Einträge mehr reproduziert werden. Andere Clients könnten mit den geänderten Rechnern keine Verbindung aufnehmen, da die Zuordnung von IP-Adresse und Name nicht mehr übereinstimmt. Wenn Sie jedoch eine Reproduktion zwischen WINS_B und WINS_C einrichten würden, würde das die Konfiguration verbessern, falls WINS_A ausfällt. Dasselbe gilt für den Fall, daß WINS_B ausfällt, wenn die Reproduktion zwischen WINS_D und WINS_C eingerichtet wurde.

Doch warum wird die Reproduktion nur zwischen diesen Servern und nicht auch zwischen dem Rest eingerichtet? Weil ein Ausfall der Verbindungen zwischen WINS_A, B und C bereits durch das zugrundeliegende Router-Netzwerke abgedeckt ist, das den Verkehr in einem solchen Falle umleiten würde. Wenn es auch im Vergleich zu einem gesunden Netzwerk nicht das eleganteste und effizienteste Szenarium ist, so wird doch die WINS-Reproduktion ohne Unterbrechung fortgesetzt. Aber ein Ausfall der Verbindung zwischen WINS_B und WINS_D würde die WINS-Konfiguration segmentieren. Außerdem würde ein solcher Ausfall den übrigen Netzwerk-Verkehr zum Stillstand bringen, so daß ein bei Bedarf einsetzbare Ersatz-Verbindung zwischen WINS_D und WINS_C wünschenswert ist. Dann wären Sie abgesichert, und Ihr WINS-Reproduktions-Verkehr würde einfach durch die zugrundeliegende Router-Infrastruktur umgeleitet.

Doch was passiert, wenn die Router ausfallen? In der Tat sind in unserem Beispiel die Router alle einzelne Fehlerpunkte, und wenn einer von ihnen ausfällt, wird die WINS-Konfiguration auf jeden Fall segmentiert. Ein allgemein praktizierter Lösungsansatz besteht darin, zwei gleichzeitige Ausfälle anzunehmen, deren Konsequenzen zu analysieren, diese mit Prioritäten zu versehen und auf dieser Grundlage entsprechende Pläne zur Absicherung zu entwickeln.

Außerdem besteht kein Grund zur Panik, denn eine segmentierte WINS-Konfiguration ist nicht so katastrophal, wie es sich anhört. In den meisten Fällen können Ihre Clients immer noch die Namen zu Adressen auflösen, und lokale WINS-Server und/oder Broadcasts erledigen den größten Teil der Namensauflösung. Das Problem sind nur aktualisierte oder neue Remote-Einträge, denn diese sind natürlich unbekannt. Da die Einträge beim Scavenging nicht verworfen werden, wenn der

WINS-Besitzer nicht erreichbar ist, kann der WINS-Dienst auf einem anderen Rechner installiert werden und die Datenbank-Sicherungen können auf diesem neuen Rechner wiederhergestellt werden. Nachdem wir nun DHCP und WINS abgehandelt haben, wollen wir im nächsten Kapitel einen Blick in die Zukunft von Microsoft-TCP/IP werfen.

DNS in der neuen NT-Welt

KAPITEL 9

Der Vorstoß der Enhanced Directory Services (erweiterte Verzeichnisdienste) für das Betriebssystem Windows NT steht uns nun in Kürze mit einem nächsten Release von Windows NT bevor. Damit wird der Domain Name System- (DNS) Server deutlich wichtiger, als er es je in vorangegangenen Releases gewesen ist. DNS wird WINS vollständig ersetzen. Es ist daher eine erhebliche Erleichterung, heute schon eine effektive DNS-Implementation zu entwerfen und zu installieren, wenn die zukünftigen Bedürfnisse für die Migration auf die Nachfolgeversion von Windows NT akut werden.

Zum aktuellen Zeitpunkt ist der Einsatz von DNS in Microsofts Betriebssystem Windows NT 4 optional. Der DNS-Dienst, der mit Windows NT 4 ausgeliefert wird, steht bei Bedarf zur Verfügung. Momentan gibt es in den Windows NT Directory Services jedoch keinen zwingenden Anlaß, diesen auch tatsächlich einzusetzen. Wenn Sie sich für den Einsatz von DNS entscheiden, zeigt Ihnen dieses Kapitel die Vorgehensweise – es endet jedoch nicht an dieser Stelle. Der Schwerpunkt dieses Kapitels wird darauf liegen, wie Sie Ihre DNS-Infrastruktur im Hinblick auf das bevorstehende Release von Windows NT Enhanced Directory Services (DS) optimal entwerfen. Bedingt durch DS werden wir bald einen Wandel bei Windows NT erfahren. Bisher konnten sich Gruppen in einem gegebenen Unternehmen unter Einsatz von Windows NT glücklich innerhalb der eigenen Refugien frei umher bewegen, Domänen anlegen, Benutzerkonten zuweisen und Freigaben und Vertrauensstellungen etc. einrichten. Windows NT-Gruppen mußten sich nicht selbst um die Welt der Directory Services kümmern, da X.500, DNS und ähnliche Komponenten sich typischerweise und traditionell in der Verantwortung anderer Gruppen befanden. Doch Enhanced DS wird all dies ändern – und dies wird mit der nächsten Hauptversion von Windows NT kommen! Dann müssen diese beiden Gruppen kooperieren. Warum ist das so? Nun, weil Enhanced DS X.500 ziemlich ähnlich sein wird und es wird DNS einsetzen, um die Server , die diese Directory Services zur Verfügung stellen, auszukundschaften. Also... Ihre Aufmerksamkeit ist gefragt. Dies ist ein sehr wichtiges Kapitel. Es wird Gruppen, die Windows NT nutzen, Einsicht in die anderen verfügbaren Directory Services geben. Betrachten Sie es als ein Kapitel über 'fremdländische Beziehungen' – die Absicht ist ein Verständnis für die Bedürfnisse jeder Gruppe zu erzielen, welches letztendlich eine reibungslose Migration auf die Enhanced Directory Services gewährleistet.

Damit wir dieses Ziel erreichen, werden wir uns zunächst mit der Definition der DNS-Technologie beschäftigen. Dies ist ein wichtiger Aspekt für Neulinge in der DNS-Thematik. Als nächstes soll die spezifische Microsoft DNS betrachtet werden, um dann darüber zu diskutieren, warum die Microsoft-DNS-Lösung die richtige Wahl für eine gemischte- oder eine Microsoft-Umgebung ist. Anschließend beschäftigen wir uns mit der Konfiguration von DNS-Architekturen – entscheidend für jeden der im Begriff ist, eine DNS-Lösung zu entwerfen. Schließlich wollen wir über die Zukunft von Windows NT mit DS reden.

Die Ursprünge von DNS

In den späteren Siebzigern gab es bloß eine Handvoll Netzwerkcomputer. Alle Abbildungen des Computernamens auf Adressen wurden in einer einzigen Datei namens HOSTS verwaltet. Diese wurde am Stanford Research Institute's Network Information Center (SRI-NIC) gelagert und gepflegt. Wenn nun jemand seine HOSTS-Datei aktualisieren wollte, so wurde die neueste HOSTS-Datei von Stanford heruntergeladen. Dies konnte für einen gewissen Zeitraum prima funktionieren. Doch als mehr und mehr Computer in das Netzwerk kamen, wurde die Verwaltung der HOSTS-Datei schwierig. Da die Bandbreite ziemlich beschränkt war, wurde die Arbeitslast für Stanford schier unerträglich. Eines der größten Probleme im Zusammenhang mit der HOSTS-Datei war eine „flache" Namensstruktur. Diese erforderte von jedem Computer innerhalb des gesamten Internets einen eindeutigen Namen. Zur Lösung dieses Problems wurde das ARPANET (und einige andere) aufgebaut. Dies führte zu DNS, einer verteilten Datenbank, die eine hierachische Namensstruktur einsetzt.

Nach Dr. Paul Mockapetris, Hauptentwickler von DNS, war das ursprüngliche Entwicklungsziel für DNS das Ersetzen dieser leidigen, einseitig verwalteten HOSTS-Datei durch eine leichtgewichtige, verteilte Datenbank. Diese sollte folgenden Ansprüchen genügen: hierachische Namensgebung, verteilte Verwaltung, Unterstützung erweiterter Datentypen, eine virtuell unbegrenzte Datenbankgröße und eine akzeptable Performance.

Das Domain Name System ist ein Satz an Protokollen und Diensten auf einem TCPI/IP-Netzwerk, das einem Benutzer des Netzwerks die Verwendung von hierachischen, anwenderfreundlichen Namen bei der Auffindung anderer Hosts (Computer) gestattet, statt schlecht zu merkender IP-Adressen einzusetzen. Dieses System wird heutzutage im Internet und in vielen privaten Unternehmen großflächig eingesetzt. Wenn Sie je einen Web-Browser, eine Telnet-Applikation, FTP oder andere TCPI/IP-Werkzeuge auf dem Internet verwendet haben, so haben Sie wahrscheinlich einen DNS-Server benutzt.

Die bekannteste Funktion des DNS-Protokolls ist die Abbildung von anwenderfreundlichen Namen auf IP-Adressen. Nehmen wir z.B. an, die FTP-Site von Microsoft habe eine IP-Adresse von 157.55.100.1. Um diesen Computer zu erreichen, werden die meisten Anwender statt der befremdlichen IP-Adresse den Namen ftp.microsoft.com angeben. Neben der vereinfachten Merkbarkeit ist die Verwendung des Namens auch verläßlicher. Die numerische Adresse kann sich aus vielen Gründen verändern, doch der Name kann trotz dieser Änderung erhalten bleiben.

Die populärste Implementierung des DNS-Protokolls, BIND, wurde ursprünglich für das 4.3 BSD UNIX-Betriebssystem in Berkeley entwickelt. Der Name BIND steht für Berkeley Internet Name Domain. Die primären Richtlinien für DNS sind in den Request for Comments (RFCs) 974, 1034 und 1035 festgelegt.

Die Arbeitsweise von DNS

DNS hat die Aufgabe, Computernamen in IP-Adressen zu übersetzen. Dies wird über ein hierachisches Client/Server-basierendes, verteiltes Datenbank-Verwaltungssystem erreicht. DNS arbeitet auf dem Application Layer (Anwendungsebene) des OSI-Referenzmodells und verwendet auf dem Transport Layer (Übertragungsebene) TCP und UDP.

DNS nutzt Clients, sogenannte Resolver (Auflöser) und Server, sogenannte Name-Server. Die Clientmaschinen (Resolver) senden wegen des geringeren Overheads ein UDP-Paket an die Server und nutzen TCP, wenn es zu einer Verminderung der zurückgesendeten Daten kommt.

Resolver übergeben Namensanfragen zwischen Anwendungen und Name-Servern, die den Name-Server bei der Suche nach einer World Wide Web-Site erreichen. Der Netscape Navigator und der Internet Explorer verfügen über einen integrierten Resolver.

Name-Server erhalten Anfragen von Resolvern und lösen Hostnamen in IP-Adressen auf.

Microsoft DNS

Soweit, so gut. Was hat es mit Microsoft DNS auf sich und warum sollten Sie es einsetzen? Zum Anfang sollte geklärt werden, was es nicht ist. Sie sollten zunächst wissen, daß Microsoft DNS keine Portierung des Berkeley BIND-Codes ist. Statt dessen hat sich Big M kollektiv entschlossen, einen eigenen Code zu schreiben, der den RFC-Richtlinien entspricht und kompatibel zu BIND ist. Wieso das? Nun, stets auf ein weiteres Wachstum bedacht, versucht man solche Dinge wie z.B. Leistungsverbesserungen später leicht hinzufügbar zu machen. Es ist wirklich eine gute Sache, daß es sich bei dem Microsoft DNS-Server nicht um den Code handelt, der mit dem Windows NT Resource Kit ausgeliefert wurde. Wenn Sie je dieses Werkzeug eingesetzt haben und darauf vertrauten, daß Sie tatsächlich störungsfreien Zonentransfer durchführen können, dann wissen Sie warum! Aber keine Angst – der DNS-Server-Dienst von Windows NT 4 ist vollständig neu geschrieben – es ist also keine abgehangene Version

– und seien Sie versichert, daß die Konformität zu den RFC-Richtlinien auf das Genaueste getestet wurden. Ja lieber Leser – alles arbeitet wie es soll – auch der Zonentransfer!

Also, was verbirgt sich nun hinter dem Microsoft DNS-Server? Nun, in Übereinstimmung mit den RFC-Anforderungen kann man festhalten: Falls ein RFC- erforderliches Merkmal im Microsoft DNS-Produkt nicht auffindbar ist, so wird dies als Bug angesehen, primär handelt es sich bei dem Windows NT 4 DNS-Server aber um eine dem RFC-Richtlinien entsprechende Implementierung von DNS. Daher unterstützt es nicht nur alle Standardtypen der Resource Records, es erzeugt und nutzt auch Standard DNS-Zonendateien. Außerdem kann es mit anderen DNS-Servern zusammenarbeiten und beinhaltet das DNS-Diagnostiktool nslookup und das UNIX-Werkzeug dig – den Standard der Standarde. Microsoft DNS geht sogar noch weiter als die Richtlinien der RFC es erfordern: z.B. der DNS-Manager (ein grafisches Verwaltungsinstrument), der die verwaltungstechnischen Aufgaben erheblich erleichtert und dynamische Aktualisierungen über eine enge Integration mit WINS.

Wir wollen dies noch ein wenig ausweiten... Mit Microsoft DNS haben Netzwerkadministratoren nun die freie Wahl: die Option traditionelle DNS-Systeme auszuschalten und statt dessen die Microsoft Windows NT-Implementierung zu nutzen. Dies gibt Ihnen die Möglichkeit, statische Einträge für Microsoft-basierende Clients in den traditionellen Zonendateien der DNS-Server zu entfernen und sich für die dynamische WINS/DNS-Integration zu entscheiden. Was bedeutet das? Nehmen wir an, Ihr nicht-Microsoft-basierender Client möchte hinaus auf eine Web-Seite, die sich auf irgendeinem HTTP-Server befindet, der DHCP/WINS versteht (kann/eingestellt ist). Der Client muß nun nur eine Anfrage an den DNS-Server richten. Dieser Server befragt nun WINS, der Name wird aufgelöst und an den Client zurückgeschickt. Bedingt durch die dynamische IP-Adressierung konnte vor der WINS Integration solch ein Name nicht zuverlässig aufgelöst werden – das ist doch eine nette Geschichte!

Microsoft DNS unterstützt RFCs 1033, 1035, 1101, 1123, 1183 und 1536.

DNS genauer betrachtet

Kehren wir für eine Weile zu DNS zurück. Ein Domain-Name-System besteht aus einer verteilten Datenbank mit Namen. Mit ihr wird eine logische Baumstruktur, Domain Name Space genannt, errichtet. Jeder Knoten oder jede Domäne ist in dieser Struktur benannt und kann Subdomänen enthalten. Domänen und Subdomänen werden zu Zonen gruppiert, wodurch eine verteilte Verwaltung der Namensstruktur (Name Space) erreicht werden kann (mit dem Begriff Zonen werden wir uns in Kürze befassen). Der Domänenname identifiziert die Position der Domäne in der logischen DNS-Hierachie in Bezug auf die übergeordnete Domäne. Jeder Ast der Baumstruktur wird durch einen Punkt (.) getrennt. In Abbildung 9.1 werden einige Top-Level-Domänen gezeigt, die Einordnung der Microsoft Domäne in dieser Hierachie und ein Host namens Tigger innerhalb der Domäne microsoft.com. Wenn nun ein Anwender diesen Host kontaktieren wollte, würde er den vollqualifizierten Domänennamen (FQDN = fully qualified domain name) tigger.microsoft.com anwählen.

Abbildung 9.1:
Die DNS-Hierarchie

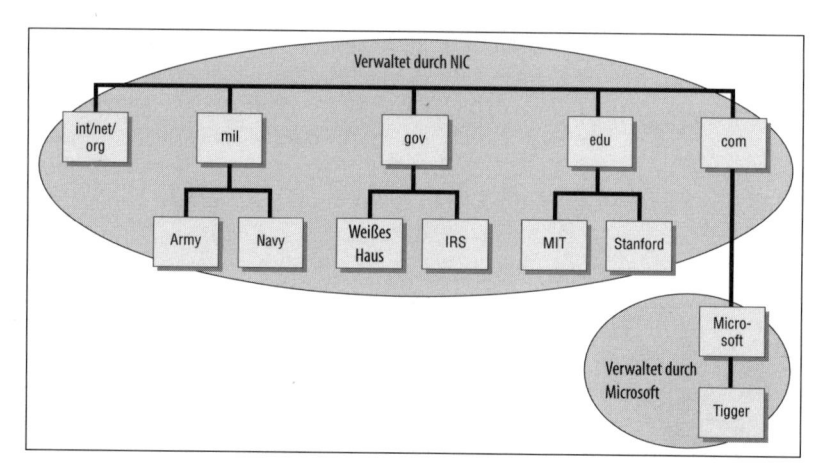

DNS-Server und das Internet

Das Stammverzeichnis (Root) der DNS-Datenbank auf dem Internet wird durch das Internet Network Information Center (http://www.internic.com) verwaltet. Die Top-Level-Domänen werden nach Organisationen und Ländern zugeordnet. Diese Domänennamen entsprechen dem International Standard 3166. Für die Ländererkennung werden Abkürzungen in Form von zwei bzw. drei Buchstaben verwendet und wie die folgenden Beispiele zeigen, sind verschiedene Abkürzungen für unterschiedliche Organisationen reserviert.

DNS-Domänenname	Art der Organisation
com	Kommerziell (z.B. globalnet.com für Globalnet System Solutions Corporation)
edu	Forschung/Ausbildung (educational), (z.B. mit.edu für Massachusetts Institute of Technology)
gov	Regierung (goverment), (z.B. whitehouse.gov für das Weiße Haus in Washington D.C.)
int	Internationale Organisation (z.B. nato.int für die NATO)
mil	Militärisch (z.B. army.mil für die Army)
net	Netzwerkorganisation (z.B. nsf.net für NSFNET)
org	Nicht-kommerziell (z.B. fidonet.org für FidoNet)
de	Deutschland
it	Italien
nz	Neuseeland
us	United States

Das Irritierende an Domänen

Jeder Knoten in der Baumstruktur der Datenbank und alle darunter liegenden Knoten werden als eine Domäne bezeichnet. Domänen können beides enthalten; Hosts (Computer) und andere Domänen (Subdomänen). Die Domäne Microsoft könnte sowohl Computer, z.B. ftp.microsoft.com, als auch Subdomänen, z.B. sales.microsoft.com, enthalten. Letztere könnte (und in den meisten Fällen ist dies auch so) nun wieder Hosts enthalten, wie z.B. appserver.sales.microsoft.com.

Im allgemeinen gibt es für die Benennung von Domänen und Hosts einige Beschränkungen. Für die Namen dürfen nur folgende Buchstaben verwendet werden: a-z, A-Z, 0-9 und – (das Minuszeichen bzw. der Bindestrich). Die Verwendung von Zeichen wie / (Slash), . (Punkt) und _ (Unterstrich) ist nicht gestattet. Wir hatten große Probleme mit Clients, die ihren Hosts die phantasievollen Namen DHCP_1 und DHCP_2 gaben. Diese unglücklich benannten NT-Server konnten mit DNS nicht registriert werden.

Zonen

Nun wird es Zeit, eine DNS-Zone zu betrachten. Bei einer Zone handelt es sich nicht um eine räumlich getrennte Eigenheit, sie ist vielmehr ein Teil der DNS-Namensstruktur, deren Datenbanksätze in einer speziellen Zonendatei existieren und dort organisiert werden. Ein einzelner DNS-Server kann so konfiguriert werden, daß er eine oder multiple Zonendateien verwalten kann. Jede Zone ist in einem speziellen Domänenknoten verankert. Diese Domäne wird als die Rootdomäne der Zone angesehen. Zonendateien müssen nicht zwingend die vollständige Baumstruktur (d.h. alle Subdomänen) unterhalb der Rootdomäne der Zone enthalten. Für einen Vergleich von Zonen und Domänen sollten Sie sich die Abbildung 9.2 anschauen. Was können Sie sehen? In diesem Beispiel ist microsoft.com eine Domäne, doch nicht die gesamte Domäne wird über eine Zonendatei gesteuert. Ein Teil der Domäne ist in eine separate Zonendatei aufgespalten für sales.microsoft.com. Das Aufspalten von Domänen in multiple Zonendateien kann tatsächlich notwendig sein, sei es, um die Verwaltung der Domäne auf verschiedene Gruppen zu verteilen, oder um eine leistungsfähige Datenreplikation (Zonentransfer) zu gewährleisten. Zonentransfer wird in Kürze diskutiert.

Achten Sie darauf, Zonen und Domänen nicht miteinander zu verwechseln. Eine Zone ist eine physische Datei mit Ressourcen in Form von Datensätzen sog. Recource Records, die eine Gruppe von Domänen definiert. Eine Domäne ist ein Knoten innerhalb der DNS-Namenstruktur und alle darunter liegenden Subdomänen.

Abbildung 9.2:
Domänen und Zonen

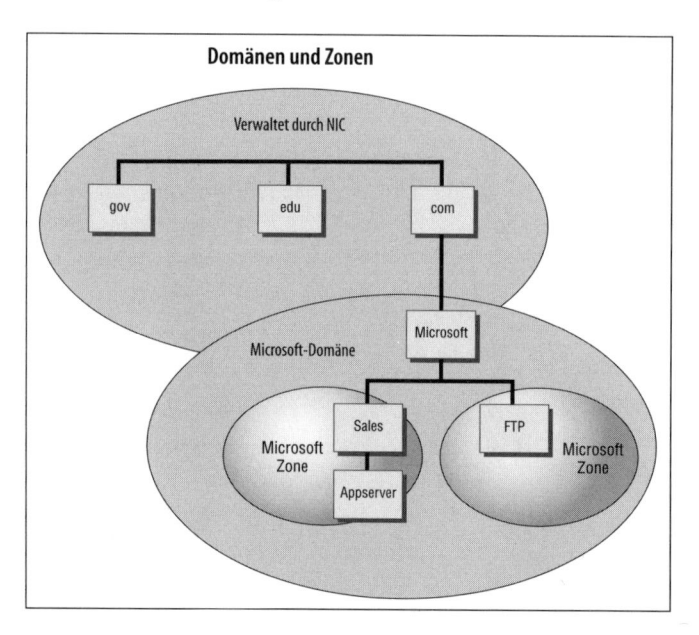

Name-Server

DNS-Server speichern Informationen über die Namenstruktur von Domänen (Domain Name Space) und werden Name-Server genannt. Name-Server sind im allgemeinen für eine oder mehrere Zonen verantwortlich. Der Name-Server hat somit die Autorität über diese Zonen.

Wenn Sie einen DNS-Name-Server konfigurieren – dies werden wir in Kürze bei dem NS-Record sehen – teilen Sie diesem im wesentlichen mit, welche anderen DNS-Name-Server in der gleichen Domäne vorhanden sind.

Primärer, sekundärer und Master-Name-Server

Ein primärer Name-Server ist ein Name-Server, der die Daten für seine Zonen von lokalen Dateien erhält. Änderungen an einer Zone, wie das Hinzufügen von Domänen und Hosts, werden auf dem primären Name-Server ausgeführt.

Sekundäre Name-Server erhalten die Daten für ihre Zonen von einem weiteren Name-Server über das Netzwerk, welches in der Autorität der speziellen Zone liegt. Den Prozeß zum Erhalt dieser Zoneninformation (die Datenbankdatei) über das Netzwerk nennt man einen Zonentransfer.

Es gibt drei Gründe, die für sekundäre Server in einem Unternehmensnetz sprechen:

- **Redundanz:** Obschon dies üblicherweise vermieden werden sollte, ist es hier vernünftig. Es werden mindestens zwei DNS-Name-Server für die Bedienung jeder Zone benötigt – ein primärer und zumindest ein sekundärer für (wie Sie sicher vermuteten) die Fehlertoleranz. Genau wie in anderen Szenarien, in denen die Fehlertoleranz erklärtes Ziel ist, sollten die entsprechenden strategischen Maschinen so unabhängig wie möglich sein – sprich: Sie sollten sich auf unterschiedlichen Netzwerken etc. befinden.

- **Entfernte Örtlichkeiten:** Sie sollten sekundäre Server (oder weitere primäre Server für Subdomänen) an entfernten Örtlichkeiten, die eine große Anzahl von Clients besitzen, bereithalten. Es kann schließlich nicht Ziel sein, eine große Anzahl von Clients über langsame Verbindungen für die Namensauflösung kommunizieren zu lassen, nicht wahr?

- **Reduktion der Arbeitslast für den primären Server:** Mit der Bereitstellung von sekundären Servern wird der primäre Server entlastet.

Da die Informationen für jede Zone in separaten Dateien gehalten werden, geschieht die Ernennung zum primären bzw. sekundären Server auf der Zonenebene. Mit anderen Worten, ein gegebener Name-Server kann für bestimmte Zonen primärer Name-Server sein und für andere Zonen als sekundärer Name-Server fungieren.

Wenn Sie eine Zone auf einem sekundären Name-Server definieren, müssen Sie einen Name-Server benennen, von dem dieser die Zoneninformation erhält. Die Quelle der Zoneninformationen für einen sekundären Name-Server innerhalb einer DNS-Hierachie wird Master-Name-Server genannt. Es kann sich dabei sowohl um einen primären als auch sekundären Server für die angeforderte Zone handeln. Sobald ein sekundärer Name-Server startet, kontaktiert er seinen Master-Name-Server und initiiert einen Zonentransfer mit diesem.

Setzen Sie sekundäre Server als Master-Server ein, wenn der primäre Server überlastet ist oder wenn es einen effizienteren Netzwerkpfad zwischen „sekundärem zu sekundärem Server" als zwischen „sekundärem zu primärem Server" gibt.

Forwarder und Slaves

Wenn ein DNS-Name-Server eine DNS-Anfrage erhält, versucht er, die angeforderte Information innerhalb der eigenen Zonendateien zu lokalisieren. Schlägt dies fehl, weil dieser Server nicht die Autorität für die angefragte Domäne besitzt, muß er zur Auflösung der Anfrage mit weiteren DNS-Name-Servern kommunizieren. Da bei einem global verbundenen Netzwerk eine DNS-Auflösungsanfrage außerhalb der lokalen Zone typischerweise eine Interaktion mit DNS-Name-Servern, die außerhalb des Unternehmens auf dem öffentlichen Internet liegen, erfordert, ist es ein guter Ratschlag, wenn Sie spezielle DNS-Name-Server in Ihrem Unternehmen auswählen, die diese Art von Kommunikation über weite Strecken handhaben.

Zu diesem Zweck verfügt DNS über das Konzept der Forwarder. Dies sind spezielle DNS-Name-Server, die für die Ausführung der Wide-Area-Kommunikation über das Internet ausgewählt werden. Alle anderen DNS-Name-Server innerhalb des Unternehmens sind mit den IP-Adressen der DNS-Name-Server konfiguriert, die als Forwarder für diesen Zweck ernannt wurden. Diese Konfiguration geschieht auf einer per Serverbasis – nicht auf einer per Zonenbasis!

Wenn ein Server, der für den Gebrauch von Forwardern konfiguriert ist, eine DNS-Anfrage erhält, die er nicht über seine eigenen Zonendateien auflösen kann, leitet er die Anfrage an einen der ernannten Forwarder weiter. Der Forwarder führt dann die für die Auflösung der Anfrage notwendige Kommunikation aus und liefert das Ergebnis an den anfragenden Server zurück. Dieser sendet das Ergebnis schließlich an den ursprünglichen Fragesteller zurück. Wenn der Forwarder nicht in der Lage ist, die Anfrage aufzulösen, versucht der DNS-Server, die Anfrage selbst aufzulösen, so, wie es im Normalfall geschehen würde.

Slaves sind DNS-Server, die für die Verwendung von Forwardern konfiguriert wurden und zusätzlich so eingerichtet sind, daß sie eine Fehlermeldung zurücksenden, wenn der Forwarder die Anfrage nicht auflösen kann. Solche Slaves unternehmen keinen Versuch, andere Name-Server zu kontraktieren, wenn der Forwarder die Anfrage nicht erfüllen kann.

Caching-Only-Server

Obschon alle DNS-Name-Server ihre aufgelösten Anfragen zwischenspeichern, handelt es sich bei den sogenannten Caching-Only-Servern um DNS-Name-Server, deren einzige Aufgabe darin besteht, Anfragen auszuführen, die Antworten zwischenzuspeichern und die Ergebnisse zurückzuliefern. Sie besitzen folglich keine Autorität für irgendeine Domäne und beinhalten nur die Informationen, die sie während der Auflösung von Anfragen zwischengespeichert haben.

Bei der Entscheidung, wann solch ein Server eingesetzt werden soll, muß folgendes in Betracht gezogen werden. Wenn solche Server anfänglich starten, besitzen sie keinerlei zwischengespeicherte Informationen, da sie einen Informationsbestand im Laufe der Bedienung von Anfragen aufbauen müssen. Wenn sie jedoch mit einer langsamen Verbindung zwischen zwei Sites arbeiten, wird über diese Verbindung weit weniger Datenverkehr aufkommen, denn diese Server führen keine Zonentransfers aus.

Namensauflösung

Es gibt drei Arten von Anfragen, die ein Client an einen DNS-Server richten kann: rekursiv, iterativ und inverse. Während unserer Ausführungen über die Namensauflösung sollte stets bedacht werden, daß ein DNS-Server gleichzeitig ein Client für andere DNS-Server sein kann.

Rekursive Anfragen

Bei einer rekursiven Anfrage wird der befragte Name-Server ersucht, mit den angeforderten Daten zu antworten oder aber mit einer Fehlermeldung, die entweder besagt, daß die Daten vom angeforderten Typ nicht verfügbar sind oder der angegebene Domänenname nicht existiert. Der Name-Server kann den Fragestellenden nicht einfach an einen anderen Name-Server verweisen. Dieser Typ von Anfragen wird gewöhnlich von einem DNS-Client (einem Resolver) an einen DNS-Server gerichtet. Auch wenn ein DNS-Server für die Verwendung von Forwardern konfiguriert ist, wird die Anfrage von solch einem Server als rekursiv bezeichnet.

Iterative Anfrage

Bei einer iterativen Anfrage gibt der befragte Name-Server die aktuell bestmögliche Antwort an den Fragestellenden zurück. Dieser Typ von Anfragen wird üblicherweise von einem DNS-Server an andere DNS-Server gestellt und findet nach dem Erhalt einer rekursiven Anfrage durch einen Resolver statt.

Die IP-Adresse ist bekannt – Wie aber verhält es sich mit dem Hostnamen?

Statt nun einen Namen zu liefern und anschließend nach der IP-Adresse zu fragen, muß der Client zunächst die IP-Adresse zur Verfügung stellen, bevor er nach dem Namen fragt. Da es in der DNS-Namensstruktur keine direkte Wechselbeziehung zwischen den Domänennamen und den ihnen zugeordneten IP-Adressen gibt, kann nur eine vollständige Durchsuchung aller Domänen ein exaktes Ergebnis garantieren.

In der DNS-Namensstruktur wurde eine spezielle Domäne, IN-ADDR.ARPA erzeugt, die bei dieser Aufgabe hilft. In der Domäne IN-ADDR.ARPA besitzen die Knoten Namen. Diese Namen stehen hinter der durch Punkte getrennten Darstellung der IP-Adressen. Da IP-Adressen von links nach rechts spezifischer, Domänennamen jedoch von links nach rechts weniger spezifisch werden, muß die Anordnung der Oktetts der IP-Adresse beim Aufbau der Baumstruktur in IN-ADDR.ARPA umgekehrt werden. Durch dieses Arrangement kann die Verwaltung der untergeordneten Äste der DNS-IN-ADDR.ARPA Baumstruktur an Unternehmen gegeben werden, so wie diesen auch ihre Klasse A, B oder C Subnetzadressen zugewiesen werden.

Ist der Domänen-Baum einmal in der DNS-Datenbank aufgebaut, wird ein besonderer Pointer Record aufgenommen, um die IP-Adressen mit den entsprechenden Hostnamen zu verbinden. Um z. B. den Hostnamen für die IP-Adresse 157.55.89.2 zu ermitteln, würder der Resolver den DNS-Server nach einem Pointer Record für 2.89.55.157.IN-ADDR.ARPA fragen. Wenn sich die IP-Adresse nun außerhalb der lokalen Domäne befände, würde der DNS-Server im Stamm (Root) der Hierarchie starten und sequentiell die Domänenknoten auflösen, bis er zu 89.55.157.IN-ADDR.ARPA gelangt. Dieser sollte den Pointer Record (PTR) für 2 (d. h. für 157.55.89.2) enthalten.

Caching und Time to Live

Wenn ein Name-Server eine rekursive Anfrage bearbeitet, kann für eine definitive Antwort das Aussenden mehrerer Anfragen erforderlich sein. Der Name-Server hält während dieses Prozesses alle empfangenen Informationen für eine in den zurückgelieferten Daten spezifizierte Zeit im Zwischenspeicher. Diese Zeitspanne wird Time to Live (TTL) genannt und durch den Administrator des Name-Servers für die Zone, die die Daten enthält, eingerichtet. Wenn Sie ein flüchtiges d. h. sich häufig änderndes Netzwerk betreiben, sind kleine TTL-Werte zu empfehlen. Dies gewährleistet, daß die Daten Ihrer Domäne eine höhere Konsistenz über das Netzwerk hinweg haben. Dabei gibt es jedoch einen Haken – kleine TTL-Werte erhöhen auch die Arbeitslast auf Ihrem Name-Server. Sobald ein DNS-Server Daten in den Zwischenspeicher legt, beginnt er, den TTL-Wert zu vermindern (ein Countdown angefangen bei dem Ursprungswert wird gestartet). So weiß der Server, wann es Zeit ist, die Daten aus dem Zwischenspeicher zu entfernen. Erreicht ihn eine Anfrage, die mit den Daten im Zwischenspeicher bedient werden kann, so entspricht der mit den Daten zurückgelieferte TTL-Wert der aktuell verbleibenden Zeitspanne vor dem Löschen des Zwischenspeichers. Client Resolver verfügen ebenfalls über Zwischenspeicher für Daten (data caches) und beachten den TTL-Wert, so daß auch sie wissen, wann der Zwischenspeicher entleert werden muß.

DNS-Dateien

Im häufigsten Fall müssen DNS-Systeme über das Editieren von Textdateien konfiguriert werden. Wie zuvor angedeutet verfügt Microsoft DNS wie alle Microsoft Softwareprodukte über eine benutzerfreundliche Oberfläche, die die lästige Arbeit der vergangenen Tage erheblich erleichtert. Diese neue Oberfläche für die Verwaltung vereinfacht sowohl die lokale, als auch die entfernte Konfiguration von Microsoft DNS-Servern. Das DNS-Verwaltungswerkzeug konfiguriert die RFC-kompatiblen Textdateien für Sie. Diese Neuerung war längst überfällig.

Auch wenn die tolle grafische Benutzeroberfläche Ihnen die Möglichkeit gibt, DNS-Dateien ohne Editor zu modifizieren, so ist das Wissen um den Aufbau der DNS-Systemkonfigurationsdateien dennoch unerläßlich. In RFC-entsprechenden DNS-Systemen gibt es mehrere Dateien, die die DNS-Systemkonfiguration und die Datenbank definieren. Bei diesen Dateien handelt es sich um die Datenbank, den Cache (Zwischenspeicher), das Reverse-Lookup (umgekehrtes Nachschauen) und 127 Reverse-Lookupdateien. Im folgenden Abschnitt werden diese Dateien detailliert erläutert. Sie existieren auch im Windows NT 4 DNS und sind ebenfalls RFC-konform.

Die Datenbankdatei

Eine Datenbankdatei oder eine Zonendatei ist die Datei, die die Resource Records (Quellendatensätze) für den Teil der Domäne enthält, der im Zuständigkeitsbereich der Zone liegt. Einige der üblichen Resource Records werden weiter unten beschrieben. Windows NT 4 stellt die Datei PLACE.DNS als Muster für die Arbeit zur Verfügung. Es empfiehlt sich vor Einsatz der Datei auf einem Produktiv-Server diese zu editieren und, entsprechend der Zone, die sie repräsentiert, umzubenennen, da es sich hier um die Datei handelt, die zur Replikation zwischen Master- und sekundärem Server dient.

Start of Authority

Der erste Datensatz (Record) in jeder Datenbankdatei ist der START OF AUTHORITY (SOA) RECORD.

```
IN SOA <source host> <contact e-mail> (<ser.no> <refresh time> <retry time> <TTL> )
```

- **source host**
  Der Host, auf dem die Datei gepflegt wird

- **contact e-mail**
  Die Internet E-Mail Adresse der verantwortlichen Person für die Datenbankdatei dieser Domäne

Wenn Sie die E-Mail Adresse in der Zonendatei setzen, müssen Sie das übliche @-Symbol durch einen Punkt (.) ersetzen. Mit anderen Worten, die E-Mail Adresse mark@mmco.com *muß in der Zonendatei wie folgt gesetzt werden:* mark.mmco.com.

Die IP-Adresse ist bekannt – Wie aber verhält es sich mit dem Hostnamen?

- **serial number**
  Die „Versionsnummer" dieser Datenbankdatei. Sie sollte bei jeder Veränderung erhöht werden.

- **refresh time**
  Die ablaufende Zeit (in Sekunden), die ein sekundärer Server zwischen dem Abgleich mit einem Master-Server wartet. Es wird überprüft, ob sich die Datenbankdatei verändert hat und ein Zonentransfer angefordert werden muß.

- **retry time**
  Die ablaufende Zeit (in Sekunden), die ein sekundärer Server wartet, bevor ein mißlungener Zonentransfer wiederholt wird.

- **expiration time**
  Die ablaufende Zeit (in Sekunden), die ein sekundärer Server einhält, wenn er versucht, den Download einer Zone durchzuführen. Nachdem das Zeitlimit abgelaufen ist, wird die alte Zoneninformation verworfen.

- **time to live**
  Die ablaufende Zeit (in Sekunden), in der ein DNS-Server Resource Records aus dieser Datenbankdatei im Zwischenspeicher halten darf. Dies ist der Wert, der mit allen beantworteten Anfragen aus dieser Zonendatei ausgesendet wird, wenn der individuelle Resource Record keinen überschreibenden Wert beinhaltet.

Damit ein Resource Record in einer Datenbankdatei als ein Eintrag auf einer Zeile gilt, muß der Zeilenumbruch von Klammern umschlossen werden.

In einer Zonendatei repräsentiert das Symbol @ die Rootdomäne der Zone (in den folgenden Beispielen mmco.com). Das „IN" in den sich anschließenden Records ist die Klasse der Daten – hier für das Internet. Es existieren zwar andere Klassen, doch sind diese nicht sehr weit verbreitet.

Jeder Domänenname, der nicht mit einem Punkt (.) abschließt, erhält die Rootdomäne jeweils an das Ende angehängt.

Beispiel:

```
@ IN SOA nameserver1.mmco.com mark.mmco.com. (
1; serial number
10800; refresh [3 hours]
3600; retry [1 hour]
604800; expire [7 days]
86400 ); time to live [1 day]
```

Das Setzen des Refresh-Intervalls des Servers ist ein Ausbalancieren von Datenkonsistenz (Korrektheit der Daten) und der Netzwerkauslastung.

Der Name-Server-Record

Hier werden die Name-Server dieser Domäne aufgelistet. Damit wird anderen Name-Servern ermöglicht, nach Namen in Ihrer Domäne zu schauen.

`<domain> IN NS <nameserver host>`

Beispiel:

```
@ IN NS nameserver2.mmco.com.
@ IN NS nameserver3.mmco.com.
```

Der Mail-Exchange-Record

Dieser Datensatz sagt uns, welcher Host die Mails für diese Domäne verarbeitet. Falls mehrere Mail-Exchange-Records existieren, versucht der Resolver den Mail-Server in der Reihenfolge der festgelegten Präferenz zu kontaktieren, d.h. vom niedrigsten Wert (höchster Priorität) zum höchsten Wert (niedrigste Priorität). Im folgenden Beispiel wird eine an bob@mmco.com adressierte Mail als erstes an bob@mailserver0.mmco.com geliefert – falls dies möglich ist. Wenn mailserver0 nicht zur Verfügung steht, wird die Mail an bob@mailserver1.mmco.com geliefert.

`<domain> IN MX <preference> <mailserver host>`

Beispiel:

```
@ IN MX 1 mailserver0
@ IN MX 2 mailserver1
```

Der Host-Record

Ein Host-Record wird dazu benutzt, innerhalb einer Zone Hostnamen mit IP-Adressen statisch zu verbinden. Hier sollte für jeden Host, der eine statische Abbildung erfordert, ein Eintrag vorhanden sein. Dies schließt Workstations, Name-Server und Mailserver etc. ein. Wenn statische Datensätze verwendet werden, machen diese Records den größten Teil der Datenbankdatei aus.

`<host name> IN A <ip adress of host>`

Beispiel:

```
tigger          IN   A   157.55.89.102
nameserver2     IN   A   157.55.89.12
mailserver1     IN   A   157.55.89.15
```

Die IP-Adresse ist bekannt – Wie aber verhält es sich mit dem Hostnamen?

Der Local-Host-Record

Ein Local Host Record ermöglicht, das Lookup für localhost.mmco.com um 127.0.0.1 zurückzuliefern.

```
localhost   IN  A   127.0.0.1
```

Der CNAME-Record

Diese Datensätze werden manchmal als Aliase bezeichnet, doch technisch gesprochen redet man von Canonical Name-Einträgen (CNAME). Diese Datensätze gestatten Ihnen, mehr als einen Namen zu verwenden, die auf einen einzelnen Host verweisen.

Der Einsatz von Canonical Names macht es z.B. ganz einfach, einen Web-Server und einen FTP-Server gleichzeitig auf einer Maschine zu betreiben.

```
<host alias name> IN CNAME <host name>
```

Beispiel:

Gehen wir davon aus, daß sich www.mmco.com und ftp.mmco.com auf dem gleichen Rechner befinden. Ihre Zonendatei würde dann folgende Einträge beinhalten:

```
FileServer1 IN   A       157.55.89.41
FTP         IN           CNAME FileServer1
WWW         IN           CNAME FileServer1
```

Was ist jedoch zu tun, wenn Sie den FTP-Serverdienst von dem Webdienst trennen möchten? Nun, dazu muß der CNAME-Record für FTP in dem DNS-Server geändert werden und ein Address-Record für den neuen Server hinzugefügt werden:

```
FTP             IN      CNAME   FileServer2
FileServer2 IN  A       157.55.89.42
```

Die Cachedatei (Zwischenspeicher)

Die Cachedatei enthält Host-Informationen, die dazu benötigt werden, Namen aufzulösen, die außerhalb der Autorität der Domäne liegen. Sie enthält Namen und Adressen von Root-Name-Servern. Für Anwender auf dem Internet sollte die durch den Microsoft DNS-Dienst zur Verfügung gestellte Standarddatei ausreichen. Bei nicht an das Internet angeschlossenen Installationen sollte die Datei ausgetauscht werden und die Name-Server enthalten, die die Autorität für das Root Ihres privaten Netzwerks innehaben.

Eine aktuelle Internet-Cachedatei finden Sie unter:

```
ftp://rs.internic.net/domain/named.cache
```

9 • DNS in der neuen NT-Welt

Beispiel:

```
; DNS CACHE FILE
;
; Initial cache data for root domain servers.
;
; YOU SHOULD CHANGE:
; -Nothing if connected to the Internet. Edit this file only
;  when update root name server list is released.
;   OR
; -If NOT connected to the Internet, remove these records and
;  replace with NS and A records for the DNS server authoritative
;  for the root domain at your site.
; Internet root name server records:
;  last update: Sep 1, 1995
;   related version of root zone: 1995090100
;
; formerly NS.INTERNIC.NET
.         3600000 IN NS A.ROOT-SERVERS.NET.
A.ROOT-SERVERS.NET.  3600000  A  198.41.0.4
; formerly NS1.ISI.EDU
.         3600000   NS B.ROOT-SERVERS.NET.
B.ROOT-SERVERS.NET.  3600000  A  128.9.0.107
; formerly C.PSI.NET
.         3600000   NS C.ROOT-SERVERS.NET.
C.ROOT-SERVERS.NET.  3600000  A  192.33.4.12
; formerly TERP.UMD.EDU
.         3600000   NS D.ROOT-SERVERS.NET.
D.ROOT-SERVERS.NET.  3600000  A  128.8.10.90
; formerly NS.NASA.GOV
.         3600000   NS E.ROOT-SERVERS.NET.
E.ROOT-SERVERS.NET.  3600000  A  192.203.230.10
; formerly NS.ISC.ORG
.         3600000   NS F.ROOT-SERVERS.NET.
F.ROOT-SERVERS.NET.  3600000  A  39.13.229.241
; formerly NS.NIC.DDN.MIL
.         3600000   NS G.ROOT-SERVERS.NET.
G.ROOT-SERVERS.NET.  3600000  A  192.112.36.4
; formerly AOS.ARL.ARMY.MIL
.         3600000   NS H.ROOT-SERVERS.NET.
; End of File
```

Die Reverse-Lookup-Datei (Datei für das umgekehrte Auflösen)

Dies ist eine Datenbankdatei, die in bestimmten IP DNS-Zonen für das Reverse Lookup von Hostnamen eingesetzt wird, wenn eine IP-Nummer bereit steht. Die Reverse-Lookup-Datei ermöglicht einem Resolver mit einer IP-Adresse, eine Anfrage nach dem passenden Hostnamen zu stellen. Genau wie andere DNS-Zonendateien enthält sie SOA und Name-Server-Records und zusätzlich Pointer-Records.

Das DNS-Reverse-Lookup ist eine sehr wichtige Fähigkeit, denn einige Anwendungen stellen eine Methode für die Implementierung einer Sicherheitsmaßnahme, basierend auf den verbindenden Hostnamen, zur Verfügung. Was bedeutet das? Nun, wenn ein Client versucht, sich an ein Network File System (NFS)-Volume mit einem solchen Sicherheitsarrangement anzubinden, so würder der NFS-Server den DNS-Server kontaktieren und ein Reverse-Name-Lookup auf die IP-Adresse des Clients ausführen. Wenn sich der durch den DNS-Server zurückgelieferte Name nicht in der Zugangsliste für das NFS-Volume befindet oder der Hostname nicht gefunden wird, wird die Anfrage für die NFS-Anbindung zurückgewiesen. Die Reverse-Lookup-Fähigkeit wird auch häufig zum Zwecke der Fehlerbehebung genutzt, doch wir wollen hier noch nicht so weit gehen.

Hier einige Beispielzonen für IP-Netzwerke verschiedener Klassen:

Beispiel für eine Zone der Klasse C

```
100.89.192.in-addr.arpa
```

Beispiel für eine Zone der Klasse B

```
55.157.in-addr.arpa
```

Der Pointer-Record

Pointer-Records stellen eine statische Abbildung von IP-Adressen auf Hostnamen innerhalb einer Reverse-Lookup-Zone zur Verfügung. Die IP-Nummern werden in umgekehrter Reihenfolge geschrieben und am Ende wird in-addr.arpa. angehängt. Damit wird ein Pointer-Record erzeugt. Möchte man z. B. den Namen für 157.55.89.51 nachschauen, so erfordert dies eine Pointer-Record (PTR)-Anfrage nach dem Namen für 51.89.55.157.in-addr.arpa .

```
<ip reverse domain name> IN PTR <hostname>
```

Beispiel:

```
51.89.55.157.in-addr.arpa. IN PTR mailserver1.mmco.com
```

Die Datei Arpa-127.rev

Dies ist eine weitere Datenbankdatei. Sie ist für die Domäne 127.in-addr.arpa und wird für das Reverse-Lookup von IP-Nummern im Netzwerk 127 wie z.B. localhost verwendet. Das einzige, was sich in dieser Datei ändert, sind die SOA und die NS-Records.

Die BIND-Bootdatei

Obschon die Bootdatei nicht in den RFCs definiert und sie nicht RFC-konform ist, soll sie dennoch hier beschrieben werden. Diese Datei stellt einen Teil der BIND-spezifischen Implementierung von DNS dar. Micorsoft DNS kann für den Einsatz einer Bootdatei konfiguriert werden, wenn Sie die Verwaltung nicht über die DNS-Administrator GUI (grafische Oberfläche), sondern über die Änderung der Textdateien erledigen möchten.

Die BIND-Bootdatei steuert das Startverhalten des DNS-Servers. Die Befehle müssen am Anfang der Zeile stehen und einem Befehl dürfen keine Leerzeichen voran gehen. Unterstützte Befehle sind: `directory`, `cache`, `primary`, `secondary`, `forwarders` und `slave`. Folgende Syntax ist für diese Datei gültig:

- **Der Befehl directory**

    Gibt ein Verzeichnis an, in dem andere Dateien, auf die in der Bootdatei verwiesen wird, lokalisiert sind:

    `directory <directory>`

    Beispiel:

    `directory c:\winnt\system32\dns`

- **Der Befehl cache**

    Legt eine Datei fest, mit deren Hilfe der DNS-Dienst Name-Server für die Root-Domäne kontaktieren kann. Dieser Befehl und die Datei, auf die er verweist, müssen vorhanden sein. Windows NT 4 stellt eine Cachedatei zur Verfügung, die für den Einsatz in dem Internet zugeschnitten ist.

    `cache         .         <filename>`

    Beispiel:

    `cache         .         cache`

- **Der Befehl primary**

  Legt eine Domäne fest, für die der Name-Server die Autorität trägt und eine Datenbankdatei, die die Recource-Records für diese Domäne enthält (d.h. die Zonendatei). In einer Bootdatei können mehrere primary-Befehle vorhanden sein.

  ```
  primary <domain> <filename>
  ```

  Beispiel:

  ```
  primary mmco.com mmco.dns
  primary sales.mmco.com sales.dns
  ```

- **Der Befehl secondary**

  Legt eine Domäne fest, für die dieser Name-Server die Autorität trägt und eine Liste von IP-Adressen der Master-Server für das Download der Zoneninformation – die Information wird also nicht aus einer Datei gelesen. Weiterhin wird der Name der lokalen Datei für das Caching dieser Zone definiert. In der Bootdatei können mehrere secondary-Befehle vorhanden sein.

  ```
  secondary <domain> <hostlist> <local filename>
  ```

  Beispiel:

  ```
  secondary test.mmco.com 157.55.89.100 test.dns
  ```

- **Der Befehl forwarders**

  Legt weitere Server fest, die auf Anforderung des Systems rekursive Anfragen aufzulösen.

  ```
  forwarders <hostlist>
  ```

  Beispiel:

  ```
  forwarders 157.55.89.100 157.55.89.101
  ```

- **Der Befehl slave**

  Legt fest, daß eine Auflösung von Anfragen nur durch den Einsatz von Forwardern erfolgen kann. Kann nur nach einem forwarders-Befehl folgen.

  ```
  slave
  ```

  Beispiel:

  ```
  forwarders 157.55.89.100 157.55.89.101
  slave
  ```

Einrichten einer kleinen Domäne mit dem DNS-Manager

Das Einrichten eines DNS-Servers erfordert eine Unmenge an Wissen. Kleine Domänen sollten jedoch mit einigen Basics auskommen. So werden wir nun den 'Wie kann ich'-Teil der DNS-Geschichte mit folgender Fragestellung beginnen: Wie kann ich einen DNS-Server unter NT 4 für eine kleine imaginäre Domäne einrichten? Für alle die, die noch mit 3.51 arbeiten, werden wir die Schwierigkeiten des DNS-Mangers beleuchten. Schließlich werden wir uns einige Gedanken dazu machen, wie der DNS Manager unter 4 besser arbeiten kann.

Nehmen wir nun an, wir wollten eine Domäne namens BOWSERS.COM einrichten. Es ist ein C-Klasse-Netzwerk mit der Nummer 210.10.20.0. Einige wenige Maschinen sind wichtig genug, um einen Eintrag in DNS zu bekommen:

- Der Mail-Server für BOWSERS.COM ist eine Maschine namens RETRIEVER.BOWSERS.COM auf 210.10.20.40.
- Der Web-Server für BOWSERS.COM ist eine Maschine namens WWW.BOWSERS.COM auf 210.10.20.20.
- Die gleiche 210.10.20.20-Maschine ist auch der FTP-Server, den wir mit FTP.BOWSWES.COM ansprechen.
- Dann existiert noch eine Maschine, die als beides agiert: als Haupt-File-Server für die Organisation und als der primäre Domänen-Controller. Sie heißt BIGDOG.BOWSERS.COM auf 210.10.20.100.
- Der DNS-Server läuft auf COLLIE.BOWSERS.COM und hat die IP-Adresse 210.10.20.55.

Das erste, was wir nun machen müssen, ist, den DNS-Dienst zu laden. Sie sollten an die COLLIE.BOWSERS.COM-Maschine gehen und dort den DNS-Dienst installieren. öffnen Sie die SYSTEMSTEUERUNG, starten Sie das Programm NETZWERK und klicken Sie auf DIENSTE. Dann betätigen Sie die Schaltfläche HINZUFÜGEN und wählen MICROSOFT DNS-SERVER (siehe Abbildung 9.3).

Einrichten einer kleinen Domäne mit dem DNS-Manager

Abbildung 9.3:
Laden des DNS-Service

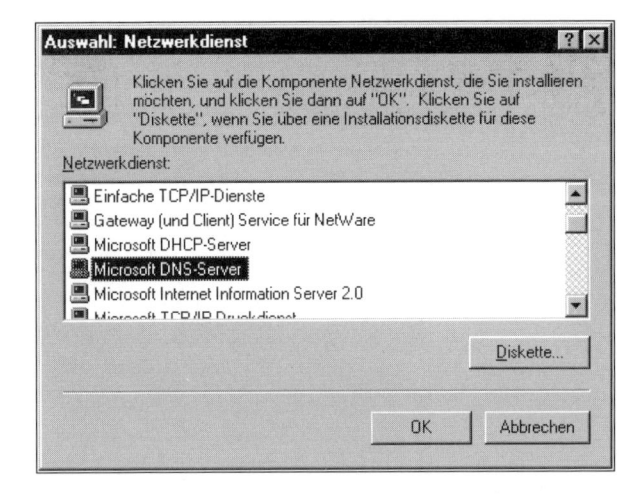

Das System bootet neu. Schauen Sie in die Verwaltungswerkzeuge, dort finden Sie eine neue Applikation, den DNS-Manager. Starten Sie ihn und wählen dort DNS\NEUER SERVER. Tragen Sie nun die Adresse der lokalen Maschine ein – natürlich arbeitet 127.0.0.1 ebenso. Wie Sie in Abbildung 9.4 sehen können, betrachten Sie einen fast leeren Bildschirm.

Abbildung 9.4:
Der Eingangsbildschirm des DNS-Manager

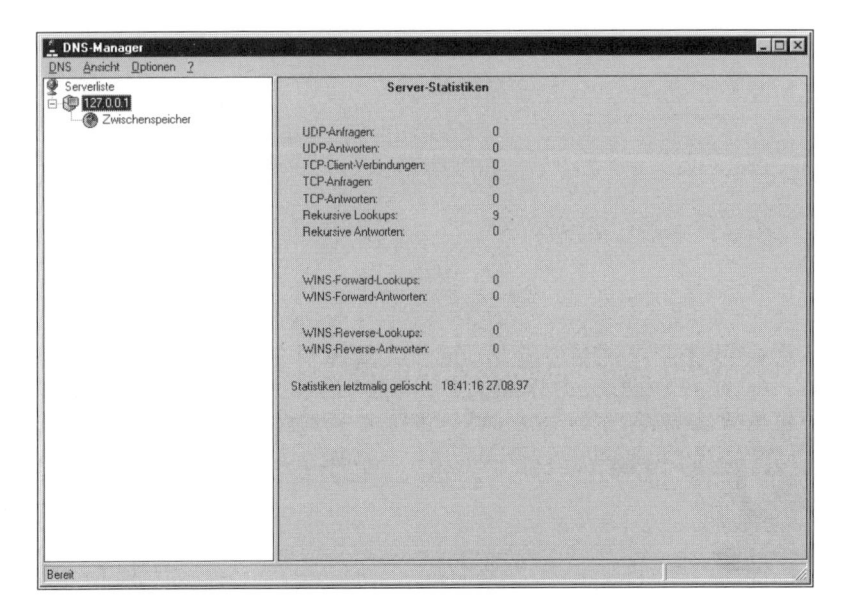

Wir werden nun eine ganz neue Zone erzeugen. Starten Sie also mit der Auswahl DNS\NEUE ZONE. Klicken Sie auf PRIMÄR und die Schaltfläche WEITER. Geben Sie den Namen der Zone ein. Sie sehen den in Abbildung 9.5 gezeigten Bildschirm.

Abbildung 9.5:
Erstellen einer neuen Zone browser.com

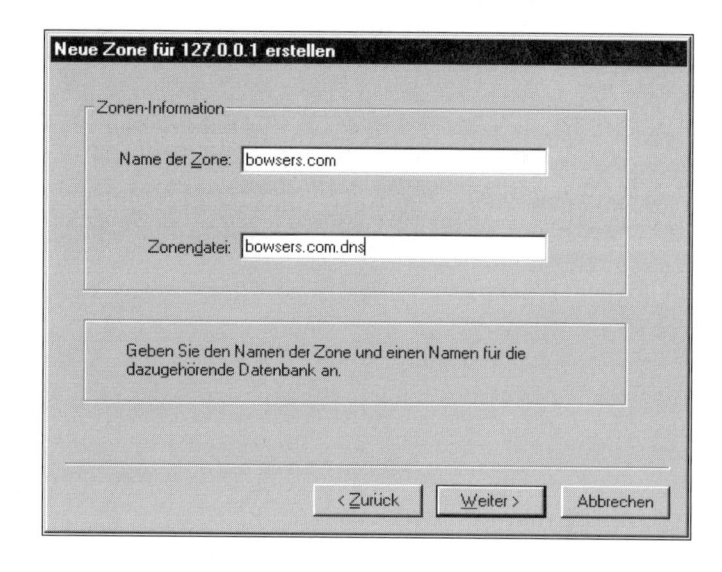

Beachten Sie, nicht ich habe BOWSERS.COM.DNS eingegeben, der Wizard hat dieses Feld erzeugt.

Wir mußten mit dem Tabulator hinunter zu dem Feld ZONENDATEI für unsere Maschine springen, um diese zu erzeugen. Wenn Sie nun auf WEITER klicken, sagt der Wizard, daß er nun über alle notwendigen Informationen verfügt und Sie können auf BEENDEN klicken. Nun wird der DNS Manager eingerichtet (siehe Abbildung 9.6).

Abbildung 9.6:
Der Eingangsbildschirm des Browsers

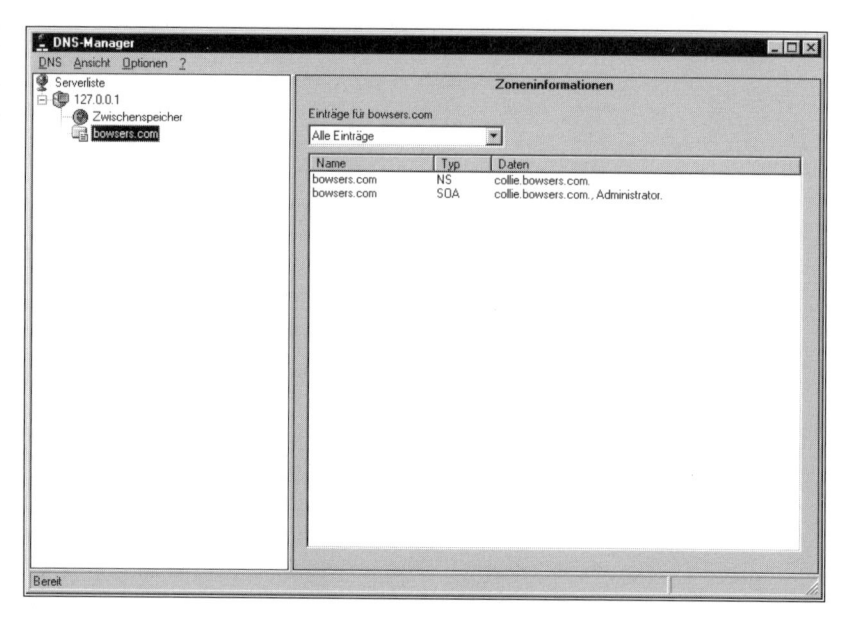

Einrichten einer kleinen Domäne mit dem DNS-Manager

Der Wizard hat automatisch einige Dinge erledigt:

- Zunächst hat er einen neuen NS-RECORD erzeugt, der diese Maschine identifiziert – COLLIES.BOWSERS.com – als Name-Server, dem DNS-Server dieser Domäne.

- Als zweites hat er einen START OF AUTHORITY oder SOA-RECORD erzeugt. Der SOA-RECORD ist sehr wichtig, da er einige der grundlegenden Parameter für die Zone definiert.

Bevor wir weitergehen, müssen wir eine weitere Zone für die REVERSE DNS LOOKUPS (umgekehrte Auflösung) erzeugen. Da die Zone BOWSERS.COM in dem C-Netzwerk 210.10.20.0 lebt, müssen Sie eine weitere Zone für die Reverse-Lookups erzeugen. Diese muß 20.10.210.in-addr.arpa. heißen (Achten Sie auf die umgekehrte Reihenfolge der Zahlengruppen – dies ist hier korrekt). Wählen Sie ein weiteres Mal DNS/ NEUE ZONE. Machen Sie diese zu einer PRIMÄREN ZONE, klicken Sie auf WEITER, und geben Sie in das Feld für den Zonennamen **20.10.20.0.in-addr.arpa ein** (wir mußten mit dem Tabulator zu dem Zonenfeld springen, um es für unsere Maschine zu erzeugen). Klicken Sie auf WEITER und BEENDEN. Ihr DNS-Server sollte wie in Abbildung 9.7 gezeigt aussehen.

Abbildung 9.7: Der DNS-Server mit Forward- und Reverse-Lookups

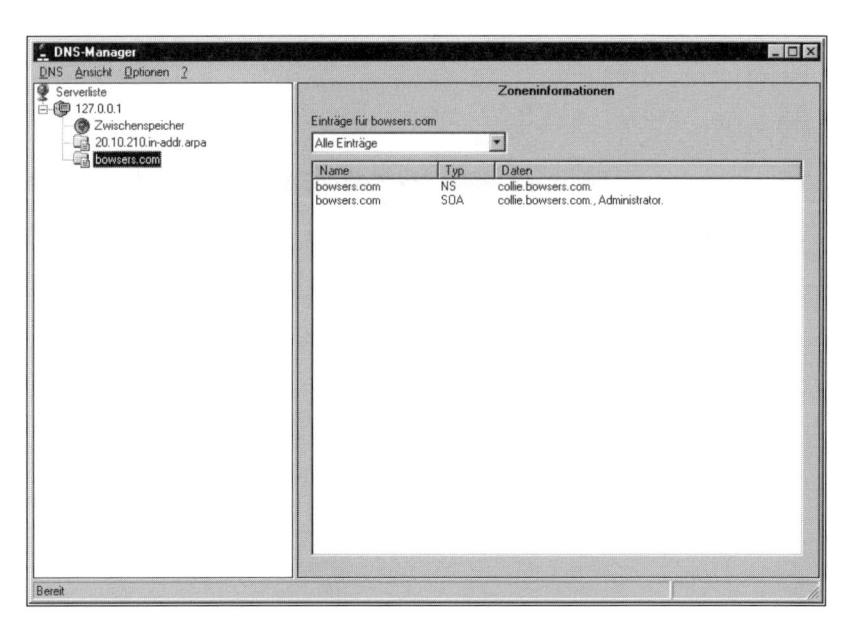

Lassen Sie uns nun einen Record jeweils für RETRIEVER, WWW, BIGDOG und COLLIE einfügen. Klicken Sie mit der rechten Maustaste auf BOWSERS.COM und wählen Sie NEUER DATENSATZ. Geben Sie den Namen und und die IP-Adresse an. Eine Dialogbox erscheint (Abbildung 9.8).

Abbildung 9.8:
Ein neuer Namens-Record für Collie

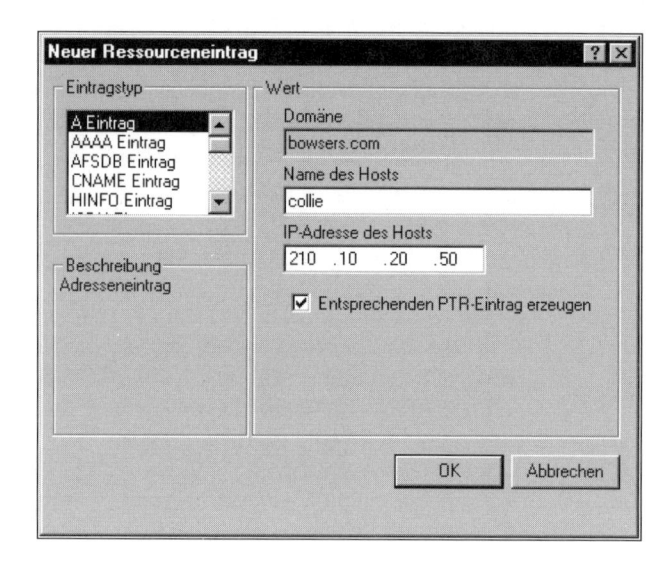

Beachten Sie, ich habe nur **COLLIE** eingegeben- nicht `collie.bowsers.com`. Das Kontrollkästchen stellt sicher, daß gleichzeitig ein reverser (umgekehrter) Eintrag erzeugt wird. Beachten Sie, die Dialogbox legt fest, daß Sie einen A-RECORD erzeugen. Dies ist die korrekte Bezeichnung für einen Name-Record. Es existieren noch andere Typen – zwei haben Sie bereits kennengelernt NS- und SOA-RECORDS. Der Bildschirm des DNS-Manangers sieht nun wie in Abbildung 9.9 gezeigt aus.

Abbildung 9.9:
Der neue Eintrag wird im DNS-Manager angezeigt

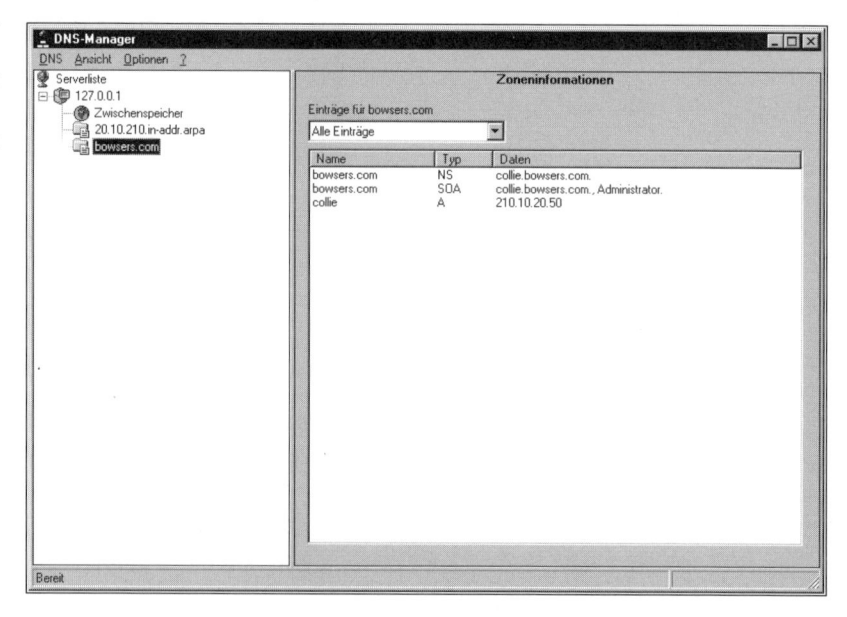

Einrichten einer kleinen Domäne mit dem DNS-Manager

Klicken Sie nun auf die Reverse-Lookup-Domäne `20.10.210.in-addr.arpa.`, und Sie sehen dort ebenfalls einen Eintrag (evtl. müssen Sie die Taste F 5 drücken, um den Bildschirm aufzufrischen) (Abbildung 9.10).

Abbildung 9.10: De DNS-Manager zeigt den Reverse-Lookup-Eintrag an

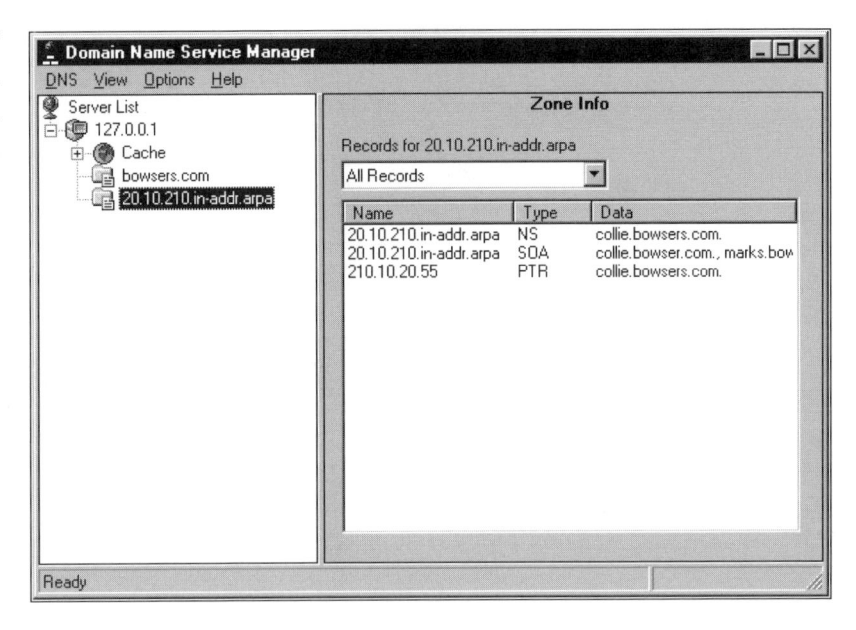

Der Reverse-Lookup-Record ist noch ein weiterer Recordtyp – ein POINTER-RECORD (PTR). Die Records für RETRIEVER, WWW und BIGDOG werden auf die gleiche Art eingeben.

Als nächstes benötigen wir einen MX- (Mail Exchange) RECORD.

Dieser sagt unserem DNS-Server, wohin er die an `bowsers.com` adressierte Mail hinschicken soll. Wie ich bereits sagte, der tatsächliche Mail-Server in `bowsers.com` liegt auf `retriever.bowsers.com`. Das bedeutet, wenn Sie einen Benutzer namens Rex auf dem Netzwerk haben, können Sie ihm ein E-Mail auf `rex@retriever.bowsers.com` schicken. Sie müssen den vollständigen Namen des Mail-Servers benutzen, so daß das Internet Mailsystem herausfinden kann, auf welcher Maschine sich das „Postbüro" befindet.

Wenn Sie es aber vorziehen würden, ein Mail an `rex@bowsers.com` zu schicken, funktioniert das so erst einmal nicht; es existiert keine Maschine mit Namen `Bowsers.com`. Was können Sie also unternehmen, damit eine an `Rex@bowsers.com` adressierte Mail automatisch an eine Maschine namens `retriever.bowsers.com` umgeleitet wird? Die Antwort ist: mit einem DNS-Record vom Typ MX. Klicken Sie mit der rechten Maustaste auf die Zone `bowsers.com`, und wählen Sie NEUER DATENSATZ und anschließend MX aus. Wie diese Dialogbox ausgefüllt wird, können Sie in Abbildung 9.11 sehen.

Abbildung 9.11:
Retriever wird als Mail Exchange-Agent eingerichtet

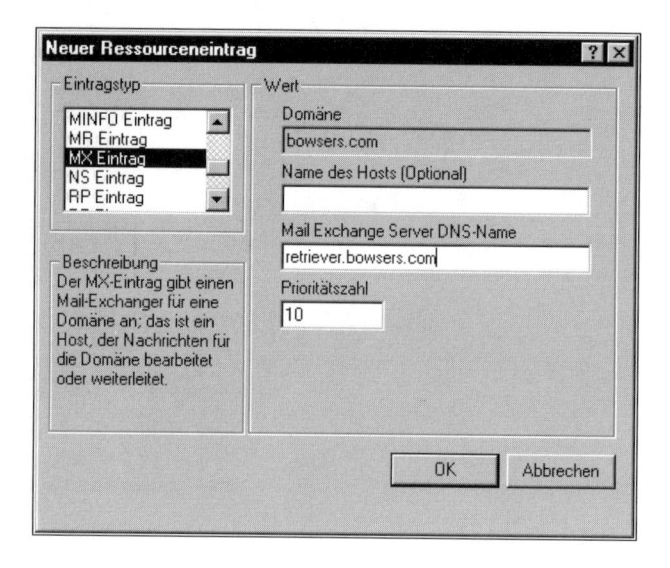

Beachten Sie, daß das Domänenfeld inaktiv ist und somit nicht geändert werden kann. Unter HOST NAME habe ich keinen Namen eingegeben, dies geschieht aus dem Grund, da das host namen-Feld sagt: „Für welchen Computer soll dieser Computer der Mail Exchange-Agent sein?" Sie sehen, wenn Sie es wollten, könnten Sie einen Mail Exchange-Agent für einen speziellen Computer einrichten. Wenn ich z. B. hier **BIGDOG** eingäbe, würde dies bedeuten, daß, sobald jemand eine Mail an somename@bigdog.bowsers.com schickte, diese auf Retriever.bowsers.com umgeleitet würde. Indem ich dies leerlasse, sage ich, daß, wann immer jemand eine Mail an somename@bowsers.com schickt, diese an retriever geleitet wird. Geben Sie **RETRIEVER** für Namen als den Mail-Agent ein, und setzen Sie die Preferenz auf **10**.

Eine Preferenzzahl gestattet Ihnen, die Anzahl der Maschinen, die als Mail Exchange-Agents arbeiten, festzulegen. Sie könnten auf BIGDOG die Mail-Software einrichten und seinen Server zu einer Art von Notfall-Mail-Server machen. Wenn Sie seine Preferenznummer höher als die von RETRIEVER setzen, würde DNS wissen, daß es die Mails an RETRIEVER schickt, es sei denn, RETRIEVER würde ausfallen. In diesem Fall würde die Mail an BIGDOG gehen.

Als nächstes modifizieren wir www.bowsers.com, damit dieser auf einen zweiten Namen – ftp.bowsers.com antwortet. Dies können wir mit einem CNAME-Record bewerkstelligen. Erzeugen Sie den Record wie gewöhnlich, indem Sie mit der rechten Maustaste die Zone bowsers.com anklicken und dort NEUER DATENSATZ und den Typ CNAME auswählen. Wie ich die Dialogbox ausgefüllt habe, können Sie in Abbildung 9.12 sehen.

Abbildung 9.12:
Einen CNAME für ftp.browser.com erstellen

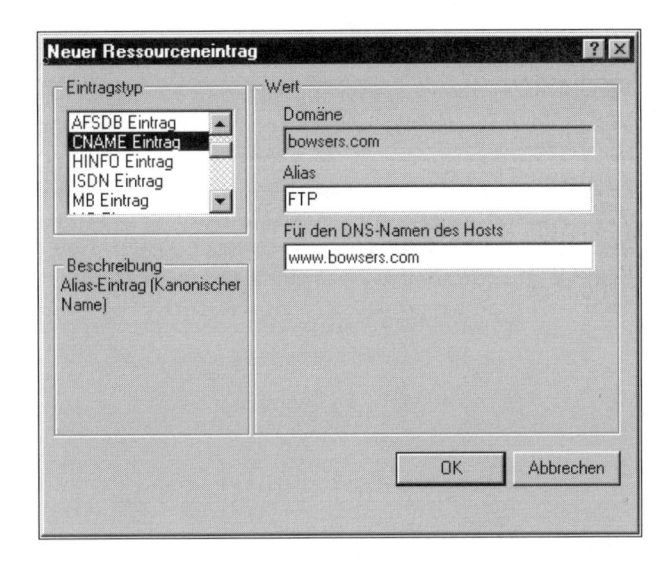

Von nun an antwortet www.bowsers.com auf Anfragen für ftp.bowsers.com. Achten Sie darauf, nicht den ganzen Namen für den Alias einzugeben, sondern nur den linken Teil. Ihr DNS-Bildschirm sollte so wie in Abbildung 9.13 gezeigt aussehen.

Abbildung 9.13:
Browser.com ist nun bereit

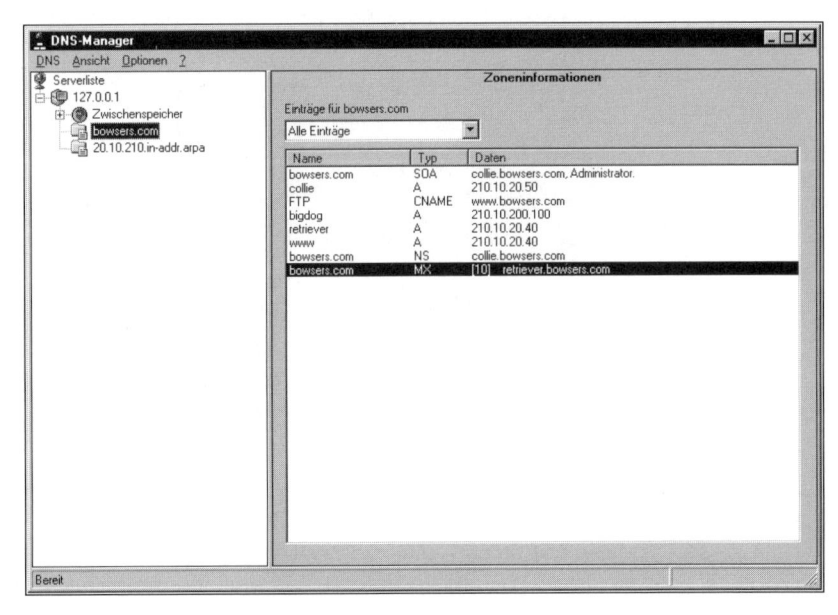

Nun sollte Ihr DNS-Server startbereit sein. Wie können Sie das jedoch prüfen? Mit einem Diagnosewerkzeug namens NSLOOKUP, einem Befehlszeilenprogramm. Es handelt sich um eines der alten kryptischen UNIX-Werkzeuge. Wenn DNS ein Server ist, betrachten Sie NSLOOKUP als einfachen Diagnose-Client. Er spricht mit jedem DNS-Server und läßt Sie einfache Anfragen verschicken. Anfragen, die einen außenstehenden Computer simulieren, der versucht, einen Namen aufzulösen. Wenn Sie NSLOOKUP eingeben, antwortet das Programm mit einem > (Prompt). Dieses sind die Befehle, die wir nutzen:

- **SERVER 210.10.20.55** weist nslookup an, von welchem DNS-Server die Daten gelesen werden sollen. Da wir COLLIE auf 210.10.20.55 testen, richten wir den Server dorthin.

- **LS -D BOWSERS.COM** sagt „Liste all dein Wissen über bowsers.com auf".

- **SET TYPE MX und BOWSERS.COM** soll mir die MAIL EXCHANGE RECORDS für bowsers.com anzeigen.

- **EXIT** beendet nslookup.

Sie können die Sitzung in Abbildung 9.14 betrachten.

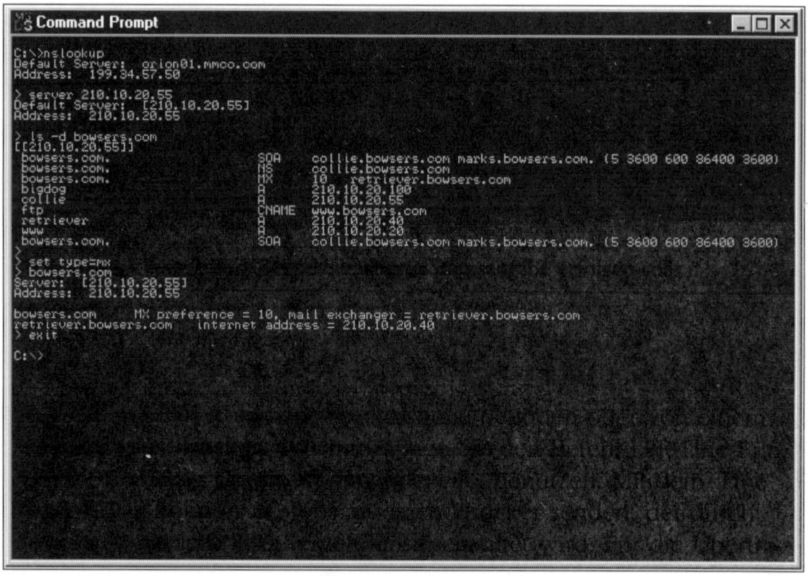

Abbildung 9.14:
NSLOOKUP zum Testen des DNS-Severs ausgeführt

Ein vollständiger Erfolg! Lassen Sie uns die dynamische WINS/DNS-Verbindung aktivieren. Vom Hauptbildschirm des DNS-Managers klicken Sie mit der rechten Maustaste auf bowsers.com, wählen Sie EIGENSCHAFTEN, und Sie sehen die in Bild 9.15 gezeigte Darstellung.

Abbildung 9.15:
WINS-Verbindung aktiviert

Wir haben auf die Registrierkarte WINS-LOOKUP geklickt, das Kontrollkästchen WINS-AUFLÖSUNG VERWENDEN angekreuzt und die Adresse eines WINS-Servers eingegeben. Klicken Sie auf OK und die Verbindung ist erstellt. Sie sollten den gleichen Vorgang für die Reverse-Lookup-Domäne wiederholen. Nun können Sie Ihren ISP bitten. Ihren DNS-Server zu referenzieren und führen schon den eigenen NAME SERVICE aus.

Ich hatte zuvor erwähnt, daß wir diese WIN-DNS-Verbindung nicht nutzen. Das liegt daran, daß die DNS-Server unseres ISPs unseren DNS-Server, nachdem wir ihn einmal eingerichtet hatten, nicht mehr verstehen konnten. Dies ist wahrscheinlich irgendein difuses DNS-Problem – aber dennoch ärgerlich. Microsoft kann kaum verlangen, daß die UNIX-Welt ihre Software so verändert, daß sie mit Microsoft konform geht.

Nun für ein NT Server 4 basierendes Netzwerk ist dies grundsätzlich das, was Sie wissen sollten. Wenn Sie aber immer noch NT 3.51 ausführen, sind Sie gezwungen. einige Software von Microsoft downzuloaden. Sie müssen zudem etwas über BIND-FILES lernen – dem UNIX-Ansatz für DNS-Server.

Einrichten von DNS unter NT 3.51

Sie finden den DNS-Server auf der CD, die mit dem NT Resource Kit ausgeliefert wird, im Verzeichnis i386\inet . Wenn Sie nicht darüber verfügen, können Sie ihn auch mittels FTP bekommen. Verwenden Sie die Adresse RHINO.MICROSOFT.COM und melden sich dort mit dem Benutzernamen DNSBETA und dem Kennwort DNSBETA an. Mit ANONYMOUS kommen Sie hier nicht weiter, also benutzen Sie nicht Ihren Web-Browser, sondern einfach den mit NT ausgelieferten FTP-Client.

Wenn Sie sich auf der FTP-Site befinden, sehen Sie im Rootverzeichnis eine Datei namens CONTENTS.TXT und zwei Verzeichnisse namens 63 bzw. FILES. Augenblicklich ist 63 die letzte Neuerscheinung der DNS-Beta. Wenn es dort eine neuere Version geben sollte, sehen Sie nicht die 63, sondern natürlich eine höhere Nummer. Die Dateien in FILES enthalten die Komponenten, die sich von Version zu Version nicht allzu sehr verändern. Innerhalb des Verzeichnisses 63 existieren Unterverzeichnisse für die vier verschiedenen Prozessorplattformen. Wie stets benötigen Sie nur jene Dateien, die für Ihren speziellen Server gültig sind (PowerPC, Alpha, MIPS oder IntelX86).

Laden Sie mittels GET alle Dateien aus dem passenden Unterverzeichnis von 63 und sämtliche Dateien aus dem Verzeichnis FILES. Trennen Sie anschließend die Verbindung zum FTP-Server.

In dem Verzeichnis, das Sie als Ablageort gewählt haben, befindet sich eine Datei namens INSTALL.BAT. Führen Sie diese aus. Nun werden die DLLs in die korrekten Verzeichnisse kopiert. Wenn Sie nun in die SYSTEMSTEUERUNG wechseln und dort DIENSTE anklicken, sehen Sie einen neuen Eintrag DOMAIN NAMING SERVER. Starten Sie den DNS-Server aber noch nicht, Sie müssen zuvor noch einige Dateien einrichten.

Die Setupdateien

Der 3.51 DNS-Dienst greift auf eine Anzahl von ASCII-Textdateien zurück:

- BOOT enthält Basisinformationen über den Lagerort der anderen Dateien. Diese Datei muß sich im Verzeichnis \WINNT35\SYSTEM32\DRIVERS\ETC befinden.

- ARPA-127.REV enthält Informationen, die dazu benötigt werden, den Namen „localhost" der Adresse 127.0.0.1 zuzuweisen. Außerdem ist diese Datei notwendig, um die Adressen 127.x.y.z (beliebige Werte für x.y.z) nach „localhost" aufzulösen. Diese Datei müssen Sie normalerweise nie ändern.

- CACHE teilt DNS mit, wo die Internet-Root-Server zu finden sind, die Spitze der DNS-Hierarchie.

- Es muß mindestens eine Datei mit dem Namen Ihrer Computer und deren festgelegten IP-Adressen geben. Wie Sie diese Datei nennen, ist gleichgültig, denn Sie teilen DNS mit, wo und unter welchem Namen diese Datei zu finden ist. Diese Information wird in der Datei BOOT eingetragen, wie Sie später noch sehen werden. Mark könnte z.B. seine Liste mit Namen für seine Domäne mmco.com in eine Datei namens MMCO.NMS schreiben. Er könnte sie auch MMCO.COM genannt haben, aber er wollte nicht, daß NT sie mit einer ausführbaren Datei verwechselt.

- Es muß mindestens eine Datei mit einem Namen ähnlich ARPA-202.REV geben. Diese Datei enthält die umgekehrten (reverse) DNS-Referenzen. Der Name wird aus ARPA-x.REV gebildet, wobei das x, das ganz links stehende Quad Ihres Netzwerks angibt. In meinem Fall (mit der Netzwerk-Adresse 199.34.57.0) hätte die Datei den Namen ARPA-199.REV. Der Hinweis, wo diese Datei zu finden ist, kommt wieder aus der Datei BOOT, wie später noch gezeigt wird.

Werfen Sie nun einen genaueren Blick auf diese Dateien.

Die Datei BOOT

BOOT ist, wie alle anderen Konfigurationsdateien auch, eine reine ASCII-Textdatei. Sie muß sich im Verzeichnis WINNT35\SYSYTEM32\DRIVERS\ETC befinden. In dieser Datei werden folgende Dinge festgelegt:

- In welchem Verzeichnis werden alle anderen DNS-Dateien abgelegt?
- Wie ist der Name der Datei, die die Namen der Internet-Root_Server enthält?
- Für welche Domäne soll dieser DNS-Server eine Namensauflösung durchführen?
- Für welchen IP-Adressen-Bereich, wird dieser Server die umgekehrte Namensauflösung durchführen?

Hier ein Beispiel einer DNS-Datei:

```
directory   C:\dns
cache   .   cache
primary mmco.com.   mmco.nms
primary 127.in-addr.arpa arpa-127.rev
primary 57.34.199.in-addr.arpa   arpa-199.rev
```

Um die Datei zu verkürzen, sind in diesem Beispiel keine Kommentare eingefügt, Sie können aber jederzeit Kommentare in die Datei einfügen, indem Sie den Kommentar mit einem Semikolon beginnen.

Das erste Kommando DIRECTORY gibt an, daß alle anderen zu dns gehörenden Dateien im Verzeichnis C:\dns zu finden sind. Zwischen directory und C:\dns muß ein Leerzeichen stehen.

Der zweite Befehl weist auf die Datei mit den Namen der Internet-Root-Servern. Microsoft liefert auch eine Datei mit, die alle wichtigen

Informationen schon enthält. Sie heißt `cache`. Normalerweise sollte man diesen Namen auch nicht ändern. Das Commando `cache.cache` bedeutet also, „Sie finden die Internet-Root-Name-Server in einer Datei namens cache (das ist das zweite cache) im Verzeichnis c:\dns".

Die nächste Zeile (`primary`) gibt den Verwendungszweck des DNS-Servers an. Seine Hauptaufgabe ist es, Namen für MMCO.COM in 199.34.57.x-Adressen umzuwandeln, und natürlich auch 199.34.57.x IP-Adressen in `mmco.com`-Namen. Außerdem führt er die umgekehrte Auflösung für jede lokale Host-Addresse durch. Die Zeile `primary mmco.com.mmco.nms` bedeutet soviel wie: „Wenn jemand Informationen über irgendeinen Computer in `mmco.com` benötigt, befinden sich diese in der Datei `mmco.nms` im Verzeichnis C:\DNS." Leicht zu übersehen, aber unbedingt erforderlich, ist der zusätzliche Punkt hinter dem Domänen-Namen `mmco.com` in dieser Zeile. Er darf nicht weggelassen werden. Die Zeile `primary 127.in-addr.arpa arpa-127.rev` bedeutet, daß alle Anfragen nach Adressen von 127.0.0.0 bis 127.255.255.255 (der Bereich der Loopback-Adressen) in der Datei ARPA-127.REV nachzusehen sind. Diese befindet sich wieder im Verzeichnis C:\DNS. Die Zeile `primary 57.34.199. in addr.arpa arpa-199.rev` bedeutet, daß bei einer umgekehrten Namensauflösung mit den IP-Adressen von 199.34.57.0 bis 199.34.57.255 die entsprechenden Namensinformationen in der Datei ARPA-199.REV im Verzeichnis C:\DNS zu finden sind.

Die Frage ist jetzt noch, was bedeutet das letzte primary-Kommando? Es enthält eine rückwärts geschriebene IP-Adresse, nämlich 57.34.199. Diese auf den ersten Blick seltsame Schreibweise erklärt sich vielleicht damit, daß die letzten beiden primary-Kommandos für die umgekehrte Namensauflösung zuständig sind. Sie müssen hier angeben, für welches Auflösungslevel der Server autorisiert ist. Zum Beispiel die Zeile `primary 199.in-addr-arpa x.rev` würde bedeuten, daß jede ungedrehte DNS-Anfrage, die mit einer 199 beginnt, durch die Datei X.REV aufgelöst werden kann. Das soll hier natürlich nicht gemacht werden, da das Netz nur die Nummern in 199.34.57.0 hat und nicht alle, die mit 199 anfangen. Ein anderes Beispiel wäre `primary 22.140.in-addr.arpa revs.rev`. Diese Zeile bedeutet, daß der Server für die Adressen von 140.22.0.0 bis 140.22.255.255 zuständig ist. Die umgekehrten DNS-Informationen finden sich in der Datei REVS.REV im Verzeichnis C:\DNS.

Jetzt da die Datei BOOT eingerichtet ist, können alle notwendigen Dateien in das Verzeichnis C:\DNS kopiert werden.

Ändern Sie niemals die Dateien ARPA-127.REV oder CACHE, die mit dem DNS-Server ausgeliefert werden. Benutzen Sie sie so, wie sie sind.

Die Datei für die DNS-Namensauflösung

Als nächstes muß die Datei erzeugt werden, die dem DNS-Server mitteilt, wie die PC-Namen in IP-Adressen umgewandelt werden. Das muß, wie bereits erwähnt, nicht für alle Rechner im Netzwerk erfolgen, aber Sie sollten einige Rechner mit statischen IP-Adressen versehen insbesondere die Server. Angenommen, es gibt im Netz einen Internet-Mail-Server mit dem Namen mailserve.mmco.com und der Adresse 199.34.57.20. Außerdem gibt es noch einen Time-Server mit dem Namen timeserve.mmco.com und der IP-Adresse 199.34.57.55. Für diese Rechner ist eine statische Adressierung wichtig. Der DNS-Dienst wird auf einem Rechner namens EISA-SERVER.MMCO.COM mit der Adresse 199.34.57.50 eingerichtet. Wie eben oben erwähnt, soll die Datei mmco.nms heißen. Auch in diesem folgenden Beispiel sind der Länge wegen keine Kommentare enthalten.

```
@   in   soa   eisa-server.mmco.com.
mark.mailserve.mmco.com. (
1996021501   ;   serial  [ yyyyMMddNN]
10800        ;   refresh [ 3h]
3600         ;   retry   [ 1h]
691200       ;   expire  [ 8d]
86400 )      ;   minimum [ 1d]
$WINS 199.34.57.32
@ in ns eisa-server.mmco.com.
@ in mx 10 mailserve
localhost in a 127.0.0.1
mailserve in a 199.34.57.20
timeserve in a 199.34.57.55
```

Der erste Eintrag ist ein Start of Authority-Record, den Sie einfach so eintippen können. Das einzige, was angepaßt werden muß, ist der Name der Maschine, auf der der DNS-Server läuft (eisa-server.mmco.com) und wo (in diesem Beispiel) ich zu finden bin (mark@mailserve.mmco.com). Bitte beachten Sie zwei syntaktisch auffällige Kleinigkeiten, ohne die der DNS-Dienst aber nicht laufen wird. Zum einen ist das der zusätzliche Punkt am Ende des vollen Namens des Name-Servers. Ist dieser Punkt nicht da, wird DNS automatisch mmco.com anhängen. Wenn Sie also ei**sa-server.mmco.com** an Stelle von **eisa-server.mmco.com**. eingegeben haben, wird DNS glauben, der Name des Rechners, auf dem er läuft, sei eisa-server.mmco.com.mmco.com. Die zweite Auffälligkeit ist das Format der anzugebenden E-Mail-Adresse für Mark. DNS erwartet, daß das @ durch einen Punkt ersetzt wird, daher lautet die E-Mail-Adresse mark.mailserve.mmco.com.

Beachten Sie auch die erste eingerückte Zeile, die mit 19960215 beginnt. Dies ist die Seriennummer des DNS. Da mein Internet-Dienstanbieter die notwendigen Namensinformationen vom DNS-Server bekommt und er nicht jedesmal eine vielleicht sehr umfangreiche Namensliste herunterladen will, wenn er eine Adresse auflösen muß, teilt ihm die Seriennummer mit, ob sich seit dem letzten Mal, als er sich die Liste angesehen hat, Änderungen ergeben haben. Diese Seriennummer kann vollständig beliebig gewählt werden, Sie müssen nur sicherstellen, daß sich diese Numer ändert, wenn Sie die entsprechende Datei verändert haben.

Wir wiederholen: Stellen Sie sicher, daß Sie nach jeder Änderung der Daten in der DNS-Datenbank in Ihrem SOA-Record die Seriennummer modifizieren. Ich persönlich habe es schon einmal vergessen und habe mich lange Zeit gewundert, warum mein Internet-Dienstanbieter sich geweigert hat, meine aktualisierten Namensinformationen zu verwenden.

Das nächste Kommando, das Sie sonst bei keinem anderen DNS-Server finden, ist das Kommando $WINS. Dies teilt dem Microsoft DNS-Server mit: „Wenn Du einen Namen auflösen sollst, ihn aber nicht in der statischen Auflistung findest, nutze den WINS-Server mit der Adresse 199.34.57.32, um den Namen aufzulösen. Sie können hier auch mehrere WINS-Server angeben, indem Sie die unterschiedlichen Server mit einem Semikolon voneinander trennen.

Die nächste Zeile gibt den Name-Server oder DNS-Server für diese Domäne an. Diese Information erscheint überflüssig, denn um diese Datei zu lesen, muß man den Name-Server der Domäne ja bereits kennen. Trotzdem ist diese Zeile erforderlich. Das Format ist „@ in ns`Name des DNS-Servers`". Das „ns" steht für „name server", das „in" bedeutet, daß diese Information von einem Intranet benötigt wird.

Danach folgt ein MX- (mail exchange) Record. Ein solcher Record ermöglicht es, E-Mails auch an z.B. `joeblow@bigfirm.com` zu schicken, auch wenn es eigentlich keinen wirklichen Rechner gibt, der `bigfirm.com` heißt, sondern „mailserve.bigfirm.com". Der MX-Eintrag übersetzt die Mail-Adresse eines solchen Domänen-Namens in einen spezifischen Rechnernamen. Ein MX-Eintrag sieht so aus: `@ in mx 10 ´Name des Mail-Servers`. Sie können noch speziellere MX-Einträge für spezielle Rechner eintragen, aber das ist nicht notwendig. Wenn z.B. jemand eine E-Mail anstatt an `mark@mmco.com` an `mark@timeserve.mmco.com` schickt, geht diese Mail verloren, da `timeserve` nicht darauf vorbereitet ist, E-Mail zu empfangen. Man könnte nun durch das Hinzufügen von MX-Kommandos für alle möglichen Rechnernamen das System so weit absichern, daß jede Mail an irgendeinen Rechner im Netz beim richtigen Rechner z.B. MailServe landet.

Als nächstes folgt die Liste der Rechner und der IP-Adressen. Jeder Eintrag hat die Form „Rechnername in einer IP-Adresse". Mit „Rechnername" ist hier nicht der vollqualifizierte Domänen-Name, sondern nur der linke Teil gemeint. Wenn z.B. in meinem Netzwerk ein Rechner `mwm66.mmco.com` heißt, dann sieht der entsprechende Eintrag so aus: `mwm66 in a 199.34.57.66`. Die IP-Adresse des Rechners ist also 199.

34.57.66. Das Kürzel „in" steht dabei wieder für „intranet", und die Abkürzung „a" weist darauf hin, daß es sich um einen Address-Record handelt. Außerdem benötigen Sie noch eine Referenz zum lokalen Host, wie Sie in diesem Beispiel sehen können. Microsoft stellt in der Datei place.dom ein weiteres Beispiel zur Verfügung, in dem Sie auch noch sehen können, wie ein Alias-Name für eine FTP- oder WWW-Site eingerichtet werden kann, aber es ist genauso einfach, eine Datei wie die obige anzulegen.

Die Dateien für die umgekehrte Namensauflösung

Wie bereits oben erwähnt, kann DNS nicht allzu viele Schlußfolgerungen aus den bisher angegebenen Informationen ableiten. Dieser Dienst kann zwar herausfinden, daß die Adresse zum Namen mypc.mmco.com 199.34.57.43 lautet, er ist aber nicht in der Lage, die IP-Adresse 199.34.57.43 in den Namen mypc.mmco.com zurückzuwandeln. Deshalb ist eine Datei mit den umgekehrten Namensinformationen erforderlich.

In diesem Beispiel weiß der DNS-Server dank der Datei boot, daß er IP-Adressen für das Netzwerk 199.34.57.0 in Namen umwandeln kann, und die Informationen befinden sich in der Datei arpa-199.rev. Diese Datei sieht (ohne Kommentare) folgendermaßen aus:

```
@   IN SOA eisa-server.mmco.com. mark.smtphost.mmco.com.(
1      ; serial number
10800    ; refresh [3h]
3600     ; retry [1h]
691200   ; expire [8d]
86400  )  ; minimum [1d]
@ in ns eisa-server.mmco.com.
32 IN PTR eisa-server.mmco.com.
50 IN PTR mailserve.mmco.com.
55 IN PTR timeserve.mmco.com.
35 IN PTR sdg90.mmco.com.
```

Das sieht der Datei mmco.nms, die Sie gerade erzeugt haben, sehr ähnlich. Es gibt nur ein paar Unterschiede: Die Zeile mit dem Start of Authority zu Beginn der Datei ist die gleiche wie in mmco.nms. Es gibt wieder einen Hinweis auf den Namen des lokalen Servers eisa-server.mmco.com. Danach folgt eine Referenz auf die IP-Adressen der Maschinen in der Domäne mmco.com. Da der Server in dieser Datei nur nachsieht, wenn er IP-Adressen der Form 199.34.57.x auflösen will, müssen Sie nur das letzte Quad der Adresse in den IN PTR-Zeilen angeben.

Außerdem gibt es in dieser Datei keine $WINS-Zeile. Das ist ein wichtiger Unterschied, denn diese dynamische Verbindung von WINS und DNS funktioniert nur mit der normalen Namensauflösung. Die umgekehrte Auflösung funktioniert so nicht. Aus diesem Grund ist in dem Beispiel ein zusätzlicher Eintrag für den Rechner sdg90.mmco.com vorgesehen. Dieser Rechner ist mit einer FTP-Site verbunden, die eine doppelte Namensprüfung durchführt, bevor sie Einlaß gewährt. Der zweite Teil der Prüfung besteht aus einer umgekehrten Namensauflösung über DNS. Die FTP-Site stellt fest, daß ich mich vom Rechner 199.34.57.35 anmelden möchte, will aber sicherstellen, daß dies der Rechner mit dem Namen sdg90.mmco.com ist. Da dieser Rechner seine IP-Adresse vom DHCP-Server bekommt, muß er eine spezifische Adresse in der Datei arpa-199.rev bekommen, damit der DNS-Server die umgekehrte Namensauflösung durchführen kann (daß sdg90 die Adresse 199.34.57.35 bekommt, ist durch eine entsprechende Reservierung in DHCP sichergestellt).

Da der DNS-Server auch in der Lage sein muß, die Loopback-Adressen umgekehrt aufzulösen, gibt es die Datei arpa-127.rev; aber diese Datei sollten Sie, wie weiter oben bereits erwähnt, nie ändern.

Alles, was Sie jetzt noch tun müssen, ist, den DNS-Dienst zu starten, allen Workstations mitzuteilen, daß sie den entsprechenden Server für die DNS-Namensauflösung benutzen sollen, und dann haben Sie bereits Ihren eigenen dynamischen DNS-Server.

Wenn der DNS-Dienst läuft, können Sie den Workstations die IP-Adresse des DNS-Servers auf der entsprechenden NT-Maschine mitteilen, wenn sie nach dem Namen des Servers fragen. Teilen Sie auch Ihrem Internet-Dienstanbieter mit, daß sein DNS-Server die Adreßinformationen bei Ihrem Server abholen soll.

> **WARNUNG**
>
> *Zur Beta-Version ist noch eine Warnung angebracht. Der DNS-Server funktioniert gut, bevor das NT 3.51-Service-Pack 3 installiert wurde. Falls Sie dieses Service-Pack nicht benötigen, sollten Sie es nicht installieren, wenn Sie den DNS-Server benutzen wollen.*

Migration eines NT 3.51 DNS-Servers auf einen NT 4 DNS-Server

Zuvor haben Sie erfahren, daß NT 3.51 DNS-Server Ihre Daten in einer Anzahl von ASCII-Dateien, den sogenannten Bind-Dateien beherbergen. Was bisher noch nicht erwähnt wurde ist, daß ein NT 4 DNS-Server die Daten in der Registry speichert. Wie bringen Sie nun einen NT 4 DNS-Server dazu, einen Satz an BIND-Dateien aus einer 3.51-Installation zu lesen, damit Sie sich die Eingabe etlicher Namen ersparen können?

Hier unser Rezept:

1. Verschieben Sie alle Bind-Dateien in das Verzeichnis \WINNT\ SYSTEM32\DNS; sie müssen dort vorhanden sein, damit der DNS-Server von NT 4 sie finden kann.
2. Installieren Sie den DNS-Dienst.
3. Vor der Einrichtung jedweder Zone klicken Sie mit der rechten Maustaste auf den Server und wählen nun EIGENSCHAFTEN. Klicken Sie auf BOOTEN VON BOOTFILE.
4. Klicken Sie auf OK.
5. Beenden Sie den DNS-Service.
6. Führen Sie einen Neustart des Dienstes aus.

Nun sollten die BIND-Dateien sichtbar sein. An diesem Punkt empfehlen wir wieder auf BOOTEN VON REGISTRY umzuschalten, den Dienst zu beenden und erneut zu starten.

Abfolge der Namensauflösung unter WinSock

Alles ist nun in guter Ordnung nachdem Sie wissen, wie DNS und WINS konfiguriert werden. Dennoch könnte es sein, daß Sie einem neuen Problem bezüglich der Namensauflösung gegenüberstehen. Vielleicht versuchen Sie ein FTP zu einem Rechner in Ihrer Firma durchzuführen, bekommen aber keinen Kontakt. Obwohl Sie wissen, daß ftp.goodstuff.acme.com eine bestimmte IP-Adresse hat, versucht Ihr FTP-Client es ständig bei einer anderen Adresse. Sie haben schon Ihren DNS-Server überprüft und seine Informationen sind korrekt. Wo kann man jetzt noch suchen?

Vergleich: WinSock contra NBT

Erinnern Sie sich, daß es in einem Microsoft TCP/IP-Netzwerk zwei Arten von Namensauflösung gibt, eine für WinSock und eine für NetBIOS. Das Kommando netview\\somename benötigt die NetBIOS über TCP- oder NBT-Namensauflösung. Im Gegensatz dazu benutzen Internet-Applikationen wie FTP oder Ping die WinSock-Namensauflösung. Um nun Probleme bei der Namensfllösung zu beheben, müssen Sie die Art der benötigten Namensauflösung herausfinden und die Arbeitsschritte der Software bis zum Fehler nachvollziehen.

Untersuchung von Netzwerk-Traces

In der Microsoft-Dokumentation findet sich zu diesem Problem nicht viel. Deshalb habe ich den Netzwerk-Monitor benutzt und Ping-Kommandos an Rechner gesendet, die nicht existieren, um zu sehen, welche Schritte die Client-Software durchführt, um diese Namen aufzulösen. Die Dateien HOSTS und LMHOSTS tauchen bei einem Netzwerk-Trace natürlich nicht auf, also haben wir Informationen in die Dateien eingetragen, die nicht auf dem DNS oder WINS-Server existieren. Danach haben wir erneut ein Ping durchgeführt, um zu sehen, wo die Dateien HOSTS und LMHOSTS in der Hierarchie der Namensauflösung angesiedelt sind. Ein Ping zu einem (nicht existierenden) Rechner „apple" hat gezeigt, daß die Reihenfolge der Namensauflösung abläuft wie in Abbildung 9.16 gezeigt.

Schritt für Schritt gesehen, ergibt sich diese Reihenfolge:

1. Rufen Sie zunächst die HOSTS-Datei auf, falls vorhanden.

2. Als nächstes: Stelle eine Anfrage bei einem oder mehreren DNS-Servern, falls welche existieren. Als erstes: Frage dabei nach „apple". NT-Rechner fragen danach nach `apple.mmco.com`, hänge also den Domänennamen an. Windows 95-Workstations führen diese zweite Anfrage nicht durch. Das passiert unabhängig vom Zustand der Auswahlbox DNS FÜR NAMENSAUFLÖSUNG im entsprechenden TCP/IP-Konfigurationsdialog von NT 3.51 und Windows für Workgroups. Wenn der DNS-Server den Namen hat: Stop.

3. Danach überprüft der Client, ob der Name 16 oder mehr Zeichen enthält. Ist dies der Fall, wird der Vorgang mit einem fehlerhaften Versuch zur Namensauflösung abgebrochen. Das bedeutet, daß LMHOSTS keine vollständig qualifizierten Domänennamen mit mehr als 15 Zeichen auflösen kann. Dies ist eine extreme Einschränkung, wenn man von LMHOSTS abhängig ist!

4. Wenn es einen festgelegten WINS-Server (oder mehrere) gibt, soll als nächstes dort nachgefragt werden. WINS überprüft den Namen „apple <00>", denn dieser Name wäre mit Sicherheit registriert, falls der Rechner „apple" existierte.

5. Wenn diese Anfrage auch fehlschlägt, werden drei Broadcasts durchgeführt, die zu dem Rechner mit dem NetBIOS-Namen „apple <00>" gesendet werden, mit der Aufforderung sich selbst zu identifizieren und seine IP-Adresse zurückzuschicken. Diese Methode würde sogar mit einem relativ alten (NetBIOS over TCP/IP"-) Client funktionieren, da er den Namen „apple <00>" bereits registriert hätte, auch wenn es nur in seiner eigenen Namenstabelle wäre. Unglücklicherweise funktioniert dies nur, wenn sich der Rechner im gleichen Subnetz befindet.

Abfolge der Namensauflösung unter WinSock

Abbildung 9.16:
Die Anordnung der Namensauflösung

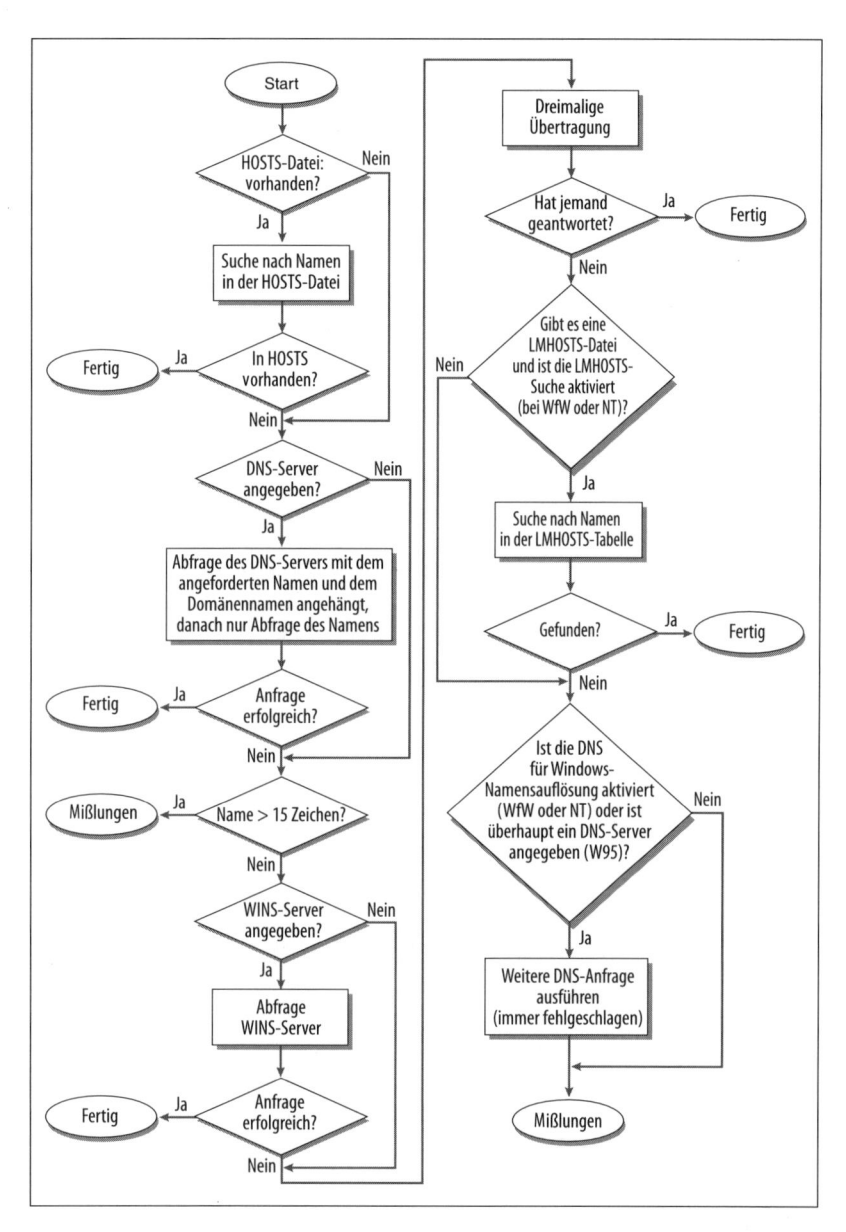

[Flussdiagramm zur Namensauflösung:]

- Start
- HOSTS-Datei: vorhanden?
  - Ja → Suche nach Namen in der HOSTS-Datei → In HOSTS vorhanden?
    - Ja → Fertig
    - Nein → DNS-Server angegeben?
  - Nein → DNS-Server angegeben?
- DNS-Server angegeben?
  - Ja → Abfrage des DNS-Servers mit dem angeforderten Namen und dem Domänennamen angehängt, danach nur Abfrage des Namens → Anfrage erfolgreich?
    - Ja → Fertig
    - Nein → Name > 15 Zeichen?
      - Ja → Mißlungen
      - Nein → WINS-Server angegeben?
  - Nein → WINS-Server angegeben?
- WINS-Server angegeben?
  - Ja → Abfrage WINS-Server → Anfrage erfolgreich?
    - Ja → Fertig
    - Nein → Dreimalige Übertragung
  - Nein → Dreimalige Übertragung
- Dreimalige Übertragung → Hat jemand geantwortet?
  - Ja → Fertig
  - Nein → Gibt es eine LMHOSTS-Datei und ist die LMHOSTS-Suche aktiviert (bei WfW oder NT)?
    - Ja → Suche nach Namen in der LMHOSTS-Tabelle → Gefunden?
      - Ja → Fertig
      - Nein → Ist die DNS für Windows-Namensauflösung aktiviert (WfW oder NT) oder ist überhaupt ein DNS-Server angegeben (W95)?
    - Nein → Ist die DNS für Windows-Namensauflösung aktiviert (WfW oder NT) oder ist überhaupt ein DNS-Server angegeben (W95)?
- Ist die DNS für Windows-Namensauflösung aktiviert (WfW oder NT) oder ist überhaupt ein DNS-Server angegeben (W95)?
  - Ja → Weitere DNS-Anfrage ausführen (immer fehlgeschlagen) → Mißlungen
  - Nein → Mißlungen

6. Wenn der Name bis jetzt noch nicht aufgelöst ist, lese die Datei LMHOSTS aus. (Bei NT 3.51 und Windows für Workgroups wird dieser Punkt übersprungen, wenn das Auswahlfeld ENABLE LMHOST LOOKUP nicht aktiviert ist.) Wenn der Name so gefunden wird: Stop, ansonsten weitermachen.

7. Bei einem Rechner mit NT oder Windows für Workgroups und aktiviertem Auswahlfeld DNS FÜR NAMENSAUFLÖSUNG, wird ein weiterer Versuch mit der DNS Namensauflösung gestartet, da dieses Auswahlfeld festlegt, daß ein solcher Versuch immer nach einer erfolglosen WINS-Anfrage gestartet werden soll. Ist das Auswahlfeld nicht aktiviert, bleibt keine weitere Auflösungsmöglichkeit.

Die Reihenfolge ist also: HOSTS, DNS, WINS, Broadcast, LMHOSTS und nochmal DNS. Das ist aus mehreren Gründen überraschend. Zunächst bedeutet das, daß jeder gescheiterte Versuch einer Namensauflösung in einem Broadcast resultiert. Das ist eine bittere Erkenntnis für alle, die versuchen, die Netzlast so gering wie möglich zu halten. Unsere Vermutung ist, daß diese Broadcasts nicht zur üblichen IP-Vorgehensweise gehören, sondern daß Microsoft sie als zusätzliche Maßnahme wie die WINS-Anfrage eingeführt hat. Wenn Sie DNS für Namensauflösung aktiviert haben, führt die Client-Software auf jeden Fall nach einer erfolglosen WINS-Anfrage eine DNS-Anfrage durch. Dadurch wird hier eine zusätzliche und überflüssige DNS-Anfrage gestartet. Wenn z.B. ein Windows 95-Rechner einen DNS-Server kennt, wird er diesen benutzen, sowohl für DNS- als auch für NetBIOS-Namensauflösungen. Die Broadcasts sind nur dann von Nutzen, wenn Sie auf einem Computer Ihres Netzwerks ein TCP/IP-Kommando starten wollen und die kürzeren NetBIOS-Namen verwenden (also „apple" anstatt „apple.mmco.com").

Was ist aber bei der Workstation passiert, die keine Verbindung zur FTP-Site bekommen konnte? In diesem Fall gab es eine alte Version der Datei HOSTS im Windows-Verzeichnis, die auf eine andere alte IP-Adresse für den FTP-Server verwies. Da die Datei HOSTS als erste Möglichkeit ausgelesen wird, hatte die korrekte Information des DNS- oder WIN-Servers niemals eine Chance, gelesen zu werden.

Unter NT 3.51 und Windows für Workgroups kann man das Auswahlfeld DNS FÜR NAMENSAUFLÖSUNG leicht finden. Wie wird diese Eigenschaft aber unter Windows 95 gesteuert? Eigentlich überhaupt nicht. Während Sie bei NT 3.51 und Windows für Workgroups mit dem Auswahlfeld explizit angeben können, ob Sie einen angegebenen DNS-Server auch für die NetBIOS-Namensauflösung einsetzen wollen, scheint dies bei Windows 95 nicht möglich zu sein.

Kontrolle über die WINS- und DNS-Reihenfolge mit WinSock

Die eben gezeigte Reihenfolge ist die standardmäßig vorgegebene für NT- und Windows 95-Clients. Wenn Sie Änderungen an der Art, wie WinSock Namen auflöst, vornehmen wollen, haben Sie dazu auch die Möglichkeit. Wie immer bei Änderungen in der Registry sollten Sie wissen, was Sie tun.

Sehen Sie in der Registry unter dem Schlüssel `HKEY_LOCAL_MACHINE\System\CurrentControlSet\Services\TCPIP\ServiceProvider` nach. Dort finden Sie die Einträge HOSTPRIORITY, DNSPRIORITY und NBTPRIORITY. Dort sind Werte in hexadezimaler Schreibweise angegeben. Je niedriger der Wert ist, desto eher werden HOSTS, DNS (und LMHOSTS) und WINS (und Broadcasts) durchgeführt. Die Standard-Priorität von DNS ist z.B. 7D0 und die von WINS 7D1, also wird DNS vor WINS ausgeführt. Wenn Sie den Wert von DNS in 7D2 ändern, wird eine WINS-Anfrage und die Broadcasts vor einer Anfrage beim DNS-Server durchgeführt. Normalerweise sollte allerdings kein Grund dazu bestehen, eine solche Änderung vorzunehmen. Aus Gründen der Vollständigkeit sollte dieser Hinweis aber nicht fehlen.

Abfolge der Namensauflösung unter NetBIOS

Nachdem Sie gesehen haben, wie das System arbeitet, um einen DNS-Namen aufzulösen, wird hier die Arbeitsweise bei der Auflösung eines NetBIOS-Namens dargestellt. Folgende Faktoren haben Einfluß auf die Art, wie NBT-Namen auflöst:

- Handelt es sich um eine NT 3.51- oder um eine Windows 95-Workstation?
- Ist LMHOSTS aktiviert?
- Ist DNS aktiviert, um bei der NetBIOS-Namensauflösung zu assistieren?
- Kann die Client-Software mit WINS zusammenarbeiten?

Zusammengefaßt sieht die Abfolge bei der Namensauflösung aus wie in Abbildung 9.17:

Die Komponenten sind die gleichen wie bei der Namensauflösung mit WinSock, aber die Reihenfolge ist eine leicht andere. Die NBT-Namensauflösung führt die folgenden Schritte durch. Bei Erfolg eines der Schritte wird die Anfrage beendet.

Abbildung 9.17:
Die Sequenz der Namensauflösung unter NetBIOS

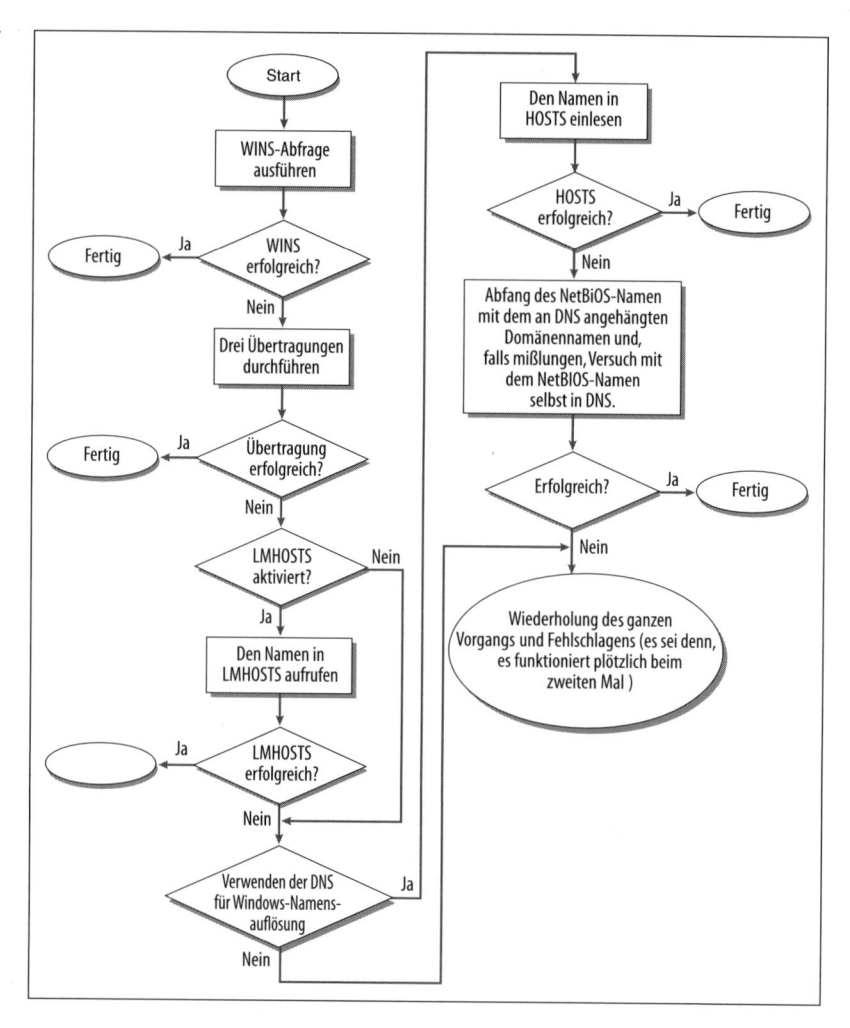

[Flussdiagramm:]

Start → WINS-Abfrage ausführen → WINS erfolgreich? — Ja → Fertig
  Nein ↓
Drei Übertragungen durchführen → Übertragung erfolgreich? — Ja → Fertig
  Nein ↓
LMHOSTS aktiviert? — Nein → (weiter rechts)
  Ja ↓
Den Namen in LMHOSTS aufrufen → LMHOSTS erfolgreich? — Ja → (zurück)
  Nein ↓
Verwenden der DNS für Windows-Namensauflösung — Ja → (rechter Zweig)
  Nein ↓

Rechter Zweig:
Den Namen in HOSTS einlesen → HOSTS erfolgreich? — Ja → Fertig
  Nein ↓
Abfang des NetBIOS-Namen mit dem an DNS angehängten Domänennamen und, falls mißlungen, Versuch mit dem NetBIOS-Namen selbst in DNS. → Erfolgreich? — Ja → Fertig
  Nein ↓
Wiederholung des ganzen Vorgangs und Fehlschlagens (es sei denn, es funktioniert plötzlich beim zweiten Mal)

1. Als erstes wird eine WINS-Anfrage gestartet. Dieser Schritt wird nicht durchgeführt, wenn die Client-Software nicht mit WINS zusammenarbeiten kann, wenn unter Windows 95 der WINS-Dienst abgeschaltet ist oder wenn unter Windows für Workgroups oder NT 3.51 kein WINS-Server angegeben ist.

2. Wenn WINS nicht benutzt wird, führt der Client drei Broadcasts durch. Das Kommando NET VIEW\\APPLE führt beispielsweise zu drei Broadcasts mit dem Namen „apple" (und nicht `apple.mmco.com`).

3. Wenn LMHOSTS aktiviert ist, wird in der Datei LMHOSTS nach einer möglichen Namensauflösung gesucht. Unter Windows 95 ist LMHOSTS anscheinend immer aktiviert, unter Windows für Workgroups und NT 3.51 müssen Sie das Auswahlfeld LMHOSTS aktivie-

ren. Bei der NBT-Namensauflösung wird die Datei LMHOSTS noch vor der Datei HOSTS zu Rate gezogen, im Gegensatz zur Namensauflösung mit WinSock.

Die Datei LMHOSTS muß die NetBIOS-Namen (und nicht die vollständig qualifizierten Domänenamen) enthalten. Wenn Sie z.B. eine Workstation mit dem Namen `rusty.acme.com` und der Adresse 212.11.41.4 haben, die mit dem Kommando `Net View \\rusty` gefunden werden soll, dann müssen Sie in der Datei LMHOSTS die folgende Zeile einfügen:

`212.11.41.4 rusty`

Sie benötigen also nicht `rusty.acme.com`, sondern nur `rusty`.

4. Wenn Sie das Auswahlfeld DNS FÜR NAMENSAUFLÖSUNG in Windows für Workgroups aktiviert oder in Windows 95 einen DNS-Server angegeben haben, wird die Client-Software der Workstation in der Datei HOSTS nachsehen. Hilft das nicht weiter, wird der DNS-Server oder (die Server – Sie können bis zu vier DNS-Server angeben) befragt.

Die NT-/Workgroups-Clients und die Windows 95-Clients benutzen DNS auf unterschiedliche Weise. Die NT-/Workgroups-Clients führen erst eine Anfrage mit angehängtem Domänenamen durch und danach eine Anfrage, die nur aus dem Rechnernamen besteht. Wenn die Domäne z.B. `acme.com` heißt, wird bei dem Kommando NET VIEW \\ MYSERVER auf einer NT-Workstation zunächst nach dem Namen `myserver.acme.com` gesucht. Der Domänename wird also automatisch hinzugefügt. Wenn dieser Name nicht aufgelöst werden kann, wird eine zweite Anfrage gestartet, die nur nach dem Namen „myserver" fragt.

Im Gegensatz dazu fragt ein Windows 95-Client den DNS-Server nur nach dem Namen mit anhängender Domäne, in diesem Beispiel also `myserver.acme.com`. Er wird nicht nur nach „myserver" fragen.

5. Der letzte Schritt ist wirklich seltsam. Wenn die Client-Software eines NT-Clients (nicht bei Workgroups oder Windows 95) bisher keine erfolgreiche Namensauflösung durchführen konnte, startet der gesamte Vorgang nochmal von vorne. Dies geschieht wohl in der Hoffnung, daß es beim zweiten Mal funktioniert.

Nachdem Sie nun gesehen haben, wie WinSock und NBT-Namen auflösen, werden Sie im folgenden sehen, was bei einem Konflikt beider Verfahren passiert.

Was passiert bei einem DNS-WINS-Konflikt?

Diese Frage gibt die Gelegenheit, noch einmal alles zusammenzufassen, was Sie bisher über die beiden Namensverfahren gelesen haben.

WINS hat im allgemeinen korrekte Namensinformationen über Ihre lokale Domäne, zumindest für alle Maschinen, die mit WINS zusammenarbeiten können. Die Informationen werden nahezu automatisch aktualisiert. Sie müssen beim Benutzen von WINS aber auch ein paar Informationen zur Verfügung stellen, d. h., Sie müssen die Adreßinformationen über sich selbst angeben. DNS bekommt seine Informationen im Gegensatz dazu aus ASCII-Dateien, die von einer Person eingetippt wurden und somit auch Fehler enthalten können. Diese Fakten führen zu den folgenden Fragen.

Was passiert bei einem Microsoft Netzwerk-Client, der nicht nur mit WINS zusammenarbeitet, sondern auch noch einen DNS-Server benutzen kann? Welcher Name wird zuerst abgerufen?

Angenommen, Sie haben einen Rechner mit dem Namen `ollie.acme.com` mit der IP-Adresse 207.88.52.99. Sowohl WINS als auch DNS kennen diesen Rechner, aber nehmen wir an, der DNS-Server glaubt, die IP-Adresse von `ollie` wäre 207.88.52.100. Was passiert dann bei dem Kommando

```
PING OLLIE.ACME.COM?
```

Wird das System bei der Adresse „.99" oder „.100" nachschauen?

Um diese Fragen zu beantworten, muß man erst einmal klarstellen, ob die Anfrage zur Namensauflösung eine WinSock- oder eine NBT-Anfrage ist. Da das verwendete Programm Ping ist, ist die Antwort „WinSock". Gehen Sie also nun zu der Grafik der WinSock-Auflösungshierarchie und Sie werden sehen, daß der DNS-Server als erster angefragt wird.

Was aber passiert bei einer NBT-Namensauflösung? Angenommen, Sie geben in einer Kommandozeile den Befehl **NBTSTAT -A XYZ.NYOFFICE.MMCO.COM** ein. Was passiert dann?

Diese Frage ist schon sehr trickreich, denn das Kommando NBTSTAT benutzt NetBIOS-Namen und der angegebene Name ist ein WinSock-Name. Die NBT-Auflösung wird fehlschlagen, weil der Name `xyz.nyoffice.mmco.com` länger als 15 Zeichen ist. Deshalb wird er nach dem 15. Zeichen abgeschnitten und führt die Auflösung des Namens `xyz.nyoffice.mm` durch.

Das Thema der Namensauflösung in NT-Netzwerken ist ein weites Feld, wie Sie sicherlich gesehen haben, aber Sie sind nun mit allen notwendigen Informationen ausgestattet, um Fehler in diesem Bereich eingrenzen und aufdecken zu können.

Ein neuer Tag beginnt

Es ist angekündigt, daß Windows NT bald mit einer Implementierung der Enhanced Directory Services erscheint. Damit ergibt sich eine vollständig andere Verfahrensweise bei Domänen, Benutzern, Gruppen und Vertrauenstellungen. In der schönen neuen Windows NT-Welt werden Enhanced DS-Domänen direkt auf DNS-Domänen abgebildet. Die Administration von Benutzern und Gruppen wird Aufgabe von organisatorischen Einheiten in dem Verzeichnis sein. Diese am Horizont erscheinenden neuen Enhanced DS-Domänen werden zweifellos besser sein als die „staubigen" Domänen von heute.

Der Hauptaspekt bei einem Enhanced Directory Services-Netzwerk ist das Konzept, daß DNS zum primären Lokalisierungsdienst wird. Um andere Hosts auf dem Netzwerk und Server, die den DS-Dienst ausführen, zu finden, werden Enhanced DS Client-DNS eingesetzt und zwar auf gleicher Weise wie heutzutage Clients den Windows NT 4-WINS verwenden.

Wenden wir uns zukünftigen Konzepten der Enhanced Directory Services zu und den neuen Standards, die DNS in Kürze verändern werden. Zunächst wollen wir untersuchen, wie ein zukünftiger DNS/DS-Entwurf aussehen könnte. Um für die kommende Migration gerüstet zu sein, wollen wir hier zeigen, wie ein Netzwerk heute schon für diesen Zweck effizient eingerichtet werden kann. (Es gibt einen Mann, der bereits an den Wochenenden zu Hause sitzt und fleißig die RFCs studiert, sollten Sie ebenfalls Interesse haben, finden Sie einige entsprechende Web-Seiten aufgelistet).

Dynamisches DNS

Windows NT 4 beherbergt zwei Dienste für die Abbildung von Namen auf IP-Adressen – WINS und DNS. Der Hauptunterschied zwischen den beiden Diensten ist, daß WINS eine dynamische Registrierung von NetBIOS Namen und den verbundenen IP-Adressen zur Verfügung stellt. DNS-Namen und die verbundenen IP-Adressen müssen jedoch statisch in die Datenbank des DNS-Dienstes eingegeben werden.

Für die Betriebssysteme Windows NT/95 ist diese statische Registrierung jedoch keine gute Lösung. Warum das? Nun, in allen, außer den ganz kleinen Microsoft Netzwerken, sind den Maschinen keine statischen IP-Adressen zugewiesen. Im allgemeinen verwenden die Computer bei jeder Initialisierung DHCP für die Zuweisung einer IP-Adresse.

> *Einen Ansatz für die dynamische Registrierung der DNS Information befindet sich in Bearbeitung bei der IETF (Internet Engineering Task Force). Sie können diese Richtlinien unter:* `http://ds.internic.net/internet-drafts/draft-ietf-dnsind-dynDNS-09.txt` *beziehen.*

Mit einem dynamischen Update von DNS kann ein Client-Rechner, nachdem er über DHCP seine IP-Adresse erhalten hat, ein Standardprotokoll nutzen und seinen DNS-Namen und IP-Adresse in der DNS-Datenbank dynamisch registrieren. Im Zeitrahmen von Windows NT 4 wurde entschieden, das dynamische Update nicht zu implementieren. Die Begründung dafür liegt in dem unfertigen Status der Richtlinien und im Interesse der Skalierbarkeit. Der aktuelle Ansatz für dynamisches DNS basiert auf einem Replikationsmodell, das die Daten von einem einzelnen Master („pull from single master") bezieht. Die Konsequenz daraus ist, daß, wenn dieser einzelne Master nicht in Betrieb oder nicht verfügbar ist, dynamische Updates einfach nicht stattfinden. Microsoft favorisiert ein multiples Masterarrangement mit Ähnlichkeit zu WINS. Dies würde die Registrierung bei einem einzelnen Ausfall nicht unterbrechen.

Auf lange Sicht ist der Einsatz des dynamischen Updates von DNS dem der Windows NT 4 DNS-WINS-Integration aus folgenden Gründen vorzuziehen:

- DNS-WINS-Integration verhindert ein effizientes DNS-Reverse-Lookup (Auflösung von IP-Adressen zu DNS-Names). Reverse-Lookup wird von den Internet WWW- (World Wide Web) und Firewall-Diensten aus Sicherheitsgründen eingesetzt. Bedingt durch die momentane Ausweitung solcher Dienste wird der Bedarf nach effizientem DNS-Reverse-Lookup entschieden größer. Würde das dynamische Update von DNS statt der WINS-Integration eingesetzt, wäre das Problem erledigt.

- DNS-WINS-Integration ermöglicht keine ordentlich funktionierende Beziehung zwischen Microsoft- und nicht-Microsoft DNS-Name-Servern für die primäre Sicherung. Dies liegt daran, daß Nicht-Microsoft DNS-Name-Server WINS-Lookup nicht unterstützen. Aus Migrationsgründen könnten Sie Microsoft DNS-Server für die Sicherung von nicht-Microsoft Primär-Servern installieren wollen. Würde das dynamische Update von DNS statt der WINS-Integration eingesetzt, wäre auch dieses Problem Vergangenheit.

- Nicht-Microsoft Hosts führen keine Registrierung in WINS durch und können daher auch keine dynamische Registrierung in DNS erzielen. Das dynamische Update von DNS ist ein IETF-Standard. Wenn es implementiert wird (durch Microsoft), könnten nicht-Microsoft Hosts (die den Standard des dynamischen Updates von DNS unterstützen) eine dynamische Registrierung in der Microsoft

- DNS durchführen. Microsoft Hosts hönnen sich dynamisch in einer nicht-Microsoft DNS registrieren, solange diese den Standard des dynamischen Updates von DNS unterstützen.

- Die WINS-Registrierung ist nicht gerade sicher und verfügt auch nicht über vernünftige Mittel, um dem entgegenzuwirken. Die IETF hat an der Vervollständigung eines Standards gearbeitet, der dem dynamischen Update von DNS ein Sicherheitsmerkmal hinzufügt. Einige Firmen haben sich bereits entschieden, dem Standard vorauszugehen und einfach eigene Sicherheitsimplementierungen entwickelt.

- Microsoft-basierende Clients haben keine Möglichkeit, sich bei jedweder aktuellen Version des dynamischen DNS zu registrieren und dynamische DNS-Server sind nicht in der Lage, ihre dynamischen Daten auf andere nicht-dynamische DNS-Server zu replizieren.

- In aktuellen Implementierungen von dynamischen DNS ist der primäre Server fehlerträchtiger Einzelpunkt. Die Clients müssen ihren Namen und ihre IP-Adressen über diese Maschine registrieren, wenn diese also nicht in Betrieb ist, kann keine Aktualisierung der DNS-Datenbank geschehen.

IPv6 (Ipng)

IPv6 ist in RFC 1883 definiert (http://ds2.internic.net/rfc/rfc1883.txt). Dieses Protokoll wird im Allgemeinen „IP Next Generation" oder „IPng" bezeichnet. IP in der Version 6 (IPv6) ist eine neue Version des Internet-Protokolls, die als Nachfolgeversion von IP Version 4 entwickelt wurde (IPv4, RFC 791). Der aktuelle Header in IPv4 ist seit den 70ern nicht verändert oder aktualisiert worden! Der ursprüngliche Entwurf scheiterte natürlich bei der Einschätzung des Wachstums des Internets und der schließlichen Erschöpfung des IPv4-Adreßraumes. IPv6 ist eine vollständig neue Paketstruktur, die zu IPv4-Systemen inkompatibel ist. Die Änderungen von IPv4 zu IPv6 fallen in folgende Kategorien:

- **Erweiterte Adressierungsfähigkeiten:** IPv6 unterstützt 128Bit Quell- und Ziel- IP-Adressen. Bei geschätzten 5 Millarden Menschen auf der Welt und dem Einsatz von 128Bit-Adressen ergeben sich 2^{128} Adressen oder nahezu 296 Adressen pro Person. Eine gültige IP-Adresse sollte etwa wie folgt aussehen: 3F3A:AE67:F240:56C4:3409:AE52:22OE:3112

- **Simplifizierung des Header-Formats:** Die IPv6-Header wurden entwickelt, um den Overhead bei den IP-Headern so gering wie möglich zu halten. Nicht wesentliche Felder und Optionsfelder werden in sogenannte erweiterte Header verschoben, die hinter den IP-

Header plaziert werden. Alles das, was nicht im IPv6-Basisheader eingefügt ist, kann über die erweiterten IP-Header, die hinter dem Basisheader stehen, eingefügt werden.

- **Verbesserte Unterstützung für Erweiterungen und Optionen:** IPv6 kann sehr leicht um unvorhersehbare Leistungsmerkmale erweitert werden. Dies geschieht über das Hinzufügen von erweiterten Headern und Optionsfeldern hinter dem IPv6-Basisheader. Die Unterstützung für neue Hardware- oder Applikationstechnologien ist bereits integrierter Bestandteil.

- **Flow Labeling-Fähigkeit:** Ein neues Feld in dem IPv6-Header gestattet die Vorreservierung von Netzwerkressourcen, so daß für zeitabhängige Dienste wie z.B. Voice (Sprache) und Video die erforderliche Bandbreite mit festgelegter Verzögerung garantiert werden kann.

Mit dem Erscheinen dieses neuen Standards werden Änderungen am DNS-Protokoll erforderlich. RFC 1886 definiert diese Veränderungen (HTTP://DS2.INTERNIC.NET/RFC/RFC1886.TXT). Diese Änderungen beinhalten einen neuen Recource Record-Typen für die Aufnahme einer IPv6-Adresse, eine neue Domäne für die Unterstützung von Lookups auf Basis einer IPv6-Adresse und aktualisierte Definitionen existierender Anfragetypen, die Internet-Adressen als Teil zusätzlicher Abschnittsverarbeitung zurückliefern. Die Erweiterungen sind so entworfen, daß sie zu existierenden Anwendungen und dabei besonders zu den eigentlichen DNS-Implementierungen selbst kompatibel sind.

Die aktuelle Unterstützung für die Ablage von Internet-Adressen kann nicht so einfach erweitert werden, um auch IPv6-Adressen zu akzeptieren, denn die Anwendungen erwarten, daß Adressanfragen 32 BIT IPv4-Adressen zurückliefern.

Inkrementelle Übertragung (Transfers)-Multimaster Replikation

Eine inkrementelle Übertragung dient zur schnellen Bekanntgabe von Änderungen an einer DNS-Datenbank. Windows NT 4 unterstützt dies nicht – noch nicht. Die Spezialität dieses Protokolls ist die Reduktion der Latenz und der Quantität der gesendeten Daten während eines Zonentransfers. Dies wird auf zwei Arten erreicht:

Es werden Benachrichtigungen eingesetzt, die den Servern Veränderungen an einer Zonendatei enthüllen. Dies wird durch die NOTIFY-Erweiterung von DNS erzielt (Microsoft DNS unterstützt NOTIFY mit Windows NT 4). Wenn Sie mehr über die Richtlinien zu NOTIFY erfahren möchten, empfehlen wir, einen Blick ins Internet unter http://ds.internic.net/internet-drafts/draft-ieft-dnsind-notify-07.txt zu werfen.

Die Zonenverbreitung ist neu definiert worden, es werden nur veränderte Informationen übertragen – eine wesentliche Verbesserung zur heutigen Praxis, wo ganze Datenberge gesendet werden! Wenn Sie auch hier weiter in die Tiefe dringen wollen, empfehlen wir das Internet unter `http://ds.internic.net/internet-drafts/drafts-ietf-dnsind-ixfr-06.txt`.

Dynamische Datenreplikation wird weitgehend so arbeiten, wie WINS es heute tut, nur daß nicht ein gesamtes Bündel unnötiger Daten auf jedweden Server repliziert wird, so wie es WINS macht. Die Daten werden dann in der Zone selbst gehalten.

Sicheres DNS

Wahrscheinlich machen Sie sich bereits Gedanken, daß, wenn DNS zu solch einem entscheidenden operativen Aspekt des Internets wird, wir alle einen höheren Sicherheitsbedarf als den jetzt zur Verfügung stehenden benötigen werden. Damit liegen Sie ganz richtig. Eine definierte Methode für die Sicherheit wird erforderlich werden, damit Datenintegrität und Echtheitsbestätigung gewährleistet sind. Erweiterungen für DNS sind nachzulesen in dem IEFT-DRAFT (Entwurf) DNS Protocol Security Extensions – 30 January 1996. Sie stellen diesen Dienst für „sicherheitsbewußte" Resolver und Anwendungen über den Einsatz kryptografischer digitaler Unterschriften zur Verfügung – wie bitte? Nun ja, diese werden in gesicherten Zonen als Resource-Records eingeschlossen und in vielen Fällen kann Sicherheit auch durch nicht-sicherheitsbewußte DNS-Server bereit gestellt werden.

Die Erweiterungen sorgen auch für die Ablagemöglichkeit von echtheitsbestätigten Public Keys (öffentliche Schlüssel). Die Ablage von Schlüsseln kann sowohl einen allgemeinen Public Key-Verteilungsdienst als auch DNS-Sicherheitsaspekte unterstützen. Die gespeicherten Schlüssel ermöglichen sicherheitsbewußten Resolvern, die bestätigenden Schlüssel von Zonen zusätzlich zu denen, für die sie ursprünglich konfiguriert wurden, zu erlernen. Schlüssel, die mit DNS-Namen verbunden sind, können ausgelesen werden, um andere Protokolle zu unterstützen. Als wenn dies nicht ausreichte, wurden sogar Vorkehrungen für eine Anzahl verschiedener Schlüsseltypen und Algorithmen getroffen. Zusätzlich stellen die Sicherheitserweiterungen eine optionale Echtheitsbestätigung von DNS Protokoll-Transaktionen bereit. Weitere Informationen finden Sie unter: `http://els.internic.net/internt-drafts/draft-ieff-dnssec-secext-09.txt`.

In aktuellen Implementierungen von dynamischen DNS haben die Hersteller aufgrund eines fehlenden Standards einige Sicherheitsprotokolle eingesetzt. Beachten Sie beim Einsatz eines dieser Produkte die Gefahr einer Inkompatibilität mit zukünftigen Produkten, wenn die Richtlinien schließlich festgelegt sind!

Migration... woher – wohin?

Wie wird dies nun alles vonstatten gehen? Um dies herauszufinden, schauen wir uns zunächst den Migrationsprozeß zu den Enhanced Directory Services an. Die neuen Enhanced DS Domänen werden vollständig mit Windows NT-Server-Domänen arbeiten können. Dies bedeutet, daß existierende Windows NT-Server-Domänen Enhanced DS-Domänen 'trauen' können, genauso wie sie heute Vertrauenstellungen zu anderen Windows NT-Server-Domänen unterhalten. Enhanced DS-Server werden außerdem in der Lage sein, als Backup-Domänenkontroller zu fungieren. Diese Möglichkeit zur gegenseitigen Zusammenarbeit läßt das Upgrade auf Enhanced DS-Server sehr gradlinig erscheinen. Die existierenden Windows NT-Server-basierenden Server können ohne Modifizierung weiterarbeiten – eine saubere Lösung!

Dazu kommt, daß das Enhanced DS-Administrationsmodell die Administratoren nicht in die Knie zwingt, bis sie in der Lage sind, es zu nutzen. Wie ist dies gemeint? Nun, auch mit Enhanced-Servern auf dem Netzwerk bleiben Sie in der Lage, alle Konten in der Windows NT-Server-Domäne zu verwalten und zwar mit den aktuell gültigen Windows NT-Server-Verwaltungswerkzeugen. Mit anderen Worten, Sie können Enhanced DS ohne ein rigoroses Eingreifen in Ihr Netzwerk einbauen.

Wenn die Enhanced-Server integriert sind, können Sie Informationen für die Benuterkonten bereits auf diesen ablegen und gleichzeitig die gleichen Konten auf und von der Windows NT-Server-Domäne ablegen und verwalten. Dies bedeutet, daß Sie Konteninformationen nach und nach auf einen Enhanced DS-Server migrieren, dessen Stabilität vertrauen und seine Fähigkeiten kennenlernen – ein gutes Gefühl für Sie und Ihr Unternehmen. Wenn Ihre neuen Enhanced DS-Server gut eingerichtet sind, werden Sie in der Lage sein, alle Konteninformationen dort zu pflegen und dabei die Enhanced DS-Werkzeuge einzusetzen. Außerdem erscheinen die „neuen Nachbarn" allen nicht-Enhanced DS-Clients wie Windows NT 4 x-basierende Server (auch dies vermittelt Ihren Maschinen ein gutes Gefühl!).

Wenn das Übergangsstadium für alle Clients und Server abgeschlossen ist, wird die Enhanced DS-Umgebung für beide – den Endanwender und die Systemadministratoren die alltägliche Umgebung sein. Dieses Übergangsstadium, daß durch die gegenseitige Zusammenarbeit möglich wird und die Integration von Windows NT-Server und Enhanced DS, gestattet Ihnen und Ihrem Unternehmen einen einfachen Übergang auf die vereinheitlichte und globale Namenstruktur, die durch Enhanced DS zur Verfügung steht – und wie gesagt, dies alles ohne Störung der tagtäglichen Operationen auf dem Netzwerk.

Was geschieht mit IPX und NetBEUI?

Auch wenn Microsoft entschieden in Richtung TCPI/IP drängt (dies gilt übrigens für die meisten Netzwerkhersteller), wird es weiterhin eine Unterstützung für NetBEUI und IPX geben. Sollten Sie sich entscheiden, IPX und NetBEUI in der kommenden Version von Windows NT zu nutzen, müssen Sie NetBIOS einsetzen. Wenn Sie aber statt dessen TCPI/IP wählen, spielt NetBIOS keine Rolle.

Was geschieht mit den NetBIOS-Namen?

Solange Sie Anwendungen nutzen, die NetBIOS-Namen erfordern, werden Sie die NetBIOS-Namensauflösung auf Ihrem Netzwerk pflegen müssen. Wenn Sie den kompletten Einstieg auf Enhanced DS starten, müssen Sie alle entsprechenden Anwendungen (Dienste usw.) ausfindig machen und für jede einen Plan für die Hostnamen-Migration erstellen.

Suchen von DCs in einer Enhanced Directory Services-Umgebung

Auf dem Weg zu einer echten Windows NT Enhanced Directory Services-Umgebung – ohne NetBIOS – folgen Sie einem erforderlichen Migrationspfad. Dieser umschließt den Einsatz aller drei Standards und unterstützt die Abwärtskompatibilität mit traditionellen NetBIOS-Systemen.

Maschinen, die unter den neuen Windows NT Enhanced Directory Services starten, werden ein vorhandenes WINS-Protokoll für die Registrierung von NetBIOS-Namen auf ihrem WINS-Server nutzen und auch ihren A-Record (oder Records) für ihre DNS-Server. Somit werden Windows NT NetBIOS- und DNS Namensabbildungen auf IP-Adressen für alle Computer, die Enhanced DS verwenden, zugänglich. Dies schließt auch solche ein, die unter Windows für Workgroups, Windows 95 etc. fahren.

Beim Start vollführen Windows NT Enhanced DS-Server, die die Directory Services-Datenbank enthalten, genau die gleichen Aktionen. Außerdem registrieren sie einen zusätzlichen Record mit der den DNS-Server begrenzenden Lokalität, den unterstützten DS-Zugriffsprotokollen, den Transportprotokollen etc. Hier nun ein Beispiel von dem, was ein Enhanced Directory Services Domänen-Controller registrieren könnte:

```
globalnet.nt.mmco.com              A  123.123.123.123
domain-controllers.nt.mmco.com A  123.123.123.123
```

Dies versorgt andere Workstations unter Enhanced Directory Services mit den nötigen Informationen für das Auffinden der Domänencontroller und für die Auswertung über Sicherheitsbestimmungen.

Was die Zukunft bringt ...

Microsoft wird eine sichere dynamische DNS-Lösung bereitstellen. Clients werden sich automatisch über DNS registrieren.

Außerdem wird DNS eingesetzt werden, um die nächsten Directory Services-Domänen-Controller zu lokalisieren.

Die kommende Revision der Directory Services wird davon ausgehen, daß DNS-Domänen auf DS-Domänen abgebildet werden.

Wo es keine Visionen gibt ...

Es gibt einige Ratschläge für den Entwurf von zukunftsorientierten DNS-Lösungen. Wenn Sie diese befolgen, sollte es keine Probleme geben:

- Wenn es innerhalb einer Site Server gibt, muß sich hierin auch ein DNS-Server befinden.
- Erzeugen Sie eine DNS-Zone für jede Windows NT 4-Domäne.
- Jeder DNS-Server einer Site sollte primär für die Site-spezifische DNS-Domäne und sekundär für die übergeordnete DNS-Domäne sein.
- Windows basierende Clients sollten in einer Site-spezifischen DNS-Domäne registriert sein.
- Server, die unter Windows NT Server laufen, sollten in einer Master DNS-Domäne registriert sein.

Nun da wir für die WinSock-Auflösung des neuen NT 5 bereit sind, wollen wir uns im nächsten Kapitel mit dem NT Internetwork-browsing beschäftigen.

Internetwork-Browsing und Domänenfunktionen

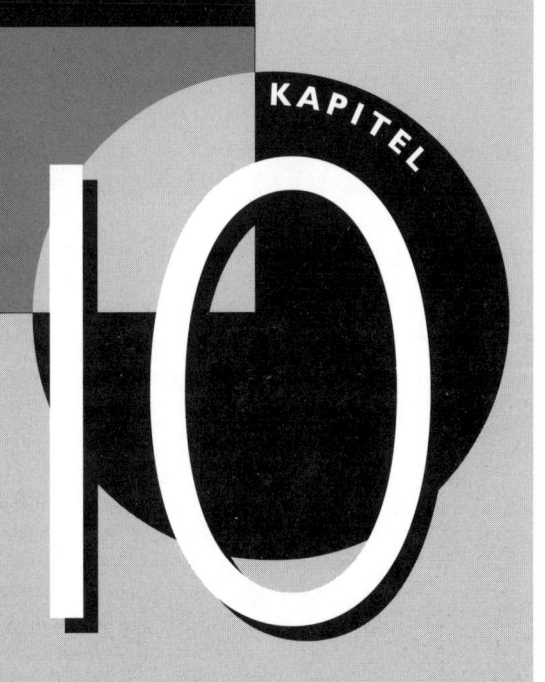

KAPITEL 10

Nachdem wir die NetBIOS Namensauflösung unter Einsatz der Datei LMHOSTS und WINS und DNS untersucht haben, wird es nun Zeit zu betrachten, wie die Suche nach NetBIOS-Ressourcen in einem TCPI/IP-Internetwork erfolgt.

Zu diesem Zweck wollen wir den Microsoft NT-Browserdienst (Durchsuchungsdienst) unter den Gesichtspunkten Sammlung, Verteilung und Bedienung von Client-Anfragen durchleuchten. Des weiteren sollen einige Probleme erörtert werden, die im Zusammenhang mit der Durchsuchung (Browsing) eines IP-Internetworks auftauchen, und eine Lösung dieser Probleme mit der Datei LMHOSTS und WINS aufzeigen.

Browsing – ein kurzer Abriß

Vor der gemeinsamen Nutzung einer Freigabe stehen folgende Punkte: Die Freigabe muß bekannt sein, es muß geklärt werden, wie diese gefunden und wie auf sie zugegriffen werden kann. Der Durchsuchungsdienst, man spricht auch vom Browsing, spielt dabei eine wichtige Rolle und zwar sowohl bei der Suche als auch bei der gemeinsamen Nutzung von aktuell zur Verfügung stehenden Netzwerkressourcen. Durch die Bereitstellung einer Liste dieser Ressourcen (Browselist) entlastet der Computer mit dem Browserdienst andere Computer auf dem Netzwerk. Diese müssen deshalb keine eigenen Listen der Ressourcen pflegen. Dies spart Zeit und Speicherverbrauch, denn die Ressourcenliste wird nur an einige speziell ernannte Maschinen verteilt.

Nehmen wir an, Sie wollen etwas drucken. Damit dies funktioniert, müssen Sie zunächst einen Drucker auf Ihrem Netzwerk lokalisieren und sich mit ihm verbinden. Ohne Hilfe eines Browsers wäre Ihr System darauf reduziert, wie ein Sacharbeiter durch den Netzwerkkorridor zu laufen und jedes System auf diesem Weg nach seinen verfügbaren Ressourcen zu fragen, bis schließlich die erwünschte gefunden wird. Dann müßte Ihr System diese Information aufnehmen und für zukünftige Einsätze pflegen. Dies erfordert beträchtliche Rechnerzeit und reduziert die verfügbaren Speicherkapazitäten auf Ihrer Workstation.

NTs Browserdienst reduziert die Kosten und erhöht die Leistungsfähigkeit durch die Vermeidung des Netzwerk-Overheads. Um eine spezielle Ressource zu finden, kann Ihre Workstation einfach den ernannten Browser Ihres Netzwerks kontaktieren. Die Workstation erzeugt, anders als bei einer eigenen „Schatzsuche", somit keinen unnötigen Netzwerkverkehr.

Wie aber arbeiten sie?

Wir wollen uns nun Schritt für Schritt ansehen, wie die grundlegenden Arbeitsweisen des Browserdienstes funktionieren:

1. Nach dem Start wählt sich jeder Rechner, auf dem ein Browser-Dienst läuft, beim Master-Browser der Domäne oder Arbeitsgruppe ein. Dies ist erforderlich, auch wenn sie der Gruppe keine gemeinsamen Ressourcen zur Verfügung stellen. Manchmal verfügt ein System unter Windows NT über versteckte, administrative Shares wie „c$".

2. Wie bei jeder ordentlichen Vorstellung ist der erste Kontakt zum Master-Browser etwas besonderes. Bei dem ersten Versuch des Clients die für ihn verfügbaren Netzwerkressourcen zu lokalisieren, bittet er den Master-Browser um eine Liste mit den Backup-Browsern.

3. Dann bittet der Client einen dieser Backup-Browser um eine Liste mit den Netzwerkressourcen.

4. Der Backup-Browser stellt dem Client nun eine Liste der Domänen und Arbeitsgruppen zur Verfügung.. Zusätzlich wird eine Liste der lokalen Server geliefert, die für die spezielle Domäne oder Arbeitsgruppe des Clients ernannt sind.

5. Der Anwender auf dem Client wählt einen lokalen Server, eine Domäne oder Arbeitsgruppe, um eine weitere Liste verfügbarer Server einzusehen.

6. Schließlich wählt der Benutzer einen Server. Dieser soll nun den Rechner suchen, mit dem eine Sitzung für die Nutzung der erwünschten Ressource aufgebaut werden soll. Der Anwender kontaktiert dann eben diesen Server.

Browser: Typen und Funktionen

Die Aufgabe, den Clients eine Liste mit Netzwerkressourcen zur Verfügung zu stellen, ist in mehrere Rollen aufgeteilt, die von entsprechenden Computern ausgeführt werden.

- **Master-Browser:** Diese Maschine erstellt, pflegt und verteilt die Masterliste aller verfügbaren Netzwerkressourcen (engl. Browselist).

- **Bevorzugter Master-Browser:** Ein solches System wird durch den Netzwerkadministrator speziell ernannt und eingerichtet, um die Rolle des Master-Browsers zu übernehmen. Beim Starten proklamiert dieses System ganz arrogant, es sei Master-Browser des Netzwerks. Trifft es auf eine andere Maschine, die sich bei ihrem Start energisch darauf hinweist, daß *ihre* rechtmäßige Netzwerkposition in ihrer Abwesenheit eingenommen wurde, so erzwingt der bevorzugte Master-Browser eine Wahl zwischen sich und diesem neugestarteten Rechner. Da Netzwerke kein Demokratieverständnis besitzen, endet diese Wahl meist mit der Rückeroberung der Position durch den bevorzugten Master-Browser. Die einzige Ausnahme tritt dann ein, wenn es sich bei diesem „kleinen" Neustart um den primären Domänen-Controller (PDC) handelt. PDCs agieren immer als Master-Browser der Domäne – ihre Position ist unanfechtbar.

- **Backup-Browser:** Diese Systeme agieren als Relaisstationen. Sie empfangen Kopien der Browselist durch den Master-Browser. Auf Anfrage liefern sie diese an die Clients.

- **Potentielle Browser:** Hier handelt es sich um ein System mit der Kapazität, die Rolle eines Browsers zu übernehmen – es hat diese Funktion jedoch noch nicht übernommen. Erst auf einen speziellen Befehl des Master-Browsers wird es in dieser Aufgabe aktiv.

- **Nicht-Browser:** Dieser Computer ist nicht für die Pflege einer Browserlist konfiguriert. Es handelt sich hier meist um Clientsysteme.

Folgende Computer können die Rollen des Master-Browsers und des Backup-Browsers übernehmen: Windows NT-Workstation, Windows NT-Server, Windows for Workgroups und Windows 95-Rechner. Nur ein Windows NT-Server, der als PDC fungiert, kann jedoch die Rolle des Domänen-Master-Browsers übernehmen.

Kriterien für Browser

Die Kriterien für Browser dienen als Unterscheidungsmerkmal in der hierachischen Ordnung verschiedener Computersysteme in der Arbeitsgruppe oder Domäne. Jeder Browser-Computer verfügt je nach Systemtyp über bestimmte Kriterien. Diese sind:

- Das Betriebssystem
- Die Version des Betriebssystems
- Die aktuelle Rolle in der Browsing-Umgebung

Das folgende Beispiel ist eine hypothetische Liste von Computern in einer Domäne. Die hier gezeigte Reihenfolge entspricht dem potentiellen Sieg bei einer Wahl und ist in drei Kategorien von Kriterien organisiert.

Kriterium Kategorie #1: Betriebssystem:

- Windows NT-Server als PDC
- Windows NT-Server

- Windows NT-Workstation
- Windows 95
- Windows for Workgroups

Kriterium Katgorie #2: Version des Betriebssystems:

- 4
- 3.51
- 3.5
- 3.1

Kriterium Kategorie #3: Aktuelle Browser-Rolle

- Bevorzugter Master-Browser
- Master-Browser
- Backup-Browser
- Potentieller Browser

Diese Rangfolge der Kriterien wird während einer Wahl beobachtet und eingehalten. Die Wahlen werden abgehalten, um festzulegen, welcher Computer zum Master-Browser wird, wenn der aktuelle Master-Browser nicht mehr zur Verfügung steht.

Die Browser-Wahl

Wie der Name schon sagt, überschaut der Master-Browser die gesamte Browsing-Umgebung. Für jede Domäne oder Arbeitsgruppe gibt es nur einen Master-Browser.

In einer Domäne, die Subnetze umspannt, existiert ein Domänen Master-Browser. Wenn der zum Master-Browser ernannte Computer aus irgendeinem Grund ausfällt, muß ein anderer Computer zum Master-Browser gewählt werden. Dies geschieht über eine Browser-Wahl die gewährleistet, daß pro Arbeitsgruppe oder Domäne nur ein Master-Browser existiert. Wenn eines der folgenden Ereignisse eintrifft, wird eine Wahl initiiert:

- Ein Client kann den Master-Browser nicht finden.
- Ein Backup-Browser kann bei dem Versuch, seine Netzwerkressourcenliste zu aktualisieren, den Master-Browser nicht finden.
- Ein zum bevorzugten Master-Browser ernannter Computer bindet sich an.

Konfiguration der Browser

Um festzustellen, ob ein Windows-NT Computer die Rolle eines Browsers übernimmt, schaut der Browserdienst bei der Initialisierung des Computers den folgenden Parameter in der Registry nach:

```
\HKEY_LOCAL_MACHINE\SYSTEM\CurrentControlSet\Services\
Browser\Parameter\MaintainServerList
```

Für eine Leistungsverbesserung und zu Optimierungszwecken können Computer konfiguriert werden, so daß sie entweder zum Browser werden können oder aber ganz davon ausgeschlossen sind.

Der Parameter MAINTAINSERVERLIST kann folgende Werte enthalten:

Wert	Parameter
No	Dieser Computer wird niemals Browser-Server.
Yes	Dieser Computer wird Browser-Server. Bei seinem Start versucht er, den Master-Browser zu kontaktieren, um die aktuelle Browse-List zu erhalten. Wenn der Master-Browser nicht gefunden werden kann, erzwingt dieser Computer eine Browser-Wahl. Dieser Computer wird nun entweder zum Master-Browser gewählt, oder er übernimmt die Funktion eines Backup-Browsers. Die Einstellung YES ist der Standardwert für Windows NT-Server Domänen-Controller.
Auto	Abhängig von der Anzahl der momentan aktiven Browser kann dieser Computer zum Browser-Server werden (oder eben nicht). Hier handelt es sich um einen potentiellen Browser. Der Master-Browser betrachtet diesen Computer als potentiellen Backup-Browser. Die Einstellung AUTO ist der Standardwert für Windows NT-Workstations und Windows NT-Server, die nicht als Domänen-Controller fungieren.

Die Meldungen der Browser

Master-Browser und Backup-Browser spielen ihre eigenen Rollen für die Arbeitsabläufe in der zu durchsuchenden Umgebung. Browser müssen miteinander kommunizieren und Dienste für Client-Computer zur Verfügung stellen. Wenn ein Computer, der diesen Dienst ausführt, neu in das Netz kommt, muß er den aktuell aktiven Master-Browser informieren, d.h., er verkündet seine Existenz auf dem Netz.

Server

In periodischen Abständen meldet sich jeder Computer in dem Netzwerk bei dem Master-Browser. Anfänglich meldet sich jeder Computer einmal pro Minute. Verweilt der Computer länger aktiv auf dem Netz, werden die Abstände zwischen den Meldungen auf einmal jede zwölf Minuten ausgedehnt. Wenn der Master-Browser über den Ablauf drei solcher Meldungsintervalle keine Bestätigung von einem Computer erhält, wird dieser aus der Browselist entfernt.

> *Hier ein wichtiger Hinweis! Aus dem oben beschriebenen Verhalten ergibt sich folgende Konsequenz: Es könnte zu einer 36-minütigen Verzögerung zwischen der Zeit, in der ein Server inaktiv wird, und seinem Ausschluß aus der Browselist kommen. Mit anderen Worten, Computer, die in der Liste erscheinen, könnten möglicherweise nicht mehr aktiv sein.*

Backup-Browser

Zusätzlich zu den üblichen Meldungen kontaktieren Backup-Browser den Master-Browser in Abständen von 15 Minuten, um eine aktualisierte Liste der Netzwerkressourcen (Browselist) und eine Liste der Domänen und Arbeitsgruppen zu erhalten. Die Backup-Browser legen diese Listen in den Cache und leiten sie an jeden anfragenden Client weiter. Wenn der Backup-Browser den Master-Browser nicht finden kann, erzwingt er eine Wahl.

Master-Browser

Auch Master-Browser melden sich durch ein Broadcast (Rundspruch) periodisch bei den Backup-Browsern. Wenn Backup-Browser diese Meldung erhalten, aktualisieren diese ihren Master-Browser-Namen mit allen neuen Informationen.

Master-Browser empfangen Meldungen der folgenden Systeme:

- Windows NT 4/3.51-Workstation
- Windows NT 4/3.51-Server
- Windows NT 3.1-Workstation
- Windows NT 3.1-Advanced Server
- Windows 95
- Windows for Workgroups
- LAN-Manager-Systeme

Master-Browser liefern Listen mit Backup-Browsern an folgende Systeme für ihre lokalen Subnetze:

- Windows NT 4/3.51-Workstation
- Windows NT 4/3.51-Server

- Windows NT 3.1-Workstation
- Windows NT 3.1-Advanced Server
- Windows 95
- Windows for Workgroups-Clients

Beim Start eines Systems, dessen Parameter MAINTAINSERVERLIST den Wert AUTO enthält, liegt es in der Verantwortung des Master-Browsers, diesem System mitzuteilen, ob es als Backup-Browser fungieren soll oder nicht.

> **HINWEIS** *Die von dem Master-Browser gepflegte und an Backup-Browser zurückgelieferte Ressourcenliste ist in ihrer Größe auf 64 KByte beschränkt. Dies begrenzt die Anzahl der Computer, die in einer einzelnen Domänen- oder Arbeitsgruppenliste aufgeführt werden können auf 2.000 – 3.000 Rechner.*

Reisen über ein Internetwork

Beim Browsing (Durchsuchen) von Netzwerken, die erst mit einen oder zwei Hops über einen Router zu erreichen sind, können einige Probleme entstehen. Der Hauptgrund dafür ist der Umstand, daß der Master-Browser seine über B-Node-Broadcasts erhält – und wie wir bereits wissen, lassen Router solche Broadcasts nicht durch verschiedene Subnetze passieren. Hinzu kommt, daß bei Domänen in TCP/IP-Internetworks der Einsatz von Routern sehr weit verbreitet ist. Auf Microsoft-Netzwerken stützt sich der Browserdienst in hohem Maße auf die Broadcasts von NetBIOS-Namen, um Informationen über sich verbindende Systeme zu erhalten. Microsoft hat zu diesem Zweck zwei hervorragende Lösungen entwickelt – eine ist abhängig von WINS, die zweite bezieht sich auf die Datei LMHOSTS.

Auf den Schwingen von WINS

Rufen Sie sich ins Gedächtnis, daß WINS den gesamten NetBIOS-Rundspruchverkehr über eine dynamische Registrierung der Namen auflöst. Maschinen, die WINS ausführen, verwalten und speichern alle Informationen rund um den Namen (z.B. IP-Adressen) in ihrer Datenbank. Dort steht die Information für die entfernten TCP/IP-Hosts bereit. Diese Hosts benötigen die Information, wenn sie mit einer Verbindungsanforderung kontaktiert werden. WINS-Clients, die für die kompatible Zusammenarbeit mit dem WINS-Server konfiguriert sind, registrieren ihre Namen beim Start automatisch über diesen. Dies ermöglicht allen eine saubere, broadcast-arme Identitätsreferenzierung – außer natürlich den nicht-WINS-Clients. Diese Problematik soll als nächstes erörtert werden. In Abbildung 10.1 finden Sie eine Visualisierung der gerade besprochenen Thematik.

Abbildung 10.1:
Browsing mit WINS

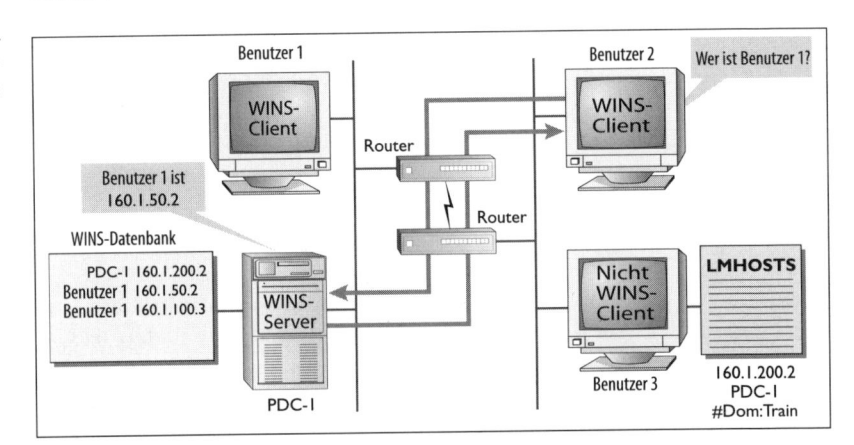

Sollten Sie zufällig die Client-Komponente von Windows for Workgroups mit TCP/IP-32 ausführen, so müssen Sie Ihre Datei VREDIR.386 mit der von Windows NT-Server 3.5x ausgelieferten Version austauschen.

Die Datei LMHOSTS und Domänenfunktionen

Nicht-WINS-Clients können beim Internetwork-Browsing schnell zu Problemkindern werden. Der Umstand, daß sich nicht-WINS-Clients über B-Node-Broadcasts registrieren, stellt ein großes Problem dar, wenn sich das als Domänen-Master-Browser ernannte System irgendwo über den sieben Bergen in einem anderen Subnetz befindet. Warum ist dies so? Nun, schlicht und ergreifend, weil die Broadcasts für die Registrierung nicht weitergeleitet werden. Weitere potentielle Fallgruben auf Seiten des Clients ist die Meldung, daß der Browserdienst nicht zur Verfügung steht oder der Client auf eine leere Ressourcenliste starrt.

Um diesem Dilemma entgegenzuwirken, hat Microsoft ein Paar zusätzlicher Tags für die Datei LMHOSTS entwickelt: #PRE und #DOM. Die Tags befähigen nicht-WINS-Clients dazu, mit einem Domänen-Controller zu kommunizieren, um folgende Dinge zu erledigen:

- Eine Registrierung über diesen durchzuführen
- Ein Benutzerkonto nachzuweisen bzw. zu bestätigen
- Kennwörter zu ändern

Da für die Ausführung von Anmeldeskripten und Benutzerprofilen eine Benutzerüberprüfung erforderlich ist und weiterhin Broadcasts für die Replikation der Domänendatenbank eingesetzt werden, sollte eine große Sorgfalt bei der Konfiguration der Domänen-Controller walten, wenn es im Umfeld keinen WINS-Server gibt. Damit die reibungslose Funktion Ihrer nicht-WINS-Clients gewährleistet ist, müssen Sie für jeden in der Domäne präsenten Domänen-Controller einen Eintrag verwalten. Domänen-Controller, die keine WINS-Maschinen sind, sollten eine Liste aller anderen Domänen-Controller in ihrer Datenbank pflegen. Dies wird sich bezahlt machen, falls einer dieser Server zu einem beliebigen Zeitpunkt in der Zukunft zum primären Domänen-Controller befördert wird.

Die LMHOSTS-Dateieinträge auf dem Master-Browser jeden Subnetzes müssen als erstes die IP-Adresse, gefolgt von dem NetBIOS-Namen des Domänen-Browsers auflisten. Im Anschluß folgen die Tags #PRE und #DOM und letztendlich der Domänename. Dies sollte in etwa wie folgt aussehen:

```
137.37.9.9  master-browser_name    #PRE #DOM:domain-name
137.37.9.10 domain-controller_name #PRE #DOM:domain-name.
```

Domänenfunktionen

Das Tag #PRE weist TCP/IP an, die Information für die Auflösung im Vorfeld in den Speicher zu laden, während das Tag #DOM den Clientrechner darüber informiert, daß er einen Domänen-Controller erreicht hat. #DOM ist bedeutsam für die Leitung der Daten während des Broadcasts. Diese Adressen weisen den Router an, die Broadcast an spezifizierte Adressen weiterzureichen. Das bedeutet, daß Sie im wesentlichen ein Broadcast senden und es dann an einen bestimmten Ort leiten, also muß das Tag #PRE stets dem Tag #DOM vorausgehen. Abbildung 10.2 zeigt LMHOSTS in Aktion.

Mehrere, durch die Windows NT-Netzwerkdienste ausgeführten Aufgaben verursachen Rundsprüche, die an alle Computer innerhalb einer Microsoft-Domäne ausgesendet werden sollen. Die geschieht z.B. bei der Anmeldung an eine Domäne oder bei der Änderung eines Kennworts. Es wird ein Broadcast an die Domäne übertragen, um einen Domänen-Controller dingbar zu machen, der in der Lage ist, die Rechtmäßigkeit dieser Anliegen zu bestätigen. Eine weitere Situation, die Broadcasts auslöst, tritt dann ein, wenn ein Domänen-Controller die Datenbank mit den Benutzerkonten der Domäne repliziert. Der primäre Domänen-Controller sendet einen Rundspruch an alle Backup-Domänen-Controller und weist diese so an, eine Replikation der aktualisierten Datenbank anzufordern (siehe Abbildung 10.3).

Abbildung 10.2:
Mit LMHOSTS durch Subnetze browsen

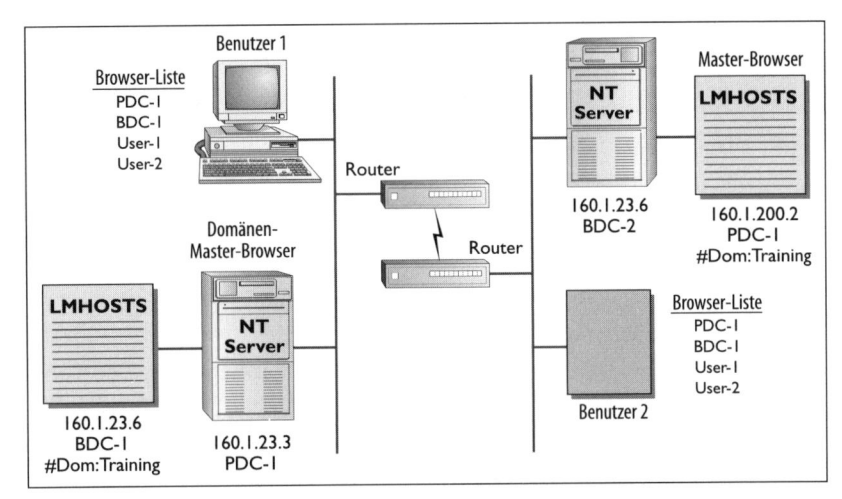

Abbildung 10.3:
Eine Nicht-WINS-Client-Domäne in einem Internetzwerk

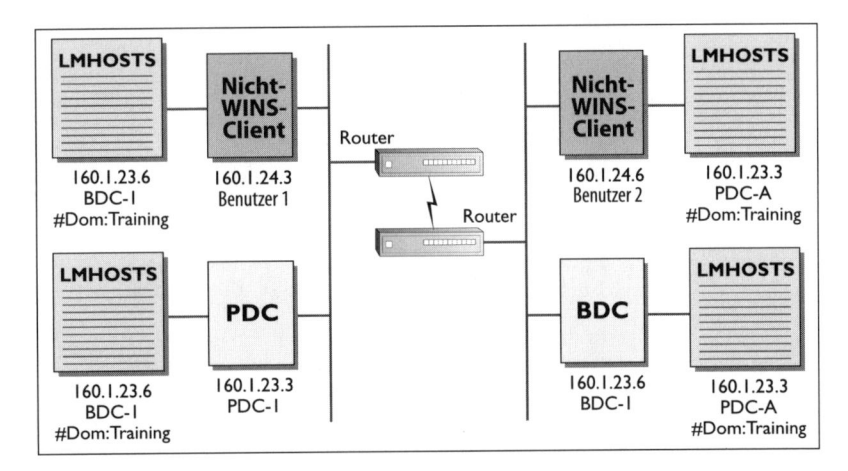

Bitte beachten Sie, daß bei Windows for Workgroups für das Browsing in WANs eine Windows NT-Server-Domäne erforderlich ist, da Workgroups keinen Domänen-Controller definieren. Ein Windows for Workgroups-Client muß sich dazu zunächst an einer Domäne anmelden.

Konfiguration der Datei LMHOSTS

1. Bereiten Sie zunächst die Datei LMHOSTS mit den entsprechenden Einträgen vor, um sich auf einem anderen Rechner der Domäne einwählen zu können.

2. Beenden Sie den WINS-Serverdienst. Geben Sie in einer Kommandozeile folgenden Befehl ein: **NET STOP WINS**.

3. Prüfen Sie auf der Kommandozeile, daß keine Verbindungen zu anderen Computern bestehen. Geben Sie folgendes ein: **NET USE \\ OTHERCOMPUTERNAME\IPC$ /D** (Ersetzen Sie othercomputername durch den Namen Ihres Computers).

4. Bereinigen Sie den NetBIOS-Namen Cache: **NBSTAT -R,** und schließen Sie den Befehl mit ⏎ ab (das R muß ein Großbuchstabe sein).

5. Versuchen Sie nun mit der Eingabe von **NET VIEW\\OTHERCOMPUTERNAME** einen Suchlauf (Browsing).

6. Achten Sie auf die Fehler, die auftauchen, wenn ein entfernter Host nicht in der Liste existiert oder ein Eintrag fehlerhaft ist.

7. Erzeugen Sie mit NotePad im Verzeichnis \WINNT\SYSTEM32\DRIVERS\ETC eine Datei namens LMHOSTS.

8. Fügen Sie folgenden Eintrag in die Datei ein: **IP_ADDRESS OTHERCOMPUTERNAME #PRE #DOM:DOMAIN**.

9. Sichern Sie die Datei beim Verlassen von NotePad.

10. Nun fügen Sie Abbildungen der Datei LMHOSTS für den Domänen-Controller des anderen Computers in den NetBIOS-Namen Cache ein, für das Durchsuchen und für die Anmeldeprüfung.

11. Bereinigen Sie den NetBIOS-Namen Cache und laden Sie #PRE-Einträge. Geben Sie **NBSTAT -R** und anschließend ⏎ ein.

12. Schauen Sie sich nun den NetBIOS-Namen Cache an. Geben Sie **NBSTAT -C** und anschließend ⏎ ein.

13. Achten Sie auf den erscheinenden Eintrag. Mit etwas Glück ist es Ihr 'othercomputer'.

14. Starten Sie nun den WINS-Serverdienst: **NET STAT WINS**.

Lassen Sie uns nun zum nächsten Kapitel schreiten. Dort werden wir über die Implementierung von NT in heterogenen Umgebungen diskutieren.

Connectivity in heterogenen Umgebungen

KAPITEL H

11 • Connectivity in heterogenen Umgebungen

Wie in Kapitel 1 erläutert, bietet TCPI/IP beim Einsatz in einer Umgebung mit den unterschiedlichsten Plattformen einen extrem hohen Grad an Flexibilität. Der fundamentale Vorteil von TCPI/IP ist seine wundervolle, reibungslose Fähigkeit bei der Verbindung und dem gemeinsamen Arbeiten verschiedenster Hosttypen. Systeme, wie z.B. VAX, Macintosh, UNIX, Mainframes etc., alle nutzen TCPI/IP. Innerhalb der mannigfaltigen Systeme existieren Subsets von Systemen, die eine höhere TCPI/IP-Orientierung besitzen als andere, z.B. alle Maschinen, die unter UNIX laufen, wie Sun-Workstations, SunOS, IBMs AIX, AT & Ts System 5 etc. Für Systeme wie diese sind die Schnittstellen der Werkzeuge die übliche Grundlage für ein gemeinsames Arbeiten. Diese Systeme und ihre wechselseitigen, gemeinsam benutzten Funktionen bilden den Fokus dieses Kapitels. Wir werden z.B. zeigen, wie ein NetBIOS-basierender Host in die Lage versetzt wird, eine flüssige Kommunikation mit unterschiedlichen Systemen zu führen, deren einzige Parallele der Einsatz von TCPI/IP als Kommunikationsprotokoll ist.

Bei der Lektüre dieses Kapitels werden folgende Punkte Beachtung finden:

- Unterschiedliche Kommunikationsumgebungen
- Kommunikation zwischen NetBIOS und fremden Host-Systemen
- Anforderungen an die Software für die Kommunikation mit den Microsoft Betriebssystemen
- Einsatz der TCPI/IP-Hilfsprogramme von Microsoft
- Der Windows NT FTP-Server
- Drucken unter TCPI/IP

Verbindungen

Wie bereits gesagt, TCPI/IP stellt ein flexibles Mittel dar, mit dem unterschiedlichste Computerumgebungen effektiv miteinander kommunizieren können. Ohne nun in Netzwerkbegriffen zu denken, stellen Sie sich zwei Systeme vor, die miteinander über asynchrone Modems kommunizieren. Unabhängig von den eingesetzten Betriebssystemen können sie miteinander „sprechen". Dies bedingt jedoch die gemeinsame Nutzung der gleichen Parameter und Protokolle für die Kommunikation. TCPI/IP dient als organisatorisches Modell. Es richtet einen festgesetzten Kommunikationsmodus ein, der ganz unabhängig von den verwendeten Betriebssystemen ist. Hier eine beispielhafte Liste einiger üblicher Betriebssysteme, die TCPI/IP einsetzen können, um gemeinsam Datei- oder Druckdienste zu nutzen:

- Apple Macintosh
- DEC VAX-Systeme
- DOS-Systeme mit TCPI/IP
- IBM-Mainframes (unter anderem)
- Internet Objects
- LAN-Manager
- NFS-HOSTS
- OS/2-Systeme mit TCPI/IP
- TCPI/IP-basierende Drucker
- Windows 95
- Windows NT
- Windows for Workgroups
- UNIX-basierende Systeme

Einzige Bedingung für die Verbindung dieser ganz andersartigen Betriebssysteme ist der Einsatz von TCPI/IP als Kommunikationsprotokoll und die besondere Verwendung ihrer entsprechenden Hilfsprogramme und Dienste, auf die später in diesem Kapitel noch eingegangen wird.

Ein Microsoft-Client wie z.B. Windows NT, Windows 95 oder Windows for Workgroups kann mit einem RFC-konformen, NetBIOS-basierenden, SMB (Server-Message-Block)-Server, der den Windows-Redirector nutzt, zusammenarbeiten. Diese Zusammenarbeit wird durch die Verwendung der Standard-Windows-Befehle über einen Satz von Kommunikationsprotokollen wie TCPI/IP oder NetBEUI erreicht. Zwei Beispiele von Rechnern, die auf diese Weise arbeiten können, sind ein UNIX-Host, der einen LAN-Manager für UNIX ausführt und eine DEC VAX, die Pathworks fährt. Diese beiden arbeiten ähnlich wie Windows NT-Systeme, die auf nicht-Intel-Plattformen laufen.

TCPI/IP-Hilfsprogramme und das Windows NT-Kommando

Viele Features der TCPI/IP-basierenden Netzwerke wurden direkt in Windows NT integriert. Es kommt darauf an, welchen Typ von Netzwerkfunktion Sie ausführen möchten. Dies legt fest, ob Sie dazu eine Windows-interne Funktion oder ein TCPI/IP-Hilfsprogramm verwenden. Die ausgewählte Funktion legt außerdem die für die Ausführung erforderlichen Komponenten fest. Hier nun einige „Binsenweisheiten", die ihre Gültigkeit bei der Arbeit mit Windows NT und TCPI/IP-Befehlen haben:

- Auf beiden Systemen, die eine Verbindung mit dem Ziel der Connectivity und Kommunikation miteinander starten, muß das gleiche Protokoll benutzt werden.
- Netzwerkverbindungen über die Kommandozeile werden mit dem Befehl net use erreicht.
- Der Zugriff auf Anwendungen anderer Systeme geschieht über die native Windows NT-Umgebung. Sie werden statt durch den Server (zentralisiert) durch den Client (verteilt) verarbeitet.
- Windows NT kann NetBIOS-Namen nutzen, nicht bloß IP-Adressen-Namen, um über die Kommandozeilenbefehle net use und net view zu kommunizieren. Dies geschieht aus Gründen der Kompatibilitätswahrung mit anderen Protokollen wie NetBEUI, die keine IP-Adressen benutzen und den Overhead zusätzlicher Programmverarbeitung vermeiden.
- Der Scope-Parameter von NetBIOS muß den Scope-Parametern aller anderen Hosts entsprechen. Dies ermöglicht die Aufteilung und Organisation der NetBIOS-Netzwerke. Systeme, bei denen unterschiedliche Gültigkeitsbereiche (Scope) eingerichtet wurden, kommunizieren nicht miteinander. Dies bedeutet, daß zwei Systeme die gleichen NetBIOS-Namen verwenden können, solange sie sich in einem anderen Gültigkeitsbereich befinden.
- Entfernte Hosts, d.h. solche, die sich auf anderen Subnetzen befinden, müssen durch eine unterstützte Methode wie WINS, LMHOSTS etc. aufgelöst werden.

Die Zusammenarbeit mit einem RFC-konformen NetBIOS-Host

Wenn Windows NT keine Kommunikation mit einem RFC-konformen NetBIOS-Host (Windows für Workgroups, Windows 95, Windows NT, LAN-Manager, LAN-Manager für UNIX), sondern mit einem fremden TCPI/IP-System aufzubauen versucht, herrschen andere Regeln. Es entspricht den Tatsachen, daß eine Anzahl üblicher Funktionen innerhalb eines allgemeinen Bereichs problemlos arbeiten, in anderen Fällen, wo fremde Hosts individuelle Werkzeuge und spezielle Definitionen für die eine Kommunikation einsetzen, werden sie jedoch nicht unterstützt. Hier nun einige wissenswerte Punkte für die Kommunikation mit fremden TCPI/IP-Hosts:

- Die Verwendung von TCPI/IP ist zwingend. NetBEUI kann nicht mit TCPI/IP kommunizieren, dies trifft auch für IPX und alle anderen nicht-IP-Protokolle zu.
- Für die Kommunikation mit Fremdsystemen können nur die durch das spezielle TCPI/IP-Utility unterstützten Befehle wie z.B. FTP, Telnet etc. verwendet werden.
- Beim Zugriff auf eine Applikation des Fremdsystems geschieht deren Ausführung zentral auf dem Fremdsystem – d.h. nicht lokal auf Ihrem System. Grund dafür ist der Umstand, daß verschiedene Systeme unterschiedliche Compiler, CPU-Befehle und Speicherinstruktionen nutzen. Diese sind generell nicht plattformunabhängig.
- TCPI/IP-Programmen können den Hostnamen oder die IP-Adresse verwenden.
- Lokale und entfernte Hostnamen, die von den TCPI/IP-Utilities genutzt werden, müssen aufgelöst werden und zwar über die Datei HOSTS, WINS, DNS, B-Node Broadcast oder die Datei LMHOSTS.

Die Einrichtung einer Kommunikation zwischen gleichen Systemen und fremden Systemen wird von TCPI/IP unterschiedlich gehandhabt. Obschon diese Unterschiede trivial erscheinen, ist es doch wichtig, sie zu verstehen. Das Verständnis dieser Gleichheiten und Unterschiede wird Ihnen später sehr nützlich sein, wenn Sie große TCPI/IP-Projekte konfigurieren und debuggen.

Microsofts TCPI/IP-Utilities

TCPI/IP-Utilities folgen einigen speziellen Regeln. Diese Konformität sorgt bei der Bewegung von einer Maschine zu einer anderen über verschiedene Betriebssysteme hinweg, für einen Standard und leichte Bedienbarkeit.

Microsofts TCPI/IP-Programme sind: FTP, LPD, LPQ, LPR, REXEC, RSH, RCP, Telnet und TFTP. Die meisten der hier präsentierten Kommandos entsprechen in ihrer Implementierung ihren UNIX-basierenden Gegenstücken. Wie auch UNIX unterscheiden sie für gewöhnlich die Groß- und Kleinschreibung. Sie können in drei Kategorien unterteilt werden:

- Befehlswerkzeuge: REXEC, RSH und Telnet
- Übertragungswerkzeuge: RCP, FTP, TFTP, WWW
- Druckerwerkzeuge: LPD, LPR und LPQ

Befehlswerkzeuge

REXEC (Remote Execution)

Der Connectivity-Befehl Remote Execute führt einen Prozeß auf einem entfernten Rechner aus, der mit dem REXEC-Serverdienst ausgestattet ist. Der REXEC-Dienst ist kennwortgeschützt. Nur nach Empfang eines gültigen Kennworts kann die Funktion ausgeführt werden. Der Befehl erfordert folgendes Format:

```
REXEC host {-1 username} {-n} command
```

Die einzelnen Komponenten dieser Befehlszeile bedeuten:

host	Legt den Hostnamen oder die IP-Adresse des Systems fest, wenn es nicht das Standardsystem sein soll.
-1 username	Legt einen gültigen Benutzer auf dem System fest, wenn es nicht der Standard-Benutzer sein soll.
-n	Leitet die Eingabe für REXEC auf null um, wenn Sie keine Eingabe wollen.
command	Legt die Befehlszeile fest, die auf dem Host ausgeführt werden soll.

RSH (Remote Shell)

Mit der Remote Shell kann ein Benutzer einen Befehl an einen entfernten Host geben, ohne sich dort anmelden zu müssen. Es steht kein Kennwortschutz zur Verfügung. Der verwendete Benutzername muß jedoch in der Datei .RHOSTS auf dem UNIX-Server, der den RSH-Dämonen ausführt, abgelegt sein. Dieser Befehl wird sehr häufig auf UNIX-Systemen für die Ausführung von Programm-Compilern verwendet. Folgende Syntax ist dabei gültig:

```
RSH host {-1 username}
```

host	Spezifiziert den Hostnamen oder die IP-Adresse des Systems, auf dem die entfernten Befehle ausgeführt werden sollen.
-1 username	Legt einen gültigen Benutzer auf dem entfernten System fest, wenn es ein anderer als der Standardbenutzer ist.
command	Das auf dem Host auszuführende UNIX-Kommando

Telnet

Das Connectivity-Werkzeug Telnet initiiert eine Terminalemulation mit einem entfernten System, auf dem ein Telnetdienst läuft. Telnet stellt über die verbindungsbasierenden Dienste von TCPI/IP folgende Emulationen bereit: DEC VT 100, DEC VT 52 und TTY. Mit diesem Programm kann ein Anwender von einem entfernten Standort jeden Befehl auf dem Host ausführen, als säße er direkt davor. Telnet hat Ähnlichkeit mit dem Novell-Utility-Rconsole, man könnte es aber auch mit einer zeichenorientierten Version von Symantecs PC Anywhere, einem Remote-Control-Programm (Fernwartung) vergleichen, da es auf solche Computer (Workstations und Server) beschränkt ist, die ein Telnet-Serverprogramm ausführen. Das Telnetprogramm erfordert auf dem Server und auf Client-Seite das TCPI/IP-Protokoll. Außerdem muß auf dem zu kontaktierenden Server ein entsprechendes Konto eingerichtet sein. Microsoft Windows NT stellt eine Schnittstelle für die Clients zur Verfügung, bietet den Serverprozeß jedoch nicht an. Das Sicherheitskonzept verlangt einen Benutzernamen und ein Kennwort. Diese sind identisch mit dem Namen, der bei der direkten Anmeldung an dem System verwendet wird. Telnet erscheint manchmal mit einer Grafik hinter dem angezeigten Text. Wenn dies geschieht, handelt es sich gewöhnlich um eine Form von X-Window.

Wenn Sie unter Windows NT die Verbindungswerkzeuge und TCPI/IP installiert haben, dann haben Sie auch Zugriff auf das Programm Telnet. Zum Aufbau einer Verbindung brauchen Sie nur TELNET plus Zielnamen bzw. IP-Adresse eingeben. Ohne Angabe einer Zieladresse erscheint der Telnet-Terminalbildschirm. Nun können Sie aus dem Menü VERBINDEN den Eintrag REMOTE-SYSTEM wählen. Es erscheint die Dialogbox ZU REMOTE SYSTEM VERBINDEN. Tragen Sie in dem Feld HOST NAME den Namen des Telnet-Servers oder seine IP-ADRESSE in das entsprechende Feld ein. Wählen Sie schließlich die Option VERBINDEN. Bei der Anmeldung auf dem Telnet-Server geben Sie Ihren Benutzernamen und das entsprechende Kennwort ein. Ist die Anmeldung gelungen, können Sie den entfernten Host so bedienen, als säßen Sie direkt vor ihm.

Standardmäßig nutzt Telnet Port 23. Abhängig vom entsprechenden Dienst können SMTP, FTP, Telnet, Time, Login, Whois, BootP etc. über eine Kommandozeile umgeleitet werden, dadurch können Sie einen anderen Port benutzen. (Ein Port legt den entfernten Port, mit dem Sie sich verbinden wollen, fest und sorgt für die Kompatibilität mit den Anwendungen). Dies ist ganz praktisch, um mit anderen Diensten zu kommunizieren. Leiten Sie z.B. die Kommunikation auf einen SMTP Mail Port 25. Sie würden dann TELNET HOST 25 eingeben, um SMTP mit einem Internet Mail-Server zu verbinden.

Telnet für eine entfernte Anmeldung (Remote Login) nutzen

In den frühen Tagen von TCPI/IP und Intranets war das größte Anliegen der Anwender auf den Computer eines anderen Anwenders zu gelangen. Nehmen wir z.B. an, wir arbeiten in einem Unternehmen namens John von Neumann Supercomputing Center und wir hätten einen fantastischen Bewegungssimulator für Himmelskörper geschrieben – ein Programm, das die Position Tausender von Planeten, Planetoiden und Kometen im Sonnensystem berechnen kann. Nehmen wir weiterhin an, wir hätten dieses Programm mit Regierungsgeldern entwickelt und die Liberalen wollten es für jedermann zugänglich machen. Nun, wie kommt man aber jedermann an diesen Simulator heran?

In aller Wahrscheinlichkeit müßten Sie, um das Programm zu bekommen, dem von Neumann Center einen Besuch abstatten und dies aus zweierlei Gründen. Zunächst einmal haben wir das Programm aus gutem Grunde auf einem Supercomputer entwickelt – es ist viel zu gewaltig, um auf einen anderen Rechner zu passen. Auf einem normalen Computer eingesetzt, würde die Frage „Wann werden Jupiter und Mars am hohen Nachthimmel das nächste Mal wieder eng beieinanderstehen?" Antwortzeiten von mindestens einer Woche erfordern. Der zweite Grund hängt damit zusammen, daß wir uns in den ersten Tagen der Intranets befinden und zu jenen Tagen waren Programme generell ganz speziell auf die Maschinen zugeschnitten, auf denen sie entwickelt wurden. Die Übertragung dieses Programms auf einen anderen Computer würde einen großen Aufwand erfordern, selbst wenn wir die langsamere Geschwindigkeit in Kauf nähmen. Wenn wir unsere Dienste öffentlich anbieten wollen, so scheint es doch die beste Lösung zu sein, an dem von Neumann-System einige Modems zu installieren, so daß sich jeder für den Zugriff auf das Programm in das System einwählen kann. Und tatsächlich wurde dies auch so gehandhabt – mit dem Ergebnis, daß für die Anwender auf der anderen Seite des Lands (wir sprechen hier von den Vereinigten Staaten) riesige Telefonrechnungen entstanden.

Telnet bietet eine Lösung für dieses Problem. Mit dem Terminal oder Computer auf Ihrem Schreibtisch können Sie auf andere Hosts zugreifen als befänden Sie sich vor Ort. Im Falle des von Neumann Centers verhielte es sich so, als machten Sie einen Ausflug direkt nach Princeton in New Jersey, denn dort befindet sich das Center tatsächlich. Wir müssen jedoch gestehen, daß es dort keinen öffentlich zugänglichen, astronomischen Simulator gibt. Was wir Ihnen jedoch sehr wohl zeigen können, ist Archie – ein wichtiges Internet-Tool.

Archie: Was passiert da draußen in der Welt?

Wie wir später noch sehen werden, ist das Internet eine reichhaltige Informationsquelle für jedes Thema, egal ob Sie sich für Rezepte, Gartentips oder Religion interessieren. Dies führt unweigerlich zu der Frage „Wie kann ich erfahren, was im Internet alles geboten wird?" Es existieren drei Hauptmethoden, dies herauszufinden, eine davon ist Archie. Im Internet gibt es eine gewaltige Anzahl von Computern, Hosts genannt, die Dateien beherbergen, die für die öffentliche Nutzung und ein Download zur Verfügung stehen. Welche Möglichkeiten haben Sie nun, deren Existenz festzustellen? Fragen Sie Archie:

Site	Ort
archie.rutgers.edu	Vereinigte Staaten Nordost
archie.sura.net	Vereinigte Staaten Südost
archie.unl.edu	Vereinigte Staaten West
archie.ans.net	Internet Backbone
archie.mcgill.ca	Kanada
archie.funet.fi	Europa
archie.doc.ic.ac.uk	Großbritannien
archie.au	Australien und pazifische Randstaaten

Archie steht in der ganzen Welt auf vielen Servern zur Verfügung. Damit der Netzwerkverkehr minimal bleibt, empfiehlt es sich, mit dem Archie-Server in Ihrer Nähe anzufangen. Zur Veranschaulichung ein Beispiel. Es herrscht eine nicht allzu große Datenverkehrsrate nach England, es mag auch sehr kosmopolitisch sein, einen Archie-Server in Großbritannien zu nutzen, doch dies aus den Vereinigten Staaten heraus zu praktizieren, ist unter aller Diskussion. Für uns soll eine Verbindung zu Archie an der Universität von Nebraska unter archie.unl.edu als Beispiel dienen.

Dazu führen wir auf der Kommandozeile eine Telnet-Anmeldung aus. Sobald die Sitzung aktiv ist, wird automatisch in das NT-Terminalprogramm gewechselt. Die entfernte Anmeldung bei Archie an der Universität von Nebraska geschieht über die Eingabe von **telnet archie.unl.edu**.

Nach einigen einführenden Meldungen werden wir mit einer Ausgabe Login: konfrontiert. Wir reagieren mit der Eingabe von: **ARCHIE**. Als Kennwort wird die eigene E-Mail-Adresse eingetragen. Nicht jede Telnet-Site erfordert eine Anmeldung. Manche „werfen" sie sozusagen „mitten in die Anwendung". Andere wieder verlangen die Einrichtung eines Kontos für ihren Dienst und es mag auch sein, daß je nach Dienst im Net Gebühren verlangt werden – so läuft das Spiel. Sie dürfen erwarten, im Internet immer mehr Dienste zu sehen, die für ihre Leistungen bezahlt werden wollen. Das Net wird langsam, aber sicher kommerziell. Wie dem auch sei, wir erhalten nun folgenden Prompt: unl-archie>. Dies bedeutet, daß die nun zu erfolgende Eingabe eine Informationsanfrage darstellt und diese Anfrage von dem Computer, der den Archiedienst an der Universität von Nebraska ausführt, verarbeitet wird. Wenn Sie auf der Kommandozeile **HELP** gefolgt von **?** eingeben, erhalten Sie eine Liste mit gültigen Unterthemen der aktuellen Ebene. Wenn Sie einen Punkt (.) eingeben, wandern Sie auf eine höhere Ebene. Wir wollen nun betrachten was geschieht, wenn wir nach „Microsoft" suchen. Nach der Anmeldung geben Sie bitte folgendes ein: **PROG MICROSOFT**. Dies ist das Ergebnis:

```
###########################################################
####################
         #    # ####### ###### ######   #     ##### #
#    #
            ###   # #       #     # #    # # #   #    # #
#    # #
            # #   # #       #     # #    # # # # #        #
#    # #
            # #  # ######  ######  ######  #   # #####
####    #    #
            #   # # #      # # #   #      # ######      # #
#    #######
            #   ### #      #     # #    # # # # # #    # # #
#    #    #
            #    # ####### ######  #     # # #  # ##### #
#    #    #
    Welcome to the ARCHIE server at the University of
Nebraska - Lincoln
    If you need further instructions, type help at the unl-
archie> prompt.
###########################################################
####################

# Bunyip Information Systems, 1993
# Terminal type set to `ansi 24 80'.
# `erase' character is `^?'.
# `search' (type string) has the value `sub'.
unl-archie> prog Microsoft

Host ftp.ugcs.caltech.edu    (131.215.134.135)
Last updated 11:44  8 Sep 1994
```

```
        Location: /pub/elef/texts/misc
             FILE     -rw-r--r--     4500 bytes   14:13 25 Jul 1994
startrek_n_microsoft.txt

Host dime.cs.umass.edu      (128.119.40.244)
Last updated 08:51   4 Aug 1994

        Location: /pub/vision
             FILE     -rw-r--r--     115 bytes    18:05  2 Aug 1994
plz_send_microsoft_space_simulator

Host terminator.rs.itd.umich.edu    (141.211.164.2)
Last updated 10:33   4 Aug 1994

        Location: /www-public/projects/directory-yp/ypdemo/
keyword.index
             FILE     -rw-r--r--    1042 bytes   03:03 22 Jul 1994
Microsoft-Mail.html
             FILE     -rw-r--r--     570 bytes   03:03 22 Jul 1994
Microsoft-Word.html

unl-archie>
```

Jede Informationsgruppe beginnt mit HOST. Dies ist sehr wichtig, denn dies ist der Name des Orts, an den wir uns wenden müssen, um die durch die Suche nach Microsoft gefundenen Dateien erhalten zu können. Nach dem Hostnamen folgt ein Dateiname. Die Angaben vor dem eigentlichen Dateinamen geben den exakten Lagerort an. Wenn Sie ein PC-Anwender sind, dann erscheint Ihnen diese Schreibweise auf dem ersten Blick wie die übliche Syntax für Unterverzeichnisse. Doch schauen Sie genauer hin. Statt der üblichen Backslashes, die unter DOS verwendet werden, um die Ebenen der Unterverzeichnisse zu kennzeichnen, verwendet UNIX nach vorne gerichtete Slashes!

Nachdem wir die Ergebnisse der Suche nach Microsoft betrachtet haben, wollen wir Archie mit dem Befehl **QUIT** verlassen. Unser Computer gibt nun folgende Meldung aus: `Connection closed by foreign host`. Diese Meldung ist wie folgt zu deuten: Die Archie-Computer in Nebraska, dieser entspricht dem foreign host, hat das Gespräch mit uns beendet.

Fehlende Standards bedeuten Probleme

Im allgemeinen arbeitet Telnet problemlos mit jeder Art von Computern. Doch einige Host-Computer verweigern die Kommunikation, solange sie nicht ein sog. dummes Terminal vom Typ IBM 3270 betreiben. Für diesen Zweck gibt es ein weiteres Programm, tn3270. Bei tn3270 handelt es sich um eine Variation von Telnet, das ein IBM 3270-Terminal emuliert. Was Sie über tn3270 wissen sollten, ist, daß Terminals vom Typ 3270 über eine geraume Anzahl an Funktionen verfügen. Nicht alle Implementierungen von tn3270 sind gleich. Deshalb dürfen Sie sich auch nicht wundern, wenn Sie mittels Telnet eine IBM-Site unter Einsatz von tn3270 kontaktieren, dort eine Weile arbeiten und plötzlich eine Meldung mit folgendem Inhalt erhalten: UNEXPECTED COMMAND SEQUENCE-PROGRAM TERMINATED (Unerwartetes Kommando – Programm beendet). Das bedeutet, daß Ihre tn3270 einen der vom Host gesandten Befehle nicht unterstützt. Eine IBM-Terminal Emulation kann wirklich zum Problem werden, besonders wenn es um die Tastaturbelegung geht. Auf einem IBM-Terminal gibt es einen Satz an Funktionstasten, die mit PF1, PF2 usw. benannt sind. Auf einem PC oder einem Mac gibt es solche Tasten nicht. Welche Tasten müssen Sie also drücken, um z.B. PF4 zu erhalten? Bei manchen Implementierungen von tn3270 ist es Esc+4, auf anderen entspricht es F4. Leider scheint es keinerlei Vereinbarung darüber zu geben, welche Taste es nun sein soll. Wir empfehlen daher, vor einer Verbindung mit Telnet zu einem IBM-Host die Lektüre der Dokumentation für Ihr tn3270 zu lesen.

tn3270 ist nicht Bestandteil von NT.

Warum sollte man Telnet nutzen?

Nun, wozu taugt Telnet eigentlich? Die Antwort auf diese Frage lautet: zu vielem! Zunächst einmal ist es eine Methode, um auf eine Anzahl spezialisierter Basis-Informationsdienste zugreifen zu können. Viele große Bibliotheken zum Beispiel lagern ihre gesamten Inhaltsverzeichnisse auf Telnet-Servern. So können z.B. akademische Forschungen unterstützt werden. Ein Thema wird gesucht und durch die Zusammenarbeit der einzelnen Bibliotheken kann ganz einfach eine Anleihe angefordert werden. Ein weiteres Beispiel bietet eine Telnetsitzung mit InterNIC. Bei InterNIC finden Sie alle registrierten IP-Adressen auf dem Internet. Sie sollten es einmal versuchen. Geben Sie **Telnet INTERNIC.NET** ein, und schon sind Sie an Ort und Stelle:

```
UNIX(r) System V Release 4.0 (rs1)
***************************************************************
**************
* -- InterNIC Registration Services Center   --
*
```

```
                  * For wais, type:                    WAIS <search string>
                  <return>
                  * For the *original* whois type:     WHOIS [search string]
                  <return>
                  * For referral whois type:           RWHOIS [search string]
                  <return>
                  *
                  * For user assistance call (703) 742-4777
                  # Questions/Updates on the whois database to
                  HOSTMASTER@internic.net
                  * Please report system problems to ACTION@internic.net
                  ***************************************************************
                  **************
                  Please be advised that use constitutes consent to monitoring
                  (Elec Comm Priv Act, 18 USC 2701-2711)

                  6/1/94
                  We are offering an experimental distributed whois service
                  called referral
                  whois (RWhois). To find out more, look for RWhois documents,
                  a sample
                  client and server under:
                  gopher: (rs.internic.net) InterNIC Registration Services ->
                          InterNIC Registration Archives -> pub -> rwhois
                          anonymous ftp: (rs.internic.net) /pub/rwhois
                  Cmdinter Ver 1.3 Sun Jun 22 15:37:39 1997 EST
                  [ansi] InterNIC >
```

Einen weiteren zweckmäßigen Einsatz für Telnet könnte sich für ein Unternehmen anbieten, das einen Online-Bestellservice einrichten möchte: Ein Kunde meldet sich an, durchblättert die Beschreibungen der angebotenen Artikel und plaziert eine elektronische Bestellung. Ein Dritter, wenn auch etwas technischer Grund für die Verwendung von Telnet, ist die Möglichkeit, Telnet als Debuggingtool zu benutzen. Mit Telnet können Sie im wesentlichen verschiedene Applikationen wie z.B. FTP und Mail darstellen.

  Ein letzter Grund für den Einsatz von Telnet liegt schlicht in dessen ursprünglich geplanten Verwendung, eine Anmeldung an einen Dienst auf einen entfernt liegenden Host. Weil Computer heutzutage ganz anders eingesetzt werden, ist diese Eigenschaft von Telnet weit weniger wertvoll geworden als sie es einmal war. Vor etwa 20 Jahren hätte auf Ihrem Schreibtisch ein dummes Terminal gestanden. Heute steht dort ein Computer mit mehr Rechenleistung als die eines Mainframes aus alten Zeiten. Das Interesse, die Rechnerleistung eines Fremdsystems zu nutzen, hat heutzutage zu Gunsten der Informationsbeschaffung von anderen Rechnern nachgelassen. Natürlich muß es dabei ein Einver-

11 • Connectivity in heterogenen Umgebungen

ständnis des Fremdsystems geben. Hauptsächlich geht es dabei um Dateitransfer von oder zu anderen Computern über ein Intranet. Deshalb werden wir uns nun mit den Übertragungswerkzeugen befassen.

Übertragungswerkzeuge

RCP (Remote Copy)

RCP wird dazu verwendet, Dateien zwischen lokalen und entfernten (remote) UNIX-Hosts oder zwischen zwei entfernten Hosts zu kopieren. Das Tool Remote Copy wird auf ähnliche Weise wie FTP genutzt, nur daß keine Benutzervalidierung erforderlich ist. Wie bei RSH muß der zu verwendende Benutzername in der Datei .RHOSTS auf dem UNIX-Server, der den RCP-Dämonen ausführt, ablegt sein. Seine übliche Verwendung findet das Kommando unter UNIX. Folgendes Format ist gültig:

`RCP {-abhr} {host.1} {user1:} source {host2.} {user2:} path/destination` Host1/Host2 sind die Namen oder IP-Adressen des Quell- bzw. Zielsystems. Wenn der Teil `host user:` ausgelassen wird, wird für `host` der lokale Computer eingesetzt.

User1/User2 gibt gültige Benutzernamen an, die auf dem Quell- und Zielsystem existieren müssen (abgelegt in der Datei .RHOSTS).

Source/Destination geben die vollständigen Pfade für die Kopieraktion an.

Folgende optionalen Schalter stehen zur Verfügung:

- `-a`   Diese Option wird standardmäßig gesetzt und legt das ASCII-Format für die Übertragung fest. Damit wird eine Übersetzung von UNIX/DOS-Formatierungen für Carriage Return und Linefeed (Zeilenvorschub und neue Zeile) erreicht.
- `-b`   Setzt das Übertragungsformat auf binär, d.h. keine Übersetzung.
- `-h`   Übertragung von versteckten (hidden) Dateien
- `-r`   Kopiert rekursiv die Inhalte aller Unterverzeichnisse der Quelle zum Zielort. Bei der Angabe von Quelle und Ziel muß es sich um Verzeichnisse handeln. Das Kommando entspricht dem DOS-Schalter /s bei dem Befehl XCOPY.

FTP

Das File Transfer Protocol wird dazu verwendet, Dateien von und auf Systeme zu kopieren, auf denen ein FTP-Server über TCP läuft. Es ist daher offensichtlich, daß es verbindungsorientiert ist. Als Host kommen

Microsofts TCPI/IP-Utilities

folgende Systeme in Frage: UNIX, VAX, Windows NT oder jedes andere System, auf dem ein FTP-Serverprozeß läuft. Obschon FTP sowohl eine Benutzerkennung als auch ein Paßwort erfordert, kann es auch für ANONYMOUS konfiguriert werden. Anders als bei Telnet stellt Microsoft einen Dämonen- oder Serverprozeß für FTP bereit. In den meisten Internetanwendungen wird, wenn FTP mit der Benutzerkennung ANONYMOUS ausgeführt wird, das E-Mail-Konto als Kennwort erwartet, denn die Anmeldung kann protokolliert werden.

Wenn Sie unter Windows NT die Verbindungswerkzeuge und TCP/IP installiert haben, steht Ihnen FTP bereits zur Verfügung. Für das FTP-Programm wird kein Symbol auf der Arbeitsoberfläche angelegt. Geben Sie daher auf der Kommandozeile **FTP** und den Zielnamen bzw. die IP-Adresse ein.

Die Kommandozeile mit Optionen hat folgendes Aussehen:

```
ftp {options} host command
```

Wird kein Zielhost angegeben, erscheint der FTP-Terminalbildschirm. Wenn dies der Fall ist, geben Sie OPEN für den Verbindungsaufbau ein. Wie bei Telnet werden Sie hier um eine Anmeldung mit Benutzernamen und Kennwort gebeten. Wenn die Verbindung steht, können Sie eine ganze Reihe von Optionen nutzen. Mit der Eingabe von ? oder HELP erhalten Sie eine Liste dieser Optionen auf dem Bildschirm angezeigt. Diese sind:

!	DOS-Shell-Befehlszeile. Mit exit kann diese wieder geschlossen werden.
?	Liste der Befehle wird angezeigt. Mit ? BEFEHL erhalten Sie eine Beschreibung des Befehls. Arbeitet wie help.
append	Ermöglicht das Anhängen von Daten an eine bestehende Datei.
ASCII	Setzt den Übertragungsmodus auf ASCII. Wird für Textdateien benutzt.
bell	Löst nach der Abarbeitung eines Befehls einen kurzen Piepton aus.
Bye	Schließt die FTP-Sitzung, und das FTP-Programm wird wird verlassen.
binary	Setzt den Übertragungsmodus auf binär. Wird für andere als Textdateien benutzt.
cd	Wechselt das Verzeichnis auf einem FTP-Server. Zwischen cd und dem Verzeichnisnamen muß ein Leerzeichen stehen, .. (zwei Punkte) werden wie üblich verwendet, um eine Verzeichnisebene zurückzugehen, ebenso wird / der (Slash) für das Wechseln zur Root (oberste Hierachieebene) unterstützt.
close	Schließt eine FTP-Sitzung.
debug	Löst den Debugging-Modus aus.
delete	Löscht eine entfernte Datei.

dir	Listet Verzeichnisse und Dateien auf – entspricht `ls -l` in UNIX.
Glob	Aktiviert die Expansion von Metazeichen bei lokalen Dateinamen.
hash	Druckt für jeden übertragenen Datenblock ein # (Hash-Zeichen).
help	Liste der Befehle wird angezeigt. Mit `help`-Befehl erhalten Sie eine Beschreibung des Befehls. Arbeitet wie ?.
literal	Sendet Argumente wörtlich an den entfernten FTP-Server. Als Rückgabe wird ein einzelner FTP-Antwortcode erwartet.
lcd	Wechselt lokal das Verzeichnis.
ls	Listet Verzeichnisse und Dateien auf, `ls -l` in zeigt erweiterte Informationen.
mdelete	Löscht mehrere Dateien auf dem entfernten Rechner.
mdir	Listet ein Verzeichnis mit mehreren Remote-Verzeichnissen auf.
mget	Ermöglicht das Herunterladen mehrerer Dateien von dem entfernten System.
mkdir	Erstellt ein Verzeichnis auf dem Remote-System.
mls	Listet ein Verzeichnis mit mehreren Remote-Verzeichnissen auf.
mput	Lädt mehrere Dateien auf ein entferntes System.
open	Startet eine FTP-Sitzung.
prompt	Erzwingt interaktive Benutzerführung bei mehreren Befehlen.
put	Lädt eine Datei auf ein entferntes System.
pwd	Zeigt das aktuelle Verzeichnis an, wie `cd` (ohne Zusatz) bei DOS.
quit	Verläßt die FTP-Sitzung.
Quote	Sendet Argumente wörtlich an den entfernten FTP-Server. Als Rückgabe wird ein einzelner FTP-Antwortcode erwartet.
recv	Datei empfangen
rename	Umbenennen einer Datei
rmdir	Löscht ein Verzeichnis.
remotehelp	Holt eine Hilfeliste vom FTP-Server.
send	Lädt eine Datei auf das entfernte System.
status	Zeigt den aktuellen Status der FTP-Verbindungen.
trace	Aktiviert das Packet-Tracing.
type	Setzt den Übertragungstyp.

user	Sendet Benutzeranmeldeinformationen.
verbose	Aktiviert den Verbose-Modus (Ausführlicher Anzeigemodus).

Wie Sie sehen, gibt es eine beachtliche Anzahl an Befehlen. Auch wenn Sie sich nicht alle merken müssen, sollten Sie dennoch wissen, daß sie existieren und wie sie zu finden sind. In der Zwischenzeit haben einige Drittanbieter FTP-Programme mit einer grafischen Oberfläche entwickelt, um die Bedienung zu vereinfachen. Die meisten FTP-Programme nutzen jedoch die gleichen Befehle auf eine dem Standard entsprechende Art. Wenn Sie Ihr Wissen über FTP vertiefen möchten, überspringen Sie die folgende Seite und fahren mit dem Abschnitt *Der FTP-Server: Installation und Konfiguration* fort.

TFTP

Das bereits in Kapitel 2 ausführlich besprochene Trivial File Transfer Protocol entspricht FTP, nur ohne dessen Sicherheitskonzept. Dieses Programm setzt UDP statt TCP/IP ein, um mit einem Host zu kommunizieren, der die TFTP-Serversoftware ausführt. Wie bei Telnet liefert Microsoft nur die Clientkomponente von TFTP. Den Serverteil müssen Sie sich über einen Drittanbieter beschaffen, oder Sie nutzen den eines anderen Betriebssystems z.B. den eines UNIX-Servers. Für TFTP gilt folgendes Format:

```
TFTP [-i] host [Get|Put] source [destination]
```

-i	Legt den binären Übertragungsmodus fest (auch Octet genannt). Wird das -i ausgelassen, erfolgt die Übertragung im ASCII-Modus.
source/destination	Die volle Pfadangabe für Quelle und Ziel der Kopieraktion
get	Überträgt die Daten des angebenen Zielorts auf dem entfernten System an die spezifizierte Quelle auf dem lokalen System.
put	Überträgt die Daten der angebenen Quelle auf dem lokalen System an den spezifizierten Zielort auf dem entfernten System.

WWW

Web-Browser wie z.B. Microsoft Internet Explorer und Netscape Navigator nutzen HTTP für die Übertragung von Seiten mit Daten von einem Web-Server. Das WWW folgt einem Client/Server-Modell und nutzt das HTTP-Protokoll zwischen Client und Server.

Systemanforderungen für den Client:

- **Einen Web-Browser:** Es steht eine große Anzahl an World Wide Web-Clients zur Verfügung, einige stehen für ein kostenfreies Download im Internet zur Verfügung.

Systemanforderungen für den Server:

- **Den World Wide Web-Dienst:** Der Server antwortet mit dem Status der Transaktion – erfolgreich oder mißlungen – und den angeforderten Daten. Wenn die Daten übertragen sind, wird die Verbindung beendet. Der Server verwirft die Statusinformation. Jedes Objekt in einem HTTP-Dokument erfordert eine separate Verbindung.

Web-Browser haben folgende Vorteile bei der Datenübertragung:

- **Web-Browser unterstützen viele Datentypen:** Ein Web-Browser kann Textdateien und Grafiken automatisch herunterladen und anzeigen, manche können sogar Videos und Soundclips abspielen und Hilfsapplikationen für bekannte Dateitypen starten.

- **Web-Browser unterstützen viele Protokolle:** Web-Browser unterstützen viele Datenübertragungsprotokolle wie z.B. FTP, Gopher, HTTP und NNTP.

Der FTP-Server: Installation und Konfiguration

Wenn Sie auf Ihrem Schreibtisch einen PC oder einen Macintosh stehen haben, machen Sie sich einmal Gedanken, wie Sie diesen Rechner in einer Netzwerksituation nutzen. Vielleicht gibt es irgendwo in Ihrem Firmengebäude einen weiteren Computer, der als File-Server arbeitet. Ein solcher Computer hält und verwaltet die Dateien, die Sie und Ihr Unternehmen gemeinsam nutzen bzw. benötigen. Wie können Sie nun diesen Server darum bitten, eine seiner Dateien auf Ihren Rechner zu übertragen? Sie mögen einwenden, das hätten Sie noch nie gemacht, doch da liegen Sie falsch. Jedesmal, wenn Sie auf eine freigebene Netzwerkressource zugreifen wollen, bitten Sie das System, Ihren Computer mit den freigegebenen Dateien zu versorgen. Die technische Vorgehensweise dieser *Bitte* ist ganz einfach. Sie verbinden sich ganz einfach mit dem Server, der bei einem Macintosh als zusätzlicher Ordner auf der Arbeitsoberfäche abgebildet ist und bei einem PC als zusätzlicher Laufwerkbuchstabe wie z.B. X: oder E: erscheint. Auch die Welt der Intranets verfügt über

Der FTP-Server: Installation und Konfiguration

diese Eigenschaft – eine Eigenschaft, mit der Sie Ihren eigenen Computer mit entfernten Systemen so einfach verbinden, als seien diese lokale Laufwerke. Diese Eigenschaft wird durch das Network File System (NFS) ermöglicht. NFS ist aber in der TCP/IP-Welt noch relativ jung. Die übliche Art ist die direkte Verbindung mit dem Host, durch dessen Dateisystem zu blättern und Dateien für die Übertragung zum lokalen System auszuwählen. Dies wird mittels FTP, dem File Transfer Protocol erledigt.

Es gibt drei wesentliche Fragen beim Einsatz von FTP: Wie wird gestartet, wie kann durch die Verzeichnisse des FTP-Servers navigiert werden und wie wird schließlich die gewünschte Datei von einem FTP-Server zum lokalen System übertragen? Außerdem soll danach ein spezieller Typ von FTP-Verbindung vorgestellt werden: ANONYMOUS FTP. Zunächst aber soll die Organisation der Dateien auf einem FTP-Server unser Interesse finden.

FTP-Organisation

Wenn Sie das erste Mal auf einen FTP-Server geraten, wollen Sie wahrscheinlich sofort wieder herunter. Das liegt daran, daß FTP, wie viele Programme der TCP/IP-Welt nicht unbedingt mit dem überstrapazierten Etikett der Anwenderfreundlichkeit belegt werden könnte, vielmehr geht es in erster Linie um Funktionalität. Als PC-Benutzer wird Ihnen die UNIX-Verzeichnisstruktur irgendwie vertraut erscheinen, denn die DOS-Verzeichnisstruktur ist stark an UNIX angelehnt. Mac-Benutzer werden aber größere Probleme haben.

Nun, der Bezug auf die UNIX-Verzeichnisstruktur hat seine guten Gründe, denn üblicherweise setzen FTP-Server UNIX ein. Manche tun dies aber nicht, und so mag es vorkommen, daß Sie auf FTP-Server treffen, die zunächst etwas ungewöhnlich erscheinen. Im weiteren Verlauf unserer Diskussion wollen wir jedoch davon ausgehen, daß es sich um FTP-Server unter UNIX handelt. Denken Sie jedoch stets daran, daß Ihnen auch andere begegnen können. Diese ungewöhnlichen FTP-Server könnten z.B. auf einer DEC VAX unter VMS als Betriebssystem laufen. Andere laufen auf einem IBM-Mainframe mit MVS oder VM als Betriebssystem. Selten, aber nicht ausgeschlossen, können FTP-Server sogar unter DOS, OS/2, NT oder einem anderen PC-Betriebssystem laufen. Die Diskussion soll aber nun mit der Betrachtung eines FTP-Servers unter UNIX fortgesetzt werden.

FTP verwendet eine baumartige Verzeichnisstruktur, so wie es unter UNIX üblich ist. Das oberste Verzeichnis heißt in unserem Beispiel OURFILES und besitzt zwei Unterverzeichnisse mit den Namen OURFILES/BIN und OURFILES/TEXT (siehe Abbildung 11.1).

Abbildung 11.1:
Ein Beispiel für die Organisation von Dateien auf einem FTP-Server

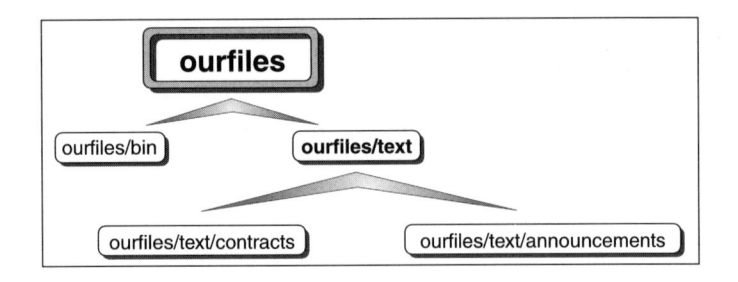

```
                    ourfiles
                   /        \
          ourfiles/bin    ourfiles/text
                         /            \
              ourfiles/text/contracts   ourfiles/text/announcements
```

In der UNIX-Welt bezieht sich das Verzeichnis /BIN auf ausführbare Dateien. Unter anderen Betriebssystemen spricht man von Programmdateien oder noch spezieller von EXE- oder COM-Dateien in der PC-Welt und von ladbaren Modulen (loadable modules) in der IBM-Mainframe-Welt. Das Verzeichnis TEXT hat selbst wieder zwei Unterverzeichnisse, eines namens CONTRACTS und ein zweites namens ANNOUNCEMENTS.

Hierzu einige Anmerkungen. PC-Benutzern erscheinen die Dinge zunächst recht vertraut, doch bei einem zweiten Blick sind einige Unterschiede zu entdecken. Betrachten Sie zunächst einmal das Unterverzeichnis namens ANNOUNCEMENTS. Der Name besteht aus mehr als acht Zeichen – unter DOS wäre dies nicht möglich. UNIX aber akzeptiert Dateinamen, die aus hundert und mehr Zeichen bestehen. Die zweite Auffälligkeit liegt in dem Trennungszeichen für die Verzeichnisebenen. UNIX verwendet statt des Backslash (\) einen einfachen Slash (/). Was die Dinge für Benutzer von Nicht-UNIX-Systemen kompliziert macht, ist der Umstand, daß FTP davon ausgeht, daß Ihr System ebenfals die UNIX-Verzeichnisstruktur nutzt. Das bedeutet aber, daß Sie mit zwei Verzeichnisstrukturen umgehen müssen – mit der des FTP-Servers und mit der auf Ihrer lokalen Festplatte.

Datei-Navigation

Auf der FTP-Kommandozeile (diese wird in Kürze demonstriert) wird von Ihnen erwartet, daß Sie angeben, woher die Dateien geholt werden sollen und wohin sie zu senden sind. Die beiden folgenden Befehle können dazu verwendet werden:

- Remote (entfernt): cd
- Lokal: lcd

Diese Befehle sind nötig, da auf beiden Systemen eine baumartige Verzeichnisstruktur vorhanden ist. Die folgenden Beispiele sollen die Arbeitsweise illustrieren.

Bewegung unter FTP

Wenn Sie auf einen FTP-Server gelangen, starten Sie auf der obersten Ebene der Verzeichnisstruktur. Diese oberste Ebene wird auch als Root- bzw. Stammverzeichnis bezeichnet. In unserem Beispiel heißt es OURFILES. Um nun eine Ebene tiefer zu gelangen, können Sie CD TEXT eingeben. Dies weist FTP an, eine Ebene tiefer, relativ zum aktuellen Standort in der Verzeichnisstruktur, zu gehen. Alternativ könnten Sie statt des relativen Bezugs den absoluten Pfad benutzen. Dann müßten Sie folgenden Befehl verwenden: CD /OURFILES/TEXT. Daß es sich hier um einen absoluten Pfad handelt, sieht man an dem führenden Slash des Pfadeintrags.

Um wieder eine Ebene zurückzuwandern, können Sie den Befehl CDUP oder CD.. angeben. Die beiden Punkte (..) bedeuten sowohl unter DOS als auch unter UNIX, daß es eine Ebene nach oben gehen soll. Auch hier können Sie alternativ den absoluten Bezug verwenden: CD/OURFILES.

Nehmen wir nun einmal an, Sie befänden sich auf der untersten Ebene dieser Struktur. Es handelt sich in unserem Beispiel um eine einfache Verzeichnistruktur, bestehend aus drei Ebenen. In der Realität sind die Verzeichnisstrukturen jedoch meist viel komplexer als diese. Um nun aus dem Verzeichnis OURFILES/TEXT/ANNOUNCEMENT in das Verzeichnis OURFILES/TEXT zurückzugelangen, können Sie, genau wie zuvor, entweder CDUP oder CD.. eingeben und als dritte Möglichkeit den absoluten Bezug mittels CD/OURFILES/TEXT wählen. Jeder der Befehle CD.. oder CDUP muß in einer eigenen Zeile stehen, die jeweils mit ENTER abgeschlossen sein muß. Auch wenn Sie mehrere Ebenen überwandern wollen, können niemals zwei solcher Kommandos in einer Zeile stehen.

Ein Beispiel für die Navigation

Da Sie sich nun durch die FTP-Verzeichnisstruktur bewegen können, ist es an der Zeit zu betrachten, wie mittels FTP Dateien aus dem Internet geholt werden können.

Wir haben bereits früher festgestellt, daß die Suche nach dem Begriff Microsoft uns einige interessante Informationen geliefert hat. Eine der gefundenen Sites war terminator.rts.itd.umich.edu (141.211.164.2).

Von dieser Site wollen wir mittels FTP beispielhaft einige Dateien herunterladen. Geben Sie folgendes auf der Kommandozeile ein: run **ftp terminator.rs.itd.umich.edu (141.211.164.2)**.

Wir sind auf dieser Site nicht bekannt und besitzen daher keinen lokalen Benutzernamen und natürlich auch kein Kennwort. Hier findet das Konzept des ANONYMOUS FTP seine nützliche Verwendung. Oft können Sie sich auf FTP-Sites anmelden und Dateien herunterladen, die speziell für den öffentlichen Gebrauch eingerichtet sind. ANONYMOUS FTP ist identisch mit dem normalen FTP, nur daß Sie sich dort mit dem Benutzernamen ANONYMOUS anmelden können. Sie erhalten die Antwort, daß Sie als Gast angemeldet werden. Sie werden aufgefordert, als Paßwort Ihre E-Mail-Adresse einzugeben. Nachdem Sie der Aufforderung nachgekommen sind, werden Sie eingelassen. Auf diesem Server können sich andere Orte befinden, für die wir durch die ANONYMOUS-Anmeldung keine Zugriffsberechtigung haben, doch dies soll uns im Augenblick gleichgültig sein. Als nächstes wollen wir mit dem Befehl DIR erforschen, was sich in diesem Verzeichnis verbirgt.

```
Connected to terminator.rs.itd.umich.edu.
220 terminator.rs.itd.umich.edu FTP server (SunOS 4.1) ready.
User (terminator.rs.itd.umich.edu:(none)): anonymous
331 Guest login ok, send ident as password.
Password:
230 Guest login ok, access restrictions apply.
ftp> dir
200 PORT command successful.
150 ASCII data connection for /bin/ls (153.34.190.137,1211)
(0 bytes).
total 19
d--x--s--x   2 root      wheel         512 Oct 27  1992 bin
dr-xr-sr-x   2 root      wheel         512 Jul 18  1993 dev
lrwxrwxrwx   1 root      wheel           8 Jul 17  1993 dns -> unix/dns
d--x--s--x   2 root      wheel         512 Oct 27  1992 etc
drwxr-sr-x   5 x500      isode         512 Nov 19  1996 ietf-asid
drwxr-sr-x   2 x500      isode         512 Nov 15  1996 ietf-ids
drwxr-sr-x   2 root      wheel         512 Nov  5  1992 ietf-remmail
drwxrwsr-x  12 root      isode         512 Apr 23 18:08 ldap
drwxr-sr-x   4 20039     staff         512 Aug  2  1995 mac
drwxrwsr-x   2 root      wheel         512 Apr 16 14:53 pub
drwxr-sr-x   6 root      wheel         512 May 21  1993 shakespeare
drwxrwsr-x   5 root      wheel         512 Nov  2  1996 unix
drwxr-sr-x   2 news      news          512 Dec 17  1992 usenet
drwxr-sr-x   3 root      wheel         512 Nov 30  1995 users
```

```
d--x--s--x   3 root     wheel      512 Oct 27  1992 usr
drwxrwsr-x   3 root     staff      512 May  8 15:58 win
drwxr-sr-x   2 5725     wheel      512 May 10  1996 www
drwxr-sr-x   4 20039    staff      512 Apr 27  1995
www-public
drwxrwsr-x   6 x500     isode     1024 May  3  1995
x500
226 ASCII Transfer complete.
1186 bytes received in 0.66 seconds (1.80 Kbytes/sec)
ftp>
```

Nun, besonders hübsch ist das nicht, doch welche Informationen stekken dahinter? Beachten Sie all die Buchstaben r, x, w und d jeweils links von den Einträgen. Die Buchstaben repräsentieren die Zugriffsrechte für die Dateien. Ein wichtiges Merkmal wird mit dem Buchstaben d ausgedrückt. Steht also ganz links in dem Eintrag ein d, so handelt es sich um ein Verzeichnis (d für directory). In diesem Beispiel handelt es sich u.a. bei dem Eintrag Shakespeare um ein Verzeichnis. Literarisch interessiert, wollen wir nun den Inhalt dieses Verzeichnisses betrachten. Geben Sie deshalb den Befehl **CD SHAKESPEARE** und anschließend **DIR** ein.

```
ftp> cd shakespeare
250 CWD command successful.
ftp> dir
200 PORT command successful.
150 ASCII data connection for /bin/ls (153.34.190.137,1215)
(0 bytes).
total 63
-r--r--r--   1 root     wheel      978 Feb 15  1994 README
drwxr-sr-x   2 root     wheel      512 May 21  1993
comedies
-r--r--r--   1 root     wheel    58966 Feb 15  1994
glossary
drwxr-sr-x   2 root     wheel      512 May 21  1993
histories
drwxr-sr-x   2 root     wheel      512 May 21  1993 poetry
drwxr-sr-x   2 root     wheel      512 May 21  1993
tragedies
226 ASCII Transfer complete.
392 bytes received in 0.05 seconds (7.84 Kbytes/sec)
ftp>
```

Bitte beachten Sie die Groß-/Kleinschreibung. Wenn der Name eines Verzeichnisses Literature mit einem großgeschriebenen *L* ist, dann wird ein Wechseln in das Verzeichnis in der Schreibweise literature (also mit kleinem Anfangsbuchstaben) wahrscheinlich fehlschlagen. Was heißt hier aber wahrscheinlich? Es handelt sich hier um eine weitere Eigenheit von UNIX. Das UNIX-Dateisystem unterscheidet zwischen Groß-/Kleinschreibumg. Wenn Sie dagegen mit einen OS/2-basierenden TCP/IP-Host kommunizieren, spielt diese Schreibweise keine Rolle. Wie erkennt man aber, welches Betriebssystem ein Host ausführt? Manchmal kann man dies bei der Anmeldung erkennen, doch leider nicht immer. Es ist darum eine gute Empfehlung davon auszugehen, daß die Schreibweise eine entscheidende Rolle spielt.

Zurück bei unserem Beispiel können wir eine ganze Anzahl an Verzeichnissen sehen: COMEDIES, GLOSSARY, HISTORIES, POETRY und TRAGEDIES. Von Interesse ist diesmal das Verzeichnis COMEDIES. Geben Sie also **CD COMEDIES** und anschließend **DIR** ein.

```
ftp> cd comedies
250 CWD command successful.
ftp> dir
200 PORT command successful.
150 ASCII data connection for /bin/ls (153.34.190.137,1225) (0 bytes).
total 2247
-r--r--r--  1 root     wheel       135369 Mar 24 1992 allswellthatendswell
-r--r--r--  1 root     wheel       125179 Mar 24 1992 asyoulikeit
-r--r--r--  1 root     wheel        89525 Mar 24 1992 comedyoferrors
-r--r--r--  1 root     wheel       165209 Mar 24 1992 cymbeline
-r--r--r--  1 root     wheel       129986 Mar 24 1992 loveslabourslost
-r--r--r--  1 root     wheel       130473 Mar 24 1992 measureforemeasure
-r--r--r--  1 root     wheel       122658 Mar 24 1992 merchantofvenice
-r--r--r--  1 root     wheel       131576 Mar 24 1992 merrywivesofwindsor
-r--r--r--  1 root     wheel        96508 Mar 24 1992 midsummersnightsdream
-r--r--r--  1 root     wheel       123413 Mar 24 1992 muchadoaboutnothing
-r--r--r--  1 root     wheel       111604 Mar 24 1992 periclesprinceoftyre
-r--r--r--  1 root     wheel       124237 Mar 24 1992 tamingoftheshrew
-r--r--r--  1 root     wheel        99379 Mar 24 1992 tempest
-r--r--r--  1 root     wheel       158946 Mar 24 1992
```

```
troilusandcressida
-r--r--r--   1 root       wheel        116759 Mar 24  1992
twelfthnight
-r--r--r--   1 root       wheel        102007 Mar 24  1992
twogentlemenofverona
-r--r--r--   1 root       wheel        145794 Mar 24  1992
winterstale
226 ASCII Transfer complete.
1231 bytes received in 0.82 seconds (1.50 Kbytes/sec)
ftp>
```

Beachten Sie, daß keine der Dateien eine Extension wie .ZIP oder .TXT.Z aufweist. Wenn das der Fall wäre, hätten wir es mit komprimierten Dateien zu tun. Die Extension .ZIP bei einer Datei bedeutet normalerweise, daß diese Datei mit dem pkzip-Algorithmus gepackt worden ist, vielleicht auf einem DOS-System. Das UNIX-Gegenstück vergibt an die gepackten Dateien die einfache Endung .Z (wie o.a. .txt.z). Solche Dateien können mit dem Programm gzip wieder entpackt werden, das Sie in sehr vielen Bibliotheken finden können. Lassen Sie uns konkreter werden und annehmen, Sie laden eine Datei FILE.ZIP auf Ihren PC. Wenn Sie sich die Datei ansehen wollen, erleben Sie eine Überaschung der besonderen Art; Sie schauen nur auf seltsame Zeichen – absolut unlesbar. Die Datei muß also entpackt werden, damit ihr Inhalt einen Sinn ergibt. Der Vorteil einer komprimierten Datei ist, daß weniger Bytes über das Netzwerk übertragen werden müssen. Wenn es sich bei dieser Datei beispielsweise um ein Buch handelt, bräuchten nicht Millionen von Bytes über das Netzwerk zu wandern, sondern einige tausend sind genug. Nach der Übertragung einer gepackten Datei müssen Sie nur ein eintsprechendes Entpack-Programm verwenden. Eine Datei mit der Extension .z weist auf gzip-Kompression hin. Solche Dateien können während der Übertragung entpackt werden. Wenn Sie also keine Kopie von pkunzip oder gzip besitzen und Sie Ihre Zeit nicht damit verschwenden wollen, nach diesen Programmen zu suchen, genügt es, die Datei nicht als FILE.TXT.Z anzufordern, sondern als Datei FILE.TXT. Das FTP-Progrmm ist clever genug zu wissen, daß es die Datei bei der Übertragung zu Ihrem System entpacken soll! Das ist doch ein schöner Zug.

Bevor Sie nun die Datei übertragen, gibt es noch einen beachtenswerten Punkt. Vor einigen Jahren noch handelte es sich bei den übertragenen Dateien um reine ASCII-Dateien. Heutzutage haben viele Dateien kein ASCII-Format. Selbst Tabellenkalkulationen und Textverarbeitungen produzieren Dateien, die andere Daten als nur einfachen Text enthalten. Solche Dateien werden Binär-Dateien genannt. Sie müssen FTP darüber informieren, wenn es solch eine Binär-Datei übertragen soll. Dies ereichen Sie mit der Eingabe von **BINARY** auf der `ftp>` Kommandozeile. Als Antwort erhalten Sie folgende Ausgabe: Type set to I. Dies ist die unverwechselbare Art von FTP, Ihnen mitzuteilen, daß es nun bereit ist, eine Binär-Datei zu übertragen. FTP bezeichnet dies als eine Image-Dateiübertragung.

Übertragung einer Datei

Laden Sie nun eine Datei herunter:

```
ftp> binary
200 Type set to I.
ftp> get allswellthatendswell
200 PORT command successful.
150 Binary data connection for allswellthatendswell
(153.34.190.137,1222) (13536
9 bytes).
226 Binary Transfer complete.
135369 bytes received in 29.82 seconds (4.54 Kbytes/sec)
ftp>
ftp> bye
221 Goodbye.
```

Nach der Übertragung der Datei erhalten Sie noch eine Statistik über den Datendurchsatz. Bei der Übertragung einer Datei ist etwas Geduld angesagt, denn es kann eine Weile dauern. Leider wird auch keine Statuszeile angezeigt, die den Fortschritt der Datenübertragung sichtbar macht. Ist gibt jedoch einen Befehl, der den Fortschritt der Kopieraktion ein wenig transparenter macht. Es handelt sich um den Befehl HASH. Wieder einmal müssen wir sagen, es handelt sich um einen UNIX-Befehl. Wenn Sie also HASH eingeben, zeigt Ihnen FTP bei jeder folgenden Übertragung von 2-KByte-Datenblöcken ein Hashzeichen (#) (in deutsch auch häufig Lattenzaun genannt) an. Wir haben schließlich die Datei auf unserem Arbeitsplatz zur Verfügung, denn dies war unser Zielverzeichnis. Nun können Sie die Datei mit WordPad öffnen. Dies geschah doch bemerkenswert einfach.

FTP versus Telnet

Wir wollen unsere Erfahrungen nun einmal rekapitulieren. Zunächst kann man das FTP-Programm auf gleiche Art wie das Telnet-Programm zur Anmeldung an einem enfernten System nutzen. Diese nahezu identische Vorgehensweise macht es manchen Benutzern schwer, die Unterschiede zwischen FTP und Telnet zu begreifen. Telnet ist eine Teminal-Emulation, die die Rechenleistung eines anderen Systems benutzt. FTP dient zur Dateiübertragung von einem oder zu einem anderen System.

Wenn Sie mittels FTP auf einer anderen Site angelangt sind, finden Sie üblicherweise eine baumartig organisierte Verzeichnisstruktur vor. Mit dem Befehl cd können Sie durch diese Struktur navigieren. Wahrscheinlich haben Sie auf Ihrem Sytem eine ebensolche Baumstruktur, Wenn Sie FTP nun Ziel oder Quelle für eine Kopieraktion mitteilen wollen, können Sie das lokale cd oder lcd für Ihren Verzeichnisbaum nutzen. Für die Übertragung von Binär-Dateien steht Ihnen der Befehl BINARY zur Verfügung. Der Befehl get fordert das entfernte System auf, Ihnen eine bestimmte Datei zu 'geben', während der Befehl put das entfernte System auffordert, eine Datei von Ihnen 'anzunehmen'. Damit haben Sie nun die wichtigsten Grundlagen von FTP erhalten.

Drucken im Internetwork

Microsoft TCP/IP Network Printing Support verfügt über folgende Eigenschaften:

- Von einem UNIX-Host auf einen Drucker drucken, der an einen Windows NT 4 Print-Server angeschlossen ist (LPDSVC-Dienst)
- Von jedem Computer, der sich mit einem Windows NT-Rechner verbinden kann, auf einen Drucker drucken, der an einen UNIX-Host angeschlossen ist. Der Windows NT-Rechner kommuniziert mit dem UNIX-Drucker unter Verwendung der beiden Hilfsprogramme LPR und LPQ.
- Auf Drucker drucken, die über eine TCP/IP-Netzwerkschnittstelle verfügen

Hilfsprogramme für Drucker

Microsoft liefert drei Utilities für das TCP/IP-Drucken unter Windows NT:

- LPD
- LPQ
- LPR

Wenn Sie den TCP/IP-Druckersupport installiert und konfiguriert haben, können Sie den Druckmanager oder den Befehl LPR für die Verbindung zu einem Drucker benutzen. Bei LPQ und LPR handelt es sich um Clientanwendungen, die mit LPD auf dem Server kommunizieren. Die drei Hilfsprogramme stellen folgende Funktionen zur Verfügung:

LPD

Der Line Printer Daemon (LPD) läuft als Dienst auf dem Windows NT-Computer (LPDSVC). Er gestattet jedem Computer mit installiertem TCP/IP und LPR, Druckjobs an den Windows NT-Computer zu senden. An dieser Stelle sei auf den Abschnitt *Installation eines TCP/IP-basierenden Druckers* weiter unten verwiesen.

Sie finden die Konfigurationsparameter für den TCP/IP-Print-Server unter folgendem Schlüssel der Registry:

```
HKEY_LOCAL_MACHINE\Sstem\CurrentControlSet\Services\LPDSVC
\Parameters
```

LPQ

LPQ (Line Printer Queue) gestattet einem Benutzer, die Druckerwarteschlange auf dem LPD-Server einzusehen. Es zeigt den Status einer entfernten LPD-Druckerwarteschlange an. Das Format dieses Befehls ist wie folgt:

```
lpq -Sserver -Pprinter -1
```

-Sserver	Der Name oder die IP-Adresse des Hosts, der den LPD-Dienst ausführt
-Pprinter	Der Name der Druckerwarteschlange
-1	Legt fest, daß eine detaillierte Statusangabe erfolgen soll

LPR

Wenn Sie sich auf Kommandozeilenebene befinden oder von einem UNIX-Host aus drucken wollen, können Sie den Befehl LPR(Line Printer), ein Werkzeug für die Kommandozeile, benutzen. Mit dem Line Printer Utility können Sie Jobs an einen Drucker senden, der durch einen Host mit dem LPD-Serverdienst verwaltet wird. Für die Übertragung eines Druckjobs errichtet LPR eine TCP-Verbindung zu dem LPD-Dienst über die Ports 512 und 1023. Hier das gültige Format für den Befehl:

```
lpr -Sserver -Pprinter [Cclass] [Jjobname] [Ooption] [-x] [-d] filename
```

Sserver	Der Name oder die IP-Adresse des Hosts, der den LPD-Dienst ausführt
Pprinter	Der Name der Druckerwarteschlange
-Cclass	Eine Klassifizierung des Jobs für die Verwendung auf der Bannerpage (die Seite mit dem Vorspann beim Druck)

`-Jjob`	Der Name des Jobs der auf die Bannerpage
`-oOption`	Gibt den Datentyp an (Standard ist Textdatei, für binäre Dateien wie PostScript etc. wird die Option `-ol` benutzt)
`-x`	Für eine Kompatiblität mit SunOS 4.1.x oder frühere Versionen
`-d`	Zuerst wird eine Datendatei gesendet.

Installation eines TCP/IP-basierenden Druckers

1. In der SYSTEMSTEUERUNG klicken Sie doppelt auf NETZWERKVERBINDUNG. Es erscheint das entsprechende Dialogfenster.
2. Klicken Sie auf die Registerkarte DIENSTE, der Dialog für die Dienste wird angezeigt.
3. Klicken Sie auf HINZUFÜGEN. Die Dialogbox AUSWAHL: NETZWERKDIENST erscheint.
4. Wählen Sie aus der Liste MICROSOFT TCP/IP-DRUCKDIENST und anschließend OK. In der Dialogbox WINDOWS NT SETUP werden Sie nach dem Pfad für die Installationsdateien gefragt.
5. Geben Sie **C:\I386** (oder Ihren gültigen Pfad für die Installationsdateien) ein. Klicken Sie dann auf OK. Die entsprechenden Dateien werden nun auf Ihre Workstation kopiert. Die Dialogbox NETZWERK erscheint.
6. Klicken Sie auf SCHLIEßEN. Die Dialogbox ÄNDERUNGEN DER NETZWERKEINSTELLUNGEN weist darauf hin, daß Ihr Rechner neu gestartet werden muß.
7. Klicken Sie auf JA.
8. Melden Sie sich als Administrator an.
9. Doppelklicken Sie in der Systemsteuerung auf DIENSTE. Die Dialogbox DIENSTE erscheint.
10. Wählen Sie TCP/IP DRUCK-SERVER und anschließend STARTEN.
11. Klicken Sie auf SCHLIEßEN.

Einrichtung eines TCP/IP-Druckers

1. In der SYSTEMSTEUERUNG klicken Sie DRUCKER doppelt an. Es erscheint das entsprechende Dialogfenster.
2. Doppelklicken Sie auf NEUER DRUCKER. Die Dialogbox ASSISTENT FÜR DIE DRUCKERINSTALLATION erscheint.

3. Klicken Sie auf ARBEITSPLATZ und dann auf WEITER.

4. Klicken Sie auf HINZUFÜGEN. Die Dialogbox DRUCKERANSCHLÜSSE erscheint.

5. Klicken Sie auf LPR PORT und dann auf NEUER ANSCHLUß. Die Dialogbox LPR-KOMPATIBLEN DRUCKER HINZUFÜGEN erscheint.

6. In dem Feld NAME ODER ADRESSE DES HOSTS, DER LPD BEREITSTELLT, geben Sie Ihre eigene IP-Adresse ein.

7. In dem Feld NAME DES DRUCKERS AUF DEM COMPUTER geben Sie **NAME_DES_DRUCKERS** ein und klicken anschließend auf OK.

8. Klicken Sie auf SCHLIEßEN.

9. Klicken Sie auf WEITER.

10. Vervollständigen Sie den Dialog mit dem Assistenten für die Druckerinstallation mit der Eingabe des Freigabenamens.

11. Eine Dialogbox INSTALLATION VON DISKETTE bittet Sie, eine Diskette in das Laufwerk einzulegen.

12. Klicken Sie auf OK. Nun erfragt die Dialogbox WINDOWS NT SETUP den Pfad zu Ihren Installationsdateien.

13. Geben Sie den entsprechenden Pfad ein.

14. Nach der Einrichtung des Druckers erscheint ein Symbol für den TCP/IP-Drucker.

Mit dem Druckmanager auf einen TCP/IP-Drucker drucken

1. Im Dialogfenster DRUCKER klicken Sie doppelt auf NEUER DRUCKER. Es erscheint der entsprechende Assistent.

2. Klicken Sie auf DRUCK-SERVER IM NETZWERK und auf WEITER. Die Dialogbox DRUCKER VERBINDEN erscheint.

3. In dem Feld DRUCKER geben Sie den Namen Ihres TCP/IP-Druckers ein. Der Druckassistent schlägt vor, diesen Drucker zum Standard-Drucker zu machen.

4. Klicken Sie auf JA und anschließend auf WEITER.

5. Klicken Sie auf FERTIGSTELLEN. In dem Fenster DRUCKER erscheint nun ein Symbol für den Drucker.

Dieses Kapitel wollen wir nun mit einer Frage abschließen: Wie kann man bei all diesen unterschiedlichen Computern, die TCP/IP verwenden, den Überblick behalten? Diese Frage führt zu dem nächsten Thema, das Simple Network Management Protokoll.

Simple Network Management Protocol (SNMP)

KAPITEL 12

In diesem Kapitel werden wir das Simple Network Management Protocol betrachten. Hört sich 'simpel' an? Ist es aber nicht wirklich, SNMP ist tatsächlich ein ziemlich komplexes Protokoll, doch das Schöne an SNMP ist, seine Administration ist „simpel"!

Zunächst werden wir den Anwendungszweck von SNMP erklären und die verschiedenen Operationen eines SNMP-Agents und eines SNMP-Managers kennenlernen. Danach definieren wir die Management Information Base (MIB) und zeigen Ihnen, wie der Microsoft SNMP-Dienst installiert und konfiguriert wird.

SNMP – Ein Überblick

SNMP (Simple Network Management Protocol) ist ein sehr bedeutendes Protokoll der TCPI/IP-Suite. Mit diesem Protokoll können Sie ein Netzwerk von einer oder mehreren Workstations, sogenannten SNMP-Managern, überwachen und verwalten. Bei SNMP handelt es sich um eine Familie von Richtlinien, die ein Mittel für die Erhebung von Netzwerkverwaltungsdaten, bezogen auf die im Netzwerk befindlichen Geräte, bereit stellen. Es verfügt weiterhin über eine Methode, mit denen diese Geräte eintretende Fehlersituationen an die Verwaltungsstationen berichten können. Mit einem SNMP-Manager können Sie die Geräte im Netzwerk bezogen auf ihren Typ und ihre Funktionen abfragen. Hier einige Beispiele von Maschinen, die Sie überwachen können:

- Windows NT-Computer
- LAN-Manager-Server
- Router und Gateways
- Minicomputer oder Mainframes
- Terminal-Server
- Wiring Hubs

Die Abbildung 12.1 zeigt den Netzwerkadministrator an einer SNMP-Management-Station, wie er verschiedene Geräte auf dem Internetwork abfragt bzw. testet. Bei einem Router können die Inhalte der Routingtabelle abgefragt werden. Statistische Erhebungen bezogen auf den dort weitergeleiteten Datenverkehr sind ebenfalls machbar. Bei einem Mainframe-Computer können Sie erforschen, welche Ports auf Anfragen warten oder welche aktiven Verbindungen zu Clients bestehen. Weiterhin kann auch ein Windows NT-Rechner überwacht werden. Dieser kann den Manager bei besonderen Vorkommnissen warnen, etwa wenn die Speicherkapazität eines bestimmten Hosts knapp zu werden droht.

SNMP – Ein Überblick

Unabhängig vom Typ des befragten Geräts ist ein SNMP-Agent auf diesem Gerät in der Lage, bedeutungsvolle Informationen an den Manager zu liefern.

Abbildung 12.1:
SNMP-Manager und SNMP-Agents

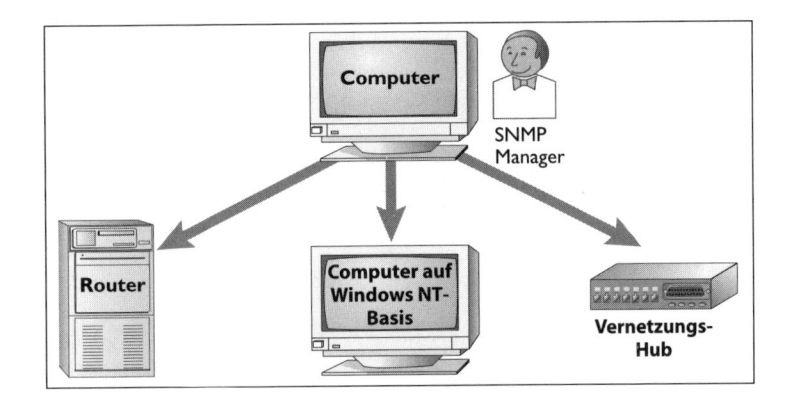

SNMP ist in RFC 1157 definiert.

HINWEIS

Managementsysteme und Agents

SNMP besitzt eine verteilte Architektur, die aus Managementsystemen und Agents besteht. Die Arbeitsweise ist wie folgt: Der Manager sendet zunächst eine Anfrage an den Agent, um entweder den Wert einer Netzwerkvariablen zu setzen oder zu erhalten. Die Variable befindet sich in der Management Information Base (MIB) des Agents. Der Agent reagiert auf die Anfrage gemäß des Community-Namens (Name der Gemeinschaft), der die Anfrage begleitet. Ein Community Name kann mit einem Paßwort verglichen werden, eine detaillierte Erläuterung folgt in diesem Kapitel.

Das SNMP-Protokoll ist in sofern „simpel", als es nur fünf Befehlstypen definiert. Diese sind:

- **GetRequest**: Dieser Befehl wird von dem Manager verwendet, um Informationen von einem Agent anzufordern.

- **GetNextRequest:** Auch dieser Befehl erfolgt durch den Manager. Er wird verwendet, wenn sich die gewünschte Information in einer Tabelle oder einem Array befindet. Der Manager kann das Kommando wiederholt einsetzen, bis der vollständige Inhalt des Arrays ausgelesen ist.

- **GetResponse:** Der befragte Agent nutzt diesen Befehl, um die Anfrage eines Managers zu bedienen.

- **SetRequest:** Der Manager nutzt diesen Befehl, um den Wert eines Parameters innerhalb der MIB des Agents zu ändern.

- **Trap:** Ein spezielles Kommando des Agents, mit dem er den Manager über ein spezielles Ereignis informieren kann.

Abbildung 12.2 illustriert die Hauptfunktion des Managementsystems – die Informationsanforderung an die Agents. Jeder Computer, der die SNMP-Managementsoftware ausführt, wird als Managementsystem bezeichnet. Dieses System initiiert die Operationen GETREQUEST, GETNEXTREQUEST und SETREQUEST.

Abbildung 12.2: Management-Systeme und Agents

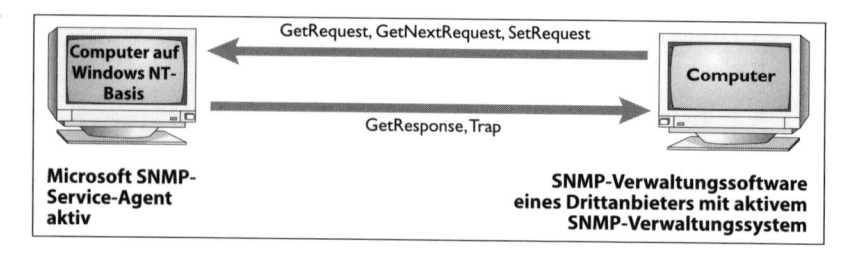

Computer auf Windows NT-Basis — GetRequest, GetNextRequest, SetRequest → Computer
GetResponse, Trap

Microsoft SNMP-Service-Agent aktiv

SNMP-Verwaltungssoftware eines Drittanbieters mit aktivem SNMP-Verwaltungssystem

Jeder Computer, der die SNMP-Agentsoftware ausführt, wird als SNMP-Agent bezeichnet, meist ein Server oder ein Router. Hauptsächliche Aufgabe eines SNMP-Agents ist die durch die Befehle GETREQUEST, GETNEXTREQUEST und SETREQUEST initiierten Aufgaben auszuführen, so wie sie durch das Managementsystem erfordert werden.

Microsofts SNMP-Dienst ist die SNMP-Agentsoftware. Die einzige Operation, die durch einen SNMP-Agent eingeleitet werden kann, geschieht über den Befehl TRAP. Mit diesem Befehl wird das Managementsystem über außergewöhnliche Ereignisse, wie z.B. eine Kennwortverletzung, informiert.

MIB: Die Management Information Base

Eine MIB beschreibt die Objekte oder Einträge, die in der Datenbank des SNMP-Agents abgelegt werden. Aus diesem Grunde werden SNMP-Agents manchmal auch MIBs genannt. Objekte in einer MIB müssen definiert sein, damit die Entwickler der Managementsoftware wissen, welche Objekte verfügbar und wie deren Namen und Werte sind. Für diese Information gibt es spezielle MIB-Richtlinien.

In einer MIB werden Informationen über den Host, auf dem sie installiert ist, aufgezeichnet und abgelegt. Ein SNMP-Manager kann Informationen aus der MIB eines Agents anfordern und auslesen. Er kann die darin enthaltenen untersuchen und ändern. Mit dem SNMP-Manager können Sie z.B. die Anzahl der auf einem speziellen Remote Host stattgefundenen Sitzungen untersuchen. Microsofts SNMP-Dienst unterstützt Internet MIB II, LAN-Manager MIB II, DHCP MIB und WINS MIB. Hier eine Beschreibung dieser Tools:

- **Internet MIB II:** Ein Superset des vorherigen Standards, Internet MIB I. Hier sind 171 Objekte definiert, die im wesentlichen für die Analyse bei Fehlern und bei der Konfiguration benutzt werden.

- **LAN-Manager MIB II für Windows NT:** Beinhaltet ein Set von Objekten, die speziell für die Unterstützung von Computern unter Windows NT entwickelt wurden. Hier werden fast 90 Objekte definiert, die zu den folgenden Bereichen Informationen liefern: Statistik, Freigaben, Sitzungen, Benutzer und Anmeldungen. Die meisten Objekte der LAN-Manager MIB II besitzen aufgrund der unsicheren Natur von SNMP nur Lesestatus.

- **DHCP MIB:** Windows NT beinhaltet eine DHCP MIB, die Objekte für die Überwachung der DHCP-Serveraktivität definiert. Diese MIB (DHCPMIB.DLL) wird bei der Installation des DHCP-Serverdienstes automatisch mit installiert. Sie beinhaltet ca. 14 Objekte für die Überwachung von DHCP wie z.B. die Anzahl der empfangenen Aufspürungsanfragen, die Anzahl von Ablehnungen und die Anzahl der an Clients weitergeleiteten Adressen.

- **WINS MIB:** Windows NT beinhaltet eine WINS MIB, die Objekte für die Überwachung der WINS-Serveraktivität definiert. Diese MIB (WINSMIB.DLL) wird bei der Installation des WINS-Serverdienstes automatisch mit installiert. Sie enthält ca. 70 Objekte für die Überwachung von WINS, z.B. die Anzahl der erfolgreich durchgeführten Auflösungsanfragen (Resolution Requests), die Anzahl der mißlungenen Auflösungsanfragen und Datum und Zeit der letzten Datenbankreplikation.

Der SNMP-Dienst von Microsoft

Um die Vorteile der Microsoft NT SNMP-Dienste nutzen zu können, müssen Sie über einen SNMP-Manager verfügen, der SNMP-Meldungen überwachen und anzeigen kann. Der Microsoft SNMP-Dienst stellt die SNMP-Agentdienste für jeden TCPI/IP-Host, der die SNMP-Managementsoftware ausführt, zur Verfügung. Der Microsoft SNMP-Dienst kann unter Windows NT ablaufen, solange dort auch das TCPI/IP-Protokoll gefahren wird.

Die Microsoft SNMP-Dienst Managementsoftware kann mittels zweier Methoden Informationen über die beteiligten Geräte einholen. Bei der ersten Methode schicken die Geräte Nachrichten an einen SNMP-Manager oder an irgendeinen anderen Server innerhalb der Community. Die andere Methode funktioniert, indem der SNMP-Manager die Geräte in bestimmten zeitlichen Intervallen (Sekunden, Minuten, Stunden) anspricht.

Wenn die öffentliche Community in die Nachrichtenliste aufgenommen wird, erhält jede Management-Station innerhalb der Community diese Nachrichten und ist somit in der Lage, Änderungen an der Konfiguration vorzunehmen.

Der Microsoft SNMP-Dienst kann die Datei HOSTS, DNS, WINS oder die Datei LMHOSTS nutzen, um die Hostnamen in IP-Adressen zu übersetzen, und um identifizieren zu können, welchem Host Bericht erstattet werden soll und von welchem Anfragen empfangen werden. Außerdem stellt der SNMP-Dienst Datenquellen (eine Art Zähler) für die Überwachung von TCP/IP mit dem Systemmonitor zur Verfügung.

Planung und Vorbereitung für die Implementierung

Wenn Sie vorhaben, den SNMP-Dienst mit einem Manager von einem Drittanbieter umzusetzen, müssen Sie folgendes unternehmen:

- Die IP-Adressen und Hostnamen der teilnehmenden Hosts aufzeichnen
- Die Hostnamen/IP-Adressen-Abbildungen den passenden Quellen für die Namensauflösung zuordnen
- Die Managementsysteme der Drittanbieter und die Microsoft SNMP-Agents identifizieren

Hostnamen und IP-Adressen

Bei der Installation des SNMP-Dienstes auf einem Agent sollten Sie dafür Sorge tragen, daß Sie über die Hostnamen oder IP-Adressen der Hosts verfügen, an die Ihr System SNMP-Traps senden wird und derer, an die er bei SNMP-Anfragen antworten soll.

Host-Namensauflösung

Der SNMP-Dienst verwendet die unter Windows NT üblichen Methoden für die Auflösung von Hostnamen in IP-Adressen. Wenn Sie Hostnamen verwenden, achten Sie darauf, daß alle Hostnamen/IP-Adressen-Abbildungen der teilnehmenden Computer den passenden Quellen für die Namensauflösung hinzugefügt werden (z.B. der Datei HOSTS, DNS, WINS oder der Datei LMHOSTS).

Managementsysteme und Agents

Ein Managementsystem kann jeder Computer sein, der erstens das TCPI/IP-Transportprotokoll und zweitens die SNMP-Managersoftware eines Drittanbieters ausführt. Um den Microsoft SNMP-Dienst einsetzen zu können, benötigen Sie mindestens ein Managementsystem.

Ein SNMP-Agent ist ein Windows NT-Computer, der den Microsoft SNMP-Dienst ausführt. Der Agent versorgt das Managementsystem mit angeforderten Statusinformationen und Nachrichten über besondere Ereignisse.

Die Definition von SNMP-Communities

Vor der Installation von SNMP müssen Sie eine SNMP-Community definieren. Eine Community (deutsch Gemeinschaft) ist eine Gruppe, zu der die Hosts gehören, die den SNMP-Dienst ausführen. Ein Community-Parameter bezeichnet den Namen dieser Gruppe. Durch ihn werden SNMP-Communities identifiziert. Die Verwendung eines Community-Namens bedeutet einen höheren Grad an Sicherheit und stellt den Kontext für die Agents beim Empfang von Anfragen und dem Aussenden von Traps. Das gilt natürlich auch für das Managementsystem und seinen Aufgaben. Ein Agent würde niemals auf eine Anfrage eines Managementsystems reagieren, das außerhalb der konfigurierten Community liegt, doch kann ein Agent gleichzeitig Mitglied verschiedener Communities sein. So wird eine Kommunikation mit SNMP-Managern aus unterschiedlichen Communities ermöglicht. Die Abbildung 12.3 illustriert die Verwendung eines Communitynamens.

In Abbildung 12.3 kann HOST A Nachrichten an und von HOST B senden und empfangen, denn beide sind Mitglieder der Community PUBLIC 1. HOST C bis HOST E können Nachrichten von und an MANAGER F erhalten und senden, da all diese Maschinen Mitglieder der Standardcommunity PUBLIC sind.

Abbildung 12.3:
Eine SNMP-Community wird für die Gruppierung von Hosts genutzt

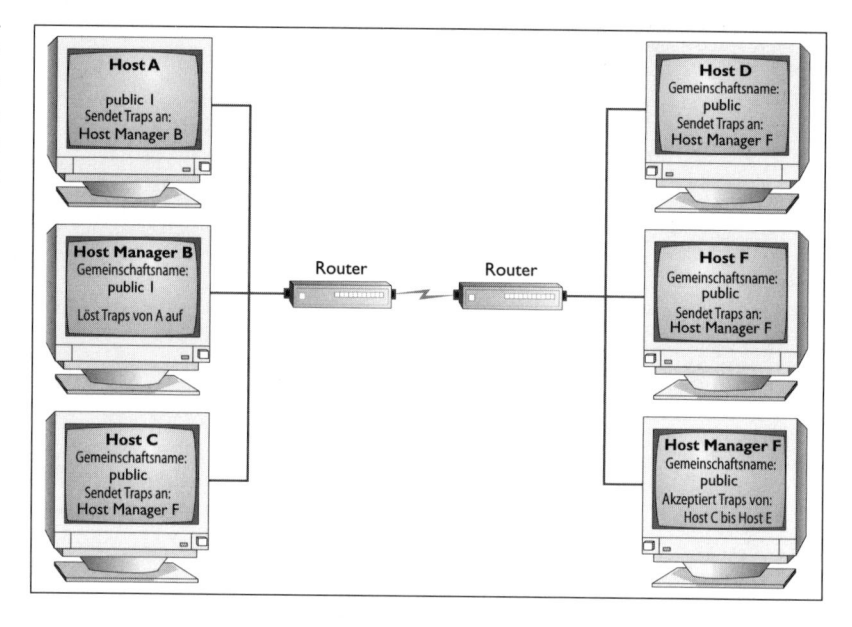

Host A
public I
Sendet Traps an:
Host Manager B

Host Manager B
Gemeinschaftsname:
public I
Löst Traps von A auf

Host C
Gemeinschaftsname:
public
Sendet Traps an:
Host Manager F

Host D
Gemeinschaftsname:
public
Sendet Traps an:
Host Manager F

Host F
Gemeinschaftsname:
public
Sendet Traps an:
Host Manager F

Host Manager F
Gemeinschaftsname:
public
Akzeptiert Traps von:
Host C bis Host E

SNMP-Installation und Konfiguration

Kommen wir nun zur Installation und Konfiguration von SNMP auf einem Windows NT-Computer. Wenn Sie TCPI/IP mit dem Systemmonitor überwachen wollen, müssen Sie den SNMP-Dienst installieren. Auch wenn Sie einen Windows NT-Rechner mit einer Anwendung eines Drittanbieters überwachen möchten, müssen Sie den SNMP-Dienst konfigurieren.

Sicherheitsaspekte des SNMP-Dienstes

SNMP stellt eine Sicherheitsstufe auf minimaler Ebene zur Verfügung. Dies ist durch die Natur der Arbeitsweise unumgänglich, schließlich werden zwischen Agents und Managementsystemen Nachrichten und Anfragen bzw. Antworten über ein Netz ausgetauscht. Sie sollten sich jedoch nicht in falscher Sicherheit wägen! Wenn Ihr SNMP-verwaltetes Netzwerk an das Internet oder irgendein anderes öffentliches Netzwerk angeschlossen ist, sollte ein Firewall-System zur Abwehr unerwünschter Eindringlinge über die außen liegenden Management-Konsolen parat stehen. Bei der Installation von SNMP beachten Sie folgende Konfigurationsoptionen für die Sicherheit:

- **Echtheitsbestätigungs-Trap senden:** Wird verwendet, wenn Sie durch den Computer einen Trap senden wollen, wenn die Echtheitsbestätigung mißlingt. Erhält der SNMP-Dienst eine Anfrage durch ein Managementsystem, die den Community-Namen nicht enthält oder ihm nicht entspricht, kann der Dienst einen Trap an die zu diesem Zwecke eingerichtete Stelle senden.

- **Angenommene Community-Namen:** Dies legt die Community-Namen fest, von denen der Computer Anfragen akzeptiert. Ein Host muß zu einer der Communities gehören, die in dieser Liste für den SNMP-Dienst auftauchen, sonst werden seine Anfragen abgelehnt. Üblicherweise gehören alle Hosts der Community namens PUBLIC an.

- **Von jedem Host SNMP-Pakete annehmen:** Diese Option ist standardmäßig aktiviert. Pakete eines jeden Hosts werden akzeptiert.

- **Nur von diesem Host Pakete annehmen:** Ist diese Option angewählt, darf der Computer nur Pakete von Hosts mit speziellen IP- oder IPX-Adressen plus Angabe des Hostnamens in dem entsprechenden Feld akzeptieren.

Installation und Konfiguration des SNMP-Dienstes

1. In der Systemsteuerung klicken Sie auf Netzwerkumgebung.
2. Im Dialogfenster NETZWERKEINSTELLUNGEN klicken Sie auf HINZUFÜGEN.
3. Klicken Sie auf die Registerkarte DIENSTE und dort auf HINZUFÜGEN. Die Dialogbox NETZWERKDIENSTE AUSWÄHLEN erscheint.
4. Markieren Sie den SNMP-DIENST und bestätigen Sie dies mit OK.
5. Geben Sie den Pfad für die Setup-Datei ein.
6. Nachdem die entsprechenden Dateien auf den Computer kopiert wurden, erscheint die Dialogbox EIGENSCHAFTEN VON MICROSOFT SNMP. Richten Sie die folgenden Parameter ein:

   Community Name: Dies ist der Community-Name, an den Traps gesendet werden. Damit in der ernannten Community Traps empfangen werden können, muß ihr ein Managementsystem zugehören. Der Standard-Communityname für alle Hosts ist PUBLIC.

   Trap-Ziele: Trap-Ziele bestehen aus Namen oder IP-Adressen der Hosts, an die der SNMP-Dienst Traps versenden soll. Wenn Sie einen Hostnamen benutzen, sorgen Sie für die Möglichkeit einer Auflösung, damit der SNMP-Dienst ihn auf eine IP-Adresse abbilden kann.

SNMP-Agentdienst

Ein Simple Network Management Protocol Agent stellt eine Datenbank mit Informationen über ein Gerät und/oder dessen Umgebung dar. Die entsprechende Software wird auf dem Gerät installiert, das überwacht und verwaltet werden soll. Die Daten in der Datenbank eines Agents sind von der speziellen Funktion des zu überwachenden Geräts abhängig. Der Agent auf dem verwalteten Gerät bietet seine Informationen nicht selbständig bzw. freiwillig an, denn das würde den Computer von seiner primären Funktion abhalten. Einzige Ausnahme dieser Regel ist, daß der Agent bei einem unvorhergesehenen Ereignis selbständig das Managementsystem alarmiert. Die Microsoft SNMP-Agentdienste versetzen einen Windows NT-Computer in die Lage, ein SNMP-Managementsystem mit Informationen über die Aktivitäten auf den verschiedenen Schichten der Internet-Protocol-Suite zu versorgen.

Gehen wir davon aus, daß TCPI/IP und SNMP bereits auf Ihrem System installiert wurden. Klicken Sie nun auf die SNMP EIGENSCHAFTEN. Es erscheint ein dreigeteiltes Menü: AGENT, TRAPS und SICHERHEIT. Die hier einzugebenden Daten für die Konfiguration entsprechen der Information, die Sie auch unter Windows NT 3.5x verwenden würden.

> **HINWEIS**
>
> *Unter Windows 3.5x ist die Installation des SNMP-Dienstes etwas anders. Sie wird nicht über die Dialogbox DIENSTE hinzugefügt, sondern über die Option „Programme hinzufügen" und der Auswahl „TCPI/IP und verwandte Komponenten".*

Für die Konfiguration des SNMP-Agents wählen Sie auf der angezeigten Seite EIGENSCHAFTEN VON MICROSOFT SNMP die Registrierkarte AGENT. Unter DIENSTE wählen Sie die Art des Dienstes für die Berichte. Aktivieren Sie alle Auswahlkästchen, die sich auf die Netzwerkfähigkeiten Ihres Windows NT-Rechners beziehen. SNMP benötigt diese Information für die Verwaltung der aktivierten Dienste. Standarddienste sind ANWENDUNGEN, INTERNET und ENDE-ZU-ENDE.

Der SNMP-Agent generiert Trap-Meldungen, die an die SNMP-Managementkonsole – das Trap-Ziel – gesendet werden. Trap-Ziele werden über einen Computernamen, eine IP-Adresse oder eine IPX-Adresse identifiziert. Dies ist die notwendige Adresse für den verwaltenden Host, der die Nachrichten erhalten soll. Hier handelt es sich um einen Host, der das SNMP-Managementsystem ausführt. Um das Trap-Ziel auf einem Windows NT 4 Computer einzurichten, wählen Sie auf der Seite EIGENSCHAFTEN VON MICROSOFT SNMP die Registrierkarte TRAPS. Hier müssen Sie nun den Hostnamen und die IP-Adresse bzw. IPX-Adresse des (der) Computer mit dem SNMP-Managementprogramm eingeben.

Mit den Community-Namen wird ein rudimentäres Sicherheitsschema für den SNMP-Dienst bereitgestellt. HINZUFÜGEN und LÖSCHEN von Community-Namen geschieht über die Registerkarte SICHERHEIT in der Dialogbox EIGENSCHAFTEN VON MICROSOFT SNMP. Sie können hier auch die Pakettypen herausfiltern, die der Computer akzeptieren soll. Für die Konfiguration des SNMP-Dienstes muß mindestens ein Community-Name angegeben werden. Der Standardname ist PUBLIC.

Konfiguration des SNMP-Agent

1. Im Dialogfenster SNMP-EINSTELLUNGEN klicken Sie auf die Registerkarte AGENT.
2. Auf der Registerkarte AGENT füllen Sie die Felder KONTAKT und STANDORT entsprechend aus.

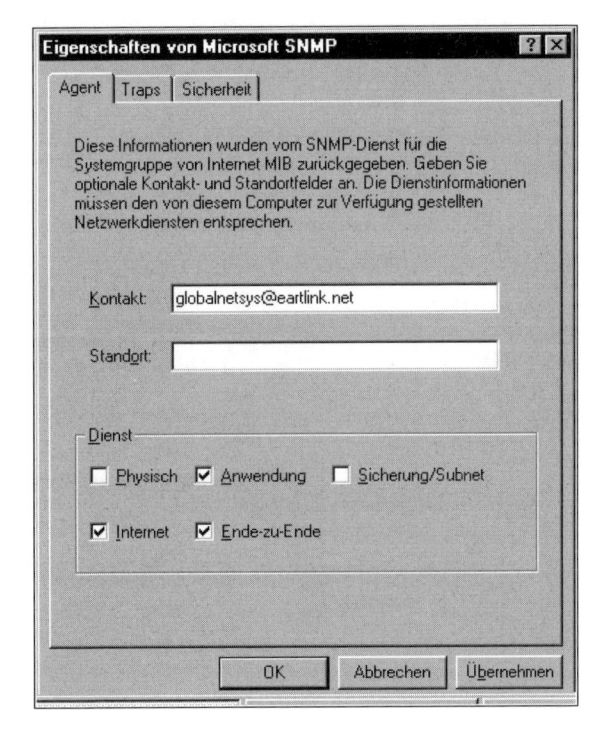

3. Wählen Sie die Diensttypen aus, oder akzeptieren Sie die Standardeinstellungen.
4. Wählen Sie die Registerkarte TRAPS.

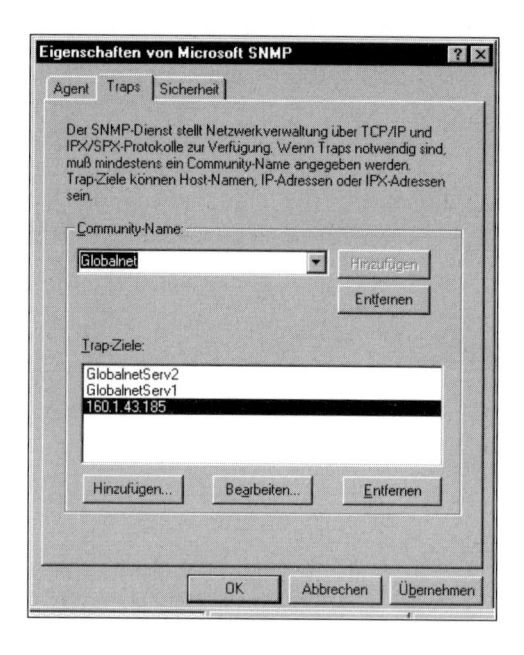

5. Fügen Sie, wenn nötig, einen neuen COMMUNITY-NAMEN ein. Standard ist PUBLIC.

6. Fügen Sie den (die) Host(s) für das TRAP-ZIEL ein.

7. Wählen Sie nun die Registerkarte SICHERHEIT.

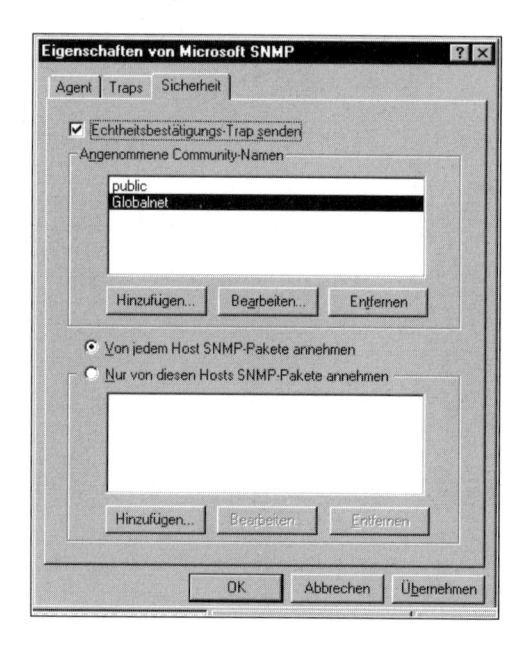

8. Tragen Sie alle neuen Namen unter ANGENOMMENE COMMUNITIES ein und wählen dann HINZUFÜGEN.

9. Klicken Sie auf OK.

10. Starten Sie Ihren Computer neu.

Fehler des SNMP-Dienstes aufspüren

Nach der Installation von SNMP besteht die Möglichkeit, Fehler des Dienstes über die EREIGNISANZEIGE-SYSTEMPROTOKOLL zu betrachten. Die Ereignisanzeige zeichnet alle Ereignisse der Systemkomponenten von SNMP auf, sogar wenn der Start des SNMP-Dienstes mißlingt. Die Ereignisanzeige ist das erste Werkzeug, das Sie benutzen sollten, um mögliche SNMP-Fehler und Probleme zu identifizieren.

Das Werkzeug SNMPUTIL

Das Programm SNMPUTIL.EXE ist nur mit dem Windows NT 4 Resource Kit verfügbar. Mit diesem Werkzeug können Sie überprüfen, ob der SNMP-Dienst korrekt für die Kommunikation mit den SNMP-Managementstationen konfiguriert ist. SNMPUTIL führt SNMP-Aufrufe aus, die denen einer SNMP-Managementstation entsprechen. Dies wird in folgendem Beispiel gezeigt:

```
snmputil command agent community object_identifier_(OID)
```

Gültige Befehle sind:

get	Den Wert des angeforderten Object Identifiers erhalten
getnext	Den Wert des nächsten Objekts nach dem angeforderten Object Identifier erhalten
walk	Schrittweises Wandern (walk) durch den MIB-Zweig, der durch den Object Identifier festgelegt wurde

Wenn Sie die Anzahl der DHCP-Server-Adressen, die über einen DHCP-Server namens MAXamillion in der Community PUBLIC geliefert werden, feststellen wollten, müßten Sie folgenden Befehl nutzen:

```
snmputil getnext MAXamillion Public
.1.3.6.1.4.1.311.1.3.2.1.1.1
```

Der Befehl antwortet mit der OID und einem Zählerwert für die fragliche Objekt-ID, dies repräsentiert die Anzahl der Ausgaben.

Die Arbeitsweise von SNMP

Abbildung 12.4 zeigt die Arbeitsweise von SNMP bei der Reaktion einer Anfrage durch ein Managementsystem eines Drittanbieters:

1. Ein SNMP-Managementsystem eines Drittanbieters, das auf Host 1 läuft, fordert die Nummer der aktiven Sessions vom Microsoft SNMP-Agent an. Das SNMP-Managementsystem nutzt den Host-Namen, um die Anforderung zu versenden. Die Anfrage wird von der Anwendung an Socket (UDP-Port) 161 weitergeleitet. Der Host-Name wird auf Grundlage der Hoste-Datei, DNS, WINS, B-Node-Übertragung oder LMHOSTS aufgelöst.

2. Es wird eine SNMP-Nachricht gebildet, die den Befehl GETREQUEST beinhaltet, um die Anzahl der aktiven Sitzungen zu erhalten. Als Community-Name wird PUBLIC eingesetzt.

3. Der Microsoft SNMP-Agent HOST 2 erhält diese Nachricht und prüft den Community-Namen und auch, ob die Nachricht auf irgendeine Weise defekt ist. Wenn der Community-Name nicht korrekt ist oder die Nachricht irgendwo auf dem Weg beschädigt wurde, wird die Nachricht verworfen. Ist die Nachricht gültig und der Community-Name korrekt, prüft der Host die IP-Adresse, um sicherzustellen, daß die Adresse berechtigt ist, Nachrichten von dem Managementsystem zu akzeptieren.

4. Eine SNMP-Nachricht mit der Aussage, daß acht Sitzungen aktiv sind, wird an den SNMP-Manager zurückgeschickt.

Abbildung 12.4:
Die Funktionsweise von SNMP

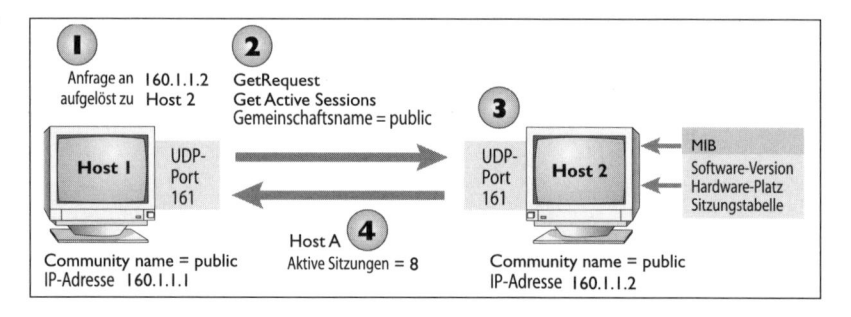

① Anfrage an 160.1.1.2 aufgelöst zu Host 2
② GetRequest / Get Active Sessions / Gemeinschaftsname = public
③ MIB / Software-Version / Hardware-Platz / Sitzungstabelle
④ Host A / Aktive Sitzungen = 8

Host 1 — UDP-Port 161 — Community name = public — IP-Adresse 160.1.1.1

Host 2 — UDP-Port 161 — Community name = public — IP-Adresse 160.1.1.2

Im nächsten Kapitel wollen wir uns dem Aufbau einer eigenen Web-Site widmen.

Der Aufbau einer eigenen Web-Site

KAPITEL 13

Welche Gründe gibt es für den Betrieb eines eigenen Web-Servers?

Wie Sie wissen, ermöglicht das Internet Computern, die auf dem ganzen Globus verteilt sind, miteinander in einer gemeinsamen Sprache zu kommunizieren. Wie das internationale Telefonsystem handelt es sich dabei um ein globales Netzwerk, das von keiner Person oder von irgendeiner Organisation kontrolliert wird. Im wesentlichen ist es öffentlich zugängig oder, um den passenden Begriff zu wählen, Public Domain. Mit einem Internet-Zugang haben Sie Zugriff auf eine unbeschreibliche Informationswelt. Wenn Sie jemals das Internet benutzt haben (falls das nicht der Fall ist, so wird sich dies in Kürze ändern), werden Sie die riesige Informationsflut bereits bemerkt haben. Mit einem eigenen Web-Server können Sie selbst Internet-Benutzern auf der ganzen Welt Informationen anbieten. Es bieten sich folgende Einsatzgebiete für einen Web-Server an:

- **Annoncen und Werbung:** Setzen Sie eine Web-Site mit Ihrem Firmenprofil, Stellenausschreibungen oder gar einem Firmenbericht auf das Internet.
- **Bequemer und einfacher Kontakt zu Kunden:** Veröffentlichen Sie einen Produktkatalog und nehmen Sie Aufträge direkt über das Internet an.
- **Kontakte herstellen und Informationsaustausch:** Stellen Sie entfernten Benutzern die Datenbank Ihres Unternehmens zur Verfügung.
- **Management:** Überwachen Sie die Internet-Dienste Ihres Unternehmens.

Dieses Kapitel beschäftigt sich mit zwei Produkten zum Aufbau einer Web-Site mit Windows NT: FrontPage 97 und dem Internet Information Server.

FrontPage

Um eine Internet-Site zu kreieren, die andere Web-Surfer sehen können, müssen Sie für deren Aufbau die HyperText Markup Language (HTML) verwenden. Bisher mußte man dazu ein HTML-Experte sein.

Für die in der Programmierung weniger Bedarften hat Microsoft nun eine benutzerfreundliche Lösung entwickelt, das Produkt FrontPage. Auch wenn Sie bereits mit HTML experimentiert haben, bietet Ihnen Microsoft FrontPage ganz neue Einsichten. Mit diesem Produkt erhalten Sie ganz neuartige Freiheiten und können dennoch anspruchsvolle Web-Sites erzeugen.

Welche Systemanforderungen werden von FrontPage gestellt? Als erstes muß natürlich ein Internet-Zugang über einen Internet Service Provider (ISP) vorhanden sein. Außerdem benötigen Sie einen Internet-Browser. Als nächstes brauchen Sie logischerweise FrontPage selbst. Der Microsoft Internet Explorer kommt im Bundle mit dem FrontPage 97 Bonus Back daher. Der Internet Explorer kann Ihnen helfen, einen Internet Service Provider zu finden und sich dort anzumelden. Der Netscape Navigator arbeitet übrigens auch sehr gut mit FrontPage zusammen.

Was bietet das FrontPage 97-Paket?

Das Microsoft FrontPage 97 BonusPack beinhaltet fünf Programme (siehe Abbildung 13.1):

Abbildung 13.1:
Das FrontPage BonusPack

- Microsoft FrontPage 97
- Microsoft Image Composer
- Microsoft Personal Web Server
- Internet Explorer
- Web Publishing Wizard

Von diesen Programmen ist FrontPage 97 das eigentliche Programm für den Aufbau einer Web-Site. Das Microsoft Programm Image Composer ist optional, obschon es sich hier um ein sehr leistungsstarkes Grafikpaket handelt, mit dem Sie Ihre kreativen Energien umsetzen können. Mit dem Image Composer können Sie viele Arten von Bilddateien erstellen, die das Aussehen Ihrer Web-Site erheblich verbessern.

Microsoft Personal Web Server ermöglicht das Austesten Ihrer Web-Site auf dem eigenen Computer. So können Sie vor einem Vertrag mit einem Provider und der Präsentation Ihrer Web-Site im Internet alle notwendigen Prüfungen durchführen. Das Programm ist auch ganz praktisch für Veränderungen an der Site, ohne online zu gehen. Personal Web Server kann nur unter Windows 95 eingesetzt werden, nicht unter Windows NT. Wenn Sie es dennoch unter NT versuchen, treffen Sie auf eine inaktive Schaltfläche, was die Dinge zum Halten bringt.

In dem FrontPage 97-Bundle befindet sich auch der Internet-Explorer. Auch wenn Sie den Netscape Navigator 3.0 oder höher benutzen, ist der Internet Explorer mit einigen Eigenschaften ausgestattet, die für das Testen Ihrer Site ganz nützlich sind. Der Web Publishing Wizard ermöglicht Ihnen, Ihre Web-Site auf einem Server zu veröffentlichen, der einige der in FrontPage 97 möglichen Features eigentlich nicht unterstützt.

Microsoft FrontPage bietet alles, was zum Aufbau einer Web-Site nötig ist. Das einzige, was es nicht bietet, ist ein Internet Service Provider (vielleicht in der nächsten Version), bei dem Sie den Platz für Ihre Seiten anmieten können.

Installation von FrontPage 97

1. Legen Sie die FrontPage 97-CD in Ihren NT Server-Rechner ein.
2. Wenn die CD nicht selbständig startet, wählen Sie aus dem Menü START die Option AUSFÜHREN. Klicken Sie auf die Schaltfläche DURCHSUCHEN, und richten Sie die Suche auf Ihr CD-Laufwerk. Führen Sie auf das dort gefundene Setup-Symbol einen Doppelklick aus (siehe Abbildung 13.2).
3. Wählen Sie INSTALLATION FRONTPAGE 97. Wenn Sie bereits einige Komponenten installiert haben, erscheint eine Meldung „Ist bereits installiert" neben den Schaltflächen.
4. Geben Sie Ihren Namen und Ihr Unternehmen wie in Abbildung 13.3 gezeigt ein, und klicken Sie auf WEITER.
5. Nun erfolgt die Eingabe des Codes für die CD.
6. Nach der Festlegung des Installationsverzeichnisses klicken Sie auf WEITER.

Abbildung 13.2:
Start des Installationsvorgangs

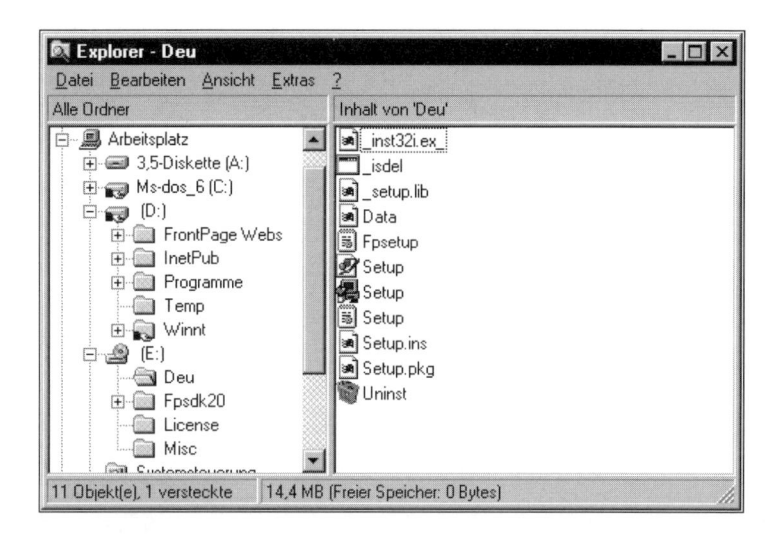

Abbildung 13.3:
Registrierung von FrontPage

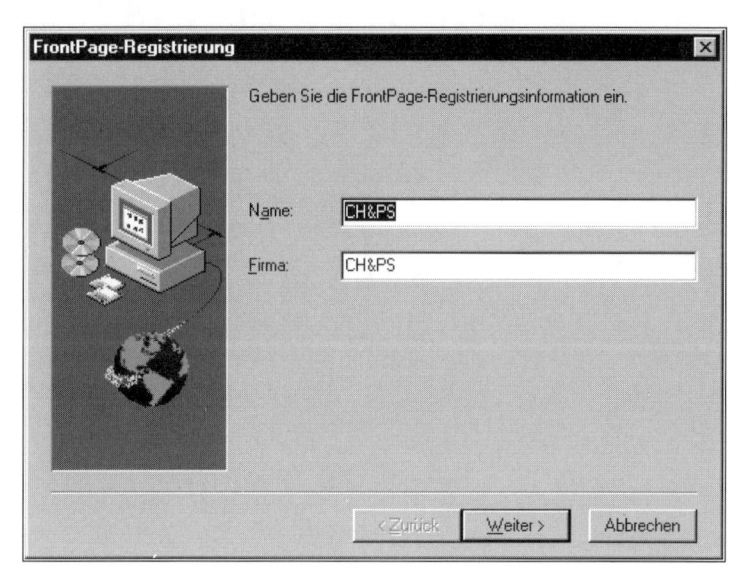

7. Wählen Sie nun zwischen Standard oder benutzerdefinierter Installation (siehe Abbildung 13.4).

8. Klicken Sie zweimal auf WEITER. Die entsprechenden Dateien werden auf Ihre Festplatte kopiert.

Abbildung 13.4:
Die Setup-Art auswählen

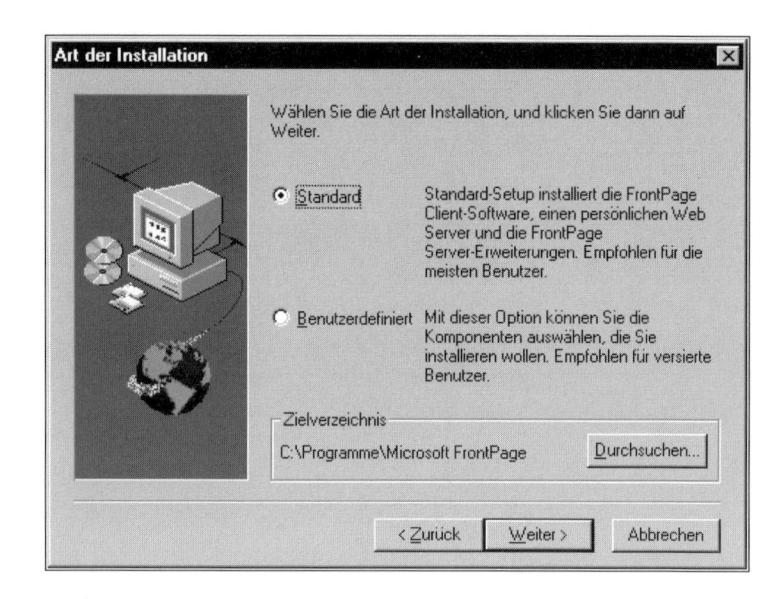

9. Wie in Abbildung 13.5 werden Sie nun aufgefordert, ein Kennwort und eine Bestätigung einzugeben. Wählen Sie dann OK.

Abbildung 13.5:
Die Paßworteinstellungen

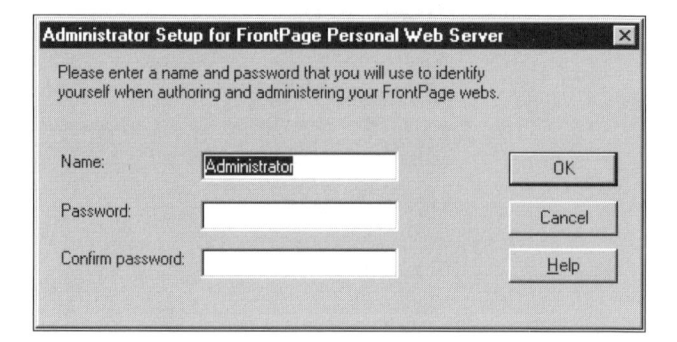

10. Klicken Sie auf BEENDEN, und starten Sie den FrontPage Explorer sofort.

11. FrontPage startet und versucht, Ihre TCP/IP-Adresse und den Hostnamen festzustellen. Abbildung 13.6 zeigt den nun erscheinenden Hinweis, daß dies einen Moment Zeit beansprucht.

Abbildung 13.6:
Ein guter Zeitpunkt für eine Kaffeepause!

Nachdem Ihre TCP/IP-Adresse und der Hostname ausgelesen sind, steht FrontPage für die Arbeit bereit d.h. fast bereit. Eine Sache ist nämlich noch zu tun, FrontPage testet TCP/IP.

Der TCP/IP-Test

FrontPage 97 prüft und installiert bei Bedarf die TCP/IP-Connectivity. Ein erfolgreicher Abschluß des Tests bedeutet nicht, daß Ihr System direkt an das Internet angeschlossen ist, nur daß die entsprechende Fähigkeit zur Verbindung vorhanden ist. Wenn Sie an einer Stand-alone-Workstation arbeiten, jedoch planen, Ihre Web-Site auf einen Server zu kopieren, simuliert das TCP/IP-Protokoll eine Verbindung zum Internet. Sie können arbeiten, als befänden Sie sich tatsächlich auf dem Internet.

Folgende Schritte sind für die Ausführung des TCP/IP-Tests erforderlich:

1. Wählen Sie START/AUSFÜHREN/DURCHSUCHEN. Gehen Sie in den Ordner, in dem Sie Microsoft FrontPage installiert haben.
2. Klicken Sie auf den Ordner BIN.
3. Klicken Sie auf das Symbol TCPTEST.
4. Klicken Sie auf die Schaltfläche TEST STARTEN.

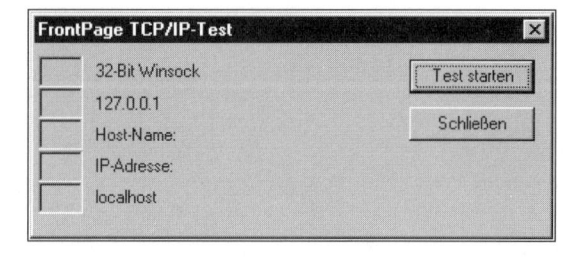

5. Wird bei dem Test festgestellt, daß Ihr Computer mit TCP/IP kompatibel ist, erscheint folgende Dialogbox:

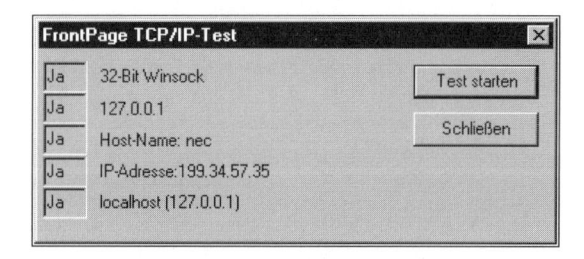

Nach erfolgreichem Abschluß des Tests kann es losgehen.

Aufbau Ihrer Web-Site

Eine leistungsfähige Eigenschaft von FrontPage ist der FrontPage Explorer. Er sorgt für die Korrektheit Ihrer Verbindungen und wenn die Zeit für den produktiven Einsatz über einen Internet Service Provider reif ist, trägt er Sorge dafür, daß alle Dateien an Ort und Stelle sind.

Die Vorgehensweise für den Aufbau einer neuen Web-Site erfordert folgende Schritte:

1. Wählen Sie Start/Programme/Microsoft FrontPage.
2. Klicken Sie auf LEERES WEB (siehe Abbildung 13.7) und anschließend auf OK.

Abbildung 13.7:
Bei der Erstellung einer Web-Seite haben Sie zahlreiche Optionen zur Auswahl

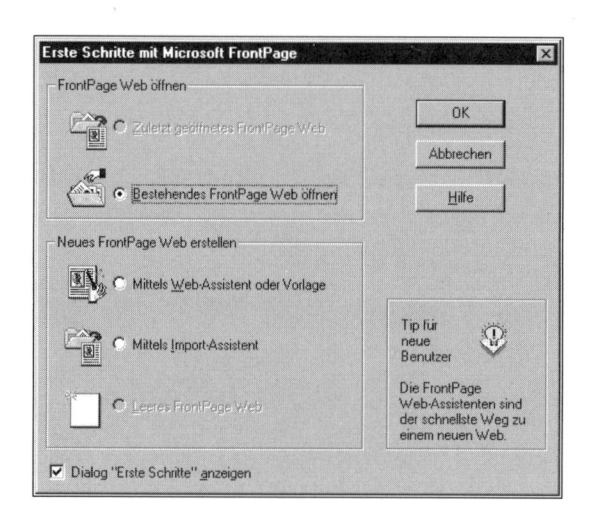

3. Übernehmen Sie die Standardeinstellungen für WEB SERVER ODER PFAD (in unserem Beispiel in Abbildung 13.8 ist es COMPAQ.CTS.EDU), und geben Sie einen Namen für Ihre Web-Site ein. Der Name darf bis zu 256 Zeichen lang sein.
4. In der Dialogbox NAME UND KENNWORT ERFORDERLICH geben Sie Ihren Namen und das Kennwort ein. Klicken Sie nun auf OK.

Wenn Sie bei der Installation kein Kennwort angegeben haben, können Sie dies nun mit folgenden Schritten nachholen:

1. Wählen Sie Start/Ausführen/Durchsuchen.
2. Führen Sie das Programm FPSRVWIN.EXE aus. Sie finden es in dem Ordner FRONTPAGE im Verzeichnis BIN.

Aufbau Ihrer Web-Site **373**

Abbildung 13.8:
Geben Sie den Namen und die Adresse Ihrer Web-Seite ein

3. Klicken Sie auf die Schaltfläche SICHERHEIT, wie in Abbildung 13.9 gezeigt.

Abbildung 13.9:
Ein Paßwort zuweisen

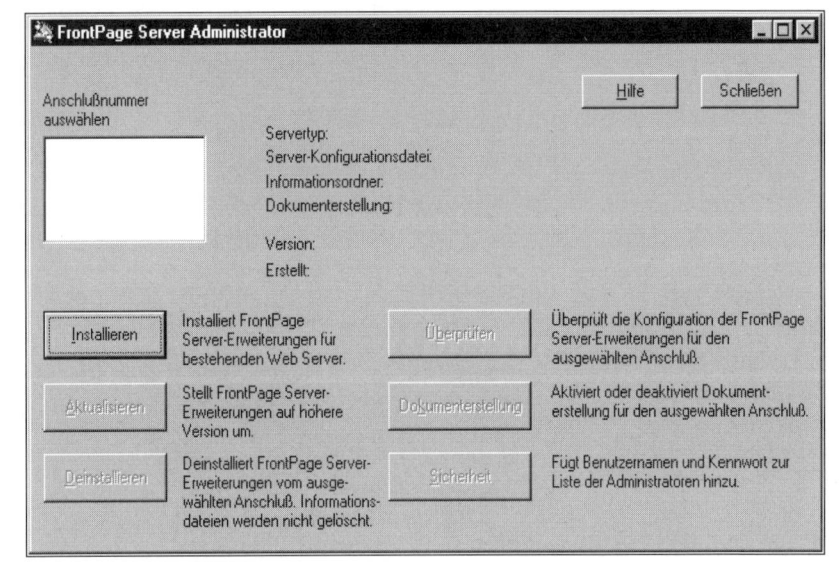

4. Geben Sie im Feld NAME Ihren Namen und in dem Feld KENNWORT Ihr Kennwort (siehe Abbildung 13.10) ein. Klicken Sie auf OK.

Abbildung 13.10:
Geben Sie Ihren Namen und Ihr Paßwort ein

Mit dem FrontPage Explorer eine Web-Site untersuchen

1. Klicken Sie auf die Schaltfläche Hyperlink-Ansicht des FrontPage-Explorers, den Sie in Abbildung 13.11 sehen. Dieses Fenster zeigt Links zwischen den Seiten Ihrer Web-Site. Wundern Sie sich nicht, daß noch keine da sind, wir haben noch keine erstellt.

Abbildung 13.11:
Hyperlink-Ansicht

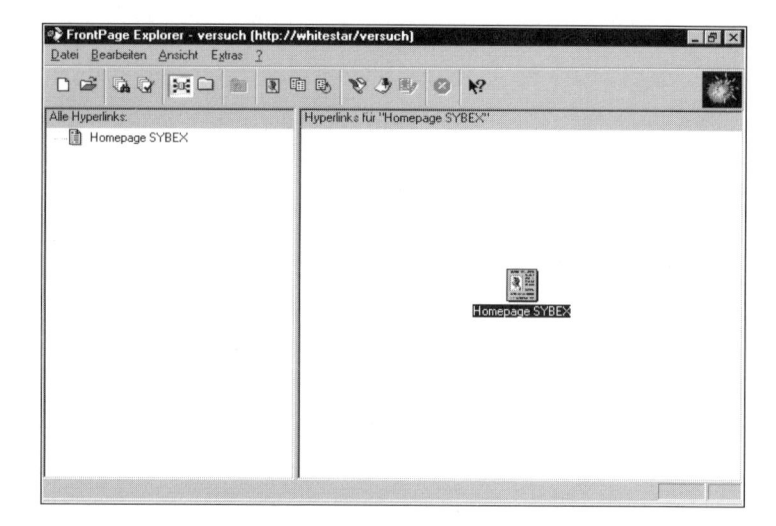

2. Klicken Sie auf die Schaltfläche ORDNERANSICHT, um in die Ansicht ORDNER des FrontPage Explorers zu wechseln. Dies wird in Abbildung 13.12 gezeigt.

Abbildung 13.12:
Ordner-Ansicht

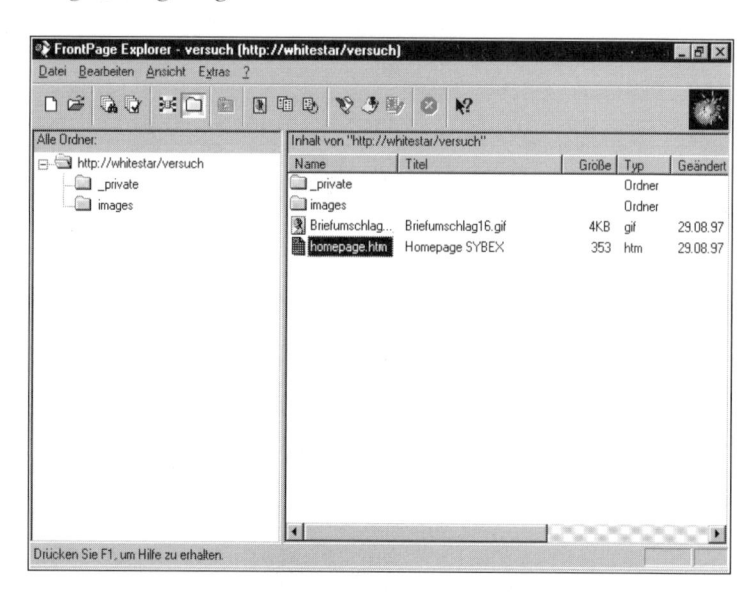

Aufbau Ihrer Web-Site

Unsere neue Web-Site hat bereits zwei Ordner. FrontPage hat diese automatisch für uns erzeugt. Die notwendigen Dateien bei der Konstruktion unserer Web-Site werden dort abgelegt. Die Homepage unserer Web-Site ist INDEX.HTM, sie ist noch leer und wartet auf uns.

HINWEIS

HTML-Dateien haben die Extension .HTM(oder .HTML).

TIP

FrontPage erwartet etwas von Ihnen ... wenn Sie auf einer Web-Page arbeiten, müssen Sie immer zuerst im Explorer die Web-Site öffnen.

Bisher befindet sich noch nichts auf Ihrer Web-Page. Dies können wir ändern, indem wir im FrontPage Explorer eine leere Seite öffnen. Sie können dazu entweder in der ORDNERANSICHT oder in der HYPERLINKANSICHT einen Doppelklick auf DATEI AUSFÜHREN.

TIP

Wenn Sie den FrontPage Explorer stets offenhalten, gewährleistet dies die Integrietät Ihrer Web-Site.

Eine Überschrift mit dem FrontPage Explorer

1. Klicken Sie die Datei doppelt an, entwoder in der Ordner-Ansicht oder in der Hyperlink-Ansicht.
2. Geben Sie nun eine Überschrift ein. Hier können Sie den Stil für Ihre Überschrift bestimmen wie z.B. Schriftart, Größe oder auch Attribute wie fett oder kursiv. Dies wird in Abbildung 13.13 gezeigt.

Abbildung 13.13:
Festlegen der Formatierungder Überschrift der Web-Seite

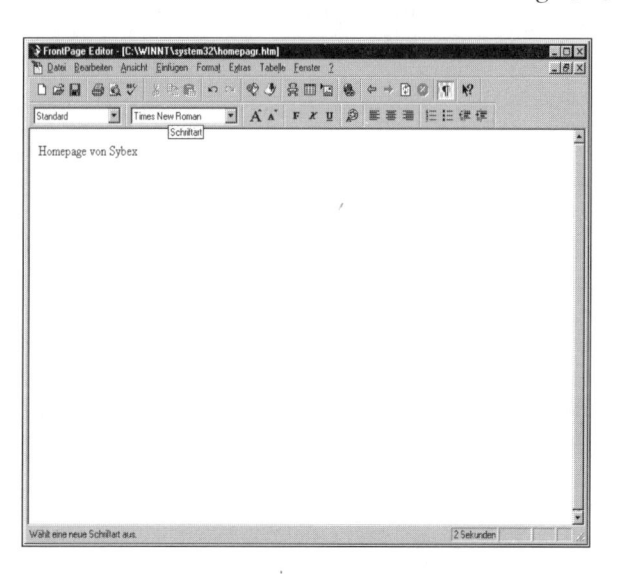

3. Sie haben auch die Möglichkeit, integrierte Stilformate zu benutzen. Markieren Sie dazu den gerade eingegebenen Text. Anschließend wählen Sie aus der FORMAT-SYMBOLLEISTE die Liste zur Veränderung der Stilart, wenn Sie sich im FrontPage Editor befinden. Wählen Sie ÜBERSCHRIFT 1 (Abbildung 13.14).

Abbildung 13.14: Formatierungsvorlagen verwenden

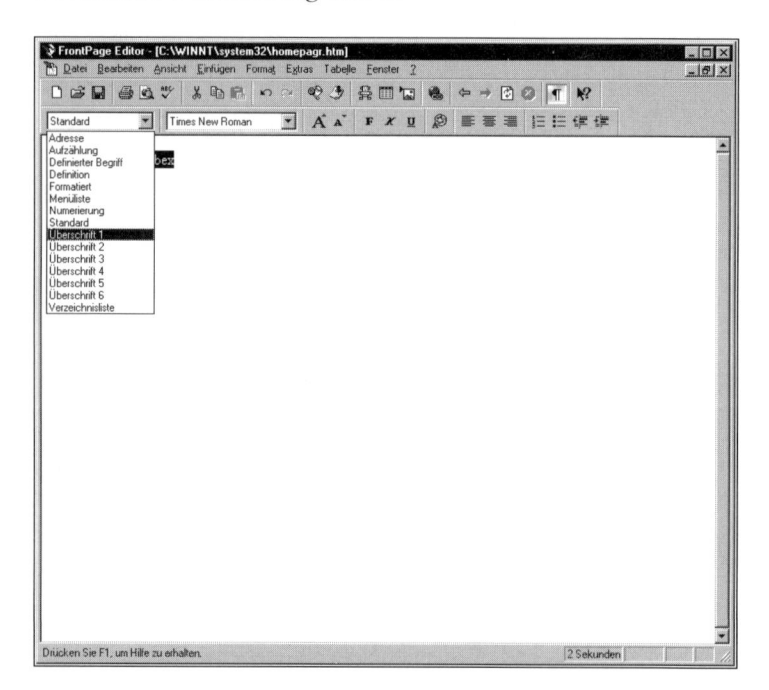

Grafiken für Ihre Web-Page

Um Grafiken in den FrontPage Editor zu laden, kopieren Sie diese, wie bei jeder Microsoft Office-Anwendung über die Windows 95-/NT-Zwischenablage. Auch FrontPage verfügt über einige Cliparts. Mit folgenden Arbeitsschritten können Sie diese einfügen:

1. Entscheiden Sie, wo auf Ihrer Seite die Grafik erscheinen soll, bewegen Sie die Einfügemarke dorthin, und wählen Sie EINFÜGEN/GRAFIK.

2. Wählen Sie in der Dialogbox BILD die Registerkarte CLIP ART.

3. Wählen Sie ein Symbol aus der Liste KATEGORIEN (Abbildung 13.15) und anschließend ein Bild, das Ihnen gefällt, mit einem Doppelklick aus. Die Grafik wird nun in Ihre Web-Page eingefügt.

Abbildung 13.15:
Die Liste
KATEGORIE

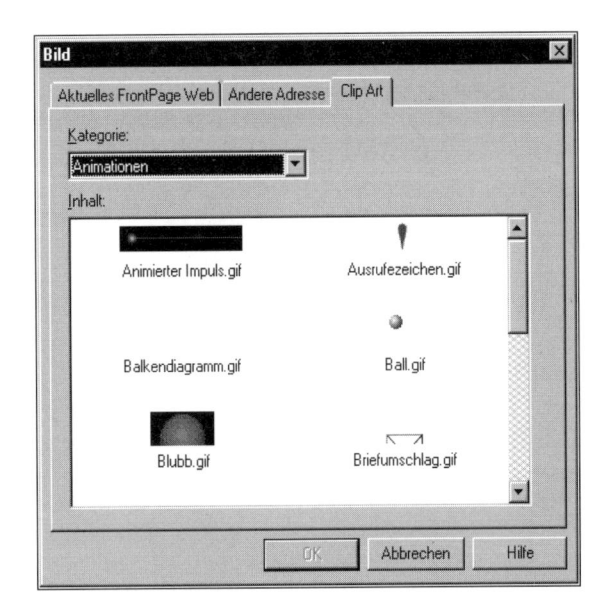

4. FrontPage unterstützt das Cut-&-Paste-Prinzip (Ausschneiden und Einfügen). Wenn Sie Text kopieren möchten, markieren Sie diesen. Führen Sie nun einen rechten Mausklick aus. Es erscheint ein Menü. Wählen Sie hier KOPIEREN. Wechseln Sie in Ihre Web-Page, und setzen Sie den Cursor an die Stelle, wo der Text eingefügt werden soll. Führen Sie einen weiteren rechten Mausklick aus. Ein weiteres Menü mit der Option EINFÜGEN erscheint.

Das allgegenwärtige Sichern Ihrer Arbeit

FrontPage Web-Seiten werden mit einem Dateinamen und einem Titel abgespeichert, die dazu dienen, die Seite innerhalb der URL (Uniform Resource Location) Ihrer Web-Site zu identifizieren. Die URL ist die Adresse, die Besucher benutzen, um zu Ihrer Web-Site auf dem World Wide Web zu gelangen. Alle Web-Seiten müssen eindeutige Namen besitzen, bis auf eine Ausnahme. Die Seite namens INDEX.HTM ist die Seite, auf die Besucher Ihrer Web-Site gelangen, wenn Sie Ihre URL eingeben. Die Datei INDEX.HTM ist die Homepage Ihrer Web-Site.

Web-Pages besitzen auch Titel und diese dürfen länger und ausdrucksstärker als Dateinamen sein. Dateinamen müssen die Extension .HTM besitzen. So weit, so gut. Nun haben Sie eine neue Seite erzeugt und wollen sie benennen. Wenn Sie dies anfangen, werden Sie nach Namen und Titel für die Seite gefragt. Geben Sie zuerst einen Titel ein – FrontPage stets hilfreich – schlägt Ihnen dann einen eng verwandten möglichen Namen vor.

Abspeichern der Seiten in FrontPage:

- Klicken Sie in der Werkzeugleiste auf die Schaltfläche SPEICHERN. Sie werden nicht gebeten, einen Dateinamen oder einen Titel für Ihre Seite anzugeben, weil der Dateiname (INDEX.HTM) im FrontPage Explorer, wo Sie die Datei geöffnet haben, zugewiesen wurde. Der Titel „Homepage" wurde ebenfalls für Sie erzeugt.

- Wenn Sie eine Grafik auf eine Seite setzen, die noch nicht Bestandteil Ihrer Web-Site ist, fragt FrontPage, ob es die Seite nun als Teil der Site abspeichern soll. Der FrontPage Explorer erledigt seine Pflicht im Hintergrund. Klicken Sie auf OK, wenn die Frage nach dem Abspeichern der Grafikdateien erscheint.

Die große Enthüllung

Erinnern Sie sich, als wir einen ersten Blick auf unsere Site im FrontPage Explorer geworfen haben? Es gab nur zwei Dateien und es bestanden keine Links zwischen ihnen. Nach den vorgenommenen Änderungen wollen wir nun die Dinge betrachten.

Wenn Sie im FrontPage Explorer Links betrachten wollen, zeigen wir Ihnen hier die notwendigen Schritte:

- Wechseln Sie in den Explorer: Klicken Sie in der Werkzeugleiste auf die Schaltfläche FRONTPAGE EXPLORER, klicken Sie dann auf die gelbe Schaltfläche HYPERLINKANSICHT in der gleichen Werkzeugleiste. In dieser Ansicht sehen Sie den neuen Link zwischen dem grafischen Bild und der HTML-Seite.

- Wenn Sie die Grafikdateien verbergen möchten, klicken Sie auf die Schaltfläche LINKS TO IMAGES, die sich in der Werkzeugleiste des FrontPage Explorers befindet. Welchen Sinn macht es, Grafikdateien verbergen zu wollen? Nun, manchmal werden Sites ein wenig unübersichtlich und damit schwer zu administrieren. Wenn Sie daher die Bilder verbergen, erleichtern Sie die Administration.

Nun ist es Zeit für einen weiteren Test. Wenn Sie Windows 95 einsetzen, können Sie den Personal Server einsetzen, unter NT geht dies leider nicht. Dort müssen Sie den Internet Information Server installieren.

Setzen Sie Ihre FrontPage 97 Homepage in den Ordner WWWROOT.

Was ist zu tun, wenn Sie Ihre Homepage von zu Hause aus bearbeiten wollen, diese sich jedoch auf einem IIS-Server bei einem Internet Server Provider befindet? Wie können Sie dennoch Ihre Web-Site aus der Entfernung bearbeiten?

Entfernte Bearbeitung einer FrontPage 97 Homepage

In dem Moment, wo Sie Ihre Web-Site auf ihr neues Zuhause auf dem WWW-Server kopieren, besitzen Sie zwei Kopien davon: eine auf dem Server und eine auf Ihrer lokalen Festplatte. Die Site online zu bearbeiten ist langsamer als mit FrontPage direkt am Server. Wenn Sie stundenlang online arbeiten, können auch sehr schnell die Kosten in die Höhe gehen, je nachdem, was Sie für eine Stunde bezahlen müssen.

Es gibt jedoch eine Lösung für dieses Problem:

Nutzen Sie die Kopie Ihrer Site, nehmen Sie dort alle Änderungen vor, bevor Sie sich am Internet anmelden. Kopieren Sie Ihre Site dann erneut zu Ihrem Web-Site-Provider. Dieses erneute Kopieren ist besonders nützlich, wenn Sie Eingabeformulare mit Links zu anderen Seiten besitzen. Diese werden automatisch ersetzt, wenn Sie Ihre Web-Site überkopieren.

Die andere Möglichkeit ist natürlich die Online-Bearbeitung. Melden Sie sich über ISP im Internet an und öffnen Sie schließlich Ihre Site wieder unter FrontPage. Damit nicht zu hohe Kosten entstehen, sollten Sie sich vor dem Beginn der Bearbeitung genau überlegt haben, was Sie ändern wollen.

Folgende Vorgehensweise ist dazu nötig:

1. Wählen Sie sich ins Internet, und öffnen Sie Ihren Browser.
2. Wählen Sie DATEI FRONTPAGEWEB ÖFFNEN aus dem Menü des FrontPage Explorers.
3. In der Dialogbox FRONTPAGE WEB ÖFFNEN wählen Sie den Web-Server, auf dem sich Ihre Site befindet.
4. Geben Sie Ihren Namen und das Kennwort ein.
5. Klicken Sie auf OK.
   Hier ist etwas Geduld erforderlich.
6. Bearbeiten Sie Ihre Seiten.
7. Sichern Sie die Änderungen.

Als nächstes wollen wir betrachten, wie unter NT ein Internet Server aufgebaut werden kann. Also können die gerade erzeugten Seiten ins Internet gestellt werden.

Internet Information Service

Mit dem Internet Information Service (IIS) können Sie Informationen auf dem Internet oder auf einem Intranet veröffentlichen. Die Information wird unter Einsatz des Hyper-Text Transfer Protocol (HTTP) übertragen. Für diesen Server können auch FTP- und Gopherdienste eingerichtet werden. Mit FTP können Benutzer Dateien zwischen den eigenen und fremden Sites übertragen. Die Gopherdienste verwenden für das Finden von Dokumenten eine Menüstruktur. Auch mit Gopher können Sie sich mit verschiedenen Computern und Diensten verbinden, doch in den letzten Jahren hat Gopher an Wichtigkeit verloren, denn HTTP ist mittlerweile sehr populär geworden. In diesem Abschnitt werden wir uns mit der Installation und der Konfiguration Ihres Internet-Servers befassen, damit auch Sie an der Bereitstellung und Beschaffung von Informationen teilhaben können.

Vor der Installation des Internet Information Servers

Wenn sich auf Ihrem Server noch andere Versionen der World-Wide-Web-, Gopher- oder FTP-Dienste befinden, müssen diese vor der Installation des IIS deaktiviert werden. Wenn Sie nicht wissen, wie Sie vorgehen müssen, schauen Sie in der Dokumentation zu den Diensten nach. Der IIS kann nur installiert werden, wenn Sie sich mit administrativen Rechten auf dem Server angemeldet haben. Auch für die Konfiguration der Dienste mit dem Internet Service Manager werden administrative Rechte benötigt.

Installation

Der IIS kann während der Installation von NT gleich mitinstalliert werden. Folgen Sie einfach den Anweisungen der Installationsroutine. Die Installation kann jedoch auch später geschehen, und es gibt zwei Vorgehensweisen dafür. Eine Methode ist der Start des Installationsassistenten. Klicken Sie nach der Anmeldung auf einem NT-Rechner auf das Symbol INTERNET INFORMATION SERVER INSTALLIEREN auf der Arbeitsoberfläche. Wenn dieses Symbol dort nicht existiert, können Sie den Assistenten auch über die Systemsteuerung starten: Wählen Sie das NETZWERK-Symbol und anschließend die Registerkarte DIENSTE. Klicken Sie auf HINZUFÜGEN und wählen Sie aus der angezeigten Liste MICROsoft Internet Information Server 2. Klicken Sie anschließend auf OK und der Installationsassistent startet. Von nun an läuft das Installationsprogramm unabhängig von der verwendeten Startweise gleich. Dies lädt standardmäßig den IIS in der Version 2. Die Version 3 befindet sich auf der CD des Service Packs 2, die Sie vom Microsoft Web-Server herunterladen können. In diesem Abschnitt werden wir unseren existierenden IIS Version 2 auf die Version 3 upgraden. Dann werden wir die Installation löschen und die Version 4 des IIS installieren. Zunächst installieren wir jedoch die Version 2 von der Windows NT-CD.

Zuerst wird der Pfad zu den Installationsdateien erfragt. Die Dateien befinden sich im Verzeichnis <Plattform> auf der Windows NT Server 4-CD, wobei <Plattform> I386 (für Intel-Computer), Alpha, MIPS oder PPC (für den Power PC) ist.

Geben Sie den entsprechenden Pfad ein, und klicken Sie auf OK. Sie können nun zwischen einigen Optionen für die Installation verschiedener Internetdienste wählen. Dies wird in Abbildung 13.16 gezeigt.

Abbildung 13.16:
Verfügbare Internet-Dienste

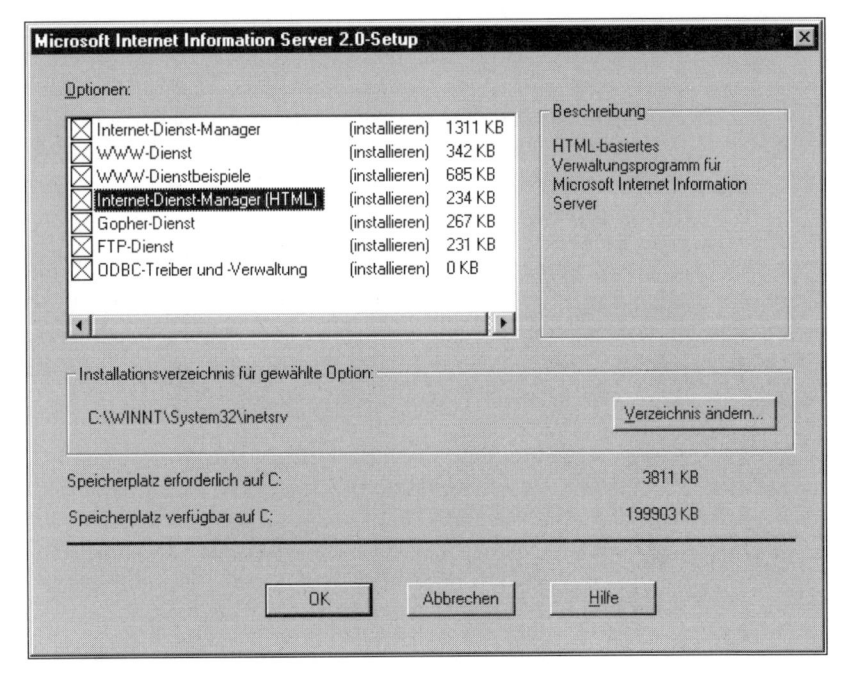

Folgende Dienste werden in der Dialogbox angeboten:

- **Internet Dienst Manager** ermöglicht Ihnen als Administrator, die Internetaktivitäten und Dienste zu überwachen. Eine wichtige Zutat für ein gut verwaltetes System.

- **World Wide Web Dienst** gestattet die Pflege und Verwaltung einer Web-Site auf dem World Wide Web.

- **WWW-Dienstbeispiele** installiert Beispiele für Ihre Web-Site, wie z.B. Bilder, HyperText Markup Language (HTML)-Dateien, Soundclips und Videosequenzen.

- **Internet Dienst Manager (HTML)** arbeitet genauso wie der Internet Service Manager, doch als Administrator können Sie von einem entfernten Ort über das Internet auf den Manager zugreifen.

- **Gopher Dienst**, es handelt sich praktisch um den Vorläufer des Internets. Der Gopherdienst ist fast vollständig durch das World Wide Web übernommen worden.

- **FTP-Dienst** wird üblicherweise für das Herunterladen großer Dateien benutzt und gibt Benutzern Zugriff auf Archive.

- **ODBC-Treiber und Administration** installiert Open Database Connectivity (ODBC)-Treiber. Diese Treiber müssen installiert werden, wenn Sie sich an ODBC-Dateien anmelden und ODBC-Zugriffe über den WWW-Dienst ausführen.

Wenn Sie über den Microsoft Internet Information Server den Zugriff auf Datenbanken bereitstellen möchten, müssen Sie die ODBC-Treiber über das ODBC-Symbol in der Systemsteuerung konfigurieren. Wahrscheinlich erhalten Sie eine Fehlermeldung, die aussagt, daß einige Komponenten in Gebrauch seien. Schließen Sie daher vor der Fortführung alle Anwendungen und Dienste, die ODBC verwenden.

Klicken Sie auf DURCHSUCHEN, wenn Sie einen anderen Lagerort für die Dateien wünschen. Wenn Sie die erwünschten Dienste und deren Lagerort ausgewählt haben, bestätigen Sie dies mit OK.

Als nächstes erscheint die in Abbildung 13.17 gezeigte Dialogbox. Nun werden Sie gefragt, welche Verzeichnisse für die Veröffentlichungen zum Standard gemacht werden sollen. Wenn Sie den Standard ändern wollen, klicken Sie auf die Schaltfläche DURCHSUCHEN und selektieren Sie alternative Verzeichnisse. Natürlich können Sie den Pfad auch manuell eingeben.

Wenn Sie die Option ODBC-TREIBER UND ADMINISTRATION für die Installation gewählt haben, sehen Sie die in Abbildung 13.8 gezeigte Dialogbox. In diesem Beispiel wird nur der Treiber SQL-SERVER angeboten.

Klicken Sie ERWEITERT, um die Dialogbox, ERWEITERTE INSTALLATIONSOPTIONEN zu sehen (Abbildung 13.19).

Abbildung 13.17:
Veröffentlichungs-
verzeichnisse

Abbildung 13.18:
Installation der
ODBC-Treiber

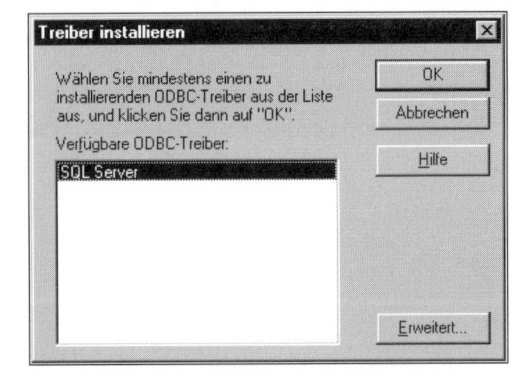

Abbildung 13.19:
Erweiterte Instal-
lationsoptionen

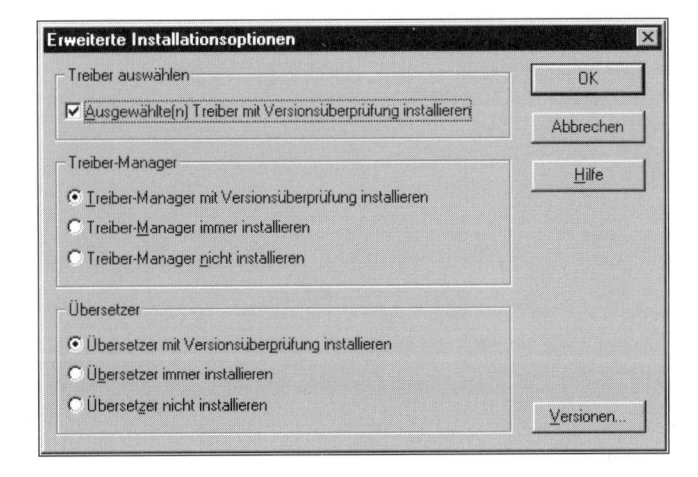

Die meisten Anwender müssen hier keine Änderung vornehmen, doch dennoch wollen wir die angebotene Auswahl betrachten:

- Wenn das Kontrollkästchen AUSGEWÄHLTE(N) TREIBER MIT VERSIONSPRÜFUNG INSTALLIEREN aktiviert ist, ist die Versionsprüfung aktiv. Das bedeutet, daß Sie bei der Installation von Treibern steuern können, ob bereits frühere Versionen von den aktuell zu installierenden Treiber überschrieben werden sollen. Ist das Kontrollkästchen nicht angekreuzt, werden die ausgewählten Treiber ohne weitere Nachfrage installiert. Das aktivierte Kontrollkästchen hat bei einer Erstinstallation eines Treibers keine Auswirkung.

- Die Optionsschalter für den Treiber-Manager legen fest, ob der ODBC-Treiber-Manager installiert werden soll. Ist er installiert, finden Sie ein Symbol TREIBER-MANAGER in der Systemsteuerung.

  Treiber-Manager mit Versionsprüfung installieren: Der ODBC-Treiber-Manager wird nur installiert, wenn er die gleiche oder eine neuere Version als der bereits existierende aufweist.

  Treiber-Manager immer installieren: Der Treiber-Manager wird immer installiert, auch wenn er eine ältere Versionsnummer als der existierende Manager hat.

  Treiber-Manager nicht installieren: Der Treiber-Manager wird nicht installiert, die aktuelle Version spielt keine Rolle.

- Die Optionsschalter ÜBERSETZER können für die Installation von Translator Groups aktiviert werden. Beachten Sie, daß Übersetzer stets als Gruppe installiert werden. Die Optionen entsprechen den gezeigten bei dem Treiber-Manager.

Klicken Sie nach Abschluß auf OK. Der Internet Information Server sollte nun ordnungsgemäß installiert sein.

Konfiguration des Internet Information Servers

Nach der Installation des Internet Information Servers erfolgt die Konfiguration. Im Programm-Menü der Schaltfläche START können Sie nun den MICROSOFT INTERNET SERVER (ALLGEMEIN) als Ordnersymbol sehen. Der Ordner enthält vier Dienste, ebenfalls als Symbole dargestellt.

- **Internet Information Server Setup:** Hinzufügen oder Entfernen von Internetdiensten.

- **Internet Dienst Manager:** Verwaltet die installierten Internetdienste.

- **Schlüssel Manager:** Eine in NT integrierte Sicherheitsmaßnahme, die dabei hilft, Daten sicher über das Internet zu übertragen.

- **Produktdokumentation:** Anweisungen für die Verwendung und die Einrichtung dieser Dienste. Bei den Anweisungen handelt es sich um HTML-Dateien (Sie befinden sich im Ordner INETSRV auf der Windows NT Server 4-CD). Wenn Sie diese Option anklicken, lädt der Microsoft Internet Explorer diese Dokumente als Web-Seite.

Wir werden von diesen Diensten nur den Internet Dienst Manager behandeln. Dies ist der Dienst, den Sie am häufigsten einsetzen werden.

Internet Dienst Manager

Um Ihre Internetdienste einrichten und verwalten zu können, müssen Sie den Internet Dienst Manager öffnen. Sie sehen dort eine Liste der NT-Server und NT-Workstations, die mit Internetdiensten ausgestattet sind. In der Abbildung 13.20 führt der Server WHITESTAR folgende Internetdienste aus: WWW, Gopher und FTP.

Abbildung 13.20:
Eine Liste der installierten Dienste im Internet-Dienste-Manager

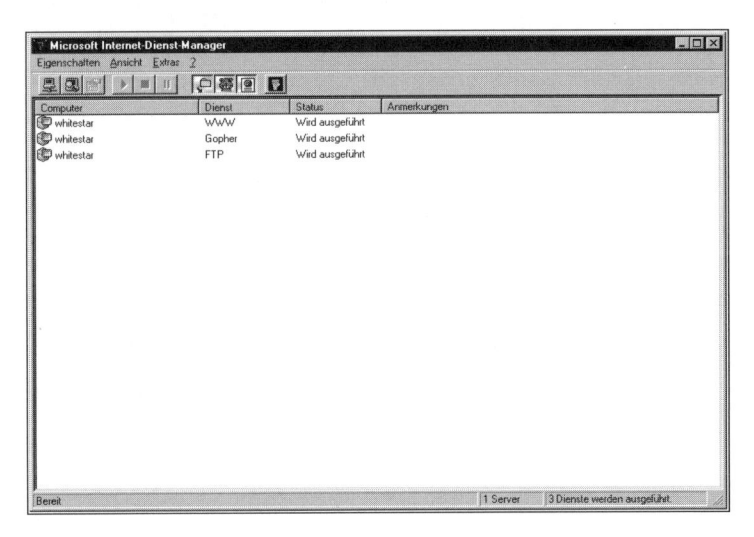

Eigenschaften des WWW-Dienstes

Führen Sie einen Doppelklick auf den WWW-Dienst aus, um dessen Eigenschaften zu sehen. Hier können Sie den WWW-Dienst verwalten und pflegen: Sie können die ANONYMOUS-Benutzerkonten ändern und Verzeichnisse und Protokolldateien modifizieren. Die FTP- und Gopherdienste verfügen über etwas andere Eigenschaften. Dies wird später in diesem Kapitel erörtert.

Die Registerkarte Dienst

Diese Seite läßt Sie die Verbindungen zum Internet bearbeiten. Abbildung 13.21 zeigt die Registerkarte DIENST für den WWW-Dienst.

Abbildung 13.21:
Registerkarte
DIENST

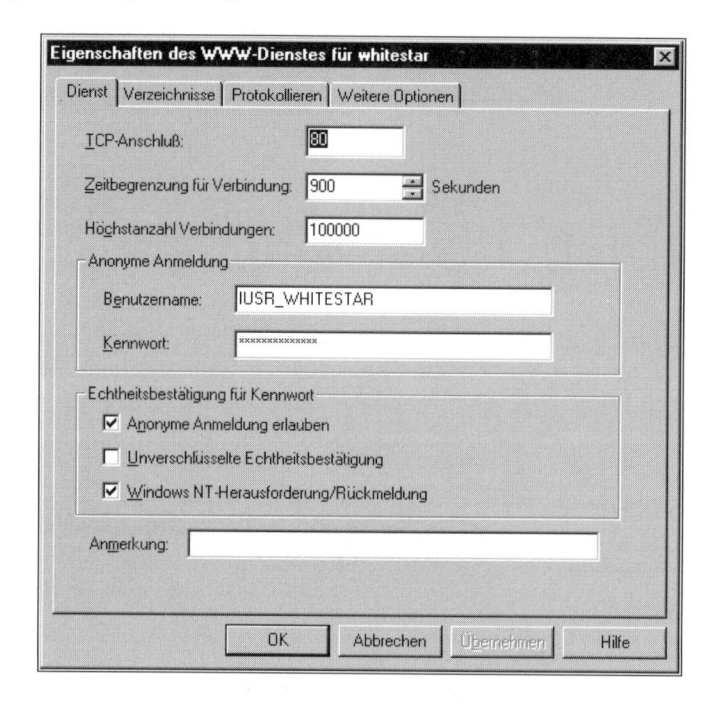

Folgende Eigenschaften des WWW-Dienstes können Sie ändern:

- **TCP-Anschluß:** Legt den Port fest, den der WWW-Dienst nutzt. Standardeinstellung ist 80. Wenn Sie eine andere Portnummer wählen, müssen Sie den Computer neu starten.

- **Zeitbegrenzung für Verbindung:** Die Zeitspanne, die eingehalten werden muß, bevor die Verbindung zu einem inaktiven Benutzer geschlossen wird.

- **Höchstanzahl für Verbindungen:** Die maximale Anzahl der Computer auf dem Netzwerk, die gleichzeitig diesen Dienst nutzen dürfen.

- **Anonyme Anmeldung:** Erzeugt das NT-Benutzerkonto mit den Berechtigungen für alle ANONYMOUS-Verbindungen. Standardmäßig wird der Benutzername IUSR_COMPUTERNAME erzeugt. Dieser wird von dem Internet Information Server verwendet. Außerdem wird diesem Konto standardmäßig die Berechtigung LOKALE ANMELDUNG zugewiesen. Wenn Sie auf Ihrem Server den Zugang für eine ANONYMOUS-Anmeldung zur Verfügung stellen möchten, muß dieses Konto diese Berechtigungen haben. Das gleiche gilt für spezielle Anwender. Wenn Sie einem bestimmten Anwender den Zugriff gestatten wollen, müssen Sie diesem Anwender das Recht LOKALE ANMELDUNG zuweisen. Auch wenn der IIS auf einem Stand-alone-Server installiert wurde, ist IUSR_COMPUTERNAME ein lokales Konto. Andere Computer der Domäne werden nicht in der Lage sein, Benutzerkonten zu validieren, die auf einem Stand-alone-Server erzeugt wurden. Wenn Sie unter Einsatz des IIS-Dienstes, der auf einem Stand-alone-Server installiert ist, auf Informationen anderer Server der Domäne zugreifen möchten, müssen Sie das Konto IUSR_COMPUTERNAME in ein Konto mit domänenweiten Rechten umwandeln.

- **Echtheitsbestätigung für Kennwort:** Initiiert den Echtheitsbestätigungs-Prozeß, wenn Sie den Anonymous-Zugriff nicht gestatten oder der entfernte Client eine Echtheitsbestätigung erfordert. Eine der folgenden Optionen muß ausgewählt sein:

    - **Anonyme Anmeldung gestatten:** Gestattet den Zugriff durch eine ANONYMOUS-Anmeldung mit dem Benutzernamen IUSR_COMPUTERNAME und Kennwort. Wenn dieses Kontrollkästchen nicht angekreuzt ist, werden alle ANONYMOUS-Anmeldungen verwehrt. Bei der ANONYMOUS-Anmeldung benutzen die Anwender nicht tatsächlich diesen Benutzernamen und dieses Kennwort – dies geschieht nur intern in Windows NT. Diese Option sollten Sie nutzen, wenn Sie den Benutzerzugriff auf Ihre Web-Site nicht beschränken wollen.

Wenn die Option ANONYME ANMELDUNG GESTATTEN ausgewählt ist, und entweder die Option UNVERSCHLÜSSELTE ECHTHEITSBESTÄTIGUNG oder aber die Option WINDOWS NT HERAUSFORDERUNG/RÜCKMELDUNG ebenfalls ausgewählt ist, werden die Anwender bei dem Versuch, auf die Ressourcen, die sich auf einem Windows NT-File System- (NTFS) Laufwerk ohne Berechtigung für das IUSR_COMPUTERNAME-Konto befinden, zuzugreifen, nach einem Benutzernamen und Kennwort gefragt.

Wenn nur das Kontrollkästchen ANONYME ANMELDUNG GESTATTEN angekreuzt ist, die beiden anderen Optionen UNVERSCHLÜSSELTE ECHTHEITSBESTÄTIGUNG und WINDOWS NT HERAUSFORDERUNG/RÜCKMELDUNG also inaktiv sind, werden alle Anfragen an den Server als ANONYMOUS verarbeitet. Das bedeutet, selbst wenn der Anwender einen gültigen Benutzernamen mit Kennwort bereitstellt, verwendet der IIS statt dessen den ANONYMOUS-Benutzernamen.

- **Unverschlüsselte Echtheitsbestätigung:** Bedeutet, daß die Echtheitsbestätigung verschlüsselt ist. Dies wird häufig in Kombination mit dem Secure Sockets Layer (SSL) für die Verschlüsselung von Benutzernamen und Kennwort vor der Übertragung genutzt. Die meisten Internet-Browser unterstützen diesen Typ der Echtheitsbestätigung. Wenn Basic ohne Kombination mit SSL eingesetzt wird, schickt es die Kennworte unverschlüsselt. Standardmäßig ist dieses Kontrollkästchen aus Sicherheitsgründen nicht aktiviert.

- **Windows NT Herausforderung/Rückmeldung:** Bedeutet, Kennworte und Benutzernamen automatisch verschlüsselt werden. Browser wie z. B. der Internet Explorer 2 und höher unterstützen diese Art von Echtheitsbestätigung.

- **Anmerkungen:** Sie können einen Kommentar eingeben, der in der Ansicht Internet Service Manager Report angezeigt wird.

Dem ANONYMOUS-Konto wird ein zufälliges Kennwort zugeordnet, dieses muß für die Benutzerverwaltung und für den Internet Information Server gleich bleiben. Sie können das Kennwort ändern, doch dann müssen Sie daran denken, es an beiden Plätzen zu ändern, damit diese übereinstimmen. Wenn dies nicht der Fall ist, erhält niemand einen Zugriff auf Ihren Internet-Server, nicht einmal der Administrator. Diesem Gedankengang folgend stellen Sie sich vor, daß die Kontrollkästchen für KENNWORT LÄUFT NIE AB und BENUTZER KANN KENNWORT NICHT ÄNDERN aktiviert sind. Die Kontrollkästchen finden Sie in der Dialogbox BENUTZEREIGENSCHAFTEN. Sie müssen dazu in der Benutzerverwaltung für Domänen einen Doppelklick auf das Benutzerkonto IUSR_COMPUTERNAME ausführen. Wenn die Kästchen nicht aktiviert sind, kann der nächste Anwender, der sich auf dem Server anmeldet, das Kennwort ändern. Sollte dies geschehen, stimmt das Kennwort nicht mit dem Kennwort des IIS überein. Wie wir bereits ausführten, hat dann niemand Zugriff auf den Server – eine schlimme Sache. Bedenken Sie bitte auch, daß dieses Konto kein leeres Kennwort gestattet.

Die Registerkarte Verzeichnisse

Klicken Sie auf die Registerkarte VERZEICHNISSE in der Dialogbox EIGENSCHAFTEN DES WWW-DIENSTES. Hier können Sie die Verzeichnisse und Ihre Berechtigung verwalten. Abbildung 13.22 zeigt das Verzeichnis, das wir bei der Installation des WWW-Dienstes ausgewählt haben.

Wenn Sie auf das Kontrollkästchen STANDARDDOKUMENT VERWENDEN klicken und dort ein Dokument festlegen, wird dies angezeigt, wenn der Anwender keine spezielle Datei angegeben hat. Geben Sie z.B. HTTP://WWW.MMCO.COM ein, wird die Homepage von TechTeach International heruntergeladen. Der tatsächliche Dateiname ist DEFAULT.HTM, da das Kontrollkästchen STANDARDDOKUMENT aktiviert ist, brauchen Sie den Namen der Datei nicht einzugeben. Dies ist ganz nützlich, wenn Sie sich den Namen der Homepage der Site nicht merken können. Ist das Kästchen nicht aktiviert und die Option VERZEICHNISSE DURCHSUCHEN aktiviert, dürfen Anwender durch Ihre Verzeichnisstruktur navigieren.

Abbildung 13.22:
Registerkarte
VERZEICHNISSE

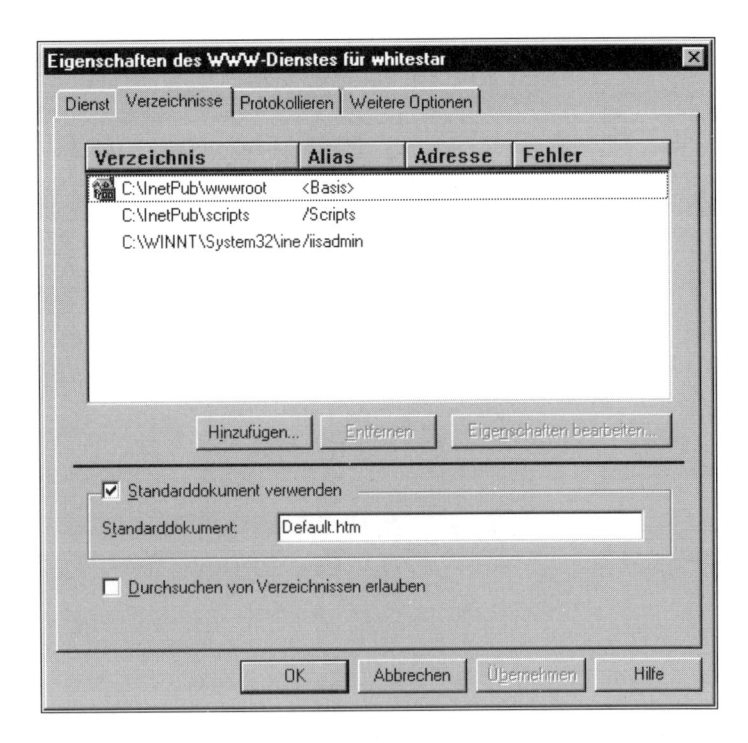

Ein kleiner Ratschlag. Es ist eigentlich keine gute Idee, die Option VERZEICHNISSE DURCHSUCHEN zu aktivieren. Wenn Sie Ihren Anwendern dies ermöglichen wollen, nutzen Sie lieber FTP. Es ist schneller beim Herunterladen und etwas sicherer. Sie können dann die Benutzer Ihrer Site überwachen und Berechtigungen bzw. Beschränkungen nach Bedarf an Benutzer vergeben. Dies ist unter WWW nicht möglich.

Um Berechtigungen für Verzeichnisse zu setzen, müssen Sie zunächst das Verzeichnis markieren. Klicken Sie dann auf EIGENSCHAFTEN BEARBEITEN. Es erscheint die in Abbildung 13.23 gezeigte Dialogbox. Durch Anklicken des Optionsschalters VIRTUELLES VERZEICHNIS können Sie ein Verzeichnis privat machen. Fügen Sie Benutzernamen und Kennwort hinzu.

Weitere Rechte für das Verzeichnis sind:

- **Leserecht:** Wird für den Inhalt der Verzeichnisse benötigt. Wenn Sie kein Leserecht zur Verfügung stellen, kann niemand die Dateien in diesem Verzeichnis lesen oder herunterladen.

- **Ausführungsrecht:** Wird benötigt, wenn sich in dem Verzeichnis API-Anwendungen, Skripte und Programme befinden. Verzeichnisse mit dem Recht AUSFÜHREN sollten nicht über das Recht LESEN verfügen. Damit wird verhindert, daß sich die Benutzer ausführbare Dateien anschauen.

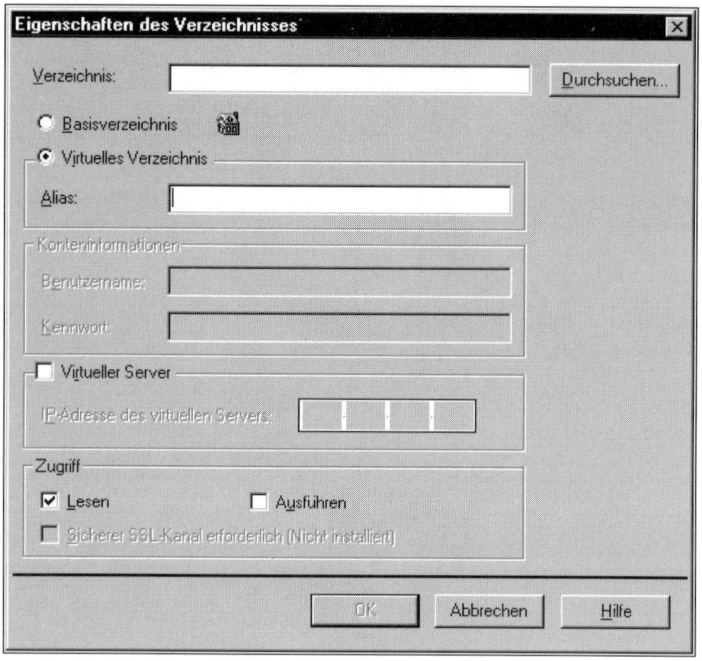

Abbildung 13.23:
Verzeichniseigenschaften

Zurück auf der Registerkarte VERZEICHNISSE klicken Sie auf die Schaltfläche HINZUFÜGEN. So können Sie weitere Verzeichnisse hinzufügen. Diese zusätzlichen Verzeichnisse werden virtuelle Verzeichnisse genannt. Wenn das aufgelistete Verzeichnis die Universal Naming Convention (UNC) verwendet, können Sie einen Benutzernamen mit Kennwort eingeben, der die Zugriffsberechtigung für das Verzeichnis hat, falls Sie den Zugriff auf die Freigabe beschränken möchten.

Viele Web-Sites nutzen die Eigenschaften privat und öffentlich (public). Damit werden spezielle Teile der Site für die Allgemeinheit zugänglich, andere wiederum sind speziellen Mitgliedern vorbehalten. Ein Beispiel für solch eine Site sind *e-zines*, Online-Magazine wie die ComputerWorld, die ihre Anwender mit den neuesten Infomationen versorgen, genauso wie die gedruckte Version des Magazins es hält. Einige verlangen eine Einschreibegebühr für ihre Web-Site und der Anwender erhält im Gegenzug ein Kennwort und somit den Zugang auf diese beschränkten Gebiete der Site.

Nehmen Sie z. B. an, Sie haben auf Ihrem Internet-Server ein Verzeichnis mit einigen Dokumenten, die nur für eine bestimmte Anwendergruppe zugänglich sein sollen. Sie erreichen dies, indem Sie das Verzeichnis freigeben und ihm ein Kennwort zuordnen. Nur die Anwender mit dem Wissen um das Kennwort können nun zugreifen. Nun, hier haben Sie die Wahl. Sie können dem Verzeichnis ein universales Konto mit Kennwort zuordnen, oder Sie können gestatten, daß jeder Anwender den eigenen Benutzernamen benutzen kann. Beide

Optionen haben Vor- und Nachteile. Die Zuweisung eines Benutzernamens und Kontos für alle Anwender, die auf das Verzeichnis zugreifen sollen, bedeutet weniger Arbeit für den Administrator. Andererseits kann dies aber zum Problem führen, wenn eine nicht berechtigte Person den Benutzernamen und das Kennwort entdeckt. Mit der Zuweisung individueller Konten für jedes Verzeichnis ersparen Sie sich zwar das Problem des unberechtigten Zugriffs, jedoch handeln Sie sich damit das Problem einen höheren Verwaltungsaufwands ein. Stellen Sie sich nur einmal fünfzig Anwender vor, für die Benutzerrechte gesetzt sein wollen (ein Beispiel folgt). An eines sollten Sie in diesem Zusammenhang jedoch stets denken, jedes Konto, das Sie einsetzen, muß in der Benutzerverwaltung für Domänen *und* im IIS eingegeben werden.

Ein einzelnes Benutzerkonto einzurichten, ist nicht schwierig. Alles, was Sie machen müssen, ist die Bereitstellung einer Universal Naming Convention. Nehmen wir z.B. an, Sie wollen Anwendern einen beschränkten Zugriff auf das Verzeichnis /WWWROOT/SAMPLES gewähren. Sie müssen dazu das Verzeichnis SAMPLES freigeben und ihm einen UNC-Namen wie //WHITESTAR/SAMPLES geben. Wenn Sie den Namen vergeben haben, erscheint die Dialogbox VERZEICHNISBERECHTIGUNG. Hier geben Sie einen Benutzernamen und ein Kennwort ein. So einfach ist das. Vergessen Sie nicht, auch in die Benutzerverwaltung für Domänen zu gehen und dort die Benutzerrechte für dieses Konto in LOKALE ANMELDUNG umzuändern.

So weit, so gut. Was ist aber zu tun, wenn Sie individuellen Anwendern Zugriff auf ein gegebenes Verzeichnis geben wollen? Es geht kein Weg daran vorbei, dies bedeutet Arbeit. Nehmen wir an, Sie haben drei Anwender, Lisa, Donna und Paul. Diese sollen Zugriff auf ein spezielles, beschränktes Verzeichnis auf dem Server erhalten. Sie vertrauen diesen Anwendern aber nicht genug, um ihnen ein gemeinsames Benutzerkonto für dieses Verzeichnis zuzuordnen. Da der IIS-Manager nur ein Konto für den Zugriff auf ein Verzeichnis gestattet, stellt sich die Frage, wie jeder Anwender einige Zugriffrechte für dieses Verzeichnis erhalten kann.

Die Antwort ist einfach, wenn auch etwas aufwendig: Geben Sie jedem Anwender eine eigene Freigabe für das Verzeichnis. Wenn Sie eine große Anzahl von Benutzern verwalten, ist der Zeitaufwand sicherlich hoch. öffnen Sie den NT-Explorer und lokalisieren Sie das freizugebene Verzeichnis. Klicken Sie in dem Pulldown-Menü auf DATEI und dann auf FREIGABE. Ist es noch nicht freigegeben, vergeben Sie einen Freigabenamen für das Verzeichnis. Der Name muß für den Server eindeutig sein. Existiert die Freigabe bereits, klicken Sie auf NEUE FREIGABE und geben Sie einen Namen ein. Dieser Name wird den alten nicht ersetzen, statt dessen hat das Verzeichnis nun zwei Freigabenamen.

Nachdem Sie die Freigabe benannt haben, müssen Sie die Zugriffsbeschränkungen setzen. Klicken Sie auf die Schaltfläche BERECHTIGUNGEN. Sie sehen die in Abbildung 13.24 gezeigte Dialogbox.

Klicken Sie auf HINZUFÜGEN und anschließend auf BENUTZER ANZEIGEN, damit alle der Domäne zugeordneten Benutzer miteinbezogen werden. Doppelklicken Sie auf den Benutzer, dem Sie den Zugriff erlauben wollen. Der Benutzername erscheint unten auf dem Bildschirm. Um die Art der Berechtigung für diesen Benutzer zu selektieren, klicken Sie auf die Pulldown Liste unten auf dem Bildschirm. Außerdem müssen Sie allen anderen Benutzern den Zugriff auf diese Freigabe verwehren. Wiederholen Sie diese Schritte für jeden Anwender, der eine Zugriffsberechtigung erhalten soll.

Wenn Sie das für jeden Benutzer erledigt haben, müssen Sie die Namen der Benutzer und der Freigaben im IIS hinzufügen. Wechseln Sie in die Registerkarte WWW-VERZEICHNISSE und klicken Sie im IIS-Manager auf HINZUFÜGEN (Abbildung 13.24).

Abbildung 13.24:
Freigabeberechtigungen für gemeinsame Verzeichnisse

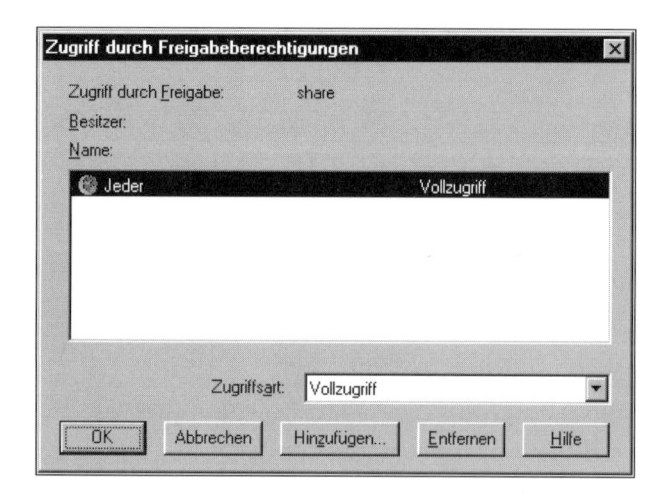

Geben Sie den UNC-Freigabenamen für den ersten Anwender ein (in unserem Beispiel Lisa). Wir haben ihre Freigabe //WHITESTAR/LISASAMPLES genannt. Die Dialogbox KONTENINFORMATION erscheint. Hier können wir die Benutzerinformation für Lisa eingeben. Klicken Sie auf OK. Nun kann Lisa mit ihrer Benutzerkennung auf das Verzeichnis SAMPLES zugreifen. Dies muß für jeden Benutzer wiederholt werden. Virtuelle Verzeichnisse erscheinen nicht in einer Verzeichnisauflistung. Also müssen die Anwender den ALIAS eines virtuellen Verzeichnisses kennen und dessen URL-Adresse eingeben oder für den Zugriff auf einen Link in einer HTML-Seite klicken. Ein ALIAS ist ein Name eines Unterverzeichnisses, der dazu benutzt wird, auf Informationen in dem virtuellen Verzeichnis zuzugreifen. Im Wesentlichen ist ein ALIAS ein Token bestehend aus einem Wort, das statt einer Pfadangabe benutzt wird. Wenn ein Aliasname nicht von dem Administrator festgelegt wurde, generiert der Internet Service Manager automatisch einen solchen.

Dies ist besser über ein Beispiel zu erklären. Gehen wir davon aus, wir definieren die folgenden zwei Verzeichnisse für den WWW-Dienst:

```
C:\wwwroot <home directory>
C:\salesdata alias = sales
```

Wir nehmen an, das Verzeichnis C:\WWWROOT beinhaltet das Unterverzeichnis NEWS, und D:\SALESDATA enthielte das Verzeichnis JULY. Dies bedeutet, daß die folgenden URLs von einem WWW-Anwender angefordert werden können:

```
http://www.abcd.com
http://www.abcd.com/news/stock.htm
http://www.abcd.com/sales/yearly.htm
http://www.abcd.com/sales/july/top10.htm
```

Die Registerkarte Protokollieren

Sie können Ereignisse protokollieren, indem Sie in der Registerkarte PROTOKOLLIEREN die Option PROTOKOLLIEREN AKTIVIEREN wählen (siehe Abbildung 13.25). Sie können dieses Protokoll in die SQL/ODBC-Datenbank oder in eine Protokolldatei schreiben. Geben Sie den gewünschten Pfad für die Protokolldatei ein und legen Sie fest, wann diese erzeugt werden. Schreiben Sie in eine ODBC-Datenbank, müssen Sie den Namen der SQL/ODBC-Datenquelle (DSN für Data Source Name), die entsprechende Tabelle und einen Benutzernamen mit Kennwort für die Datenbank festlegen.

Abbildung 13.25:
Protokollereignisse des WWW-Dienstes

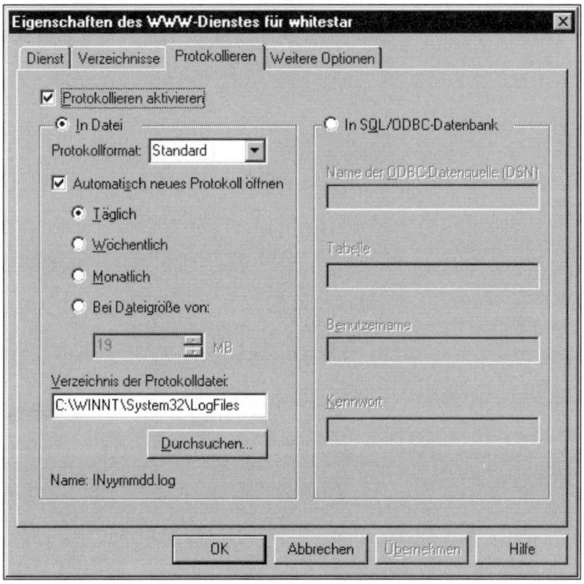

Die Registerkarte WEITERE OPTIONEN

Diese Registerkarte läßt den Administrator steuern, wer auf die WWW-Dienste zugreifen darf. Die möglichen Optionen für die Auswahl sehen Sie in Abbildung 13.26 dargestellt. Berechtigungen werden Computern zugewiesen – nicht den Anwendern. Sie können einem oder einer Gruppe von Computern gewährt oder entzogen werden (siehe Abbildung 13.27). Geben Sie die IP-Adresse des Computers ein oder füllen Sie die Subnetz-Maske für die Gruppe von Computern aus, die den Zugriff auf das Internet erhalten sollen. In dem Beispiel aus Abbildung 13.28 haben wir festgelegt, daß nur die Computer, die im Bereich der TechTeach IP-Adressen liegen, einen Zugriff auf den Dienst erhalten.

Abbildung 13.26:
Zugriff auf das Internet auf Basis der IP-Adresse des Rechners erlauben bzw. verweigern

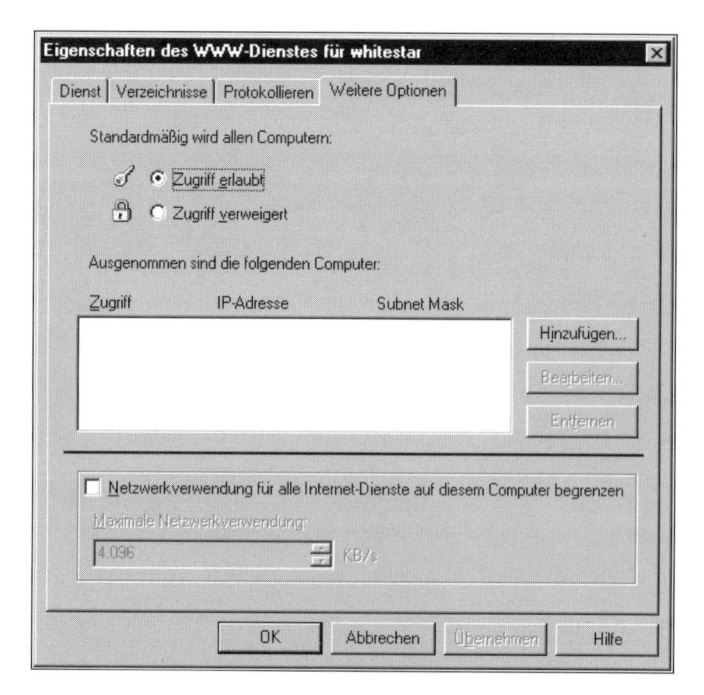

Abbildung 13.27:
Computer werden der Zugriffsliste hinzugefügt

Genauso verhält es sich, wenn Sie auf den Optionsschalter ZUGRIFF VERWEIGERT klicken und anschließend auf HINZUFÜGEN. Sie erhalten die in Abbildung 13.28 gezeigte Dialogbox. Der Unterschied ist hier nur, daß Sie den Zugriff verweigern und nicht gewähren. Die Abbildung 13.29 läßt erkennen, daß wir den Zugriff für jeden gestatten mit Ausnahme einer Gruppe von Microsoft-Mitarbeitern.

Abbildung 13.28:
Der Zugriff wird nur für Computer gewährt, die eine IP-Adresse im Bereich 199.34.57.0 haben

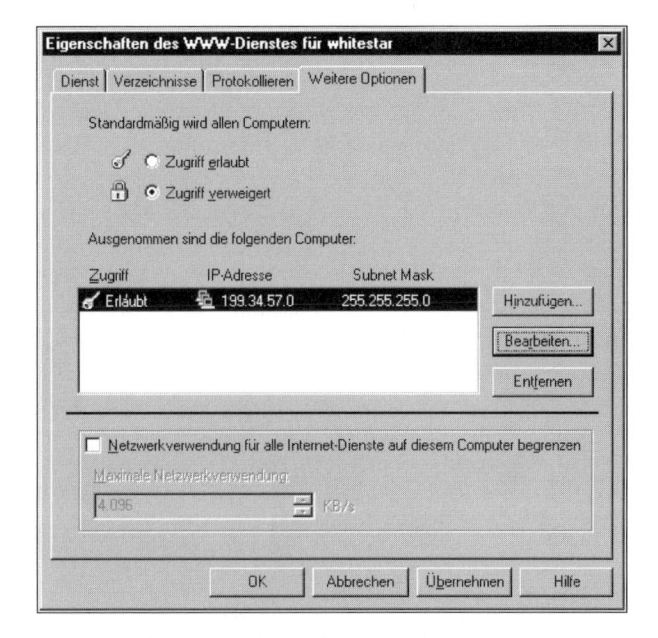

Abbildung 13.29:
Den Zugriff für eine Reihe von Microsoft-Computern verweigern

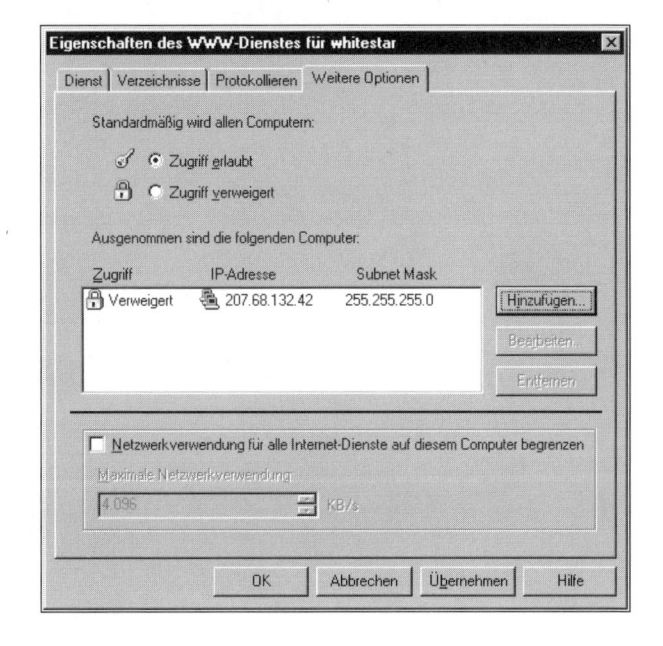

Schließlich möchten wir Sie warnen, daß, wenn Sie Änderungen an dem aktuellen Dienst vornehmen, dies auch die anderen Dienste betrifft. Das heißt, wenn Sie einem bestimmten Computer den Zugriff auf Ihren FTP-Dienst verwehren, so gilt dies auch für die WWW- und Gopher-Dienste. Klicken Sie auf JA, und der Vorgang ist abgeschlossen.

Eigenschaften des Gopher-Dienstes

Die Eigenschaften des Gopher-Dienstes sind denen des WWW-Dienstes sehr ähnlich. Dennoch gibt es einige Unterschiede.

Die Registerkarte DIENST

Statt der Echtheitsbestätigung für Kennworte finden Sie hier einen DIENSTADMINISTRATOR-Abschnitt. Mit diesem Abschnitt wird den Anwendern der Name und die E-Mail-Adresse des Administrators für den Gopher-Dienst zur Verfügung gestellt. Der Standardport für TCP ist hier auf 70 gesetzt. In der Dialogbox EIGENSCHAFTEN DES GOPHER-DIENSTES hat dies, wie in Abbildung 13.30 gezeigt, ein etwas anderes Aussehen.

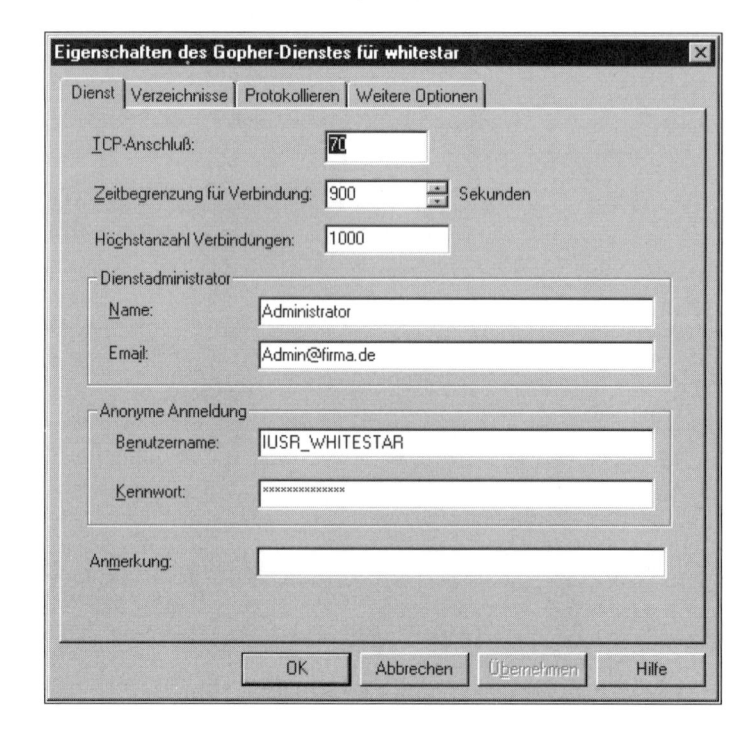

Abbildung 13.30: Eigenschaften des Gopher-Dienstes

Die Registerkarte VERZEICHNISSE

Wie bei dem WWW-Dienst können Sie in dieser Dialogbox Verzeichnisse hinzufügen, entfernen und editieren. Hier haben Sie jedoch keine Auswahloption dafür, wie das Verzeichnis aufgelistet wird (siehe Abbildung 13.31). Wie in Abbildung 13.32 gezeigt, haben Sie hier die Möglichkeit, Verzeichnispfade hinzuzufügen und zu editieren, Sie können jedoch keine Berechtigungen setzen (Gopher hat den Nur-Lese-Status). Außerdem können Sie keinen Zugriff auf einen virtuellen Server vergeben.

Abbildung 13.31:
Registerkarte VERZEICHNISSE des Gopher-Dienstes

Abbildung 13.32:
Verzeichnisse des Gopher-Dienstes hinzufügen und bearbeiten

13 • Der Aufbau einer eigenen Web-Site

Die Registerkarten PROTOKOLLIEREN und WEITERE OPTIONEN

Die Optionen entsprechen denen des WWW-Dienstes.

Die Eigenschaften des FTP-Dienstes

Die Eigenschaften des FTP-Dienstes sind weitgehend gleich zu denen der WWW- und Gopher-Dienste. Aber auch hier gibt es einige Ausnahmen.

Die Registerkarte DIENST

Der Bildschirm mit den Eigenschaften für den Dienst sieht dem der WWW und Gopherdienste sehr ähnlich (Abbildung 13.33).

Abbildung 13.33:
FTP-Dienste

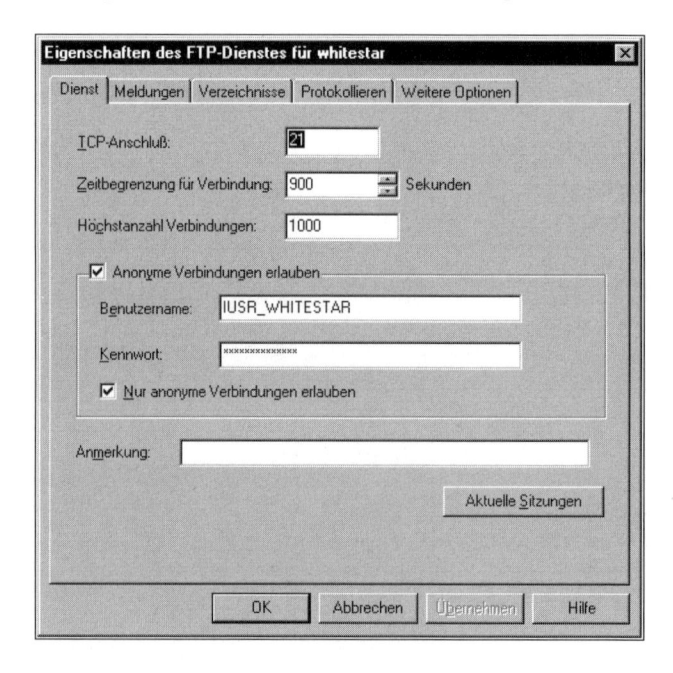

Die Unterschiede zwischen FTP und den anderen Diensten sind wie folgt:

- Standard-Anschluß für TCP ist unter FTP 21.
- FTP bietet keine Optionen für die Kennwortbestätigung. Statt dessen finden Sie hier ein Kontrollkästchen, mit dem Sie die ANONYMOUS-Verbindung erlauben können. Weiterhin können Sie festlegen, daß nur ANONYMOUS-Verbindungen zu Ihrer Site gestattet werden.

Dies ist eine besonders nützliche Option, wenn Sie verhindern wollen, daß sich die Anwender mit ihren eigenen Namen und Kennwörtern anmelden, denn FTP-Kennworte werden nicht verschlüsselt. Auf der anderen Seite erhalten alle Anwender mit einer ANONYMOUS-Anmeldung die gleichen Zugriffsprivilegien, die durch das ANONYMOUS-Konto definiert sind.

- Wenn Sie auf AKTUELLE SITZUNGEN klicken, können Sie die aktuell angemeldeten Benutzer auf Ihrem Server und deren Anmeldezeit betrachten. Das Beispiel in Abbildung 13.34 zeigt einen angemeldeten Benutzer. Es ist ein ANONYMOUS-Benutzer. Andernfalls würden Sie nicht die E-Mail-Adresse, sondern einen Benutzernamen sehen. Natürlich müssen die Anwender nicht zwingend ihre E-Mail-Adresse verwenden. Das ANONYMOUS-Kennwort kann ganz nach Belieben des Benutzers gewählt werden.

Abbildung 13.34:
FTP-Benutzersitzungen

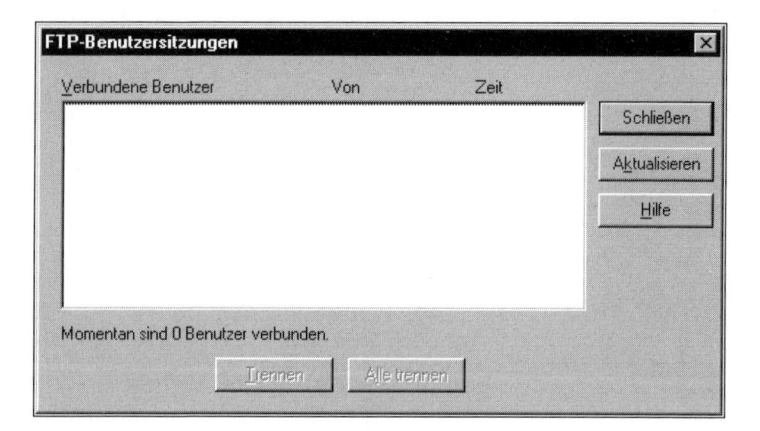

Die Registerkarte MELDUNGEN

Anders als die WWW- und Gopher-Dienste können Sie Ihren Anwendern unter FTP Nachrichten und Meldungen zur Verfügung stellen z.B. bei der Anmeldung, bei der Abmeldung und wenn die maximale Anzahl an Benutzern erreicht ist. Abbildung 13.35 zeigt die Dialogbox mit einigen Beispielen für solche Meldungen.

Abbildung 13.35:
Registerkarte
MELDUNGEN

Die Registerkarte VERZEICHNISSE

Wie bei den WWW- und Gopher-Diensten können Sie Ihren Anwendern den Zugriff auf Ihre Verzeichnisse gewähren. Dazu müssen Sie die verfügbaren Verzeichnisse und deren Berechtigungen festlegen. Das Listenfeld für die Verzeichnisse entspricht dem der WWW- und Gopher-Dienste (siehe Abbildung 13.36). Sie können hier jedoch außerdem festlegen, ob Ihren Anwendern die Verzeichnisauflistung im UNIX- oder im MS-DOS-Format gezeigt werden soll. Da viele Browser das UNIX-Format erwarten, empfiehlt es sich, dies aus Gründen der Kompatibilität zu wählen. Das Hinzufügen und Editieren eines Verzeichnisses geschieht in der in Abbildung 13.37 gezeigten Dialogbox. Unter FTP besteht keine Möglichkeit, einen virtuellen Server festzulegen, wie es unter WWW machbar ist.

Erzeugen einer Ablagebox

Sie können auf Ihrem Server eine Ablagebox erzeugen. Dort können Anwender Dateien ablegen, dürfen jedoch nicht auf sie zugreifen. Sie benötigen für die Erzeugung eine NTFS-Partition. Gehen Sie dazu folgendermaßen vor: Öffnen Sie den Windows NT Explorer, und erzeugen Sie einen Ordner, der zur Ablagebox werden soll. Klicken Sie mit der rechten Maustaste auf diesen Ordner und wählen dort EIGENSCHAFTEN, dann SICHERHEIT und schließlich BERECHTIGUNGEN. Setzen Sie in der Dialogbox VERZEICHNISBERECHTIGUNG die Berechtigungen für alle Anwender auf HINZUFÜGEN.

Abbildung 13.36:
Registerkarte
VERZEICHNISSE

Abbildung 13.37:
Verzeichnisse für
den FTP-Dienst
hinzufügen und
bearbeiten

Wenn Sie die Berechtigungen gesetzt haben, können Ihre Anwender Dateien in diesem Verzeichnis ablegen, doch keine Dateien lesen, sehen oder kopieren. Nur Anwender mit einer Leseberechtigung, so wie der Administrator, können diese Dateien einsehen. Dies könnte sehr nützlich sein, wenn Sie eine Ablagebox mit Vorschlägen zu verschiedenen Bereichen zur Verfügung stellen möchten.

Die Registerkarten PROTOKOLLIERUNG und WEITERE OPTIONEN

Diese Registerkarten entsprechen denen der WWW- und der Gopher-Dienste.

Virtuelle Server auf dem World Wide Web

Typischerweise repräsentiert jede Domäne einen speziellen Computer (z.B. www.abcd.com). Es ist jedoch möglich, mehr als einen Domänenamen für einen speziellen Computer zu haben. Nehmen wir z.B. an, Sie möchten eine Web-Site für Ihr Unternehmen aufbauen. Diese soll separate Sites für Ihren Verkauf, Ihre Entwicklungs- und Ihre Marketingabteilung beherbergen. Wir wollen diese folgendermaßen benennen: sales.abcd.com, engineering.abcd.com und marketing.abcd.com. Es ist nicht erforderlich, für jeden Domänenamen einen separaten Computer einzurichten. Statt dessen erzeugen wir für jeden Domänennamen einen sogenannten virtuellen Server. Damit wird jede Domäne auf ein und demselben Computer gehalten.

Bevor Sie in der Lage sind, diese virtuellen Server zu erzeugen, müssen Sie von Ihrem Internet Service Provider eine IP-Adresse für den primären Server und je eine für Ihre virtuellen Server bekommen. Schauen wir uns dies an einem Beispiel an. Der primäre Internet-Server (www.abcd.com) erhält die erste IP-Adresse im Domain Name System (DNS), sagen wir z.B. 53.236.124.167. Sein zugewiesenes Home-Verzeichnis ist c:\wwwroot. Nun können Sie die zweite IP-Adresse 53.236.124.167 WWW.Sales.com zuweisen und ein anderes Verzeichnis oder Laufwerk als Home-Verzeichnis festlegen. Die Vorgehensweise muß für die Entwicklungsabteilung und die Marketinggruppe wiederholt werden.
Wenn dies abgeschlossen ist, verfügen Sie über vier separate WWW-Server, die auf einem einzelnen Server, der den WWW-Dienst ausführt, beherbergt sind.

Die IP-Adresse kann einer einzelnen oder mehreren Netzwerkkarten zugeordnet werden. Verwenden Sie das Netzwerkprogramm aus der Systemsteuerung, um die IP-Adresse an Ihre Karte zu binden. Wenn Sie dies erledigt haben, müssen Sie dieser Adresse ein Home-Verzeichnis zuordnen. In der in Abbildung 13.37 gezeigten Dialogbox VERZEICHNISSE wählen Sie das Kontrollkästchen VIRTUELLES VERZEICHNIS, und geben Sie die entsprechende IP-Adresse ein.

Sie können virtuelle Verzeichnisse auch auf einen virtuellen Server beschränken. Wenn Sie ein virtuelles Verzeichnis erzeugen, müssen Sie festlegen, welcher virtuelle Server Zugriff auf dieses Verzeichnis hat. Wenn Sie hier keine IP-Adresse zur Verfügung stellen, ist das Verzeichnis für alle virtuellen Server sichtbar.

Internet Dienst Manager

> *Bei der Installation des Internet Information Server werden die IP-Adressen nicht den Standardverzeichnissen zugewiesen. Bei der Einrichtung von virtuellen Servern kann dies jedoch nötig werden.*

Wenn die Installation und die Konfiguration Ihres Servers abgeschlossen ist, müssen Sie nur noch die Dateien, die Sie zur Verfügung stellen wollen, in den Ordner WWWROOT (oder FTPROOT bzw. GOPHERROOT je nach eingesetztem Dienst) plazieren.

Upgrade auf IIS Version 3

Wir haben den IIS Version 2 installiert und eingerichtet. Nun wollen wir ein Upgrade auf die Version 3 fahren. Dies kann auf zwei Arten geschehen. Wenn Sie im Besitz der Microsoft Service Pack 2 CD sind, können Sie den IIS Version 3 von dort installieren. Ist dies nicht der Fall, so besteht die Möglichkeit, die notwendigen Dateien kostenlos von der Microsoft Web-Site herunterzuladen. Wir wollen in unserem Beispiel von der CD installieren:

1. Legen Sie zuerst die SP2-CD in den Server ein. Öffnen Sie die CD, der Microsoft Internet Explorer wird automatisch geöffnet. Scrollen Sie bis zur Hälfte der Anzeige zum Punkt Internet Information Server 3.0.

2. Klicken Sie auf INTERNET INFORMATION SERVER 3.0. Dies ist eine Verknüpfung zu den IIS-Dateien.

3. Blättern Sie bis fast zum Bildschirmrand. Klicken Sie auf IE 3.01 INSTALLIEREN, wie in Abbildung 13.39 gezeigt.

Abbildung 13.38:
IIS Version 3.0 auf der SP2-CD

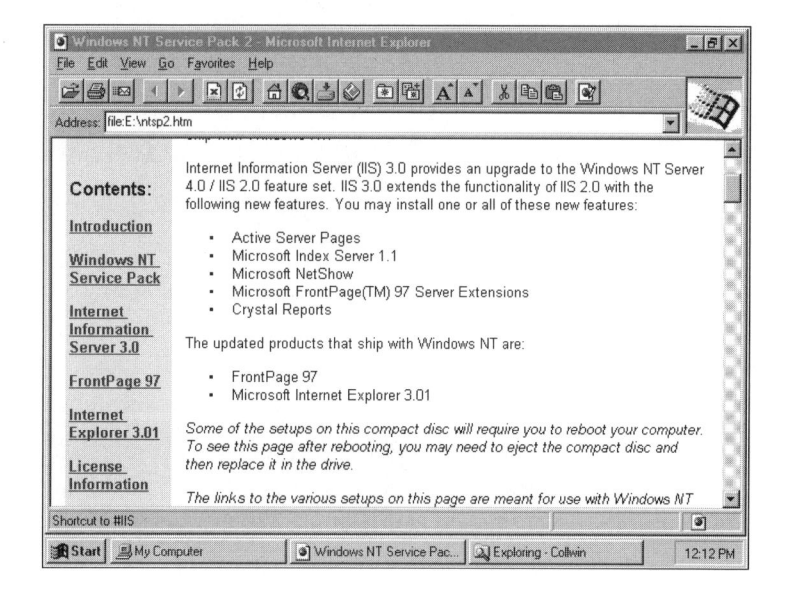

Abbildung 13.39:
Installation von
IIS 3.0

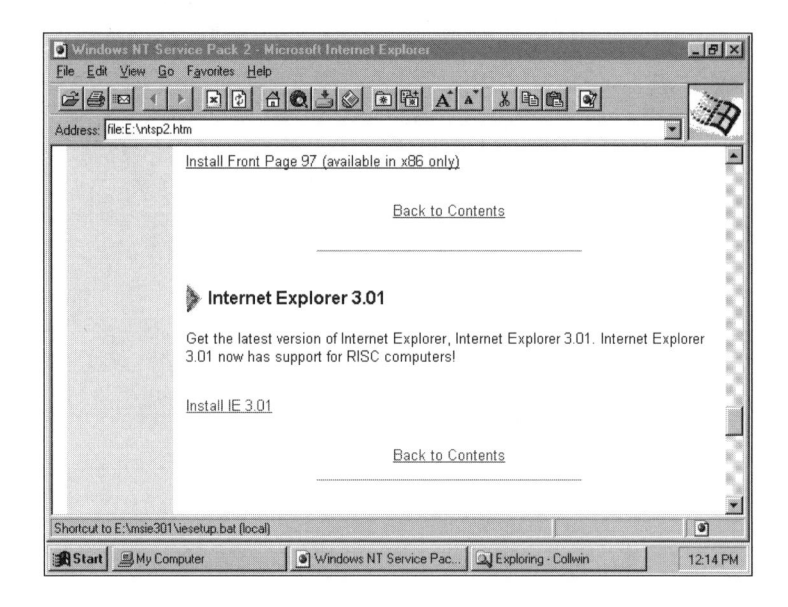

4. An diesem Punkt können Sie die Datei auf Ihrer Arbeitsoberfläche oder an einem anderen Ort auf Ihrem Computer ablegen. Sie können die Datei aber auch öffnen und mit dem Upgrade beginnen. Dies wollen wir nun tun.

5. Klicken Sie auf JA, um die Installation des IIS 3 zu starten (siehe Abbildung 13.40). Das Programm entpackt nun die für die Installation notwendigen Dateien.

6. Klicken Sie auf „ICH STIMME ZU" in der Dialogbox LIZENZ. Die Dateien werden weiterkopiert. Schließlich werden Sie gefragt, ob Sie Ihren Computer neu starten wollen.

7. Klicken Sie auf JA.

Abbildung 13.40:
Installation
beginnen

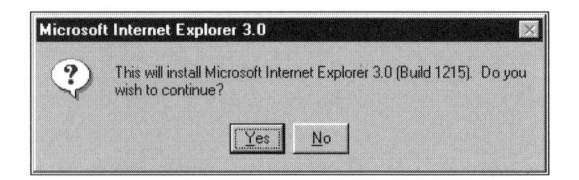

Installation des IIS Version 4

Wenn Sie den IIS Version 4 installieren möchten, müssen Sie zuvor jede jüngere Version des IIS von Ihrer Maschine entfernen. Es handelt sich also grundsätzlich nicht um ein Upgrade, sondern um eine Neuinstallation. Zum jetzigen Zeitpunkt befindet sich der IIS Version 4 in der Beta-

Internet Dienst Manager

phase. Wir wollen nun betrachten, wie die Version 4 installiert werden kann. Zunächst müssen Sie jedoch das Service Pack 3 installieren und anschließend die entsprechenden Dateien für den IIS Version 4 von der Microsoft Web-Site herunterladen.

Abbildung 13.41:
Download-Optionen von IIS 4.0

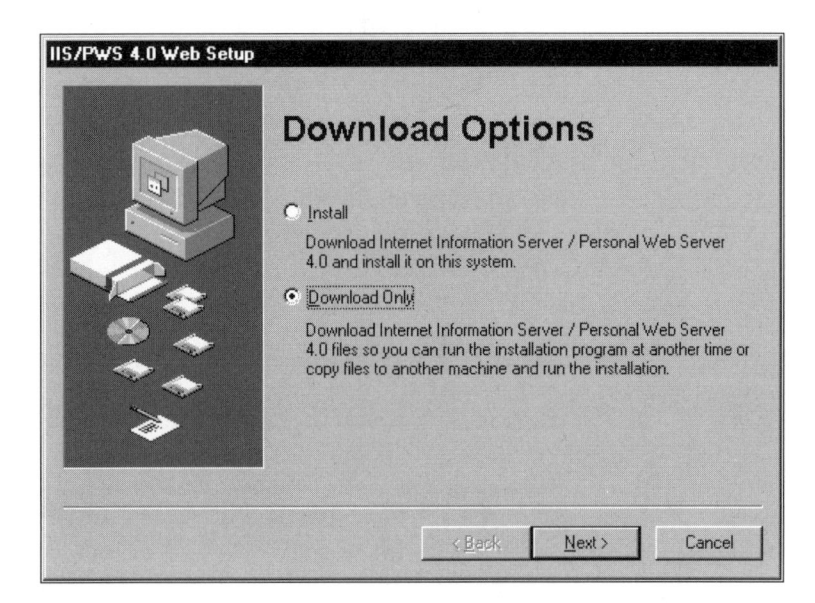

1. Gehen Sie auf die Microsoft Web-Site, und bestellen Sie entweder die CD für IIS Version 4 oder laden die Installationsdateien herunter. Mit einem 28.8-Modem dauert dieses ungefähr vier Stunden! Die Optionen zum Herunterladen werden in Abbildung 13.41 gezeigt. Wenn Sie auf Ihrem NT Server arbeiten, können Sie gleichzeitig herunterladen und installieren. Wählen Sie DOWNLOAD ONLY, und klicken Sie auf WEITER.

2. Wählen Sie Ihre Sprache und Ihr CPU/Betriebssystem (siehe Abbildung 13.42). Klicken Sie dann auf WEITER.

3. Wählen Sie die bevorzugte Installationsoption (Abbildung 13.43), und klicken Sie dann auf WEITER. Bedenken Sie, daß, wenn Sie nun die minimale Installation wählen, es später nicht möglich ist, die Standardinstallation zu wählen. Wenn Sie im Besitz eines 28.8-Modems sind, sollten Sie hier die minimale Installation wählen. Wenn Sie jedoch die vollständige Installation wünschen, sollten Sie den Download nachts starten. Bis zum Arbeitsbeginn am nächsten Morgen sollte dies erledigt sein.

Abbildung 13.42:
Auswahl von Sprache und CPU/Betriebssystem

Abbildung 13.43:
Installationsoptionen

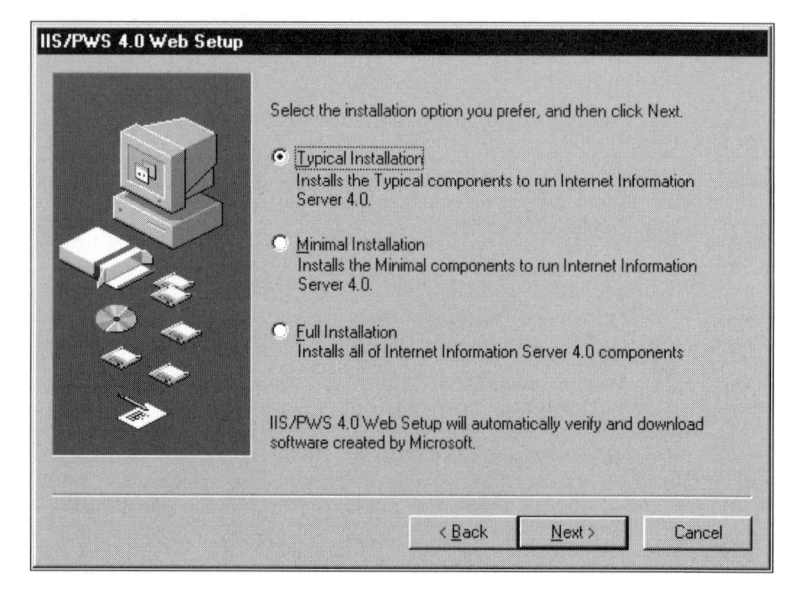

4. Als nächstes füllen Sie den Pfad für den Ablageort, wie in Abbildung 13.44 gezeigt, aus. Klicken Sie auf WEITER.

5. Das Installationsprogramm greift nun auf die Microsoft Web-Site zu und lädt die notwendigen Dateien herunter (siehe Abbildung 13.45).

Abbildung 13.44:
Geben Sie den Pfad an, in dem Dateien gespeichert werden sollen

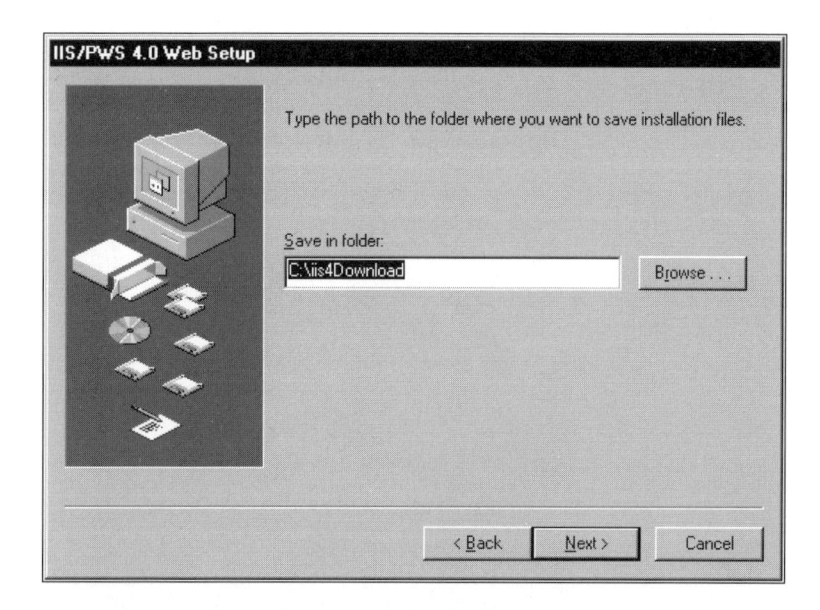

Abbildung 13.45:
Dateien von verfügbaren Microsoft-Sites herunterladen

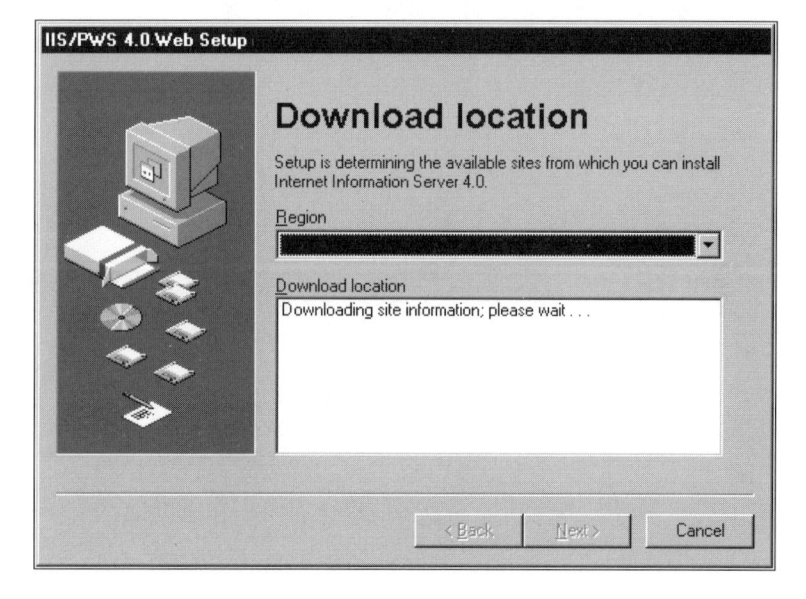

6. Wenn dies abgeschlossen ist, gehen Sie in das Download-Verzeichnis. Standardmäßig ist dies C:\IIS4DOWNLOAD, und klicken Sie auf SETUP. Vergewissern Sie sich, daß Sie das Service Pack 3 installiert haben. Sie sollten einen Bildschirm wie in Abbildung 13.46 erhalten.

Abbildung 13.46:
IIS 4.0-Setup

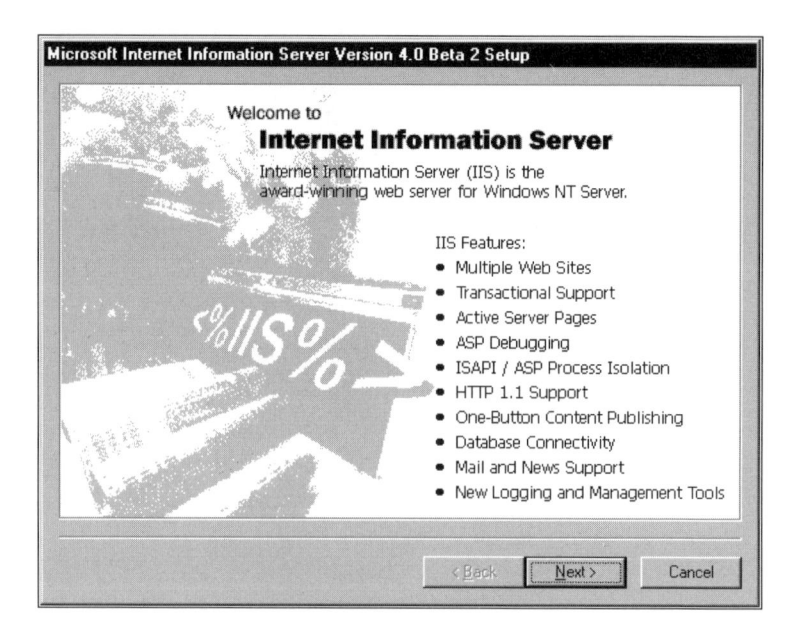

7. Klicken Sie auf WEITER.

8. Klicken Sie auf der Seite MICROSOFT LICENSE AGREEMENT auf „ICH STIMME ZU" und dann auf WEITER.

9. Wählen Sie die gewünschte Installationsoption. Die Optionen werden in Abbildung 13.47 gezeigt.

Abbildung 13.47:
Installations-
optionen

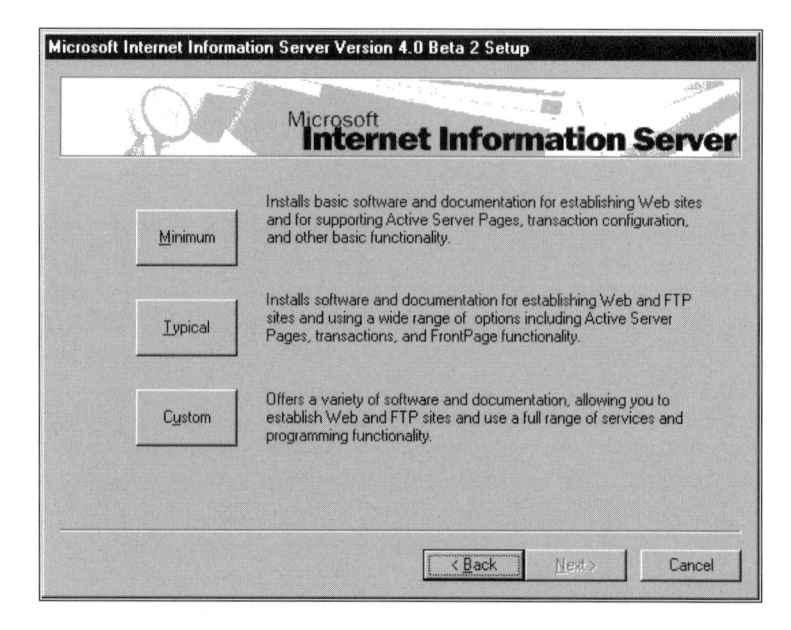

10. Wir wählen hier die minimale Installation, denn wir haben diese Dateien von der Microsoft-Site geladen.

11. Klicken Sie auf WEITER, um die Standardverzeichnisse für WWW, FTP und Anwendungsdateien zu akzeptieren (siehe Abbildung 13.48).

Abbildung 13.48: Standardverzeichnisse für WWW, FTP und Anwendungsdateien festlegen

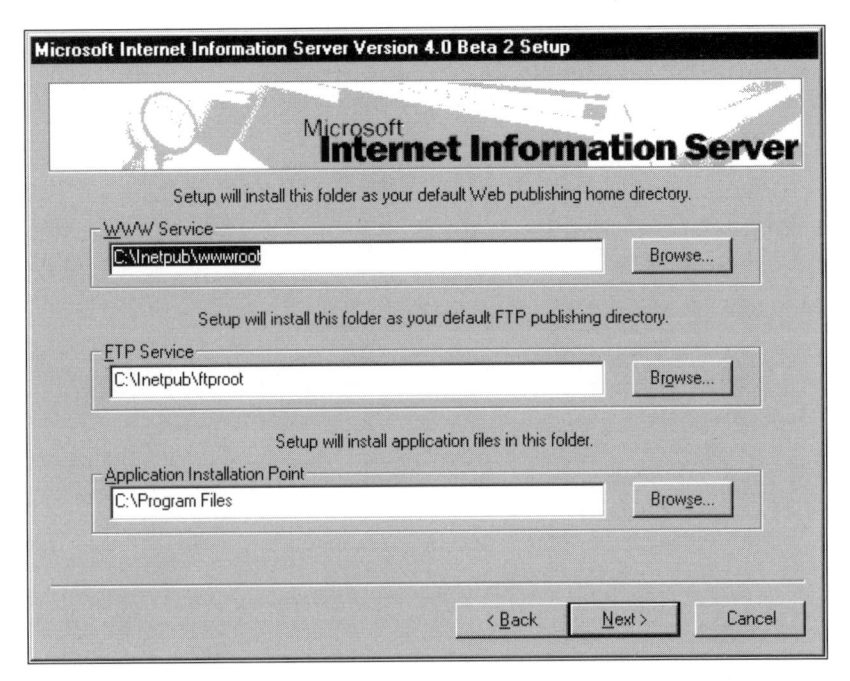

12. Das Setup kopiert nun die Dateien. Dies dauert einige Minuten. Wenn dies abgeschlossen ist, erhalten Sie von Microsoft ein nettes Dankeschön. Klicken Sie auf BEENDEN.

13. Starten Sie Ihren Computer neu, damit die neuen Einstellungen wirksam werden.

Bezogen auf das Internet gibt es natürlich mehr als Dateien, Web-Server und Homepages. Deshalb wollen wir uns im nächsten Kapitel der elektronischen Post zuwenden.

E-Mail mit TCP/IP

KAPITEL 14

14 • E-Mail mit TCP/IP

Einzeln betrachtet sind Computer nicht viel mehr als glorifizierte Rechenmaschinen. Ihren wirklichen Nutzen entwickeln sie, wenn sie über ein Netzwerk miteinander verbunden werden und natürlich machen Netzwerke einen großen Teil der Kommunikation aus. Aber auch Netzwerke bekommen erst eine Bedeutung, wenn Sie von Menschen genutzt werden. Menschen benutzen Netzwerke jedoch nicht ohne Grund. Die führt uns zu Electronic Mail. E-Mail ist häufig die erste Anwendung auf dem Netzwerk, die ein Benutzer verwendet. Für manche bleibt es auch die einzige, die sie je einsetzen. Für das Internet ist E-Mail eine der wichtigsten Applikationen überhaupt. Deshalb wollen wir uns in diesem Kapitel mit den Aspekten rund um E-Mail beschäftigen.

Die EMWACS Mail-Software macht Ihren NT-Server zu einem Mail Relay Agent

Die meisten Büros haben eine Form eines internen E-Mails wie z.B. Microsoft Exchange, Lotus cc:Mail o.ä. Dieses E-Mail an die Außenwelt – dem Internet – anzuschließen, ist ein teures Unterfangen. Preise von etwa 4000 Dollar sind keine Seltenheit. Dies ist eine Schande, da die Protokolle für Internet Mail gut dokumentiert sind und es eine Menge an freien Code für dessen Unterstützung gibt. In diesem Abschnitt werden wir Ihnen unseren Favoriten vorstellen, ein Stückchen Software von dem European Microsoft Windows Academic Center (EMWACS).

Internet E-Mail-Protokolle

Es gibt zwei wichtige Internet E-Mail Protokolle, mit denen die meisten von uns umgehen: das Simple Mail Transfer Protocol (SMTP) und das Post Office Protocol (POP3).

SMTP ist *das* Internet E-Mail Protokoll. SMTP entstand in einer Zeit, als die meisten Anwender des Internets UNIX-Maschinen mit eigenen IP-Adressen besaßen. Auf jeder UNIX-Maschine liefen zwei Mail-Programme. Das erste Programm konnte eine Mail-Nachricht in Pakete packen und diese an den Zielort senden. Das populärste Programm darunter hieß *sendmail*. Das zweite Programm war ein sogenannter *Dämon*, ein Programm, das stets im Hintergrund läuft (so etwas wie ein

DOS Terminate and Stay Resident- (TSR) Programm (speicherresident)), eine Analogie zu den NT-Diensten. Der Dämon lauscht permanent, ob Mails von einem anderen sendmail-fahrenden System in Form von TCP/IP-Paketen ankommen.

Der SMTP/sendmail-Ansatz läuft reibungslos, solange jedes System auf dem Internet die gleiche Art von Mail-Dämonen ausführen kann und 24 Stunden am Tag und 7 Tage in der Woche betrieben wird. Doch können einfache PC-Betriebssysteme nicht so gut mit Dämonen umgehen und die meisten Anwender betreiben ihre Workstation auch nicht im 24-Stundenbetrieb, selbst wenn sie ein Betriebssystem fahren, das sehr gut mit Dämonen umgehen kann. Zusätzlich haben wir die Problematik, daß viele Systeme zwar durchgehend laufen und auch über ein Betriebssystem verfügen, das mit Dämonen prima umgeht, aber nicht ständig mit dem Internet verbunden sind.

Es wäre schön, wenn man SMTP mit einer Art von Mail-Ablagesystem erweitern würde, das den Computer als eine Art Postbüro agieren ließe. Nehmen wir an, Sie haben 500 Anwender in Ihrem Netzwerk mit verschiedenen Betriebssystemen und unterschiedlichen aktiven Zeiten. Sie richten also einen Computer ein, der 24 Stunden am Tag und 7 Tage die Woche zur Verfügung steht. Auf diesem Computer läuft der Mail-Dämon, das Programm, das lauscht. Sie geben diesem Computer die Instruktion: „Akzeptiere die Mails für die Mitarbeiter unserer Firma und halte sie fest". Dies ist der Computer, den ich *Postbüro* nennen würde. Wenn dann ein Anwender seine Mails anschauen möchte, verbindet er sich mit seinem Postbüro und lädt seine Post hinunter. In der Internet-Welt lassen wir einen Client-Computer über ein Protokoll namens POP3 mit dem Post Office kommunizieren. Dieses kleine Programm ist unter dem Namen POP3-Client bekannt. Tatsächlich wäre es bessser, wenn jeder *POP3-Client, POP3-Nachrichtenempfänger /SMTP-Nachrichtensender* genannt würde. Das Programm nutzt nämlich nur beim Empfang der Mail POP3. Wenn Sie eine neue Nachricht erzeugen, sendet es sie nur an einen Computer, der den SMTP-Empfängerdienst (den Dämonen) ausführt. Dieser reicht die Nachricht an den SMTP-Auslieferungsdienst (sendmail oder verwandte Programme) weiter.

Damit Sie Internet Mails senden und empfangen können, müssen Sie einen Computer dazu einrichten, als Postbüro zu agieren. Der Computer nutzt SMTP, um mit anderen Postbüros zu kommunizieren. Diese Postbüros können sich zu jeder Tageszeit entschließen, mit Ihnen zu kommunizieren, deshalb sollte der Computer ständig an das Internet angeschlossen sein. Damit Ihre Anwender ihre Mail abholen können, benötigen Sie Programme, die als POP3-Clients agieren. Schließlich muß dieser Postbüro-Computer über einen POP3-*Server* verfügen, damit er auf die Mail-Anfragen antworten kann.

Die Software Internet Mail Service (IMS) von EMWACS entspricht diesen Anforderungen ganz gut. Sie beinhaltet drei Dienste, die auf jeder NT Server-Maschine laufen können:

- **Der SMTP-Empfängerdienst**, das lauschende 'Dämonen'-Programm. Dieses Programm heißt SMTPRS.EXE. Hat ein anderes Postbüro Mails für Sie empfangen, wird es mittels SMTPRS.EXE kommunizieren. Ebenso verhält es sich, wenn Sie ein neues Mail erzeugen und Ihren Mail-Client anweisen, es auszusenden; der Mail-Client schickt die Nachricht an SMTPRS.EXE.

- **Der SMTP-Auslieferungsdienst**, der Nachrichten an andere Postbüros ausliefert. Der Auslieferungsdienst heißt SMTPDS.EXE. SMTPS muß nur SMTPDS zuhören. Erhält der Empfängerdienst eine neue Mail, gibt er sie an den SMTPDS-Auslieferungsdienst weiter. Ist die Mail für ein anderes Postbüro bestimmt, baut SMTPDS eine Verbindung zu diesem Postbüro auf und schießt die Mail dann dort hin. Ist die Mail für dieses Postbüro bestimmt, legt SMTPDS die Mail einfach in die passenden Briefkästen der Anwender ab.

- **Der POP3-Server:** Das Programm namens POP3S.EXE antwortet auf Anfragen von POP3-Clientprogrammen. Es liefert die Mail auf Anfragen an diese entsprechenden Clients ab.

Wo finden Sie einen POP3-Client? Richtig, in NT oder Windows 95. Das Programm, das dem Posteingang zugeordnet ist, kann als POP3-Client agieren. Wir werden Ihnen später zeigen, wie man dies einrichtet, aber lassen Sie uns zunächst die Serversoftware einrichten. Wenn Ihnen das Microsoft Tool jedoch nicht gefällt, surfen Sie zu http://www.eudora.com/light.html. Dort finden Sie EUDORA LITE- ein exzellenter Mail-Client – geschrieben von den Qualcomm-Leuten. Sie schreiben herausragende Software, und um noch eins draufzusetzen: Sie haben eine 32-Bit-Version ihres Eudora Mail-Clients, die sie absolut kostenfrei abgeben.

Einrichten Ihres Mail-Servers: Beschränkungen von IMS

Bevor Sie IMS installieren, sollten Sie einige seiner Beschränkungen kennenlernen. Es gibt ein paar wenige Eingriffe an einer NT-Maschine, bevor diese als Postbüro arbeiten kann. Da Sie einige Zwänge als übertrieben empfinden mögen, lassen Sie uns diese, bevor wir fortfahren, einmal betrachten.

Der Mail-Server muß eine statische Adresse haben

Jeder Dienst muß in der Lage sein, die IP-Adresse des Computers, auf dem er läuft, zu finden. Sie können dies folgendermaßen überprüfen: Geben Sie den Namen jedes einzelnen Dienstes gefolgt von dem Parameter IPADDRESS ein. z.B. Haben Sie IMS auf einer NT-Maschine installiert, geben Sie SMTPRS-IPADDRESS ein. Sie sollten die IP-Adresse und den DNS-Namen dieser Maschine sehen können.

Unserer Erfahrung nach finden die IMS-Komponenten die IP-Adresse einer Maschine nicht, wenn diese ihre IP-Adresse über DHCP bekommt. Die Auflistung in der DNS-Tabelle scheint nicht auszureichen. Also müssen Sie IMS auf einer Maschine mit statischer Adresse ausführen.

DNS muß den Mail-Server finden können

Dies sollte eigentlich selbstverständlich sein, aber wir dachten uns: „Erwähne es noch einmal." Wenn Sie eine Mail an bob@fin.shark.com schicken, DNS aber fin.shark.com nicht findet, wird diese Mail nicht sehr weit gelangen. Die IMS-Dienste versuchen, beim ersten Start den Namen des Computers, auf dem Sie sich befinden, aufzulösen. Wenn die IMS-Dienste den Namen nicht auflösen können, verweigern sie die Ausführung.

Der Mail-Server bedient nur Anwender, die sich in seinen Benutzergruppen befinden

Erhält der Mail-Server eine Mail für einen ihm unbekannten Benutzer, verweigert er die Annahme. Wie erkennt er seine legitimen Benutzer? Sie müssen sich in der Benutzergruppe des Mail-Servers befinden. Wenn der Mail-Server einer Domäne angeschlossen ist, dann befindet sich die Gruppe Benutzer der Domäne in der lokalen Benutzergruppe des Servers.

Der POP3S-Server akzeptiert keine leeren Kennworte

Es mag dafür eine Möglichkeit geben, doch haben wir sie bisher nicht entdecken können. Wenn Sie versuchen, Ihre Mail abzurufen, werden Sie natürlich nach Ihrem Namen und dem Kennwort gefragt. Ist Ihr Kennwort leer, wird die Verbindung von POP3S verweigert und Sie können Ihre Post nicht abholen.

Die Software besitzt keine Datenquellen für den Systemmonitor

Anders als die übliche NT-Software installiert die EMWACS-Mailsoftware keine Datenquellen für den Systemmonitor (Leistungsüberwachungszähler). Es klingt vielleicht ein wenig kleinkariert dies von einer kostenlosen Software zu erwarten, aber es wäre schön, die Mächtigkeit des Systemmonitors mit IMS nutzen zu können.

Wie arbeitet die IMS-Software?

Installieren Sie die drei Dienste auf dem NT-Server. Wenn diese eingerichtet sind und laufen, kann jeder Benutzer Mails an `somename@servername` senden, wobei `somename` für einen gültigen NT-Benutzer auf diesem Server und `servername` für den Internet Hostnamen des Servers steht. Also, wenn Ihr lokaler Server z. B. `altair.mmco.com` hieße und Ihr Benutzername ALLOFUS wäre, könnten Sie eine Mail an `allofus@altair.mmco.com` schicken.

Download der EMWACS-Software

Zum Entstehungszeitpunkt dieses Buches haben die Entwickler von EMWACS ihre Mail-Software auf den Stand von Version 0.8x gebracht. Versuchen Sie, stets die neueste Version zu bekommen, da diese ständig verbessert wird. Zum aktuellen Zeitpunkt finden Sie die Software unter `http://emwac.ed.ac.uk/html/internet_toolchest/ims/ims.htm`. Richten Sie einfach Ihren Web-Browser auf diesen Ort. Dort sehen Sie die Instruktionen für das Download dieser Software. Es wird Ihnen dort auch eine Dokumentation im HTML-Format für dieses Produkt angeboten. Sehen Sie zu, daß Sie dies ebenfalls erhalten, denn dort finden Sie detailliertere Informationen, als wir Ihnen hier geben könnten.

Entpacken der EMWACS-Software

Da wir einen Intel-basierenden Server für unser Mail-System einsetzen, heißt die Datei für das Download entsprechend IMSi386.ZIP. Da es sich um eine ZIP-Datei handelt, benötigen Sie PKUNZIP oder ein ähnliches Programm, um die Dateien zu entpacken.

Erzeugen Sie ein Verzeichnis, in dem Sie die Dateien entpacken (Ich habe meines C:\EMWACS genannt). Kopieren Sie die Datei IMSi386.ZIP dorthin, öffnen Sie eine Kommandozeile und geben Sie PKUNZIP-D IMSi386 ein. Dieses Kommando entpackt die Datei und erzeugt die notwendigen Verzeichnisse. Verfahren Sie mit der ZIP-Datei, die die Dokumentation enthält, auf die gleiche Weise. Es wird dabei ein Verzeichnis namens HTML erzeugt, welches die Dokumentation enthalten wird.

Kopieren Sie anschließend folgende Dateien in das Verzeichnis \WINNT\SYSTEM32:

- SMTPRS.EXE (der Empfänger-Dämon)
- SMTPDS.EXE (der Sendmail-Auslieferungsagent)
- POP3S.EXE (der POP3-Server)

Die EMWACS Mail-Software macht Ihren NT-Server zu einem Mail Relay Agent

- IMS.CPL (die Steuerungskomponente des Mail-Servers)
- IMSCMN.DLL (eine DLL zur Unterstützung der Programme)

Die meisten dieser Dateien können in unterschiedliche Verzeichnisse gesetzt werden, es ist jedoch am bequemsten, sie alle in das Verzeichnis SYSTEM32 zu setzen. Die Datei IMS.CPL *muß* in das Verzeichnis \WINNT\SYSTEM32 gesetzt werden.

Installation der Dienste

Installieren Sie nun diese Dienste unter NT. öffnen Sie eine Kommandozeile und wechseln Sie zu dem Laufwerk, auf dem sich das Verzeichnis \WINNT\SYSTEM32 befindet. Geben Sie dann die Namen der einzelnen Dienste gefolgt von -install ein:

```
smtprs -install
smtpds -install
pop3s -install
```

Jedes Modul sollte anzeigen, daß es korrekt installiert wurde. Als nächstes weisen Sie NT an, daß diese Dienste automatisch jedesmal beim Hochfahren des Computers ebenfalls gestartet werden. Wechseln Sie in die SYSTEMSTEUERUNG und klicken Sie dort auf DIENSTE. Sie sehen drei neue Dienste namens:

- IMS POP3 Server
- IMS SMTP Delivery Agent (Auslieferer)
- IMS SMTP Receiver (Empfänger)

Klicken Sie nacheinander auf die einzelnen Dienste und anschließend auf die Schaltfläche START. Wählen Sie AUTOMATISCH und der Dienst startet mit dem Computer. Stellen Sie sich vor, daß Sie dies mit jedem Dienst wiederholen.

Anwenderanmeldung als Stapelverarbeitungsauftrag (Batch-Job)

IMS verlangt, daß jeder Anwender, der auf seinen Briefkasten zugreifen will, sich am Server anmelden kann, wobei IMS als *Batch-Job* läuft. So merkwürdig sich dies anhört, es ist nötig. Starten Sie den Benutzermanager und wählen Sie dort die Maschine aus, auf der die IMS-Dienste ausgeführt werden sollen. Wir nehmen z.B. an, Sie wollen IMS auf einen Server namens MAILSRV fahren, dann starten Sie den Benutzermanager oder den Benutzermanager für Domänen, wählen Sie dort BENUTZER/DOMÄNE. Geben Sie als Domänennamen \\MAILSRV ein.

Hier editieren Sie gerade den Security Accounts Manager (SAM) der Mail-Server Maschine, nicht den der Domäne.

Klicken Sie nun auf RICHTLINIEN, BENUTZERRECHTE und kreuzen Sie das Kontrollkästchen WEITERE BENUTZERRECHTE ANZEIGEN an. Suchen Sie aus der Liste das Recht ANMELDEN ALS STAPELVERARBEITUNGSAUFTRAG und fügen Sie dies der Benutzergruppe dieses Computers hinzu. Diese Benutzergruppe (MAILSRV\USERS) sollte die Domänen-Benutzergruppen aller NT-Domänen enthalten, für die diese Maschine als Mail-Server arbeiten soll.

Bedenken Sie, Sie können eine Domänen-Benutzergruppe von einer anderen Domäne nur hinzufügen, wenn Ihre Domäne der anderen vertraut.

Sind Anwender nicht in der Lage, sich als Stapelverarbeitungsauftrag anzumelden, wird durch die Client-Software (Posteingang, Eudora etc.) die Anmeldung an den NT Mail-Server verweigert. Und noch einmal, denken Sie daran, daß der Mail-Server verweigert, Mail von Benutzern zu empfangen, die sich nicht in seiner lokalen Benutzergruppe befinden. Nehmen wir z.B. an, Sie wollen den Mail-Server M1 in der Domäne RED einrichten. Sie möchten, daß der Mail Server auch Mails für Anwender der Domäne BLUE akzeptiert. Zunächst müssen Sie es einrichten, daß RED BLUE vertraut. Dann wechseln Sie in den Benutzernanager auf Server M1 und sorgen dafür, daß die Gruppe M1\BENUTZER beides, RED\DOMÄNENBENUTZER und BLUE\DOMÄNENBENUTZER, enthält.

Konfiguration der Dienste

Als nächstes sehen Sie in der SYSTEMSTEUERUNG ein Bild mit der Beschriftung EMWAC IMS. Doppelklicken Sie auf dieses Symbol, und sehen Sie den in Abbildung 14.1 gezeigten Bildschirm.

Weisen Sie IMS zunächst an, wo die Briefkästen eingerichtet werden sollen. Jeder Anwender enthält ein eigenes Unterverzeichnis, in welches IMS die Mails ablegt. Wenn Sie das Kontrollkästchen AUTOMATICALLY CREATE MAILBOX (Briefkasten automatisch erstellen) aktivieren, erstellt IMS automatisch die Briefkästen der Anwender. Auf diese Art erzeugt IMS nur ein Verzeichnis, wenn es erforderlich ist.

IMS gibt Ihnen mehrere Möglichkeiten, die Briefkästen der Benutzer zu organisieren, mit den Variablen %USERNAME% und %HOME%. Verwenden Sie %HOME% im Namen des Briefkastens, dann ersetzt IMS diese Variable durch das Home-Verzeichnis des Benutzers. Dieses wurde im Benutzermanager unter der Schaltfläche PROFILE angelegt. Wenn Sie %USERNAME% im Namen des Briefkastens verwenden, so ersetzt IMS diese Variable mit dem NT-Benutzernamen.

Abbildung 14.1:
Verzeichnisse für IMS-Mail konfigurieren

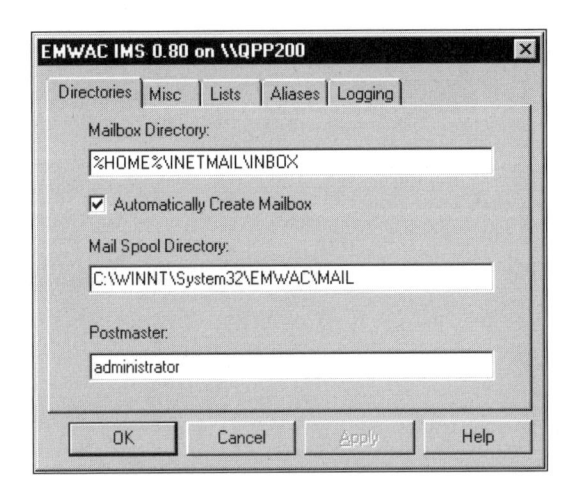

Nehmen wir z. B. an, Sie haben Benutzerkonten namens Sue und John auf einem NT-Server. Ihre Home-Verzeichnisse befinden sich auf dem Server unter D:\USERS\USERNAME. Sie könnten ihre Briefkästen in ein Verzeichnis E:\MAIL setzen, dazu weisen IMS an, das Verzeichnis für die Briefkästen auf E:\MAIL\%USERNAME% zu setzen. Wenn nun Mail für Sue und John ankommt, erzeugt IMS die Verzeichnisse E:\MAIL\JOHN und E:\MAIL\SUE. Die Mail-Sendungen sammeln sich so mit jeder empfangenen Mail in den entsprechenden Verzeichnissen an. Beachten Sie bitte zwei Dinge: Als erstes, E:\MAIL muß nicht freigegeben werden, zweitens, weder John noch Sue benötigen Datei- und Verzeichnisberechtigungen auf E:\MAIL oder andere entsprechende Unterverzeichnisse.

Hört sich dies nicht an, als würde die NT-Sicherheit verletzt? Keine Sorge, das ist nicht der Fall. Sehen Sie, weder John noch Sue werden je versuchen, auf das Verzeichnis E:\MAIL zuzugreifen. John und Sue verwenden vielmehr Programme (POP3 Mail-Clients), die auf Client-/Server-Art mit dem POP3-Dienst kommunizieren. Dies versorgt beide mit ihren Mails. Die Bedingung ist, daß POP3-Zugriff auf das Briefkasten-Verzeichnis hat oder nichts passiert.

Wenn Sie die Briefkasten-Verzeichnisse wie vorgeschlagen eingerichtet haben, sind diese gegen den Zugriff verschiedener Benutzer geschützt. Wenn Sie auf der anderen Seite sich nicht darum sorgen, ob Anwender Ihre Briefkästen direkt ansprechen können, dann nutzen Sie die Variable %HOME%. Wenn Sie z. B. IMS anweisen, die Mails in %HOME%\MAIL abzulegen, würde sich der Briefkasten für John in D:\USERS\JOHN\MAIL befinden und für Sue in D:\USERS\SUE\MAIL. Im allgemeinen vermeide ich die Variable %HOME%; da sie den Mail Server verwirrt, wenn der Benutzer kein Home-Verzeichnis hat und außerdem werden die Mail-Verzeichnisse direkt unter die Kontrolle der Anwender gesetzt und dies ist nicht unbedingt die beste Idee.

Das Mail-Spool-Verzeichnis ist ein temporäres Verzeichnis für den Mail-Server. Nutzen Sie einfach die Standardeinstellung. 'Postmaster' ist der E-Mail-Name der Person, die die Fehlermeldung bekommt (nebenbei ist es ratsam, am Mail-Server einen eigenen Postmaster anzumelden).

Als nächstes klicken Sie auf die Registrierkarte MISC (Verschiedenes), und Sie sehen Abbildung 14.2.

Abbildung 14.2:
Das Register
VERSCHIEDENES

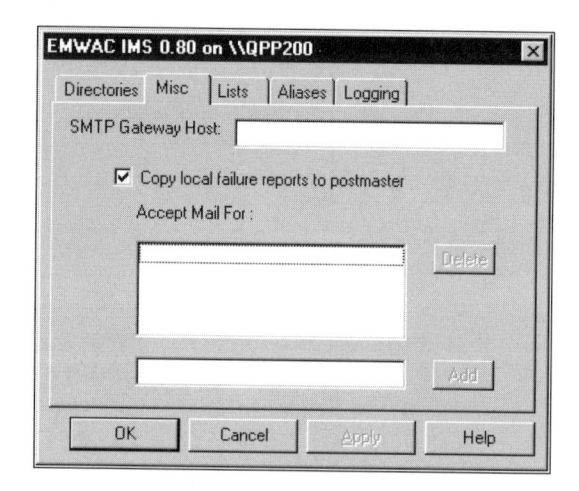

Diese Registrierkarte können Sie dazu nutzen, das Mail-System anzuweisen, auch Mail für andere Internet-Domänen zu akzeptieren. Sie können sie jedoch nicht dazu nutzen, es anzuweisen, Mail für andere NT-Domänen zu akzeptieren. Erinnern Sie sich, dies können Sie bewerkstelligen, wenn Sie globale Gruppen anderer Domänen in die lokalen Benutzergruppen des Mail-Servers setzen. Einzige Empfehlung hier ist das Ankreuzen der Option COPY LOCAL FAILURE REPORTS TO POSTMASTER (Fehlerberichte an den lokalen Postmaster kopieren). Auf diese Art können Sie Systemfehler nachvollziehen. Klicken Sie schließlich für alle drei Dienste auf die Registrierkarte LOGGING und aktivieren Sie die Option LOGGING (Protokollierung).

Nachdem Sie IMS nach Ihren Wünschen konfiguriert haben, schließen Sie die SYSTEMSTEUERUNG. Starten und stoppen Sie jeden Dienst, so daß Ihre Konfiguration wirksam wird. Wenn Sie nicht so lange warten mögen, bis jeder Dienst gestartet und gestoppt wurde, schreiben Sie sich eine Batchdatei:

```
net stop "IMS POP3 Server"
net start "IMS POP3 Server"
net stop "IMS SMTP Delivery Agent"
net start "IMS SMTP Delivery Agent"
net stop "IMS SMTP Receiver"
net start "IMS SMTP Receiver"
```

Nun sollten Sie bereit sein, Ihren Mail-Client zu nutzen.

Die EMWACS Mail-Software macht Ihren NT-Server zu einem Mail Relay Agent

Konfiguration des Exchange-Clients Posteingang für Internet Mail

Haben Sie Windows 95 oder Windows NT installiert, werden Sie festgestellt haben, daß Microsoft eine Mail-Clientapplikation mitliefert, die mit POSTEINGANG beschriftet ist oder für manche Anwender Exchange-Client heißt. Dieses Programm besteht tatsächlich aus zwei Programmen. Zunächst ist es ein Client für Anwender, die Microsoft Mail oder Exchange benutzen und weiterhin kann es als POP3-Client arbeiten. Leider übersehen Anwender, die Exchange oder Microsoft Mail nicht nutzen, aber einen einfachen POP3-Client benötigen, den Posteingang häufig. In diesem Abschnitt zeige ich Ihnen, wie der Posteingang konfiguriert wird, damit Sie Ihre Internet-Mail erhalten können.

Bei ersten Doppelklick auf das Symbol POSTEINGANG sehen Sie die in Abbildung 14.3 gezeigte Dialogbox.

Abbildung 14.3:
Eingangsfenster bei der Installation

Klicken Sie auf JA. Sie werden aufgefordert, die NT Setup-CD (außer, wenn Ihr Setup von der Festplatte aufgerufen wird) einzulegen. Es werden einige Dateien kopiert und Sie kehren auf die Arbeitsoberfläche zurück. Doppelklicken Sie noch einmal auf das Symbol POSTEINGANG, und die Dialogbox aus Abbildung 14.4 erscheint.

Abbildung 14.4:
Auswahl der Dienste

Deaktivieren Sie Microsoft Mail (natürlich nicht, wenn Sie Exchange oder Microsoft Mail nutzen), und klicken Sie auf WEITER. Sie sehen die in Abbildung 14.5 gezeigte Dialogbox.

Abbildung 14.5:
Anbindung über das Netzwerk

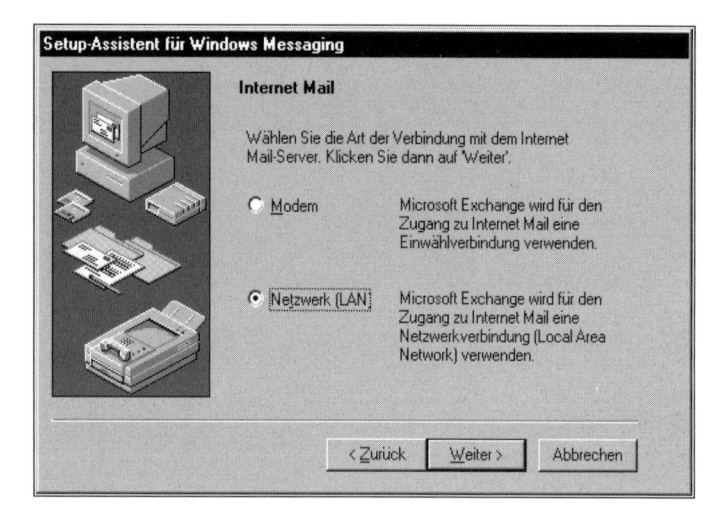

Da Sie lokal mit Ihrem IMS-Mail-Server verbunden sind, wählen Sie den Optionsschalter NETZWERK, und klicken Sie dann auf WEITER. Sie sehen die in Abbildung 14.6 gezeigte Dialogbox.

Abbildung 14.6:
Mail-Server-Adresse

Wie Sie sehen, gibt es einen Optionsschalter, mit dem Sie festlegen können, ob auf den Server mit seinem Namen oder auch mit seiner IP-Adresse verwiesen wird. Die Maschine, die Sie hier angeben müssen, ist die Maschine, auf der Sie zuvor IMS installiert haben. Klicken Sie auf WEITER und Sie sehen die in Abbildung 14.7 gezeigte Dialogbox.

Die EMWACS Mail-Software macht Ihren NT-Server zu einem Mail Relay Agent

Abbildung 14.7:
Offline oder nicht?

Hier wird gesteuert, ob Sie die Meldungen erhalten, wie sie kommen oder ob Sie diese mit der Option EXTRAS/NACHRICHTEN ÜBERMITTELN anfordern müssen. Die meisten Benutzer bevorzugen die Steuerung ihrer Mails, deshalb wählen sie OFFLINE. Nutzen Sie die Option, die für Sie optimal arbeitet (Sie können dies später immer noch ändern). Klicken Sie auf WEITER, und Sie sehen den Bildschirm aus Abbildung 14.8. Hier müssen Sie Informationen zu Ihrem Mail-Konto angeben.

Abbildung 14.8:
Mail-Adresse angeben

Dies mag redundant erscheinen. Sie haben bereits einen Server angegeben – oder? – Nein, das stimmt nicht. Beachten Sie, daß ich nicht **MARK@QPP200.MMCO.COM** eingegeben habe, sondern **MARK@MMCO.COM**. Das tat ich, weil mark@mmco.com die E-Mail-Adresse für die Welt draußen ist; mein Netzwerk findet dann intern heraus, daß mark@mmco.com tatsächlich mark@qpp200.mmco.com bedeutet.

Wie das bewerkstelligt wird, ist Aufgabe Ihres DNS-Servers. Lesen Sie Kapitel 9 *Einrichtung des DNS-Servers*. Sie werden sehen, daß Sie dort ein Record namens MX oder Mail Exchange Records in den DNS-Server einfügen können. Im Falle meines Netzwerks würde ich einen Record einfügen, der den DNS anweist, daß, wann immer mir jemand eine Mail an mark@mmco.com sendet, diese Mail an mark@qpp200.mmco.com gesendet werden soll. Das Feld für Ihren vollständigen Namen wird benutzt, um Sie im Kopf einer Meldung zu identifizieren; tatsächlich können Sie dort aber alles eingeben. Klicken Sie auf WEITER, und Sie sehen Abbildung 14.9.

Abbildung 14.9:
Einwahlinformationen für die NT-Sicherheit

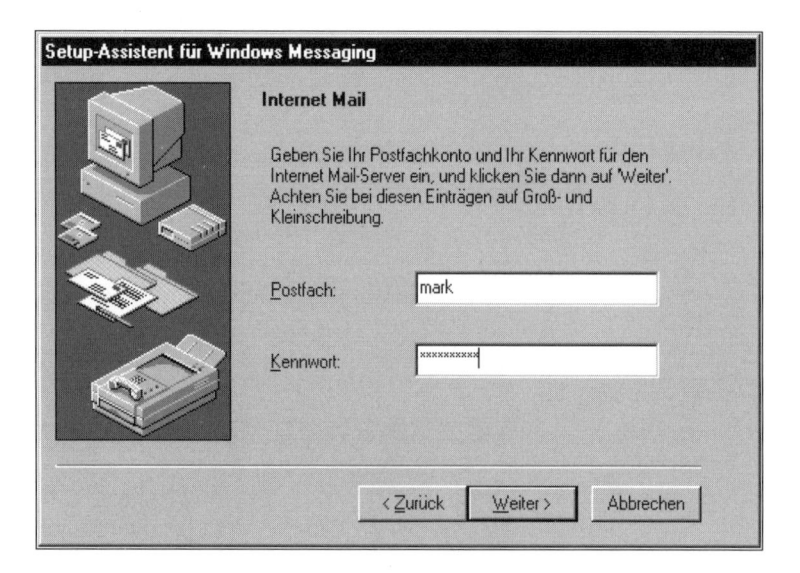

Das Posteingang-Mail-Programm gestattet Ihnen die Anmeldung an einen POP3 Server, unabhängig davon, auf welchem Betriebssystem dieser läuft. Meist ist es erforderlich, daß Sie sich mit einem Benutzernamen und einem Kennwort anmelden. Dies wird hier eingegeben. In meinem Fall verhält es sich so, daß ich als virtuelles Mitglied der Gruppe BENUTZER auf QPP220 geführt werde, da QPP200\USERS die Domänen-Benutzergruppe meiner Domäne enthält. Also gebe ich meinen Domänen-Benutzernamen (Mark) und mein Domänen-Kennwort ein. Klicken Sie auf WEITER. Hier haben Sie im POSTEINGANG-Programm die Gelegenheit, auf zwei weitere Dateien zu verweisen, Ihr persönliches Adressbuch und Ihre persönlichen Ordner.

Wir werden diese Bildschirme hier nicht abbilden, da sie selbsterklärend sind („Bitte geben Sie den Namen des Verzeichnisses ein..."). Aber etwas muß ich dennoch unterstreichen: Sie müssen sehr sorgsam mit der Frage für den Ort Ihres Adressbuchs und Ihrer Ordner umgehen. Standardmäßig möchte POSTEINGANG diese häufig in \WINNT anlegen, wählen Sie lieber einen persönlichen Ort.

Achten Sie jedoch darauf, wessen persönliche Bereiche Sie nutzen.

Ihr NT-Profil enthält einen Bereich namens \WINNT\PROFILES\USERNAME\PERSONAL und viele Microsoft Produkte nutzen diesen Ort zur Lagerung Ihrer persönlichen Informationen. Wenn Sie NT aber neu installieren (kein Upgrade), dann *löscht* das NT-Setup Programm die alten persönlichen Ordner. Unser Rat: Erzeugen Sie ein Verzeichnis, das Ihnen gehört – vielleicht auf einem Home-Verzeichnis eines Servers – und setzen Sie Ordner und das Adreßbuch dort hinein. Auf diese Art können Sie bei der Neuinstallation von NT und POSTEINGANG in dem frisch installierten Posteingang auf Ihre Ordner und auf Ihre Adresse verweisen und keine alten Adressen und Nachrichten gehen verloren (Dieses Adressbuch ist gar nicht übel, Sie können Mail-Adressen, Telefonnummern und auch Internet Mail-Adressen speichern).

Nun ist der Mail-Client installiert. Der Einstiegsbildschirm wird in Abbildung 14.10 gezeigt.

Abbildung 14.10: Eingangsbildschirm

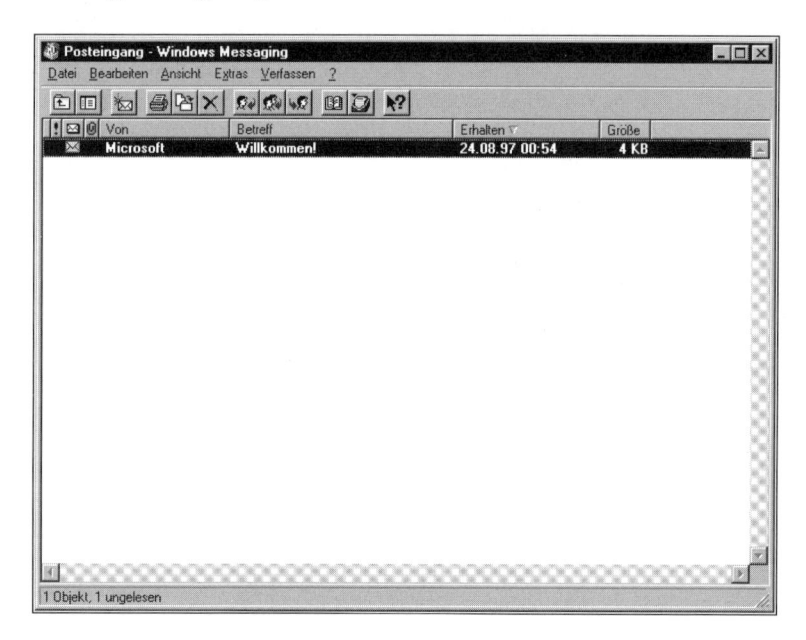

Die erste Nachricht ist eine Microsoft-Werbung. Wollen Sie nun Ihre Mail abrufen, klicken Sie auf EXTRAS/NACHRICHTEN ÜBERMITTELN, und Sie werden Ihre Mails erhalten.

Wenn Sie den EMWACS-Maildienst laden, richten Sie ihn korrekt ein und nutzen Sie den eingebauten Posteingang. Sie können Ihre Firma in kürzester Zeit über das Internet erreichen und dies alles kostenlos (mit Ausnahme der Verbindungsgebühren zum Internet).

E-Mail Sicherheit

Mit dem starken Wachstum des Internet werden mehr und mehr Verbindungen zu anderen E-Mail-Systemen geknüpft. Noch können Sie nicht überall hingelangen, doch in naher Zukunft werden Sie jeden über das Internet erreichen. Dies hört sich sehr gut an, doch mit der wachsenden Wichtigkeit von E-Mail-Systemen muß man bedenken, daß es sich um ein nicht sehr sicheres Medium handelt. Ihre Mail-Pakete wandern im ganzen Internet umher. Angenommen, Sie schicken eine Nachricht an eine Person im Internet und unser Computer ist ein Teil des Internets, der sich genau zwischen Ihnen und der betreffenden Person befindet. Es kann dann sein, daß Ihre Mail für Sekunden, Minuten oder gar Stunden auf unserer Festplatte zwischengelagert wird. Es ist ganz einfach, mit einem bestimmten Hilfsprogramm diese Warteschlange mit den zu versendenden Nachrichten zu durchsuchen. Deshalb sollten Sie in einer Mail nie etwas von sich geben, das Sie nicht auch öffentlich sagen würden. Auch wenn keiner Ihre Nachricht durchstöbert, kann es ein Problem geben. Wenn nun nämlich jemand regelmäßig seine Festplatte sichert, kann es passieren, daß Ihre Nachricht einige Jahre in einem magnetischen Archiv verbringt. Stellen Sie sich vor, in der Mitte des 21.Jahrhunderts findet jemand plötzlich einen unveröffentlichten Brief von Douglas Adams, nur weil er über 70 Jahre alte Sicherheitskopien gestolpert ist. Wie dem auch sei, das Fazit sollte sein: Schreiben Sie nichts in Ihre Nachricht, was Ihr Chef, Ihre Eltern, Kinder oder wer auch immer nicht lesen sollte.

E-Mail ist eine der wichtigsten Anwendungen für Ihr Unternehmen. Nur die Sicherheit ist wichtiger. Lassen Sie uns daher im nächsten Kapitel die Netzwerksicherheit erörtern.

NT Internet-Sicherheit

KAPITEL 15

Nun, da wir wissen, wie Sie ein NT-basierendes Netzwerk an das Internet anschließen, stellt sich die Frage: „Sollen Sie dies auch tun?" Einige Firmen haben sich zu diesem Schritt entschlossen und stellten bestürzt fest, daß die „Saison auf ihrem Netzwerk eröffnet" wurde. Die übelsten Computerprogramme aller Arten hielten Einzug auf ihre Systeme und beeinflußten ihre Daten.

Wenn Sie Ihr lokales Netzwerk an das Internet anschließen, kann Sie das für kriminelle Angriffe öffnen, da das Internet nicht wirklich unter Sicherheitsaspekten aufgebaut wurde. Denken Sie aber daran, Sie fahren NT – eines der Netzwerksysteme mit großem Sicherheitsbewußtsein.

Nehmen Sie diesen Abschnitt bitte nicht als Garantie, daß Ihr Netzwerk nicht von außen attackiert wird, betrachten Sie ihn als Abschnitt mit vernünftigen Ratschlägen. Folgen Sie uns und lassen Sie uns einmal schauen, ob wir nicht mit ein wenig gesundem Menschenverstand helfen können, Ihre Computer und Ihre Daten zu schützen.

Wo liegen die Sicherheitslücken?

Als erstes sollten wir uns fragen, wo diese Sicherheitslücken in einem NT-Netzwerk entstehen. Hier nun die Hauptprobleme, die wir sehen. Sie sind unabhängig von einer Internet-Verbindung.

Internerne Benutzer können leicht an eine Liste mit den Benutzer-IDs gelangen

Wenn Sie einmal in Handbücher zu NT Workstation oder NT Server geschaut haben, werden Sie sicherlich wissen, wie ein Satz von Home-Verzeichnissen eingerichtet werden kann. Falls nicht, geben wir Ihnen eine kleine Anleitung: Zunächst erzeugen Sie auf einem NTFS-Volume eine Freigabe namens USERS. Anschließend erhält die Gruppe JEDER- oder besser die Domänen-Benutzergruppe – die Berechtigung VOLLZUGRIFF. Dann setzen Sie die Rechte für das übergeordnete Verzeichnis auf LESEN und AUSFÜHREN, ordnen den Domänen Benutzern, aber keinerlei Dateiberechtigungen zu. Die Benutzer benötigen Lese- und Ausführrechte, damit sie von dem übergeordneten Verzeichnis in ihre individuellen Home-Verzeichnisse navigieren können. Sie setzen dann die Datei- und Verzeichnisberechtigungen für jedes Verzeichnis und jeden einzelnen Benutzer auf VOLLZUGRIFF.

Das Problem ist, Sie können keinen Benutzer davon abhalten, in das übergeordnete Verzeichnis zu wechseln und die Namen aller Benutzerverzeichnisse zu betrachten. Das Ergebnis ist, daß dieser Anwender nun eine Liste mit den Benutzer-IDs hat und dies erleichtert das Hakkertum.

Außerdem kann jeder Benutzer einer NT-Workstation NET USER\ DOMAIN eingeben und er erhält eine Liste der Benutzer in der Domäne der Workstation. Natürlich sind dies Szenarien, die sich auf interne Benutzer beziehen, jedoch ist das interne Hackertum wahrscheinlich weiter verbreitet als eines von außen.

Interne Benutzer können leicht ein freigegebenes Volume zum Absturz bringen

Da es für Festplatten keine Bestimmungen gibt, kann jeder Benutzer mit Schreibzugriff auf ein Volume zufällig oder auch beabsichtigt so viele Daten auf ein freies Volume schreiben, wie das Volume aufnehmen kann. Das Ergebnis ist, daß es keinen Platz für andere Benutzer mehr gibt. Noch schlimmer ist es, wenn dieses Volume die Auslagerungsdatei enthält. Wenn diese Datei nicht anwachsen kann, kann dies zum Komplettabsturz des gesamten NT-Systems führen.

Paßworte können bei der Änderung ausspioniert werden

Im allgemeinen verfügt NT über ein sehr gutes Austauschsystem für die Kennwortinformationen. Es ist verschlüsselt und praktisch nicht zu knacken. Wenn Sie jedoch Ihr Kennwort ändern, muß Ihre Workstation das neue Kennwort im Klartext über das Netzwerk senden. Sollte in diesem Moment jemand zufällig ein Programm wie Netzwerkmonitor ausführen, könnte er dieses neue Kennwort abfangen.

Die Microsoft Datei- und Druckdienste arbeiten über das Internet

Dies ist keine Überaschung, aber es kann sich um eine echte Sicherheitslücke handeln, wenn Sie hier keine Obacht geben.

Zunächst fragen wir uns, was soll eigentlich sicher sein? Natürlich Ihre Daten. Da Sie bestimmt nicht wollen, daß ein potentieller Eindringling von außen in der Lage ist, die Daten auf Ihrem Server zu zerstören oder Ihnen gar Ihr gesamtes Netzwerk zu sperren, müssen wir uns die Frage stellen: Wie kann jemand Zugriff auf Ihre Daten bekommen?

Gehen wir für den Moment einmal davon aus, daß Sie keinerlei Internet-Dienste wie FTP-, Gopher- oder WWW-Server ausführen (Wir werden auch dazu in Kürze kommen). Lassen Sie uns ein Netzwerk mit Standard Datei-Servern betrachten.

Angriffe können in folgender Form geschehen:

- Anwender mit Lesezugriff auf Ihre Daten könnten die Firmendaten stehlen.

- Anwender mit Schreibzugriff auf Ihre Daten könnten diese modifizieren oder löschen.

- Anwender mit Schreibzugriff könnten Ihre Datei-Server dazu mißbrauchen, persönliche Daten dort zu speichern. Daten, die sie nicht auf ihren eigenen Computern haben wollen, da es ungesetzlich wäre, solche Daten zu besitzen, z.B. die Kreditkartennummer einer dritten Person.

- Anwender mit Schreibzugriff könnten Ihre Server zum Zusammenbruch bringen, indem sie diese mit unsinnigen Dateien zu schreiben.

- Es ist vorstellbar, daß ein Anwender Ihre Mail-Server mit Tausenden von automatisch generierten Mails bombardiert. Mit einer ausreichenden Zahl an Mails wird auch die Festplatte dieser Server zu geschrieben.

- Zugriffe auf Ihren Druck-Server könnten ebenfalls dazu führen, daß ein Eindringling dessen Festplatte mit Spool-Dateien vollschreibt oder Ihre Drucker in Papiernot geraten.

Es gibt dennoch einige Maßnahmen, die Sie ergreifen können, um eine solche Außenattacke zu entdecken und/oder zu verhindern.

Entdeckung von Außenattacken

- NT verfügt über einige eingebaute Werkzeuge, mit denen Sie Angriffe aufspüren können.

- Protokollieren von mißlungenen Anmeldeversuchen

- Der Einsatz des Systemmonitors, der Sie alarmiert, wenn die Anzahl mißlungener Anmeldeversuche auf einen extremen Wert steigt

- Periodisch verschiedene Ebenen der Netzwerkaktivitäten protokollieren. Wenn Ihr Netzwerk plötzlich aus unersichtlichen Gründen um 3 Uhr morgens stark ausgelastet ist, sollten Sie sehr genau nachsehen, was um diese Uhrzeit dort abläuft.

Angriffe verhindern

Hauptsächliche Richtlinien zur Verhinderung von Angriffen:

- Nutzen Sie niemals leicht erschließbare Kennworte.
- Deaktivieren Sie das Gastkonto.
- Geben Sie dem integrierten Administratorenkonto einen anderen Namen.
- Das integrierte Administratorenkonto sollte keinen Zugriff auf die Server über das Netzwerk machen.
- Sperren Sie Benutzer nach einer bestimmten Anzahl mißlungener Anmeldeversuche.
- Sorgen Sie für das Erlöschen von Kennworten nach einer festgelegten Zeit.
- Installieren Sie ein Firewall-System, welches die UDP-Ports 136 und 137 ausfiltert.
- Setzen Sie die Web-, FTP- und Gopher-Server auf separate Maschinen in eigenen Domänen ohne Vertrauensbindungen an andere Domänen.
- Setzen Sie keine anderen Dienste als DNS selbst auf Ihren DNS-Server.

Es scheint so, daß es nur mit dem direkten Zugriff auf Ihre Datei-Server über das normale Net Use Interface, über eine NFS-Schnittstelle oder über einen FTP-Server möglich ist, daß ein Anwender über das Internet die Daten auf Ihrem Computer beschreiben oder lesen kann. Wir gehen davon aus, daß Sie NFS nicht ausführen und Ihren FTP-Server so plaziert haben, daß er sicher ist und Sie Ihr Hauptaugenmerk auf die Datei-Server-Schnittstelle richten.

Es gibt ein Szenario, um das Sie sich sorgen sollten: Nehmen wir an, wir wissen, daß Sie einen Server S01 mit der IP-Adresse 253.12.12.9 besitzen und auf diesem Server eine Freigabe namens SECRET existiert. Wir könnten nun einfach eine LMHOSTS-Datei mit folgender Zeile darin erzeugen:

```
253.12.12.9 S01
```

Nun können wir **NET USE X:\\S01\SECRET** eingeben und unser mit dem Internet verbundener PC schickt eine Anfrage an 253.12.12.9 für den Zugriff auf die Freigabe. Gehen wir davon aus, daß das Gastkonto auf S01 nicht deaktiviert wurde, dann fragt S01 unseren PC zunächst: „Wer bist Du?". Wir sehen dies als Aufforderung, einen Benutzernamen und ein Kennwort einzugeben. Wenn wir mit einem gültigen Benutzernamen und einem entsprechenden Paßwort der Domäne des Servers antworten, wird der Zugriff gestattet. Tatsächlich ist dies eine Art, wie die

Client-Site über das Internet auf Ihre Netzwerkressourcen zugreifen kann – zwei Sekunden Arbeit für die Erzeugung der LMHOSTS-Datei, ein NET USE und Sie können über Tausende von Kilometern hinweg auf Ihr Home-Verzeichnis zugreifen.

Das Wissen um folgende Aspekte ist erforderlich:

- Ein gültiger Benutzername auf dem Netzwerk
- Das Kennwort für dieses Konto
- Die IP-Adresse eines Servers dieser Domäne
- Der Name der Freigabe (Share) auf der Domäne

Nun gut, gehen wir davon aus, Sie möchten in einer Firma namens BIRGFIRM.COM ein wenig hacken gehen. Wo würden Sie anfangen? Im ersten Schritt muß der Bereich der IP-Adressen, die die Firma nutzt, herausgefunden werden. Dies ist ganz einfach. Verwenden Sie TELNET auf INTERNIC.NET und geben Sie folgendes ein: WHOIS BIGFIRM.COM. Sie erhalten als Antwort die Netzwerknummer und den Namen, der für das Netzwerk verantwortlichen Person. Sie können die IP-Adresse auch über deren DNS-Namen-Server bekommen. Der andere Weg, diese Information zu erhalten, ist die Eingabe von:

```
nslookup
set type=all
bigfirm.com
```

BIGFIRM gibt die Namen und Adressen ihrer DNS-Server und Mail-Server heraus. Da die InterNIC nur glücklich zu sein scheint, wenn es einen sekundären DNS-Server gibt, existieren also *mindestens* zwei Name-Server. Nun, wenn BIGFIRM wie viele von uns denkt: „Es belastet die CPU-Leistung nicht so sehr, einen DNS-Server zu fahren, legen wir dort doch auch ein paar freigebende Verzeichnisse ab. „Als Joe Slimeball, der böse Hacker, denke ich: Prima, frisches Fleisch!"

Sie sehen, Sie haben keine andere Wahl, als zwei Ihrer IP-Adressen zu publizieren, die Adresse Ihres DNS-Servers und die seines Backup-Servers. Setzen Sie dort also keine anderen Daten drauf. Sie kennen diese 486er mit 25 MHz, bei denen Sie sich fragen, was Sie mit ihnen anfangen sollen. Nutzen Sie diese Maschinen als Ihre DNS Server.

Gehen wir davon aus, Sie sind pfiffig und es gibt keine weiteren Daten auf Ihren DNS-Servern. Das heißt, daß Joe S. Hacker nun ein wenig fischen muß. Aber so schwer ist das auch nicht, da WHOIS ihm den Bereich Ihrer IP-Adressen verraten hat. Er aber ist ein Hacker mit Leib und Seele und festen Willens all Ihre IP-Adressen auszutesten, bis er herausfindet, welche zu den Servern gehören. Es ist eine ganz einfache Angelegenheit, eine LMHOSTS-Datei zu erzeugen, die einen NetBIOS-Namen für jede mögliche IP-Adresse enthält. Wenn J.S.H. weiß, daß Sie das C-Klassen Netzwerk 200.200.200.0 betreiben, dann kann er eine LMHOSTS-Datei erzeugen, in der er NetBIOS N1 benennt, welches 200.200.200.1 entspricht, N2 für 200.200.200.2 usw. Dann muß er nur noch für jeden Namen von N1 bis N254 ein NET VIEW\\SERVERNAME absetzen. Die IP-Adressen, die einem Computer mit Serverdiensten zugeordnet sind, sind diejenigen, die von ihm einen Benutzernamen und ein Kennwort erwarten, diejenigen, die überhaupt nicht antworten.

Was können Sie tun? Tja, Sie können sich entschließen, sich darum überhaupt nicht zu sorgen, da die bösen Buben ohne Benutzernamen und Kennwort keinen Einlaß bekommen. Aber wenn Sie nächtelang nicht schlafen können, bis Sie dieses Loch gestopft haben, sollten Sie folgendes tun: Deaktivieren Sie bei den fraglichen Servern den Browserdienst.

Als nächstes sucht ein Hacker nach einem oder zwei Namen von Benutzerkonten. Wie gelangt er an diese? Wir glauben nicht, daß Sie von entfernter Stelle ein NET USER ohne Kontakt mit dem Domänen-Controller ausführen können, d.h., der Hacker muß für die Ausführung eines NET USER von außerhalb, eine Domänen-ID und das Kennwort wissen – also eine Sorge weniger.

Aber es gibt einen Weg, wie Sie zumindest ein paar Benutzernamen finden können. Wenn Sie sich an einer NT-Maschine anmelden, registriert sie auf dem Netzwerk nicht nur ihren eigenen Maschinennamen, sondern auch Ihren Benutzernamen. Das geschieht so, damit Warnungen an Ihren Namen Sie auch erreichen können. Nehmen wir z.B. an, Sie haben den Systemmonitor angewiesen, Sie mit Ihrem Benutzernamen JILL02 zu alarmieren, wenn der freie Platz auf einem Server kritisch wird. Wie erkennt das Netzwerk, wo Sie sind?

Es ist ganz einfach. Wenn Sie sich anmelden, registriert der Nachrichtendienst, vorausgesetzt er wird ausgeführt, Ihren Benutzernamen als einen der NetBIOS-Namen, der Ihrer Workstation zugeordnet ist. Nehmen wir an, Sie haben sich auf einem Server mit der IP-Adresse 200.200.200.200 angemeldet. Jeder, der nun `ein nbtstat-A 200.200.200.200` ausführt, würde nicht nur den Computernamen sehen, sondern auch Ihren Benutzernamen.

Nehmen wir nun an, daß sich ein Anwender namens PAULAD an der Maschine 200.200.200.200 angemeldet hat (physikalisch dort angemeldet hat, nicht über das Netzwerk), so würde ein Blick auf die Ausgabe des Befehls NBTSTAT verraten, daß es einen angemeldeten Benutzer namens PAULAD gibt.

Nun haben wir also einen Benutzernamen – und mit ein wenig Glück sogar den eines Administratorenkontos, schließlich ist der PAULAD auf einem Server angemeldet. Gute Neuigkeiten für Joe Hacker! Was können Sie dagegen tun? Deaktivieren Sie den Nachrichtendienst und der Benutzername wird niemals registriert. Und da wir gerade über NBTSTAT sprechen; wenn Sie ein NBTSTAT- A ausführen und der Name MSBROWSE auftaucht, haben Sie einen Master-Browser gefunden. Ist es nicht so, daß ein Master-Browser wahrscheinlich ein Domänen-Controller ist? Deshalb ist es vielleicht ein guter Rat, den Schlüssel MAINTAINSERVERLIST=NO für die Domänen-Controller zu setzen. Lassen Sie die anderen Server den Master-Browser-Part übernehmen, Sie entziehen somit einem Hacker einen möglichen Ansatzpunkt. Unglücklicherweise haben alle Domänen-Controller weitere registrierte Namen, die sie sehr gut als Domänen-Controller identifizieren.

Nun, da J.S.H. einen Benutzernamen gefunden hat, benötigt er ein Kennwort. Das ist schon ein Problem. Auch wenn wir unseren Computer physikalisch mit Ihrem Netzwerk verbinden können, fehlt doch das Kennwort. NT benutzt den Ansatz HERAUSFORDERUNG/RÜCKMELDUNG bei der Echtheitsbestätigung des Kennworts. Wenn Sie versuchen, sich an einer NT-Domäne anzumelden, sendet der Domänen-Controller Ihrer Workstation eine Zufallszahl, die Ihre Workstation Ihrem Kennwort zuordnet. Dazu wird eine Art *Hash*-Funktion verwendet, eine mathematische Funktion, die eine Zahl erzeugt, wenn sie zwei Eingaben bekommt. Das Ergebnis wird über das Netzwerk geschickt – nicht das Kennwort (Wie bereits zuvor erwähnt, gibt es eine Ausnahme dieser Regel; wenn Sie Ihr Kennwort ändern, wird das neue Kennwort sehr wohl über das Netzwerk zum Server gesandt – dies geschieht aber nicht so häufig).

Wo bekommt unser Hacker also das Kennwort her? Er kann zwei Dinge unternehmen. Zunächst kann er über sein Wissen über den Benutzer als Ansatz nehmen, Rückschlüsse auf dessen Kennwort zu ziehen. Zweitens könnte er ein Programm ausführen, welches versucht, sich wiederholt anzumelden und dabei als Kennwort jedes Wort eines Lexikons nutzt. Dieses Vorgehen ist als Lexikonangriff (dictionary attack) bekannt.

Abwehrmaßnahmen gegen ein solches Vorgehen sind eindeutig. Als erstes sollten Sie niemals rückschließbare Kennworte benutzen. Nutzen Sie stets mehr als ein Wort und setzen Sie besondere Zeichen zwischen diese Worte wie etwa FUNGUS#POLYGON. Zweitens, sorgen Sie dafür, daß kein Anwender viele zufällige Kennworte austesten kann, sperren Sie jeden Anwender nach fünf mißlungenen Versuchen.

Dies führt uns zu einer Gefahr in Bezug auf das Administratorenkonto. Ohne das Resource Kit können Sie es nicht sperren. Das Windows NT 4 Resource Kit enthält nun ein Werkzeug, mit dem Sie das Administratorenkonto sperren können. Das Programm heißt PASSPROP.EXE. Wenn Sie dieses Programm aktivieren, kann das Administratorenkonto nur für die Anmeldung an den Domänen-Controllern genutzt werden – nicht aber von außen über das Netzwerk.

Steht Ihnen das Resource Kit nicht zur Verfügung, spielt es keine Rolle, wie häufig ein falsches Kennwort ausgetestet wird; das Administratorenkonto läßt sich nicht sperren. Wenn Sie also nichts dagegen unternehmen, können all die Hacker auf dem Internet ihre Freizeit damit verbringen, Ihr Administratoren-Kennwort herauszufinden. Welche Gegenmaßnahmen gibt es?

Es gibt zwei Möglichkeiten. Als erstes können Sie das Konto umbenennen. Belassen Sie es also nicht bei ADMINISTRATOR. Zweitens, beschränken Sie die Berechtigungen dieses Kontos. Sie können das Administratorenkonto nicht löschen und auch nicht deaktivieren. Sie können jedoch die Rechte für den Zugriff auf den Server über das Netzwerk entfernen. Wenn Sie dieses Recht entfernen, zwingen Sie die Person mit dem Administrator-Kennwort physikalisch vor den Server. Leider ist das nicht ganz einfach, da die Berechtigung für das lokale Anmelden an einen Server der Gruppe der ADMINISTRATOREN zugeordnet ist und das Administratorenkonto Mitglied dieser Gruppe ist. Es ist nicht gestattet, das Administratorenkonto aus der Gruppe ADMINISTRATOREN zu entfernen. So können Sie lediglich der gesamten Administratorengruppe das Recht entziehen. Dann können Sie den individuellen administrativen Konten das Recht für die Anmeldung über das Netzwerk einfach zuordnen. (Sie müssen ebenfalls die Gruppe JEDER entfernen und die Benutzerkonten einzeln wieder hinzufügen – unglücklicherweise ist das Administratorenkonto in die Gruppe BENUTZER einer Domäne integriert und kann nicht entfernt werden).

All diese Maßnahmen: Deaktivieren des Gastkontos, Umbenennen des Administrators, Entfernen des Rechtes für Administratoren, sich über das Netz anzumelden, Aussperren bei wiederholten Anmeldeversuchen, den Systemmonitor anzuweisen, mehrfach mißlungene Anmeldeversuche zu melden und Verwenden ausgewählter Kennworte – dies alles mag ausreichen – und Sie haben ohne Zweifel bemerkt, daß Sie dies alles keinen Pfennig kostet. Wenn Sie aber ein höheres Sicherheitsbedürfnis haben, dann schauen Sie sich ein Firewall-System an. Ein Firewall-System hat nicht viel zu tun – doch erledigt es eine sehr wichtige Aufgabe: Er filtert zwei Ports aus UDP heraus. UDP ist das Schwester-Protokoll von TCP. Genau wie es ein TCP/IP gibt, existiert auch ein UDP/IP. TCP ist verbindungsorientiert, UDP hingegen verbindungslos. Es wirft Nachrichten auf das Netzwerk als handele es sich um Flaschenpost, mit der Hoffnung, daß sie auch irgendwo ankommen. Immer wenn Sie ein Microsoft Netzwerkkommando ausführen, wie zum Beispiel NET USE oder NET VIEW , führen Sie eine Applikation aus, die die Befehle mittels UDP und den UDP-Portnummern 136 und 137 an den Server sendet. *Ports* sind Softwareschnittstellen, die zur Identifikation der einzelnen Server dienen. Wenn Sie z.B. von Ihrer Arbeitsoberfläche eine Mail versenden, nutzen Sie üblicherweise den TCP-Port 25 und wenn Sie dort Mail empfangen, geschieht dies üblicherweise über den TCP-Port 110. Um ein weiteres Beispiel anzuführen: Web-Browser lauschen auf den TCP-Port 80.

Firewall-Systeme sind sehr mächtig und manchmal sehr komplex. Bei der Installation gibt es Millionen von Setup-Optionen, so daß Sie sich fragen mögen, ob Sie die für Sie wichtigen Optionen überhaupt eingerichtet haben. Wenn Sie NetBIOS über IP-Dienste ausführen, geschieht dies über die UDP-Ports 136 und 137. Weisen Sie Ihr Firewall-System an, diese auszufiltern. So wird es unmöglich, daß jemand auf übliche Dienste des Datei-Servers zugreifen kann.

Sicherheitslücken in Applikationen

Eine Methode, mit der Internet-Hacker immer wieder in Internet-Domänen eingebrochen sind, geschieht über Bugs (Fehler) in populären UNX-Internet-Programmen. So etwas geschieht auch unter NT. Dies führt uns zu unserem letzten Ratschlag. Setzen Sie solche Internet-Dienste wie FTP-, Gopher- , Web-Server, Finger-Server u.ä. auf eine eigene Maschine. Sorgen Sie dafür, daß diese Maschine in einer eigenen Domäne ohne weitere Vertrauensstellungen angesiedelt ist.

Sagen wir dies, da wir von vielen Sicherheitslücken bei NT-Implementierungen bei gängingen Internet-Programmen wissen? Ganz und gar nicht. Es gab eine dokumentierte Sicherheitslücke im Internet Information Server der Version 3.51 – doch haben wir noch von keiner im Zusammenhang mit der neuen Version gehört. Nein, dieser Ratschlag entsteht aus reinem Menschenverstand und einfach gesprochen, wissen wir nicht, ob dies nicht auch unterlaufen werden kann.

Viele der Sicherheitsexperten nähern sich der Sicherheitsproblematik des Internets auf gleiche Art wie zehn Jahre zuvor bei der Virus-Behandlung. Sie schreien: „Der Himmel fällt runter!" und malen sich die schrecklichsten Szenarien aus, in der Hoffnung, Massen verunsicherter Kunden anzuziehen. Am Ende jedoch reichten einige vernünftige Vorkehrungen, die die meisten von uns vor diesen Viren schützten. Mit ein wenig Sachverstand können wir die „Angst vorm schwarzen Mann" bei den Sicherheitsaspekten des Internets durch eine wohlgeplante Strategie entkräften.

Microsoft Proxy Server

KAPITEL 16

Die unvergleichliche Leistung des Internets als Werkzeug für die Informationsbeschaffung, die gemeinsame Nutzung von Informationen und die Kommunikation stellt heutzutage nicht mehr einen einfachen Vorteil dar. Vielmehr ist der Zugriff auf das Internet zum absoluten Muß für den modernen Geschäftsmann geworden. Doch der Zugriff auf das Internet kann eine komplexe Angelegenheit sein, besonders bezogen auf die Sicherheitsaspekte. Dabei stellt der Schutz des unternehmensinternen Netzwerks vor potentiellen Eindringlingen nur den ersten Schritt dar. Der Internetzugang erfordert zwingend die Verwaltung dieses Zugriffs und all der aufkommende Netzwerkverkehr wird automatisch zu Ihrer nächsten Herausforderung.

Wir haben eine bemerkenswerte Feststellung gemacht. Viele unserer Kunden sind noch nicht auf dem Netz, weil sie befürchten, daß ihre Angestellten auf dem Web surfen und dabei auf Kosten des Unternehmens ihren eigenen Interessen nachgehen würden. Sie möchten einfach verhindern, daß jedermann einen vollständigen Internetzugang erhält. Eine zweite Angst liegt in der notwendigen zeit- und kostenraubenden Umrüstung des bestehenden Netzwerks für einen Internetzugang. Dies sind natürlich legitime Bedenken. In diesem Kapitel werden wir eine Umgebung erzeugen, in der wir die Features des Microsoft Proxy Servers einschätzen können und dabei exakt abwägen, was er leisten kann und was nicht. Wir werden über dessen Installation, Verwaltung und Leistungsfähigkeit sprechen und natürlich über den allgegenwärtigen Sicherheitsaspekt.

Was ist ein Proxy-Server überhaupt?

Wenn wir den alten Webster (amer. Lexikon) konsultieren, finden wir proxy definiert als: „alles im Auftrage eines anderen tun", eine Art Stellvertreter also. Wir können es auch so ausdrücken: Ein Proxy-Server ist derjenige, der Clients an einen Server leitet. Dieser Server agiert als Agent oder als Proxy für die Clients auf dem Weg zum Internet.

Der Microsoft Proxy Server ist eine einfache und sichere Methode, das Internet auf jeden Arbeitsplatz in einem Unternehmen zu bringen. Es läßt sich einfach installieren. Schrecken Sie nicht vor der Phrase „auf jeden Arbeitsplatz" zurück. Er plaziert die Zugangskontrolle für das Internet an die Stelle, wo sie hingehört – in die Hände des Netzwerkadministrators.

Der Proxy-Server unterstützt alle gängigen Protokolle:

- WWW (HTTP)
- FTP

- IPX/SPX
- TCP/IP
- Real Audio
- VDOLIVE (streaming video)
- IRC (real-time chat)
- Mail
- News

Eines seiner besten Leistungsmerkmale ist die Art, wie der Microsoft Proxy Server häufig benutzte Dokumente aktiv zwischenspeichert und so die Verfügbarkeit von aktualisierten Daten gewährleistet. Dies allein kann wertvolle Bandbreite sparen, die Antwortzeilen verbessern und den Netzwerkverkehr reduzieren!

Ein weiteres leistungsstarkes Merkmal ist die einfache Handhabung, mit der ein Administrator Inbound- und Outbound-Verbindungen über Benutzer, Dienst, Port oder IP-Domäne gewähren bzw. verwehren kann. Außerdem können spezielle Sites gesperrt werden, wie z.B. `xxx-pics.com`. Dieses kleine Leistungsmerkmal kann ein Unternehmen vor großem Ärger bewahren!

Sicherheit

Bezogen auf den Sicherheitsaspekt wurde der Microsoft Proxy Server mit einer Sicherheitstufe der Firewall-Klasse entwickelt. Wie geht das? Viele Unternehmen führen ihre Proxy-Server, die im direkten Kontakt zum Internet stehen, zusammen mit solchen Geräten wie Paket-filternden Routern und Firewalls aus. Der Microsoft Proxy Server verfügt über ein integriertes Feature namens Network Address Translation (NAT). Mit NAT können Sie ein illegales (oder natürlich auch ein legales) TCPI/IP-Adreßschema auf Ihrem internen Netzwerk und ein gütliges auf dem Internet ausführen. Die InterNIC hat ein ungültiges IP-Adreßschema für alle drei Netzwerk-Klassen eingerichtet. In einem Netzwerk der Klasse A kann die reservierte Adresse 10.0.0.0 nicht verwendet werden. Wenn Sie jedoch NAT einsetzen, können Sie die Adresse 10.0.0.0 intern verwenden, um eine zusätzliche Sicherheitsebene zu erhalten. In einem Netzwerk der Klasse B ist die ungültige Adresse 172.16-32.0.0 und in einem Netzwerk der Klasse C ist es die Adresse 192.168.0.0. Als Beispiel soll einer unserer Kunden in Walnut Creek, Kalifornien dienen. Dort haben wir einen NT-Server mit zwei NIC-Karten eingerichtet (siehe Abbildung 16.1).

Abbildung 16.1:
Microsoft Proxy Server und eine illegale Internet-Adresse

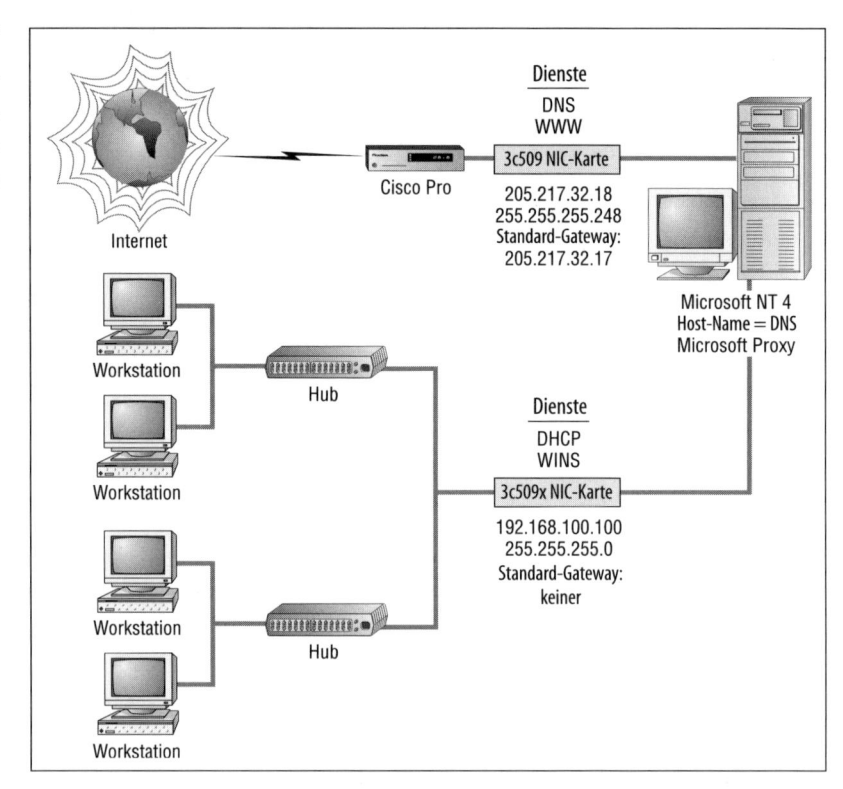

Wie die Abbildung zeigt, führt der Kunde DHCP und WINS auf einer Seite des Servers mit der Adresse 192.168.100.100 und auf der Seite des Internets mit der gültigen IP-Adresse aus. Der Anwender muß den ISP nur für eine geringe Anzahl gültiger IP-Adressen bezahlen, ausreichend, um die Router-Schnittstelle und die NIC-Karte des Servers auszuführen, und wir führen deren DNS- und WWW-Server auf dieser Schnittstelle aus. Der Kunde hat nur eine geringe Anzahl an Benutzern, somit reicht ein Netzwerk der Klasse C hier völlig aus. Typischerweise würden Sie hier 10.0.0.0 benutzen, da es Ihnen die höchste Flexibilität gibt.

Standardmäßig gestattet der Proxy-Server nur ausgehenden IP-Verkehr über den Server. Doch da der Benutzer eine ungültige Adresse benutzt, würde, selbst wenn jemand durch den Proxy-Server durchkäme, deren Anfrage verweigert. Durch viele zusammengesetzte Eigenschaften gewährleistet der Microsoft Proxy Server, daß die interne Netzwerktopologie und Adressierung verborgen bleibt und niemals außerhalb des Netzwerks sichtbar wird.

Nach Aussagen von Microsoft wurde der Proxy-Server rigoros durch die Coopers & Lybrand's Information Technology Security Services getestet. Microsoft behauptet, daß der Proxy-Server gegen Attacken wie z.B. IP-Spoofing, Satan und ISS ist resistent.

Der Web-Proxy-Server (den wir in Kürze vorstellen) unterstützt die HTTP Basis-Echtheitsbestätigung, bei der die Kennworte in Klartext übermittelt werden und auch die NT C2-Echtheitsbestätigung mit Verschlüsselung. Der WinSock Proxy-Client (auch diesen besprechen wir in Kürze) unterstützt die NT C2-Echtheitsbestätigung mit Verschlüsselung.

Unter Verwendung des integrierten Filtermechanismus können Administratoren eine Liste mit Sites auswählen, die für die Benutzer hinter dem Proxy-Server exklusiv gestattet oder verboten sind. Außerdem können Sie detaillierte Listen mit Benutzer- und Gruppenrechten pro Protokoll einrichten und zwar sowohl in den Web-Proxy- als auch den WinSock-Proxy-Komponenten. Der Server generiert ausführliche Protokolle, die durch Text-Parser oder Datenbankabfragen verarbeitet werden können und eine detaillierte Berichterstattung liefern. Diese Protokolle können immense Ausmaße annehmen und sich auf Ihrer Festplatte ausbreiten. Es ist daher eine gute Empfehlung, diese von Mal zu Mal zu löschen oder aber sie zu archivieren.

Der Web-Proxy unterstützt auch das Secure Socket Layer-(SSL) Tunneling, um einen verschlüsselten Pfad zwischen dem Client und dem entfernten Server bereitzustellen. Sie können einen NT-Server installieren, der Microsoft Proxy ausführt und dann den Proxy-Server zwischen dem Haupt-LAN des Unternehmens und einem privaten sicheren LAN plazieren. So kann ein Administrator die Benutzerzugriffe zwischen den Netzwerksegmenten kontrollieren.

Verwaltung

Der Microsoft Proxy Server wird häufig von kleinen bis mittelständischen Unternehmen (wie in unserem obigen Beispiel) als primäres Gateway zum Internet eingesetzt. In solchen Umgebungen mag es zu kostspielig sein, eine SUN einzusetzen, die den Proxy-Dienst ausführt. Kostspielig bezogen auf Hardware, Software und Administration. Hier eine kurze Liste der Merkmale für die Verwaltung eines Microsoft Proxy Servers:

- Ein grafisches Setup-Programm ermöglicht den schnellen Einsatz des Proxy-Servers. Nach der Installation kann der Proxy-Server von jedem Windows NT-System auf dem Netzwerk über die Schnittstelle des Internet-Dienst-Managers verwaltet werden.

- Benutzerkonten müssen nicht neu erzeugt werden, auch müssen sich Benutzer nicht auf dem Proxy-Server anmelden. Dennoch können Sie Benutzer prüfen lassen, um den Internetzugriff zu beschränken. Dies erreichen Sie, indem Sie dem entsprechenden Anwender ein Anmeldekonto mit Kennwort für den Proxy-Server zuweisen. Allen anderen wird der Zugang verwehrt.

- Mit einem integrierten automatischen Wähl-Werkzeug (Auto-Dial) stellt der Microsoft Proxy-Server eine Unterstützung für Netzwerke, die Wählverbindungen (z.B. über ein 28.8-Modem oder ISDN) für den Zugang zum Internet nutzen, zur Verfügung.

- Im Gegensatz zu der „direkten Verbindung" eines jeden Arbeitsplatzes an das Internet, bietet der Microsoft Proxy Server eine einzelne Schaltstelle, die die Internet-Connectivity eines gesamten Unternehmens organisiert.

- Der Proxy-Server generiert eine Reihe von Datenquellen (sog. Counters) für die Überwachung der einzelnen Proxy-Server auf dem Netzwerk.

- Der Proxy-Server generiert auch Nachrichten für das Ereignisprotokoll. Diese können durch den Administrator über das LAN betrachtet werden.

- Sie haben die Möglichkeit, den aktuellen Status der einzelnen Microsoft Proxy Server auf dem Netzwerk zu untersuchen. Dies wird über eine SNMP-Konsole wie z.B. HP Open View erreicht.

Web Proxy

Die Web Proxy-Komponente des Microsoft Proxy Servers unterstützt den Industriestandard CERN Proxy-Protocol. Das CERN Proxy-Protokoll verlangt, daß Clientanwendungen speziell für die Verwendung des Proxy-Servers eingerichtet werden, um über eine modifizierte Version des von den gängigsten Browsern unterstützten HTTP-Protokolls auf das Internet zugreifen zu können. Der Web Proxy-Dienst unterstützt alle populären Browser, wie z.B.:

- Microsoft Internet Explorer 3.0
- Netscape Navigator 3.0
- PointCast Network

Folgende Plattformen werden unterstützt:

- Windows NT Server
- Windows NT Workstation
- Windows 95
- Windows for Workgroups/Windows 3.1
- UNIX
- Macintosh

Außerdem unterstützt der Web Proxy-Dienst folgende Protokolle:

- HTTP
- FTP
- Gopher
- SSL (HTTPS und SNEWS)

WinSock Proxy

Die WinSock Proxy-Komponente handhabt die Dinge ein wenig anders als Web Proxy. Sie geht weit über und hinter die üblichen Protokoll-Reihen wie HTTP, FTP, Gopher und SSL. Sie stellt erweiterte und transparente Kapazitäten zur Verfügung und taucht in die Welt der wundervollen Nicht-Web-Protokolle wie Streaming Audio und Video ein. Der Begriff transparent wurde nicht ohne Grund benutzt, WinSock Proxy arbeitet transparent. Anders als Web Proxy, der von dem Client ein explizites Wissen um den Proxy verlangt, erfordert WinSock Proxy keinerlei Modifizierung des Protokolls der Clientanwendung. Hier eine Liste der WinSock Proxy-Eigenschaften:

- Modifikationen der Clientanwendung sind nicht erforderlich, d.h. die Zusammenarbeit erfolgt mit existierenden Clients. Auf der anderen Seite verlangen Proxies im CERN-Stil und im SOCKS-Stil exakte Versionen der individuellen Clientanwendungen, die speziell für eine bestimmte Art von Proxy-Server gemacht sind.

- Über den WinSock Proxy-Server können Sie jedes Client-/Server-Protokoll, das mit dem Industriestandard WinSock 1.1 API implementiert ist, aktivieren bzw deaktivieren. WinSock Proxy „springt aus der Kiste", vorkonfiguriert mit der ganzen Auswahl an gängigen Protokollen wie NetShow, Real Audio und IRC. Außerdem läßt er sich ganz mit neuen standardisierten Protokollen (wie z.B. LDAP) konfigurieren. Dazu steht Ihnen ein leistungstarkes grafisches Werkzeug zur Verfügung.

- WinSock unterstützt im Gegensatz zu anderen Proxies verbindungslose UDP-Protokolle. SOCKS v4-basierende Proxies arbeiten z.B. nur mit verbindungsorientierten Transportprotokollen und weigern sich beharrlich, gängige neue Protokolle wie Streaming Audio und Video zu unterstützen. Als echter Leistungsträger bietet der WinSock Proxy noch mehr, wie z.B. Protokollierung aller Transaktionen, vollständige Zugriffskontrolle und verschlüsselte Echtheitsbestätigung.

Caching

Um die Kontrolle über das explosive Wachstum des Internet und des World Wide Web beizubehalten, setzt die Web-Gemeinschaft wirklich auf die Hilfe der Web Proxies. Der Microsoft Proxy-Server kann wesentlich dazu beitragen, den Bedarf an gesamter Bandbreite für Ihr Unternehmen zu reduzieren. Dies wird durch das Caching häufig benutzter Dokumente auf der Festplatte ermöglicht. Der Aufbau aufwendiger Verbindungen kann minimiert werden. Wie kann dies funktionieren? Nun, der Web Proxy hält handliche, lokale Kopien häufig genutzter Internetdateien bereit und erreicht dabei Trefferraten für den Cache, die um die fünfzig Prozent liegen. Damit bewahrt Sie der Web Proxy davor, Ihre Bandbreite für die Internetverbindung auszubauen und aktualisieren zu müssen. Hinzu kommt, daß diese zwischengespeicherten Objekte mit LAN-Geschwindigkeit ausgelesen werden können. Die Clients erfreuen sich hoher Durchsatzraten und einer größeren Transparenz.

Noch ein sehr leistungsstarkes Merkmal sollte erwähnt werden. Wie ein mitdenkender Freund geht der Microsoft Proxy-Server hinaus und holt spezielle Daten vom Internet, noch bevor ein Benutzer diese angefordert hat. Dies kann er bewerkstelligen, weil er die üblichen Anwendungsgewohnheiten eines Benutzers ständig analysiert. Diese aufgezeichneten Gewohnheiten werden mit jeglichem neuen Material verglichen, das verglichen mit dem ermittelten Trend für den Anwender von Interesse sein könnte. Damit aber nicht genug. Das aktive Caching berücksichtigt zu dem Zeitpunkt, an dem es die Entscheidung für das vorausschauende Laden eines individuellen Objekts trifft, die aktuelle Arbeitslast auf dem Server.

Das aktive Caching schaltet metrisch die Arbeitsläufe herunter, und führt diese erst aus, wenn die Arbeitslast auf dem Server nicht so hoch ist wie z. B. nachts. Der Cache wird auf die später zu erwartenden Intervalle mit hohem Datenverkehr vorbereitet.

> **HINWEIS** *Der Microsoft Proxy-Server unterstützt uneingeschränkt die ISAPI-Filter-Richtlinien verschiedener Hersteller. Damit können Drittanbieter wertverbessernde Add-ons für den Proxy-Server entwickeln. Eine Liste aktueller Add-ons von Drittanbietern finden Sie unter* http://www.microsoft.com/proxy/partners.htm.

Der Web Proxy-Dienst des Microsoft Proxy-Servers legt die zwischengespeicherten Internetobjekte auf einem oder mehreren Laufwerken des Servers ab. Die einzelnen Laufwerke, die für diesen Zweck verwendet werden sollen, müssen bei der Installation ausgewählt werden. Um beste Leistungen für das Caching zu erzielen, empfehlen wir ausdrücklich, alle Laufwerke mit für den Cache reserviertem Speicherplatz als NTFS-Laufwerke einzurichten.

> *Wenn das aktuelle Festplattenvolumen Ihres Servers formatiert ist, um FAT-Partitionen zu nutzen, besteht die Möglichkeit, diese Partitionen nach NTFS zu konvertieren. Sie können dazu das in Windows NT Server integrierte Konvertierungsprogramm nutzen und zwar sowohl vor als auch nach der Installation des Proxy-Servers.*

Einrichten der Netzwerkadapter

Es ist sehr wichtig, vor der Installation des Microsoft Proxy-Servers zu prüfen, ob die Netzwerkadapter ordnungsgemäß installiert und eingerichtet sind. Um eine sichere Konfiguration zu erzeugen, muß der Microsoft Proxy-Server mindestens einen Netzwerkadapter mit Verbindung zu dem privaten Netzwerk und einen weiteren Netzwerkadapter, ein Modem oder eine ISDN-Karte für die Verbindung zum Internet haben.

Die Konfiguration zusätzlicher Netzwerkadapter

1. Öffnen Sie die Systemsteuerung.
2. Doppelklicken Sie auf das Symbol NETZWERK, und wählen Sie NETZWERKADAPTER, damit die entsprechende Seite mit den Eigenschaften erscheint.
3. Für den neuen Netzwerkadapter klicken Sie nun auf HINZUFÜGEN.
4. Wählen Sie Ihren Adapter aus der angezeigten Liste, oder wählen Sie die Schaltfläche DISKETTE, wenn Sie von einem anderen Medium installieren müssen.
5. Klicken Sie auf OK.

Konfiguration des externen Netzwerkadapters

Bei der Einrichtung des Netzwerkadapters, der für die Verbindung zum Internet genutzt werden soll, gelten folgende Ratschläge:

1. Setzen sie die Protokoll-Bindings entsprechend den Anforderungen der externen Adapterkarte. Dazu verwenden Sie die Bindings-Einstellungen für Netzwerkanwendungen aus der Systemsteuerung.

Deaktivieren Sie die Bindings für SMB Server, NWLink IPX/SPX kompatibler Transport, WINS-Client (TCP/IP) und das NetBEUI-Protokoll. In der Liste der WINS-Clients deaktivieren Sie alle Schnittstellen (Server, Workstation und NetBIOS). Das einzige Binding, das für die externe Netzwerkadapterkarte aktiviert sein sollt, ist das TCP/IP-Protokoll.

2. Überprüfen Sie, ob die TCP/IP-Eigenschaften für die externe Adapterkarte ordnungsgemäß konfiguriert sind. Dies erfolgt über die Systemsteuerung in der Netzwerkapplikation unter PROTOKOLL-EIGENSCHAFTEN. Für die externe TCP/IP-Verbindung zum Internet sollten Sie Ihren ISP kontaktieren, um die korrekten Informationen für die TCP/IP-Einstellungen zu erhalten. Die speziellen Informationen, die Sie dazu benötigen, sind: IP-Adresse, Subnetz-Maske, Standard-Gateway, Domain Name System (DNS)-Domänenname und die IP-Adressen für die bei der DNS-Namensuche zu verwendenden DNS-Server.

3. Führen Sie im Vorfeld einige Kommunikationstests für die externe Netzwerkkarte aus. Sie können dazu das mit Windows NT und Windows 95 ausgelieferte Programm PING.EXE (oder ein anderes Werkzeug) benutzen. Führen Sie ein Ping auf einen anderen internen IP-Clientcomputer aus. So können Sie prüfen, ob die externe Adapterkarte des Servers ordnungsgemäß eingerichtet ist. Sie sollten noch einen weiteren Computer testen, der sich auf dem externen Segment befindet. Verwenden Sie auch hier PING.EXE oder ein anderes Echo-Reply-Programm.

Konfiguration des internen Netzwerkadapters

Für die Konfiguration des Netzwerkadapters, der für die interne Verbindung des Microsoft Proxy-Servers mit Ihrem privaten Netzwerk eingesetzt wird, gilt folgendes Vorgehen:

1. In der Systemsteuerung klicken Sie auf das Netzwerksymbol und wählen die Registerkarte BINDINGS aus.

2. Deaktivieren Sie alle für Ihr internes Netzwerk nicht benötigten und nicht aktuell verwendeten Bindungen wie z.B. das NetBEUI-Protokoll oder den WINS-Client (TCP/IP). Nun müssen Sie eines der beiden Protokolle auf die Adapterkarte binden, d.h. entweder NWLink IPX/SPX kompatibler Transport oder TCP/IP.

3. Prüfen Sie, ob NWLink IPX/SPX kompatibler Transport und/oder TCP/IP auch installiert ist/sind und ob deren Eigenschaften ordnungsgemäß konfiguriert wurden. Klicken Sie in der Systemsteuerung auf das Symbol NETZWERK und wählen Sie dort PROTOKOLLE. Überprüfen Sie folgendes:

- Stellen Sie sicher, daß Sie als INTERNE NETZWERKNUMMER die gleiche Netzwerknummer eingeben, die von anderen Novell-basierenden Servern und Clients auf Ihrem Netzwerk verwendet wird. In den meisten Fällen können Sie dazu die Option RAHMENTYP AUTOMATISCH ERKENNEN nutzen. Windows NT versucht dann den korrekten Rahmentypen, der in Ihrem internen Netzwerk verwendet wird, automatisch zu erkennen. Manchmal müssen Sie den Rahmentypen jedoch manuell eingeben, wählen Sie dazu RAHMENTYP MANUELL ERKENNEN. Stellen Sie bei der manuellen Eingabe des Rahmentyps sicher, daß es sich dabei um den Rahmentyp handelt, der von anderen Novell-basierenden Servern und Clients auf Ihrem Netzwerk unterstützt wird.

4. Wenn Sie auf Ihrem internen Netzwerk das RIP-Routing einsetzen, aktivieren Sie dies auf der Registrierkarte ROUTING mit der Option RIP-POUTING AKTIVIEREN. Wie wir in Kapitel 4 jedoch erörterten, kann das RIP-Routing zu einem erheblichen Anstieg des Datenverkehrs auf Ihrem Netzwerk führen. Aktivieren Sie diese Option also nur dort, wo es für die Kommunikation von Geräten auf Ihrem Netzwerk benötigt wird.

5. Aktivieren Sie bitte nicht die Option IP-ADRESSE VON EINEM DHCP-SERVER BEZIEHEN, um eine IP-Adresse für Verwendung auf dem internen Netzwerk zu erhalten. Ordnen Sie dem Microsoft Proxy-Server stets eine permanent reservierte IP-Adresse zu.

Für den internen Netzwerkadapter dürfen Sie keine Adresse für das STANDARD-GATEWAY eingeben. Wenn Sie es dennoch tun, kann Ihr internes Netzwerk niemals auf das Internet kommen!

Erster Kommunikationstest für beide Netzwerkadapter des Servers

Um zu prüfen, ob die interne Adapterkarte des Servers ordnungsgemäß konfiguriert ist, empfiehlt sich das mit Windows NT und Windows 95 ausgelieferte Programm PING.EXE (oder ein ähnliches Werkzeug). Auch wenn Sie auf Ihrem internen Netzwerk exklusiv IPX/SPX verwenden, steht Ihnen ein IPX-basierendes Ping-Utility zur Verfügung.

Ratschläge für die Einrichtung von zwei Adaptern

Wenn Sie zwei Netzwerkkarten für Gateway-Operationen einrichten müssen, geben wir Ihnen folgende Empfehlungen: Installieren Sie zunächst nur eine Karte in dem Server und richten Sie diese entsprechend ein. Entfernen Sie dann die erste Karte, installieren und konfigurieren Sie nun die zweite. Setzen Sie anschließend die erste Karte wieder zurück in den Server. Dies kann die im folgenden aufgezeigten, möglichen Konflikte vermeiden helfen:

- Häufig entstehen Gerätekonflikte, wenn die Hardwareeinstellung der Netzwerkkarten für Basis I/O-Adresse und Interrupt vorkonfiguriert sind. Überprüfen Sie, ob die Basis I/O-Adresse und der Interrupt bei jeder Karte unterschiedlich eingestellt ist. Achten Sie auch darauf, Einstellungen zu benutzen, die nicht mit anderen aktuell installierten Geräten auf Ihrem System in Konflikt geraten.

- Machen Sie sich bei Installation jeder Netzwerkkarte Aufzeichnungen über die verwendeten Einstellungen. Vergessen Sie auch nicht, diese Aufzeichnungen zu aktualisieren, wenn Sie bei der Installation die Werte geändert haben. Diese Aufzeichnungen können einen erheblichen Zeitgewinn bedeuten, wenn es darum geht, Hardwarekonflikte aufzudecken.

- Kontrollieren Sie die ordnungsgemäße Installation und Konfiguration der beiden Netzwerkadapter über die Systemsteuerung NETZWERK – ADAPTER. Prüfen Sie bei beiden Adapterkarten die Eindeutigkeit der Werte für Interrupt und I/O-Basisadresse.

Als wir zwei 3COM-Karten in den als Proxy-Server verwendeten NT-Server installierten, hatte der Kunde zwei 3c509 Karten. Wir fanden es sehr schwierig nachzuhalten, welche Karte wir gerade konfigurierten. Windows NT identifiziert jeden zusätzlich installierten Adapter im System mit einer führenden Nummer, wie [1] für den zuerst installierten Adapter und [2] für den zweiten. Beziehen Sie sich bei der Prüfung oder Änderung der Einstellungen für einen speziellen Hardware-Adapter auf diese Nummern.

Betrachtungen zur Installation bei der Verwendung eines einzelnen Adapters

In manchen Fällen kann der Microsoft Proxy-Server mit einer einzelnen Netzwerkkarte auf einem privaten Netzwerk betrieben werden. Bei diesem Installationstypen sind keine Gateway-Dienste für den Zugriff auf das Internet eingerichtet. Der Microsoft Proxy-Server wird primär dazu verwendet, einen Dokument-Caching-Dienst für die Benutzer des lokalen Netzwerks zur Verfügung zu stellen.

Für die Einrichtung des Microsoft Proxy-Servers, der über einen einzelnen Adapter eine Verbindung zum internen Netzwerk haben soll, können Sie IP- und DNS-Einstellungen benutzen, die für die Server und Clients auf Ihrem Netzwerk angemessen sind. Bei diesem Installationstypen müssen keine besonderen TCPI/IP-Netzwerkeinstellungen berücksichtigt werden.

Sie können sich dazu entscheiden, den Microsoft Proxy-Server auf einem Server mit nur einem Netzwerkadapter zu implementieren. Eine solche Konfiguration kann primär dazu dienen, begrenzte Proxy-Dienste für eine der folgenden Einsatzgebiete bereitzustellen:

- Caching-Dienst für interne Web-Proxy-Clients
- IP-Applikations-Gateway für die Unterstützung interner IPX-Clients, die den WinSock Proxy-Dienst nutzen

Die Local Addreß Table (lokale Adreßtabelle)

Bei der Installatioin des Microsoft Proxy-Servers werden Sie gebeten, die Dialogbox LOCAL ADRESS TABLE CONFIGURATION auszufüllen. Die Daten, die Sie eingeben, werden dazu verwendet, eine Local Address Table (LAT) zu erzeugen. Der Microsoft Proxy-Server benutzt diese LAT, um Ihr privates Netzwerk zu definieren. Die Web Proxy- und die WinSock Proxy-Dienste setzen diese LAT bei der Verarbeitung von Client-Anfragen aktiv ein. Mit diesem Wissen können Sie sich das resultierende Chaos vorstellen, wenn es Diskrepanzen zwischen den in der LAT aufgeführten Adressen und den auf Ihrem Netzwerk verwendeten Adressen kommt! Die Überwachung und die Korrektur bei auftretenden Inkonsistenzen ist gleichzusetzen mit einem sanften Segeln, denn die LAT ist so fundamental für einen gesunden, gut funktionierenden Proxy-Dienst. Wenn die Dinge durcheinander geraten, können Sie die auf Ihrem Server abgelegte LAT modifizieren oder komplett ersetzen.

LAT genauer betrachtet

Das Installationsprogramm für den Microsoft Proxy-Server ist Ihnen dabei behilflich, eine Liste der IP-Adressen, die Ihr Netzwerk ausmachen, während der Installation anzulegen. Die Daten, die Sie eingeben, werden zur Bildung der LAT verwendet, die wiederum Ihr Netzwerk definiert. Alle externen IP-Adressen werden strikt ausgeschlossen.

Nachdem Sie die Aufgabe erledigt haben, fährt das Setup-Programm damit fort, die LAT auf Ihrem Server zu installieren. Sie wird in einer Datei namens MSPLAT.TXT abgelegt, unter dem Standardverzeichnis

C:\Msp\Clients. Wenn Sie aus irgendwelchen Gründen entscheiden, den Proxy-Server an einer anderen Stelle Ihres Servers zu installieren, wird die Datei Msplat.txt entsprechend umgelagert. Das Microsoft Proxy-Server-Installationsprogramm fährt damit fort, in diesem Verzeichnis ein Client-Setup-Programm zu installieren.

Wenn Sie den Microsoft Proxy-Server einrichten, wird das Unterverzeichnis namens Mspclnt für den Client auf dem Server konfiguriert. Sorgen Sie dafür, daß dieses Verzeichnis im Netzwerk freigegeben wird. Die Clients können dann über \\Servername\Mspclnt auf diese Freigabe zugreifen und das Client-Setup-Programm ausführen. Dies richtet den Clientrechner als Client des WinSock-Proxy-Dienstes ein und konfiguriert gleichzeitig den Internet-Browser des Clients zum Client des Web Proxy-Dienstes (Die genaue Konfiguration des Clients hängt von Ihrer Konfigurationsauswahl ab, die Sie bei der Installation des Microsoft Proxy-Servers treffen).

Wenn der Client installiert ist, wird die LAT-Datei (Msplat.txt) auf den Client, kopiert. Um die LAT-Dateien dann auf dem neuesten Stand zu halten, wird die Datei Msplat.txt automatisch geprüft und bei Bedarf durch den Server aktualisiert. Versucht ein Client unter Verwendung einer Windows Socket, Anwendung eine Verbindung zu einer IP-Adresse aufzubauen, wird die LAT dazu verwendet, auszumachen, ob sich die IP-Adresse auf dem lokalen oder externen Netzwerk befindet. Wenn die Adresse intern ist, wird die Verbindung direkt geschaltet, ist es eine externe Adresse, wird die Verbindung entfernt über den WinSock Proxy-Dienst auf dem Microsoft Proxy Server abgewickelt.

Wann wird die LAT definiert?

Die Dialogbox Local Adress Table Configuration kann erst bei der Installation des Microsoft Proxy-Servers bearbeitet werden. Was ist aber zu tun, wenn Sie nach der ersten Installation Adressen hinzufügen müssen? Folgende Vorgehensweise gibt Ihnen die Antwort:

1. Klicken Sie auf die Schaltfläche Construct Table im Dialogfenster Local Address Table Configuration. Dies generiert die Liste der IP-Adressen-Paare aus den internen Routing-Tabellen, die von Windows NT server genutzt werden. (Siehe Installation auf den nächsten Seiten)

2. Verwenden Sie in der Dialogbox Local Address Table Configuration das Steuerelement Edit, um manuell Paare von IP-Adressen einzugeben.

Sie können auch eine Kombination beider Techniken (eine Liste von IP-Adressen-Paare generieren und dann das Steuerelement Edit für manuelles Hinzufügen und Entfernen von Adressen nutzen) verwenden. Wenn Sie den Microsoft Proxy-Server installieren, ist es ratsam, die Schaltfläche CONSTRUCT TABLE in der Dialogbox LOCAL ADDRESS TABLE CONFIGURATION anzuklicken. Dies generiert aus den internen Routing-Tabellen, die der Windows NT Server nutzt, eine Liste mit IP-Adressen-Paaren. Manchmal werden jedoch keine Subnet-Adressen auf Ihrem internen Netzwerk gefunden oder es werden externe Adressen eingefügt. Es ist sehr wichtig, diese generierte Liste mit IP-Adressen anschließend zu überprüfen. Verwenden Sie das Steuerelement EDIT, um die notwendigen IP-Adressen-Paare nachzutragen, bis alle Adressen Ihres internen Netzwerks definiert sind. Entfernen Sie stets sämtliche Adresspaare, die externe Adressen (auf dem Internet) definieren.

> **HINWEIS**
> *Wenn Sie bemerken, daß ein Subnetz Ihres privaten Netzwerks beim Aufbau der Local Adress Table ausgelassen wurde, müssen Sie die IP-Adress-Paare wie oben beschrieben nachträglich einfügen. Stellen Sie sicher, daß die Server Netzwerk-Konfiguration keine IP-Adressen zu externen Netzwerken enthält.*

Installation des Microsoft Proxy-Servers

Wollen wir nun endlich zur tatsächlichen Installation des Microsoft Proxy-Servers kommen. Auf Ihrem NT 4 Server sollte der IIS und das Service-Pack 2 bereits installiert sein. Legen Sie nun die CD in den Server.

1. Wählen Sie sich mit einem Administratoren-Account auf dem Server ein.

2. Starten Sie aus dem Rootverzeichnis der Microsoft Proxy-Server-CD das Installationsprogramm. Wie in Abbildung 16.2 gezeigt, erscheint die Dialogbox WELCOME.

3. Klicken Sie auf CONTINUE. Nun erscheint die Dialogbox für die Eingabe des CD-Schlüssels (siehe Abbildung 16.3).

4. Geben Sie nun die Produktidentfikationsnummer ein (diese befindet sich auf Ihrem Echtheitszertifikat für das Produkt). Klicken Sie dann auf OK. Auch in der nun erscheinenden Dialogbox CONFIRMATION klicken Sie auf OK. Das Programm sucht nun nach einem installierten IIS. Wenn es alle notwenigen Dateien findet, erscheint die Dialogbox CHANGE FOLDER (siehe Abbildung 16.4).

Abbildung 16.2:
Begrüßung durch Microsoft Proxy Server

Abbildung 16.3:
Geben Sie die Registrierungsnummer ein

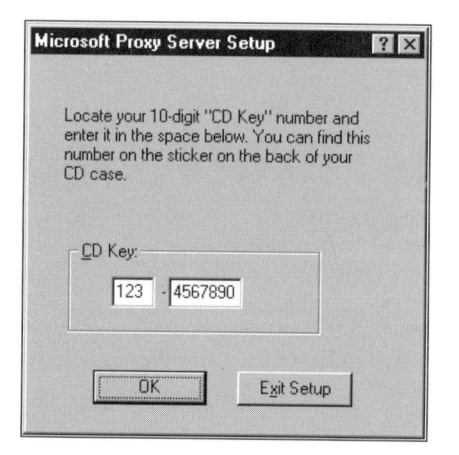

Abbildung 16.4:
Speicherort des Proxy-Servers

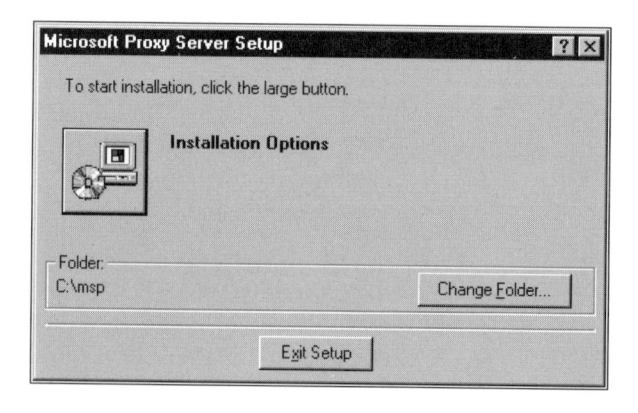

Installation des Microsoft Proxy-Servers

5. Wollen Sie einen anderen Ordner für die Installation des Microsoft Proxy-Servers wählen, klicken Sie auf CHANGE FOLDER, und füllen Sie die Dialogbox entsprechend aus. Wenn Sie den angebotenen Standard-Ordner akzeptieren, klicken Sie auf die Schaltfläche INSTALLATION OPTION, um die in Abbildung 16.5 gezeigte Dialogbox INSTALLATIONS OPTIONS zu sehen.

Abbildung 16.5:
Auswahl der zu installierenden Elemente

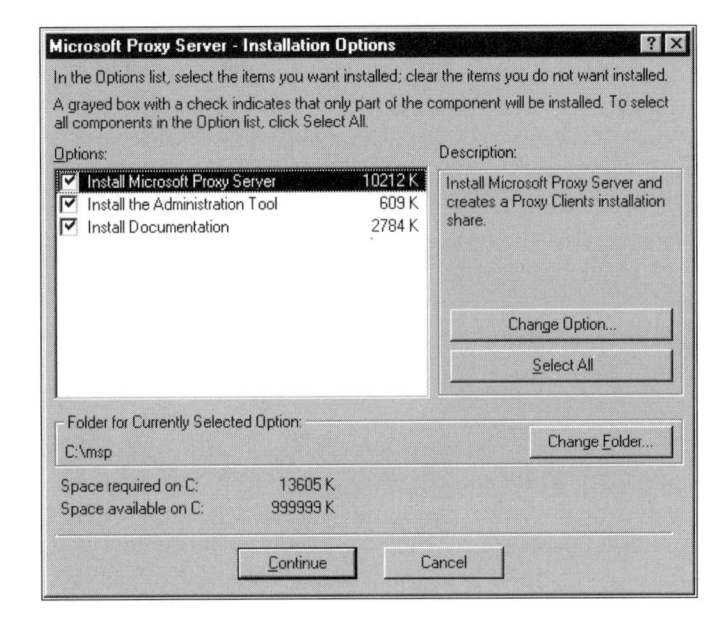

6. Wählen Sie nun die erwünschten Komponenten des Microsoft Proxy-Servers durch Aktivieren bzw. Deaktivieren der entsprechenden Kontrollkästchen für die Installation aus. Folgende Optionen stehen für die Installation zur Verfügung: PROXY-SERVER, ADMINISTRATION TOOL und DOCUMENTATION. Standardmäßig sind alle Komponenten ausgewählt. Haben Sie Ihre Auswahl getroffen, klicken Sie auf CONTINUE.

Wenn Sie das NT-Service-Pack nicht geladen haben, bricht die Installation hier ab. Wenn dies geschieht, müssen Sie das Service-Pack installieren und dann von vorn anfangen. Wenn das Service-Pack bereits installiert ist, erscheint die Dialogbox MICROSOFT PROXY-SERVER CACHE DRIVES (siehe Abbildung 16.6). Die lokalen Laufwerke des Servers werden aufgelistet.

7. Wählen Sie das Laufwerk aus der Liste, das zur Ablage der Cachedatein dienen soll, geben Sie einen Wert für die maximale Größe (in MB) in das Feld MAXIMUM SIZE (MB) ein, und klicken Sie auf SET. Wiederholen Sie diesen Vorgang für jedes weitere Laufwerk, auf das Cachedaten abgelegt werden sollen.

Abbildung 16.6:
Cache-Laufwerk auswählen

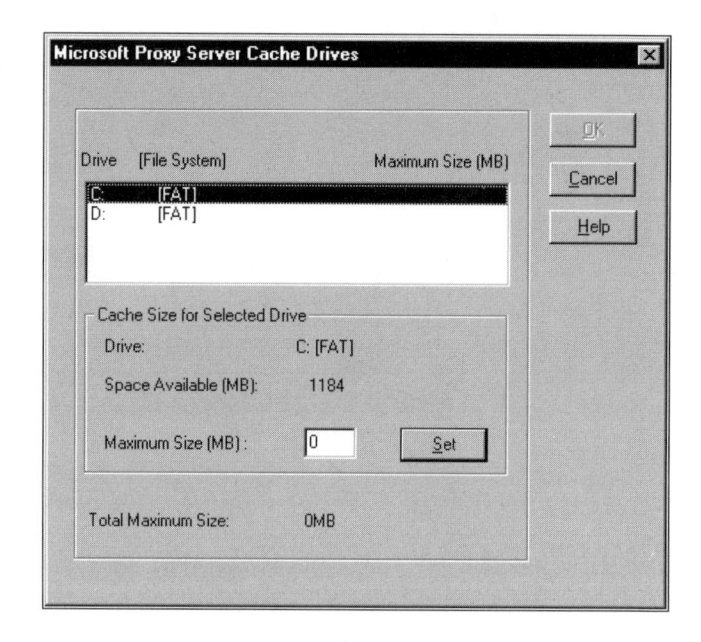

Bei der Konfiguration der Cache-Laufwerke müssen Sie als Mindestvorgabe ein Laufwerk mit 5 MByte reservieren. Das empfohlene Minimum für die Reservierung liegt jedoch höher. Wir empfehlen mindestens 100 MByte plus 0,5 MByte für jeden Client des Web-Proxy-Dienstes zu reservieren. Runden Sie diesen Wert stets zum nächsten vollen Megabyte auf. Ein Beispiel: Wenn ein Server 79 Clients des Web-Proxy-Dienstes bedienen muß, sollten Sie 140 MByte oder mehr für den Cache reservieren. Die Cache-Reservierung variiert für jeden Server in Abhängigkeit von seiner Arbeitslast und seiner Konfiguration. Generell kann aber gesagt werden, daß eine großzügige Reservierung von Festplattenspeicherplatz das Caching optimiert.

Reservieren Sie den Plattenspeicherplatz für den Cache in Schritten von 5 MByte. Wenn Sie dem Cache einen Wert zuordnen, der nicht glatt durch fünf dividiert werden kann, wird die Reservierung auf das nächste niedrige Vielfache von 5 MByte abgerundet. Wenn Sie z.B. 194 MByte dem Laufwerk C zuordnen, werden 190 MByte dieses Laufwerks für den Cache reserviert. Wir empfehlen dringend den ausschließlichen Einsatz von NTFS-Volumes für das Caching.

8. Klicken Sie auf OK, wenn Sie mit der Zuordnung der Cache-Laufwerke fertig sind. Nun erscheint die Dialogbox LOCAL ADDRESS TABLE CONFIGURATION (siehe Abbildung 16.7). Definieren Sie in dieser Dialogbox alle internen IP-Adressen Ihres Netzwerks. Schließen Sie alle externen IP-Adressen aus.

Installation des Microsoft Proxy-Servers

Abbildung 16.7:
Netzwerk-IP-Adresse eingeben

Abbildung 16.8:
Über dieses Dialogfenster kann eine Tabelle der IP-Adressen erstellt werden

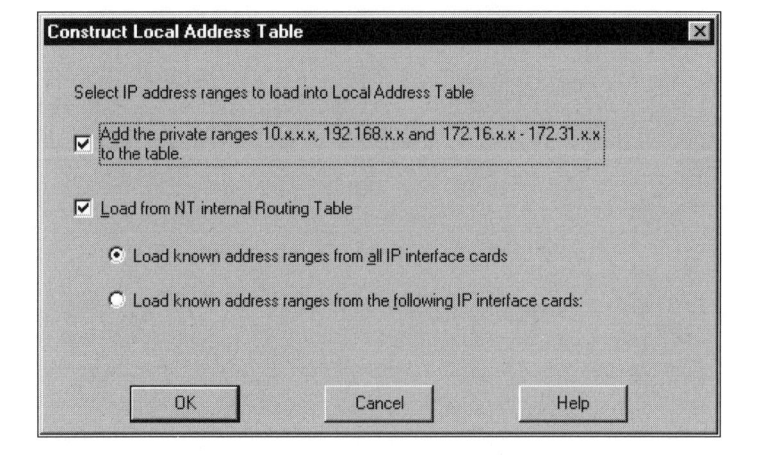

9. Um eine Tabelle mit den internen IP-Adressen Ihres Netzwerks zu erzeugen, klicken Sie auf die Schaltfläche CONSTRUCT TABLE. Es erscheint die Dialogbox CONSTRUCT LOCAL ADDRESS TABLE (Abbildung 16.8).

10. Sie können der LAT drei Bereiche von IP-Adressen hinzufügen, die durch die IANA als private Adreßbereiche definiert wurden. Diese können in einem privaten, nicht mit dem Internet verbundenen Netzwerk eingesetzt werden. Wählen Sie dazu das Kontrollkästchen ADD THE PRIVATE RANGES.

11. Um die Netzwerkkarten auf dem Server auszuwählen, deren IP-Adressen sich in der LAT befinden, wählen Sie LOAD FROM NT INTERNAL ROUTING TABLE und vervollständigen Sie folgende Optionen:

- Wenn Sie nicht wissen, welche Netzwerkadapter des Servers mit dem privaten Netzwerk verbunden sind, wählen Sie LOAD KNOWN ADDRESS RANGES FROM ALL IP INTERFACE CARDS.

- Wenn Sie wissen, welche Netzwerkadapter des Servers mit dem privaten (internen) Netzwerk und welche mit dem Internet verbunden sind, wählen Sie LOAD KNOWN ADDRESS RANGES FROM THE FOLLOWING IP INTERFACE CARDS. Dies lädt nur diese IP-Adressen, die mit den intern verbundenen Karten des Servers assoziiert sind. Aktivieren Sie anschließend in der Liste der Netzwerkadapter das Kontrollkästchen für jede der intern verbundenen Karten und deaktivieren Sie die Kontrollkästchen für jede der extern verbundenen Karten.

12. Wenn Sie mit der Eingabe in der Dialogbox CONSTRUCT LOCAL ADDRESS TABLE fertig sind, klicken Sie auf OK. Nun kehrt die Dialogbox LOCAL ADDRESS TABLE CONFIGURATION noch einmal zurück. In der Liste INTERNAL IP-RANGES werden IP-Adreßpaare angezeigt.

13. Prüfen Sie, ob die Einträge in der Liste INTERNAL IP-RANGES Ihr internes Netzwerk korrekt identifizieren. Fügen Sie alle notwendigen IP-Adreßpaare hinzu, bis all die Adressen Ihres internen Netzwerks definiert sind. Wir weisen nochmal darauf hin, alle IP-Adressen, die externe (Internet) Adressen definieren, zu entfernen.

    - Um der Liste einen Bereich von IP-Adressen hinzuzufügen, gehen Sie in den Bereich EDIT, und geben Sie ein Adreßpaar in die Felder FROM und TO ein. Klicken Sie nun auf die Schaltfläche ADD.

    - Um der Liste eine einzelne Adresse hinzuzufügen, gehen Sie in den Bereich EDIT und geben dieselbe Adresse in die Felder FROM und TO ein. Klicken Sie nun auf die Schaltfläche ADD.

    - Um eine IP-Adresse oder ein Adreßpaar aus der Liste zu entfernen, müssen Sie den entsprechenden Eintrag markieren und anschließend auf die Schaltfläche REMOVE klicken.

14. Wenn die LAT-Konfiguration ordnungsgemäß eingerichtet ist, klicken Sie auf OK. Nun erscheint die Dialogbox CLIENT INSTALLATION/CONFIGURATION (siehe Abbildung 16.9). In dieser Dialogbox geben Sie die Informationen für das Client-Installationsprogramm ein, das durch das Microsoft Proxy-Server Setup in der Freigabe MSPCLNT abgelegt wird.

Installation des Microsoft Proxy-Servers

Abbildung 16.9:
Konfigurationseinstellungen für die Installation

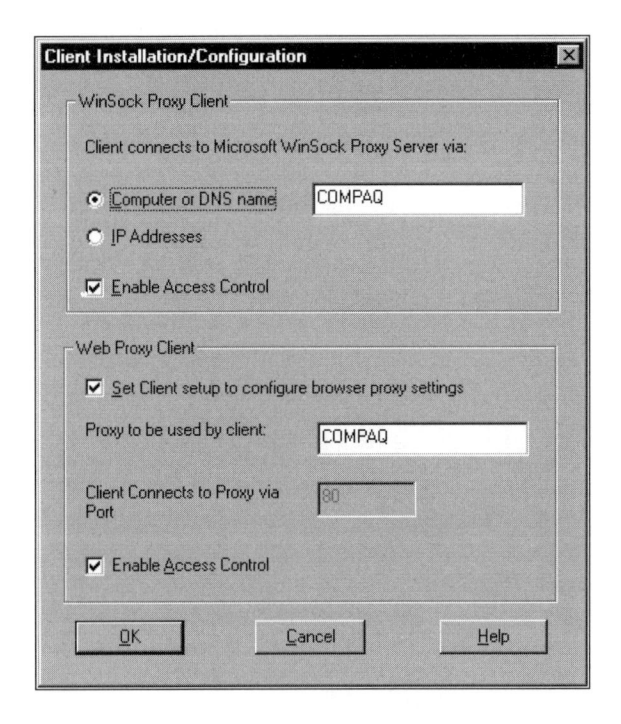

15. Verwenden Sie die Optionen unter WINSOCK PROXY CLIENT, um festzulegen, wie das Client-Installationsprogramm die WinSock Proxy-Clients einrichtet, die sich über diesen Server installieren.

- Wählen Sie entweder COMPUTER OR DNS-NAME oder IP-ADRESSE. Bei der Auswahl von COMPUTER OR DNS-NAME prüfen Sie, ob der Name korrekt ist. Falls nötig, tippen Sie den entsprechenden Namen ein.

- Wenn das Kontrollkästchen ENABLE ACCESS CONTROL angekreuzt wurde, ist die Sicherheit für den WinSock Proxy-Dienst aktiviert. Nur Clients mit zugeteilter Berechtigung dürfen den WinSock Proxy-Dienst auf diesem Server nutzen. Wenn Sie dieses Kontrollkästchen deaktivieren, können alle internen Clients den WinSock Proxy-Dienst auf diesem Server in Anspruch nehmen. Standardmäßig ist dieses Kontrollkästchen aktiviert.

16. Verwenden Sie die Optionen unter WEB-PROXY CLIENT, um festzulegen, wie das Client-Installationsprogramm die Web-Proxy Clients einrichtet, die sich über diesen Server installieren.

- Wählen Sie SET CLIENT SETUP TO CONFIGURE BROWSER PROXY SETTINGS, wenn das Client-Installationsprogramm den Browser des Clients als einen Web Proxy-Client konfigurieren soll (wenn es sich bei dem Browser um NETSCAPE NAVIGATOR oder MICROSOFT INTERNET EXPLORER handelt). Bei der Auswahl dieser Option müssen Sie prüfen, ob der in dem Feld PROXY TO BE USED BY CLIENT gezeigte Name korrekt ist. Auch hier müssen Sie dies bei Bedarf selbst eingeben. In dem Feld CLIENT CONNECTS TO PROXY VIA PORT wird ein Wert angezeigt, der die Portnummer darstellt, mit dem die Web Proxy-Clients konfiguriert werden. Dieser Wert kann hier nicht geändert werden. Es handelt sich um die TCP-Portnummer, die für den Internet Information Server eingerichtet wurde. Sie wird über den Internet Service Manager für die Verwaltung des WWW-Dienstes geändert.

- Wenn das Kontrollkästchen ENABLE ACCESS CONTROL angekreuzt ist, ist die Sicherheit des Web-Proxy-Dienstes aktiviert. Ist es nicht angekreuzt, unternimmt der Web-Proxy-Dienst keine Anstalten, die Verbindungen von Clients zu überprüfen. Standardmäßig ist dieses Kontrollkästchen aktiviert.

17. Ist die Eingabe in der Dialogbox CLIENT INSTALLATION/CONFIGURATION beendet, klicken Sie auf OK.

Wenn alles gutgegangen ist, sollten Ihre Dateien nun kopiert sein. Sie bekommen nun eine Meldung, daß die Installation des Proxy-Servers erfolgreich abgeschlossen wurde.

Der Internet Dienst Manager

Der Internet Dienst Manager ist ein Verwaltungswerkzeug des IIS. Er kann für die Verwaltung von zwei durch den Microsoft Proxy-Server zur Verfügung gestellten Dienste eingesetzt werden: den Web Proxy- und den WinSock Proxy-Diensten.

Wir empfehlen für den Zugriff auf die Web Proxy- und WinSock Proxy-Dienste eine Verwaltung über Gruppen, d.h., daß Sie Benutzer Gruppen zuordnen sollten und diesen Gruppen dann die Rechte zuweisen. Durch Gruppenzuordnungen erleichtern Sie die administrativen Aufgaben, die bei der Gewährung und dem Entzug der Berechtigungen für den Microsoft Proxy-Server anfallen.

Sie können die Microsoft Proxy-Server-Dienste folgendermaßen mit dem Internet Dienst Manager konfigurieren:

1. Wählen Sie Start/Programme/Microsoft Internet Server/Internet Service Manager.
   Es erscheint das Dialogfenster MICROSOFT INTERNET SERVICE MANAGER, das Sie in Abbildung 16.10 sehen. Hier werden alle installierten Internet-Dienste aufgeführt.

Der Internet Dienst Manager

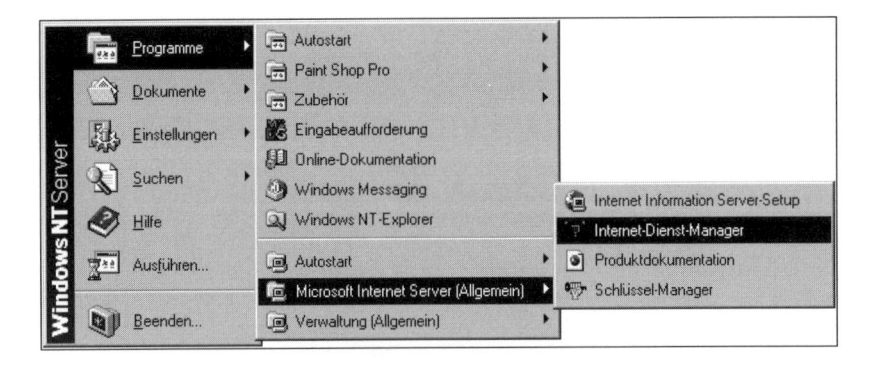

Abbildung 16.10:
Der Microsoft Internet Service Manager

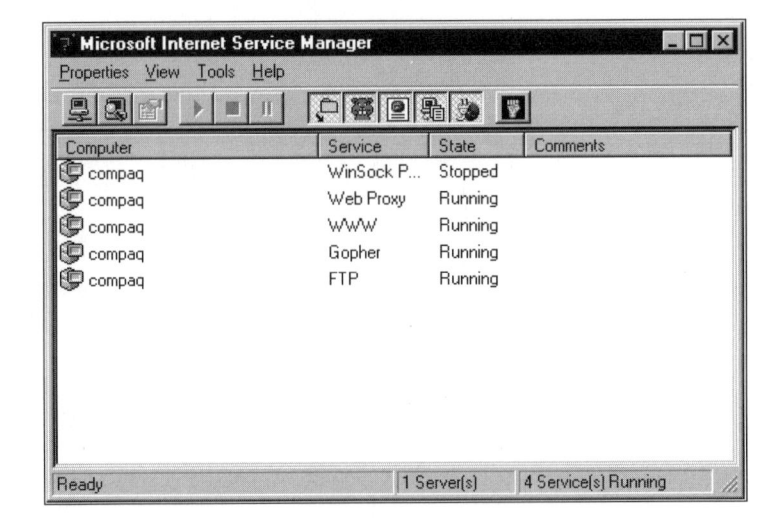

2. Wenn Sie einen entfernten Server verwalten, verbinden Sie sich über das Menü EIGENSCHAFTEN mit ihm. Klicken Sie auf MIT SERVER VERBINDEN..., und füllen Sie die angezeigte Dialogbox CONNECT TO SERVER aus. Wollen Sie sich mit allen Microsoft Proxy-Servern Ihres Netzwerks verbinden, gehen Sie über das Menü EIGENSCHAFTEN, und klicken Sie auf ALLE SERVER SUCHEN.

HINWEIS *Der WinSock Proxy-Dienst auf anderen Server-Rechnern wird beim Einsatz der Option FIND ALL SERVERS nicht gefunden. Um andere Computer mit dem WinSock Proxy-Dienst zu verbinden, wählen Sie CONNECT TO SERVER und den Server für diese Verbindung an.*

3. Um den Internetdienst eines Servers zu verwalten, führen Sie einen Doppelklick auf den Computernamen neben dem Namen des Dienstes aus. Um den Web Proxy-Dienst eines Servers zu verwalten, führen Sie einen Doppelklick auf den Computer neben diesem Dienst aus. Das Fenster mit den Eigenschaften für den ausgewählten Dienst erscheint. Die Abbildung 16.11 zeigt das Fenster WEB PROXY SERVICE PROPERTIES für einen Compaq Computer.

Abbildung 16.11:
Eigenschaften für Dienste eines bestimmten Servers

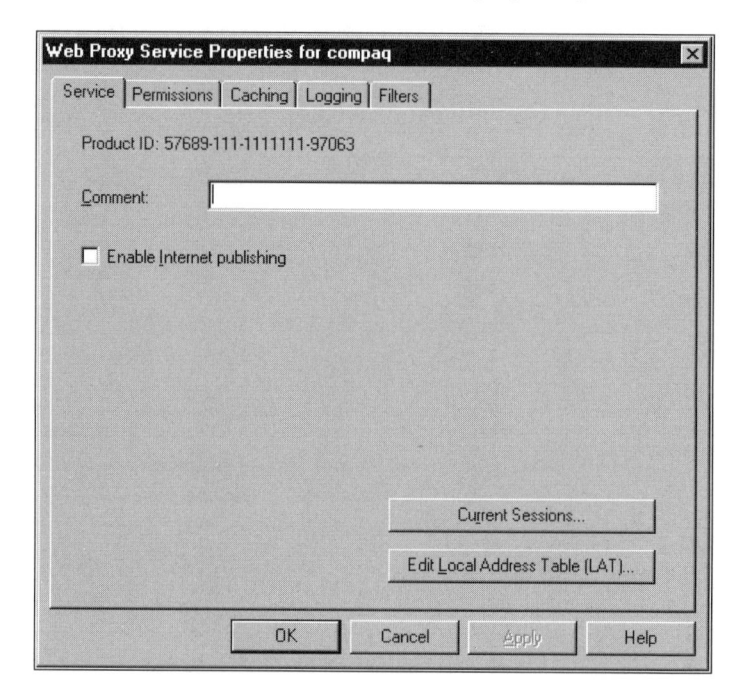

Einrichtung eines Modems oder eines ISDN-Adapters

Mit dem Microsoft Proxy-Server können Sie den Windows NT Remote Access Service-(RAS) Client für die Einwahl bei einem ISP einsetzen. Für RAS benötigen Sie ein 28.8-Kbps-Modem (oder höher) oder einen ISDN-Adapter.

Einrichtung von RAS

RAS kann während der Erstinstallation eines Windows NT-Servers mitinstalliert werden oder zu jeder Zeit danach. Melden Sie sich als Administrator an. Das TCP/IP-Protokoll sollte bereits installiert sein.

Folgendermaßen wird ein RAS-Client mit dem Microsoft Proxy-Server installiert:

1. Wählen Sie SYSTEMSTEUERUNG/NETZWERK, und klicken Sie auf Register DIENSTE und HINZUFÜGEN.

2. Über Netzwerk, Dienste wählen Sie Remote Access Service und anschließend OK.

3. Folgen Sie den Instruktionen auf dem Bildschirm, um die RAS-Installation abzuschließen.

   ■ Wählen Sie in der Dialogbox ANSCHLUSSVERWENDUNG KONFIGURIEREN die Option NUR AUSGEHENDE ANRUFE, um RAS für eine Wählverbindung zu einem ISP einzurichten. Die Einstellungen für den zu verwendenden Port können über die Schaltfläche KONFIGURIEREN in der Dialogbox RAS-SETUP gesetzt werden.

   ■ In den Einstellungen für das Netzwerkprotokoll sollte nur das TCP/IP-Protokoll angekreuzt sein. (Die Kontrollkästchen IPX/SPX und NetBEUI sollten deaktiviert sein). Netzwerkprotokolle können über die Schaltfläche NETZWERK in der Dialogbox RAS-SETUP eingerichtet werden.

Einrichten der RAS-Optionen mit dem Microsoft Proxy-Server

Bevor Sie die Dialup-Unterstützung für den Microsoft Proxy-Server konfigurieren können, muß RAS natürlich installiert und ordnungsgemäß konfiguriert sein. RAS darf nur für ausgehende Anrufe eingerichtet sein. Dies geschieht wie folgt:

1. Wählen Sie START/EINSTELLUNGEN/SYSTEMSTEUERUNG, und klicken Sie doppelt auf das Netzwerksymbol. Es erscheint das entsprechende Dialogfenster.

2. Klicken Sie auf die Registrierkarte DIENSTE, und wählen Sie REMOTE ACCESS SERVICE.

3. Klicken Sie auf EIGENSCHAFTEN. Die Dialogbox RAS-SETUP erscheint. Falls notwendig, wählen Sie einen Anschluß aus der Liste. Wenn nur ein Port für die Verwendung mit RAS eingerichtet wurde, ist dieser standardmäßig ausgewählt (siehe Abbildung 16.12).

Abbildung 16.12:
Einen Port im Dialogfenster REMOTE ACCESS SETUP auswählen

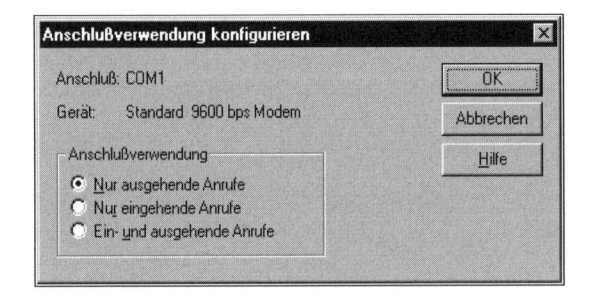

Abbildung 16.13:
Nutzung des Ports konfigurieren

4. Klicken Sie auf KONFIGURIEREN. Nun sehen Sie die Dialogbox ANSCHLUSSVERWENDUNG KONFIGURIEREN (siehe Abbildung 16.13).

5. Von den Optionen unter ANSCHLUSSVERWENDUNGEN wählen Sie NUR AUSGEHENDE ANRUFE. Klicken Sie auf OK.

6. In der Dialogbox RAS-SETUP klicken Sie auf NETZWERK. Es erscheint die Dialogbox NETZWERKKONFIGURATION (siehe Abbildung 16.14).

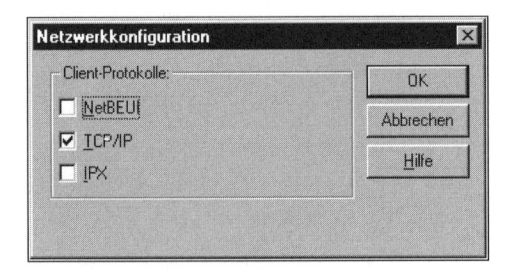

Abbildung 16.14:
Das Netzwerk für TCP/IP konfigurieren

7. Wählen Sie aus der Liste der CLIENT-PROTOKOLLE den Eintrag TCP/IP und anschließend OK.

8. Klicken Sie nun auf WEITER.

9. Klicken Sie in der Dialogbox NETZWERK auf SCHLIESSEN. Bestätigen Sie die Frage nach dem Neustart auf JA.

Einrichtung eines Modems oder eines ISDN-Adapters

Wenn der RAS-Client installiert ist, müssen Sie Dienste Remote Access Autodial Manager und Remote Access Connection Manager so einrichten, daß Sie den Dienst Microsoft Proxy Auto Dial verwenden. So erhalten Sie den Dial-up Support.

Um den Remote Access für die Dial-up Unterstützung zu rekonfigurieren, ist folgendes Vorgehen erforderlich:

1. Wählen Sie START/EINSTELLUNGEN/SYSTEMSTEUERUNG und klicken Sie doppelt auf das Symbol DIENSTE.

Abbildung 16.15:
Das Dialogfenster DIENSTE

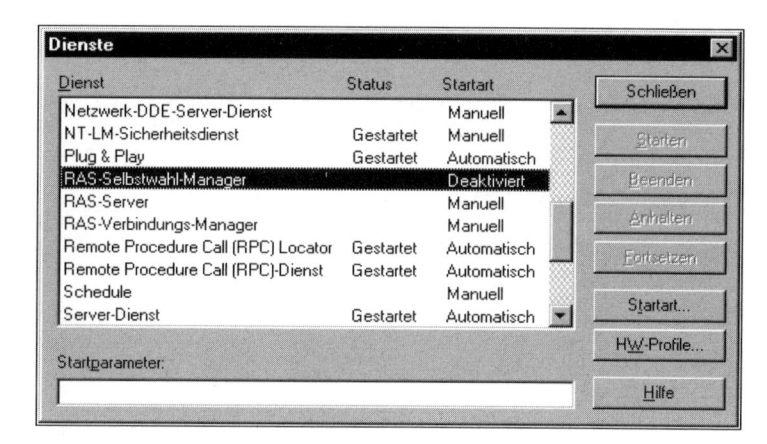

2. Wählen Sie aus der angezeigten Liste der Dienste den Eintrag RAS SELBSTWAHL-MANAGER, und klicken Sie auf STARTART. Es erscheint die Dialogbox DIENST (Abbildung 16.16).

Abbildung 16.16:
Einen bestimmten Dienst konfigurieren

3. Klicken Sie unter STARTART auf DEAKTIVIERT und anschließend auf OK. Die Dialogbox DIENSTE kehrt zurück.

4. Wählen Sie aus der angezeigten Liste der DIENSTE nun den Eintrag RAS VERBINDUNGS-MANAGER. Klicken Sie auf STARTART. Wieder erscheint die Dialogbox DIENST.

5. Wählen Sie unter STARTART die Option AUTOMATISCH. Klicken Sie auf OK, um zur Dialogbox DIENSTE zurückzukehren.

6. Klicken Sie auf SCHLIEßEN.

Ein Eintrag für das RAS-Telefonbuch

Nach der Einrichtung eines RAS-Clients muß ein erster Eintrag für die Auswahl erzeugt werden. Dazu wird das Programm DFÜ-NETZWERK verwendet. Der Eintrag soll zur Anwahl der Telefonnummer Ihres ISPs dienen. Es empfiehlt sich, vor der Anlage eines Telefonbucheintrags Ihren ISP zu kontaktieren. Dort erfahren Sie die notwendigen Verbindungseinstellungen. Der RAS-Telefonbucheintrag wird folgendermaßen erzeugt:

1. Wählen Sie Start/Programme/Zubehör, und klicken Sie auf DFÜ-Netzwerk.

2. Ist das Telefonbuch leer, klicken Sie auf OK, um einen neuen Eintrag einzufügen.

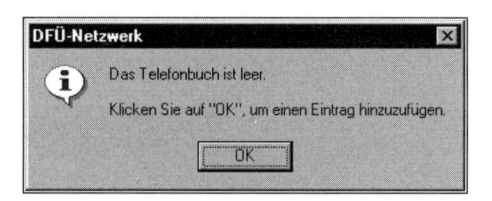

3. Geben Sie einen Namen für den neuen Telefonbucheintrag ein (Abbildung 16.17). Klicken Sie auf WEITER.

4. Klicken Sie in der in Abbildung 16.18 gezeigten Dialogbox SERVER auf die Option EINE VERBINDUNG MIT DEM INTERNET WIRD HERGESTELLT, klicken Sie dann auf WEITER.

5. Wählen Sie das Modem aus, das Sie zu verwenden gedenken. Klicken Sie auf WEITER.

6. Die nun angezeigte Dialogbox RUFNUMMER (Abbildung 16.19) dient zur Eingabe der Telefonnummer von Ihrem ISP. Klicken Sie auf WEITER.

Einrichtung eines Modems oder eines ISDN-Adapters   465

Abbildung 16.17:
Geben Sie den Telefonbucheintrag hier ein

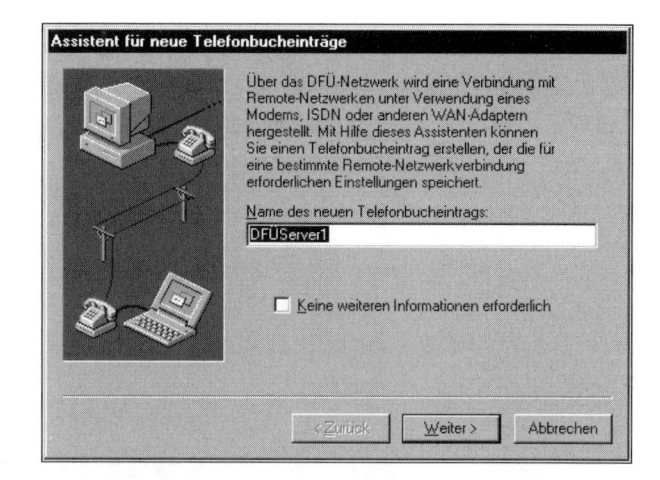

Abbildung 16.18:
Server-Verbindung bestimmen

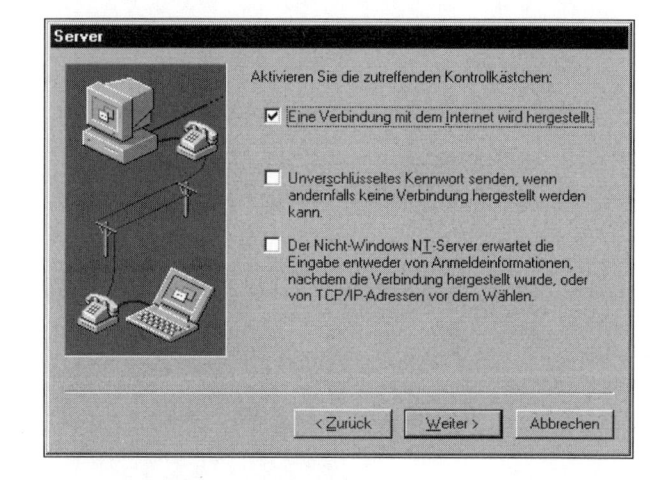

Abbildung 16.19:
Nummer angeben

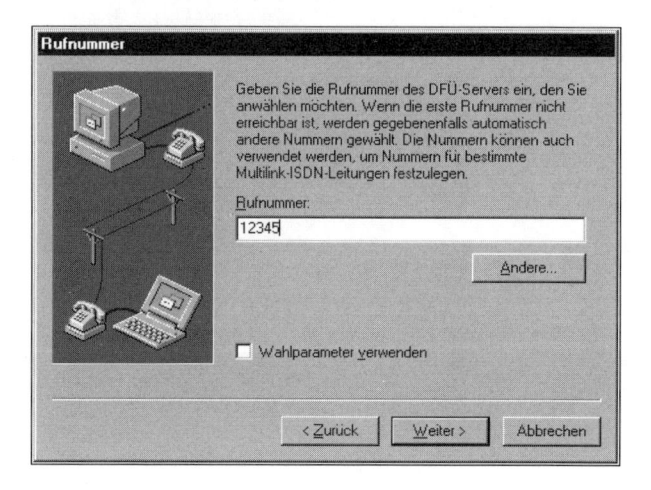

7. Klicken Sie auf BEENDEN. Es erscheint die Dialogbox DFÜ-NETZWERK (Abbildung 16.20).

Abbildung 16.20:
Das Dialogfenster DFÜ-NETZWERK

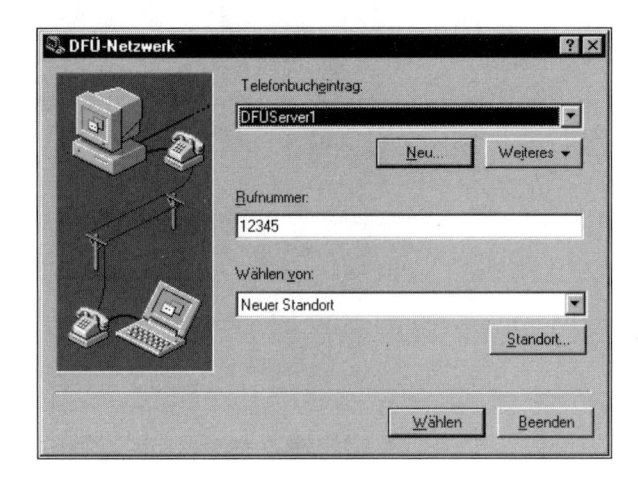

8. Wählen Sie den neuen Telefonbucheintrag aus der Auswahlliste.

9. Klicken Sie auf WEITERES und anschließend auf ANMELDEEINSTELLUNGEN, die Dialogbox ANMELDEEINSTELLUNGEN erscheint (Abbildung 16.21).

Abbildung 16.21:
Anmeldeeinstellungen festlegen

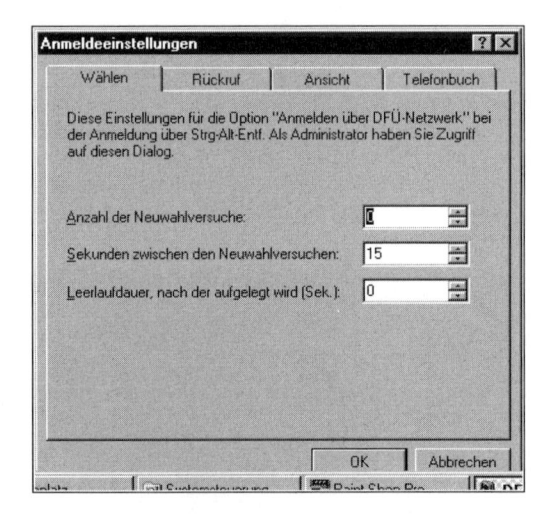

10. In der Registrierkarte WÄHLEN klicken Sie auf den aufwärtszeigenden Pfeil neben dem Eintrag LEERLAUFDAUER, NACH DER AUFGELEGT WIRD, und ändern Sie die Standardeinstellung von 0 auf 1. Dies stellt sicher, daß RAS die Verbindung nach jedem Wahlversuch beendet.

11. Klicken Sie auf OK und BEENDEN.

Einsatz des Microsoft Proxy Auto-Dial-Dienstes

In der heutigen Zeit geschehen die meisten Internetzugriffe noch über Einwahlverbindungen. Dies könnte sich in der Zukunft schnell ändern. Immer mehr ISDN-, Cable-Modem und Frame-Relayverbindungen werden verfügbar und auch die Preise kommen langsam in finanzierbare Bereiche. Im Moment besteht jedoch noch hoher Bedarf an Unterstützung für Einwahlverbindungen. Das entsprechende Werkzeug des Microsoft Proxy-Servers ist der Dienst Microsoft Proxy Auto Dial bzw. ADIALCFG.EXE.

Öffnen Sie den Microsoft Proxy Auto Dial-Dienst:

1. Wählen Sie auf dem Server Start/Programme/Microsoft Proxy Server.

2. Wählen Sie Auto Dial Configuration. Die Dialogbox Microsoft Proxy Auto Dial erscheint.

Wenn ein RAS-Client auf dem Server installiert und eingerichtet ist, kann das DFÜ-Netzwerk für die Erzeugung von RAS-Telefonbucheinträgen genutzt werden, die schließlich für die Wählverbindungen eines Microsoft Proxy-Servers dienen. Microsoft Proxy Auto Dial kann mit den RAS Telefonbucheinträgen auf Anforderung Einwahlverbindungen als RAS-Client ausführen. Die Konfiguration des RAS-Clients und der Telefonbucheinträge wird in Kürze erörtert.

Für den Dialup-Support baut der Microsoft Proxy Server Verbindungen auf, wenn folgende Dienstanforderungen eintreffen:

- **Für den Web Proxy-Dienst:** Wenn ein angefordertes Objekt durch den Web-Proxy-Caching-Dienst nicht lokalisiert und zurückgeliefert werden kann, wird eine Anwahlverbindung verwendet.

- **Für den WinSock Proxy-Dienst:** Alle Anforderungen der Clients werden unter Verwendung einer Anwahlverbindung weiterverarbeitet.

Sie können das Tool Auto Dial auch dazu nutzen, die folgenden Optionen für jeden eingerichteten RAS-Telefonbucheintrag zu konfigurieren:

- **Credentials:** Diese können zusätzliche Anmeldeinformation für die Verbindung beinhalten, wie z.B. Benutzername, Kennwort und Domänenname – Credentials, die für die Anmeldung bei Ihrem ISP erforderlich sind.

16 • Microsoft Proxy Server

- **Dialing hours:** Obschon der Wähldienst nur auf Anforderung ausgeführt wird, können Dialing hours eingerichtet werden. An ausgewählten Stunden des Tages oder an ausgewählten Tagen der Woche kann der Wahldienst ein- bzw. ausgeschaltet werden.

Wie diese beiden Optionen eingerichtet werden, wollen wir nun betrachten:

Credentials:

1. Öffnen Sie Microsoft Proxy Auto Dial, wie oben beschrieben, und wählen Sie das Register CREDENTIALS.

Abbildung 16.22: Credentials einstellen

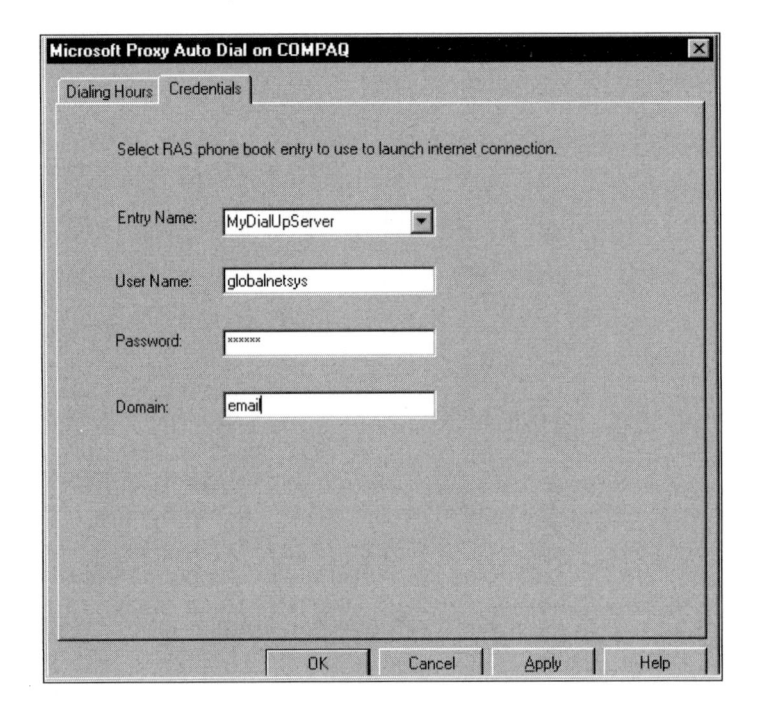

2. Klicken Sie auf den Pfeil, um die Liste ENTRY NAME anzuzeigen. Wählen Sie den Namen des RAS-Telefonbucheintrags, der für die Wahlverbindung mit dem Microsoft Proxy-Server genutzt werden soll.

3. Geben Sie in das Feld USER NAME den Namen ein, der für die Anmeldung an den Einwahl-Server Ihres Dienstanbieters erforderlich ist.

4. Wenn es für die Anmeldung erforderlich ist, können Sie ein Kennwort in das entsprechende Feld eingeben.

5. In seltenen Fällen muß bei der Anmeldung ein Domänenname eingegeben werden. Häufig kann dieses Feld leer bleiben.

6. Klicken Sie auf APPLY und dann auf OK. Diese Credentials werden jedesmal verwendet, wenn der Microsoft Proxy-Server eine Wahlverbindung für diesen RAS-Telefonbucheintrag initiiert.

Dialing Hours

Die Einrichtung spezieller Wählzeiten wird über die Dialogbox DIALING HOURS PROPERTIES vorgenommen. Hier können spezielle Stunden oder Tage der Woche bestimmt werden, an denen der Wähldienst gestattet ist. Während der genehmigten Wählzeiten bedient der Microsoft Proxy-Server auf Anforderung die Wahlanforderungen. In den nicht festgelegten Zeiten wird der Wähldienst verweigert.

Dieses Steuerungsmerkmal kann die Bedienung des Wähldienstes geschickt kontrollieren. Wählverbindungen können so zu bestimmten Zeiten unterbunden werden. Manchmal kann die Einschränkung des Wähldienstes auf bestimmte Stunden erhebliche Kosten sparen, besonders dort, wo Internetzugriffe über die Verbindungszeit abgerechnet werden oder die schlichte Anwahl des ISPs Kosten verursacht.

Die Wählzeiten werden für die einzelnen Telefonbucheinträge gesetzt. Die Informationen werden über den Microsoft Proxy Auto Dial-Dienst gespeichert und jedesmal verwendet, wenn der entsprechende Eintrag für eine Wahlverbindung genutzt wird.

Geben Sie für die Einrichtung von Wählzeiten in einem RAS-Telefonbucheintrag wie folgt vor:

1. Öffnen Sie Microsoft Proxy Auto Dial, wie oben beschrieben, und aktivieren Sie das Register CREDENTIALS.

2. Klicken Sie auf den Pfeil, um die Liste ENTRY NAME anzuzeigen. Wählen Sie den Namen des RAS-Telefonbucheintrags, der für die Wählverbindung mit dem Microsoft Proxy-Server verwendet werden soll.

3. Klicken Sie auf DIALING HOURS PROPERTIES (siehe Abbildung 16.23).

4. Wenn Sie den Wähldienst während festgelegter Stunden des Tages oder festgelegter Tage der Woche unterbinden wollen, klicken Sie auf die entsprechenden Stunden. Standardmäßig ist der Dienst nicht beschränkt.

5. Wenn Sie die Wählzeiten eingerichtet oder auch verändert haben, klicken Sie auf APPLY und schließlich auf OK. Die eingegebenen Wählzeiten werden bei jeder Wählverbindung, die durch den Microsoft Proxy-Server für diesen RAS-Telefonbucheintrag initiiert wird, verwendet.

Abbildung 16.23:
Einwahlstunden auswählen

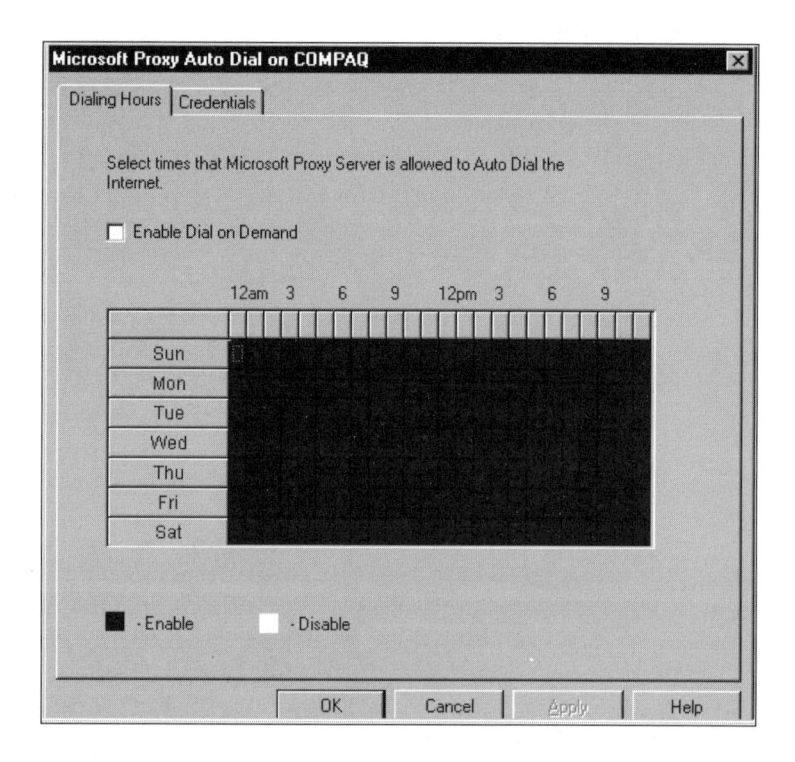

Wenn der Microsoft Proxy Auto Dial-Dienst zum ersten Mal für den Aufbau einer Wählverbindung zu einem ISP verwendet wird, müssen die Dienste WWW, Web Proxy und WinSock Proxy neu gestartet werden. Auch bei einer Änderung der Zeiteinstellung müssen die Dienste neu gestartet werden, damit die neuen Parameter wirksam werden. Alle Dienste (WWW, Web Proxy und WinSock Proxy) können über den Internet Dienst Manager angehalten und wieder gestartet werden.

Nachdem der Microsoft Proxy Auto Dial-Dienst zumindest einmal verwendet wurde, gelten die neuen von den Web Proxy und WinSock Proxy verwendeten Einstellungen für jede nachfolgende Wählverbindung, ohne daß ein Neustart aller Dienste erforderlich wäre.

Sie können, wenn Sie mögen, die einzelnen Dienste auch über die Kommandozeile anhalten bzw. wieder starten:

```
net stop w3svc
net stop wspsrv
net start w3svc
net start wspsrv
```

Für das Beenden und den Start des Web Proxy-Dienstes ist kein eigenes Kommando erforderlich. Das Beenden und Starten des WWW-Dienstes beendet bzw. startet den Web Proxy-Dienst ebenfalls.

Web Proxy-Clients

Das Installationsprogramm für den Client wird über die Freigabe auf dem Server unter \\SERVERNAME\MSPCLNT gestartet. Der Proxy-Client wird dann auf dem Computer installiert. Typischerweise wird dabei auch der Internet-Browser auf der Workstation konfiguriert.

Wenn die Proxy-Einstellung für den Browser eines speziellen Clients durch das Client-Installationsprogramm nicht ordnungsgemäß konfiguriert werden konnten müssen Sie den Web-Browser des Clients rekonfigurieren. Dies können Sie nach der Installation der Clientsoftware über die eigene Konfigurationsschnittstelle des Client Web-Browsers vornehmen. Auch wenn es sich bei dem Web-Browser des Clients nicht um den MICROSOFT EXPLORER oder den NETSCAPE NAVIGATOR handelt, oder wenn das Client-Installationsprogramm den Client Web-Browser für die Verwendung des Web-Proxydienstes nicht erfolgreich konfigurieren konnte, wird dieser nachträgliche Eingriff über Konfigurationsschnittstellen des Web-Browsers erforderlich, um den Namen des entsprechenden Microsoft Proxy-Servers und die Portnummer des Protokolls (üblicherweise 80) festzulegen.

> **HINWEIS** *Der Internet Explorer kann über die in der Systemsteuerung liegende Internetapplikation entsprechend eingerichtet werden.*

WinSock Proxy-Clients

Die WinSock Proxy-Client-Komponenten werden wie oben beschrieben durch das Client Setup-Programm installiert. Dieses Installationsprogramm konfiguriert hierbei keine individuellen Windows Socket-Anwendungen. Statt dessen wird der Client-Computer für die Verwendung des WinSock Proxy-Dienstes auf einem Server eingerichtet. Alle Windows Sockets-Anwendungen auf diesem Computer greifen über den WinSock Proxy-Dienst eines Microsoft Proxy-Servers auf das Internet zu.

Der Server muß dafür konfiguriert werden, den Zugang für das verlangte Protokoll und die erforderlichen Outbound- und Inbound Ports zu gewähren, bevor eine Windows Sockets-Anwendung das Internet über den Microsoft Proxy-Server erreichen kann.

> **HINWEIS** *Um in einem lokalen Netzwerk mehrere Microsoft Proxy-Server Gateways zu betreiben, sollten Sie für jeden Gateway eine gleiche Anzahl an WinSock Proxy-Clients installieren, damit der Internetverkehr über alle Gateways ausbalanciert ist.*

Überlegungen zum WinSock Proxy-Client

Hier einige Gedanken zu WinSock Proxy-Client-Computern.

- **Richten Sie Windows Sockets-Client-Anwendungen nicht für die Verwendung des Microsoft Proxy-Servers ein:** Selbst wenn es die Konfigurationsparameter erlauben, sollten Sie niemals eine Windows Sockets-Anwendung auf einen als WinSock Proxy-Client eingerichteten Computer für die Verwendung des Microsoft Proxy-Servers setzen.

- **Ein Microsoft Exchange Server sollte nicht auf einem WinSock Proxy-Client installiert werden:** Die Microsoft Exchange Client-Software und die WinSock Proxy Client-Software können auf dem gleichen Computer installiert werden. Sie sollten jedoch *niemals* die Microsoft Exchange Server-Software und die WinSock Proxy-Software auf dem gleichen Rechner installieren.

- **Was geschieht bei einem Upgrade des Clients?** Wenn der Computer, der den WinSock Proxy-Client ausführt, ein Upgrade erhält, muß die Client-Installation reinstalliert werden.

Doch nun kann niemand angewählt werden!

Nachdem auf einem Computer die WinSock Proxy-Client-Software installiert ist, kann dieser die Windows Sockets-Anwendungen einsetzen, um über den Microsoft Proxy-Server auf Internet-Sites zuzugreifen. Der Client ist jedoch nicht in der Lage, mit Windows Sockets-Anwendungen über eine Einwählverbindung zu einem privaten ISP auf irgendeine Internet-Site zuzugreifen. Zur Verdeutlichung hier ein Beispiel: Ein Benutzer könnte zu Hause einen Computer haben, der manchmal dazu genutzt wird, sich mit dem Firmennetz zu verbinden, ein anderes Mal, um sich mit einem privaten ISP zu verbinden. Der WinSock Proxy-Client kann über die Client-Anwendung in der Systemsteuerung an- und ausgeschaltet werden. Folgen Sie dazu diesen Schritten:

1. Öffnen Sie auf dem Client-Computer die Systemsteuerung, und klicken Sie das WSP Client-Symbol doppelt an. Es erscheint das Dialogfenster MICROSOFT WINSOCK PROXY CLIENT.

2. Aktivieren bzw. deaktivieren Sie das Kontrollkästchen ENABLE WINSOCK PROXY CLIENT.

    - Um den WinSock Proxy-Client zu aktivieren und Windows Sockets-Anwendungen mit dem Microsoft Proxy-Server zu nutzen, aktivieren Sie das Kontrollkästchen ENABLE WINSOCK PROXY CLIENT.

- Um den WinSock Proxy-Client zu deaktivieren und Windows Sockets-Anwendungen mit einem privaten ISP zu nutzen, deaktivieren Sie das Kontrollkästchen ENABLE WINSOCK PROXY CLIENT.

3. Klicken Sie auf OK, und starten Sie Ihren Computer neu.

Nun haben wir 16 Kapitel mit den besten TCPI/IP-Informationen hinter uns gebracht! Eines steht jedoch noch aus, und zwar ein sehr wichtiges Kapitel mit dem Thema Fehlerbehebung.

Fehlerbehebung

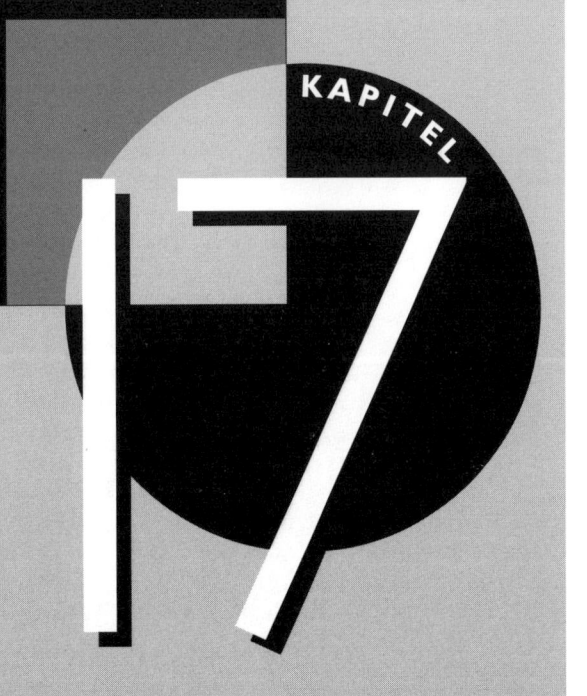

KAPITEL 17

17 • Fehlerbehebung

Im Verlaufe dieses gesamten Buches hatten wir Gelegenheit zu sehen, was geschieht, wenn TCP/IP nicht ordnungsgemäß eingerichtet ist. In diesem Kapitel werden wir allgemeine TCP/IP-Probleme untersuchen, einige Richtlinien zur Vermeidung von Netzwerkdesastern präsentieren und wertvolle Tips zur Fehlerbehebung bei IP-Netzwerken geben. Wenn Sie dieses Kapitel durchgearbeitet haben, sollten Sie in der Lage sein, übliche Probleme in Verbindung mit TCP/IP zu identifizieren und die Microsoft Windows NT-Werkzeuge für eine erfolgreiche Diagnose einzusetzen.

Zurück an die Quelle

Sicherlich kann es vorkommen, daß Sie bei einem totalen Netzwerkzusammenbruch auf ein ganz neues, nie zuvor gesehenes Netzwerkproblem stoßen. Dennoch sind 99 Prozent der Computerrätsel, die Sie in Ihrem Job erfahren werden, eher herkömmlicher Art. Ihre Vorgehensweise ist wahrscheinlich nicht außergewöhnlich, sondern routiniert mit einer oft erprobten, erfolgreichen Methode, die Sie sicher zur Lösung des Problems führt. Im Netzwerkgeschäft sind Kontakte Ihr größtes Guthaben und das alte Sprichwort „niemals die Brücken hinter sich abbrechen", trifft auf diesen Arbeitszweig besonders zu. Die Netzwerk-Welt ist schließlich immer noch so klein, daß Sie niemals wissen können, wann Sie den Ratschlag eines alten Kollegen brauchen könnten! Wenn es zu einem Ausfall in einem großen oder kleinen Netzwerk kommt, empfiehlt sich immer wieder die zeitschonende Problemlösungsstrategie: Ruhig bleiben, logisch denken, das Problem eingrenzen und schließlich eliminieren. Viele Netzwerkprobleme können in Kategorien gefaßt werden. Es ist wichtig, diese verschiedenen Kategorien zu verstehen und diese deduktiv zu durcharbeiten, bis der Übeltäter gefunden ist.

Viele der mit Microsoft TCP/IP zusammenhängenden Probleme können in eine der folgenden Kategorien eingeordnet werden.

Quelle/Kategorie	Typische Probleme
Konfiguration	Ist die Netzwerkkonfiguration nicht korrekt, kann dies dazu führen, daß einer oder mehrere der Dienste beim Hochfahren eines NT Servers oder einer NT Workstation nicht starten.
IP-Adressierung	Beim Kommunikationsversuch mit anderen Hosts bricht der Host die Verbindung ab. Ursache könnte eine nicht korrekte Subnetz-Adresse oder eine doppelt vorhandene IP-Adresse sein. Bei doppelt vergebenen IP-Adressen in Ihrem Netzwerk meldet Windows NT dies mit einer Popup-Nachricht.

Quelle/Kategorie	Typische Probleme
Subnetz-Adressierung	Steht im Zusammenhang mit dem oben genannten. Wenn Ihrem Host eine inkorrekte Subnetzadresse zugewiesen ist, kann er nicht mit anderen lokalen oder entfernten Hosts kommunizieren.
Auflösung:	Sie können mittels Ping einen Host mit Angabe einer IP-Adresse oder auch ein Netzlaufwerk mit der IP-Adresse erreichen, es funktioniert jedoch nicht, wenn Sie nur den Hostnamen benutzen.

Die Quelle des Problems bedingt das Problem selbst. Die Identifizierung der Quelle schränkt den Bereich möglicher Ursachen ein und beschleunigt die Lösung des Problems. Wenn Sie z.B. ein Ping auf Host BOB ausführen und einen Fehler mit der Meldung unknown host erhalten, können Sie ein weiteres Ping auf Host BOB ausführen, diesmal jedoch mit dessen IP-Adresse 160.1.56.89. Wenn der Befehl nun ein erfolgreiches Ergebnis zurückliefert, ist die Ursache ein Auflösungsproblem. Nun können Sie die Auflösungsmethoden Ihres Netzwerks überprüfen. Ist das Ergebnis des Befehls Ping wieder nicht erfolgreich gewesen, so empfiehlt sich die Fehlerbehebung bei Host BOB im Bereich Connectivity/Verbindung zu starten.

Diagnosewerkzeuge

TCP/IP existiert nun eine geraume Zeit und so sind über den Lauf der Jahre eine Reihe von Werkzeugen entwickelt worden, mit der speziellen Aufgabe Fehler rund um TCP/IP zu diagnostizieren. Einige dieser Tools helfen bei der Lokalisierung der Ursache, andere werden verwendet, um Fehler aufzuzeichnen. Microsoft Windows NT liefert eine stattliche Anzahl an Hilfswerkzeugen, die bei der Behebung von TCP/IP bedingten Netzwerkproblemen sehr hilfreich sind.

Microsoft NT liefert folgende TCP/IP-Werkzeuge:

Werkzeug	Zweck
Ping	Überprüft die Verbindungen zwischen Hosts. Es sendet ICMP-Echopakete an die angegebene IP-Adresse.
ARP	Sammelt Hardware-Adressen lokaler Hosts und Ihres Standard-Gateways. Sie können den ARP-Cache betrachten und so nach ungültigen und doppelt verwendeten Einträgen suchen.

Werkzeug	Zweck
netstat	Prüft Ihre aktuellen Verbindungen und liefert protokollbezogene Statistiken für Ihren TCP/IP-Host.
nbtstat	Liefert Statistiken und Verbindungsinformationen für NetBIOS über TCP/IP.
ipconfig	Zeigt die TCP/IP-Konfigurationseinstellungen für einen Host. Dieses Werkzeug ist besonders nützlich, wenn der Host dynamische Adressinformationen über DHCP oder einen Hostnamen über WINS erhält.
tracert	Ein Berichtswerkzeug für die Routen. Es sendet ICMP-Echorequest an eine IP-Adresse und zeigt zurückgelieferte ICMP-Fehler auf. Tracert erzeugt einen Bericht mit einer Liste aller passierten Router in einem Vorgang.
route	Wird verwendet, um die kokale Routingtabelle einzusehen oder zu ändern.
SNMP	Wird für die entfernte Verwaltung von Netzwerkgeräten eingesetzt. Daten zur Performance der verschiedenen Netzwerkkomponenten werden abgefragt, analysiert und angezeigt.
Ereignisprotokoll	Zeichnet Fehler und besondere Ereignisse auf.
Systemmonitor	Ein vielseitiges Werkzeug für die Analyse der Performance und die Entdeckung von Flaschenhälsen. Denken Sie daran, daß für die Überwachung von TCP/IP-Datenquellen Microsoft SNMP auf einem Host aktiviert sein muß.
Registrierungseditor	Die fehlertolerante Datenbank, in der Konfigurationsdaten für Windows NT abgelegt sind. Regedit32 ist der Editor, mit dem Sie die Konfigurationsdaten des Hosts durchsuchen und modifizieren können.
Netzwerkmonitor	Fängt eingehende und ausgehende Pakete zur Problemanalyse ab.
nslookup	Zeigt Informationen der DNS-Namensserver an.

Allgemeine Richtlinien für die Fehlerbehebung

Bei einer akuten Fehlersituation empfiehlt es sich, stets einige einfache Richtlinien im Gedächtnis zu haben, um sich dem Problem konzentriert widmen zu können. In einer schwierigen Situation, in der der Einzelne einem hohen Druck ausgesetzt ist, können solche Richtlinien Sie vor unnötiger Doppelarbeit bewahren. In der mißlichen Lage eines Netzwerkausfalls gerät so manch einer in Panik und beginnt kopflos Router umzusetzen, Server rauf- und runterzufahren und so weiter und so fort. Wenn das Netzwerk nach diesen Versuchen immer noch nicht läuft, wird schließlich um Hilfe gerufen. Der eintreffende Retter beginnt sofort damit Router umzusetzen, Server rauf- und runterzufahren und verschwendet entscheidende Zeit für redundante Versuche – bis schließlich nichts mehr geht. Dabei ist es wichtig, sich dieser oft komplizierten und verzwickten Lage in einer vernünftigen, logischen Art mit einem Plan zu nähern. Dann können Sie, wenn Sie in Verlegenheit geraten, den angeforderten Helfer mit einem organisierten Wissen über die bereits von Ihnen getesteten Aspekte versorgen. Genauso wichtig ist es, den Fehler und den Lösungsansatz für andere Kollegen, die mit dem gleichen Problem irgendwann einmal konfrontiert werden könnten, zu dokumentieren. Die Abbildung 17.1 zeigt die verschiedenen Schichten des DoD-Referenzmodells und die verschiedenen Protokolle, die mit jeder Schicht verbunden sind. Das Verständnis um diese Schichten und den zugehörigen Protokollen wird Ihnen bei der Fehlerbehebung auf intelligente Art behilflich sein. Außerdem können Sie bei einschlägigen Treffen mit Ihrer Kompetenz glänzen.

Abbildung 17.1: Protokolle auf jeder Ebene des Internet-Protokollsatzes

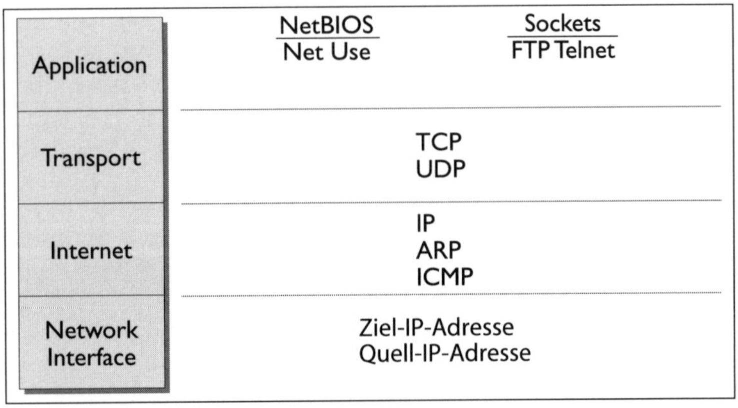

Application	NetBIOS / Net Use Sockets / FTP Telnet
Transport	TCP / UDP
Internet	IP / ARP / ICMP
Network Interface	Ziel-IP-Adresse / Quell-IP-Adresse

Wir wollen die Abbildung 17.1 exemplarisch als eine Richtlinie für die Fehlerbehebung nutzen. Angenommen, es meldet sich ein Benutzer mit der Beschwerde, er könne sich nicht an der NT-Domäne anmelden. Beginnen Sie Ihre Analyse in der untersten Schicht des DoD-Modells und arbeiten es durch zum Application Layer, bis Sie eine mögliche Fehlerquelle entdeckt haben. Sie müssen überprüfen, ob die einzelnen Protokolle auf jeder Schicht der TCP/IP-Suite ordnungsgemäß mit den Protokollen auf den darüber- und darunterliegenden Schichten arbeiten.

- Als erstes sollten Sie versuchen, das fragliche Gerät mittels Ping zu erreichen. Ist dies erfolgreich, haben Sie nachgewiesen, daß die IP-Kommunikation zwischen Network Interface Layer und Internet Layer funktioniert. Wie das? Nun, weil Ping ARP(Adress Resolution Protocol) für die Auflösung von IP-Adressen zu Hardware-Adressen nutzt. Wenn Ping funktioniert hat, war die Auflösung also erfolgreich. Das bedeutet, das Problem liegt nicht in den unteren Schichten.

- Als nächstes sollten Sie den Befehl Telnet oder das Kommando net use auf den Host anwenden. Wenn Sie eine Sitzung einrichten konnten, haben Sie die TCP/IP-Kommunikation vom Network Interface Layer bis zum Application Layer erfolgreich nachgewiesen. An diesem Produkt angekommen, empfiehlt es sich, dem fraglichen Host einen Besuch abzustatten und zu prüfen, was der Benutzer dort eigentlich eingibt. Manchmal ist das Problem wirklich so simpel wie ein falsch geschriebener Domänename.

- Wenn Sie das Problem nicht lösen können, verwenden Sie ein Netzwerk-Analyseprogramm wie z.B. Network General`s Sniffer oder Microsoft-Network Monitor.

Nachweisen der IP-Kommunikation

Einen weit verbreiteten Einsatz bei der Fehlerbehebung findet das Hilfsprogramm Ping. Es bietet einen exzellenten Ansatzpunkt, der Sie mitunter direkt zu dem Problem führt. Wenn Sie einen Host auf einem entfernten Netzwerk mittels Ping erreichen können, haben Sie die Connectivity über Router, Gatewayes, Bridges und anderen möglichen Netzwerkgeräten nachgewiesen. Sie können den Befehl Ping mit dem Hostnamen oder dessen IP-Adresse verwenden. Glückt der Befehl Ping bei einer IP-Adresse, nicht aber bei Verwendung des Hostnamens, weist dies auf ein Auflösungsproblem hin.

Allgemeine Richtlinien für die Fehlerbehebung

Hier einige allgemeine Richtlinien für die Arbeit mit dem Programm Ping:

- Pingen Sie zunächst die lokale Host-Adresse 127.0.0.1. Dies zeigt Ihnen, ob der Host sich selbst auf dem Netzwerk sehen kann und ob TCP/IP korrekt geladen ist.

- Als nächstes pingen Sie sich mit Ihrer eigenen IP-Adresse, um zu sehen, ob diese korrekt konfiguriert ist. Ist dies nicht der Fall, prüfen Sie über die Systemsteuerung unter Netzwerk alle Einträge für IP-Adresse, Subnetz-Adresse und Standard-Gateway auf Fehler.

- Funktioniert Ping auf Ihrer IP-Adresse, sollten Sie als nächstes Ihr Standard-Gateway pingen. Auch hier muß bei Mißerfolg die Konfiguration überprüft werden. Testen Sie nun, ob der Router aktiv ist und korrekt arbeitet.

- Pingen Sie die IP-Adresse eines Systems auf der anderen Seite des Routers, um nachzuweisen, daß der Router und das WAN ordnungsgemäß arbeiten. Erhalten Sie einen Fehler, müssen Sie überprüfen, ob das IP-Routing auf allen Router-Schnittstellen aktiviert ist (standardmäßig ist das IP-Routing aktiviert, doch es könnte versehentlich deaktiviert worden sein). Außerdem sollten Sie sicherstellen, daß der entfernte Host funktioniert und hochgefahren ist.

- Wenn all diese Tests erfolgreich verlaufen, sollten Sie nun Ping mit dem Hostnamen verwenden. Sollten die Dinge immer noch nicht laufen, haben Sie wahrscheinlich ein Problem mit der Auflösung. Der nächste Schritt ist also die Überprüfung der entsprechenden Auflösungsmethode wie z.B. HOSTS, WINS, LMHOSTS und DNS. Eine entsprechende Anleitung finden Sie in den vorangegangenen Kapiteln.

Nachweisen der TCP/IP Sitzungs-Kommunikation

Nachdem Sie Ihr Netzwerk mit vielen Ping-Befehlen geprüft haben, konnten Sie das Problem vielleicht beseitigen oder durften feststellen, daß alles problemlos arbeitet. Als nächstes sollten Sie nun versuchen eine Sitzung mit dem entfernten Host aufzubauen. Für den Nachweis der Kommunikation zwischen dem Network Interface Layer und dem Application Layer bieten sich verschiedene Methoden an.

- Um sich mit einem Host über seinen NetBIOS-Namen zu verbinden, können Sie die Befehle NET USE oder NET VIEW einsetzen. Ein Beispiel wäre NET USE G:\\ALPINE\SHARE. Die Ursache für ein Scheitern der Aktion kann ein falscher NetBIOS-Name sein, oder daß der Host gar keinen NetBIOS-Namen besitzt. Vergewissern Sie sich auch, daß der Zielhost in Ihrer Datei LMHOSTS aufgelistet und korrekt geschrieben ist, wenn sich dieser auf einem entfernten Netzwerk befindet.

- Besteht das Problem mit dem NetBIOS-Namen nach wie vor, empfiehlt es sich, die Scope-IDs (Gültigkeitsbereiche) zu überprüfen. Host-NetBIOS-Namen können eine Erweiterung erhalten, die verhindert, daß sich Hosts auf dem Netzwerk sehen können. Vergewissern Sie sich, daß die Scope-ID Ihrer eigenen entspricht.

- Für eine Verbindung mit einem nicht-NetBIOS-basierenden Host, bieten sich die Werkzeuge TELNET oder FTP an. Der entfernte Host muß natürlich das TCP/IP-Protokoll und einen Telnet- bzw. FTP-Dämonen ausführen. Außerdem benötigen Sie für die Ausführung von Telnet oder FTP auf dem entfernten Host eine entsprechende Berechtigung. Wenn all diese Aspekte berücksichtigt sind, der Erfolg aber dennoch ausbleibt, prüfen Sie Ihre HOSTS-Datei auf einen korrekten Eintrag für diesen entfernten Host.

Nun sollten Sie in der Lage sein, ein erfolgreiches Troubleshooting für Ihr NT-TCP/IP-Netzwerk durchzuführen. Wir hoffen, daß dieses Buch zu Ihrem Verständnis von NT-TCP/IP beigetragen hat und daß Sie es in Zukunft als Referenz weiter benutzen werden. Sobald Microsoft neue Produkte vorstellt, seien Sie unserer Unterstützung mit dieser Buchserie versichert.

Terminologie und NetBIOS-Namen

ANHANG A

Terminologie

Hier eine Liste verschiedener Mittel für die Namensauflösung (Abbildung von Namen auf IP-Adressen).

B-Node

Broadcast Nodes (Nachrichtenknoten) kommunizieren über eine Mischung aus UDP-Datagrammen (als Broadcast und zielgerichtet) und TCP-Verbindungen. Sie arbeiten innerhalb eines Broadcast-Gebiets miteinander, können jedoch nicht über Router in einem gerouteten Netzwerk zusammenarbeiten.

P-Node

Point-to-Point Nodes (Punkt-zu-Punkt-Knoten) kommunizieren nur über zielgerichtete UDP-Datgramme und TCP-Sitzungen. Sie stützen sich auf NetBIOS-Name-Server, lokal oder entfernt.

M-Node

Mixed Nodes (Mischknoten) sind P-Nodes mit gewissen Eigenschaften der B-Nodes. M-Nodes nutzen für die Registrierung und Auflösung zunächst Broadcasts (aus Gründen der Leistungsoptimierung, der Ansatz geht davon aus, daß sich die meisten Ressourcen ohnehin auf dem lokalen Broadcast-Medium befinden). Ist dies ohne Erfolg, wird die Point-to-Point-Kommunikation mit dem Name-Server eingesetzt. M-Nodes generieren ein hohes Aufkommen an Broadcasts, aber sie können Router überqueren und normal weiterarbeiten, wenn der Name-Server ausgefallen ist.

H-Node

Hybrid Node (Hybridknoten) befinden sich aktuell im RCF-Entwurfsstadium. Es handelt sich hier ebenfalls um eine Kombination der B-Node- und P-Node-Funktionalität. H-Nodes setzen zunächst die Point-to-Point-Kommunikation ein. Kann der NetBIOS-Name-Server nicht lokalisiert werden, wird auf Broadcasts umgeschaltet.

NetBIOS-Namen

Die Microsoft Netzwerkkomponenten wie z.B. die Dienste der Windows NT-Workstation oder des Windows NT-Servers gestatten bei den ersten fünfzehn Zeichen einen benutzerdefinierten (durch den Anwender oder durch den Administrator) NetBIOS-Namen. Das sechzehnte Zeichen des NetBIOS-Namens (00-FF Hex) ist jedoch für die Festlegung eines Ressourcentyps reserviert. Im folgenden einige Beispiele von NetBIOS-Namen, die die Microsoft-Komponenten verwenden:

Eindeutige Namen

\\computer_name[00h]

Wird durch den Workstation-Dienst auf dem WINS-Client registriert.

\\computer_name[03h]

Wird durch den Nachrichtendienst auf dem WINS-Client registriert.

\\computer_name[06h]

Wird durch den Remote Access Service registriert, wenn dieser auf einem RAS-Server startet.

\\computer_name[1Fh]

Wird durch die Dienste des Network Dynamic Data Exchange (NetDDE) registriert – geschieht nur, wenn die NetDDE-Dienste auf dem Computer gestartet werden. Standardmäßig werden die NetDDE-Dienste unter Windows NT 3.51 nicht automatisch gestartet.

\\computer_name[20h]

Wird durch den Server-Dienst auf dem WINS-Client registriert.

\\computer_name[21h]

    Wird durch den RAS-Client-Dienst registriert, wenn dieser auf einem RAS-Client startet.

\\computer_name[BEh]

    Wird durch den Netzwerkmonitor Agentendienst registriert, nur wenn dieser auf einem Computer startet. Wenn der Computername aus weniger als fünfzehn Zeichen besteht, wird dieser mit Pluszeichen (+) aufgefüllt.

\\computer_name[BFh]

    Wird durch den Netzwerkmonitor (Bestandteil des Microsoft System Management Servers) registriert. Wenn der Computename aus weniger als fünfzehn Zeichen besteht, wird dieser mit Pluszeichen (+) aufgefüllt.

\\username[03h]

    Benutzernamen für den aktuell angemeldeten Benutzer werden in der WINS-Datenbank registriert. Der Benutzername wird durch die Server-Komponente registriert, so daß der Benutzer jedes an seinen Benutzernamen gesendete NET SEND-Kommando empfangen kann. Wenn mehr als ein Benutzer mit gleichem Benutzernamen angemeldet, wird nur der erste Computer, an dem sich ein Benutzer angemeldet hat, den Namen registrieren.

\\domain_name[1Bh]

    Wird durch den Windows NT-Server, der primärer Domänen-Controller (PDC) und Domänen Master-Browser ist, registriert. Wird für den entfernten Durchsuchungsdienst von Domänen verwendet. Wenn ein WINS-Server nach diesem Namen gefragt wird, liefert ein WINS-Server die IP-Adresse des Computers zurück, der diese Adresse registriert hat.

\\domain_name[1Dh]

    Wird nur durch den Master-Browser registriert, von dem es für jedes Subnetz nur einen geben darf. Dieser Name wird von den Backup-Browsern für die Kommunikation mit dem Master-Browser benutzt, um von ihm die Liste mit den verfügbaren Servern zu erhalten.

WINS-Server liefern stets eine positive Registrierungsantwort für domain_name[1D] zurück, auch wenn der WINS-Server diesen Namen nicht in seiner Datenbank „registriert". Deshalb liefert ein WINS-Server, der nach domain_name[1D] gefragt wird, eine negative Antwort, die den Client dazu bringt, ein Broadcast für die Namensauflösung auszusenden.

Gruppen-Namen

\\domain_name[00h]

Wird durch den Workstationdienst registriert, damit dieser Broadcasts von LAN Manager-basierenden Computern empfangen kann.

\\domain_name[1Ch]

Wird durch die Domänen-Controller für die Verwendung innerhalb der Domäne registriert und kann bis 25 IP-Adressen beinhalten. Eine Adresse ist die des Primären Domänen-Controllers (PDC), die restlichen 24 sind die IP-Adressen der Backup-Domänen-Controller (BDCs).

\\domain_name[1Eh]

Wird für Browsing-Zwecke registriert. Der Name wird von den Browsern bei der Wahl des Master-Browser verwendet (so registriert sich ein statisch abgebildeter Name selbst). Erhält ein WINS-Server eine Namensanfrage, die auf [1E] endet, liefert der WINS-Server stets die Netzwerk-Broadcast-Adresse für das lokale Netzwerk des anfragenden Clients zurück.

\\--__MSBROWSE__[01h]

Wird durch den Master-Browser für jedes Subnetz registriert. Wenn ein WINS-Server eine Anfrage für diesen Namen erhält, liefert der WINS-Server stets die Netzwerk-Broadcast-Adresse für das lokale Netzwerk des anfragenden Clients zurück.

NetBT-Konfigurations-parameter

ANHANG B

Einführung

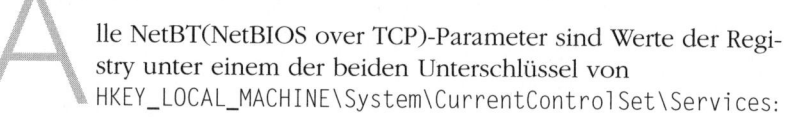

Alle NetBT(NetBIOS over TCP)-Parameter sind Werte der Registry unter einem der beiden Unterschlüssel von `HKEY_LOCAL_MACHINE\System\CurrentControlSet\Services:`

- `Netbt\Parameters`
- `Netbt\Adapters\<Adapter Name>`, wobei `<Adapter Name>` den Unterschlüssel für einen Netzwerkadapter mit einer NetBT-Bindung stellt wie z.B. Lance01.

Werte unter dem letztgenannten Schlüssel(n) beziehen sich stets auf einen speziellen Adapter. Wenn das System über DHCP konfiguriert wird, bekommen veränderte Parameter über den Kommandozeilenbefehl IPCONFIG /RENEW ihre Wirkung. Im anderen Fall ist ein Neustart des Systems erforderlich, damit die Änderung an einem dieser Parameter wirksam wird.

Standardparameter, konfigurierbar über den Registrierungseditor

Die folgenden Parameter werden während der Installation der TCP/IP-Komponenten über die Netzwerksteuerung mit Standardwerten mitinstalliert. Sie können mit dem Registrierungseditor (REGEDIT32.EXE) modifiziert werden.

BCASTNAMEQUERYCOUNT

Schlüssel: Netbt\Parameters
Wertetyp: REG_DWORD – Zähler
Gültiger Bereich: 1 bis 0xFFFF
Standard: 3
Beschreibung: Dieser Wert legt fest, wie oft NetBT-Broadcasts mit einer Anfrage nach einem gegebenen Namen wiederholt werden, wenn keine Antwort empfangen wird.

BCASTQUERYTIMEOUT

Schlüssel: Netbt\Parameters
Wertetyp: REG_DWORD – Zeit in Millisekunden

Gültiger Bereich: 100 bis 0xFFFFFFFF
Standard: 0x2ee (750 dezimal)
Beschreibung: Dieser Wert legt das Zeitintervall zwischen wiederholten Broadcast-Anfragen nach dem gleichen Namen fest.

CacheTimeout

Schlüssel: Netbt\Parameters
Wertetyp: REG_DWORD – Zeit in Millisekunden
Gültiger Bereich: 60000 bis 0xFFFFFFFF
Standard: 0x927c0 (600,000 Millisekunden = 10 Minuten)
Beschreibung: Dieser Wert legt das Zeitintervall fest, den Namen im Cache der entfernten Namenstabelle verbleiben.

NameServerPort

Schlüssel: Netbt\Parameters
Wertetyp: REG_DWORD – UDP Portnummer
Gültiger Bereich: 0 – 0xFFFF
Standard: 0x89
Beschreibung: Dieser Parameter definiert die Zielportnummer, an den NetBT namensbezogene Pakete sendet wie z.B. Namensanfragen und Namensregistrierungen an WINS. Microsoft WINS lauscht auf Port 0x89. NetBIOS Name-Server weiterer Hersteller können auf anderen Ports horchen.

NameSrvQueryCount

Schlüssel: Netbt\Parameters
Wertetyp: REG_DWORD – Zähler
Gültiger Bereich: 0 – 0xFFFF
Standard: 3
Beschreibung: Dieser Wert legt fest, wie oft NetBT eine Anfrage an einen WINS-Server nach einem gegebenen Namen wiederholt, wenn keine Antwort empfangen wird.

NameSrvQueryTimeout

Schlüssel: Netbt\Parameters
Wertetyp: REG_DWORD – Zeit in Millisekunden
Gültiger Bereich: 100 – 0xFFFFFFFF
Standard: 1,500 (1.5 Sekunden)
Beschreibung: Dieser Wert legt das Zeitintervall zwischen wiederholten Anfragen an WINS für einen gegebenen Namen fest.

SessionKeepAlive

Schlüssel: Netbt\Parameters
Wertetyp: REG_DWORD – Zeit in Millisekunden

Gültiger Bereich: 60,000 – 0xFFFFFFFF
Standard: 3,600,000 (1 Stunde)
Beschreibung: Dieser Wert bestimmt das Zeitintervall zwischen Keepalive-Übertragungen bei einer Sitzung. Wird der Wert auf 0xFFFFFFF gesetzt, wird das Keepalive deaktiviert.

S IZE/S MALL/M EDIUM/L ARGE

Schlüssel: Netbt\Parameters
Wertetyp: REG_DWORD
Gültiger Bereich: 1, 2, 3 (Klein, Mittel, Groß)
Standard: 1 (Klein)
Beschreibung: Dieser Wert definiert die Größe der für die Ablage von lokalen und enfernten Namen dienenden Namenstabelle. Im allgemeinen ist Klein ausreichend. Wenn das System als Proxy Name-Server arbeitet, wird der Wert automatisch auf Groß gesetzt, um die Größe der Name-Cache-Hash-Tabelle zu erweitern. Hash-Tabellengrößen sind:

Groß: 256   Mittel: 128   Klein: 16

Optionale Parameter, konfigurierbar über den Registrierungseditor

Die folgenden Parameter existieren normalerweise nicht in der Registry. Sie können jedoch für eine Veränderung des Standardverhaltens der NetBT-Protokolltreiber erzeugt werden.

B ROADCAST A DDRESS

Schlüssel: Netbt\Parameters
Wertetyp REG_DWORD – Vier Byte, little-endian -verschlüsselte IP-Adresse
Gültiger Bereich: 0 – 0xFFFFFFFF
Standard: Die Einser-Broadcast-Adresse für jedes Netzwerk.
Beschreibung: Dieser Parameter kann verwendet werden, um NetBT zu zwingen, eine spezielle Adresse für alle namensbezogenen Broadcast-Pakete zu nutzen. Standardmäßig nutzt NetBT die Einser-Broadcast-Adresse, passend für jedes Netz (d.h. für ein Netzwerk von 11.101.0.0 mit einer Subnetzmaske von 255.255.0.0 wäre die Subnetz-Broadcast-Adresse 11.101.255.255). Dieser Parameter würde z.B. gesetzt, wenn das Netzwerk die Null-Broadcast-Adresse einsetzt (wird über den TCP/IP-Parameter UseZeroBroadcast gesetzt). Die entspre-

chende Subnetz-Broadcast-Adresse wäre im obigen Beispeil dann 11.101.0.0 Dieser Parameter wird dann auf 0x0b650000 gesetzt. Bitte beachten Sie, daß dieser Parameter global ist und auf allen Subnetzen mit Bindung an NetBT verwendet wird.

ENABLEPROXYREGCHECK

Schlüssel: Netbt\Parameters
Wertetyp REG_DWORD – Boolean
Gültiger Bereich: 0 oder 1 (Falsch oder Wahr)
Standard: 0 (Falsch)
Beschreibung: Wenn dieser Parameter auf 1 (Wahr) gesetzt wird, sendet der Proxy Name-Server eine negative Antwort auf ein Broadcast mit Namensregistrierung, wenn der Name bereits unter WINS registriert ist oder sich unter einer anderen IP-Adresse im lokalen Name-Cache des Proxys befindet. Die Gefahr bei der Aktivierung dieser Eigenschaft liegt darin, daß das System solange seine IP-Adressen nicht ändern kann, wie WINS eine Abbildung des Namens bewahrt. Aus diesem Grund ist die Eigenschaft standardmäßig deaktiviert.

INITIALREFRESHTIMEOUT

Schlüssel: Netbt\Parameters
Wertetyp REG_DWORD – Zeit in Millisekunden
Gültiger Bereich: 960000 – 0xFFFFFFF
Standard: 960,000 (16 Minuten)
Beschreibung: Dieser Parameter legt das erste Aktualisierungsintervall für NetBT während der Namensregistrierung fest. NetBT versucht den WINS-Server innerhalb von Achteln dieser Zeit zu kontaktieren, wenn dieser zum ersten Mal Namen registriert. Wenn NetBT eine erfolgreiche Registrierungsantwort erhält, führt diese Antwort den neuen Wert für das Aktualisierungsintervall mit sich.

LMHOSTSTIMEOUT

Schlüssel: Netbt\Parameters
Wertetyp REG_DWORD – Zeit in Millisekunden
Gültiger Bereich: 1000 – 0xFFFFFFFF
Standard: 6,000 (6 Sekunden)
Beschreibung: Dieser Parameter legt die Zeitspanne für LMHOSTS- und DNS-Namensanfragen fest. Der Timer verfügt nur über einen groben Wert für die Zeitspanne, so könnte diese tatsächlich zweimal so lang sein.

MAXDGRAMBUFFERING

Schlüssel: Netbt\Parameters
Wertetyp REG_DWORD – Byte-Zähler
Gültiger Bereich: 0 – 0xFFFFFFFF

Standard: 0x20000 (128KB)
Beschreibung: Dieser Parameter legt die maximale Speichergröße fest, die NetBT dynamisch für alle zu sendenden Datagramme reservieren wird. Ist diese Grenze erreicht, werden weitere Sendeversuche mangels verfügbarer Ressourcen fehlschlagen.

NODETYPE

Schlüssel: Netbt\Parameters
Wertetyp REG_DWORD – Zahl
Gültiger Bereich: 1, 2, 4, 8 (B-Node, P-Node, M-Node, H-Node)
Standard: 1 oder 8 je nach WINS Server-Konfiguration
Beschreibung: Dieser Parameter legt die Methoden fest, die NbtBT für die Registrierung und Auflösung verwendet. Ein B-Node-System benutzt Broadcasts. Ein P-Node-System verwendet ausschließlich Punkt-zu-Punkt-Namensanfragen an einen Name-Server (WINS). Ein M-Node-System nutzt zunächst Broadcasts und anschließend Anfragen an den Name-Server. Ein H-Node-System fragt zuerst den Name-Server und verwendet dannach Broadcasts. Auflösung via LMHOSTS und/oder DNS, falls aktiviert, folgen diesen Methoden. Wenn dieser Schlüssel vorhanden ist, überschreibt er den Schlüssel DhcpNodeType. Ist keiner der beiden Schlüssel eingerichtet, benutzt das System den Standard B-Node, wenn keine WINS-Server für das Netzwerk eingerichtet wurden.

RANDOMADAPTER

Schlüssel: Netbt\Parameters
Wertetyp REG_DWORD – Boolean
Gültiger Bereich: 0 oder 1 (Falsch oder Wahr)
Standard: 0 (Falsch)
Beschreibung: Dies Parameter bezieht sich nur auf einen Multihomed-Host. Ist er auf 1 (Wahr) gesetzt, wählt NetBT zufällig aus allen gebundenen Schnittstellen die IP-Adresse, die einen Namen in der Antwort auf eine Anfrage erhält. Üblicherweise enthält die Antwort die IP-Adresse der Schnittstelle, die die Anfrage empfangen hat. Diese Eigenschaft könnte bei einem Server mit zwei Schnittstellen auf dem gleichen Netzwerk für den Ausgleich der Arbeitslast Verwendung finden.

REFRESHOPCODE

Schlüssel: Netbt\Parameters
Wertetyp REG_DWORD – Zahl
Gültiger Bereich: 8, 9
Standard: 8
Beschreibung: Dieser Parameter zwingt NetBT, einen speziellen Opcode in den aktualisierenden Namenspaketen zu verwenden. Die

Richtlinien für das NetBT-Protokoll sind in diesem Bereich ein wenig ungenau. Obschon der Standard von 8, der auch in Microsoft-Implementierungern verwendet wird, angestrebt ist, benutzen andere Implementierungen wie z. B von Ungermann-Bass Werte von 9. Für die erfolgreiche Zusammenarbeit müssen zwei Implementierungen den gleichen Wert verwenden.

SINGLERESPONSE

Schlüssel: Netbt\Parameters
Wertetyp REG_DWORD – Boolean
Gültiger Bereich: 0 oder 1 (Falsch oder Wahr)
Standard: 0 (Falsch)
Beschreibung: Dieser Parameter bezieht sich nur auf Multihomed-Hosts. Wenn dieser Parameter auf 1 gesetzt ist, liefert NetBT in seinen Antworten auf Namensanfragen nur die Adresse einer seiner gebundenen Schnittstellen. Standardmäßig werden alle Adressen der gebundenen Schnittstellen einbezogen.

WINSDOWNTIMEOUT

Schlüssel: Netbt\Parameters
Wertetyp REG_DWORD – Zeit in Millisekunden
Gültiger Bereich: 1000 – 0xFFFFFFFF
Standard: 15,000 (15 Sekunden)
Beschreibung: Dieser Parameter definiert die Zeitspanne, die NetBT wartet, bevor es versucht nach einem mißglückten Kontakt mit jedwedem WINS-Server, WINS erneut anzusprechen. Diese Eigenschaft ermöglicht temporär nicht an das Netz angeschlossenen Computern wie z.B. Laptops, den Bootprozeß durchzuführen, ohne dabei auf jedes Timeout der WINS-Namensregistrierung warten zu müssen oder diese individuell anfordern zu müssen.

Parameter, konfigurierbar über die Netzwerksteuerung

Die folgenden Parameter können über die Netzwerksteuerung eingerichtet werden; es besteht kein Bedarf, diese direkt zu konfigurieren.

ENABLEDNS

Schlüssel: Netbt\Parameters
Wertetyp REG_DWORD – Boolean

Gültiger Bereich: 0 oder 1 (Falsch oder Wahr)
Standard: 0 (Falsch)
Beschreibung: Ist dieser Wert auf 1 (Wahr) gesetzt, dann nutzt NetBT DNS für Namen, die durch WINS, Broadcasts oder der LMHOSTS-Datei nicht aufgelöst werden konnten.

ENABLELMHOSTS

Schlüssel: Netbt\Parameters
Wertetyp REG_DWORD – Boolean
Gültiger Bereich: 0 oder 1 (Falsch oder wahr)
Standard: 1 (Wahr)
Beschreibung: Wird dieser Wert auf 1 (Wahr) gesetzt, dann sucht NetBT für Namen, die durch WINS oder Broadcasts nicht aufgelöst werden konnten, nach der LMHOSTS-Datei (falls diese existiert). Standardmäßig gibt es für die LMHOSTS-Datei kein Datenbankverzeichnis (in dem Schlüssel Tcpip\Parameters\DatabasePath), also geschieht nichts. Dieser Wert wird unter den erweiterten Optionen bei der TCP/IP-Konfiguration eingerichtet – in der Netzwerksteuerung.

ENABLEPROXY

Schlüssel: Netbt\Parameters
Wertetyp REG_DWORD – Boolean
Gültiger Bereich: 0 oder 1 (Falsch und Wahr)
Standard: 0 (Falsch)
Beschreibung: Wenn dieser Wert auf 1 (Wahr), gesetzt ist, agiert das System als Proxy Name-Server für die Netzwerke, an die NbtBT gebunden ist. Ein Proxy Name-Server beantwortet Broadcast-Anfragen für Namen, die er über WINS aufgelöst hat. Ein Proxy Name-Server gestattet einem Netzwerk mit B-Node-Implementierungen die Verbindung mit Servern auf anderen über WINS registrierten Subnetzen.

NAMESERVER

Schlüssel: Netbt\Adapters\<Adapter Name>
Wertetyp REG_SZ – Durch Punkte getrennte dezimale IP-Adresse (z.B. 11.101.1.200)
Gültiger Bereich: Jede gültige IP-Adresse
Standard: Leer (Keine Adresse)
Beschreibung: Dieser Parameter definiert die Adresse des primären WINS-Servers. Wenn der Parameter einen gültigen Wert enthält, wird der DHCP-Parameter mit dem gleichen Namen überschrieben.

NAMESERVERBACKUP

Schlüssel: Netbt\Adapters\<Adapter Name>
Wertetyp REG_SZ – Durch Punkte getrennte dezimale IP-Adresse (z.B. 11.101.1.200)

Gültiger Bereich: Jede gültige IP-Adresse
Standard: Leer (Keine Adresse)
Beschreibung: Dieser Parameter definiert die Adresse des Backup-WINS-Servers. Wenn der Parameter einen gültigen Wert enthält, wird der DHCP-Parameter mit dem gleichen Namen überschrieben.

SCOPEID

Schlüssel: Netbt\Parameters
Wertetyp REG_SZ – Zeichenkette
Gültiger Bereich: Jeder gültige DNS-Domänenname, der aus zwei durch einen Punkt getrennten Teilen besteht (oder *).
Standard: keiner
Beschreibung: Dieser Parameter legt den NetBIOS-Name-Scope (Gültigkeitsbereich) für den Knoten fest. Dieser Wert darf nicht mit einem Punkt beginnen. Wenn der Parameter einen gültigen Wert enthält, wird der DHCP-Parameter mit dem gleichen Namen überschrieben.

Ein leerer Wert (eine leere Zeichenkette) wird ignoriert. Wird der Wert dieses Parameters auf „*" gesetzt, legt dies einen Null-Scope fest und überschreibt den DHCP-Parameter.

Nichtkonfigurierbare Parameter

DHCPNAMESERVER

Schlüssel: Netbt\Adapters\<Adapter Name>
Wertetyp REG_SZ – Durch Punkte getrennte dezimale IP-Adresse (z.B. 11.101.1.200)
Gültiger Bereich: Jede gültige IP-Adresse
Standard: keiner
Beschreibung: Dieser Parameter gibt die IP-Adresse des primären WINS-Servers an. Sie wird, falls aktiviert, durch den DHCP-Client-Dienst geschrieben. Ein gültiger Name-Server-Wert überschreibt diesen Parameter.

DHCPNAMESERVERBACKUP

Schlüssel: Netbt\Adapters\<Adapter Name>
Wertetyp REG_SZ – Durch Punkte getrennte dezimale IP-Adresse (z.B. 11.101.1.200)
Gültiger Bereich: Jede gültige IP-Adresse
Standard: keiner
Beschreibung: Dieser Parameter gibt die IP-Adresse des Backup-WINS-Servers an. Sie wird, falls aktiviert, durch den DHCP-Client-

Dienst geschrieben. Ein gültiger Backup-Name-Server-Wert überschreibt diesen Parameter.

DhcpNodeType

Schlüssel: Netbt\Parameters
Wertetyp REG_DWORD – Zahl
Gültiger Bereich: 1 – 8
Standard: 1
Beschreibung: Dieser Parameter legt den NetBT-Knotentyp fest. Er wird, falls aktiviert, durch den DHCP-Client-Dienst geschrieben. Ein gültiger Wert für den Knotentyp überschreibt diesen Parameter. Für eine detaillierte Beschreibung schauen Sie unter dem Eintrag Knotentyp (Nodetyp) in den Anhang.

DhcpScopeId

Schlüssel: Netbt\Parameters
Wertetyp REG_SZ -Zeichenkette
Gültiger Bereich: Ein durch Punkte getrennter dot-Namensstring wie z.B. microsoft.com
Standard: Keiner
Beschreibung: Dieser Parameter legt den NetBIOS-Name-Scope (Gültigkeitsbereich) für den Knoten fest. Er wird, falls aktiviert, durch den DHCP-Client-Dienst geschrieben. Dieser Wert darf nicht mit einem Punkt beginnen.

NbProvider

Schlüssel: Netbt\Parameters
Wertetyp REG_SZ – Zeichenkette
Gültiger Bereich: _tcp
Standard: _tcp
Beschreibung: Dieser Parameter wird intern von der RPC-Komponente genutzt. Der Standardwert sollte nicht verändert werden.

TransportBindName

Schlüssel: Netbt\Parameters
Wertetyp REG_SZ – Zeichenkette
Gültiger Bereich: N/A
Standard: \Device\
Beschreibung: Dieser Parameter wird intern während der Produktentwicklung verwendet. Der Standardwert sollte nicht verändert werden.

Glossar

ANHANG

Abstract Syntax Representation, Revision #1 (ASN.1)

Die Beschreibung einer Datenstruktur, die unabhängig von maschinenorientierten Strukturen und Codierungen ist.

Adresse

Unter TCP/IP ist eine IP-Adresse ein numerischer 32-Bit Bezeichner, der einem Knoten zugeordnet ist. Die Adresse besteht aus zwei Teilen, einer identifiziert das Netzwerk und der andere den Knoten. Alle Knoten auf dem gleichen Netzwerk teilen sich die Netzwerkadresse. Die Knoten-Adressen sind jedoch eindeutig. Die Adressen für an das Internet angeschlossene Netzwerke werden durch das Internet Activities Board (IAB) zugewiesen.

Bei Adressen kann es sich auch um IPX-Adressen – die interne und die externe Netzwerknummer – und die MAC- (Media Access) Adresse, die jedem Netzwerkadapter oder jedem Netzwerkgerät zugeordnet ist, handeln.

Advanced Research Projects Agency Network (ARPANET)

Ein Paketvermittlungsnetz, das in den frühen Siebzigern entwickelt wurde. Es kann als Vater des heutigen Internets angesehen werden.

Agenten (Agents)

Im Client/Server-Modell der Teil des Systems, der die Vorbereitung und den Austausch von Informationen im Auftrage der Client- oder der Serverapplikation ausführt.

American National Standards Institute (ANSI)

Eine nicht-kommerzielle Organisation, die für eine Reihe freiwilliger Standards verantwortlich zeichnet, wie z.B. für den ASCII-Code (American Standard Code for Information Interchange).

Application Layer (Anwendungsschicht)

Die Schicht innerhalb des OSI-Referenzmodells dient als Schnittstelle zu Anwendungen des Benutzermodus. Sie stellt Netzwerkdienste der höheren Ebene auf Basis der darunterliegenden Schichten zur Verfügung. Ein Beispiel für Software des Application Layers sind die Netzwerkdateisysteme, wie z.B. Named Pipes (benannte Pipes). Siehe *Named Pipes, Open System Interconnection.*

Application Program Interface (API)

Ein Satz an Routinen, die ein Anwendungsprogramm für die Anforderung und Ausführung der durch das Betriebssystem ausgeführten Dienste der unteren Schichten benutzt.

Archie

Ein Programm, das Internet-Anwendern hilft, Dateien aufzufinden. Teilnehmende Internet-Hosts laden ein Verzeichnis ihrer Dateien auf Archie-Server, die diese Dateien mit einem Index versehen. Dieser Index kann dann von den Benutzern durchsucht werden. Die gewünschten Dateien werden mittels FTP übertragen. Archie fungiert als Suchinstrument für Archive, daher der Name.

ARP (Address Resolution Protocol)

Das Protokoll, das IP-Adressen in Hardware-Adressen übersetzt.

Asynchrone Datenübertragung

Ein Kommunikationstyp, der bei der Datenübertragung die Flußkontrolle einsetzt. Anders als die synchrone Übertragung, die einen Zeitgeber für die Übertragung von der Quelle zum Ziel einsetzt.

Autonomes System

Internet TCP/IP-Terminologie für eine Ansammlung von Gateways (Routern), die einer einzigen administrativen Einheit unterstehen und mittels eines gemeinsamen Protokolls, des Interior Gateway Protocols (IGP), zusammenarbeiten.

Bandbreite (Bandwidth)

Die Menge der Daten in der Netzwerkkommunikation, die in einer gegebenen Zeit über eine Leitung laufen. Jede Kommunikation, die über diese Leitung geht, vermindert die verfügbare Bandbreite.

Batch-Programm

Eine ASCII-Datei, die eine Liste mit Windows NT-Befehlen enthält. Die Extension eines Batch-Programms ist typischerweise .BAT oder .CMD. Geben Sie den Dateinamen auf Kommandozeilenebene ein, werden die einzelnen Befehle sequentiell abgearbeitet.

Binär

Das im Speicher des Computers und in der digitalen Kommunikation verwendete Zahlensystem. Alle Zeichen werden als Reihen von 1 und 0 dargestellt. Der Buchstabe A kann z.B. als 01000001 dargestellt werden.

Binding

Etablierung einer Kommunikationssitzung zwischen einem Protokolltreiber und einem Netzwerkkartentreiber.

Bits

Bei binären Daten besteht jede Dateneinheit aus einem Bit. Jedes Bit wird entweder durch eine 0 oder eine 1 dargestellt. Die gespeicherte Information entspricht dem Status 0 für „Aus" und 1 für „Ein".

Boot-Partition

Das Volume, das die Dateien des Windows NT-Betriebssystems enthält. Es kann mit einem der folgenden Dateisysteme formatiert sein: NTFS, FAT oder HPFS. Windows NT erzeugt automatisch die korrekte Konfiguration und prüft diese Information bei jedem Systemstart.

Bridge (Brücke)

Ein Gerät, daß zwei Segmente eines Netzwerks verbindet und Datenpakete entsprechend bestimmter Kriterien untereinander weiterleitet.

Browser

Ein Computer auf einen Microsoft-Netzwerk, der eine Liste mit den auf dem Netzwerk zur Verfügung stehenden Computer und Dienste pflegt.

Browsing

Der Vorgang, bei dem die Liste mit den auf dem Netzwerk zur Verfügung stehenden Computern und Diensten von einem Browser angefordert wird.

Buffers

Ein reservierter Speicherplatz, in dem Daten temporär abgelegt sind und auf die Gelegenheit warten, die Übertragung von einem Speicherort zu einem anderen abschließen zu können.

Carrier Sense, Multiple Access with Collision Detect (CSMA/CD)

Auf einem Netzwerk können verschiedene Geräte zu jeder Zeit einen Kommunikationsversuch beginnen, es müssen also Zugriffsmethoden eingerichtet werden. Bei der CSMA/CD-Zugriffsmethode hört ein Gerät zunächst die Leitung ab, um zu prüfen, ob diese frei von anderen Trägern ist. Bei der dann folgenden Übertragung wird weiterhin die Präsenz anderer Träger überwacht. Wenn eine Kollision entdeckt wird, hält das Gerät die Übertragung an und versucht es zu einem späteren Zeitpunkt erneut. In einem CSMA-Netzwerk mit Kollisionsentdeckung verfügen alle Stationen über die Fähigkeit, den Netzwerkverkehr zu überwachen.

Checksum (Prüfsumme)

Eine Zahl, die basierend auf den Werten eines Datenblocks berechnet wird. Eine Checksum wird in der Kommunikation als Prüfkriterium für den korrekten Erhalt der Daten verwendet.

Circuit Switching

Ein Kommunikationssystem, das die Verbindung oder Schaltung zwischen den beiden Geräten vor der Kommunikation aufbaut und diese nicht eher beendet, bis alle Daten gesendet sind.

Client

Jedes Gerät, das auf den Netzwerk-Server zugreift. Der gängigste Typ eines Clients ist eine Workstation. Clients führen eine spezielle Clientsoftware für den Netzwerkzugriff aus. Das Stückchen Software, das auf die Daten des Servers zugreift, kann ebenfalls als Client bezeichnet werden.

Client/Server-Netzwerk

Ein Netzwerk mit zentralem Server. Einige Netzwerkressourcen werden auf einem Datei-Server abgelegt, während die Verarbeitung zwischen den Workstations und dem Datei-Server aufgeteilt ist.

Consultative Committee on International Telegraphy and Telephony (CCITT)

Ein durch die Vereinten Nationen gesponsortes Kommittee, das Kommunkiationsstandards wie z.B. X.400 and X.500 festlegt. Dieses Kommmittee wurde kürzlich in International Telecommunications Union/Telecommunications Standardization Sector (ITU/TSS) umbenannt.

CSNET (Computer + Science Network)

Bezeichnet ein großes Computer-Netzwerk, meist in den USA, mit internationalen Verbindungen. CSNET-Sites sind Universitäten, Forschungseinrichtungen und einige kommerzielle Unternehmen. Mittlerweile vermischt mit BITNET für den Aufbau von CREN.

Cyclic Redundancy Checksum (CRC)/zyklische Redundanzprüfung

Überprüfung auf Redundanz mittels eines in einem zyklischen Algorithmus generierten Kontrollschlüssels. Des weiteren eine Systemkontrolle oder Fehlerkontrolle sowohl bei der sendenden als auch bei der empfangenden Station nach einem Block-Check-Zeichen.

Dämonen-Programm

Ein Hilfsprogramm, das auf einem TCP/IP-Server läuft. Dämonen-Programme laufen im Hintergrund und erledigen Dienste wie Dateiübertragung, Drucken, Berechnungen, Informationssuche etc. Dies entspricht einem TSR-Programm unter DOS. Dämonen finden ihre volle Unterstützung jedoch unter UNIX.

DARPA (Defense Advanced Research Projects Agency)

Die Dienststelle der US-Regierung, die das ARPANET ins Leben gerufen hat.

Data-Frames (Datenrahmen)

Logische, strukturierte Datenpakete. Das Data Link Layer verpackt die rohen Bits des Physical Layers in Data-Frames. Das genaue Format des auf dem Netzwerk verwendeten Rahmens ist abhängig von der Topologie.

Data Link Layer (Datenverbindungsschicht)

Jene OSI-Schicht, die für die Datenübertragung zwischen zwei Netzwerk-Einrichtungen über eine einzelne physikalische Verbindung oder eine Reihe von Brückenverbindungen verantwortlich ist.

Datenpaket

Eine Einheit von Daten, die über ein Netzwerk gesendet wird. Ein Paket beinhaltet einen Header, Adreßinformation und die Daten selbst. Ein Paket wird wie eine eigene Einheit behandelt, die von Gerät zu Gerät übertragen wird.

Datenübertragungsrate

Die Datenübertragungsrate gibt an, wie schnell ein Laufwerk oder ein anderes Peripheriegerät mit seinem Controller Daten übertragen kann. Die Datenübertragungsrate ist ein Schlüsselwert bei der Leistungsbemessung von Laufwerken (Festplatten etc.).

Datagramm

Ein Paket mit Informationen wie z.B. Zieladresse, das über ein paketvermittelndes Netzwerk geroutet wird.

Default Gateway (Standard-Gateway)

IP verwendet die Standard-Gateway-Adresse, wenn es den Zielhost auf dem lokalen Netz nicht finden kann. Dies ist üblicherweise die Router-Schnittstelle.

Device Driver (Gerätetreiber)

Ein Stückchen Software, das Workstations und Servern die Kommunikation mit Hardwaregeräten ermöglicht. Beispielsweise steuern Festplattentreiber die Festplattenlaufwerke und Netzwerktreiber die Kommunikation mit Netzwerkkarten.

DHCP (Dynamic Host Configuration Protocol)

Eine Methode, mit der Client-Computern auf dem Netzwerk automatisch eine IP-Adresse zugewiesen wird.

DoD-Netzwerkmodell

Ein aus vier Schichten bestehendes konzeptionelles Modell, das beschreibt, wie die Kommunikation zwischen Computersystemen ablaufen soll. Die vier Schichten sind Process/Application, Host-to-Host, Internet und Network Access. DoD ist das Akronym für Department of Defense, die Dienststelle der US-Regierung, die maßgeblich an der Entwicklung der originalen TCP/IP-Protokoll-Suite beteiligt war.

Domäne

Eine logische Gruppierung für Datei-Server innerhalb eines Netzwerks, die als integriertes Ganzes verwaltet wird.

Domänen-Controller

Primärer Server innerhalb einer Domäne und primärer Ablageort für die domänenweiten Informationen des Sicherheitsaspekts.

Domänen-Name

Der Name, unter dem eine Domäne auf dem Netzwerk bekannt ist.

DNS (Domain Name System)

Der verteillte Namen/Adressen-Mechanismus, der im Internet verwendet wird.

Dumb Terminal

Eine Workstation, die aus Monitor und Tastatur besteht und für die Dateneingabe zu einem oder für den Empfang von Informationen von einem Computer genutzt wird. Dumb Terminals (taube oder auch dumme Terminals) wurden ursprünglich entwickelt, um an Multiuser-Systeme angeschlossen zu werden, damit Benutzer direkt mit diesen kommunizieren konnten. Jede Verarbeitung wird von und auf dem Computer erledigt – nicht von dem Terminal. Im Gegensatz zu Dumb Terminals haben Smart Terminals (intelligente Terminals) eine eigene CPU und können sich daher Daten vom Host holen, und dann im Anschluß selbst Transaktionen durchführen.

EGP (Exterior Gateway Protocol)

Ein Reachability-Routing-Protokoll, das von Gateways in einem Zwei-Ebenen-Internet benutzt wird. EGP wird im Internet-Kernsystem eingesetzt.

Error Control (Fehlerkontrolle)

Ein Vorgang, der Fehlererkennung und -beseitigung kombiniert.

Error Correction (Fehlerkorrektur)

Technik, um schadhafte Daten zu „reparieren", die einen Schaden während einer Übertragung oder eines Speichervorgangs erfahren haben.

Ethernet

Der de facto Data-Link-Layer-Standard für lokale Netzwerke. Ethernet implementiert die Zugriffsmethode Carrier Sense Multiple Access with Collision Detection (CSMA/CD). Dieser Standard unterstützt den Einsatz von Ethernet über alle Medientypen hinweg, sogar drahtlose Nachrichten. Standard-Ethernet arbeitet auf 10Mbps. Fast Ethernet arbeitet auf 100 Mbps. Siehe auch *Data Link Layer*.

FDDI (Fiber Distributed Data Interface)

Eine Netzwerkspezifikation, die Informationspakete mittels eines Lichts, erzeugt durch eine Laser- oder lichtausstrahlende Diode (LED), überträgt. FDDI verwendet Glasfiberkabel für die Übertragung von Datenpaketen. Die Datendurchsatzrate beträgt bis zu 100 Mbps. FDDI ermöglicht große Kabellängen.

File Transfer Protocol (FTP)

Ein TCP/IP-Protokoll für den Dateitransfer zwischen Computersystemen. Da FTP auf vielen verschiedenen Arten von Computersystemen implementiert ist, kann der Dateitransfer auch zwischen ganz unterschiedlichen Computersystemen stattfinden (z.B. zwischen einem PC und einem Minicomputer).

Frame (Rahmen)

Eine Datenstruktur, die von Netzwerk-Hardwaregeräten für die Datenübertragung zwischen Computern verwendet wird. Frames enthalten die Adressen der sendenden und der empfangenden Computer, eine Größenangabe und eine Prüfsumme. Frames sind wie Briefumschläge, die die Datenpakete umhüllen und eine Adresse für einen bestimmten Computer auf dem gemeinsamen Netzwerk tragen. Siehe auch *Ethernet, FDDI, Token Ring*.

Gateway

Ein in E-Mail-Systemen verwendetes System für den Empfang und das Senden von bzw. an andere E-Mail-Systeme, wie z.B. von einem Mainframe oder dem Internet. Gateways werden durch die Message Handling Services (MHS) unterstützt.

Gopher

Ein Internet-Werkzeug, das Themengebiete in einer Menüstruktur organisiert, die dem Anwender bei der Informationssuche dient. Gopher verbindet den Anwender außerdem auf transparente Art mit dem Internet-Server, der die Information besitzt.

GOSIP (Government OSI Profile)

Eine Spezifikation für OSI-(Open Systems Interconnection) Protokolle der US-Regierung.

Halbduplex

Bezeichnet eine Art der Informationsübertragung über einen Kommunikationskanal, bei der die Signale in beide Richtungen, jedoch nicht gleichzeitig gesendet werden können. Dies wird manchmal als lokales Echo bezeichnet.

Handshaking

Ein Prozeß in der Netzwerkkommunikation, der bestätigt, daß die Verbindung korrekt aufgebaut wurde. Die Geräte tauschen Signale aus, die als Parameter für die Kommunikation dienen.

Hardware-Adresse

Siehe *Media Access Control(MAC)-Adresse*.

Hop

Eine Einheit, die beim Routing verwendet wird.

Hop-Count

Die Anzahl der Router, die eine Nachricht überqueren muß, um ihren Bestimmungsort zu erreichen. Mit dem Hop-Count wird die günstigste Route über das Netzwerk ermittelt.

Host

Ein adressierbares Computersystem auf einem TCP/IP-Netzwerk. Beispiele sind Endpunktsysteme wie Workstations, Server, Minicompu-ter, Mainframes und vermittelnde Systeme wie Router. Ein Host ist typischerweise ein System, das anderen Computern Netzwerkressourcen zur Verfügung stellt.

Host Name

Ein TCP/IP-Befehl, der den Hostnamen einer lokalen Workstation zurückliefert. Dieser wird von den TCP/IP-Hilfsprogrammen für die Echtheitsbestätigung genutzt. Dieser Wert ist standardmäßig der Computername der Workstation, er kann jedoch über das Netzwerksymbol in der Systemsteuerung geändert werden.

Host Table (Host-Tabelle)

Die HOSTS- oder LMHOSTS-Datei, die eine Liste bekannter IP-Adressen enthät.

Host-to-Host Layer

Jene Schicht des DoD-Modells, die auf das Transport Layer des OSI-Modells verweist.

Hub

Ein Ethernet-Gerät des Data Link Layers, das die Punkt-zu-Punkt-Leitungen des Physical Layers wie z. B. Twisted-Pair oder Glasfaserkabel in einem gemeisam Netzwerk verbindet. Siehe auch *Data Link Layer, Ethernet*.

IAB (Internet Activities Board)

Jene Gruppe, die die Entwicklung der Internet-Protokoll-Suite (gewöhnlich als TCP/IP bezeichnet) überwacht. Sie besteht aus zwei Untergruppen (der IRFT und IEFT), die sich jeweils mit einem Teilgebiet beschäftigen.

ICMP (Internet Control Message Protocol)

Ein Protokoll der Internet-Schicht des DoD-Modells, das Nachrichten zwischen Routern und anderen Geräten verschickt, die mitteilen, ob eine Route überlastet ist.

IEEE (Institute of Electrical and Electronics Engineers)

Ein von der ANSI anerkanntes profesionelles Gremium, bestehend aus Wissenschaftlern und Ingenieuren, das in den USA angesiedelt ist. IEEE fördert die Standardisierung und zieht das American National Standards Institute zu Rate, wenn es sich um Angelegenheiten der elektronischen und elektrotechnischen Entwicklung handelt. Das IEEE 802-Standardisierungskommittee ist die führende Organisation für LAN-Standards.

IETF (Internet Engineering Task Force)

Eine der Unterabteilungen der IAB. Die IETF zeichnet sich für kurzfristige Problemlösungen im Bereich des Internets verantwortlich. Sie besteht aus mehr als 40 Arbeitsgruppen.

IESG (Internet Engineering Steering Group)

Das ausführende Kommittee der IETF.

IGP (Interior Gateway Protocol)

Bezeichnet das Protokoll, das für den Austausch von Routing-Informationen zwischen zusammenarbeitenden Routern im Internet verwendet wird. RIP und OSPF sind Beispiele für IGPs.

Integrated Services Digital Network (ISDN)

Ein neuer Netzwerk-Standard, der eine Hochgeschwindigkeits-Kommunikation über gewöhnliche Kupferkabel der Kategorie 3 oder 5 möglich macht. In der Zukunft wird dieser Standard das konventionelle Telefonsystem mit schnellen digitalen Leitungen ersetzen.

International Standards Organization (ISO)

Eine weltweit tätige Organisation, bestehend aus nationalen Standardisierungsgremien. Ihre Aufgabe ist es, die Entwicklung von Standards in über neunzig Ländern zu fördern; mit dem Ziel, den internationalen Austausch von Produkten und Dienstleistungen zu erleichtern.

Internet

Ein globaler Zusammenschluß tausender Netzwerke über ein gemeinsames Protokoll (TCP/IP). Die einzelnen Netzwerke, die das Internet ausmachen, stammen aus mannigfaltigen Bereichen wie z.B. Universitäten, Bildungsinstituten, Forschungseinrichtungen, kommerziellen Organisationen, Dienststellen der Regierung, Privatleuten und anderen Gesellschaften. Die steuernde Gesellschaft dieses globalen Netzwerks ist das Internet Activities Board (IAB). Wenn der Begriff Internet mit einem großen *I* beginnt, ist das globale Netzwerk, wird er mit einem kleinen *i* geschrieben, ist schlicht eine Gruppe verbundener Netzwerke gemeint.

Internet-Adresse

Ein in Zahlen angezeigter 32-Bit-Wert, der ein bestimmtes Netzwerk und einen speziellen Knoten dieses Netzwerks identifiziert.

Internet Layer

Die Schicht des DoD-Modells, die auf das Network Layer des OSI-Modells verweist.

Internet Protocol (IP)

Das Protokoll des Network Layers, auf dem das Internet basiert. IP stellt einen einfachen, verbindungslosen Paketaustausch zur Verfügung. Andere Protokolle wie UDP oder TCP nutzen IP, um ihren verbindungsorientierten oder garantierten Auslieferungsdienst auszuführen. Siehe *TCP/IP, Internet*.

Internetwork Packet eXchange (IPX)

Protokoll der Network und Transport Layer, entwickelt von Novell für ihr NetWare-Product. IPX ist ein routingfähiges, verbindungsloses Protokoll wie TCP/IP, jedoch viel leichter zu handhaben und mit geringerem Verwaltungsaufwand bei der Kommunikation. Siehe *Internet Protocol*.

Internetworking

Der Vorgang, bei dem sich viele LANs verbinden, um ein WAN zu bilden. Internetworking zwischen unterschiedlichen Netzwerktypen wird über einen Router realisiert.

IP Address

Eine 4-Byte-Zahl, die einen Computer auf einem IP-Netzwerk eindeutig identifiziert. Die InterNIC vergibt die ersten Bytes der Internet-IP-Adressen und verwaltet diese in einer hierarchischen Struktur. Sehr große Organisationen wie die Regierung oder Top-Level-Internet-Service-Provider (ISPs) haben Adressen der Klasse A, mittelständische Unternehmen und die meisten ISPs haben Klasse-B-Adressen und kleine Unternehmen Klasse-C-Adressen. Bei einer Adresse der Klasse A vergibt die InterNIC das erste Byte und die besitzende Organisation ordnet die verbleibenden drei Bytes selbst nach Bedarf zu. Bei einer Klasse-B-Adresse vergibt die InterNIC oder ein ISP der höheren Ebene die ersten zwei Bytes und die Organisation verwaltet die verbleibenden zwei Bytes. Schließlich vergibt die InterNIC oder ein ISP der höheren Ebene bei einer Klasse-C-Adresse die ersten drei Bytes und die Organisation verwaltet das verbleibende Byte. Organisationen ohne Anschluß an das Internet können IP-Adressen nach Belieben zuweisen. Siehe *Internet Protocol, Internet*.

IPTUNNEL

Ein Softwaretreiber, der die Kapselung von IPX-Paketen innerhalb von IP-Paketen für die Übertragung über ein IP-Netzwerk ermöglicht. Dies gestattet NetWare-Servern die Kommunikation über Verbindungen, die ausschließlich TCP/IP unterstützen, wie z.B UNIX-Maschinen.

IPX External Network Number

Eine Nummer, die das gesamte Netzwerk repräsentiert. Alle Server des Netzwerks müssen die gleiche externe Nummer verwenden.

IPX Internal Network Number

Eine Nummer, die einen Server eindeutig auf einem Netzwerk identifiziert. Jeder Server muß eine eigene interne Netzwerknummer verwenden.

IRTF (Internet Research Task Force)

Eine der Unterabteilungen des IAB. Die Gruppe ist für die Erforschung und Entwicklung der Internet-Protokoll-Suite verantwortlich.

Knoten

Unter TCP/IP ein IP-adressierbares Computersystem wie z.B. Workstations, Servers, Minicomputer, Mainframes und Router. In IPX-Netzwerken wird der Begriff gewöhnlich für alle Nicht-Server-Geräte wie Workstations, Drucker etc. verwendet.

Koaxialkabel

Einer der Kabeltypen, der in der Netzwerkverkabelung Verwendung finden. Übliche Koaxtypen sind RG-58 und RG-62. Das 10base2-System bei Ethernet-Netzwerken nutzt Koaxialkabel. Koaxialkabel sind normalerweise abgeschirmt. Das Thicknet-System verwendet ein dickeres Koaxialkabel.

Kommunikationsprotokoll

Für Computer, die in der Telekommunikation verwendet werden, muß das Protokoll, d.h. die Einstellungen und Standards für beide – Sender und Empfänger – identisch sein, wenn Daten gesendet oder empfangen werden. Ein Kommunikationsprogramm kann für die korrekte Einstellung der Baud-Rate, Duplex, Parity, Daten-Bits und Stop-Bits verwendet werden.

Local Area Network (LAN)

Ein Netzwerk, das auf ein lokales Gebiet beschränkt ist, wie z.B. auf ein einzelnes Gebäude, auf eine Gruppe von Gebäuden oder gar auf einen einzelnen Raum. Oft hat ein LAN nur einen Server, doch bei Bedarf können es auch mehr sein.

Local Procedure Call (LPC) / Lokaler Prozeduraufruf

Ein Mechanismus, der Remote Procedure Calls (entfernte Prozeduraufrufe) ohne die Präsenz eines Netzwerks wiederholt, so daß die Client- und Serverkomponenten auf der gleichen Maschine beherbergt sein können. Local Procedure Calls sehen für Client und Server wie Remote Procedure Calls (RPC) einer verteilten Applikation aus.

Mailslots

Ein verbindungsloser IPC-Nachrichtenmechanismus, den Windows bei Anforderungen für den Durchsuchungsdienst und bei der Anmeldebestätigung nutzt.

Management Information Base (MIB)

Der gesamte Satz an Objekten, den jeder Dienst und jedes Protokoll im SNMP verwendet. Jeder Dienst verfügt über einen eigenen Satz an Objekten, da verschiedene Netzwerkverwaltungsdienste unterschiedliche Gerätetypen und Netzwerkverwaltungsprotokolle nutzen.

Map (Abbilden)

Die Abbildung eines Werts auf einen anderen.

Master-Browser

Der Computer auf dem Netzwerk, der die Liste auf dem Netzwerk verfügbarer Computer und Dienste verwaltet und diese Liste an andere Browser übermittelt. Der Master-Browser kann außerdem potentielle Browser zu Browsern ernennen. Siehe *Browser, Browsing, Potentieller Browser*.

Media Access Control- (MAC) Adresse

Hardware-Adressen, die in einen Netzwerkadapter eingebrannt sind. Diese haben eine Länge von sechs Bytes. Drei davon sind durch die IEEE vergeben und die anderen drei werden durch den Hersteller zugeordnet.

Message Switching

Jener Typ von Netzwerkkommunikation, der statt eines einfachen Pakets eine komplette Nachricht oder einen ganzen Datenblock überträgt.

Metropolitan Area Network (MAN)

Ein Netzwerk, das eine einzelne Stadt oder ein Gebiet umspannt. Ein MAN ist größer als ein lokales Netzwerk (LAN), das gewöhnlich auf ein Gebäude oder zusammenhängende Gebäude beschränkt ist. Es ist jedoch kleiner als ein Wide Area Network (WAN), das den gesamten Globus umspannen kann. Außerhalb der Novell-Ausbildung wird der Begriff MAN selten verwendet.

MILNET (MILitary NETwork)

Teil des ARPANET. MILNET wurde 1984 eingerichtet, um militärischen Einrichtungen zuverlässige Netzwerkdienste zur Verfügung zu stellen, während das ARPANET weiterhin für die Forschung benutzt wurde.

Modem

Ein Gerät, das zur Konvertierung digitaler, durch den Computer erzeugter Signale in die von den analogen Telefonleitungen erwarteten analogen Daten dient – und umgekehrt. Dieser Konvertierungsprozeß ermöglicht Computern die Kommunikation über Telefonleitungen.

Multihomed Host

Ein Computer, der an mehr als einer physikalische Datenverbindung angeschlossen ist. Die Datenverbindungen können auch unterschiedlichen Netzwerken zugewiesen werden.

Multilink

Eine Fähigkeit von RAS mehrere Datenströme in einer Netzverbindung zu kombinieren, mit dem Ziel, mehr als einen Modem- oder ISDN-Kanal in einer einzigen Verbindung zu nutzen. Ein neues Feature von Windows NT 4.

Named Pipes (Benannte Pipes)

Ein Mechanismus der Interprozeßkommunikation, der als Dateisystemdienst implementiert ist. Programme können, um darauf ohne proprietäre API abzulaufen, modifiziert werden. Named Pipes wurden entwickelt, um eine robustere Client/Server-Kommunikation als die durch das einfache NetBIOS mögliche zu unterstützen.

NetBEUI (Network Basic Input/Output System Extended User Interface)

Das primäre Netzwerk-Transportprotokoll für lokale Netzwerke unter Windows NT. Ein einfacher Transport des Network Layers für die Unterstützung von NetBIOS-Installationen. NetBEUI ist nicht routingfähig und damit für größere Netzwerke untragbar. NetBEUI ist das schnellste Protokoll, das für Windows NT zur Verfügung steht.

NetBIOS

Ein Client/Server-Dienst für die Interprozeßkommunikation, der in den frühen Achtzigern durch IBM entwickelt wurde. NetBIOS stellt einen relativ primitiven Kommunikationsmechanismus für Client/Server-Anwendungen dar, doch seine großflächige Akzeptanz und Verfügbarkeit über alle Betriebssysteme hinweg macht es zu einer nur logischen Auswahl für einfache Netzwerk-Anwendungen. Viele der Windows NT Netzwerk-IPC-Mechanismen sind über NetBIOS implementiert.

NetBIOS over TCP/IP (NetBT)

Ein Netzwerkdienst, der den NetBIOS-IPC über den TCP/IP-Protokoll-Stack implementiert. Siehe *NetBEUI, TCP/IP*.

Netzwerk-Adresse

Eine eindeutige Adresse, die jeden Knoten oder jedes Gerät auf dem Netzwerk identifiziert. Die Netzwerk-Adresse ist gewöhnlich bei beiden Netzwerkkarten (die des Servers und die der Workstation) hartcodiert. Bei einigen Netzwerkkarten können Sie diese Adresse verändern. Es gibt jedoch selten einen Anlaß dafür.

Network Information Center (NIC)

Ursprünglich existierte davon nur eines, angesiedelt im SRI International. Es diente der Gemeinschaft des ARPANET (und später des DDN). Heutzutage gibt es viele NICs, die von lokalen, regionalen und nationalen Netzen auf der ganzen Welt eingesetzt werden. Diese Zentren bieten den Benutzern Hilfe, Dokumentenunterstützung, Trainings und vieles mehr an.

Network Interface Card (NIC)

Physikalisches Gerät, das Computer und andere Netzwerk-Komponenten mit dem eingesetzten Übertragungsmedium verbindet. Wird es in einem erweiterteten Busslot eines Computers installiert, kann der Computer zur Workstation auf dem Netzwerk werden.

Network Layer (Netzwerkschicht)

Die Schicht des OSI-Modells, die einen Kommunikationspfad zwischen zwei Computern über geroutete Pakete erstellt. Transportprotokolle implementieren beides – das Network Layer und das Transport Layer – des OSI-Stacks. IP ist ein Dienst des Network Layers.

Network Operating System (NOS – Netzwerkbetriebssystem)

Die Software, die auf einem Datei-Server läuft und den Clients (Workstations) Datei-, Druck- und andere Dienste anbietet. Bei Windows NT Server 4 handelt es sich um ein NOS. Andere Beispiele sind: NetWare, Banyan VINES, und IBM LAN-Server.

NFS (Network File System)

Ein verteiltes Dateisystem, entwickelt durch Sun Microsystems, das einer Anzahl von Computern den gegenseitigen Zugriff auf transparente Art gestattet.

Oktet

Ein Satz von 8 Bits oder 1 Byte.

Open System Interconnection (OSI)

Ein durch die ISO definiertes Modell, um den Kommunkationsablauf zwischen Computern mit einem Konzept von sieben Schichten, sogenannten Protokollstacks, zu organisieren. Die sieben Schichten des OSI-Modells helfen Ihnen bei dem Verständnis, wie Kommunikation über verschiedene Protokolle stattfinden kann.

OSPF (Open Shortest Path First)

Ein „vorgeschlagener Standard"-IGP für das Internet.

Paket

Eine grundlegende Einheit von Daten, die über das Netzwerk übertragen wird. Jedes Paket enthält neben den Nutzdaten einen Header, der den Pakettypen definiert und die Netzwerk-Adresse für den Bestimmungsort. Die Größe und das Format sind vom verwendeten Protokoll und Rahmentyp abhängig.

Paketvermittlung

Jener Typ von Datenübertragung, bei dem Daten in Pakete aufgeteilt werden, wobei jedes eine Zieladresse besitzt. Jedes Paket wird dann auf optimale Art durch das Netzwerk geroutet. Ein adressiertes Paket kann über andere Routen reisen als dessen verwandte Pakete. Pakete werden mit einer fortlaufenden Nummer versehen, damit am Zielort die korrekte Reihenfolge wiederhergestellt werden kann.

Pakete

Eine Informationseinheit, die als Ganzes von einem Gerät zu einem anderen Netzwerk übertragen wird.

Peer-to-Peer-Kommunikation

Ein Netzwerk-Computer, der sowohl anderen Computer Ressourcen zur Verfügung stellt als auch auf freigegebene Ressourcen anderer Computer zugreift.

Peer-to-Peer-Netzwerk

Ein lokales Netzwerk, in dem sich die Workstations die Ressourcen ohne einen Datei-Server teilen.

Physical Layer (Physikalische Schicht)

Die Kabel, Verbindungen und Anschlüsse eines Netzwerks. Dies stellt die passiven, physikalischen Komponenten dar, die für den Aufbau eines Netzwerks erforderlich sind.

Ping (Packet Internet Groper)

Ein Paket, das die Erreichbarkeit von Zielorten prüft. Das dahinter liegende Programm schickt ein sogenanntes ICMP-Echo-Request-Paket an die Zieladresse und wartet auf eine Antwort. Der Begriff Ping wird häufig als Verb verwendet: „Pingen Sie Host A, um zu prüfen, ob dieser aktiv ist".

Polling

Jener Prozeß, bei dem jeder Computer jedes Terminal oder Gerät im LAN fragt, ob es eine Botschaft zu senden hat. In diesem Fall wird jedem Gerät gestattet, seine Daten abwechselnd zu senden. In einer Multipoint- oder einer Punkt-zu-Punkt-Verbindung bezeichnet Polling den Prozeß, bei dem Datenstationen zur Übertragung aufgefordert werden.

Potentieller Browser

Ein Computer, der eine Liste mit anderen Computern und Diensten des Netzwerks auf Anforderung des Master-Browsers verwalten darf.

PPP (Point-to-Point Protocol)

Dieses Protokoll ermöglicht die Übertragung von IP-Paketen über eine serielle Wählverbindung. Gestattet Komprimierung und IP-Adressen-Verhandlungen.

Presentation Layer (Präsentationsschicht)

Die Schicht des OSI-Modells, die bei Bedarf Informationen zwischen Session and Application Layer konvertiert und übersetzt.

Primärer Domänen-Controller (PDC)

Der Domänen-Server beherbergt die Master-Kopie der Sicherheitsrichtlinien, der Computer- und Benutzerkonten-Datenbank. Außerdem kann er die Workstations auf ihre Legitimität prüfen. Der primäre Domänen-Controller kann seine Datenbank auf einen oder mehrere Backup-Domänen-Controller replizieren. Gewöhnlich agiert er auch als Master-Browser der Domäne.

Process/Application Layer (Anwendungsschicht)

Die höchste Schicht des DoD-Modells, die sich auf die Application-, Presentation- und Session Layer des OSI-Modells bezieht.

Protocol Suite

Eine Sammlung von Protokollen, die in Bezug zu einem speziellen Kommunikationsmodell stehen und dieses implementieren (z.B. das DoD-Modell oder das OSI-Referenz-Modell).

Public Switched Telephone Network (PSTN)

Ein globales Netzwerk mit angeschlossenen digitalen und analogen Leitungen, das ursprünglich dazu entwickelt wurde, Voice-Kommunikation zwischen zwei beliebigen Punkten in der Welt zu unterstützen. Als die Computer-Revolution einsetzte, wurde es schnell für die Bewältigung des digitalen Verkehrs eingesetzt. Zusätzlich zu seiner ursprünglich zugedachten Rolle der Voice-Unterstützung agiert PSTN heutzutage als Physical Layer des Internets, indem es Wählleitungen und gemietete, private Leitungen für den exklusiven Gebrauch zur Verfügung stellt.

RARP

Das TCP/IP-Protokoll, das Computern, die zwar eine Adresse des Physical Layers, jedoch keine IP-Adresse (wie z.B. eine Ethernet-Adresse) besitzen, gestattet, eine numerische IP-Adresse von einem anderen Computer auf den Netzwerk anzufordern.

Registry

Die Konfigurationsdatenbank für Windows NT.

Request for Comments (RFCs)

Richtlinien für die Standards, die Internet-Protokolle definieren. Sie sind über das Internet frei verfügbar. RFCs definieren die Funktionen und Dienste, die jedes der vielen Internet-Protokolle zur Verfügung stellt. Eine Übereinstimmung mit den RFC-Richtlinien garantiert eine Kompatibilität mit Produkten verschiedener Hersteller.

RIP

Routing Information Protocol. Ein Distance-Vector-Routing-Protokoll, das in vielen TCP/IP- und IPX-Netzwerken Anwendung findet. Der Distance-Vector-Algorithmus verwendet eine Routing-Berechnungsmethode, die die Route mit den wenigsten Hops ermittelt.

Router

(A) Ein Gerät, das zwei ungleiche Netzwerke miteinander verbindet und den Paketaustausch zwischen diesen erlaubt.

(B) Eine Verbindung zwischen zwei Netzwerken, die Nachrichtenpfade festlegt und andere Funktionen wie Datenkomprimierung durchführen kann.

Seriell

Eine Kommunikationsmethode, bei der Daten immer nur ein Bit nach dem anderen auf nur einer Leitung übertragen werden können. Gewöhnlich werden Stop-, Start- und Check-Bits für die Gewährleistung der Qualität hinzugefügt.

SLIP (Serial Line Internet Protocol)

Ein Protokoll, das verwendet wird, um IP auch bei seriellen Leitungen ausführen zu können. Keine Unterstützung für Komprimierung oder IP-Adressen-Verhandlungen.

Session Layer (Sitzungsschicht)

Die Schicht des OSI-Modells, die für die Wartung der bidirektionalen Kommunikationsverbindung zwischen zwei Computern zuständig ist. Der Session Layer nutzt die Dienste des Transport Layers.

Simple Network Management Protocol (SNMP)

Ein auf vielen Netzwerken verwendetes Verwaltungsprotokoll -besonders bei TCP/IP-Netzen. Definiert Typ, Format und Auslesen der Verwaltungsinformation.

Simplex

Datenübertragung in nur eine Richtung.

SMTP (Simple Mail Transport Protocol)

Das E-Mail-Protokoll des Internets, in RCF 821 definiert. Die dazugehörenden Nachrichtenformate sind in RFC 822 beschrieben.

Standleitung

Ein Übertragungsmedium, das exklusiv zwischen zwei Knoten eingesetzt wird. Standleitungen werden auch als gemietete oder private Leitungen bezeichnet.

Start-Bit

    Ein Bit, das als Teil eines seriellen Datenstroms übertragen wird, um den Anfang eines Bytes oder Pakets zu kennzeichnen.

Stop-Bit

    Ein Bit, das als Teil eines seriellen Datenstroms übertragen wird, um das Ende eines Bytes oder Pakets zu kennzeichnen.

Subnetz-Maske

    Unter TCP/IP 32-Bit-Werte, die den Empfänger von IP-Paketen, den Teil der Netzwerk-ID aus der IP-Adresse der Host-ID auslesen lassen.

Switched Line (Geschaltete Leitung)

    Eine Kommunikationsverbindung, bei der sich der physikalische Pfad mit jedem Einsatz verändern kann wie z.B. beim öffentlichen Telefonnetz.

Synchron

    Bezieht sich auf zwei oder mehr Prozesse. Hängt vom Vorkommen eines speziellen Ereignisses ab, wie zum Beispiel eines Zeitgeber-Signals.

Systemsteuerung

    Ein Utility der Windows-Familie, das die Verwaltungswerkzeuge enthält.

TCP (Transport Layer Protocol)

    Implementiert eine zuverlässige Paketübertragung unter Einsatz des Internet Protokolls.

TCP/IP (Transmission Control Protocol / Internet Protocol)

Wird gewöhnlich als Kürzel für „TCP/IP Protocol-Suite" vewendet.

Telnet

Ein TCP/IP-Terminalemulations-Protokoll, das einem Knoten, dem sogenannten Telnet-Client, die Anmeldung auf einem Telnet-Server ermöglicht. Der Client agiert als Dumb Terminal und zeigt die Ausgabe des Servers an. Die Verarbeitung geschieht auf dem Server.

Terminalemulation

Der Vorgang, in dem ein Terminal emuliert wird oder ein PC zum Terminal für ein Mainframe oder UNIX-System gemacht wird.

Token-Passing

Siehe *Token Ring*.

Token Ring

Der zweitpopulärste Standard des Data Link Layers für lokale Netzwerke. Token Ring implementiert die Token-Ring-Passing-Methode, damit mehrere Computer auf das gleiche Netzwerk nacheinander zugreifen können. Token Ring arbeitet mit Geschwindigkeiten von 4 bis 100 Mbps. FDDI gleicht Token Ring und arbeitet auf 100 Mbps. Siehe *Data Link Layer*.

Transport Layer (Transportschicht)

Die Schicht des OSI-Modells, die sich für die serielle Auslieferung von Paketen zwischen zwei Computern über ein Netzwerk verantwortlich zeichnet. TCP ist das Transport-Layer-Protokoll für das TCP/IP-Transportprotokoll.

Transportprotokoll

Ein Dienst, der getrennte Informationspakete zwischen zwei Computern in einem Netzwerk ausliefert. Höherstehende, verbindungsorientierte Dienste bauen auf Transportprotokollen auf.

UDP (User Datagram Protocol)

Ein auf IP implementiertes nicht sicheres Netzwerk-Paketprotokoll, das aufgrund seines geringeren Verwaltungsaufwands beim Datenfluß sehr viel schneller als TCP ist. UDP kann als verläßliches Transportprotokoll implementiert werden, wenn ein Protokoll der höheren Ebene (z.B. NetBIOS) existiert, das sicherstellt, daß angeforderte Daten in lokalen Netzwerken bei Bedarf erneut übertragen werden.

Universal Naming Convention (UNC)

Eine plattform- und herstellerübergreifende Konvention für die Identifikation freigegebener Ressourcen auf einem Netzwerk.

UNIX

Ein Multitasking-Betriebssystem, entwickelt durch die AT&Ts Bell Labs, das auf sehr vielen verschiedenen Computern, einschließlich Internet-Servern, eingesetzt wird.

Usenet

Eine weiträumig verteilte Datenbank mit vielen speziellen Themen, die auf dem Internet gepflegt wird und über die meisten Web-Browser erreichbar ist.

Wide Area Network (WAN)

Ein Netzwerk, das viele Standorte umspannt. Jeder Standort verfügt gewöhnlich über ein lokales Netzwerk (LAN) und diese LANs werden in einem WAN miteinander verbunden. Wird häufig in Unternehmens-Netzwerken verwendet.

Windows Internet Name Service (WINS)

Ein Netzwerkdienst für Microsoft-Netzwerke, der Windows-Computer mit Internetnummern für spezielle NetBIOS-Namen ausstattet. Dies ermöglicht die Interkommunikation über TCP/IP-Netzwerke und den Durchsuchungsdienst.

World Wide Web (WWW)

Bezeichnet die Menge der Computer auf dem Internet, die HTTP- (HyperText Markup Protokoll) Server betreiben. Das WWW gestattet zeichenorientierte und grafische Hyperlinks, die zur Verbindung mit anderen Computern, Diensten und Anwendern dienen. Unter Einsatz eines Web-Browsers kann ein Anwender mit einem einfachen Mausklick Querverbindungen von einem Server auf den nächsten realisieren.

Verbindungslos

Jenes Verbindungsmodell, in dem die Kommunikation einsetzt, bevor eine Verbindung hergestellt worden ist. Wird manchmal als Datagramm bezeichnet. Beispiele sind: LANs, Internet-IP und OSI, CLNP, UDP, sowie gewöhnliche Postkarten.

Verbindungsorientiert

Jenes Verbindungsmodell, in dem die Kommunikation in drei gut durchdachten Phasen abgewickelt wird: Herstellung der Verbindung, Datenübertragung und Verbindungsauflösung. Beispiele sind: X.25, Internet TCP und OSI TP4 sowie ein postalisches Einschreiben.

Vollduplex

Bezeichnet eine Art der Informationsübertragung über einen asynchronen Kommunikationskanal, bei dem die Signale simultan in beide Richtungen gesendet werden können. Diese Technik nutzt die bestehende Verbindung am besten, hat jedoch einen größeren logischen Aufwand.

Stichwortverzeichnis

A
Agents 353, 357
Anfordern einer IP-Adresse 198
Ankündigung von Multicasts 97
Anmeldung
    Fernverbindung 328
Anmeldungsoptionen
    Internet 114
AppleTalk Session Protocol (ASP) 22
Applikationen
    Sicherheitslücken 436
Arbeitsweise von WINS 227
Archie 13, 329
Archie-Server 329
ARP (Address Resolution Protocol) 45
Arpa-127.rev 274
ARPANET 3, 257
Auflösung 145
    DNS 154
    HOSTS 152

B
Backup-Server 315
Basis-Informationsdienste 332
Batch-Job 417
BIND-Bootdatei 274
Blockinklusion 182
B-Node 171, 220
Bootdatei 274
BootP 45, 188
BootP Plus 189
Broadcast 95, 171
Browserdienst 311
Browserkriterien 312
Browsertyp 311
Browsing 310
Burst-Modus 245

C
Cachedatei 271
Caching 267, 444
Caching-Only-Server 265
CHAP 141
CIDR 76
CIDR-Netzwerktypen 78
Classless Internetwork Domain Routing 76
CNAME-Record 271
com 261
Connectivity 321
Credentials 468

D
Das Digital Network Architecture Session
    Control Protocol (DANN SCP) 22
Datei übertragen 346
Datei-Navigation 340
Datenbank-Bereinigung 239
Datenbankdatei 268
Datenbank-Reproduktion 234
Datenbank-Verwaltungssystem 258
de 261
Dezimal-/Binär-Tabelle 56
DHCP 187
DHCP auf dem Client 196
DHCP im Detail 196
DHCP Relay Agent 205
DHCPACK 202
DHCP-Adreßbereiche 191
DHCP-Dateien 213
DHCP-Datenbank 210
    komprimieren 213
    Sicherung 210
    wiederherstellen 212
DHCPDISCOVER 199
DHCPOFFER 200
DHCPREQUEST 202

DHCP-Server installieren/konfigurieren 190
Diagnosewerkzeuge 477
Dialing Hours 469
Distance Vector 87
DNS 150, 255
    Funktionsweise 258
    Ursprünge 257
DNS-Domänenname 261
DNS-Namensauflösung 289
DNS-Name-Server 263
DNS-Reihenfolge 296
DNS-Server 260
DNS-WINS-Konflikt 300
DNS-Zone 262
DoD-Referenzmodell 35
    Host-zu-Host-Schicht 41
    Internet-Schicht 43
    Netzwerkzugangsschicht 46
    Prozeß-/Anwendungsschicht 37
Domäne einrichten 276
Domänen 261
Domänenfunktionen 317, 318
Domänennamen 148
Domain Name Space 263
Domain Name System 150
Domain-Master-Browser 225
Domain-Name-System 260
Drucken 347
Drucker
    Hilfsprogramme 347
Drucker installieren 349
Dynamisches DNS 301

E
edu 261
Einrichtung von Routing 99
Electronic Data Interchange (EDI) 18
Electronic Industries Association (EIA) 48
Elektronische Anschlagbretter 18
E-Mail mit TCP/IP 411
E-Mail-Gateways 18
E-Mail-Namen 159
EMWACS Mail-Software 412
Enhanced B-Node 174

Enhanced Directory Services 256
Ethernet (Hardware)-Adressen 50
Exchange-Clients Posteingang 421

F
falsche IP-Adresse 159
Fehlerbehebung 475
    Allgemeine Richtlinien 479
Fehlertoleranz 252
feste IP-Adressen 125
File Transfer Protocol 334
Finanztransaktionsdienste 18
Firewall 245
formelle Kommunikationssitzungen
    Phasen 21
Forwarder 264
Frame Relay 34
Freigabe 310
FrontPage 366
FrontPage Explorer 374
FTP 334
    (File Transfer Protocol) 38
    Navigation 341
FTP versus Telnet 346
FTP-Dienst 382
    Eigenschaften 398
FTP-Organisation 339
FTP-Server 338
Funktionen
    Browser 311

G
Gateway
    Probleme 122
Geleiteter Multicast-Datenpfad 98
GetNextRequest 353
GetRequest 353
Globale Einstellungen von DHCP 194
Gopher 13
Gopher-Dienst 382
    Eigenschaften 396
gov 261
Gruppenbeitritt 97

H

Halbduplexmodus 20
Hierarchie der Host-Namen 147
High Level Data Link Control (HDLC) 33
H-Node 172
Hochgeschwindigkeits-Ethernet 34
Host-Namen 145, 356
    auflösen 149, 357
    ermitteln 266
Host-Record 270
HOSTS 150, 151
    fehlerhafter Eintrag 158
Host-Tabelle 151
Hybrid-Routing 94

I

ICMP (Internet Control Message Protocol) 46
IIS Version 3 403
IIS Version 4 404
Informationen verbergen 67
Inkrementelle Übertragung 304
Installation
    FTP-Server 338
    SNMP 358
Installation von WINS 229
int 261
Integrated Services Digital Network (ISDN) 34
Integration von WINS und DNS 216
Interface 103
Internatinal Organization for Standardization (ISO) 48
International Telecommunication Union 48
Internet Activities Board (IAB) 11
Internet Dienst Manager 381, 384, 385, 458
Internet Dienst Manager (HTML) 382
Internet Engineering Task Force (IETF) 48
Internet Information Server Setup 384
Internet Information Service 380
Internet-Gateway 113
Internet-Navigationsprogramme 18
Internetwork-Browsing 309
InterNIC 11

Intranet 161
IP (Internet Protocol) 44
IP/IPX-Paketfilterung 137
IP-Adresse erwerben 116
IP-Adressen 356
    fest 125
    statisch 125
IP-Adressierung 49
IP-Adressierungsschema
    hierarchisch 51
IP-Broadcast-Adresse 62
ipconfig 203, 208
IP-Kommunikation 480
IP-Multicasting 94, 96
IP-Router 83
IP-Router einrichten 111
IP-Routing 81
IPX 307
IP-Zuordnung 209
ISDN-Adapter
    einrichten 460
ISP 116
it 261
Iterative Anfrage 266

K

Klasse A 55
Klasse B 60
Klasse C 60
Klassen von Routing-Protokollen 87
Komprimieren der DHCP-Datenbank 213
Komprimierung 213, 233
Konfiguration
    FTP-Server 338
    SNMP 358
Konfiguration der Browser 314
Konflikt zwischen Einzeleinträgen 236
Konflikte mit einem Multihome-Datensatz 238
Konsistenz-Prüfung in WINS 246

L

LAN 95
LAN/LAN-Router 110

LAN-Verbindungen 163
Leitweginformationen 106
Leitwegschleifen 89
Leitwegtabelle 100
Leitwegtabelle anzeigen 102
Link Access Procedure, Balanced (LAPB) 33
Link-State 91
LMHOSTS 150, 179, 317
    Konfiguration 319
Local Addreß Table (lokale
    Adreßtabelle) 449
Local Broadcast 150
Local Host Name 150
Local-Host-Record 271
lokale Auflösung 173
Lokale NetBIOS-Namensauflösung 179
LPD 348
LPD (Line Printer Daemon) 40
LPQ 348
LPR 348

M

MAC-Adresse (Hardwareadresse) 47
Mail Relay Agent 412
Mail-Exchange-Record 270
Management Information Base 354
Managementsysteme 357
Master-Browser 225, 315
Master-Name-Server 263
MBone 95
mehrere Router 99
Meldungen der Browser 314
MIB 354
Microsoft DNS 258
Microsoft Enhanced B-Node 172
Microsoft FrontPage 97 Bonus Pack 367
Microsoft NT TCP/IP 187
Microsoft Proxy Autodial-dienst 467
Microsoft Proxy Server 138, 437
    Sicherheit 439
    Verwaltung 441
Microsoft Proxy-Servers
    Installation 451
Microsoft Steelhead 135

Migration 292
mil 261
M-Node 172, 221
Modem
    einrichten 460
Multicast 95
Multicast-Gruppen 97
Multicasting im Netzwerk 96
Multicast-Routing 98
Multi-DHCP-Netzwerke 204
Multimedia-Anwendungen 94

N

Namen in NetBIOS 172
Namen in NT 217
Namensauflösung 156, 169, 219, 265
Namensauflösung in NetBIOS 167
Namensauflösung vor WINS 226
Namenserkennung 173
Namenslöschung 173
Namensregistrierung 173, 227
Namensvergabe
    Dauer 228
Namensvergabe in NetBIOS 168
Name-Server 263
Name-Server-Record 270
National Science Foundation (NSF) 6
NBT 219, 293
NBT-Namen im System 222
net 261
NetBEUI 307
NetBIOS 297
NetBIOS Name Server 176
NetBIOS über TCP/IP 219
NetBIOS-Auflösung 170
NetBIOS-Auflösung in Netzwerken 180
NetBIOS-Host 324
Network File System (NFS) 22
Network Information Services 156
Netzwerk aufgliedern 64
Netzwerkadapter
    einrichten 445
Netzwerkklassen 53
Netzwerknummer 62

Netzwerk-Traces 294
NFS (Network File System) 39
nichtintelligente Terminals 162
NIS 156
Node-Typen 170
NT 4 WINS
   Neuerungen 245
NT Internet Sicherheit 427
NT-Namen 217
nz 261

O
ODBC Treiber und Administration 382
Optimierte Netzwerkleistung 65
org 261
OSI-Referenzmodell 16
   Anwendungsschicht 18
   Bitübertragungsschicht 35
   Darstellungsschicht 19
   Kommunikationssteuerungsschicht 20
   Netzwerkschicht 29
   Sicherungsschicht 31
   Transportschicht 22

P
PAP 141
Peer-to-Peer 171
Plattformen 322
P-Node 171, 220
Pointer-Record 273
Point-to-Point Protocol (PPP) 34
POP3-Server 414
PPP 162
PPTP 137
Probleme bei der Namensauflösung 183
Produktdokumentation 385
Push- oder Pull-Partner 235

R
RARP (Reverse Address Resolution Protocol) 45
RASR 136
RAS-Telefonbuch 464
RCP 334

Rechtschreibprüfung 184
Rekursive Anfragen 266
Relay Agent 206
Remote Access Service (RAS)
   einrichten 461
Remote Copy 334
Remote Execution 326
Remote Login 328
Remote Procedure Call (RPC) 22
Remote Shell 326
Reproduktionskonflikte 236
Request for Comments (RFCs) 9
Reservierte Adressen 61
Reverse-Lookup-Datei 273
REXEC 326
RFC 324
RFCs
   Entwicklung 10
RIP 109
Route Add 100
Route Print 104
Routed-Protokolle 86
Router 83
Router einrichten 117
Routing 84
Routing einrichten 99
Routing-Protokolle 87
   intern/extern 124
RRAS 135
RSH 326

S
Scavenging 239
Schlüssel-Manager 384
Serial Line IP (SLIP) 34
Serielle Verbindungen 162
Server 314
Servers als Push- oder Pull-Partner 235
Setupdateien 286
Sicheres DNS 305
Sicherheitslücken 428
Sicherung 231
Sicherung der DHCP-Datenbank 210
Simple Network Management Protocol 351

Simplexmodus 20
Slaves 264
SLIP 162
SMTP (Simple Mail Transfer Protocol) 39
SMTP-Auslieferungsdienst 414
SMTP-Empfängerdienst 414
SNMP 351
    Sicherheitsaspekte 358
SNMP (Simple Network Management
    Protocol 40
SNMP-Agent
    konfigurieren 361
SNMP-Agentdienst 360
SNMP-Communities 357
SNMP-Dienst 355
    Fehler 363
    Implementierung 356
SNMP-Manager 355
SNMPUTIL 363
Standard Router-Adresse 63
Standard-Gateway 104
    manuelle Einrichtung 105
Standardleitwege 102
Standardnamensauflösung 169
Start of Authority 268
statische Adresse 414
Statische Zuordnungen 230
Steelhead
    Sicherheit 138
    Verwaltung 136
Structured Query Language (SQL) 22
Subnetz setzen 72
Subnetz- und Knotenformeln 73
Subnetze 49
Subnetze einrichten 67
Subnetzmaske 70
Synchronous Data Link Control (SDLC) 33

T
TCP 41
TCP/IP
    Geschichte 2
    Grundlagen und Hintergründe 1
TCP/IP-Einrichtung überprüfen 133

TCP/IP-Host 146
TCP/IP-Installation testen 133
TCP/IP-Kommunikationsschichten 15
TCP/IP-Sitzungskommunikation 481
TCP/IP-Test 371
TCPI/IP-Hilfsprogramme 323
TCPI/IP-Utilities 325
Teilnetze 49, 83
Teilnetze einrichten 67
Telnet 37, 327
Terminal 162, 328
Terminalemulation 332
Terminal-Verbindungen 164
Testschleifenadresse 62
TFTP 337
TFTP (Trivial File Transfer Protocol) 38
Time to Live 267
Topologieinformationen 91

U
UDP (User Datagram Protocol) 42
Übertragungswerkzeuge 334
umgekehrte Namensauflösung 291
Unicast 95
us 261

V
Verbindungen 322
Vereinfachte Verwaltung 65
verschiedene Namen 217
Virtual Private Network 143
Virtuelle Server 402
Vollduplexmodus 21
Vorteile von WINS 221
VPN 143

W
WAN 95
WAN-Protokolle 33
Web Proxy 442
Web Proxy-Clients 471
Web-Browser 338
Web-Site 365
Wide Area Information Server (WAIS) 13

Wiederherstellen
    einer DHCP-Datenbank 212
Wiederherstellung 232
Windows Internet Name Service 150
Windows NT Remote Access Service
    (RAS) 460
WINS 215, 296, 316
    Funktionsweise 227
WINS Fehler-Modi 228
WINS Proxy Agents 243
WINSCHK 248
WINS-Datenbankpflege 242
WINS-Infrastruktur entwerfen 250
WINS-Konvergenz 251
WinSock 293
WinSock Proxy 443
WinSock Proxy Clients 471

Workstation 109
World Wide Web 14
World Wide Web (WWW) 18
World Wide Web-Dienst 381
WWW 337
WWW-Dienstbeispiele 382

X
X xWindow 22, 40
X.25 34

Z
Ziel-Host nicht erreichbar 105
Zonen 262
Zuordnung löschen 210
Zusätzliche Netzwerkklassen 61
Zwischenspeicher 267

Microsoft
CERTIFIED PROFESSIONAL
Approved Study Guide

October 9, 1996

Dear SYBEX Inc. Customer:

Microsoft is pleased to inform you SYBEX Inc. is a participant in the Microsoft® Independent Courseware Vendor (ICV) program. Microsoft ICVs design, develop, and market self-paced courseware, books, and other products that support Microsoft software and the Microsoft Certified Professional (MCP) program.

To be accepted into the Microsoft ICV program, an ICV must meet set criteria. In addition, Microsoft reviews and approves each ICV training product before permission is granted to use the Microsoft Certified Professional Approved Study Guide logo on that product. This logo assures the consumer that the product has passed the following Microsoft standards:

- The course contains accurate product information.
- The course includes labs and activities during which the student can apply knowledge and skills learned from the course.
- The course teaches skills that help prepare the student to take corresponding MCP exams.

Microsoft ICVs continually develop and release new MCP Approved Study Guides. To prepare for a particular Microsoft certification exam, a student may choose one or more single, self-paced training courses or a series of training courses.

You will be pleased with the quality and effectiveness of the MCP Approved Study Guides available from SYBEX Inc..

Sincerely,

Holly Heath

Holly Heath
ICV/OCV Account Manager
Microsoft Channel Programs, Education & Certification

MICROSOFT INDEPENDENT COURSEWARE VENDOR PROGRAM

Mit SYBEX zum MCSE

NT Server 4 Study Guide, Deutsche Ausgabe
Strebe/Perkins/Chellis
Mit dem NT Server4 Study Guide stoßen Sie tief in das Herz eines jeden Netzwerkes vor. Praxiserprobte Autoren zeigen Ihnen, wie Serverkomponente konfiguriert, Arbeitsplätze und Anwendergruppen aufgebaut und verwaltet und Probleme systematisch eleminiert werden.
768 Seiten + CD-ROM, 3-8155-**5502**-7
DM 129,- / öS 942,- / sFr 118,-

**NT 4 Workstation Study Guide
Deutsche Ausgabe**
Perkins/Stebe/Chellis
Windows NT 4 findet immer größere Bedeutung für die Installation von Netzwerken. Mit dem NT 4 Workstation Study Guide haben Sie das komplette Profiwissen praxiserprobter Autoren in der Hand. Viele Schritt-für-Schritt-Anleitungen liefern eine komplexe Einführung in die verschiedenen Konzepte von Workstations und deren Implementierung und helfen Ihnen, die "graue Theorie" in der Praxis gewinnbringend einzusetzen.
720 Seiten + CD-ROM, 3-8155-**5503**-5
DM 129,- / öS 942,- / sFr 118,-

**Bücher und Software vom SYBEX-Verlag erhalten Sie im Buchhandel, Fachhandel und im Warenhaus.
Bestellen können Sie auch in T-Online und im Internet!**

SYBEX-Verlag GmbH, Erkrather Str. 345-349, 40231 Düsseldorf, Tel.: 0211/9739-0, Fax: 0211/9739-199, T-Online: sybex#, Internet: www.sybex.de

NETWORK PRESS SYBEX

☒ Ihre Meinung zählt!

5507

Wir machen Bücher für SIE – deshalb interessiert es uns brennend, was Sie von unseren Büchern halten. Marktforschungsdaten helfen uns zu wissen, wie Sie sich das ideale Computerfachbuch vorstellen.

Erfüllt das Buch **inhaltlich** Ihre Erwartungen?

- ❏ Mehr als ich erwartet habe
- ❏ Genau das, was ich erwartet habe
- ❏ Weniger, als ich erwartet habe

Sind **Inhaltsverzeichnis** und **Index** ausführlich genug?

- ❏ Ja, ich konnte die gesuchten Infos schnell finden
- ❏ Nein, ich habe oft vergeblich gesucht

Gefällt Ihnen das **Layout** des Buches?

- ❏ Ja, das Layout ist schön übersichtlich
- ❏ Das Layout interessiert mich nicht
- ❏ Nein, das Layout stört den Lesefluß

Hat Sie das **Cover** des Buches angesprochen?

- ❏ Ja, es ist auffallend und peppig
- ❏ Ich achte nicht auf die Covergestaltung
- ❏ Nein, das Cover gefällt mir nicht

Wie beurteilen Sie den **Schreibstil**:

- ❏ Leicht verständlich
- ❏ Mit etwas Anstrengung verständlich
- ❏ Zu technisch

Ihr **Gesamturteil**: Ist das Buch sein Geld wert?

- ❏ Na klar!
- ❏ Gerade noch akzeptabel
- ❏ Nein, es ist zu teuer

Wie sind Sie auf dieses Buch aufmerksam geworden?

- ❏ Es stand im Buchregal
- ❏ Durch eine Anzeige oder den SYBEX-Katalog
- ❏ Es wurde mir empfohlen

Haben Sie früher schon mal ein **SYBEX-Buch** gekauft?

- ❏ Ja
- ❏ Weiß ich nicht
- ❏ Nein

Möchten Sie noch eine konkrete Anregung zum Buch loswerden?

Und jetzt noch einige Fragen zu Ihren Bedürfnissen:

Zu welchen Themen wünschen Sie sich Computerfachliteratur?

Wie würden Sie sich selbst bezeichnen:

- ❑ PC-Einsteiger
- ❑ Fortgeschrittener Anwender
- ❑ Experte und Tüftler

Benutzen Sie Ihren PC

- ❑ hauptsächlich privat
- ❑ hauptsächlich beruflich
- ❑ beruflich und privat?

Wie sind Sie hardwaremäßig ausgestattet?

- ❑ 386
- ❑ 486
- ❑ Pentium
- ❑ CD-ROM-Laufwerk
- ❑ Modem
- ❑ ISDN-Karte

Möchten Sie über neue Produkte des SYBEX-Verlags informiert werden?

| Name, Vorname |
| Straße/Hausnr. |
| PLZ/Ort |
| E-Mail-Adresse | Alter |

Danke fürs Mitmachen. Natürlich behandeln wir Ihre Angaben vertraulich und geben die Daten an keinen Dritten weiter. Bitte senden Sie diese Seiten an:

SYBEX-Verlag GmbH
Abtlg. Marketing
Postfach 15 03 61
40080 Düsseldorf

Natürlich können Sie auch online Ihre Meinung loswerden, und zwar unter:

www.sybex.de

SYBEX

Mit SYBEX zum MCSE

NT Server 4 Enterprise Study Guide
Deutsche Ausgabe
Donald/Chellis
Netzwerkverwaltung im Unternehmen bedarf der Systematik im Aufbau, der sinnvollen Organisation und der effektiven Systemkontrolle. Bei immer komplexeren Systemen bereitet der NT Server 4 in the Enterprise Netzwerkadministratoren optimal vor, den künftigen Anforderungen Stand halten zu können. Lernen Sie mit diesem Buch, im Alltag typische Netzwerkhürden gezielt zu umschiffen.
576 Seiten + CD-ROM, 3-8155-**5504**-3
DM 129,- / öS 942,- / sFr 118,-

Networking Essentials Study Guide
Deutsche Ausgabe
Chellis/Perkins/Strebe
Dem systematischen Aufbau und der den speziellen Bedürfnissen angepassten Organisation von Netzwerken kommt in allen Unternehmen immer größere Bedeutung zu. Der Networking Essentials Study Guide hilft Ihnen, die fundamentalen Netzwerkfragen zu beantworten, und bietet Ihnen einen kompletten Überblick über die Systematik von Netzwerken.
628 Seiten + CD-ROM, 3-8155-**5505**-1
DM 129,- / öS 942,- / sFr 118,-

Bücher und Software vom SYBEX-Verlag erhalten Sie im Buchhandel, Fachhandel und im Warenhaus.
Bestellen können Sie auch in T-Online und im Internet!

SYBEX-Verlag GmbH, Erkrather Str. 345-349, 40231 Düsseldorf, Tel.: 0211/9739-0,
Fax: 0211/9739-199, T-Online: sybex#, Internet: www.sybex.de

NETWORK PRESS SYBEX

**Fordern Sie ein Gesamtverzeichnis
unserer Verlagsproduktion an:**

SYBEX-Verlag GmbH
Erkrather Str. 345-349
D-40231 Düsseldorf
Tel.: (02 11) 97 39-0
Fax: (02 11) 97 39-1 99

So erreichen Sie uns online:
T-Online / BTX: sybex#
CompuServe: go sybex
Internet: www.sybex.de